세계
경제 질서를
뒤바꾼
7번의
대전환

세계
경제 질서를
뒤바꾼

7번의
대전환

해롤드 제임스 지음
정윤미 옮김
류덕현 감수

SEVEN
CRASHES

21세기북스

이 책에 쏟아진 찬사

2023년 최고의 경제학 책!

— 〈파이낸셜타임스Financial Times〉

저자의 수준 높은 통찰에 감동했다. 이 책을 통해 19세기 이후 인류에 닥친 위기가
세계 경제에 어떤 영향을 주었는지 새로운 시각을 갖게 되었다. 경제 세계화가 가
져온 기회와 문제점에 대해 깊이 알고 싶다면 이 책을 꼭 읽어보길 바란다.

— 린다 유에Linda Yueh, 런던비즈니스스쿨 경제학 겸임교수

금융 세계화를 다룬 가장 매혹적인 책

— 마틴 울프Martin Wolf, 파이낸셜타임스 수석 경제평론가

코로나19 팬데믹은 세계 경제에 어떤 숙제를 남겼는가? 역사에서 교훈을 찾고 나아
갈 방향을 모색할 수 있다. 세계 경제 질서를 뒤바꾼 대전환의 여파를 역사적인 맥
락에서 살펴보기를 원하거나 이것이 미래에 어떤 의미를 가질지 궁금한 사람들에
게 이 책을 권한다.

— 마크 잔디Mark Zandi, 무디스 애널리틱스 선임 이코노미스트

지난 200년간 전 세계를 강타한 메가톤급 쇼크가 어떻게 경제 변화를 주도했는지
대담한 역사적 해석을 제시하는 책이다. 세계 경제의 미래를 예측하고 싶은 사람이
라면 반드시 읽어야 할 책이다.

— 모리스 옵스펠드Maurice Obstfeld, 버클리캘리포니아대학교 경제학 교수

훌륭한 거시경제학책! 인간은 위기를 통해 가장 많은 것을 배운다.

— 배리 아이켄그린Barry Eichengreen, 버클리캘리포니아대학교 교수

저자의 금융위기 탐구에 매료되었다. 경제학의 소중함을 아는 사람이라면 저자가 금융위기를 분석하는 방식과 이를 예측한 경제학자들의 견해를 검증하는 방식에 탄복할 것이다.

— 에드먼드 펠프스Edmund Phelps, 노벨 경제학상 수상자.
컬럼비아대학교 자본주의와 사회 센터 소장

저자는 경제학자들이 어떻게 과거에서 잘못된 교훈을 끌어내게 되는지 짚고, 코로나19 팬데믹 위기 이후 경제 세계화의 방향은 어떻게 전환될지 예측한다. 지금까지 만나본 적 없는 정말 멋진 책이다.

— 오드 아르네 베스타Odd Arne Westad, 《냉전의 세계사》 저자

가장 최근의 경제적 불확실성을 조명하고, 경제 위기에 대한 흥미로운 시각을 제공한다.

— 카일 스콧Kyle Scott, 샘휴스턴주립대학교 조교수

세계 경제에 전환점을 가져온
7번의 대사건을 통해 앞으로의 흐름을 예측하다

_ 박정호(경제학자, 명지대학교 특임교수)

코로나19 팬데믹 이전까지만 해도 국제사회는 세계화, 초연결사회 등 하나의 시스템과 연결망을 향해 '거침없는 자율주행'을 해왔다 해도 과언이 아니다. 하지만 코로나19 이후 경제의 흐름은 이전과는 전혀 다른 양상으로 전개되고 있다. 다자주의의 와해와 보호무역주의의 강화, 공급망 위기와 고물가 기조의 고착화 등이 최근 전개되고 있는 국제경제의 흐름을 설명하는 대표적인 표현들이 되었다.

경제사학자 해롤드 제임스는 이 책에서 이러한 방향성과는 정반대의 흐름이 도래할 것이라는 의견을 과감히 제시한다. 앞서 열거한 일련의 표현들은 세계화 추세가 와해되고 있음을 간접적으로 제시하는 파편적이고 분절적인 단어들일 뿐, 다음 세대의 경제 흐름에 대한 정확한 진단은 아니라는 의견이다.

이 책은 지난 200년간 세계 경제사에서 전개된 7번의 경제적 대위기를 되짚으면서 위기 이후 인류의 선택이 어떠했는지를 보여준다. 저자는 1840년대 대공황부터 1930년대 대공황, 코로나19 위기까지 금융 역사의 7가지 전환점을 조사했다. 이를 통해 1840년대 대기근의 식량위기가 어떻게 금융위기로 이어졌는지, 1970년대 석유 부족과 같은 공급 부족으로 촉발된 붕괴가 어떻게 더 큰 금융위기로 이어지는지 등 위기 후 반복되는 흐름을 확인시켜 준다. 그리고 이러한 공급 위기 속에 많은 생산자들이 공급을 늘리기 위해 혁신을 선택했고, 이에 따라 또 다른 형태의 세계화가 진행되었음을 보여준다.

그리고 2007~2008년에 세계 경제를 강타했던 글로벌 금융위기와 같은 수요 부족을 야기한 위기들이 시장을 위축시켰으며, 이에 대응하기 위해 이어진 정부의 긴축 조치들은 정부에 대한 회의론을 키워 세계화를 약화시키는 요인이 되었다고 짚는다.

또 제2차 세계대전 당시의 고물가 기조로 인한 전쟁 양상과 이후 각 국가의 재정위기로 이어지는 경로를 통해 오늘날 고물가 기조에 대응하고 있는 각국의 흐름이 어디로 귀결되고 있는지도 보여준다.

저명한 역사학자이자 국제관계 전문가인 해롤드 제임스는 깊이 있는 연구를 통해 세계 경제사에 흔적을 남긴 7번의 경제적 대위기를 고찰한다. 지금의 공급망 위기, 세계화의 위축 기조는 어떤 대전환의 전조일까? 코로나19 이후 전개되고 있는 지금의 흐름이 어떤 다른 형태의 세계화로 다가올지 엿보고 싶은 분들에게 이 책을 권한다.

경제사의 전환점이 된 사건들에 대해 새로운 시각을 주는 경제 사상가들의 이야기

_ 류덕현(중앙대학교 경제학부 교수)

경제사학자 해롤드 제임스의 신작 《7번의 대전환》은 지난 200년 동안 있었던 7번의 글로벌 경제 위기를 다룬다. 경제 위기를 단순히 사건으로 보는 것이 아니라 역사적 맥락에 대한 세부적인 설명과 함께 들여다보는 것이 이 책의 특별한 점이다.

저자는 탁월한 통찰력을 발휘하여 위기의 조짐과 발생을 짚고 경제 위기를 해결하기 위해 동분서주한 위대한 경제학자와 정치 지도자들의 행적을 그들의 저작과 연설 등과 엮어 흥미롭게 설명한다. 가깝게는 2020~2022년 코로나19로 인한 경제 위기부터 멀게는 1840년대 대기근과 근대혁명 시기의 경제 위기를 다루고 있다. 또한 제1, 2차 세계대전 사이의 초인플레이션, 대공황, 70년대 오일쇼크와 대인플레이션 시대, 그리고 2008년 서브프라임 모기지 사태에 의해 촉발된 글로벌 금융위기 등 근 200년 동안의 현대사의 굵직굵직한 경제 위기들을 모두 다루고 있다.

특히 이 책은 경제 위기를 수요측과 공급측 충격으로 분류하고 각각의 충격이 세계화의 진전과 후퇴(반세계화)에 어떤 영향을 미쳤는지를 독특한 시각으로 서술하고 있다. 또 저자는 경제 위기를 '좋은 위기'와 '나쁜 위기'로 나누고, 세계화와 번영으로 이어지는 위기는 좋은 위기, 시장이 위축되거나 내적으로 향하는 위기를 나쁜 위기라고 정의한다. 가령, 수요 충격으로 인한 대표적인 경제 위기인 1930년대 대공황의 결과로 제2차 세계대전 이후 주요국들은 탈세계화의 길로 갔다는 것이다. 제2차 세계대전 기간 동안 세계 무역이 제한되면서 많은 국가의 국내 생산이 활발해졌다. 각국 정부는 외국 상품의 경쟁력을 떨어뜨리기 위해 관세를 확대하고 국내 노동자 보호를 위해 이민 제한 등의 보호주의 정책을 시행했다. 미국의 경우 기술 발전으로 인해 국제 무역이 국내 소비보다 덜 중요해지면서 국내 생산이 증가했다.

반면, 1840년대의 대기근, 영양실조, 질병, 혁명 등에 의해 촉발된 유럽 경제 공황의 결과, 기업가와 정부는 공급 충격에 견딜 수 있는 상호 연결된 경제를 구축하기 위해 세계화가 필요하다는 것을 인식했다. 이 시기에는 새로운 프로젝트에 자금을 조달하기 위해 새로운 자본원이 필요했기 때문에 중앙은행과 국제금융가들의 영향력이 더욱 커졌다. 또한 정부는 국내 생산과 해외 시장과의 무역에 인센티브를 제공하기 위해 철도와 같은 대규모 인프라 프로젝트에 자금을 조달하기 위해 새로운 금융 상품과 제도를 개발했다. 저자는 이런 조치가 금융가와 산업계의 거물들이 더 많은 자본을 축적할 수 있게 하여 세계화를 진척시켰다는 진단한다.

저자에 의하면 수요 충격에 의한 경제 위기와 공급 충격에 의한 경제 위기가 서로 교차하면서 세계화가 진전되기도 하고 후퇴하기도 하였다. 가장 최근의 코로나19 위기는 대표적인 공급 충격에 의한 위기이다. 이 일로 전 세계는 대봉쇄The Great Lockdown로 인해 글로벌 공급망이 일순간 붕괴되는 것을 목도했다. 코로나19로 인한 경제 위기는 현재까지도 계속되고 있으며, 미국과 중국 두 거대 국가 세력의 힘겨루기 이벤트는 오늘도 전개되고 있다. 저자는 가장 최근의 경제 위기인 팬데믹이 세계화를 어느 방향으로 이끌지 관심 깊게 지켜봐야 한다고 말하면서 책 말미에 세계화가 나아가야 할 방향성에 대해서도 언급한다.

이 책은 경제 위기에 대한 경제역사학자로서의 시각을 충분히 담고 있을 뿐만 아니라 당대 경제학자들의 사상과 이론이 어떤 맥락에서 등장했는지를 설명하고 있다. 즉, 한 권의 책이 경제사와 경제학설사로서의 가이드를 동시에 하고 있는 것이다. 그래서 경제학의 역사에 익숙한 독자들은 미시경제학을 배울 때 만났던 한계학파Marginalist 학자들 칼 멩거, 레옹 발라, 윌리엄 제번스 등의 이름을 반갑게 만날 것이며 이들이 수학적인 경제이론에만 정통한 것이 아니라 경제 위기라는 현실을 충실하게 해석하기 위해 치열한 삶을 살았다는 사실에 놀라게 될 것이다. 또한 현재 거시경제학의 태두인 존 메이너드 케인스, 프리드리히 하이에크, 밀턴 프리드먼 등의 대학자들이 그들의 시대에 닥친 경제 위기를 어떻게 바라보았으며 이를 해결하기 위한 대안을 어떤 식으로 논했는지를 확인할 수 있다.

그 외에도 미국 연방준비제도 이사회 현재의 의장인 제롬 파월에서부터 글로벌 금융위기 시절의 수장인 벤 버냉키, 그리고 1990년대 미국 신경제 시대의 앨런 그린스펀, 1980년대 인플레이션 파이터인 폴 볼커 등의 미국 중앙은행장들 뿐만 아니라 영국의 머빈 킹, 유럽의 크리스틴 라가르드 등 경제 위기의 순간 중요한 역할을 해왔던 미국과 영국, 그리고 유럽의 중앙은행장들과 핵심 경제관료들도 빠지지 않고 등장한다.

따라서 이 책은 '경제 위기사의 위인 열전'이라고 해도 무방하다. 이들 학자, 정책 집행가, 그리고 저명한 경제 사상가들의 이야기를 통해 세계사적 사건들에 대한 새로운 시각을 얻을 수 있는 수작이라고 생각한다.

| 차례 |

이 책에 쏟아진 찬사   4

추천의 글 세계 경제에 전환점을 가져온 7번의 대사건을 통해
앞으로의 흐름을 예측하다   6

감수의 글 경제사의 전환점이 된 사건들에 대해 새로운 시각을 주는
경제 사상가들의 이야기   8

서문 물가는 어떻게 세계화의 형태를 결정짓는가   16

세계화는 어떤 모양으로 진행되는가 | 세계화의 속도와 방향이 변하고
있다 | 현대의 경제 성장 | 연결에 관한 생각 | 수요와 공급 | 경제 쇼크
의 영향 | 경제 쇼크에 대한 정부의 대처 | 전망

──────

1장 **대기근과 대반란:**   55
식량위기에서 시작된 금융위기
· 1840~1870년대 ·

유럽에 닥친 전환의 위기 | 식량위기가 금융위기로 | 혁명의 발아와 정
부의 대처 | 돈의 흐름을 촉진시킨 물자와 사람의 이동 | 개인의 삶 |
마르크스, 《위기의 책들》, 그리고 세계화 | 마르크스의 유산 | 위기의
역사는 반복되고

SEVEN
CRASHES

2장   **크래시와 한계 혁명:**   99
         금융 혼란의 시기
         · 1873~1880년대 ·

전 세계에 경제 활황의 바람이 불다 | 대공황의 조짐 | 오스트리아에서
발견된 균열 | 투기꾼과 사기꾼 | 유사 위기와 실제 위기 | 윌리엄 제
번스, 파도와 패턴을 찾으려 하다 | 한계주의 학파 동료들, 레옹 발라
와 카를 멩거

3장   **제1차 세계대전과 대인플레이션:**   149
         경제사 최악의 위기
         · 1920~1930년대 ·

전쟁과 경제 불안 | 결핍과 고난 | 전쟁의 비용 | 인플레이션과 초인플
레이션 | 위기에 처한 경제학자: 칼 헬페리히

4장 대공황: 209
세계화의 종말

· 1929~1939년 ·

전쟁 이후의 경제 슬럼프 | 전 세계적인 과열 | 세계화 시대의 기업가 이바르 크뤼게르 | 금융 스트레스 | 대공황의 서막 | 국제적인 구제 방안 | 마법사 케인스 | 세계화의 일시 중지 | 창조적 파괴를 주장한 조지프 슘페터 | 브레턴우즈 협정 | 세계대전이 세계화에 미친 영향

5장 대인플레이션: 283
풍요와 과잉이 불러온 위기

· 1970년대 ·

성장과 생산성 | 인플레이션에 대한 각국의 반응 | 인플레이션에서 벗어나기 위한 노력 | 세계화의 확장 | 인플레이션을 정복하려는 노력 | 인플레이션을 분석한 경제학자들

6장   대침체: 343
         지나친 세계화가 초래한 위기
         · 2008년 ·

         2008년 글로벌 금융위기 | 글로벌 금융위기를 극복하기 위한 조치 |
         다자간 대응 | 통화 정책 | 새로운 경제 민족주의 | 버냉키의 구제 방안

7장   대봉쇄: 423
         세계화가 남긴 과제
         · 2020~2022년 ·

         범세계적인 바이러스의 발생 | 질병과 경제의 연계성 | 팬데믹으로 심
         화된 불평등 | 정부의 역량 개선과 통제력 강화 | 두 가지 분석에 관한
         이야기 | 빅데이터의 역할

결론   다음 세대의 세계화   498

감사의 말   511
참고문헌   514

물가는 어떻게 세계화의
형태를 결정짓는가

지금까지 세상은 서로 연결된 것처럼 보였으나 이제 그 연결고리가 사라지고 있다. 심각한 식량 부족으로 기근이 발생하고, 영양 결핍에 시달리는 사람들에게 전염병이 퍼지며 사회 불안이 높아지고 있다. 게다가 지구촌 곳곳에서 정치 체제에 도전장을 내밀거나 이를 아예 전복시키려는 시도가 나타난다. 특정한 지리적 분쟁 지역에 전 세계의 관심이 쏠려 있기도 하다. 흑해와 지중해 사이의 통로는 세계적으로 중요한 곳이다. 이 통로는 독재정권의 지배를 받는 중앙 유라시아의 곡물 생산 지역과 허기에 시달리는 소비자를 연결하는 얇은 바늘과 같다.

어디서 들어본 이야기 같다는 느낌이 드는가? 이 시나리오는 1840년대 말, 제1차 세계대전, 2022년에 이르기까지 지난 200여 년간 주기적으로 반복되었다.

1970년대에 중동 지역은 에너지 안보를 둘러싸고 전 세계적으로 격렬한 논쟁의 초점이 되었다. 식량 및 에너지 공급의 차질을 겪었고, 적대적이고 악의적으로 행동하는 상대 세력에게 통제받는 처지가 될까 봐 두려움을 느꼈다. 주변 국가들의 입김에 휘둘리기도 했다.

이러한 불안은 한편으로 새로운 국면을 초래하기도 했다. 사람들은 인간의 독창성과 신기술을 어떻게 사용하여 문제를 해결할지, 전 세계 사람들을 어떻게 연결할지 다시 고민하게 되었다.

위기는 초반에 죽음과 파괴를 가져오기 때문에 대체로 나쁘게 생각되지만, 결국에는 더 나은 변화나 혁신을 가져올 수 있다. 이 책은 그런 변화가 어떻게 진행되는지, 그리고 그것이 어떻게 이해되는지, 더 나아가 어떻게 사고를 혁신하고 세계화를 이어가는지 알려줄 것이다.

세계화는 어떤 모양으로 진행되는가

✕

세계화. 다시 말해서 전 세계의 경제적, 정치적 연결성이 더욱 증가한 상태가 이어지는 요인은 무엇이며, 여기에는 어떤 약점이 있을까?

사람들은 세계화 현상을 '거침없는 자율주행 과정'이라고 생각하는 경우가 많다. 경제학자 사이먼 쿠즈네츠Simon Kuznets는 이것을 '현대 경제 성장Modern Economic Growth'이라는 용어로 설명했는데, 기술 변화에 힘입어 현대 문명이 거침없이 앞으로 달려 나가는 특징을 보인다는 주장이다.[1]

하지만 현실에서 변화는 앞으로만 나아가지 않는다. 혼란과 위기에 대처하는 인간의 자세는 예측할 수 없기에 실제로는 불규칙하고 들쑥

날쑥한 발전이 이루어진다. 그래서 이런 시기에 물가를 억제하려는 시도가 엉뚱한 결과로 나타나기도 한다.

빠른 움직임은 혼란을 일으킬 수 있지만, 새로운 사고방식을 촉진하는 계기도 된다. 새로운 사고방식은 때로는 생산적이지만 때로는 위험할 수 있다. 때때로 혼란은 작고 별것 아닌 것처럼 보이는 일에서 시작된다. 이를테면 19세기 중반 아일랜드에서 피토프토라 인페스탄스*라는 곰팡이가 발견된 것이나 2019년 말 중국에서 새로운 바이러스인 코로나19가 등장한 것, 1914년에 오스트리아 대공이 암살된 사건**처럼 말이다. 경제학자 이언 골딘Ian Goldin과 마이크 마리아타산Mike Mariathasan은 이런 현상을 세계화의 '나비 결점butterfly defect'***이라는 용어로 정의했다.[2] 작은 위기가 걷잡을 수 없는 상황으로 치닫는 것을 보면 별것 아닌 사건에도 면밀한 주의를 기울여야 한다는 점을 깨닫게 된다. 한편으로는 큰 문제의 발단을 진단하는 프레임워크를 개발하는 것은 불가능에 가깝다는 생각도 하게 된다.

나는 시장 혁신이나 세계 경제를 좌우할 새로운 제도가 '공급 위기'에 대응하는 과정에서 발생한다고 본다. 공급 위기는 식량이나 연료와 같은 생활 필수품이 부족해지고 가격이 상승하며 새로운 생산 및 유통 채널이 필요한 순간을 말하는데, 공급 위기 상태에 처하면 사람들은 경제 프로세스를 인식하는 방식이 달라진다. 이때 정치권에서 공급 위기로 인한 대대적인 가격 변동 문제를 현명하게 해결하면 기업과 정부의 혁신으로 이어져 긍정적인 변화를 일으킬 수 있다. 그러나 너무 경

• 　토마토에서 발견된 마름병 -편집자 주
•• 　이 일로 제1차 세계대전이 촉발되었다. -편집자 주
••• 초연결 사회에서는 작은 충격이 시스템 전체를 뒤흔들 수 있다는 이론 -편집자 주

직된 체제를 갖고 있다면 변화를 견디지 못하고 완전히 무너져내리고
만다. 헝가리의 뛰어난 경제학자 야노스 코르나이János Kornai는 물자 부
족 현상과 그로 인해 촉발되는 비축 현상 및 기능 장애가 중앙계획경
제(공산주의)를 약화하다가 결국 무너뜨린다는 충격적인 사실을 증명해
보였다.[3]

세계화의 속도와 방향이 변하고 있다

✕

코로나19 팬데믹과 세계 각국의 대응에서도 이런 현상을 찾아볼 수 있
다. 초반에는 팬데믹이 전 세계를 분열시키고, 다자주의를 무너뜨리고,
복잡한 국경 간 공급망을 해제하여 세계화를 역행하는 것처럼 보였다.
팬데믹 초반에는 정상적인 상업이 마비되어, 공급망이 폐쇄되고 가격
이 하락했다. 그러나 서비스에 대한 수요는 상품에 대한 수요로 대체되
었고, 여러 가지 물품이 부족해지고 가격이 급등했다. 물가는 채찍 효
과•를 그대로 반영했다.[4] 여러 나라가 부족한 자원을 두고 갈등을 빚었
으며, 몇몇 국가, 특히 러시아는 에너지와 식량 공급에 대한 기득권을
자국에 유리하게 이용하려 했다. 결국 전쟁이 발발하여 생산은 더욱 악
화하였고, 2022년에는 전 세계 식량 수확이 감소했다. 그래서 식량 공
급 또한 감소하고 주요 식품의 부족 현상이 두드러졌다.
　주요 강국들은 몸을 사리는 것처럼 보였다. 중국은 수출 주도형 성
장을 추진하는 것이 아니라 국내 소비가 경제를 주도하는 새로운 모델

• 채찍을 휘두를 때 손잡이 부분에서는 작은 힘이 가해져도 채찍의 끝부분에는 큰 힘이 생
　기는 것과 같이, 공급 사슬에서 참여 주체를 하나씩 거칠 때마다 수요와 재고가 왜곡되는
　현상을 말한다. -편집자 주

을 사용했다. 미국은 국제 사회와 교류를 끊고 자국의 문제에만 몰두하는 태도를 보였다. 다자주의를 수용한다고 큰소리쳤던 바이든 대통령이 취임한 2021년 이후에도 트럼프 시대의 관세는 사실상 그대로 유지되었다. 러시아는 우크라이나와 전쟁을 벌일 뿐만 아니라 국제사회의 경제 및 정치 질서 전반에 공격적으로 맞섰다. 반대로 소규모 국가들은 식품은 물론이고 복잡한 엔지니어링 및 전자 제품, 의료 장비와 의약품 등의 필수품과 관련하여 무역에 계속 의존했다.

역사적으로 전 세계적 위기는 세계화에 방해가 되는 것이 아니라 세계화를 더욱 확장하는 결과를 가져왔다. 위기는 의사소통과 혁신을 위한 새로운 에너지를 만들어냈다. 그러나 코로나19는 달랐다.

2007~2008년 세계 금융위기 이후로 세계화가 역행하거나 정체된 상태 또는 느린 속도로 진행되는 상태라는 의견이 분분하다. 세계화는 흔히 임금과 물가에 영향을 준다고 여겨졌다. 글로벌 기업에 새로운 노동자가 대거 유입되고, 부유한 국가의 전통적인 생산직 제조업 근로자의 임금은 삭감되면서 빈부격차가 커져 지속적인 디플레이션을 초래한다는 것이다. 그리하여 몇몇 나라의 정치인들은 이주와 무역을 반대했으며 각국은 금융 흐름을 제한하려고 노력했다. 이민자가 유입되는 국가는 임금 및 노동 시장에 미치는 영향을 걱정했고, 해외로 빠져나가는 사람이 많은 나라에서는 인재 유출 때문에 골머리를 앓았다. 값비싼 교육을 받은 인재가 해외로 빠져나가는 것은 사회적으로 큰 손실이며, 무엇보다도 세금을 낭비하는 것이었다. 한편, 실직 문제가 심각한 나라에서는 무역이 제로섬 게임처럼 보였다. 수입 때문에 많은 사람의 생계가 무너졌기 때문이다.

이러한 현상으로 인해 자본 이동은 불안정을 초래할 우려가 있다는 비난을 받게 되었다. 논란에 대응하기 위해 정책 입안자들은 자본 이동을 관리하는 계획을 세웠지만 2008년 금융위기로부터 12년이 지난 2020년, 전 세계를 혼란에 몰아넣은 코로나19는 세계화를 둘러싼 문제를 더욱 악화시켰다. 포퓰리스트들과 세계화를 반대하는 정치인들은 즉시 세계화를 팬데믹의 발생 원인으로 지목했다.

교과서적으로 본다면 팬데믹이나 기후 변화 등 전 세계적인 위협을 인지하면 각국이 서로 협력하여 대응책을 마련하는 것이 맞았다. 그러나 현실은 그리 간단하지 않았다. 코로나19는 사람들이 자국의 이익을 우선하여 고려하게 했고, 미국도 예외는 아니었다. 정책 입안자들은 다른 나라들이 무엇을 하고 있는지 살피고, 자국의 이익을 위해 어떻게 행동하는 것이 유리할지 비교했다. 각국은 장기적으로 과학 및 기술 우위를 확보하기 위해 즉시 백신 개발 경쟁에 돌입했다.

이후 미국, 영국, 러시아, 중국 등 강대국들은 백신 문제를 두고 노골적으로 충돌했고, 유럽 연합 내에서도 적잖은 갈등이 발생했다. 강대국들이 보호무역주의로 전환하고 이들 간의 경쟁이 치열해지자 러시아는 에너지 공급을 도구 삼아 상대방을 협박하다가 2022년에는 우크라이나를 공격하기에 이르렀다.

기후 변화 문제는 어떤가? (러시아, 캐나다, 노르웨이와 같은)북쪽 나라들은 날씨가 따뜻해지는 것이 유리할 수 있다. 북극의 빙하가 녹을수록 항로가 넓어지기 때문이다. 자국의 이익을 위해 북쪽 나라들은 기후 변화를 모르는 체하는 것이 옳을까?

팬데믹 이후, 특히 우크라이나 전쟁의 대응 과정에서 지정학이 빠지지 않고 언급되고 있다. 지정학적 사고방식은 각 나라가 자국의 이익을 우선으로 추구하게 만든다. 그로 인해 세계화는 방어적인 태세를 갖춘 것처럼 보이거나 뒷걸음질하는 것처럼 보일 수 있다. 그게 정말일까? 그렇다면 과연 세계화는 어디까지 뒷걸음질을 치게 될까?

국제 관계에서 '조정'이란 각국 정부가 협조적으로 상호작용하는 것을 말하지만, 갈수록 조정이 힘들어진다. 따라서 세계는 지금 민간 차원에서 개발된 역학에 의존하는 실정이다. 이러한 새로운 이니셔티브는 주요 공급 제약을 해결할 수 있는가?

현대의 경제 성장

✕

경제적 의미에서 세계화는 상품, 노동, 자본은 물론이고 아이디어까지도 국경을 넘나들며 이동하는 것을 의미한다. 경제적 세계화가 수월하게 이루어지느냐는 상품의 가격으로 알아챌 수 있다.

근대화되기 전의 세계는 주기적으로 심각한 공급 부족 때문에 어려움을 겪었다. 가장 자주 발생해 심각한 위협이 된 것은 식량 부족이었다. 변덕스러운 날씨와 여러 가지 자연 현상, 인간이 일으킨 갈등이나 전쟁으로 인한 황폐화가 식량 부족의 원인이었다. 미래는 불확실했고, 물자의 부족함을 방지하려면 지성이나 초자연적 도움이 필요했다.

이러한 예시는 성경에서도 찾아볼 수 있다. 창세기에서 파라오는 건강한 소 일곱 마리가 비쩍 마르고 포악한 소 일곱 마리에게 잡아먹히는 꿈을 꾸고는 요셉에게 꿈 해석을 부탁했다. 요셉은 풍년일 때 저장고를 더 많이 지어서 7년간 지속될 흉년에 대비해야 한다고 주장했다. 또 모세는 고기가 풍부했던 이집트에서 자기 민족을 끌고 나왔는데, 백성들에게 영양가 있는 음식이 필요했다. 예언자였던 모세는 하느님이 하늘에서 빵을 비처럼 내려줄 것이라고 말했다.

한편, 인구 이동 현상은 아주 오래전부터 시작되었다. 고대에 유라시아 대륙의 동쪽과 서쪽 부분이 연결되어 있었다는 고고학적 증거가 있다.[5] 현대의 경제학자들은 이 사실을 단순히 지리적인 문제가 아니라 사회적인 문제로 인용한다. 19세기 중반 이후 실질적인 인구 이동이 발생했고, 양적으로도 매우 증가했다는 뜻으로 말이다. 이는 현대 경제 성장(Modern Economic Growth, 이하 MEG)을 설명하는 모형에서 중요한 역할을 한다. 흥미롭게도, MEG는 물론이고 '경제 성장economic growth'이라는 용어는 1940년대 이전에는 거의 사용되지 않았다. 이는 1940년대에 와서야 '사이버네틱* 시스템 견해'에 대응하는 사회과학 용어로 대중화되었다. 그 후로 전 세계는 '모델링, 예측 및 조작이 가능한 일련의 객체 또는 시스템'이 되었다.[6] 일관된 상호 작용 및 피드백 루프가 있었으며, 국가나 제국을 구분하는 경계를 넘나들었다.

새로운 경제 비전의 핵심은 성장 모델의 표준 형태에서 자본과 노동이 서로를 대체할 수 있다는 것인데, 이때 기술 향상을 나타내는 계수와 자본 및 노동의 비율을 결합하는 함수에 의해 생산량이 결정된다.

1950년대에 경제학자 모지스 아브라모비츠Moses Abramovitz와 로버트 솔로Robert Solow는 성장 모형을 세세한 부분까지 완성했으며, 후에 존 켄드릭John Kendrick의 손을 거쳐 확증되었다. 두 사람은 20세기에 와서 생산성이 눈에 띄게 급증했다는 점을 발견했는데, 그 이유가 기술의 발전이라고 생각했다.[7] 이와 같은 성장 모델은 나중에 더욱 확장되었다. 특히 폴 로머Paul Romer는 기술이 인류의 변화를 설명하는 외부의 데

---

* Cybernetics. '인공두뇌학'이라고도 한다. 인간(동물)과 기계를 통제하거나 소통하는 방식을 규명하고 그것을 다른 영역에 적용하는 학문이다. -편집자 주

우스 엑스 마키나*가 아니라, 성장 과정에서 내생한다는 점을 보여주는 여러 가지 방식을 제안했다. 기술은 '시장 인센티브에 반응하는 사람들의 의도적인 행동'을 통해서 활용되거나 주어진 상황에 적용되었다. 상호 작용하는 사람들의 수는 경제 성장 과정에서 매우 중요했다. 따라서 인적 자본의 양이 많을수록 더 많은 성장을 이룰 수 있었다. 결과적으로 자유무역을 통한 자원의 확대가 성장 프로세스를 촉진했다.[8]

19세기에 (노동과 자본이라는)이동 요소뿐만 아니라 토지라는 고정 요소에 대한 수익을 비교함으로써 근본적인 추진력이 생겨났다. 19세기 후반 세계화의 주요 특징은 인력(노동력)이 부족하여 임금이 높고 토지가 저렴한 정착지로 인구 이동이 이루어졌다는 것이었다. 그 결과 미국, 캐나다, 아르헨티나, 호주에 많은 사람이 유입되었다. 대조적으로 유럽은 영국을 제외한 나머지 지역에서 땅값이 비싸고 임금이 낮았다. 막강한 정치적 영향력을 가진 귀족은 자신들의 권력을 그대로 유지하려 했다. 인구 대이동은 생산량을 증가시켰지만, 사람들이 빠져나간 나라에는 인구가 부족해져 임금이 오르고 생활비가 높아지는 결과를 가져왔다. 이러한 이주 현상은 가난한 나라에서 두드러졌다.

이민자들이 정착한 지역의 자본수익률은 높았다. 자본은 인프라, 건설, 장비 등에 투자되어 생산량은 더욱 늘었다. 영국의 자본 수출이 압도적으로 많았는데, 대부분 남북아메리카, 호주, 러시아로 흘러 들어갔다.[9] 이러한 세계화는 19세기로 제한되긴 했지만, 융합이라는 결과를 가져왔다.

---

* deus ex machina. 초자연적 힘을 사용하여 드라마의 긴박한 문제를 이겨내고 결말로 이끌어가는 무대 기법 -역자 주

한계도 있었다. 유럽식 농업에 적합한 온대 지역에만 이러한 변화가 있었기 때문이다. 특히 인구가 많고 임금이 낮은 서구 사회의 기준으로 볼 때, 기술은 그 적용 가능성이 제한적인 것 같은 교육 수준이 낮은 지역으로는 쉽게 이동하기 어려운 것처럼 보였다. 이런 환경에서 자본과 노동력은 주기적으로 함께 이동하여 발전의 원동력으로 작용했으나 전 세계 모든 지역에 영향을 준 것은 아니었다.

이처럼 세계화의 초기 단계는 현대의 패턴과 사뭇 달랐다. 후자의 경우, 상품은 전 세계에 퍼져 있는 복잡한 공급망을 거쳐서 만들어지며 정보 기술 덕분에 전달이나 이전이 쉽게 이루어진다.[10] 20세기 후반에는 세계화가 더욱 일반화되었는데, 노동 비용이 낮고 생산성을 따라잡을 가능성이 큰 곳으로 자본이 이동했기 때문이다. 하지만 여기에도 자주 언급되는 역설이 있다. 자본이 항상 부유한 나라에서 가난한 나라로 흘러가는 것은 아니라는 점이었다. 어떤 경우에는 (미국이나 영국처럼) 부유한 나라가 주요한 자본 수입국이 되었다.[11]

성장 모델의 주요 특징은 기술 변화의 일반적 속도를 가정한다는 것이다. 이론적으로는 과학자와 실험자가 많아질수록 더 넓은 범위에서 더 오랜 기간에 걸쳐 더 많은 혁신이 이루어져야 하지만, 실제로는 그렇지 않다. 발견은 우연의 산물일 때가 많고, 기술화, 상용화시켜 확산되기까지는 더 많은 연구와 복잡한 과정이 필요하기 때문이다. 역사적으로도 잠재적으로 큰 변화를 불러올 수 있는 혁신과 그보다 더 광범위하고 유용한 확산 사이에 큰 격차가 있는 경우가 많았다.

1776년에 매슈 볼턴Matthew Boulton과 제임스 와트James Watt가 한층 발전된 증기 기관을 생산했지만, 영국 최초의 철도인 스톡턴-달링턴 간 단거리 노선은 1825년에야 개통되어 탄광과 북해를 연결해 주었다. 그리고 최초의 증기선인 '그레이트 웨스턴Great Western'은 1838년에 대서양을 횡단했다. 철도가 전 세계 곳곳에 등장한 것이나 증기선이 전 세계 여러 나라에 물품을 운반한 것도 19세기 중반이 지나서였다. 오빌 라이트와 윌버 라이트 형제는 1903년 노스캐롤라이나에서 공기보다 무거운 동력 장치로 비행에 성공했지만, 1960년대가 되어서야 제트기가 대규모 운송 수단이라는 길을 열었다. 오토 운페르도르벤Otto Unverdorben이 아닐린Aniline이라는 염료를 분리한 것은 1826년이었지만, 1854년에야 앙투안 베샹Antoine Béchamp이 개발한 환원법 덕분에 염료를 대규모로 생산할 수 있게 되었다. 아닐린이 의료계 또는 제약업계에서 사용되는 데에는 더 오랜 시간이 걸렸는데, 1908년에 합성된 유도체인 설파닐아미드 덕분에 항균용으로 광범위하게 사용되었다.

다른 몇 가지 의학적 발견은 전 세계로 확장되는 데 훨씬 더 많은 시간이 걸렸다. 에드워드 제너Edward Jenner가 1796년에 천연두 백신으로 종두법을 개발했지만, 천연두는 1977년이 되어서야 완벽히 근절되었다. 제너의 아내와 아들들, 누이들은 모두 결핵으로 사망했는데, 결핵 백신BCG은 1921년에 처음으로 사용되었다.

정치적 상황의 변화에 따라 혁신이 발전하고 적용되는 기간이 달라지기도 한다. 컨테이너 선박과 같은 혁신적인 요소는 1950년대에 개발되었지만, 운송업체 규제와 화주와의 상호 작용에서 발생한 변화 때문에 1970년대에 와서야 선적 비용 및 관행에 큰 영향을 미칠 수 있었다.

특히 전쟁과 같은 큰 혼란은 무역을 제한할 뿐만 아니라 빠른 해결책을 찾으려고 안간힘을 쓰게 만든다. 일례로 제1차 세계대전의 폭발물이나 작물 비료를 위해 질산염 생산을 합성한 것이나 제2차 세계대전에서 페니실린을 개발한 것을 생각해 볼 수 있다. 따라서 기술을 보급하는 것이 꾸준하고 균일한 과정이라고 쉽게 가정하는 것은 옳지 않다. 이는 정부의 우선순위, 즉 철도, 증기선, 항공기, 백신 등 특정 제품이 중요한 이유를 어떻게 선택하느냐에 따라 크게 달라진다.

기술 발전에 적용되는 것은 금융 혁신에도 그대로 적용된다. 새로운 접근 방식, 새로운 금융 수단이나 조직 형태에 관한 생각은 오랜 기간에 걸쳐 천천히 발전하는 경우가 많다. 그러다가 갑자기 엄청난 이익을 얻을 가능성이나 새로운 사고 및 근본적인 혁신이 필요함을 강조하는 가격 신호가 나타난다.

이 문제는 좀 더 일반적으로 생각해 볼 수도 있다. 세계화와 현대 경제 성장은 하나로 결합한 상태이며 국제 교류의 제한으로 인해 주기적으로 발전을 저해하거나 방해한다. 성장은 풍요에 관한 약속과 함께 이루어졌다. 미국의 작가 헨리 제임스의 소설 《황금잔》*의 시작 부분은 제국과 물질 생산의 역사를 언급하는데, 19세기 영국과 고대 로마의 제국주의 권력을 투사하는 연장선에 미국을 배치한다. 작품에는 런던에서 쇼핑하는 로마 왕자가 등장한다.

"왕자는 런던에 올 때마다 즐거워했다. 현대 로마인은 테베레강보다 템스강에서 고대 국가의 유물을 더 많이 발견한다. 왕자도 그런 사람 중 하나였다. 전 세계가 찬사를 보낸 도시인 로마의 전설에 관한 이야기가 나오면 그러한 사건의 실제 모습을 현대 로마보다 현재 런던에서 훨씬 더 많이 인식했다."

---

* 1900년대 초반 영국과 이탈리아를 배경으로 상류층 남녀의 사랑과 배신, 음모를 다룬 작품 -편집자 주

헨리의 작품에 나오는 왕자는 가끔 창문 앞에 멈춰 선다. 그곳에는 은이나 금으로 만들어진 커다란 물체도 있었고 보석으로 된 것도 있었다. 가죽, 철, 황동으로 만들어져서 수백 가지 용도로 사용되거나 남용되던 것들도 있었다. 제국의 오만함을 보여주는 전리품들은 이제 먼 곳으로 흘러와 뒹굴고 있었다.

과거에는 이렇게 침략이나 약탈로 인해 제품이 이동했지만 세계화 시대에는 그것을 뛰어넘는다. 생산은 계속되었고, 점점 더 높아졌다. 아마존의 CEO 제프 베이조스는 주주들에게 정기적으로 보내는 서한에서 이렇게 말했다.

"사업(과 인생)에서 성공하고 싶다면, 자기가 소비하는 것보다 더 많이 창출해야 한다. 자신과 상호작용하는 모든 사람을 위해 가치를 창출하는 것을 목표로 삼아야 한다. 어떤 사업이 겉으로 보기에는 성공적인 것 같아도 사업을 통해 접하는 모든 사람을 위해 가치를 창출하지 못하면, 결국 오래가지 못한다. 그런 사업은 사실상 사라지는 과정에 있다고 봐야 한다."[12]

모든 사람이 자기가 소비하는 것보다 더 많이 창출한다면 항상 잉여분이 생길 것이다. 잉여분은 사람들의 욕구를 자극하여, 필요하고 갖고 싶다고 느끼게 한다. 모든 사람이 자신의 필요나 욕구를 채우려고 하면 부족함이 생기기 마련이다. 이 부족함은 세계화를 더욱 확장하게 하는 추진력이 된다.

연결에 관한 생각

✕

세계화를 분석할 때 끈질기게 논란이 되는 요소 중 하나는 아이디어가 세계화에 어느 정도로 영향을 주는가이다.

사람들은 19세기 중반에 급격히 진행된 세계화가, 뛰어난 재능을 가진 몇몇 사람들이 비교 우위에 관한 독창적 사상가인 애덤 스미스Adam Smith와 데이비드 리카도David Ricardo의 교훈을 받아들였기에 가능하다고 생각했다. 단순하게 말하자면 사람들은 유명 사상가들의 교훈을 대중들도 친숙하게 느낄 수 있게 해주는 뛰어난 재능을 가진 자들이 세계화를 주도한다고 생각한다. 하지만 이런 주장은 토머스 칼라일Thomas Carlyle과 같은 예언자들이 '영웅Great Man 이론'•을 널리 퍼뜨린 나폴레옹 시대의 사고방식과 같다.

리처드 코브던Richard Cobden과 존 브라이트John Bright의 반곡물법 동맹Anti-Corn Law League은 자유무역과 자유방임이라는 특이한 경제 모형 뒤에 숨어 있는 정치 동원의 모형처럼 보였다. 20세기 후반에는 밀턴 프리드먼Milton Friedman과 프리드리히 하이에크Friedrich Hayek가 새로 등장한 신자유주의 세계화를 이끌어간 주인공으로 여겨졌다. 그러나 경제학자들은 이러한 주장에 상당히 회의적이며, 이해관계 중심 설명을 선호한다.[13] 역사가들은 영웅 이론에 반대한다. 그들은 개혁이 이루어지던 19세기에 영국 총리였던 로버트 필Robert Peel이 민주주의 전 단계의 체제를 이끌었지만, 그는 여전히 매우 직접적으로 경제적 이익에 대

• 역사가 몇 명의 위대한 영웅들의 행적에 의해 설명될 수 있다고 생각하는 사관으로 19세기에 크게 유행했다. -편집자 주

응했고 수입을 유지하기 위해 관세에 의존했던 지주와 농민 간의 충돌, 그리고 관세는 비용을 늘린다고 생각한 고용주와 고용인의 갈등을 처리해야 했다고 말한다.[14]

지적 영향력의 한계를 고찰한 끝에 경제학자 조지 스티글러George Stigler는 이렇게 푸념했다. "경제학자가 사회 전반에 대해 의견을 제시하면 왜 이렇게 자주 무시당하는 것인가? 경제학자는 자유무역을 계속 이야기하고 있으며, 미국에서는 보호주의가 계속 성장하고 있다." 그는 이어서 이렇게 추론했다.

> "반대로 리처드 코브던이 이디시어*만 할 줄 알았고 말을 더듬는 사람이었다면, 필이 편협하고 어리석은 사람이었다면, 영국은 농업 계층이 쇠퇴하고 제조업과 상업이 영향력을 잃어감에 따라 곡물 자유무역을 추진했을 것이다. … 곡물법이 폐지된 것은 정치 및 경제적 권력의 변동에 대한 적절한 사회적 대응이었다."[15]

스티글러는 경제학자에 대한 낮은 평가를 지적하며 "경제학자가 암을 연구하는 사람만큼 숫자가 많지 않으며, 고가의 연구 시설도 갖추지 못했다는 사실이 그들에 대한 처우를 보여준다고 주장했다. "경제학에 대한 연구 비용은 약 25억 달러로 추정된다. 이 중 대부분은 서로 상충하는 견해를 가진 경제학자들을 지원하는 데 쓰인다. 경제학자들의 역할에 비해 경제학에 대한 투자는 너무 부족하다."[16] 스티글러가 이렇게 기술한 시기는 1976년이었는데, 그때는 케인스 혁명** 덕분에 경제학

• 유대인들이 사용했던 언어의 일종 -편집자 주

자들이 정책 고문으로서 더 큰 영향력을 갖게 되었으나 금융 서비스가 대중화되고 금융화가 확대되어 다수의 민간 기업이 경제학자를 고용(그 결과로 경제학자가 받는 보수가 더 좋아졌다.)하기 전이었다.

영향력의 역동성에 대해 생각해 보려면 장기적 추세가 언제 어떻게 발생했으며, 이러한 추세에 어떻게 브레이크가 걸리는지 고려해야 한다. 현대 경제 성장 또는 수백 년에 걸쳐(초세속적) 실질금리(r)가 하락하는 추세와 관련된 현상처럼 역사적으로 큰 움직임이 발생할 수 있다.[17] 이와 같은 거대한 추세는 단 두 개의 변수만 사용하는 분명한 '법칙'을 제시한다.

이 경우의 변수는 성장의 상승과 금리의 하락이다. 세계화는 성장률(g)을 높이지만, 동시에 정치적 현대화, 제도적 개혁, 재산을 소유한 입법부를 갖춘 대의 정부의 성장으로 인해 안전 자산이 더 많아지고 결과적으로 수익률(r)이 낮아진다. 17세기 후반 영국의 금융 혁명은 모방이 가능한 모델을 만들어냈으며, 안전 금리를 낮추면 다른 유형의 자본 비용도 줄일 수 있었다. 물론 그렇게 하려면 다양한 위험 프리미엄을 감수해야 했다.[18]

카를 마르크스Marx, Karl Heinrich부터 존 메이너드 케인스John Maynard Keynes에 이르기까지 경기침체나 자본주의적 재앙에 관한 영향력 있는 이론들이 있는데, 여기에는 더 많은 자본이 축적됨에 따라 자본에 관한 한계수익률이 하락한다는 주장도 있다. 케인스는 자본의 한계 효율성이 떨어진다고 설명했다. 그리고 정상 상태stationary state에 대한 애덤 스

•• 1930년대에 경제학자 존 메이너드 케인스는 경제 문제에 정부가 적극적으로 개입해야 한다는 주장을 폈는데 이것은 정통 경제학에 반하는 것이었으므로 '케인스 혁명'이라 부른다. -편집자 주

미스와 데이비드 리카도의 고찰은 이보다 더 오래되었어도 여전히 영향력이 더 큰 전통인데, 마르크스는 바로 이들의 고찰에서 중요한 사실을 알아냈다.

물론 장기적 역학의 본질이 미래 전망에 대한 평가에서 핵심 요소지만, 이것은 늘 파악하기 어렵고 문제점이 있었다. 마르크스가 이윤율 저하의 법칙을 설명하지 못한 점은 매우 유명한데, 그는 이 법칙을 가리켜 '역사적 관점에서 가장 중요한 법칙이며 아주 단순한데도 이전에 결코 이해된 적이 없고, 더욱이 의식적으로 표현된 적이 없는 법칙'이라고 표현했다.[19]

마르크스는 이윤 저하라는 문제에 파고들었고, 1868년에 엥겔스에게 다음과 같은 내용의 서한을 보냈다.

"이전의 모든 기간과 비교할 때 최근 30년간 사회적 노동의 생산력이 고도로 발전했다. 이 점을 생각해 보면 … 지금까지 이윤 하락이라는 문제를 설명하는 것이 경제학자들에게 큰 고민거리였지만, 이제는 정반대의 문제가 발생했다. 즉, 이윤 하락이 더 크지 않고 더 빠르지 않은 이유를 설명하는 것이 새로운 고민거리가 되었다."[20]

쇼크는 갑작스럽게 발생하며 장기적 관점에 대한 이전의 생각을 전부 재평가하게 만든다. 주요 추세에 대한 해석을 제시하는 사람들도 관심의 초점을 늘 옮길 수밖에 없는 처지가 된다. 문제는 어떤 지표를 r로 생각하고 측정해야 하는지와 관련이 있다. 안정적인 산업 국가의 국채와 같은 안전 자산에 대한 인플레이션 조정(실질) 수익률로 할 것인가? 자본의 한계비용으로 할 것인가? 아니면 투자에 이미 매몰된 평균 자본수익률로 할 것인가? 평균 수익률의 장기 추세를 분석하면 자본수익률에 대한 영향력 있는 공식이 도출되어, 축적이 점점 더 커지는 것을 알 수 있다.(이를 가리켜 '무한 축적이 생성'된다고 한다.)

프랑스의 경제학자 토마 피케티Thomas Piketty가 제시한 유명한 분석은 바로 이 주제를 다룬 것이다.[21] 피케티의 평균 비율은 한계 비율보다 지속적으로 높은데, 특히 경기가 후퇴하거나 정체되는 시대에 그러하다. 아마도 파리 한복판, 뉴욕, 실리콘밸리, 상하이처럼 희소 지역에 대한 임대료로 적절하게 간주할 수 있는 토지 및 부동산 수익과 주로 관련 있기 때문일 것이다.[22]

이 현상은 19세기와 20세기 말에도 불평등의 주요 동인이었다. 피케티는 21세기에 불평등이 훨씬 더 빠른 속도로 확산하고 있다고 판단했다.[23] r 〉 g에 대한 그의 비전은 단순히 세계적으로 연결된 중심지에서 토지 가치를 높이는 세계화를 반영한 것일 수 있다.(실제로 피케티가 제시한 불평등 측정은 20세기 중반의 탈세계화 단계에서 하락세를 보였다.) 따라서 그는 자신이 말한 정의(토지, 건물 또는 금융 자본)를 구성하는 죽은 자본의 냉담한 형태에 맞서 인간의 독창성 또는 인적 자본의 승리라고 할 수 있는 기술 진보마저도 자본수익률을 높여주는 건물, 집적화, 특허의 필요성을 더욱 증가시킬 것이라고 주장한다. 이러한 관점에서 보면 '기술의 변덕'으로 인류가 구조받는 일은 없을 것이다.[24]

우리는 기술의 변덕에 대해 더 자세히 살펴볼 필요가 있다. 장기적인 것이 항상 유리한 것은 아니다. 금리와 성장의 관계는 위기와 불확실성의 시기에 급격하게 변화한다. 가격 변동이 매우 큰 순간에는 자본수익률이 불안정해진다. 위기의 순간에는 미래는 물론이고 미래의 의미와 방향이 불확실해지기에, 철학적인 논의는 실물 경제에 참여하고 있는 개인이나 기업가들에게 사치스럽게 여겨진다. 파산은 아이디어나 사업 개념의 장기적 실행 가능성에 좌우되는 것이 아니라, 즉각적인 재정적 요구 사항을 충족하는 능력이나 대차대조표의 자산과 부채가 해석되는 방식에 따라 정해진다. 그래서 의심이 들고 주저하는 순간에 개인, 정부, 시장은 설득하려는 목소리에 마음을 열게 된다. 영향력을 가진 애널리스트, 경제 동향에 대한 해석을 제시하는 사람 또는 수사학자들은 미래를 안다고 주장하면서 어디로 가야 할지 비춰주겠다고 말할 것이다. 이런 순간에는 수많은 가능성과 여러 갈래의 길을 고려하게 된다. 마치 '평행우주'처럼 말이다. 이것을 보고 케인스는 '통제할 수 없고 불복종하는 비즈니스 세계의 심리가 어떻게 자본의 한계효율성을 결정하는지' 기술했다.[25]

지난 수 세기 동안 각국이 위기나 경제적 쇼크에 어떻게 대응하느냐에 따라 세계화 과정이 정해졌다. 경제적 쇼크는 종종 금융위기의 발생과 겹쳤다. 이렇게 심각한 쇼크가 발생할 때만 정상적인 분위기 또는 기존 추세가 순조롭게 지속될 거라는 기대가 산산이 부서졌다.

역사적으로 세계화에 가속도가 붙어서 상승 궤도를 그리다가 확 꺾이는 순간이 있었다. 세계대전 사이에 발생한 대공황 때다. 이때는 아주 심각한 디플레이션이 발생했으며, 이 때문에 호전적인 민족주의와 제로섬 사고가 강화되었다. 현대의 다양한 발전 과정에서 1930년대의 대공황이 재현될지 궁금한 마음이 드는 것은 이해할 수 있다. 하지만 세계화가 무엇이며 세계화로 인해 누가 이익을 보고 누가 해를 입는지 다시 생각하게 만든 것은 제1, 2차 세계대전 사이에 발생한 슬럼프뿐이라고는 할 수 없다.

수요와 공급

×

모든 위기가 세계화를 파괴하거나 세계화에 역행하는 것은 아니다. 오히려 극적인 분수령과 같은 사건은 세계화를 더 촉진할 수 있다. 1970년대 석유 파동은 정책 패러다임을 바꿔놓았다. 석유 파동 초반에 산업 국가들은 대규모 무역 적자에 대응하고 세계적 위험에 노출된 것을 해결하려고 보호주의를 더욱 확장했다. 윈 고들리Wynne Godley가 이끄는 케임브리지 응용경제학과는 포위 경제siege economy•를 주장하는 사람들에게 베이스캠프 역할을 했다. 그러나 정책 커뮤니티는 무역을 제한하는 것이 아니라 규제 완화, 인플레이션 해소 및 개방화를 추진하는 방향으로 선회했다. 미국의 지미 카터, 영국의 제임스 캘러헌James Callaghan, 독일의 헬무트 슈미트Helmut Schmidt와 같은 중도 좌파 정부가 주도권을 잡았다.

위기와 중단, 쇼크는 매우 다른 형태로 나타난다. 그러므로 세 가지가 모두 같다고 생각하거나 같은 현상의 변종이라고 생각하는 애널리스트는 잘못된 판단을 할 가능성이 높다. 위기에 관한 수많은 역사 자료에서는 경제학자들이 부적절한 무기를 사용해서 마지막 전투에 임하는 장군처럼 행동하는 경향이 있는데 이를 경계해야 한다고 말한다.[26]

어떤 경우에는 위기가 통합을 더욱 촉진하기도 한다. 현대 세계화시대가 시작되던 시점을 잠시 생각해 보자. 19세기에 심각한 흉년, 기근, 1840년대에 닥친 금융 및 상업의 붕괴라는 쇼크에 대한 대응책으

• 자본 수출이 제한되고 수입이 통제되는 경제 체제 -편집자 주

로 상호연결성이 급증했다. 1848년에는 유럽 대륙에 혁명의 물결이 밀어닥쳤다. 마르크스는 글로벌 통합이 세계를 주도할 것이며 그 때문에 취약성과 노출이 생긴다는 점을 이미 지적한 바 있다. 하지만 1840년대의 경제 쇼크는 통합 과정을 반전시키지 못했다. 물가가 오르는 것이 아니라, 무역이 확대되고 각국 정부가 관세 장벽을 낮추었고, 자본이 급증했다. 사람들은 힘겨운 일을 겪은 탓도 있었지만 새로운 번영을 얻을 수 있다는 희망에 반응하여 대륙 간 이동을 감행했다.

그렇다면 어떤 쇼크는 세계화를 촉진하고, 어떤 쇼크는 세계화의 발목을 잡는 걸까? 어떤 사람들은 유행하는 이론의 관점에서 세계화의 궤적을 설명한다. 19세기 중반에 데이비드 리카도와 존 스튜어트 밀이 제시한 자유무역 경제학의 승리 또는 1970년대 밀턴 프리드먼과 프리드리히 하이에크가 주장한 신자유주의 등을 언급할 것이다. 그러나 이와 같은 이론가의 영향력에 관해 의문을 품으면 또 다른 질문이 생긴다. 그것은 바로 특정 시점에서 정책이 특정한 영향을 받아들인 이유가 무엇인가이다.

트라우마의 후유증을 고려하자면, 쇼크의 성질에서 가장 그럴듯한 설명을 찾을 수 있다. 위기는 모두 같지 않다. 특히, 공급 쇼크와 수요 쇼크는 구분할 필요가 있다. 경제학자들은 총공급에 영향을 미치는 영향과 수요를 형성하는 요소를 구별하여 주요 지표(산출 및 가격)에 대한 영향을 분석한다.

먼저 공급 쇼크는 생산자가 전체 생산량에 추가되는 상품을 생산하는 능력을 변화시키며, 가격이나 투입 수량 또는 생산 기술에 직접적인 영향을 준다. 부정적인 쇼크는 투입을 줄이고 가격을 높이는 반면, 긍정적인 쇼크는 투입을 늘리고 가격을 낮춘다. 그래서 공급 쇼크가 발생하면 균형 가격 수준과 균형 생산량은 서로 반대 방향으로 이동한다.

이와 대조적으로 수요 쇼크는 개인이나 기업, 정부 등 구매자의 지출에 영향을 준다. 생산량과 생산에 영향을 준다고 예측하기도 한다. 긍정적인 쇼크는 경제 활동이 더 많아지게 하지만, 부정적인 쇼크는 경제 활동을 위축시킨다. 하지만 이 경우에 균형 가격과 생산량은 같은 방향으로 움직인다. 다시 말해서 수요 쇼크가 긍정적일 때에는 이 두 가지가 상승하고 부정적인 쇼크일 때는 두 가지가 하락한다. 금융위기는 금융 체제가 오작동하거나 처음부터 잘못 만들어졌거나 제대로 규제하지 못했을 때 발생하는데, 이는 부정적인 수요 쇼크에 해당하므로 개인이나 기업의 제품 구매력이 손상되고, 가격과 생산 모두 하락한다. 세계화 과정은 두 차례의 매우 심각한 부정적인 수요 위기로 인해 중단되었는데, 하나는 1929~1933년 대공황이었고, 다른 하나는 2007~2008년 금융위기 이후에 발생한 대침체Great Recession였다. 두 경우 모두 금융 혼란 때문에 발생하거나 악화한 사례다.

반대로 금융 서비스를 대대적으로 혁신할 때 경제는 아드레날린을 대량으로 분비한다. 다시 말해서 가격과 생산량이 증가하는 것이다. 종종 부정적이거나 긍정적인 공급 쇼크 때문에 금융위기가 발생하는데, 두 가지 공급 쇼크는 혁신적인 기업을 흥분시킨다.(물론 사기꾼도 기업 못지않게 흥분할 수 있다. 하지만 상황이 다 끝나기 전에는 기업과 사기꾼을 구분하기가 쉽지 않다.) 그래서 공급 쇼크와 수요 쇼크의 요소가 동시에 존재하기에 전체적인 상황이 불분명하게 느껴지며, 가격 변동 및 행동에서 단순한 교훈을 이끌어 내는 능력도 줄어들게 된다.

부정적인 공급 쇼크는 일시적일 수 있다. 그런 경우는 일시적으로 인플레이션이 촉진되다가 잠시 디플레이션이 발생하고, 상대적으로 정상 회복되거나 쇼크가 발생하기 전의 가격 행동으로 회복되는 것을 기대할 수도 있다. 희소 상품의 가격이 영구적으로 높은 상태를 유지할 것이라는 생각 때문에 이런 현상이 상당히 오래갈지 모른다. 이러한 시나리오의 모델링은 초기 급등 이후에 근원물가 인플레이션 또는 근원 인플레이션*의 장기적 효과가 약간 증가할 것임을 암시한다.

마지막으로 쇼크로 인해서 희소 상품의 가격이 장기적으로 치솟을지도 모르는 경우가 있다. 이 경우의 모델링은 근원 인플레이션율core rates of inflation이 계속해서 상승할 것임을 시사한다.[27] 이런 방식의 모델링 시도는 쇼크에 명확한 패턴이 존재한다는 가정에서 출발한다. 그러나 세계화 과정을 바꿔놓은 역사적인 주요 쇼크는 이와 매우 달라 정상적이거나 예측할 수 있는 사건이 아니었다. 때문에 심각한 불안정을 초래했으며 결과가 불확실했고, 정치적 트라우마를 유발했다.

경제 쇼크의 영향

╳

이런 상황에서 미래가 어떻게 될지 알아보려고 안간힘을 쓰는 지성인들은 실제로 생산과 유통 구조를 바꾸어놓았다. 쇼크는 급진적이라는 특징이 있어 새로운 상품이나 상품을 유통하는 새로운 메커니즘과 같은 대안을 찾는 데 박차를 가했다.

1840년대와 1970년대의 두 가지 주요 사례는 운송 혁명을 일으켰다. 사실 철도나 컨테이너 선박과 같은 혁명적인 기술이 완전히 새로운

---

* 소비자물가지수에서 계절적 요인에 따라 작황에 영향을 받는 농산물, 일시적 외부 충격에 의해 급격하게 물가 오르내리는 석유류 등을 제외하고 산출하는 물가지수 -편집자 주

것은 아니었다. 불확실성과 정치 혼란은 훨씬 더 폭넓은 실행을 밀어붙이거나 실행에 방해가 되는 요소를 제거했다. 그 결과 운송 비용을 크게 줄여서 공급 문제가 달라졌다.

쇼크의 특성은 통합이나 세계화에 관한 태도를 바꾸는 방식에 큰 영향을 준다. 현대 세계화는 매우 급작스러운 부정적인 공급 쇼크, 특히 전근대 경제의 전통적인 문제점인 대량 기아를 촉발한 흉년과 작물 질병에 대한 대응에서 시작되었다. 생필품 가격과 함께 식량 가격이 폭등했고 소비량은 감소했다. 부정적인 쇼크는 또한 유통 네트워크를 근본적으로 바꾸는데, 소규모 중개인이 제거된다거나 전반적인 복지 초기비용이 많이 증가하기도 하는 식이다. 많은 경우 이런 종류의 위기가 발생하면 같은 종류의 공급자가 취약해진다. 1840년대 기근과 제1차 세계대전이 발발했을 때는 상점 주인들이, 2020년에 팬데믹이 발생했을 때는 소규모 상점이나 식당을 운영하던 사람들이 큰 타격을 입었다. 어려워진 상황 때문에 이들은 손가락질받기도 했고, 결국 이들의 비즈니스 모형은 무너져 가게를 닫아야만 했다.

세계화가 가장 눈에 띄게 진행된 것은 19세기 중반과 1970년대에 부정적인 공급 쇼크가 발생했을 때였다.([도표 0] 참조) 그러나 제1차 세계대전의 쇼크도 공급 제한을 초래했다. 이전에는 대서양을 횡단하는 운송 경로에 의존했던 유럽 참전국은 이제 경제 전쟁 때문에 대서양 경로에 제약이 생겨서 식량 부족을 겪게 되었으며, 고무, 질산염, 비철금속도 부족해졌다. 이 쇼크 때문에 1920년대 세계 무역은 잠시 회복세를 보였다.

20세기에 발생한 대공황은 반세계화를 추진하는 힘으로 작용했다. 대공황은 기본적으로 수요 충격으로 인해 발생했다. 사람들은 대공황

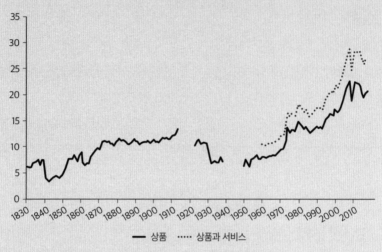

◆ 도표 0. 전 세계의 GDP 대비 수출 비율 ◆

— 상품 ····· 상품과 서비스

출처: 루이스 카탕Luís Catāo과 모리스 옵스펠드Maurice Obstfeld의 저서 《세계화의 과제 해결:
모두를 위한 무역을 위한 정책Meeting Globalization's Challenges: Policies to Make Trade Work for All》의 서문

을 풍요 속의 빈곤이라고 해석했다. 곡물(과 다른 상품)의 과잉 공급 때
문에 가격이 하락했기 때문이다. 정책적 해결책은 수요를 관리하는 것
이었다. 정부는 수요를 더 창출하고 가격을 높여야 했다. 이성적으로
보자면 자본주의와 시장이 실패했다고 결론 내려야 했다. 정부가 무슨
수를 써서라도 소비 증가를 유도할 수 있으면 과소 소비가 가져온 저
주를 해결할 수 있었다.[28]

　　1970년대에는 세계화와 국제적 거버넌스의 혁신이라는 새로운 물
결이 시작되었기에, 더욱 복잡한 사례가 만들어졌다. 부정적인 공급 충
격으로 볼 수도 있지만, 세계적으로 수요가 급증하여 만들어진 결과였
다. 공급 충격과 수요 충격은 서로 연결될 수 있는데, 이 경우에는 미국
의 통화 정책으로 유발된 1960년대 대규모 수요 충격이 원자재 부족

을 일으켰고, 원자재 생산자들이 수요 독점 행위를 통해 가격을 높이려고 공급을 제한해버렸다.

공급 제약의 일부는 오래전부터 알려진 원인과 관련이 있었다. 악천후 때문에 흉년을 겪거나 농산물 수확량이 줄어드는 경우가 이에 해당했다.

공급 통제의 대표적인 사례는 석유 카르텔인 OPEC이다. 이는 다른 원자재 수출국이 따라 할 정도로 아주 매력적인 모형이 되었다. 1973~1974년에 유가가 크게 상승했으며, 1979년에 독재자 정권을 전복시키는 이란 혁명이 일어난 후에 석유 부족 현상을 유발하기 위해 공급 제한을 시행한 것이 겹치면서 또 한 번 유가가 급등했다. 1840년대에 겪었던 문제가 재발한 것이다. 식량, 석유 등 모든 물자가 부족했으며 자원 확보를 놓고 치열한 경쟁이 벌어졌다. 당시에는 공급 제한의 효과가 일시적일 것이니 흉년이 반복되지 않을 것이며 석유 카르텔(과 이를 모방한 다른 카르텔)이 약화하리라 생각했다. 그런데 선진국 정부가 확장을 계속 추진하면서 새로운 상대적 가격 구조에 필요한 조정을 연기하려고 했다. 이렇게 되자 일시적인 인플레이션이 아니라 지속적인 인플레이션이 발생한 것이다.

2020년 이후에 발생한 공급 쇼크의 경우, 식량 부족은 물론이고 (백신을 보관하고 이송하는 데 사용되는 약병부터 컴퓨터 칩에 이르기까지)공급망의 일부 핵심 요소가 부족한 현상이 다시 일어났다. 코로나 때문에 경제가 붕괴하면서 제기된 문제점은 부적절한 수요에서 초래된 결과가 아니라, 의료 인프라에 과부하가 걸리지 않게 보호하려고 각국 정부가 경제를 폐쇄했기 때문에 발생한 것이다.

이러한 현대의 부정적 공급 쇼크에서 부족 현상은 생산에 필요한 다양한 중간재처럼 경제의 특정 부문으로 국한된다. 제1차 세계대전이 한창일 때에는 식량뿐 아니라 군수품, 특히 포탄 공급이 매우 부족했다. 1970년대에는 연비가 높은 자동차와 개선된 가정용 난방 시스템의 수요가 급증하면서 석유가 부족해졌다. 2020년에는 먼저 의료 장비, 일부 의약품 및 백신 부족 현상이 나타났고, 그다음에 전자 부품, 특히 칩이 부족해졌다.

부족 현상은 갈수록 악화하는 경향이 있는데, 공급 제약으로 생산에 더 많은 문제가 생기고 생산과 상호 연결된 네트워크도 마비되거나 무너져내리기 때문이다. 또한 부족 현상이 생기면 각국은 부족한 상품을 놓고 경쟁을 벌이거나 전쟁까지도 불사하게 된다. 부족 현상에 어떻게 적응할 것인가를 논하다 보면, 결국 어떻게 최선의 방식으로 상품을 할당할 것인가를 고민하게 된다. 전문가나 기술 관료의 손을 거쳐야 할 때도 있고, 대중들의 혁명이나 또 다른 민주적인 메커니즘이 필요할 수도 있다. 이 과정에서 대중적인 통제에 대한 수요가 추가로 발생한다. 제1차 세계대전에서는 불만이 쌓이자 결국 혁명의 물결이 일어났는데, 러시아에서 시작된 혁명은 서쪽의 동유럽과 중부 유럽으로 확산했다.

1970년대에는 정부가 통제하지 못할 것 같은 위기가 닥쳤다. 오늘날 이 문제는 정부 역량과 기술 관료의 실패에 대한 논의로 이어진다. 1840년대 기근 당시 아일랜드에 옥수수를 공급하는 문제나 제1차 세계대전에 포탄 제조용 철을 공급하는 문제, 1970년대에는 석유 파동, 요즘은 백신과 반도체 문제를 놓고 일시적인 논란이 일어난다. 구체적인 문제는 원만하게 해결될지 몰라도 그러한 문제가 유발하는 강력한 감정은 오랫동안 남아 정치적으로 영향을 끼치기 마련이다.

세계의 역사는 부족 현상에 어떻게든 대응해왔지만 그럼에도 불구하고 불안이 쉽사리 사라지지 않는 이유는 쇼크가 초래하는 압도적인 느낌 때문이다. 절망에 처했을 때는 거칠고 유토피아적인 해결책만이 유일하게 성공 가능성이 있는 것처럼 보인다.

기업가는 공급 쇼크가 닥치면 우왕좌왕한다. 미래에 적응하기 위한 새로운 조합을 꿈꾸는 금융가는 각자의 길을 간다. 불확실성이 높아지면 평소와 달리 대범하게 베팅하게 되며, 그렇게 하려면 미래 현실에 대한 비전이나 이야기를 생각해내야 한다. 그들은 자기네 제품이나 세계 정치 및 경제의 새로운 질서에 관한 아이디어를 과장하여 사람들을 설득하려 한다. 하지만 그들의 주장과 이어진 상황 전개가 맞지 않는 경우가 많고, 그들의 비전은 단지 예상이 빗나간 것이 아니라 사기처럼 보일 때가 있다. 그러면 영웅인 척했던 사람들이 허세를 부리는 나약한 인간으로 되돌아온다.

이 책에서는 처음에 마법사처럼 보였지만 결국에는 불명예와 수치를 떠안은 사람들에 대해서도 알아볼 것이다. 대표적인 인물로는 19세기 중반의 베델 헨리 스트로스버그, 20세기의 이반 크루거, 21세기의 렉스 그린실을 꼽을 수 있다.

경제 쇼크에 대한 정부의 대처

✕

공급 쇼크가 발생하면 정부는 기업가와 같은 문제에 직면하게 된다. 미래에 어떤 현실이 펼쳐질지 모른 채 비전을 제시해야 하는 것이다. 이 때문에 정부의 역량에 의문을 제기하는 상황이 종종 발생한다. 실제 1840년대와 1970년대에는 정부의 정당성에 중대한 위기가 닥쳤다. 1840년대에 독재적인 반동 정부는 비난의 대상으로 전락했다. 1970년대에는 민주주의가 실패했거나 민주주의가 죽어가고 있다는 생각이 널리 퍼져 있었다.* 또한 산업 사회는 통제 불능 상태가 되었으며 독재 체제가 곧 우위를 선점할 거라는 소문도 있었다.[29]

2020년 이후에 민주주의에 대한 의구심이 다시 발생했다. 부정적인 공급 쇼크가 또 발생한 탓이었는데, 초반에는 중국 정부가 서방의 경쟁 국가보다 이 문제에 훨씬 잘 대처하는 것처럼 보였다.

코로나19라는 팬데믹을 지켜본 일부 사람들은 포퓰리스트 정부(또는 반자유주의 민주주의)가 위기에 대처하는 면에서 중대한 오류를 범했다고 생각한다. 대표적으로 도널드 트럼프, 보리스 존슨, 블라디미르 푸틴, 자이르 보우소나루, 나렌드라 모디, 로드리고 두테르테가 이끄는 정부가 여기에 속한다.

그들은 봉쇄 조치의 이점을 내세우며 즉각적인 봉쇄 조치를 시행하는 포퓰리즘 지향적인 태도를 고수했고, 전문가나 기술 관료의 조언은 무시했다. 독일이나 일본처럼 위기에 잘 대처하는 것처럼 보였던 나라에서도 시위가 급증했다. 2021년 1월 6일에 미 국회의사당에서 폭동이 일어났으며, 그보다 앞서 2020년 8월에 독일 의회도 공격받았다. 수많은 사람들은 이렇게 새로운 리더십과 새로운 비전을 필사적으로 찾으려고 애썼다.

정치인들은 다방면으로 탈출구를 모색하지만, 사실 돈으로 쉬운 길을 선택할 수 있다. 인플레이션은 공급 쇼크에 대한 명확하고 즉각적인 해결책이 된다. 더 많은 사람의 주머니에 더 많은 돈을 넣어주면 부족

• 프랑스의 철학자 장 프랑수아 르벨Jean-Francois Revel의 저서 《미국은 영원한 강자인가》에 따르면 -역자 주

현상에 대처할 수 있는 자원이 있다는 인상을 줄 수 있다. 입찰 전쟁에서 돈을 올릴수록 더 많은 자원이 등장하기 때문이다.

물론 이러한 결과는 가격 상승을 유발하므로 해당 결과의 일부는 현실이 아니라 환상이다. 첫 번째 승자가 특정 자원을 갖게 되는 순서 효과sequencing effect도 있다. 이렇게 이익을 얻으면 새로운 수요, 새로운 할당이 생겨난다. 초기 정책은 인플레이션 악순환으로 이어질 가능성이 있는데, 특히 영향력이 큰 집단이 정부에 더 많은 구제책을 요구할 때 그럴 가능성이 있다.

20세기에 부정적인 공급 쇼크에 적응하는 과정은 19세기의 그것에 비해 훨씬 더 큰 인플레이션을 유발했다. 1840년대 이후로 금속 화폐가 확장되고 많은 신용 기관이 새로 설립되면서 은행 화폐가 증가했다.(금속 화폐는 1849년 캘리포니아 골드러시 및 1851년 호주 골드러시 이후에 크게 증가했다.) 제1차 세계대전도 하나의 공급 쇼크였는데, 각국 정부가 군수품 생산에 집중하려고 민간제조업체를 모두 폐쇄해 버렸다. 그 결과 광범위한 인플레이션이 발생했다. 공급 쇼크가 지나간 후인 1970년대는 대인플레이션의 시대였다. 하지만 인플레이션 덕분에 공급 쇼크에 좀 더 쉽게 대응할 수 있었던 것은 명백한 사실이었다. 인플레이션은 투자와 혁신 부문에서도 윤활유 역할을 했다.

인플레이션이 발생하면 얼핏 보기에 사회가 안정되는 것 같지만, 시간이 흐를수록 그 자체가 점점 위협으로 작용하게 된다. 인플레이션 때문에 이익 집단이 더 많이 생성되거나 동원되고, 자금이나 재정적 자원을 더 많이 차지하려고 로비를 벌인다. 동원 범위가 커질수록 사회를 분열시킬 우려가 있으며 최종적으로 안정이 아니라 불안정을 초래한다. 1960년대 국제적인 인플레이션이 시작된 것을 계기로 산유국이 그토록 똘똘 뭉친 것이라는 주장도 이와 맥락을 같이 한다.

이처럼 인플레이션이 높아지면 결국에는 인플레이션 합의에 대한 반발이 생긴다. 그 결과로 통화 정책 실험과 세계화가 촉진되며 새로운 질서 프레임워크가 생길지 모른다. 1850년대와 1860년대의 급격한 성장 이후로 세상은 영국이 채택한 금 본위제를 국제화하는 쪽으로 방향을 잡았다. 1970년대의 인플레이션 및 자유화 이후로 정책 입안자는 통화 혼란을 가라앉힐 새로운 해결책을 간절히 원하다가 국내에서는 인플레이션 타게팅Inflation Targeting*을 시도했고, 국제 사회에서는 G5, G7, G20와 같은 새로운 형태의 협력 기구를 만들어냈다. 위기에 대한 경험이 쌓이자 장기적으로 세계화가 이루어질 방향이 정해졌고, 기본적인 규칙과 절차도 정립되었다.

전 세계는 서로 연결되어 있으므로 체계적인 대응에 일정한 패턴이 있다. 기존 권위에 더 강한 도전을 제기하면 통화 불안정이 더 심해지고, 인플레이션도 크게 발생하지만, 그만큼 세계화도 더 폭넓게 이루어진다. 결국 이렇게 대응하려면 국제 규칙을 전부 다 재고해야 할 것이다.

각국은 점점 복잡해지고 다면화되는 문제에 직면하고 있으며 이는 관료적 역량의 한계를 드러낸다. 경제 쇼크는 이 세상이 어떻게 돌아가느냐에 대한 상상력에 어떤 영향을 주는가? 사람들의 기대와 행동은 어떻게 달라질 것인가?

---

* 물가안정목표제. 중앙은행이 명시적인 중간 목표 없이 일정 기간 동안 달성해야 할 물가 목표치를 미리 제시하고 이에 맞추어 통화 정책을 운영하는 방식 -편집자 주

전망

×

이 책에서는 일곱 개의 중대한 시기를 살펴볼 것이다. 특히 다음 세대의 반응과 행동을 결정한 주요 인물이 그러한 위기를 어떻게 생각하고 해석했는지를 다룰 것이다.

1840년대의 부정적인 공급 쇼크는 카를 마르크스가 자본주의 붕괴론을 주장할 근거를 제공했다. 그 후 1870년대에 증기선과 철도가 등장하는 등, 운송 수단이 발전함에 따라 곡물 가격이 하락했고 긍정적인 공급 쇼크가 발생했다. 한 세대 이전의 위기 이론은 새로운 이론으로 대체되었고, 영국 및 프랑스어와 독일어를 사용하는 지역의 영향력 있는 세 명의 작가들이 제시한 견해가 널리 인정받았다. 그들은 바로 맨체스터와 런던에 연고를 두었던 윌리엄 스탠리 제번스William Stanley Jevons, 스위스 로잔의 레옹 발라Léon Walras, 오스트리아의 카를 멩거Carl Menger였다. 그들은 거의 같은 시기에 새로운 가치 이론과 경제적 의사 결정에 대한 개별화된 접근법을 개발했는데, 서로 전혀 영향을 주고받지 않았다. 19세기에 활동했던 이들은 정책을 세우거나 의사 결정에 직접적인 영향을 행사하지 않았다. 한 사람은 붕괴를 주장하는 이론가였고 나머지 둘은 한계 혁명을 주창했으나, 셋 다 당시에는 큰 영향력을 행사하지 못했다. 그러나 미래를 내다보는 관점은 크게 바꾸어놓았다.

이와 대조적으로 이 책에서 소개할 20세기와 21세기 인물은 모두 경제학자였으며 사회, 정치적으로 중요한 역할을 수행했다. 그들 중 다수는 정책 입안자로 활동했다. 칼 헬페리히Karl Helfferich라는 유명한 독일의 경제학자는 괴팍하기 짝이 없는 비평가들에 맞서 금 본위제를 옹호하면서 화폐에 관한 주요 교과서를 집필했다.(그가 집필한 교과서는 영어를 포함하여 여러 언어로 번역되었다.) 그는 제1차 세계대전 중에 재무장관이 되었고, 자신의 통화이론에 따라 전쟁 자금을 조달하는 시스템을 계획했다. 헬페리히는 '패배한 강대국의 목에 수십억 달러의 납덩이를 매달아서' 독일인이 부담해야 할 비용을 피할 심산이었다. 전쟁에서 패한 후에는 눈덩이처럼 커지는 국내 인플레이션과 초인플레이션의 특성을 잘못 이해했으며, 초기 바이마르 공화국의 주요 정치인들과 거친 언쟁을 벌였다. 그는 인플레이션 종식을 목표로 하는 안정화 계획에 이바지했다. 헬페리히는 제1차 세계대전이 어느 정도로 광범위한 공급 쇼크였는지 전혀 이해하지 못했다. 이제 경제학자들은 그의 이름을 들으면 가장 먼저 재정 정책 우위fiscal dominance•를 떠올린다.

존 메이너드 케인스는 제1차 세계대전 이후에 배상 문제를 비판하여 유명해졌다. 그는 대공황의 엄청난 수요 쇼크 속에서 정통적인 재정 정책과 통화 정책을 크게 비판했으며, 결국 제2차 세계대전 이후에 실행할 수 있는 국제 경제 질서를 재건하는 데 주도적인 역할을 했다. 케인스식 사고의 중요하고 근본적인 역할은 제1차 세계대전의 경험에서 이루어졌으며, 그는 이것을 제2차 세계대전에도 적용했다. 1940년대에 케인스가 주장한 국제주의는 1930년대의 입장과 극명하게 대조를 이루는 것처럼 보이지만 사실은 일관된 면이 더 크다. 그는 중부 유럽을 강타하여 큰 위기를 초래한 인플레이션 붕괴를 피하려면 전시 수요 관리가 매우 중요하다고 여겼다.

1970년대는 주요 공급 쇼크가 발생했다. 석유 생산국은 세계의 석

• 중앙은행의 통화정책이 재정 당국의 자금 조달 수요에 종속되는 상황 -편집자 주

유 의존도를 슬쩍 이용하여 전 세계의 판도를 바꿔놓으려 했으며, 다른 원자재 생산국들도 중동의 석유 생산국을 따라하려는 움직임을 보였다. 결국 전 세계는 더욱더 안정적이고 굳건한 공급원을 확보하기 위해 더 큰 규모로 통합하기 시작했다. 공급 쇼크를 흡수하는 한 가지 방법은 더 큰 인플레이션을 수용하는 것이었지만, 얼마 가지 못해 높은 인플레이션 때문에 주요 산업 국가의 사회 결속력이 저해되고 조직화한 집단이 서로 대립한다는 점을 깨달았다. 인플레이션과 더 광범위한 사회 불안에 대해 밀턴 프리드먼과 프리드리히 하이에크가 제시한 대답은 새로운 세계화 물결을 향한 의제를 설정했다.

2007~2008년 세계 금융위기는 북대서양 주요 경제 대국에서 대공황에 버금갈 정도로 부정적인 수요 쇼크를 일으켰으나 강력한 신흥 시장 경제에는 거의 영향을 주지 않았다. 중앙은행, 특히 벤 버냉키가 이끄는 연방 준비 제도 이사회가 제시한 해결책은 전반적인 붕괴나 대공황이 반복되는 것을 방지하는 면에서 놀라울 정도로 효과적이었다. 하지만 그들의 해결책은 도저히 출구가 없는 문제를 만들었다. 정책을 수단으로 문제를 풀려면 어떻게 해야 할까? 이를 풀려고 시도할 때마다 새로운 쇼크가 발생했는데, 일례로 연준이 증권 구매 프로그램을 축소할지 논의했으며 금리가 오르기 시작한 때인 2013년에 '긴축발작taper tantrum'•이 발생했다. 결과적으로 정책 커뮤니티는 단기적인 해결 방안으로 쓰려고 했던 것에 발목이 붙잡혀 버렸다.

코로나19라는 위기는 이전의 부정적인 공급 쇼크와 비슷한 면이 있다. 봉쇄와 여행 금지 조처 때문에 공급망이 큰 타격을 입었다. 위기가

• 미국의 양적완화정책이 긴축정책으로 전환될 때 금융시장이 겪는 충격 -편집자 주

계속되자 미래에 저성장, 소득 불평등의 증가로 인해 대침체라는 장기화된 부정적인 수요 쇼크가 발생할 것으로 전망하는 사람들이 있었다. 물론 여기에는 미국의 전 재무부 장관인 래리 서머스의 영향이 컸다. 생산성 증가 폭은 계속 낮은 수준을 유지하고 수요가 부족할 것이라는 장기침체 이론은 1930년대 또는 대공황을 겪던 세상을 떠올리게 했다. 그러나 이것은 대공황에 대한 잘못된 판단이었다. 수요 위기가 있긴 했지만 20세기 중반에는 기술을 중심으로 대대적인 변혁이 일어나서 공급과 생산 구조가 완전히 달라졌다.

2020년에 발생한 위기는 수백 년을 통틀어 최악의(또는 적어도 가장 날카로운) 경제 위기였다. 당시 각국의 정부와 학자들은 세계대전 사이에 발생했던 수요 충격이 반복될 거라고 예상했다. 매우 오랫동안 금리가 낮을 것이라는 예상이 있었기에 대규모 경기부양책에 다들 귀가 솔깃해졌다. 그러나 새로운 문제가 나타났고, 새로운 위험의 범위를 가장 먼저 파악한 사람 중 하나는 바로 서머스였다. 실제로 수요부족이 다시 발생한 것은 아니었고, 봉쇄 기간에 일시적으로 수요가 사라지거나 억제된 것이었다. 팬데믹, 그리고 무엇보다도 정부가 시행한 봉쇄정책 때문에 공급 쇼크의 전형적인 징후 몇 가지가 매우 빠르게 나타났다. 공급망이 중단되고 부족 현상이 나타나자 상품 가격이 상승했다. (1970년대와 마찬가지로)평론가들은 가격 상승의 새로운 주기를 식별할 수 있을 것으로 예상했다.

이제 공급 쇼크가 발생한 상황에서 경제에 관한 새로운 해석의 장이 열렸다. 총체적인 사고보다는 매우 지역적이고 특정 기반에 따른 미세조정에 초점을 맞춘 해석이었다. 큰 그림을 봐야 한다는 주장은 20세기 경제학이 남긴 유산이었는데, 이제는 시대착오적인 것처럼 여겨진다. 당시 가장 혁신적인 경제학 접근 방식에서는 막대한 양의 데이터와 이전에는 사용할 수 없었던 컴퓨터 활용 능력을 통해 미래에 대한 해석이나 비전을 생성하거나 언급할 방안을 모색했다. 하버드대학교 교수인 라즈 체티Raj Chetty와 같은 경제학자들은 더 광범위한 방법론적 변화를 추진하기 시작했다.

데이터에 발언권을 주는 것은 항상 꿈같은 일이라고 여겨졌다. 그러나 이미 19세기에 마르크스나 윌리엄 뉴마치William Newmarch, 스탠리 제번스와 같은 사람들이 제시한 비전에는 이런 가능성이 포함되어 있었다. 그런데도 데이터에 발언권을 주는 게 어려웠던 이유는 과거에는 분석가들이 항상 기존의 가정이나 신념을 사용하여 데이터에 일정한 순서를 부여했기 때문이었다. 지금은 빅데이터와 인공지능이 결합하여 서로 경쟁 관계에 있는 다양한 이야기를 동시에 만들어낼 가능성도 꽤 크다.

다양한 쇼크가 초래한 영향이나 결과는 오래 지속될 수 있다. 또한 특정 상황에 조건화된 대응은, 기존의 상황이 달라진 후에도 정책 대응에 계속 영향을 준다.

사람들은 매우 극적인 불확실성을 겪으면 과거에서 지침이나 교훈을 찾으려 한다. 그래서 우리는 현재 직면한 긴급 상황을 토대로 과거의 일을 재해석하기도 한다. 미술사에서 비슷한 점을 찾을 수 있는데, 미술사학자들은 추상표현주의의 창시자인 데 쿠닝Willem de Kooning에 대한 라파엘의 영향은 물론이고 데 쿠닝이 라파엘에게 미친 영향도 연구하며, 현대 관객이 어떤 방식으로 라파엘의 영향을 받는지 파헤친다. 그래서 아서 단토Arthur Danto라는 철학자는 미술사가 "회고를 통해 개체가 더욱 풍성해졌다"라고 기술했다.

경제사도 회고를 통해 풍성해질 수 있다. 1970년대나 2020년의 경험이 1840년대의 상황에 대한 우리의 견해를 바꿀 수 있는 것이다.[30]

우리는 경제사 속 일곱 번의 중대한 위기에서 일곱 가지 교훈을 얻을 수 있다.

1. 산업화되고 상호 연결된 세계에서는 세계화의 전환점에서 서로 닮은 점을 찾을 수 없다. 위기의 순간마다 개인과 기업과 정부는 전례 없는 새로운 방식으로 도전에 직면하며 심상 지도mental map를 다시 그리게 된다.
2. 이전 위기에서 얻은 교훈은 새로운 문제에 대한 효과적인 해결책을 모색하는 데 종종 방해될 수 있다.
3. 부정적인 공급 쇼크는 글로벌 공급의 중요성을 인식하게 만든다.
4. 부정적인 공급 쇼크가 가격 상승을 유발하는 경우도 있다. 정부는 더러 인플레이션을 허용하는데, 인플레이션 덕분에 시민들이 더 많은 자원을 얻을 수 있다고 생각하기를 기대하기 때문이다.
5. 부정적인 수요 쇼크는 국가가 자급자족을 추구하도록 밀어붙인다.
6. 부정적인 수요 쇼크는 디플레이션으로 이어지는 경향이 있다.
7. 인플레이션은 공급 충격의 즉각적인 결과에 대처하거나 조정하기에 좋은 방법처럼 보일지 모르지만, 지리적으로 먼 거리에서 신뢰할 수 있는 안전한 자원을 어떻게 확보하느냐는 근본적인 문제를 해결해주지 않으며, 해결할 수도 없다.

세계화에는 여러 가지 문제가 있어서 매우 많은 독립 주체 간의 조정이 필요하다. 정부는 이들을 무작정 외면할 수 없다. 민주주의 국가의 유권자는 물론이고, 민주주의가 아닌 국가의 시민들도 더 많은 발언권을 요구하는 지금, 불확실성이 어떻게 위협이 아닌 기회가 될 수 있는지 생각해봐야 할 것이다.

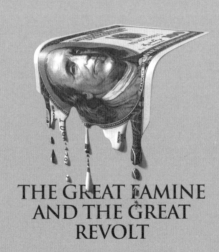

THE GREAT FAMINE
AND THE GREAT
REVOLT

1장

대기근과 대반란:
식량위기에서 시작된
금융위기

1840~1870년대

1873~1880년대

1920~1930년대

1929~1939년

1970년대

2008년

2020~2022년

1840년대에 인류는 현대 세계화에 첫 번째 박차를 가하게 되었다. 유럽은 세계 경제에서 가장 역동적으로 성장했으나, 그 과정에서 기근, 영양실조, 질병, 반란을 겪었으며 공급이 급감하여 큰 위기를 겪었다. 이러한 고난을 겪자 결국 더 큰 세계 통합, 즉 세계화를 향해 더 힘차게 움직이게 되었다. 위기 상황에서 식량 수요를 충족시키는 것이 가장 절실했는데 곡물을 수입하여 이 문제를 극적으로 해결한 것이 가장 큰 이유였다.

1845년에 프랑스는 5만 6천 톤의 곡물을 수입했으나, 1847년에는 75만 7천 톤이 필요했다. 영국과 아일랜드의 수입량도 1845년에 35만 4천 톤이었으나 1847년에 174만 9천 톤으로 급증했다. 이렇게 되자 물류 부담이 증가했을 뿐만 아니라 재정적으로도 상당한 어려움이 초래되었다.

식량을 수입하는 비용은 어떻게 냈을까? 식량을 넉넉히 확보하고 값을 치르려면 무엇을 희생해야 했을까? 당시에 신용 거래를 하거나 할부 결제가 가능했을까? 그런 결제 절차는 어떻게 처리했을까? 특히 어떤 제도가 필요했을까?

유럽에 닥친 전환의 위기

✕

19세기 중반 이런 격변으로 인해 정치 및 상업계도 급격한 변화를 겪었다. 정부 내에는 가히 혁명이라고 할 만한 변화가 있었는데, 공권력이 경제 운영에 관련된 일을 더 많이 떠안게 된 것이다. 특히 무역 자유화 과정을 주도하는 것도 정부의 몫이 되었다. 새로운 형태의 기업이 등장하고 혁신적인 방법으로 자본을 모으는 유니버설 은행, 유한책임 주식회사가 세워짐에 따라 상업계에도 큰 변화가 있었다.

1840년대 중반에는 스페인 왕위 계승 전쟁이 한창이던 18세기 초에 유럽 전체가 겪은 위기와 비슷한 상황이 벌어졌다. 유럽은 또다시 극심한 식량 부족과 경제 위기를 맞았다. 역사가 한스-울리히 벨러Hans-Ulrich Wehler는 이 시기를 독일이나 중부 유럽에 닥친 '구시대적 형태의 마지막 농업 위기'라고 표현했다.

서유럽 이외의 지역에서는 20세기에 들어와서도 기근이 여러 차례 발생했다.[1] 그러나 1840년대에 불어닥친 위기는 금융과 은행 위기가 겹친 현대적인 경기침체라고도 볼 수 있다. 처음에는 경기가 눈에 띄게 호황을 누렸고 물가가 상승하고 희소성을 창출하는 데 이바지하는 것처럼 보였다. 중부 유럽은 물론이고 영국에서도 물가가 급등했다. 어떤 면에서는 18세기의 위기였지만, 20세기 또는 21세기의 위기라고도 할 수 있었다. 또 다른 역사가인 조너선 스퍼버Jonathan Sperber는 19세기 중반의 격동을 '전환의 위기crisis of transition'라고 했는데, 아마 이것이 가장 정확한 표현일 것이다.[2]

식량위기의 원인은 악천후와 흉작이었다. 날씨가 악화하자 각종 작물에도 질병이 발생했는데, 그중에도 감자 마름병이 가장 악명 높았다.

58

날씨와 역병은 서로 영향을 주고받았다. 폭우로 인해 균류 포자가 토양에 스며들어 덩이줄기를 공격했고, 결국 농작물이 하나도 남지 않는 대참사가 일어났다. 이런 위기는 예상 범위를 벗어나는 것이었다. 19세기 전반기에는 물가가 크게 움직였는데 이를 분석한 결과를 보면, 당시 위기는 '서유럽에 실제로 발생한 적이 있거나 발생할 수도 있는 위기의 가능성을 완전히 벗어난 매우 특이한 경우'였다.[3]

식량 재앙은 전염병으로 이어졌다. 1847년 영국 언론은 기아에 허덕이는 아일랜드 시민들에게 닥친 열병에 대해 다음과 같이 보도했다.

이 불쌍한 사람들에게 절실히 필요한 것은 먹을 것이 아니라 의료 서비스였다. 구호소를 추가로 마련할 것이 아니라 당장 병원을 마련해 주어야 했다. 콜레라나 흑사병보다 더 치명적이고 파괴적인 전염병에 빈곤층이 맥없이 쓰러졌다.

이 세상에 있는 어떤 음식을 가져온다 해도, 광범위하고 강력하며 실질적인 효과가 있는 의약품 과 위생 필수품이 없으면 이들을 구할 수 없었다. 거의 모든 집에 환자, 임종을 앞둔 사람 또는 이미 죽은 사람이 있었다. 숨을 거둔 환자는 집안에 그대로 있거나, 겨우 문밖에 내놓는 정도였다. 그렇게 시신은 부패 중인 상태로 어딘가에 방치되어 있었다.[4]

유럽 반대편의 상황도 비슷했다. 오스만 제국과 러시아 제국에 콜레라가 발생했다는 신문 보도가 있었으며, 1848년 가을에는 콜레라가 서유럽으로 확산했다.

많은 사람이 먹을 것을 구하는 데 수입의 3분의 2에서 4분의 3을 써야 했다. 1845년부터 1847년까지 물가가 폭등했는데 특히 중부 유럽과 프랑스에서 상승 폭이 컸다. 독일의 경우, 가장 가난한 사람들이 주로 먹는 질이 아주 낮은 빵을 만드는 데 사용된 호밀 가격이 1844년부터 1847년까지 무려 118퍼센트나 치솟았고, 감자 가격도 131퍼센트나 올랐다. 게다가 원래 비싼 밀의 가격도 93퍼센트나 올랐다. 한마디로 빈곤층의 필수품 가격이 제일 많이 오른 것이었다.

1846년 아일랜드에서는 감자 수확량의 80퍼센트가 감자 역병균 때문에 못쓰게 되자 감자 가격이 폭발적으로 증가했다. 벨기에와 네덜란드도 감자 마름병으로 큰 충격을 입었다. 럼퍼lumper 감자는 못생기고 맛이 없지만 먼스터나 코노트의 척박한 토양에서도 잘 자라기 때문에 사실상 아일랜드에서만 재배되고 있었다.

럼퍼 감자는 1845년 가을에 16~20펜스에 거래되었다.(당시 영국 통화는 12 펜스가 1실링, 20실링이 1파운드였다.) 하지만 1846년 봄에 감자 가격이 3실링을 넘었고 10월에는 6실링이 넘는 수준으로 폭등했다. 이렇게 빈곤층의 주식 농산물 가격이 단순노동을 하는 사람의 임금보다 더 비싸졌고, 노동자 가족은 고사하고 노동자 본인조차 식비를 감당하기 어려운 상황이 되었다.

감자보다 더 비싼 제품도 가격이 오르긴 했지만, 감자만큼 가격이 급등하지는 않았다. 영국의 경우 밀 가격이 1쿼터당 55실링(520파운드)이었는데, 1년 후인 1846년 초반에는 75실링으로 올랐고, 1847년 5월에는 훨씬 더 큰 폭으로 상승하여 100실링을 넘겼다. 사람들이 배고픔에 허덕이게 되자 각종 질병이 발생했다. 현대 연구에 의하면 당시 아일랜드에서 심각한 영양실조로 인한 기아 또는 질병으로 100만 명이나 목숨을 잃었다.

식량위기가 금융위기로

✕

이렇게 되자 사회 전반에 치명적인 수준의 부정적인 공급 충격이 발생했다. 식량위기는 곧장 금융위기로 이어졌다. 1847년에 투기꾼들이 계속 물가가 급등할 거라는 예상에 돈을 걸었지만 실제로는 수확량이 풍부한데도 곡물 수입량이 많았으며, 금융 상황이 악화하자 큰 충격을 받았다. 동시에 이와 무관한 철도 건설 투자자들이 몰렸다가 철도 주식이 붕괴하면서 또 다른 위기가 발생했다. 앞으로 자세히 살펴보겠지만 금융 대응은 정책이 어떻게 달라지느냐에 따라 치명타를 입을 수 있다. 아무튼 금융위기와 식량위기가 상호 작용하면서 전체적인 상황은 더욱 악화했다. 금융위기는 당시 전 세계 상업과 금융의 중심지였던 영국과 프랑스에서 시작했으며, 결국 유럽 전체로 퍼져나갔다. 극심한 식량 부족 현상도 마찬가지였다. 금융위기는 북미와 인도까지 빠르게 확산했다.

금융위기의 한 가지 특징은 투기꾼, 일반 은행, 통화를 발행하는 은행, 정부, 신문, 쉽게 속아 넘어가는 대중과 병들고 굶주리는 사람들까지 모두가 비난의 대상이 된다는 것이다. 공황이 최고조에 달한 1847년 10월에 〈뉴욕 데일리 트리뷴New York Daily Tribune〉은 감자 대흉작에 대해 다음과 같이 보도했다.

영국, 아일랜드, 스코틀랜드 및 대륙 곳곳의 언론에서 감자 대흉작에 대한 보도가 연일 이어지고 있다. 주목할 만하게도, 수많은 신문사에서 감자 마름병에 대한 보고서만 게재하고 질병의 존재를 부인하는 보고서는 철저히 배제하고 있다. 감자 마름병이 특정 지역에 국한된 것은 분명한 사실이다. 하지만 독자들이 영국 신문 기사를 믿고 '빵 따위'에 투기하는 일은 없기를 바란다. 많은 경우에 그러한 기사는 투기를 선동하려는 의도로 삽입되기 때문이다.[5]

물가 상승에 대한 투기로 돈을 벌어들인 사람도 분명히 있었다. 〈뉴욕 데일리 트리뷴〉에 따르면, 영국 언론은 칼레도니아라는 증기선이 목화를 잔뜩 싣고 리버풀에 도착한 직후에야 미국 목화 수확이 대흉작이었음을 자세히 보도했으며, 이것은 목화 가격을 억지로 올리려는 '매우 악의적이고 시기적절하지 못한' 시도였다고 지적했다. 1847년 10월에 주가가 30퍼센트 폭락하는 등 공황이 닥쳤으며 이는 '영국 역사에서 최악의 위기 중 하나'로 기억되고 있다.[6]

처음에는 정보가 부족한 정책과 어리석은 정책 입안자들이 이렇게 잘못 대응한 것이라고 여기기 쉽다. 그도 그럴 것이 약하고 무능력한 휘그당(자유당) 출신의 영국 총리 존 러셀 경은 금융 문제에 대해 아무것도 모르는 것을 자랑처럼 드러냈으며, 경제를 '필요악'으로 여겼다.[7] 아일랜드의 소설가 윌리엄 칼턴William Carleton은 기근을 소재로 한 작품 《검은 예언자》를 영국과 아일랜드의 총리에게 바치면서 "그는 장관 자격으로 오랫동안 자유주의에 반하는 입법과 직무 유기를 자행하여 우리의 나라를 현재의 재난 상황에 이르게 한 정부 원칙을 공개적으로 옹호하는 사람으로 봐야 한다"라고 덧붙였다.[8]

하지만 위기를 초래한 장본인은 러셀이 이끄는 정부의 행동이 아니라 전임 정부, 즉 보수당의 로버트 필 경을 앞세운 위대한 개혁 정부였다. 사실 로버트 필은 혁신적인 사상가가 아니라, 전통적인 지혜를 철저하고 깊게 연구하고 따랐던 사람이다. 19세기 중반 영국의 상황을 주도면밀하게 관찰한 월터 배젓Walter Bagehot에 따르면, 평균적인 의견만이 필의 마음을 움직일 수 있었다. 월터 배젓은 그가 '물건을 사고파는 대중'의 일상적인 모습을 대변하는 사람이라고 여겼다.[9]

로버트 필은 상업적 필요에 대한 대중의 견해에 상당한 압박을 받았다. 그는 상당히 과감해 보이는 일련의 현대화 개혁에 착수했다.

첫 번째 개혁은 1844년 은행법에 의거한 금 본위제를 확립한 것이다. 금 본위제란 영국 중앙은행이 국채로만 뒷받침되는 정상적인 유통에 필요한 만큼 지폐를 발행할 수 있으나, 추가 발행량에 대해 동일한 양의 금을 보유하여 이를 보장하는 제도다. 이 제도는 화폐 체계의 법적 근거가 되었으며 나중에 금 본위제라는 이름으로 국제 사회에 널리 사용되었다.

두 번째 법적 조처는 철도 주식의 부패가 심하다는 의견이 팽배하므로 이에 대한 해결책을 제시한 것이었다. 당시 영국 의회는 윌리엄 에와트 글래드스턴William Ewart Gladstone이라는 젊은 개혁가가 의장을 맡고 있었는데, 투자자에게 철도에 대한 완전하고 정확한 정보를 제공하려면 더욱 투명한 과정이 필요하다고 판단했다. 그 결과로 1844년, '주식회사의 등록, 설립 및 규제에 관한 새로운 법률Act for the Registration, Incorporation and Regulation of Joint Stock Companies'이라는 광범위하고 복잡한 등록 절차가 마련되었다. 그런데 의도치 않게 합자 회사의 신뢰도가 커지고 새로운 거품이 생겼다.[10] 사실 이런 결과는 충분히 예측할 수 있는 상황이었다.

세 번째로, 1846년에 한껏 치솟은 식량 가격으로 인한 부담을 완화하려고 곡물법(수입 곡물에 대한 관세법)이 폐지되었다. 이로 인해 정치적으로는 (주로 지주를 대표하는)보수당이 분열되고 정부가 큰 타격을 입었다. 더 나아가 필은 해외 옥수수를 아일랜드로 수입하되 아일랜드 빈곤층을 위해 정부가 대금을 치르는 대규모 프로그램을 시행했다.

필이 시행한 개혁의 여파는 여러 가지 형태로 나타났는데, 하나같이 재앙이라고 해도 이상하지 않을 만큼 심각했다. 첫 번째 분명한 결과는 투기가 과열된 것이었다. 〈런던 타임스〉의 어떤 기자는 추후에 실시한 여론 조사에서 다음과 같이 밝혔다.

백작과 후작들은 이름을 승인받아 점수를 따기 위해 런던 자본가 및 지주들과 씨름을 벌였다. 상황이 어려워진 변호사는 의사회에서 한 자리를 얻으려고 아부를 했다. 아마 법조계에 종사하는 것보다 돈을 더 많이 벌 수 있다고 생각한 모양이다. 그 자리를 노리는 대다수가 그렇듯이 변호사도 그 자리를 차지하려면 끈질기게 노력해야 했다. 수많은 국회의원과 몇몇 의원들은 자신의 책임을 남용했다. 다수의 성직자와 형편이 궁해진 목회자 역시 이러한 움직임에서 뒤처지지 않았다. 온 나라가 위험한 게임에 몰두하는 모습이 아주 생생하게 그려졌으며 여기에는 조금의 과장도 없다. 이전에는 '이런 시기가 닥치거나 이런 일이 일어날 거라는 전망'이 전혀 없었다.[11]

자본 시장은 모든 일이 가능하다는 점을 보여주는 듯했으나, 얼마 지나지 않아 그렇지 않다는 것이 드러났다. 자본 시장을 바꾼 것은 식품 수입이 무역수지와 국제수지에 미치는 영향이었다. 무역 적자를 금으로 결제해야 했기에 금은 국외로 유출되었다. 이러한 흐름을 뒤집기 위해 영국 중앙은행은 1844년 '필 법Peel Act'•에 규정된 운영 원칙

✦ 도표 1-1. 1845~1850년 영국의 밀 가격 변동(1부셸당 실링) ✦

출처: 글로벌 금융 데이터 자료를 토대로 계산한 것임

에 따라 1847년 4월에 할인율(이자율)을 대폭 인상했다. 이러한 시도는 통화 유출을 되돌리는 데 도움이 되었으나, 상업에 큰 위기가 닥치는 것은 막지 못했다. 제조업체와 판매자는 신용을 얻을 수 없게 되었고, 1847년 5월에 곡물 가격이 급등했다. 이에 따라 불확실성이 고조되었을 뿐만 아니라 기아, 광범위한 불안에 더해 반란의 위험도 커졌다.(도표 1-1 참조)

정부의 지원 때문에 위기가 더욱 악화하는 것처럼 보였다. 정부는 기근 구제 방침의 일환으로 해당 회계연도에 두 종류의 정부 국채 발행을 제안했는데, 규모는 약 1,400만 파운드였다. 첫 번째 국채 발행이

• 필 은행조례. 영국 중앙은행에서 은행권 발행을 독점하도록 한 법률. 이 법이 시행되면서 은행 업무와 화폐 발행 업무가 구분되었다. -편집자 주

정부 부채 수익률에 미치는 영향이 분명해지자, 같은 문제가 반복되지 않도록 지출을 줄여야 한다는 전문가 의견이 쏟아져 나왔다. 쉽게 말해서 아일랜드의 기근 구제라는 정부 계획을 공식적으로 취소하라는 것이었다. 정부는 "공공사업의 모든 고용을 중단하며, 그 대신 구호 위원회가 식량을 제공하는 방식의 무상 구제를 시행한다"라고 발표했다.[12]

〈이코노미스트〉지는 국채 발행이 통화 유출을 가속화하고 금융위기를 악화할 거라고 주장했다. "돈은 먼저 아일랜드로 가서 식량을 수입하는 데 쓰이며, 그곳의 상인들을 거쳐 다시 영국으로 넘어간다. 외국 곡물을 선적하는 대금을 내야 하기 때문이다. 그리고 미국으로 가서 식량 수입에서 발생한 무역 거래 차액을 계산하는 데 쓰인다. 따라서 800만 파운드의 부채는 해외 결제를 처리하려고 국가 자본을 추출하는 것이다."[13]

〈이코노미스트〉의 기사에서 가장 흥미로운 점은 미래가 한층 나아질 것으로 전망하면서 유럽의 공급은 해외 식량에 대한 수월한 접근성에 달려 있다고 한 부분이다.

"러시아, 이집트, 미국을 제외하면, 전 세계 어느 나라도 공식적으로 밝힐 만큼 여분의 식량을 확보할 능력이 없다. 이 나라는 물론이고 주변 국가들을 둘러보면 거의 1억 명에 가까운 사람들이 다른 나라의 식량 잉여분을 얻으려고 간절히 기다리고 있다. 이제 둘 중 한 가지 상황이 일어나야 한다. 영국의 물가가 현재보다 훨씬 더 높아지거나 해외 공급량이 아주 많이 늘어나야 한다."

어떻게 접근성이 더 수월해진다는 말일까? 어떻게 다른 지역의 나라들이 유럽 인구를 먹여 살릴 만한 저렴한 곡물과 기타 식품, 상품을 안정적으로 공급할 수 있을까?

〈타임스〉도 영국 정부의 무역 정책이 초래한 통화 및 금 유출 문제에 대해 〈이코노미스트〉와 같은 의견을 내놓았다.

이제 저축해 둔 것이 없어서 갚아먹을 수도 없고, 우리가 사용하는 것에 대가를 지불해야 한다. 옥수수와 기타 식량을 동시에 수입해야 한다.(이들은 1846년보다 더 빠른 속도와 더 높은 가격으로 수입되고 있다.) 또한 이와 비슷한 수준으로 국내 제조업체의 상품에 대한 수요가 발생하므로 원자재도 수입해야 한다. 유럽 북부에서는 봄에 선적하려고 대마와 아마를 대량으로 구매했다고 한다. 미국산 면화는 선박이 부족하여 운송이 지연되고 있다. 스페인과 지중해에서 수입하는 양모, 인도에서 수입하는 질산칼륨과 유지종자 등 수많은 품목도 같은 이유로 운송이 지연되고 있다. 그 밖에 여러 가지 소소한 물품도 같은 이유로 지연되고 있다. 이런 물품이 쏟아져 들어오면 품귀 현상은 곧바로 해결되고 전반적인 곡물 유입이 유연해질 것이다.[14]

무역 위기는 두 가지 정책 효과를 초래했다. 영국 중앙은행이 할인율을 인상한 것은 해외에서 금을 많이 유입하려는 의도였으나, 이로 인해 기업의 대출 이자가 높아져서 기업들이 자금 문제로 허덕이게 되었다. 결국 제조업체가 줄줄이 도산하기 시작했다. 정부는 새로운 위기 비용을 감당하려고 대출을 받으면 자본 시장이 더 어려워질 거라고 보고 이자율을 더 인상했다. 그렇게 하면 재정 유지에 더 큰 비용이 들고 사회 전반에 더 큰 공황이 닥칠 수 있었다.[15] 따라서 공황을 막으려면 긴축재정이 필요했다.

정부가 허리띠를 졸라매니 즉각적이고 파괴적인 결과가 초래되었다. 금융위기에 대한 직접적인 대응 방안으로서 9월에 아일랜드 사람들의 목숨을 부지해 준 무료 급식소가 문을 닫았다. 먹을 것이 없는 아일랜드 농부는 강제로 작업장에서 일하게 되었다. 의료 종사자 473명 중 36명이 기근으로 사망했다.[16] 결국 많은 사람이 해외로 떠나기 시작했다. 1846년에 10만 명, 이듬해에 25만 명이 떠났으며 그 후로 5년간 연간 약 20만 명이나 아일랜드를 빠져나갔다.[17]

11월에는 영국 금융위기의 새로운 물결 속에서 정부는 은행 요청에 따라 1844년 필 법의 제재를 면제해 주었다. 하지만 이미 큰 피해가 발생했다는 면에서 이러한 조처는 때늦은 감이 있었다. 수많은 소규모 은행이 문을 닫았고 리버풀 왕립 은행, 리버풀 뱅킹 컴퍼니, 노스 앤 사우스웨일스 은행, 뉴캐슬 합자 은행 등 주요 은행 네 곳도 파산했다. 금이 런던으로 유입되었는데, 뉴욕에서 선박으로 들어오는 양이 가장 많았다. 함부르크와 로테르담에서도 금이 들어왔다. 〈맨체스터가디언〉은 맨체스터 은행의 회보를 인용하면서 "해외 구매자들은 먼 나라에 가서 금을 구하여 가죽 벨트 안에 넣은 채 직접 국내로 가져왔는데, 금융위기에는 세계 최대 규모의 상업 도시에서 활동하는 상인들이라 할지라도 그들에게 청구서를 발행하거나 신용 거래를 하는 것이 안전하지 않다고 여겼기 때문이었다"라고 보도했다.[18]

유럽에서 런던으로 금이 유입되자 위기는 더 확산했다. 프랑스 일간지 〈시에클〉에서는 다음과 같이 불만을 드러냈다.

파리에서 런던으로 확장된 경계 상태는 더 부풀려진 상태로 또다시 런던에서 파리로 넘어왔다. 일시적이었던 당혹스러움이 이렇게 의도적으로 상업 위기로 변환된 것이다. 프랑스 은행이 어떤 상황에서 혼란을 초래했는지 생각해 보자. 그 혼란은 공공 신용마저 뒤흔들 수 있다는 위협과 같았다. 프랑스 은행은 파리에 돈이 넉넉하여 재무부가 필요한 금액을 3퍼센트에 조달할 수 있는 시기를 선택했다. 그때는 리옹Lyons과 노스North 등의 철도 회사 할부금도 쉽게 갚을 수 있는 시기였고 5퍼센트 주식의 월 단위 가격 차이가 거의 액면가 수준으로 떨어진 시기였다.[19]

유럽을 대표하는 금융 재정 가문인 앤소니 로스차일드Anthony Rothschild 는 "정부가 일 처리 방식을 바꿔야 한다. 철도회사를 대할 때처럼 행동해서 정부 신용이 땅에 떨어졌다"라고 불평했다. 베티 로스차일드는 어린 아들이 아빠와 철도 회사를 위해 기도하는 모습을 상상했다.[20]

파리에 불어닥친 재정 위기 때문에 정부는 허리띠를 졸라매야 했고 철도에 대한 투자를 줄였다. 그 결과 철도 노동자는 일자리를 잃었다.[21] 곡물 가격 급등이 최고조에 달했던 1847년 5월 포부르 생 앙투안의 전통적인 혁명 중심지에서는 이미 폭동이 일어났으며, 주로 곡물과 빵을 파는 상인들이 폭력의 대상이 되었다. 1847년 11월 금융위기는 중부 유럽 시장의 주요 관문인 함부르크로 퍼졌고, 이후 다른 곳으로 퍼져나갔다. 쾰른의 샤프하우젠은행이 파산하자 노동자 총 4만 명의 생계를 책임지던 공장들이 모두 문을 닫았다.[22] 12월 쯤에는 인도 역시 이러한 위기의 영향을 받아서 손더스, 메이, 포다이스 등의 은행과 상업 기관이 무너져내렸다. 빈에서는 로스차일드 은행과 조금 연관된 은행 가문인 안슈타인과 에스켈레스Arnstein & Eskeles가 1848년 초에 파산했다.

혁명의 발아와 정부의 대처

영국에는 혁명이 일어날 가능성이 짙어지고 있었다. 일간지 〈옵저버〉에서는 철도청에서 해고된 1만 명의 노동자와 랭커셔의 많은 단기 목화 노동자에 대해 이렇게 언급했다. "여기에 지능과 체력, 기민함과 절박함 등 공포의 모든 요소를 갖춘 실질적인 군대가 있다. 이 정도면 두려움이 없는 사람들의 마음에 경외심을 불러일으킬 만하다."[23] 아일랜드(와 러시아)만 소극적이었다. 아일랜드에서도 기근 초반에는 사회 곳곳에 폭동이 일어나고 '리본맨Ribbonmen'이라는 비밀 결사 조직이 등장했다. 그러나 시간이 흐르자 기아와 질병 때문에 힘을 잃었는지 이렇다 할 저항의 움직임이 나타나지 않았다. 다른 지역에서는 경제 및 사회가 붕괴하면서 정치적으로 일촉즉발의 상황이 연출되었다. 파리와 팔레르모에서 시작된 혁명 운동이 중부 유럽 전역으로 확대되면서, 식량위기가 초래한 최악의 상황에서 바통을 이어받았다. 대륙 전체에 혁명의 물결이 이어지자 무능한 정치인과 안절부절못하는 정부들이 모두 쓸려나갔다.

그 결과, 유럽 전역은 어떻게 더 효과적인 정책을 만들 것인지, 빈곤층을 어떻게 도울 것인지 고민하기 시작했다. 이타적인 동기로 그렇게 한 것이라기보다는 엘리트층이 자신을 보호하려는 의도가 훨씬 컸을 것이다. 어쨌든 잘못된 정책과 정부 조처는 충격을 더 키울 뿐이라는 점이 명확해졌다. 이번 위기는 '기근은 인간이나 정책이 초래한 문제'라는 아마르티아 센Amartya Sen의 주장이 옳다는 것을 보여준 사례였다.[24]

아일랜드의 기근이 가장 심각했는데, 역사가들은 영국의 자유방임주의가 아일랜드에 큰 재앙을 초래했다는 점에 대부분 동의한다.[25] 휘그당의 이념가인 재무장관 찰스 우드Charles Wood는 '가장 많이 고통받아야 하는 사람들'을 포함하여 아일랜드의 모든 계층이 선견지명을 발휘해야 한다고 생각했다. 그러나 영국 관리들이 보기에 가장 큰 악은 아일랜드의 상류층과 중산층, 다시 말해서 '가까운 이웃에 살면서 빈곤층의 고통을 덜어줄 도덕적 의무가 있는 사람들'이 그들의 의무를 등한시하는 것이었다.[26] 찰스 리드Charles Read라는 역사가는 최근에 이 이야기에 새로운 반전을 제시했는데, 영국 정부가 영세 농민과 모든 무역업자에게 높은 세금을 부과한 것이 결정적인 타격으로 작용하여 파산으로 이어졌으며 기업가들은 해외로 이주하고 공급망이 무너진 것이라고 설명했다.[27] 미국으로 이주한 아일랜드의 어느 애국자는 다음과 같이 결론지었다. "마그데부르크Magdeburg 약탈이나 팔츠 전쟁이 초래한 공포나 황폐함은 관료주의와 정치경제학의 원칙을 앞세워 아일랜드에서 자행된 학살에 비하면 아무것도 아니었다."[28]

더 유능한 제도가 필요했다. 영국 중앙은행이나 프랑스 중앙은행은 상대적으로 경험이 부족하여 위기에 잘 대처하지 못했고 그로 인해 엄청난 비난이 쏟아졌다. 〈타임스〉는 영국 중앙은행이 크게 줄어든 지급보유금을 방치한 것을 두고 '심각한 수준의 무관심'이라며 강력히 질타했다.[29] 영국 중앙은행의 리더십은 아마추어 수준이며, 어쩌면 부패한 상태일지 모른다는 신호였다. 윌리엄 로빈슨 총독은 옥수수 사업의 무분별한 운영으로 인해 상인들이 모여서 사업을 진행하거나 무역을 논의하는 곳이 무너지자 사임하고 말았다.[30]

더 광범위하게 말하면, 1840년대의 위기 이후로 정부는 상업적 번영과의 관계를 새로운 방식으로 조명하기 위해 대대적인 재정비가 필요했다. 좋은 정부를 어떻게 정의하면 좋을까?

케빈 오루크Kevin O'Rourke처럼 세계화를 분석하는 전문가들은 정치를 '기술적 가능성과 기존의 세계 통합 수준의 격차를 측정하는 것'이라고 간단하게 정의하려 한다.[31] 이런 관점에서 보자면 1850년 이후로 정치는 크게 발전했다. 1840년대에 발생한 사건들이 토대가 되어 각종 제도가 생산적인 방향으로 개선되었기 때문이다. 제한된 권한을 가진 작은 국가가 많아지면서 이들을 적절히 도와줄 필요가 있었다. 유럽에 국민국가가 생겨났으며, 독일과 이탈리아에는 헌법이 새로 제정되었다. 합스부르크 제국의 행정 개혁은 1867년 대타협Ausgleich을 통해 오스트리아-헝가리 이중 제국이 설립하는 것으로 정점을 찍었다.

미국 남북전쟁과 메이지 유신을 통한 일본의 개방 정책도 제도의 효율성과 역량을 강조하는 국가를 건설하려는 의도로 볼 수 있다. 두 사건은 분명히 유럽 위기와 연관된 부분이 있었다. 1854년에 캔자스가 자유 정착을 허용하자 독일에서 넘어온 이민자 수가 25만 명으로 최고치를 기록하는 등, 이민자 유입이 급증했다. 독일과 스칸디나비아에서 많은 사람이 캔자스로 이민을 오자, 캔자스는 노예제를 운용하는 것이 아니라 자유를 표방하게 되었고, 이런 방식으로 캔자스-네브래스카 법으로 허용한 헌법적 타협점도 무너지고 말았다. 이렇게 이민자의 급증은 내전으로 이어지는 전환점을 가져왔다.

프랑스에서 정부 개혁이 가장 극적인 형태로 나타났다. 프랑스 혁명을 주도한 나폴레옹의 조카인 루이 나폴레옹 보나파르트가 공화국의 최초 대통령으로 선출되었다가 종신 대통령을 거쳐 마침내 나폴레옹 3세 황제가 되었다. 그는 의사소통을 거의 하지 않는 인물이었다. 독일 총리 오토 폰 비스마르크는 그를 가리켜 '수수께끼를 내지 않는 스핑크스'라고 불렀다. 그의 손에 쫓겨난 중도주의, 자유주의 정치인이자 나중에 새로운 공화국으로의 전환을 관리했던 아돌프 티에르Adolphe Thiers는 그를 '천치'라고 했으며, 공화당원 줄스 파브르Jules Favre는 '세상에 둘도 없는 바보'라고 비난했다.[32]

하지만 나폴레옹 3세는 로버트 필 경과 비슷한 사람이었는데, 평균적인 의견을 그대로 흡수하는 중도적 성향을 고수했다. 이렇게 평균적인 사람, 즉 일반적인 견해를 수용하자, 경제 성장을 촉진하는 데 국가가 개입하게 되었다. 그는 페레르 형제에게 크레디 모빌리에Crédit Mobilier라는 은행을 설립하라고 적극적으로 권유했다. 은행의 목적은 주요 인프라 건설에 필요한 자금을 모으는 것이었는데, 철도 사업을 확장하는 것이 가장 큰 부분을 차지했다. 그는 기존의 오트 방크haute banque를 입헌군주 루이 필립이 이끄는 게으르고 비활동적인 정권과 동일시했는데, 새로 설립한 은행이 오트 방크를 우회할 길을 열어줄 것으로 생각했다.

보나파르트주의자*의 접근 방식이 유럽 전역에 채택되었다. 유럽에서는 기존 정권이 비효율적이고 무능한 것처럼 보였다. 빈 혁명이 일어나자 도시에서 도망친 클레멘스 폰 메테르니히Klemens von Metternich 총리의 행동을 주기도문에 빗댄 패러디가 유행했다.

"빈에 계신 주 메테르니히여, 우리에게 더 나은 정권을 주소서. 헝가리에서와 마찬가지로 오스트리아에서도 백성의 뜻이 이루어지길

---

* 권위주의적 중앙집권을 옹호하고 포퓰리즘적인 화법으로 철권통치자 또는 군사독재자를 지지하는 것 -편집자 주

바라나이다. 우리가 당신에게 비그리스도인 대출을 용서한 것처럼 우리의 정당한 분노와 고함을 용서해주시기를 바랍니다. 위조할 수 없는 지폐를 통해 우리가 유혹에 빠지지 않게 해주고 진짜 은으로 우리를 모든 악에서 구해 주소서. 아멘!"[33]

오스트리아에는 새로운 관료주의 개혁이 일어났다. 대표적인 인물은 카를 루드비히 폰 브룩Karl Ludwig von Bruck이었다. 그는 1848년부터 1851년까지 상무부 장관에 처음 임명되었다가 1855년에 다시 재무장관으로 돌아왔으며, 1860년까지 해당 직무를 수행했다. 그는 경제 및 정치가 연결된 중부 유럽에 대한 비전을 품고 대규모 프로젝트를 추진하려 했다. 그의 개혁도 로버트 필 경과 비슷한 점이 많았다. 1854년에 증권거래소의 자유화를 감독했으며 철도 사업을 후원하기 시작했다. 1855년에는 크레디 모빌리에를 모형 삼아 크레디트안슈탈트Creditanstalt를 설립했으며, 이는 오스트리아에서 가장 중심적인 은행으로 성장했다. 그는 '종이 헌법 때문이 아니라 물질적 삶의 조건, 화폐 경제, 경제적 관계, 강화된 중산층과 농민 때문에' 단순히 혁명 이전 시대로 되돌아가는 것은 불가능하다고 설명했다.[34]

돈의 흐름을 촉진시킨 물자와 사람의 이동

✕

이 세상을 구하려면 물자나 사람이 더 움직이는 것도 좋지만 (유럽의 가난한 시골 지역에서는 사람들이 다른 지역이나 나라로 이주해야 했다.) 돈의 흐름이 더 늘어나야 했다.

운송 체제가 발전하면 보다 효율적으로 상품을 운반할 수 있다. 육

로에서는 철도, 바다에서는 배를 사용하면 된다. 무역을 찬양하는 노래
가 넘쳐났다.

"나라의 한쪽 끝에서 반대편 끝으로 상품을 운송하는 비용을 줄인
것은 소비자는 물론이고 공동체 전체에 큰 이익이 된다. 이렇게 유익
한 방식으로 물품을 교환하는 것은 다른 방식으로는 불가능하며 결
과 측면에서 매우 주목할 만하다. 부자의 식탁만큼이나 가난뱅이의
난로에서도 그 결과가 명확히 드러난다! 글래스고에서 런던까지, 뉴
캐슬에서 사우샘프턴까지 12시간 만에 이동할 수 있게 되어 상인은
많은 시간을 절약할 수 있었다!"[35]

경제 위기와 대대적인 정치 개혁 운동의 실패가 겹치자 유럽에는 새
로운 이민의 물결이 시작되었다. 이는 또한 유럽의 생활 수준을 높이는
데 도움이 되었다. 독일어를 사용하는 중부 유럽의 경우, 이주율이 특
히 높게 나타났다.

스칸디나비아처럼 가난한 지역에서 이주율이 높아지자, 이주율이
낮은 가난한 지역과 비교해서 생활 수준이 훨씬 빠르게 향상되었다. 일
례로 케빈 오루크와 제프리 윌리엄슨Jeffrey Williamson은 스웨덴과 포르
투갈이 큰 대조를 이룬다고 설명한다.[36]

뒤이어 금이 발견되고(1849년 미국 캘리포니아의 골드러시) 신용 대출
기관의 금융 혁신으로 은행 사업이 확장되자 일정 수준의 통화 확장이
이루어졌다. 그 결과 유럽에서는 정치적 혁명으로 이어질 수 있는 동시
적 움직임이 반복될 가능성이 크게 낮아졌다.

1860년에 영국과 프랑스가 맺은 코브덴-슈발리에 협정에 따라 무

역 자유화의 모형이 정해졌다. 국제 무역은 1860년 이전에 이미 크게 성장했으나, 이러한 무역 자유화, 국제 자본 이동, 이주 등은 모두 정치 혁명 이후에 본격화되었다.[37] 당시 사람들은 국내외의 정치적 안정을 추구하는 무역 정책의 의미를 발빠르게 칭송했지만, 영국 외부에서는 비판 세력이 자유무역을 선진 영국 산업에 불공정한 이점을 제공한다고 주장하는 등, 약간의 반발이 있었다.

독일에서 프리드리히 리스트Friedrich List는 '정치경제학의 국가 체제'라는 대안을 공식화하려고 시도했으나, 이는 그가 죽고도 오랫동안 영향력을 행사하지 못했다. 프랑스에서도 샤를 구로Charles Gouraud가 나서서 루이 14세, 콜베르, 나폴레옹 치하의 프랑스 영광을 언급하며 프랑스의 중상주의 전통과 미덕을 강조했다. 하지만 그는 자유 무역업자들이 당시 가장 멋진 혁명가였음을 우선하여 인정했다.[38]

개방 무역에서 얻은 교훈은 세계 박람회나 전시회라는 아이디어로 구체화되었다. 1840년대 중반에 분위기가 매우 고양된 가운데 영국의 독창성과 근면함, 평화로운 상업이라는 미덕을 기념하기 위해 런던 만국박람회를 개최하게 되었다. 그런데 그러한 야망을 실현할 1851년 무렵에는 상황이 달라져 있었다. 영국 생산업체는 해외 전시업체를 배제하여 실망을 안겨줄지 말지를 놓고 토론을 벌였는데, 그들은 거의 만장일치로 반대 의사를 내놓았다.[39]

당시 수입 곡물에 대한 의존도는 누구도 부인할 수 없는 상황이었다. 〈타임〉지는 이렇게 보도했다.

"모든 종류의 곡물을 전시한다면 매우 큰 규모의 전시회가 될 것이다. 세계 각국이 예상하는 것과 마찬가지로, 여러 나라의 경쟁업체

중에서 우리와 경쟁하는 업체는 러시아, 스페인, 캐나다, 벨기에, 미국 등에 분포한다."[40]

실제로 만국박람회에서 가장 시선을 끄는 대다수 제품이 해외에서 들여온 것이었으며 평화와 다소 거리가 있었다. 독일 알프레드 크루프 Alfred Krupp가 제조한 철로 된 대포와 미국 새뮤얼 콜트Samuel Colt 사의 권총이 대표적이었다. 〈이코노미스트〉지는 다음과 같이 언급했다.

"미국이 영국보다 우월하다는 점은 곧 일어날 일식만큼 확실하다. 이러한 우월성이 도래하는 것은 피할 수 없는 현실이지만, 가능한 한 많은 것을 공유하여 그 시점을 최대한 뒤로 늦출 것이다. … 급여, 이윤, 이자 등 모든 것이 영국보다 미국에서 훨씬 높게 나타난다. 이러한 것은 진보의 수단이다. 우리가 그들과 더 많이 공유할수록 미국의 발전과 더불어 우리도 더 많이 발전할 것이다."[41]

과학자 리옹 플레이페어Lyon Playfair는 유럽 대륙이 영국을 따라잡더니 결국 추월하는 것을 보았다. 전시회에서 그는 '지성의 경쟁'을 기반으로 세계화가 이루어질 것을 예견하며 이렇게 말했다.

"많은 유럽 국가들, 심지어 한참 뒤처져 있던 국가들조차도 산업 발전 속도가 우리보다 더 빠르다는 것을 매우 분명하게 확인했다. 만약 그렇다면, 내가 생각한 대로, 깊은 통찰력이 없어도 결국에는 가장 빠른 범선이 승리할 것이며, 한동안 뒤처져 있는 것처럼 보여도 결국에는 이긴다는 점을 깨닫게 될 것이다."[42]

전시회는 큰 교훈을 남겼다. 국제 무역에 나라를 개방하는 것은 성과를 높이기 위해 다른 나라에서 아이디어를 얻는 것과 크게 다르지 않다는 것이다. 경쟁이란 역량을 높이는 능력의 핵심적인 부분이다.

프리드리히 엥겔스는 《마르크스의 프랑스 계급투쟁 소개》라는 저서에서 "1847년의 세계 무역 위기는 2월 혁명을 비롯해 혁명의 진정한 어머니였으며, 1848년 중반 이후로 차차 회복되어 1849년과 1850년은 유럽의 반동을 재활성화되는 계기가 되었다"라고 했으며 마르크스는 이 점을 1850년에 명확히 이해했다고 알려준다.[43]

그러나 이러한 반응이 1850년대와 1860년대에 등장한 혁명적인 새로운 통치 방식을 가장 잘 묘사한 것이라고 확언하기는 어렵다. 요제프 마리아 폰 라도비츠Joseph Maria von Radowitz 장군처럼 기존의 반동 세력은 자취를 감추었다. 그는 완강한 보수주의자이자 프리드리히 빌헬름 4세Friedrich Wilhelm IV가 품었던 '중세 환상'을 수호하는 사람이었다.[44]

반동 세력이 사라진 자리는 루이 나폴레옹(나폴레옹 3세)과 비스마르크와 같은 모호한 인물이 차지했다. 그들은 새로운 논리에 부합하는 세상을 외치는 현대주의자였다. 유능한 평론가이자 '현실정치Realpolitik'라는 용어를 만든 자유주의 저널리스트 아우구스트 루트비히 폰 로하우August Ludwig von Rochau는 국민국가가 "단순한 사업 거래에 불과하다"라는 결론을 내렸다.[45]

개인의 삶

✕

기록을 통해 이 힘든 시기를 겪은 개인의 모습도 볼 수 있다. 굶주림에 시달린 사람들은 글로 된 증언을 거의 남기지 않았고, 소설가들은 대부분 기근이라는 재앙을 회피했다.(차라리 전쟁이나 전염병이 그들에게는 문학적으로 더 요긴한 자료였다.)

유명한 현대 비평 이론가인 테리 이글턴Terry Eagleton은 문학에서 기근이라는 주제가 철저히 외면받은 이유를 궁금하게 여겼다.[46] 윌리엄 칼턴(《성을 낭비하는 자》의 저자)처럼 매우 예민한 작가들은 굶주림으로 죽어가는 사람의 상황은 표현의 한계를 벗어난 것이라고 결론지었다. 칼턴의 소설 중에서 비교적 널리 알려진 《검은 예언자》는 기근에 시달리면 어떻게 이성적으로 몰락하는지 보여준다.

그 상황이 얼마나 끔찍한지 아는 사람이라면, 그들의 현실 때문에 어떤 일이 벌어지는지 알아야 한다. 그들은 일상생활의 모든 품위나 제한을 잊게 되고, 사회의 도덕적 안전의 구성 요소인 두려움과 수치심, 질서에 대한 존중심은 내던져버리거나 일단 목숨을 지키고 보자는 거대한 본능을 앞세우게 된다. 두려움과 수치심이 자극을 받으면 황량함에서 나오는 광기로 발전할 수 있다.[47]

도시 출신의 작가 토머스 하디Thomas Hardy는 식량위기가 닥쳤을 때 고작 일곱 살이었다. 훗날 그는 《캐스터브리지의 시장》이라는 유명 소설에서 옥수수 가격이 사회의 운명을 좌지우지하는 상황을 무너진 세상이라고 표현했다. 소설의 줄거리는 악천후로 곡물이 먹을 수 없는 상태가 되었으므로 외부인이 이 문제를 어떻게 해결하느냐에 달려 있었다.

앤서니 트롤럽Anthony Trollope은 당시 유명한 소설가였던 프랜시스 밀턴 트롤럽Frances Milton Trollope의 아들이었는데, 기근이 닥친 아일랜드 서부에서 우편 사무원으로 일하면서 기근을 소재로 한 《캐슬 리치먼드》라는 소설을 집필했다. 그런데 소설을 출판하려던 〈콘힐 매거진〉은 트롤럽에게 여성과 어린이를 대상으로 하기에 주제가 적절하지 않다고 지적했다. 그래서 그는 대성당이 자리 잡은 영국의 어느 도시와 주변 시골을 배경으로 《바셋주 이야기》 등의 연작소설로 방향을 틀었으며, 상업적으로 큰 성공을 거두었다.

상업에 종사하는 중산층은 기근과 가난을 소재로 한 글을 읽으려 하지 않았다. 트롤럽은 아일랜드를 소재로 한 소설도 집필했으나 다음과 같은 회고와 함께 소설을 출간했다.(이 작품은 좋은 반응을 얻지 못했다. 하지만 독일에서는 예상치 못하게도 인기를 얻었다.)

이 이야기의 줄거리를 아일랜드에 둔다면 소설을 좋아하는 독자들, 적어도 내 작품을 높이 평가하는 사람들이 불쾌해할지 궁금하다. 아일랜드에 대한 강한 반감이 존재한다는 것은 부정할 수 없는 사실이다. 다만 아일랜드 하인은 해당 사항이 없고, 아일랜드 지인은 신뢰에 제한을 두고 대하며 아이랜드 사촌은 확실히 위험한 존재로 여겨진다. 그리고 아일랜드 이야기는 서점에서 인기가 없다.

독서를 즐기는 영국인들은 아일랜드나 과거의 불행에 대해 읽을 마음이 없었다. 트롤럽은 자기 소설에서 구원의 메시지를 강하게 피력했는데, 이는 현대 독자들에게도 그리 매력적으로 여겨지지 않는다.

그런데 하느님의 진노가 나타나는 것은 믿지 않아도 그분의 자비가 나타나는 것은 굳게 믿는다. 인간이 자신의 어리석음이나 제한된 시야 때문에 감당하기 어려울 정도로 심각하고 도저히 끝날 것 같지 않으며 어디에서도 도움을 구할 수 없는 형벌을 자초한 경우라도, 하느님은 화를 내는 것이 아니라 자비롭게 도움의 손길을 내밀어 주신다. 또한 우리의 부족한 지혜로는 도저히 할 수 없는 일을 해낼 수 있도록 지혜를 베푸신다. 그러나 기독교에 근거하여 보더라도 정의를 이해하거나 하느님에게 그분의 진노를 조금이라도 완화해달라고 요청하는 것을 도저히 받아들이거나 인정할 수 없다. 하느님이 지혜로우시다면 우리가 그분의 결정을 감히 바꿀 수 있겠는가? 그분이 자비로운 분이라면 우리가 그분의 자비에 제한을 가할 수 있겠는가?

트롤럽은 장기적으로 기근이 초래한 결과가 유익했다는 교훈을 끌어내려고 노력했다. 그는 우선 "노동자들을 실망하게 하고, 농업 발전을 저해하고, 감자를 제외한 모든 농작물 생산을 무산시키는 상황이 아일랜드에 발생했다"고 설명했다. 이에 따라 "어떤 사회 계층은 고상한 척 게으름을 피울 수 있지만, 다른 계층, 즉 시골 사람들은 빈곤의 비참함을 계속 견뎌야 했다"라고 했으며, 그러다가 다음과 같은 해결책이 등장했다.

게으르고 고상한 척하는 계급의 뿌리와 가지가 모두 잘렸으며, 그들의 소유에서 벗어나 넓은 세상으로 쫓겨나서 완벽하게 근절되는 형벌을 받았다는 사실을 선언한다. 그는 이를 크나큰 승리를 거둔 듯 매우 기쁘게 생각한다. 가난한 소작농은 기근과 그에 뒤따른 역병으로 큰 고통을 겪었다. 하지만 이제 그는 하나의 계급으로서 고통의 온상을 벗어나 더 나은 사람이 되었다. 그는 고향에서나 새로 이주한 나라(그들에게 더 나은 삶의 터전)에서나 노동자로서 잘살고 있다. 아일랜드에서는 4실링을 벌었지만, 이제는 주당 8~9실링을 받을 수 있으며 더 꾸준하게 일자리를 유지할 수 있다. 하지만 이제 예전의 그는 사라지고 없다. 그의 자리는 기분 좋게 빈자리로 남아 있다.[48]

그의 섭리주의는 아일랜드 성공회와 칼뱅교 목회자들이 퍼뜨린 무서운 교리를 비교적 부드럽게 다듬은 것이다. 1846년에 성공회 신부 알렉산더 댈러스Alexander Dallas는 우편 시스템을 이용해 《천국에서 아일랜드에 보내온 목소리》라는 소책자를 배부하여 종말이 임박했다는 점에 사람들의 이목을 집중시켰다. 그는 이 소책자가 같은 날 모든 아일랜드 가정에 도착하기를 원했다.[49]

1847년에 칼뱅주의자 휴 맥닐Hugh McNeile은 '기근은 하나님의 지팡이'라는 제목으로 설교했다.

"첫째, 하나님께서 친히 이 세상의 모든 일을 지시하신다. 그러므로 전염병, 역병, 기근, 전쟁은 단순히 환경이나 인간의 야망과 같은 제2의 원인에서 기인하는 것이 아니라 하나님의 대리인으로 여겨야 한다. 누가 그분의 지팡이로 임명받았는가? 둘째, 하나님께서는 전염병, 역병, 기근, 전쟁을 죄에 대한 국가적 형벌로 사용하신다. 지팡이에 귀를 기울여야 한다."[50]

가난한 사람들이 과연 지팡이에 귀를 기울일 마음이 생길 리 없었다. 많은 사람이 마음의 문을 굳게 닫아버렸다.

황폐해진 지역에서는 비참함에 떠밀리거나 대서양 너머에서 더 나은 희망을 발견하려는 사람들이 줄지어 이민을 떠나기 시작했다. 그중 몇몇 인물을 주목할 필요가 있다. 경제 위기가 최고조에 달한 1847년 7월에 영국으로 이주한 베델 헨리 스트로스버그Bethel Henry Strousberg라는 독일 청년은 많은 무리를 좇아 떠나려 했지만 멀리 가지 못했다. 그가 승선한 SS워싱턴이라는 증기선이 대서양을 횡단하기에 충분한 석탄을 확보하지 못해서 결국 배를 사우샘프턴 항구로 돌려야 했다.

스트로스버그는 자신이 관리하는 건축 조합의 자금을 가지고 도주했기에 체포되어 3개월의 노동교화형을 선고받았다. 그는 1849년 1월에 미국으로 잠시 떠났지만, 얼마 지나지 않아서 영국으로 돌아왔고 유능한 언론인으로 발돋움했다. 하지만 과거 유죄 선고를 받은 이력이 자세히 공개되자 또다시 도주했다. 그리고 이번에는 독일로 가서 철도 건설로 중부 유럽을 크게 부흥시켰다.[51]

또 다른 사람도 후에 큰 영향력을 행사했다. 리버풀에 사는 부유한 상인 토마스 제번스Thomas Jevons는 교양 있고 점잖은 사람이었다. 1848년에 그의 사업은 결국 실패했다. 열두 살이었던 그의 아들 스탠리는 예민한 아이였는데, 아버지의 사업 실패는 이 아이에게 온 우주가 무너져내리는 것과 같았다. 그는 결국 호주로 이주했다.

스트로스버그와 제번스는 서로 스타일이 전혀 다르긴 해도 새로운 경제 질서의 선구자가 되었다. 그러나 1840년대 위기에 가장 즉각적인 변화를 가져온 인물은 30세 독일 철학자였다. 그는 아버지에게 막대한 유산을 물려받았으며 제조업을 하는 프리드리히 엥겔스라는 친구에게 기부받아서 혁명적인 내용을 담은 소책자를 출간했다.

마르크스, 《위기의 책들》, 그리고 세계화

✕

1840년대 후반에 몰아친 위기에 대해 여러 학자들의 분석이 있었지만 카를 마르크스Karl Marx의 분석이 가장 큰 영향력을 행사했다. 마르크스의 업적과 유산의 주요 특징은 근본적인 모호함인데, 그의 생애를 되짚어보면 '젊은 마르크스'와 '성숙한 마르크스'를 구분하는 심오한 지적 변화나 발전이 자주 언급된다. '젊은 마르크스'는 영웅적 존재이자 비전을 중시하는 반면에, '성숙한 마르크스'는 소련이 시행한 무참한 실험의 창시자로 여겨진다.

《공산당 선언》은 1848년에 마르크스와 프리드리히 엥겔스가 함께 완성한 가장 극적이고 예언적인 선언문이다. 또한 세계화 과정을 가장 강력히, 잘 전개해 분석했으며 이는 여전히 적절해 보인다.

"오랫동안 지역적, 국가적으로 고립된 상태에서 자급자족 방식으로 살아왔으나, 이제 세계는 모든 방향으로 교류하고 국가 간 상호 의존성이 보편적인 개념으로 자리를 잡았다. 물질적인 측면은 물론이고 지적 생산에서도 마찬가지다. 개별 국가의 지적 창작물은 공동의 재산이 된다."[52]

이 부분은 짧지만 매우 설득력이 있어서 21세기에 대한 마르크스의 타당성을 주장하는 데 가장 자주 사용된다. 마르크스는 과학적 연구를 통해 이 팸플릿 또는 선언문을 더 강력하게 뒷받침해야 한다고 생각했다. 진리를 주장함에 있어서 다른 어떤 것도 제대로 된 근거가 될 수 없다는 것이 그의 지론이었다. 마르크스는 이데올로기의 베일을 뚫으려면 과학이 필요하다고 누누이 강조했다.

《공산당 선언》과 대조적으로 그의 가장 성숙한 작품인《자본론》은 놀라울 정도로 불완전하다.《자본론》은 약속된 계시의 핵심 요소인 가치, 계급, 위기와 같은 기본 개념에 대해 만족스러운 이론을 제시하지 못한다.

《공산당 선언》의 핵심처럼 보였던 세계화 과정이나 국제 무역, 금융 흐름의 세계적 특징은 거의 언급하지 않는다. 1867년에 출판된《자본론》1권은 국가 행위가 어떻게 기초적인 자본 축적에 기여했는지에 대한 역사적인 설명과 산업 사회의 박탈, 공포에 대한 강렬한 모습을 제시한다. 하지만 이 책의 핵심은 실패인데, 마르크스를 깊이 있게 연구하여 최근 그에 관한 전기를 저술한 개러스 스테드먼 존스Gareth Stedman Jones는 그 책이 자본 '운동 법칙'을 식별하지 못했다고 지적한다.[53]

조너선 스퍼버Jonathan Sperber도 같은 의견을 제시하면서 "경제학자 마르크스는 긴 여정에서 방황했음에도 최종 목적지에 결코 도착하지 못했다"고 말한다.[54] 엥겔스는 개요에 대한 반응을 불길한 경고로 나타냈다. "그것은 아주 추상적인 개요이다."[55] 제2권과 제3권은 마르크스가 죽은 후에 엥겔스의 손에서 완성되었다. 하지만 두 사람은 실제로 어떤 것도 완성하지 못했다.

마르크스의 업적은 영국 정치경제학, 프랑스 민주주의와 급진적 혁명 전통, 독일 낭만주의를 결합하거나 하나로 녹여낸 것으로 여겨진다. 후자는 마르크스의 초기 저술물에서 강조되는데, 1844~1845년에 완성된 신비로운 수기 원고에서 가장 큰 존재감을 드러낸다.

《자본론》은 영국의 정치경제학을 기반으로 하여 프랑스와 독일의 정치적 환상에 유물론적 역사관을 강요하려는 시도이다. 마르크스는 책에서 정치경제학이 외국 학문으로 남아 있는 독일의 경제 사고의 수준이 매우 낙후되어 있다고 신랄하게 비판했다. "독일인들은 단지 학생, 남을 흉내 내는 사람, 추종자, 외국 도매업을 섬기는 소규모 소매상으로 남아 있다."[56] 그러한 각 나라의 다양한 지적 전통을 합쳐 놓은 것이 완전하리라고는 기대하기 어렵다. 특히 독일은 소외나 고립을 낭만적으로 생각하는 데 이는 인간의 진정한 본성을 부정하는 개념이었다. 이는 마르크스가 생각한 사회적, 역사적 과정의 유물론적 표현으로 정확하게 설명할 수 없었다.

다양한 분석 방식을 어떻게 연결하느냐는 문제는 마르크스가 위기를 논의할 때 적나라하게 드러난다. 최근에야 비로소 마르크스-엥겔스 전집(Marx-Engels Gesamtausgabe, 이하 MEGA)의 대규모 출판 사업이 확장되어, 마르크스의 지적 궤도에서 매우 중요하고 결정적인 연결고리인 1857년 국제 경제 위기에 대비하여 그가 마련한 기록을 포함하게 되었다.

이 내용은 2017년에 발행된 MEGA 제4부 14권인《위기의 책들》에서 확인할 수 있다. 159페이지 분량의 이 책에는 전문적인 경제 및 금융 정기 간행물과 통계 자료에서 발췌한 내용이 들어 있었다. 첫 번째 책의 제목은《1857년 프랑스》였고, 두 번째는《1857년 위기에 관한 책》, 세 번째는《상업 위기에 관한 책》이었다. 이러한 통계 작업은 토마스 투크Thomas Tooke와 윌리엄 뉴마치의《가격의 역사》를 뒤이은 것이었다.[57]

《위기의 책들》이 그토록 많은 점을 폭로하게 된 것은, 마르크스가 위기 이론이 무엇인지를 저널리즘을 통해 많은 사람이 접근 가능한 형태로 제시한 것과 거의 동시에 이 책이 만들어졌기 때문이다. 그는〈뉴욕 데일리 트리뷴〉의 유럽 특파원으로 일하고 있었는데, 그의 보잘것없는 수입에서 특파원 업무가 가장 큰 비중을 차지했다. 당시에 그는 신체적 불쾌감, 두통, 불면증, 간 질환, 종기 등으로 고생하고 있었으며 독성 비소로 이를 치료했다.

마르크스의 사고에서 이처럼 비판적인 측면은 결국《정치경제학 비판》과《자본론》을 차례로 출간하는 원동력이 되었다. 두 도서는 베를린에서 출간되었으나 큰 이목을 끌지 못했다. 그런데 이러한 비판적인 측면이 가져온 결과는 두 가지 측면에서 만족스럽지 못하다. 첫째, 그는 이 단계에서 수치에 매료되었고 벨기에의 수학자이자 천문학자인 아돌프 케틀레Adolphe Quetelet가 '사회 물리학social physics'이라는 새로운 학문의 토대를 마련했다고 생각했다. 마르크스는 다양한 원자재 가격, 금융 상품, 주식 및 채권의 평가, 영국 은행과 프랑스 은행의 운영 및 준비금, 생산 및 고용에 대한 데이터를 수집하여, 상호 연관성을 파악하고 경험적 인과 관계를 발견할 수 있을 거라고 직관적으로 생각했다. 그는 가격이 변동하는 방식에 매료되었으며 가격이 상품의 변하지 않는 '사용 가치'를 반영할 수 없다고 기록했다. 현대의 데이터를 살펴보면 자본주의 사회의 기본적이고 결정적인 운동 법칙을 발견할 수 있다. 그러나 그에게는 이러한 분석을 실제로 수행할 통계 도구가 없었다.

마르크스의 유산

✕

마르크스가 매일 대영 박물관 열람실을 방문하면서 만난 사람 중에 스탠리 제번스Stanley Jevons가 있었다. 제번스도 케틀레의 연구에 깊은 인상을 받았고 수학과 미적분을 훨씬 더 깊이 이해했다. 마르크스와 마찬가지로 제번스도 가격 변동을 연구하여 어떤 패턴이 비즈니스 주기 변동을 주도하는지 알아내려고 노력했다. 그는 한계주의 경제학의 아버지가 되었다. 그러나 마르크스는 제번스의 연구를 접하거나 언급한 적이 없다.

현대의 신념과 특히 기술을 옮겨다가 19세기 중반의 연결과 대응을 찾는 데 적용하는 것은 아마 너무 쉬운 일일 것이다. 요즘은 STATA와 같은 훌륭한 데이터 관리 프로그램이 있고, 그냥 엑셀만 있어도 데이터에서 더 많은 패턴과 연관성을 찾아낼 수 있을 것이며, 그러한 분석을 토대로 전반적인 경제 추세에 관한 일반적인 결론을 도출할 수 있을 것이다.

《21세기 자본론》의 저자인 토마 피케티는 이러한 의미에서 마르크스의 진정한 후계자라고 할 수 있다. 피케티는 r(자본수익률)과 g(성장률)를 오랫동안 평가하여 장기적인 '운동 법칙law of motion'을 정확히 찾아냈다. 이것이 바로 마르크스가 찾고 있던 '철학자의 돌philosopher's stone'로서, 장기간에 걸쳐 자본 수익률이 지속적으로 경제 성장을 앞질렀으며, 그로 인해 불평등이 증가했다는 점을 가리킨다. 이런 환경에서 자기 자산을 만들 수 있는 유일한 방법은 상속을 받거나 부유한 사람과 결혼하는 것이었다. 단기적으로는 법칙이 잘 적용되지 않는 것처럼 보일 수 있다. 현대 포트폴리오 모델에서는 기대되는 자본 수익률이 성장을 초과하지만, 종종 무위험 자산과 비교할 때 일부 위험 프리미엄 때문에 초과 현상이 발생하는 것이며, 위기 상황에서는 위험이 증가한다.

마르크스가 남긴 유산에 한 가지 문제가 있다면, 1850년대나 1860년대에 아무도 마르크스가 이전에 확립했다고 생각했던 결론 중 하나를 통계적으로 복원할 수 없다는 점이다. 하나는 '이윤율 하락 법칙'인데,

1857~1858년에 준비한 '정치경제학 비판에 관한 기초'라는 원고는 결국 포기하여 출판되지 않았다. 노동계급이 점점 더 궁핍해지는 법칙도 마찬가지였다.

마르크스 사상을 우호적으로 설명하는 데이비드 하비David Harvey는 이렇게 언급한다. "안타깝게도 그의 주장은 불완전하며 엄격하게 구체화되지 못했다. … (그의) 글은 모호한 표현으로 가득 차 있다."[58]

둘째, 마르크스는 정치적 질서가 변화하는 조건에 점점 더 매료되었다. 1857년에 그는 국제 자본주의의 최종 위기를 목격하고 있다고 생각했다. 그는 특히 1848년 혁명이 실패하고 나서 등장한 가장 강력한 새로운 정치 형태인 루이 나폴레옹의 제2제정이 붕괴할 운명이었음을 보여주고 싶어 했다. 1848~1850년에 프랑스에 일어난 사건들에 대해 〈신新라인 신문Neue Rheinische Zeitung〉에 일련의 기사를 발표했으며 결론 부분에서 마르크스는 국제 위기 확산에 관한 이론을 정립했다.

"이 과정은 부르주아 우주를 창립한 영국에서 시작되었다. 대륙에서는 부르주아 사회가 반복적으로 겪는 순환의 다양한 단계가 제2 또는 제3의 형태로 나타난다. 첫째, 대륙은 다른 어느 나라보다 영국으로 수출하는 물량이 압도적으로 많다. … 대륙의 위기가 각 지역에 첫 혁명을 일으킬 때, 혁명의 기반은 항상 영국에 있었다."

나아가 그는 이렇게 예견했다. "새로운 혁명은 새로운 위기의 결과일 뿐이다. 그러나 혁명이 일어날 것이라는 점은 위기가 닥치는 것만큼 확실해 보인다."[59]

하지만 국제 경제와 보나파르트주의는 처음에는 회복력이 강한 편이었고 1857년이나 그 직후에 전반적으로 무너져내릴 조짐은 없었다. 세계화된 경제는 금세 빠르게 성장세로 돌아섰고, 나폴레옹 3세는 1867년 국제 통화 회의에서 단일 보편적 통화의 기초를 마련하려고 관련 운영 규칙을 세우려 했으며 실제로 몇몇 운영 원칙을 규정했다. 그가 규정한 원칙은 후에 국제 금 본위제를 통해 실현되었다. 나폴레옹 3세가 흔들린 이유는 경제 위기의 여파 때문이 아니라 외교 정책을 잘못 판단했기 때문이었다.

마르크스의 1857년 분석은 자본의 핵심 요소나 과소 소비 이론이나 이윤율 하락 법칙은 크게 언급하지 않는다. 당시에 마르크스는 그저 현대 경기 변동 이론business cycle theory을 구축하고 있었다.

마르크스주의 전통을 따르는 저자들은 1857년을 최초의 세계 경제 위기로 여긴다.[60] 하지만 이는 올바른 견해가 아니다. 라틴아메리카 국가 부채의 폭락 이후에 1825년에 세계적인 공황이 발생했고, 1837년 미국을 시작으로 주식시장이 폭락했다. 무엇보다도 1840년대 후반에 발생한 전반적인 위기는 과잉 생산이나 과소 소비에서 위기가 비롯된다는 마르크스주의의 용어로는 쉽게 설명할 수 없다.

1847년 이야기의 핵심은 10년 후인 1857년 위기에서 반복되었는데, 원인은 전 세계에서 가장 영향력이 큰 중앙은행인 영국 은행이 결국 자체 규정을 위반하게 할 정도로 심각한 재정적 부담이었다. 1844년에 제정된 필 법은 은행의 지폐 발행을 금 보유량에 따라 제한하는 주요 법안이었는데, 마르크스는 영국 은행이 이 법을 보류시킨 일에서 이러한 위기에 관한 핵심 교훈을 발견했다. 자본주의의 근본적인 제도 설계 전반에 문제가 있는 것처럼 보였고, 이로 인해 총체적 혼란이 야기되었다. 마르크스는 1857년의 붕괴에 대해 이렇게 논평했다.

"사실 영국은 유럽 대륙과 미국 양측에서 해외 투기에 대대적으로 참여했다. 한편 국내에서는 잉여 자본이 주로 공장에 투자되었다. 이전 그 어느 때보다 현재의 격변은 산업 위기의 성격을 띠고 있으므로, 국가 번영의 근간에 심각한 타격을 가하고 있다."[61]

국제적인 흐름은 소란과 장애의 중심적 메커니즘을 제공했는데, 마르크스는 이렇게 생각했다. "미국의 붕괴에 대한 대영제국의 첫 번째 반응은 화폐 공황으로 나타났으며, 농산물 시장의 전반적인 불황이 뒤따랐다. 그 후로 제조업이 불황을 겪었고 이제 산업 위기는 정점에 도달했고 통화 위기는 최악의 상태이다."[62] 통화 혼란은 사회 전반의 위기를 초래할 것이었다.

마르크스가 관찰한 통화 혼란은 19세기 통화 정책이 환어음을 다루는 화폐 중개인과 은행의 복잡한 메커니즘에 의존했기 때문에 발생한 것이다. 어음의 용도는 다양했다. (바다를 오가는 화물과 관련하여) 일반적인 상거래에 실제로 사용될 수도 있으나, 신용수단(융통어음)으로 자주 사용되었다.

19세기를 배경으로 한 문학 작품을 읽어본 독자라면 어음이 지급 거절될 때 발생하는 경제적 타격과 감정적 어려움을 잘 알 것이다. 마르크스는 유명한 제조업자이자 무역업자였던 엥겔스의 경험에서 많은 정보를 얻었다. 이런 상황은 1857년에 엥겔스가 마르크스에게 보낸 서한에도 나와 있다.

당시 상업계는 '어음 돌려막기'bill kiting에 의존하고 있었다. 은행가나 어음 브로커 앞으로 어음을 발행하고 일이 처리되는 상황에 따라 만기가 도래하기 전에 또 다른 어음으로 이를 막아서 돈을 버는 방식이 대륙 내의 모든 거래소에서 규칙처럼 여겨진다. 어음결제소commission house도 모두 그렇게 하고 있다.[63]

마르크스도 뉴욕의 신문사가 그에게 보낸 달러 지폐를 런던에서 영국 파운드로 바꿀 때 지폐에 적용되는 할인율이 얼마나 큰지 직접 경험했다.

1857년에 접어들자, 처음에는 마르크스가 보기에 1848년이 고스란히 반복되는 것처럼 보였다. 아이러니하게도 마르크스는 1848년에 프랑스 대혁명의 반복을 경험한 몽상가들을 무시하고 루이 나폴레옹을 실제 나폴레옹의 농담 버전으로 조소한 것으로 유명하다.

역사는 처음에는 비극으로, 두 번째에는 희극으로 반복되는 특징이 있다. 1857년 사업 불황으로 이런 불평이 퍼지기 시작했다. "다들 아시겠지만, 미국과 유럽에서 들어온 심각한 소식 때문에 지난주 상업계에는 극도의 불안감에 사로잡혔습니다. 1848년 혁명 직후에 널리 퍼진 불안감에 비교할 정도로 심각한 수준이었습니다."[64] 마르크스는 이렇게 유사점을 생각하지만, 정부 측 인사들은 위기 관리에 관한 교훈을 찾으려 했다.

프랑스 국립은행Banque de France은 금 수출을 제한하려고 했으나 마르크스는 그런 조처가 무의미하다고 여기며 이렇게 말했다. "모든 조처에도 불구하고 금은 빠져나가기 시작할 것이다. 1856년(10월)에 배수로에서 유출이 시작되면 상황은 급격히 나빠질 것이다."[65]

그러나 현대 경제사 연구에서 드러나듯이, 영국 중앙은행Bank of England과 프랑스 국립은행은 자본 시장을 관리하는 면에서 점차 능숙해졌다. 영국 중앙은행은 시장에 대한 긴급 지원을 통해 수익을 크게 늘렸다.[66] 프랑스 정부는 위기의 영향에 대처하려면 더 많은 예산 지출을 사용할 수 있다는 점을 깨달았다.

그 후로 위기는 그저 순환 현상처럼 보이기 시작했다. 자본주의의 종말이 아니라는 점은 확실했다. 위기에서 가장 고비의 순간이 지나간 후인 연말에 〈뉴욕 트리뷴〉에서 마르크스는 다음과 같이 언급했다.

런던에 (금으로 된) 정화●가 등장하고 화폐시장의 분위기가 다소 편안해지고 미국 상황이 더욱 개선되었으며, 겉으로 보이는 상황이 어느 정도 나아진 것처럼 보이자, 요즘 조금은 들뜬 분위기가 생긴 것 같다. 또한 우리가 공황의 최고점에서 그리 멀지 않다는 희망도 품게 되었다.[67]

과잉 생산과 과잉 투기로 인해 투기가 유발되더라도 국가의 생산력과 세계 시장의 흡수력은 … 최고점에서 잠시 후퇴할 뿐이며, 몇 년간 약간 변동이 있을 수 있지만, 그 후에는 상업 주기의 한 기간에 가장 높은 수준에 도달한 생산 규모가 바로 다음 기간의 시작점이 된다.[68]

이것은 일반적인 붕괴 이론이 아니라 경기 순환이론이었다.

프랑스 위기가 끝나갈 무렵 마르크스는 〈이코노미스트〉지에서 다음과 같이 인용했다.

● 正貨, specie, 소재가치와 액면가치가 일치하는 본위화폐를 가리킴 -역자 주

지금까지 발생한 실패는 수치가 크거나 금액이 중요하지 않았다. 그리고 상황상 공포를 느낄 만한 이유가 충분해 보였고 프랑스인들이 별것 아닌 구실만 있어도 공포에 빠질 준비가 되어 있었지만, 실제로는 공포에 휘말리는 성향은 조금도 나타나지 않았다.[69]

그 후로 다른 국제 금융위기가 이어졌다. 미국 남북전쟁에 이어 1866년에 위기가 발생했고 1873년에 그보다 더 심각하고 오래 지속된 위기가 있었다. 하지만 마르크스는 두 가지 위기를 모두 지나쳤다.

첫 번째 위기는 《자본론》 제1권에 간략히 언급되는데, 마르크스는 위기의 시작이 "대형 은행인 런던 은행의 몰락으로 시작되었으며, 곧이어 수많은 사기업체가 무너졌다"라고 지적했다.[70] 1866년 위기로 인해 영국에서는 프랜차이즈 사업이 확장했고, 마르크스가 깊은 관심을 가졌던 아일랜드 소작인의 인권과 자치권을 강력히 추진했다. 1860년대 후반에 마르크스는 점진적인 개선이 이루어질 것이라고 확신했는데, 특히 투표권 확대, 노동자 협회 결성 등에 힘입어 광범위하고 진보적인 정치 개혁이 일어날 것이라고 여겼다.

1873년 1월, 《자본론》 독일어 제2판의 후기에서 그는 전반적인 위기가 다가오고 있음을 예견했다.

"자본주의 사회 운동에 내재한 모순은 주기적인 순환이 달라지는 가운데 실질적인 부르주아들이 가장 뚜렷하게 느낄 것이다. 현대 산업이 주기적인 순환을 통해 운영되며, 그 정점은 세계적인 위기가 될 것이다. 아직은 초반 단계이지만 위기는 분명 또다시 다가오고 있다."[71]

위기의 역사는 반복되고

1866년 위기에서는 금융 구조가 크게 달라졌다. 런던 화폐시장에서 어음 중개인의 역할은 은행보다 매우 축소되었다. 1860년대 이후로 은행은 빠른 성장세를 보였다. 루돌프 힐퍼딩Rudolf Hilferding이라는 대표적인 사회주의 사상가는 마르크스의 분석을 금융 부문으로 확장했다. 1911년에 발표된 《금융자본론》은 20세기 마르크스 학설을 발전시킨 책 중에서 가장 중요하고 영향력 있는 것으로 여겨지는데, 금융제도가 어떻게 더 안정적이고 '조직된' 자본주의를 확립했는지 집중적으로 다루고 있다. 그는 마르크스의 위기 이론을 독특하게 해석했는데, 금융 업계의 정교함과 대형 은행의 등장이 투기에 따른 위기 발생 가능성을 낮추었다고 언급했다.

1930년대 초반에 많은 국가에서 발생한 대규모 은행 파산이나 2007~2008년 글로벌 금융위기가 초래한 혼란처럼, 아주 심각한 수준의 금융위기는 처음에 자본주의의 숨통을 완전히 끊어놓을 것 같았다. 정치적 대응 방안은 게임의 규칙을 수정하는 것이었다. 달리 표현하자면 경제에 관한 국가의 개입을 강화하고 규제를 늘려야 했다.

그러한 조처가 나오자 정부 내 사회주의 정당은 심각한 딜레마에 봉착했다. 1931년 라이프치히에서 열린 사회민주당 대회에서 프리츠 타르노프Fritz Tarnow는 그 점을 다음과 같이 충격적인 표현으로 설명했다.

"현재 우리는 자본주의의 병상 옆에 진단을 내리는 사람이자 환자를 낫게 해 주고픈 마음을 가진 의사로서 서 있다. 하지만 우리는 하루빨리 곧 유산을 물려받을 거라는 생각에 콧노래를 부르며, 약간의 독을 사용해서라도 환자가 빨리 생을 마감하도록 도와주고 싶어 하는 상속자라고도 할 수 있다."[72]

자본주의는 금융위기를 몇 차례 겪은 후에도 유연성과 적응력을 보인다. 힐퍼딩이 바이마르 공화국 재무장관으로서 1923년 및 1928~1930년에 발생한 두 차례 위기에서 자본주의를 구하려고 애쓴 점은 상당히 아이러니하다. 특히 독일의 초인플레이션이 끝날 무렵에 안정화가 이루어진 것도 그의 공이 매우 컸다.

자본주의가 위기에 봉착한 것처럼 보이는 순간마다 급진적인 붕괴에 대한 열망이 계속 고개를 내밀었다. 나는 대규모 주식시장 붕괴 직후인 1987년 가을에 있었던 우연한 만남을 기억한다. 당시에 1929년 월스트리트 붕괴와 거의 똑같은 단기적 내림세가 나타났으나 경제적으로 장기적인 영향은 거의 없었다. 그때 나는 디킨슨 홀에 자리 잡은 프린스턴 역사학과 사무실의 바깥마당에 있었고, 저명한 선배이자 마르크스주의 역사가인 아르노 메이어Arno Mayer가 최근 연방준비제도 이사회 의장에서 물러났으며 지적으로나 실제 체격으로 보나 상당한 거구인 폴 볼커Paul Volcker와 대화를 나누는 것을 보았다.

메이어가 "이제 마침내 자본주의는 끝났다"라고 하자, 볼커는 옅은 미소를 지으며 "흠…"이라고 말을 아꼈다.

힐퍼딩의 시대로부터 100년가량 지났으므로 금융위기와 자본주의 붕괴에 관한 오래된 논쟁을 다시 검토할 만하다. 자본주의와 사회주의는 오랫동안 적대 관계였으나 이제 하나로 수렴하고 있다. 둘 다 원래는 자발적인 필요와 원하는 바를 충족할 수 있는 분산형 할당 시스템에서 정보를 제공할 기회를 사람들에게 부여하는 것이라고 여겨졌다.

그런데 둘 다 권력의 집중화가 발생하자 파괴적인 결과를 가져온다는 점이 드러났다. 권력의 집중이란 원래 정부 시스템이 규제하고 통제해야 하는 것인데, 현실에서는 억압만 더 심해졌다.

이러한 집중화 현상이 일어나지 않는 분산형 상호작용 프레임워크(구글, 페이스북, 아마존의 거대한 독점 체제를 무너뜨리는 것)를 찾는다는 것은 정치적 힘을 남용하는 상황으로 빠지지 않으면서 생산성 이윤을 크게 실현할 수 있는 사회적 메커니즘을 꿈꾸던 과거 시대로 되돌아가는 것처럼 보였다.

《자본론》제1권에는 악명 높은 문구가 몇 가지 있다. 마르크스는 '외피가 산산이 부서지는 순간'을 고대했으며 "자본주의 사유 재산의 종소리가 들리고 수용자들이 수용된다"라고 말했다. 이것은 '충돌 이론crash theory, Zusammenbruchstheorie'이라는 표현으로 요약되는 후기 정통주의의 기원이다.

현대 학자들은 이 구절이 "이 책의 나머지 부분과 거의 무관하다"라고 해석한다. 이는 1840년대 혁명적 열망의 유물이자, 세계 대격변 속에서 프랑스 혁명을 반복한 변혁의 순간을 염원하는 간절한 마음이다.[73] 독일 출신의 작곡가 리하르트 바그너Richard Wagner는 1840년대의 환상을 표현하는 것으로 잘 알려져 있는데, 그의 작품에 나오는 방랑하는 네덜란드인Flying Dutchman은 다음과 같이 외친다. "세상이 무너질 때 파괴를 알리는 나팔 소리는 언제 들려올까?"

종말론적 비전을 대체했다는 점에서 우리는 자본주의의 천재성을 엿볼 수 있다. 자본주의는 위기를 생산적이거나 창의적으로 만들었다.

KRACH AT THE
MARGINS

| 2장 |

크래시와 한계 혁명:
금융 혼란의 시기

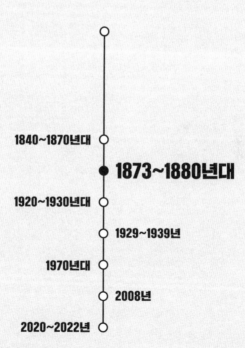

1840~1870년대

● **1873~1880년대**

1920~1930년대

1929~1939년

1970년대

2008년

2020~2022년

1873년의 금융위기에서 '크라흐Krach*'라는 새로운 단어가 생겨났다. '충돌'을 뜻하는 영어 단어 '크래시crash'와 같은 뜻을 가진 이 말은 금융 혼란을 설명하는 기준으로 여겨진다.

1873년 1월, 카를 마르크스는 《자본론》 독일어판 제2권 후기에서 다가오는 총체적 위기를 내다보았으며, 그 위기가 "극장의 보편성과 행동의 강도로 인해 … 새롭고 신성한 프루소-독일 제국에서 갑자기 부를 축적하여 우쭐해진 수많은 사람의 머릿속에 변증법을 부추긴다"라고 믿었다.[1]

《자본론》은 독일에서 특히 높은 판매 부수를 기록했다. 1859년 마르크스의 《정치경제학 비판》이 고국에서 거의 이목을 끌지 못한 것과 대조적인 결과였다. 일례로, 《자본론》 한 권이 독일의 큰 자본가이자 투기꾼, 즉 갑자기 부를 얻어 우쭐해진 철도사업가 베델 스트로스버그의 도서관에 들어갔다. 몇 년 후, 엥겔스는 잘난 척을 하려는 것은 아니지만 어느 정도 만족스러운 마음으로 마르크스에게 편지를 보내어, 자신

• 프랑스어로 '대폭락, 공황'을 뜻하고 독일어로 '붕괴, 파산'을 뜻하는 단어이다. -편집자 주

이 중고 서점에서 독일 역사에 관한 책을 몇 권 샀는데, 스트로스버그가 파산하면서 자신이 아끼는 책들을 매각하여 중고 서점으로 흘러들어온 것이라고 알려주었다.

1870년대에 세계 각국은 더욱 밀접하게 연결되어 있었다. 1858년부터 대서양 횡단 케이블을 통해 뉴스가 전달되었다. 1865년에 설치된 두 번째 케이블은 더 용량이 크고 안정적이었다. 증기선이 운행되면서 대량 운송비가 크게 줄어들었고 동시에 철도는 대륙 내부에 새로운 길을 활짝 열었다.

1869년에 수에즈 운하가 완공되었으며 미국의 대륙횡단 철도도 개통되었다. 미국을 대표하는 시인 월트 휘트먼Walt Whitman은 〈인도로 가는 길〉이라는 시에서 다음과 같이 노래했다.

> 지구가 넓어진다. 네트워크로 연결되면서
> 다양한 인종과 이웃이 장가가고 시집가는구나.
> 바다를 건너가니 저 먼 곳이 가까워지는구나!
> 여러 개의 땅덩어리가 하나로 용접되는구나.

또한 〈겨울의 기관차에게〉라는 작품에서는 철도를 "현대의 유형! 힘과 움직임의 상징! 대륙의 맥박"이라고 찬사를 퍼부었다. 수치를 보자면, 미국 철도의 길이는 1860년에 4만 9천 킬로미터, 1870년에 8만 5천 킬로미터, 1880년에 15만 킬로미터였다. 같은 시기에 독일의 철도 길이는 각각 1만 1천 킬로미터, 1만 9천 킬로미터, 3만 4천 킬로미터였다. 프랑스는 이들보다 많이 뒤처진 상태였기에 9천 킬로미터, 1만 6천 킬로미터, 2만 3천 킬로미터에 불과했다. 오스트리아-헝가리는 훨씬 더 뒤처진 상태라서 고작 3천 킬로미터, 6천 킬로미터, 1만 1,400킬로미터였다. 유럽의 곡물 창고로 발전한 러시아의 경우, 철도의 길이가 1870년에 1만 1천 킬로미터, 1880년에는 2만 3천 킬로미터였다.

1871년 미국 유니언퍼시픽철도는 '퍼시픽 철도와 함께하는 증기기관차 세계 일주'라는 팸플릿을 출판했다. 1872년 후반에 프랑스 작가 쥘 베른Jules Verne은 런던 중심부에 있는 개인 회원 클럽인 리폼 클럽Reform Club에서 80일 만에 세계 일주를 한다는 내기에 관한 기사를 연재하기 시작했다.

휘트먼이 말한 '현대의 유형'은 유럽 국가에 유리한 공급 충격을 만들었다. 1860년대에 세계 경제가 개방되었고 증기선 덕분에 대양을 가로지르는 운송 비용이 절감되었으며 철도 덕분에 대륙 간 농작물 수출 및 운송이 가능해졌다. 무역 조건은 서유럽에 유리하게 바뀌었기에 서유럽 국가는 그것이 어떤 결과를 가져오는지 생각하기 시작했다.

1870년대의 대공황은 긍정적인 공급 충격이 명백히 유익한 효과를 가져온 직후에 이어졌다. 새로운 개척지에 대한 흥분감에 더해 법적 변화로 인해 수많은 유럽 국가에서 기업을 설립하는 것이 한결 쉬워졌다는 생각은 많은 사람이 황홀감에 도취되게 했다. 곧이어 과잉 거래, 수많은 기업 설립, 투기가 이어졌다. 유럽과 미국의 흥분된 분위기는 철도 건설에 집중되었다. 새로운 지역의 문을 열고 개척하는 가장 확실한 방법이라고 여겨졌기 때문이다.

새로운 인프라를 마련하려니 새로운 금융 조달 방식이 필요했고, 합자회사들은 더 많은 자본을 축적하는 것이 가능해졌다. 전 세계적으로 새로운 주식시장이 꽃을 피우면서 중산층 저축액의 대부분을 끌어들였는데, 철도 주식이 주식시장을 거의 장악하다시피했다. 이와 함께 전 세계 공급품이 시장에 들어오면서 디플레이션 압력이 커졌다.

전 세계에 경제 활황의 바람이 불다

✕

새로운 식량과 물품 공급이 열리자 모든 일이 가능한 것처럼 보였다. 이러한 분위기는 정치적 변화로 더욱 고조되었는데, 미국, 독일, 이탈리아에서 내전이나 통일 전쟁이 끝났으며, 그 결과로 부동산 붐이 일어났다. 특히 베를린, 피렌체, 로마와 같은 도시를 중심으로 부동산 경기가 살아났다. 세계 곳곳에 투자 경쟁이 벌어졌다. 기념비적인 큰 건물이 들어서고 급하게 설립된 공장 도시에는 노동자가 몰려들었다. 초반에는 호황이 가져온 유포리아 분위기가 고조되면서 모든 지역에서 임금이 급격히 상승했다.

불안정은 배움을 촉진했다. 특히 영국은 이제 금융 및 상업의 글로벌 네트워크에서 중심에 선 것이 분명했기에 다른 나라보다 훨씬 안정되어 보였다. 독일 제국과 메이지유신 이후의 일본도 외국 체제를 열심히 연구하고 국내 사정에 맞게 변환하는 과정에 심혈을 기울였다.

이렇게 외국의 제도를 받아들이는 과정에서는 흔히 긴장이 고조되고 반발에 부딪히기 마련이다. 독일인들은 외국에서 들여온 모델이 만연하다며 불평했고 일본의 지성인들은 '그들만의 독특한 방식과 관습'이 압도당하는 현실에 슬퍼했다.

독일의 민족지학자이자 풍자가인 보고밀 골츠Bogomil Goltz는 "인간이 최고의 피조물이라면 독일인을 가장 완벽한 인간이라고 할 수 있다. 왜냐하면 독일인은 모든 나라의 가장 특징적인 측면, 재능, 미덕을 모두 갖추고 있기 때문이다"라고 설명했다. 철학자 게오르크 빌헬름 프리드리히 헤겔Georg Wilhelm Friedrich Hegel은 독일인의 '반성적 깊이reflexive depth'를 중심으로 하이델베르크에서의 취임 연설을 전개했다.

동양에서도 변화가 일어났다. 청나라는 영국을 모방하는 데 집착하는 것처럼 보였고, 일본은 프랑스, 독일 등의 대안적 서구 모델로부터 많은 점을 배우고 있었다.[2] 다른 나라의 경우, 군사적 힘이 없는 나라들은 외국 체제를 받아들이거나 외국 '문물을 배우는' 일을 강요받았다. 태평천국운동이 실패한 뒤 1854년에 상해 주재 서방 영사가 설립한 중국 해상 관세청 및 영국과 프랑스 및 기타 채권자들이 1881년에 설립한 오스만 공공 채무국은 청나라 경제 기관의 모델로 사용되었다.

이처럼 흥분을 조장하는 여러 가지 동시적인 원인이 존재했다. 평론가와 비평가들은 그저 한 가지에만 집중하기 쉬웠고, 종종 분석가들은 풍요를 가져다주는 여러 가지 요인을 긴 목록으로 제시하곤 했다. 그 목록에는 철도 사업, 증기선, 법, 유능한 공무원, 금 본위제, 시대의 정신, 국가의 의지 등이 언급되었다.

프로이센-독일 논의는 1870년 회사법 개정에 초점을 맞추었는데, 회사를 설립하려면 국가의 허가를 받아야 한다는 요건을 삭제하고 북독일연방 전 지역에 개정된 법을 적용했다. 1871년 이후에는 새로운 독일 제국 전체에 법을 적용했다.

1844년 영국의 합자회사 법이 그러했듯이, 이러한 변화는 종종 투기 목적으로 우후죽순 회사를 설립하는 상황을 유발했다. 독일 통일과 함께 새로운 안정을 약속하는 금 본위제로 전환하자 국제 사회 전체가 환호했다. 프로이센-프랑스 전쟁 이후에 프랑스가 은으로 전쟁배상금을 내면서 이러한 분위기는 더욱 고조되었다.

유포리아(극도의 행복감, 희열, 낙관론)로 인해 돈에 대한 불확실성은 더욱 높아졌다. 금을 향한 일반화된 움직임이 전 세계 은의 가격을 낮추는 데 도움이 되었다. 일단 이렇게 되자 은 본위제를 고수하거나 복본위제bimetallic system로 남아 있으려는 나라는 하나도 없었다.

전 세계적으로 금 생산량이 감소하는 추세였기에, 당시 사람들은 무역 충격을 특정한 통화의 문제로 생각했다. 그리고 1870년대 후반부터는 많은 평론가가 은을 화폐로 사용하면 효과를 발휘해서 전 세계 물가를 디플레이션 상태에서 끄집어올려서 온화하고 자극적인 인플레이션으로 돌아설 수 있을 거라고 믿었다.

이때 이뤄진 디플레이션과 경기침체에 관한 논의는 21세기까지 영향을 미쳤으며, 기술의 진보와 생산이 지리적으로 확장되면서 전반적인 생산량이 증가했고 그로 인해 더 많은 상품을 더욱 저렴하게 확보할 수 있게 된 점은 거의 주목받지 못했다. 지금과 마찬가지로 당시 디플레이션에 대한 사람들의 불만이 컸기 때문이다.

대공황의 조짐

✕

하나로 연결된 세상에는 단일 통화시스템이 필요한 것처럼 보였다. 19세기 세계 공용화폐 운동의 절정은 1867년 나폴레옹 3세가 소집한 국제금융회의International Monetary Conference였다. 프랑스, 벨기에, 이탈리아, 스위스가 이미 설립한 라틴통화동맹의 원칙을 한층 확대한 것이었다. 1863년에 베를린에서 열린 국제 통계학학회에서는 이미 미화 1달러는 프랑스 화폐 5프랑, 영국 1파운드는 미화 5달러 또는 프랑스 화폐 25프랑과 같다는 제안이 나왔다.

하지만 이렇게 정한다고 해도 미국이나 영국에서 실제로 사용되는 금속으로 된 동전이 아주 조금 달라지는 것 외에는 의미가 없었다.(당시 1파운드는 25.22 프랑이었다.) 산술적으로 깔끔하게 등가물을 만들려고 동전의 무게를 바꾸는 것은 비교적 손쉬운 방법이었다. 새로운 금화에는 금 알갱이가 12.008개 들어가는데, 기존의 영국 소브린°의 금 알갱이는 113.001개였다. 따라서 영국은 새로운 화폐 시스템 기준에 동전을 맞추려면 약간의 평가절하가 필요했다.

단일 세계 통화의 가장 큰 매력은 어느 순간이든지 아주 간단하게 가격을 비교할 수 있다는 것이다. 일찍이 1848년에 존 스튜어트 밀John Stuart Mill은 저서 《정치경제학 원리》에서 세계적으로 통화가 단일화되는 것은 불가피한 일인데 정치적인 장애물만이 이를 가로막고 있다고 아무렇지 않게 언급한 적이 있다.("언젠가 정치 상황이 나아져서 모든 국가가 단일 통화를 사용한다고 가정해 보겠다.")[3] 월터 배젓과 그가 발행하는 정기 간행물인 〈이코노미스트〉지는 지극히 상식적인 해결책처럼 보이는 것을 열렬히 지지하는 발언을 내놓았다.

"상거래는 어디에서나 같다. 물건을 사고팔고, 돈을 빌리고 빌려주는 일은 전 세계 어디에서나 같다. 이와 관련된 모든 문제도 보편적으로 같은 형태를 갖춰야 한다."[4]

당시 모든 유명 인사들이 이처럼 명백한 주장에 지지를 표명했다. 1866년에 미국 의회 내에 설립된 주화위원회Coinage Committee도 다음과 같은 결론을 통해 그들의 입장도 같다는 점을 드러냈다. "이러한 (화폐)

• Sovereign, 1파운드 스털링의 가치를 가진 영국 금화 -역자 주

통일로 인해 피해를 볼지 모르는 모든 국가의 유일한 이익은 환전상의 이익뿐이며, 이는 공공복지에 거의 도움이 되지 않는다."[5]

1867년 국제금융회의에서는 25프랑짜리 금화를 새로운 세계 통화의 기본 단위로 사용하자는 의견이 제시되었다. 영국에서 국제주화에 대한 왕립위원회의 보고서에는 화폐개혁을 지지하는 다수의 증인이 누구인지 공개되었다. 거의 모든 문제에서 존 스튜어트 밀과 대립하던 스탠리 존스도 이 문제에 동의했으며 1868년에 다음과 같이 기록했다.

"나는 소브린과 25프랑을 동일시하는 정도까지는 통화협약에 가입하는 것에 찬성한다. 그렇게 되면 소브린이 전 세계적으로 주요 동전이자 교환 매체가 될 것이기 때문이다. 내가 보기에 금은 모든 지역에서 미래의 화폐로 채택되어야 하며, 현재 국제 협약에서도 이점을 인정하고 있다."[6]

각국의 통화시스템이 바뀌지는 않았으나, 금은 실질적인 세계 통화로 자리 잡았으며, 이는 곧바로 논란의 대상이 됐다. 프랑스는 은화 발행을 중단하여 독일에 보복하는 동시에 복본위제를 국내 체제로서 보호하려고 노력했으나 두 가지를 조화시키는 데 실패했고, 경제사학자 마크 플랑드로Marc Flandreau와 스위스 출신의 전문가 칼 피어-헤르조그 Carl Feer-Herzog는 그로 인해 발생한 변화를 매우 설득력 있게 설명했다.[7]

독일에는 금으로 바꾸려고 준비된 돈이 20억 마르크나 된다. ……기존 통화를 가장 먼저 폐지하는 국가는 비용이 적게 들겠지만, 주저하고 기다리는 국가는 앞서 이루어진 앞서 발생한 폐화•로 인한 모든 손실을 감수할 뿐만 아니라 다른 모든 사람을 대신해서 비용을 내게 될 것이다. 독일 경제학자들은 신속한 조처를 할 때 자국이 무엇을 얻을 수 있는지 … 완벽하게 이해했다.[8]

프랑스 국립은행은 가치가 떨어질지 모르는 은화를 대량으로 보유하고 있었기에 은화 가격 하락을 우려하는 많은 사람이 자기 은행으로 몰려들까 봐 우려했다. 그 시점에서는 은화 동전의 생산을 줄이거나 중단하는 것이 논리적이라고 여겨졌다. 이와 같은 프랑스의 대응으로 인해 전 세계는 은의 역할이 크게 줄어든 새로운 국제 화폐 시스템을 도입하는 쪽으로 방향을 잡게 되었다. 나폴레옹 3세의 고문이었던 미셸 슈발리에Michel Chevalier는 '가치가 손상되고 평가절하 움직임이 시작되는 바로 그 순간에' 본위제로 전환하는 것이 (법률상이든 실질적으로든)불안정하다고 지적했다.[9]

경제사학자 줄리오 갈라로티Giulio Gallarotti는 모든 나라가 사실상 같은 방향으로 움직이게 강요하는 화폐의 '체인 갱chain gang'••의 관점에서 논리를 제시했다. 한편 미국은 금으로 되돌아갔으며 이는 훗날 '1873년의 범죄'라고 불렸다. 미국이 그렇게 한 이유는 이러한 점을 고려한 것이 아니라 네바다 컴스탁 광맥Nevada Comstock lode의 은 생산량이 급증하여 은 가격이 하락할 거라는 전망 때문이었다.[10]

1873년 이후 세계에 나타난 주요 특징은 생산량이 실질적으로 감소하지 않았는데도 상당한 가격 하락이 발생한 것이다. 미국에서는

• 廢貨, 본위 화폐로서의 통용을 금지하는 것 -역자 주
•• 하나의 쇠사슬에 여러 명이 매여 집단으로 노동에 종사하는 죄수들. 여기에서는 서로 뗄 수 없이 밀접하게 연결되어 있음을 의미한다. -편집자 주

남북전쟁 이후로 오랜 기간에 걸쳐 가격 하락 조정이 일어났다. 이는 1815년 이후 유럽의 디플레이션 과정과 나폴레옹 전쟁이 끝난 후의 상황이 반복되는 것처럼 보였다(도표 2-1 참조).

1873년 금융위기 이후에 미국 경기가 침체하였으나 상황은 그리 심각하지 않았다. 산업 생산량은 최고점에서 최저점으로 10.8퍼센트 하락했다. 이는 1856년에서 1858년 사이에 10.5퍼센트 하락한 것과 비슷하지만, 1892~1897년 또는 1907~1908년에 발생한 주요 침체보다는 훨씬 낮은 수치였다.[11] 이번 사건으로 최악의 피해를 본 것은 농민들이었다. 곡물 가격이 하락함에 따라 농민들의 수입이 줄어들었다. 영국, 프랑스, 독일에서는 산업 생산량이 전혀 감소하지 않았으며 1876년부터 1877년까지 1년간 약간 주춤한 것이 전부였다. 농업 생산

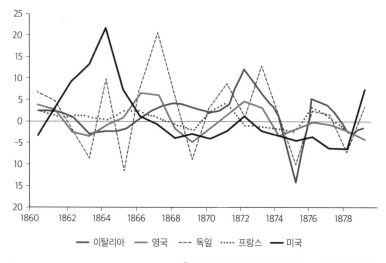

✦ 도표 2-1. 1860~1880년 인플레이션과 디플레이션(퍼센트율) ✦

— 이탈리아   — 영국   --- 독일   ····· 프랑스   — 미국

출처: 글로벌 금융 데이터 자료를 토대로 계산한 것임

량을 측정한 결과는 계속해서 극적인 증가를 기록했다.

이런 부분을 반영해 이 시대를 '대공황'이라 표현하나, 이는 적절치 않은 것 같다. 하지만 그 표현 때문에 주가에 몇 가지 극적인 변화 또는 큰 변동이 일어난 것은 부인할 수 없다. 1873년에 북미와 중부 유럽의 주식시장이 거의 동시에 크게 몰락함에 따라 창업자의 기간Grunderzei에 맛보던 행복과 희열도 끝나버렸다. 5월 5일 빈이 붕괴하자 공황이 시작되었고 5월 9일에 은행과 일부 투기성 철도기업의 주가는 치명적인 타격을 입었다. 1873년 9월 18일에 제이 쿡Jay Cooke이라는 주요 철도건설업체가 도산하면서 미국도 위기에 봉착했다. 런던은 거의 영향을 받지 않았지만 10월이 되자 베를린 시장도 폭락했다.

어느 지역이든 공황은 전혀 예상치 못한 것이었으며 빠르게 퍼져나갔다. 미국의 현대 평론가는 이렇게 회고한다.

월스트리트에 닥친 공황은 마른하늘에 날벼락과 같았다. 아무리 똑똑한 사람도 이를 예견하지 못했고 제아무리 잘난 사람도 이를 막아내지 못했다. 상인들의 재산을 한 시간 안에 쓸어가 버리고, 투기꾼들을 몰락하게 만들고, 과부와 고아들을 망하게 하고, 농부들을 새파랗게 질리게 만들고, 국가의 모든 산업과 기계 분야의 이익에 해를 끼치는 조합이 일순간 아무런 예고도 없이 만들어질 수 있다.[12]

오스트리아에서 발견된 균열

✕

다른 금융 중심지와 달리, 빈Vienna은 세계의 축소판처럼 보였다. 그 이유 중 하나는 빈이 그런 도시라고 자신을 홍보했기 때문이다.

1873년 5월, 오스트리아 제국의 수도의 프라터 놀이공원에서 세계
박람회가 열렸다. 1851년 크리스털 팰리스)에서 열린 만국산업박람회
는 유리와 철로 새로운 시대를 구현한 궁전에서 열린 제조업의 기적이
라는 찬사를 받았다. 이로써 빈은 산업의 중심지임을 자부했다. 스코틀
랜드 엔지니어 존 스캇 러셀John Scott Russell과 오스트리아 건축가 카를
하제나우어Karl Freiherr von Hasenauer가 디자인한 전시회 중앙의 강철 원
형 홀은 세계에서 가장 큰 큐폴라•였다. 도시 전체가 완전히 달라졌다.
오래된 도시 성벽을 히물고 웅장한 링슈트라세Ringstrasse와 신축 건물이
들어섰다. 1869년에 새로운 오페라 하우스가 완공되었고, 이듬해에는
무지크 페어라인Musik-verein 건물이 들어섰다. 1873년 박람회를 위해
링슈트라세에 있던 뷔르템베르트 대공의 왕궁은 호텔로 탈바꿈했다.
박람회에는 제이 쿡이 발표한 북태평양 철도 지도를 포함하여 전 세계
의 철도 관련 모험을 전시한 것이 큰 이목을 끌었다.

5월 1일 세계박람회의 개막 이후로 빈은 재정적으로 더욱 풍요로워
졌다. 빈의 유력 일간지인 〈신 자유신문〉에서는 '사기와 부패를 경고했
던 사람들'을 비판하면서 전 세계에 '편안한 습관, 아름다운 여인과 즐
거운 노래'의 도시에 와서 즐기라고 초대했다.[13]

박람회만으로도 도시에는 활기가 넘쳤다. 그러자 언론의 분위기가
갑자기 비판적으로 돌변했다. 〈뉴욕 타임스〉는 이렇게 보도했다. "처음
에는 박람회가 제공하는 편리함에 매료되었으며, 더 나아가 파리나 런
던처럼 수천 명의 부유한 외국인이 몰려와서 물건을 구입할 것이라는
전망에 유혹된 수많은 기업이 박람회에 출품한 물품을 만들려고 감당

• cupola, 작은 건물의 돔 같은 양식의 둥근 천장 -역자 주

하지 못할 시도를 했다."[14] 〈뉴욕 트리뷴〉은 5월 1일 자 전면 기사에서 박람회의 미국 위원들 사이에 '협박과 부패'가 만연했음을 꼬집었다.[15]

5월 5일에 파리와 프랑크푸르트에서 빈으로 들어오는 주식 시장 보고는 안정적이었으나 부다페스트에서는 프랑스-헝가리 은행에 대한 나쁜 소식이 입수되었다. 거의 동시에 빈의 오래된 은행인 루소 앤 마이어스버그Russo & Mayersberg가 파산했다는 소식이 도착했다. 순식간에 분위기가 달라졌다. 그것은 일종의 *크라흐*였고, 시스템을 탓하기에 딱 좋은 상황이었다. 〈뉴욕 타임스〉는 빈 거래소의 무분별한 행동이 심각한 반응을 초래했다는 의견을 제시했다.[16] (이는 미국인을 향한 경고였다.)

금융기관은 신뢰를 다시 쌓기 위해 지푸라기라도 잡고 싶은 심정이었다. 5월 17일에 로스차일드 은행은 프랑스의 정치적 변화 -아돌프 티에르Adolphe Thiers의 자유주의 정부가 붕괴하고 마크마옹 원수元帥가 프랑스 공화국 대통령으로 취임하는 등 우경화되는 것- 가 '국제 금융을 안정시킬 것'이라고 주장하려 했다.[17] 그러나 연이어 자살 사건이 일어나면서 입을 꾹 다물었다. 5월과 6월 저녁에는 매일같이 투기에 실패한 사람들이 다뉴브 운하에 몸을 던졌다. 그중 한 명은 모던이라는 이름의 사기꾼이었는데, 그 기회를 이용해서 도망칠 생각이었는지, 운하 옆에 자기 옷을 늘어놓고 헤엄쳐서 헝가리로 탈출했다.[18]

위기는 기존 정치 체제를 공격하는 데 사용되었다. 1871년에 (독일 자유주의자들의 중앙집권화에 반대하여)연방주의 오스트리아 내각이 잠시 구성되었는데, 당시 상무장관을 지낸 경제학자 알베르트 셰플레Albert Schaffle는 짧은 위기의 역사를 기록으로 남겼다. 그는 재난이 더 커질 것이라며, '공산주의와 자산계급의 약탈행위'를 거세게 비난했다.[19]

1873년에 금융계에 벌어진 사건들은 소문에 들리는 것보다 훨씬 더 암담해 보였다. 〈뉴욕 타임스〉의 최초 보고서는 "주식 투기에 관한 한 어제 월스트리트의 분위기는 매우 지루하고 답답했다. … 어제 월스트리트에서 발표된 가장 중요한 사안은 빈 증권거래소에 공황이 발생했으며 금융가의 문제를 타결하려고 정부가 개입했다는 점이다."라고 언급한다.[20] 그럼에도 불구하고 아주 잠시, 대서양 건너 미국과 강력한 연결고리가 있는 것처럼 보인 적도 있었다.

〈뉴욕 헤럴드〉는 5월 13일에 오스트리아 증권이 1억 달러의 손실을 보았으며 미 증시도 1천만 달러에 가까운 손해를 입었으나 정말 심각한 손실은 미 철도채권에 국한되며 '다양한 성격의 다른 채권에 미친 영향은 모호하다'고 지적했다.[21] 독일 정부는 공황을 달래기 위해 프랑스 배상금으로 증권을 매입하자고 제안했다.[22] 많은 논평가들도 비슷한 의견을 제시했다.

빈은 문명화된 도시 중에서 시민들에게 가장 물가가 비싼 곳으로 알려져 있다. (일반적으로는 굴덴으로 알려진 오스트리아 통화)플로린의 가치는 유럽 어느 곳보다 빈에서 가장 낮다. … 하지만 이것이 재앙의 전부가 아닐 가능성이 매우 컸다. 빈처럼 인플레이션이 심한 시장은 반드시 붕괴할 것이며, 그와 함께 베를린, 함부르크, 프랑크푸르트의 거대한 경제적 거품도 가라앉을 것이다. 오스트리아 제국에 심각한 경기 불황이 시작될 것이며 이미 가치가 하락한 통화 가치는 훨씬 더 낮아질 가능성이 절대 작지 않다.[23]

프랑크푸르트, 함부르크, 베를린에 있는 빈과 독일 거래소에는 재정적 연결고리가 있다.[24] 하지만 런던은 위기가 닥칠 것 같은 분위기가 전혀 아니었다. "물론 이 보고서는 투기에 크게 부정적인 영향을 미쳤고 영국 중앙은행이 다시 할인율을 올리는 것은 불리해 보였다. 다른 거대 자본은 거의 다 금융위기에 처해 있는 시기에 런던에서 주가가 그렇게 잘 유지되도록 한다는 것은 월스트리트 운영자 및 금융가들에게 놀라운 일이다."[25]

붕괴가 발생하자 쭉정이를 가려내는 일이 대대적으로 진행되었다. 어떤 주식은 급격히 하락했으나, 견고하다고 여겨지던 주식은 거의 변동이 없었다. 철도 주식이 대표적인 사례였다.

5월에는 빈에 관심이 집중되었고 연말로 갈수록 뉴욕과 베를린으로 초점이 이동했다. 1873년부터 1875년 사이에, 미 회사채 시장의 36퍼센트가 채무 불이행 상태였으나 평론가들은 여전히 일부 자산은 더할 나위 없이 안정적이라고 분석했다. 〈뉴욕 타임스〉는 "금융 혼란이 닥친 시기에 기존의 철도 회사만이 제 의무를 다할 수 있는 것이 사실"이라고 언급했다.

오스트리아 주가는 종목의 질적 수준에 따라 변동 폭이 매우 컸다. 오스트리아 국립은행의 5월 1일 주가는 947굴덴이었는데 10월 13일에는 952굴덴을 기록했고, 주요철도주식인 페르니단드 북부 철도는 2250에서 2010으로 바뀌었기에 변동이 거의 없는 상태였다. 하지만 은행협회 주가는 356에서 92로 하락했고, 오스트리아 종합건설회사의 주가는 262에서 39로 떨어졌다.

하락 폭의 차이에 대해 궁금해하는 사람들이 많았다. 분석가들은 두 집단으로 나누어 설명하려 했다. 하나는 증권거래소에서 고정 위치에 있는 기존의 기업들이고, 다른 하나는 쿨리스coulisse들이 주도하는 기업들이다. 쿨리스란, 파리 증권거래소에서 쓰이는 용어로 고함을 지르는 사람들과 바삐 손짓하는 투기꾼을 뜻했다. 쿨리스들 중에는 본격적으로 게임을 해보고 싶거나, 투우사가 직접 되어보려는 사람들도 있었다.[26] 이러한 모습은 인근 카페와 현지 중개인 사무실로 퍼져나갔다. 세플레는 이것이 '큰 것은 작은 것을 집어삼키고, 큰 것도 가장 큰 것에 먹히는' 탈자본화 과정이라고 묘사했다.[27]

당시의 열광적인 분위기 중심에는 철도와 통신이 있었다. 새로 설립되어 증권거래소에 상장되는 기업이 매우 많이 늘어났고, 주가가 급등했다.(도표 2-2와 2-3 참조) 남북전쟁 이후에 적지 않은 수의 유럽 투자자가 미국의 채권을 가지고 있었는데, 미국 철도주식이 과열되는 것처럼 보이자, 이 투자자들은 유럽 증권으로 눈을 돌려버렸다.[28] 그러자 크게 베팅을 한 투자자나 자본이 많지 않은 소액 투자자들은 위기에 몰렸다. 유럽의 베델 스트로스버그에 투자자한 사람들, 미국의 제이 쿡에 투자한 사람들이 특히 파산했다. 전부가 그런 것은 아니었으나 일부 철도는 사기성 약속으로 한껏 주가가 올라갔다가 실체가 드러나면서 주식시장에서 외면당하게 되었다.

투기꾼과 사기꾼

✕

1873년 초반, 새로운 독일 제국은 오스트리아와 비슷하게 정치화된 주식 스캔들을 겪을 것 같았다. 자유주의당의 유력한 국회의원인 에두아르드 래스커Eduard Lasker는 2월 7일 하원 연설에서 부패한 '스트로스버그 체제'를 강력히 비난하면서 고위 귀족 및 주요 정부 인사들이 어떻게 관련되어 있는지 자세히 밝혔다.

1850년대에 영국에서 상대적으로 성공적이었던 금융 저널리스트로

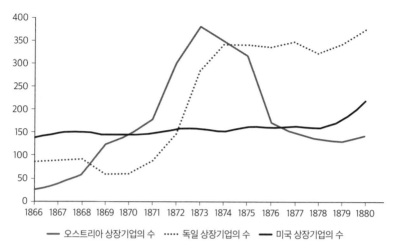

✦ 도표 2-2. 1866~1880년에 증권거래소에 상장된 기업의 수 ✦

―― 오스트리아 상장기업의 수 ‥‥‥ 독일 상장기업의 수 ―― 미국 상장기업의 수

출처: 글로벌 금융 데이터 자료를 토대로 계산한 것임

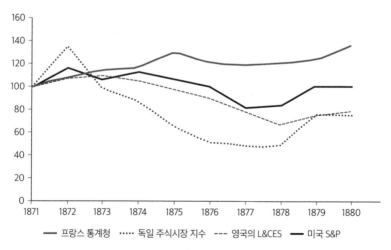

✦ 도표 2-3. 1971~1880년 프랑스, 독일, 대영제국, 미국의 주가 변동 ✦
(1871년을 100으로 본다.)

―― 프랑스 통계청 ‥‥‥ 독일 주식시장 지수 --- 영국의 L&CES ―― 미국 S&P

출처: 글로벌 금융 데이터 자료를 토대로 계산한 것임

서 스트로스버그는 자유주의적인 〈이코노미스트〉와 달리 보수적인 성향을 보이며 경쟁 구도를 만든 신문을 창간하기도 했다. 그는 1847년 사기 행위가 폭로되자 영국을 떠나 고국인 독일로 달아났다. 런던에서 쌓은 금융 경험을 바탕으로 19세기 중반에 현금이 부족한 독일에 알맞은 방법을 사용하여, 철도 및 기타 투기형 건설 회사 운영에 열정을 보였다. 그가 운영한 기업은 새로운 철도 라인 건설을 '일반 기업가'에게 위임했으며, 위임받은 기업은 건설 비용보다 훨씬 높은 가격으로 주식을 팔아서 필요한 자금을 마련했다. 이 과정에서 기업은 큰 수익을 얻었으며 스트로스버그는 그보다 더 많은 돈을 거머쥐게 되었다. 스트로스버그는 건설에 필요한 철, 레일, 목재와 같은 자재를 팔기 위해 산업형 기업을 설립했던 것이다.

이 시스템은 투자자와 정치계의 공격을 동시에 받았다. 연초 연설에서 래스커는 스트로스버그를 향해 이렇게 공격했다. "저는 구불구불한 경로를 잘 모릅니다. 너무 힘들어서 따라가기가 어려우니까요. 하지만 한 가지 분명히 아는 것이 있습니다. 그것은 바로 철도 쪽에 밀거래가 일어나고 있다는 점입니다."[29]

스트로스버그는 철도에만 집중한 것이 아니라 과대망상증에 사로잡힌 건축가였다. 아우구스트 오르트August Orth는 베를린과 빈을 연결하려는 스트로스버그의 주요 철도 노선에서 종착역인 괴를리츠 기차역을 설계한 건축가였다. 스트로스버그는 그에게 전체 설계의 후속 작업을 맡겼다. 오르트는 베를린에 가축 시장을 새로 짓고, 커다란 시장을 설계했는데, 이는 나중에 프리드리히슈타트 궁전의 엔터테인먼트 센터로 개조되었다. 그뿐만 아니라 정부 청사의 바로 오른쪽인 빌헬름가 70번지에 스트로스버그를 위한 궁전도 지었다.(이 건물은 나중에 영국 대사관으로 사용되었다.) 그리고 보헤미아 즈비로우에 있는 중세 시대의 성을 대대적으로 보수했다. 그 성은 스트로스버그가 대규모 철강 공장을 짓고 싶어했던 거대한 사유지의 중심에 자리잡고 있었다.

스트로스버그에게 가장 큰 문제를 일으킨 것은 루마니아였다. 루마니아는 비옥한 땅을 가지고 있었기에 유럽의 식량 문제에 대한 해결책으로 보였다. 특히 1864년의 농업 개혁으로 대규모 밀 재배 지역으로서의 지위가 강화된 이후에는 더욱 그러했다. 1860년대에는 가격이 급등했고 더불어 수출량도 크게 늘어났다.[30] 스트로스버그는 라티보르와 우제스트 공작을 포함한 저명한 독일 귀족들과 계약을 맺었다. 그렇게 해서 다양한 노선을 건설한 컨소시엄을 구성하고, 로마 정부가 보증하는 채권 발행을 통해 자금을 조달하려는 생각이었다. 하지만 불행하게도 이 노선은 오스트리아 출신의 금융가 오펜하임 백작이 설립한 경쟁 기업보다 건설 속도가 느렸으며, 결국 오펜하임도 사기와 기만 혐의로 재판에 회부되었다. 프랑스-프로이센 전쟁이 한창이던 1870~1871년에 철도 채권이 채무 불이행 상태에 빠질 위험이 보이자, 비스마르크는 자신의 개인자산관리자인 게르손 블레이히뢰더Grson Bleichroder와 디스코토 회사의 아돌프 폰 한제만Adolph von Hansemann의 지원을 받아 구조 방안을 쥐고 이 사태에 개입했다.

라스커는 한제만과 가까운 정치적 동료였다. 스트로스버그는 훗날 은행 사기 혐의로 (비교적 호화로운 환경을 갖춘) 러시아 감옥에서 재판을 기다리면서 화려한 언변을 동원하여 자신의 행동을 변호하는 장문의 글을 썼다.

라스커와 한제만에 맞선 기본 주장은 '그쪽이야말로주의whataboutims'였다. 자유주의자들은 스트로스버그와 같은 정치 보수세력 못지않게 안전성을 과장하고 부스터리즘boosterism에 깊이 관여하고 있었다. 먼저 스트로스버그는 자기 이름이 사업상의 사기를 희화한 것과 관련이 있다며 '창업 열풍, 주식 사기, 금융위기, 각종 감면 혜택과 관련된 속임수, 주식 자본의 붕괴, 질이 낮고 비싼 건물, 경제의 주요 부문에 대한 불신과 대중의 의욕 저하'를 언급했다.[31] 그는 사실 모든 대형 은행이 '금 송아지에게 아첨'하는 데 참여하고 있는데, 불법이거나 위험하지 않은 방법이지만 불안정한 위치에 있는 사람은 소위 말하는 속임수를 쓰게 만드는 것임을 폭로하려 했다. 부정적 사례인데도 월계관을 씌운 것이야말로 진짜 사기꾼이라는 논리였다.[32]

스트로스버그는 1873년 금융위기에서 가까스로 살아남았다. 그러나 그를 향한 공격은 계속되었고 독설은 더욱 강해졌다. 1875년에 최대 판매량 38만 2천 부를 기록한 독일 잡지 〈디 가르텐라우베〉에서 반유대주의 언론인 오토 글라가우Otto Glagau는 이렇게 밝혔다.

투기와 사기라는 두 가지 요소가 오늘날 전 세계에서 왕 노릇을 하고 있다. 이는 문명화된 인류를 한숨짓고 신음하며, 시름시름 앓다가 사라지게 만들고 있다. 투기와 사기는 엄청난 성공을 거두었는데, 셀수 없이 많은 사람이 그들의 그물에 걸려들었으며 그로 인해 인간 사회는 피폐하고 무미건조해졌다. 이를 가리켜 현대 경제는 위기라고 명명한다. 때로는 무역에 때로는 상업계 전체에 이러한 위기가 닥친다. 최근 25년간 이러한 위기가 더 자주 발생하는데 이것이 정기성을 띠고 있다는 사실은 매우 위협적으로 느껴진다. 권위 있는 경제학자들은 이를 필요악으로 생각하며, 이를 현대사회의 질병으로 보고 분석하면서 그들이 '진단'을 내리고 어떻게 극복해야 할지 '치료 수단'

도 제공한다.[33]

글라가우는 자신의 기사를 모아서 팸플릿으로 만들었다. 이는 폴란드 거지와 침례받은 목사를 하나로 연합시킨 유대인 음모를 비난하려는 시도였다.[34]

1870년대 금융계 드라마에 대한 미국의 반응은 크게 투기꾼과 그들의 몰락에 대한 큰 관심으로 나눌 수 있다. 제이 쿡Jay Cooke은 북미의 스트로스버그라고 할 만한 인물이었다. 스트로스버그처럼 철도 건설에 자금을 조달했는데 제이 쿡은 북태평양 철도 건설을 후원했다. 철도는 증권 거래의 핵심이라고 해도 과언이 아니었다. 1873년 뉴욕증권거래소에서 거래된 회사채의 96퍼센트가 철도 채권이었으며 거래된 총주식의 66퍼센트를 차지했다.[35] 쿡은 남북전쟁에서 연방군의 자금을 책임지는 주요 인물이었으며, 그때 얻은 정치적 인맥을 활용하여 대륙을 횡단하는 철로를 만들고 더 나아가 멕시코와 캐나다까지 연결했다.

스트로스버그 스타일의 투기꾼에 대한 분노는 미국의 역사편찬 전통에서 아주 뚜렷하게 지속된다. 일례로 역사가 리처드 화이트Richard White는 새로운 시대를 주도한 철도 재벌에 대해 다음과 같은 대규모 기소를 계획했다.

그들은 현대적인 기업 로비스트를 만들어서 현대 정치 시스템을 부패시키기도 하고 변화를 꾀하는 데에도 도움을 주었다. 그들은 기업 로비를 통해 서로 경쟁을 벌였는데, 곧 그것이 비용이 많이 드는 데다 그 부담을 감당하는 것이 거의 불가능하다는 것을 깨달았다.[36]

그는 쿡앤컴퍼니Cooke & Compan라는 회사를 차렸는데 이 회사는 철도 채권 판매의 기대수익금을 외상처리해 주었다. 채권 수요가 위축되면 은행은 부채를 감당할 수 없게 되는데, 당시 철도 상황은 점점 더 위태로워지는 것 같았다. 1868년부터 1870년까지는 채무 불이행 상태가된 회사가 매년 단 한 곳이었지만, 1871년에는 세 개의 회사가 무너졌고, 1872년에는 12개가 무너졌다.[37]

제이 쿡이 투자한 북태평양 철도는 주로 열악한 지형을 통과했다. 1872년에 이 라인은 유럽에 밀 을 공급할 수 있는 풍부한 농업 지역인 파고Fargo의 다코타 지역Dakota Territory까지 확장되었다. 이는 루마니아산 곡물을 기반으로 하는 스트로스버그의 비전과 흡사했다. 그러나 대체 철도인 유니온 퍼시픽 철도Union Pacific Railroad와 센트럴 퍼시픽 철도Central Pacific Railroad 노선이 1869년에 이미 완공되었으며, 노선 주변으로 사람들이 빠르게 정착하는 모습을 보였다. 그리고 남쪽 아래로는 미주리 퍼시픽Missouri Pacific 철도가 자리 잡고 있었다. 이렇게 북태평양 철도 계획은 흐지부지되었다.

쿡이 거래하는 은행들이 북태평양 철도 채권에 대규모로 투자한 탓에 뉴욕에 심각한 공황이 초래되었다. 은행은 처음에 공동어음교환소에서 어음을 발행하여 이 사태를 수습하려 했다.(중앙은행이 설립되기 전에는 어음교환소가 대출 기간으로는 최후의 수단에 해당했다.)

전국 각지에서 예금을 취급하는 뉴욕의 대형 은행들은 그 덕분에 업무에 큰 차질이 없었다. 금융위기의 결과로 난생처음 주식시장이 열흘간 문을 닫았다. 공황은 필라델피아와 워싱턴 D.C.까지 퍼졌다. 쿡은 남북전쟁 당시 미 정부의 주요 금융거래대상자로서 채권을 5억 달러나 판매했고, 당시 재무장관이자 훗날 법무 장관이 된 새먼 포틀랜드 체이스Salmon Portland Chase와 가까운 사이였다. 1873년 5월 7일에 체이스가 세상을 떠났는데, 쿡에게는 며칠 앞서 발생한 빈 *크라흐*Vienna Krach 사건보다 그의 죽음이 더 힘든 일이었을 것이다.

9월 8일에는 철도 금융과 관련된 뉴욕웨어하우스앤시큐리티컴퍼니New York Warehouse and Security Company와 케니언 콕스Kenyon Cox라는 두 은행이 파산했다. 9월 18일 목요일에 율리시스 S. 그랜트Ulysses S. Grant 대통령은 이탈리아식 필라델피아 맨션인 오곤츠에서 오찬을 하고 있었는데, 그 시간에 뉴욕에서는 은행가들이 한 자리에 급히 모여서 쿡의 뉴욕 파트너인 해리스 파네스톡Harris Fahnestock에게 쿡 은행을 폐쇄하라고 강력히 요청했다.

오전 11시도 되기 전에 이러한 요청이 발생하자 금융 공황이 시작되었고 다음날 공황은 널리 퍼졌다. 이렇게 최초의 '블랙 프라이데이'를 기록했다.[38] 정부는 공황을 진압하려고 발 빠르게 움직였다. 덕분에 주요 피해는 철도 관련 주식으로 제한되었다. 웨스턴유니언의 주가는 9월 4일 92달러였으나 9월 20일에 54달러로 떨어졌고, 같은 기간에 유니언퍼시픽은 26달러에서 18달러로 하락했다. 쿡의 비금융 회사들은 다행히 안전하게 살아남았다. 알브레드 B. 네틀톤Alvred B. Nettleton 장군은 북태평양 철도 이사회를 대신하여 성명을 발표하면서 이렇게 말했다.

북태평양 철도의 본질적인 가치와 궁극적인 안전은 공황으로 인해 해를 입지 않았다. 담보로 설정된 모든 자산은 여전히 그대로 있다. 가장 지혜롭지 못한 행동은 지금과 같은 공황과 불안의 시기에 이러한 채권이나 다른 철도 채권을 강제하는 것이다.[39]

유사 위기와 실제 위기

×

이런 사태를 분석할 땐 애나 슈워츠Anna Schwartz와 마이클 보르도Michael Bordo가 말한 유사 위기pseudo crises와 실제 위기를 구별할 필요가 있다.

유사 위기에서 지급 불능 상태에 빠지거나 현금 부족 상태가 된 은행이 있을 수는 있지만, 이것은 역동적으로 발전하는 현대 경제 상황에서 충분히 일어날 수 있는 일이다. 그러므로, 지급 불능이나 현금 부족 상태는 금융 공황의 필요 조건도 충분 조건도 아니라고 봐야 한다. 실제 위기는 통화량이 갑자기 심각한 수준으로 감소하는데 화폐 당국이 이를 막아내지 못할 때 발생한다. 이런 기준으로 보면 1847년은 공권력의 실패로 점철된 실제적인 위기였다. 대조적으로 1866년이나 1873년은 실제 위기가 아니었다. 심지어 미국의 상황도 실질적인 공황이나 위기에 가장 가까웠는데, 뉴욕 증권 거래소는 공황 매도panic selling 이후에 열흘 동안 문을 닫고 지불이 제한되었으나 얼마 지나지 않아서 지불이 재개되었고, 10월 22일에는 정상 상태로 돌아왔다.

대부분의 나라들은 거의 영향을 받지 않았다. 뉴욕, 필라델피아, 워싱턴에만 격변이 지나갔을 뿐이었다. 런던에서는 이런 변화의 조짐이 아예 없었고, 빈과 베를린에서는 시장이 기존과 같이 운영되었다. 미국 현대화의 원동력인 철도에는 근본적으로 잘못된 것이 없었다. 역사가 메리 오설리번Mary O'Sullivan이 지적했듯이 펜실베이니아 철도와 같은 대기업은 1866년부터 1913년까지 정기적으로 이익을 냈으며 배당금도 꾸준히 지급했다.[40]

뉴욕의 1873년 공황은 슈워츠와 보르도의 기준에서 보자면 아주 잠깐 실제적인 위기가 발생한 것이었다. 은행이 다른 모든 지폐를 받지 않겠다고 선언함에 따라 통화교환성(또는 통화태환성)이 막혔다는, 명확한 원인이 있었기 때문이다. 뉴욕을 비롯한 미국 내 은행이 달러 지불을 제한함에 따라 통화는 할증되었다.[41] 그러자 뉴욕에서 기존 은행이 아니라 중개업체가 대부분 파산하고 말았다.[42] 슈워츠는 "이 문제에 대한 해결책이 잘 알려져 있기에 실질적인 금융위기는 발생하지 않았다. 은행이 어떤 어려움에 직면하더라도 마음대로 예금을 통화로 전환할 수 있다는 확신을 주면 된다."라고 결론지었다.[43]

북미에서 이렇게 잠시 소동이 있었지만, 1873년의 위기는 통화교환성의 실패로 이어지지 않았다. 금융 역사가 찰스 킨들버거Charles Kindleberger는 "오스트리아와 독일의 금융위기는 주로 자산 시장 현상으로서 통화공급의 축소와는 거의 또는 전혀 관련이 없었다"라고 정확하게 지적했다.[44] 자산 시장을 주도한 것은 철도 사업 투자 자체라는 전반적인 현상에 대한 재평가가 아니라 철도 시설에 대한 미미한 추가에 대한 재평가였다.(이를테면 스트라스버그의 루마니아 제국이나 북태평양 철도가 몬태나 주에 파고든 것을 들 수 있다.) 이렇게 경계에서부터 문제가 확산되어 들어온다는 인식이 널리 퍼졌고, 이는 금융이 경제 발전이라는 광범위한 경로와 어떻게 교차하는지에 대한 관점을 바꾸어 놓았다.

당시 많은 사람은 금융 발전을 의혹의 눈초리로 바라보았다. 위기는 경제 및 정치심리학에 깊은 영향을 미쳤고, 그로 인한 상처는 대중문학에 그대로 드러났다. 1875년에 영국 소설가 앤서니 트롤럽Anthony Trollope은 《오늘날 우리가 사는 방식The Way We Live Now》이라는 매우 어두우면서도 강력한 여운을 남기는 소설을 발표했다. 이 소설은 금융 및 투기적 열풍이 모든 계층을 어떻게 사로잡았는지 고발하고 있다. 소설에는 사기를 치는 여성 소설가, 위대한 철도 산업가가 등장하는데, 그들이 가진 부와 앞으로의 계획은 결국 다 무너지고 만다. 트롤럽은 자서전에서 다음과 같이 기록한다.

윤리의식이 부재한 이들이 높은 자리에 오르는 일이 너무 만연했다. 부정직한 수단을 통해 화려함을 얻은 사람들을 보며, 시민들이 더는 부정직한 행위를 혐오스럽게 여기지 않게 될까봐 걱정됐다. 벽마다 아름다운 그림이 그려져 있고 찬장에는 보석이 가득하고 구석구석에는 대리석과 상아가 있는 화려한 궁전에 부정직이 스며들어 있고, 화려한 저녁 식사를 즐기고 의회를 들락거리면서 수백만 달러를 거래할 수 있다면 부정직은 수치스러운 일도 아닌 것이 되었다. 그리고 사람들은 그런 방식으로 부정직하게 행동하는 사람을 멸시할 만한 악당이라 여기지도 않게 되었다.[45]

문학을 연구하는 학자들은 트롤럽의 소설에 나오는 철도 영웅 아우구스투스 멜모트Augustus Melmotte의 실제 모델을 찾으려고 애썼다. 어떤 사람들은 철도왕 조지 허드슨George Hudson이라고 생각했고 보수당 의원이자 은행가이며 사기꾼이었던 존 새들레이어John Sadleir를 주목한 사람도 있었다. 존 새들레이어는 1845~1846년 호황기에 큰돈을 벌었으나 1856년에 음독 자살했다. 몇 가지 특징은 독일 보수당 하원의원 스트로스버그와 비슷한데, 그는 1860년대 후반에 전성기를 누리면서 부동산을 엄청나게 사들였으며 런던의 그로스브터 플레이스Grosvenor Place에 자리를 잡았다.

소설의 주인공 멜모트의 궁전 같은 집도 그로스브너 광장에 있었다. 멜모트의 출신은 완벽히 가려져 있다. 트롤럽은 멜모트가 유대인일지 모른다는 힌트를 슬쩍 내비친다. 소설 속에서 그는 초인적인 자질을 갖춘 것 같다. 무에서 유를 창조하는 능력이 있다. 그로스브너 광장에 있던 그의 집은 문자 그대로 돈이 모든 것을 변화시키는 환상의 나라 같은 곳이다. 하지만 이곳은 환상의 세계는결국 거대한 자연의 힘에 의해 몰락한다. 멜모트는 자신의 판단에 대한 확신을 얻으려고 형법을 연구했다. 그러나 그는 자신이 의도한 것보다 훨씬 더 깊은 늪 속으로 빠져들어가고 있다는 느낌을 떨치지 못했다. 결국 멜모트가 일으킨 금융 폭풍은 고삐를 늦추고 가라앉았다.[46]

트롤럽은 폭풍을 금융에 비유한 것을 좋아했다. 트롤럽은 멜모트의 삶을 이렇게 묘사했다. "그의 삶에 구름이 드리워서 어두워졌다. 그는 지금까지 구름을 따라다닌 폭풍을 헤쳐 나가며 살아왔다. 하지만 조만간 누군가가 벼락과 함께 찾아올 것이다."[47]

폭풍의 비유는 금융 관련 문헌에서 자주 사용된다. 〈타임〉지의 통신원이 1847년과 1857년 영국 주식 공황에 대해 매우 생생하게 묘사할 때 다음과 같이 날씨에 비유했다.

해안가에 사는 주민은 봄철의 움직임을 지켜보면서 그러한 현상을 마치 처음 보는 듯한 놀라움과 즐거움을 느낀다. 파도는 정해진 경계를 넘어서 빠르게 움직인다. 끝없이 이어진 바위 능선과 모래로 뒤덮인 드넓은 바닥은 조류 아래로 모습을 감추고, 단조로운 느낌은 아니었지만, 움직임이 전혀 없던 자리에 생명이 느껴지고 부력이 작용한다. 그러면 엄청난 에너지가 솟아오르는 듯한 기쁨을 느끼게 된다. 그런데 또다시 먼 곳에서 밀려온, 오래된 바다가 엄청난 힘으로 물을 다시 끌어내어 가버린다. 그곳을 지켜보던 사람은 바닷물이 빠져나간 자리에 텅 비어 있는 쓸쓸한 황무지를 발견하게 된다. 지금까지 보았던 놀라운 광경과는 대조적으로 대부분의 황무지는 퇴적물로 덮여 있고 끈적이는 생물체에나 어울리는 곳에 지나지 않으며 그로 인해 신선한 공기가 오염될 것 같은 느낌이 든다. 이와 매우 유사한 것은 바로 겉보기에 상업이 매우 번창하는 것 같은 모습이었다. 특히 미국과 우리의 관계가 그런 상태였다.[48]

《오늘날 우리가 사는 방식》이 발간된 지 2년 후, 《폭풍 홍수Sturmflut》라는 독일 소설이 발간되어 또 한 번 화제를 모았다. 책의 제목부터 마지막 결론에 이르기까지 저자 프리드리히 슈필하겐Friedrich Spielhagen은 긴장을 늦추거나 비유를 멈추지 않는다. 투기는 바다에 대한 방어벽을 세우는 것과 같아서, 얼마 버티지 못하고 거친 폭풍이 닥칠 때 모든 것이 무너져 내린다. 등장인물들에도 반복적으로 비슷한 모습이 나타난다. 소설 전반에서 해설자 역할을 하는 사람은 노년의 프로이센 공무원인데, 그는 "상업 분야인 여기도 마찬가지야. 기존의 정상적인 경로가 정말이지 매우 놀라운 방식으로 차단되었어. 이곳에서도 홍수가 밀려들었고 엄청난 폭풍이 모든 것을 쓸어버렸어. 서쪽에서 동쪽으로 황금의 폭풍이 불어닥쳤지."[49]라고 말한다.

이 소설은 발트해 연안의 독일 섬에 새로운 철도 노선을 깔고 항구를 건설하려는 계획을 다룬다. 부패하고 부도덕하며 비겁한 귀족과 동맹을 맺은 사기 금융업자 필립 슈미트Philipp Schmidt가 자금 조달을 맡고 있다. 대부분의 금융 소설과 마찬가지로, 슈필하겐의 작품도 현대적인 현실에 어느 정도 기반을 두고 있다. 실제로 증권거래소가 무너져내리기 1년 전인 1872년 11월 12~13일에 발트해에 끔찍하고 파괴적인 폭풍이 닥쳤다. 철도 건설 계획을 크게 신뢰하던 수많은 귀족이 그 폭풍으로 인해 몰락했다.

소설의 클라이맥스에서 필립 슈미트는 새로 화려하게 장식된 도시 댄스장의 완성을 축하하기 위한 화려한 잔치에서 악당의 가면을 벗었다. 같은 날 저녁, 홍수가 발트해 섬을 휩쓸었다. 이 장면을 소설은 이렇게 묘사한다. "오늘 국회 토론장을 뜨겁게 달군 폭풍은 수많은 합자회사의 지붕을 날려버렸고, 오늘 아침까지만 해도 확고히 자리잡고 증권거래소를 장악했던 수많은 대규모 증권회사를 비틀거리게 만들거나 무너뜨릴 것이다."[50]

홍수는 부패로 고인 물을 씻어내는 정화수와 같았다. 부패한 귀족은 산산이 부서진 난파선 같은 모양으로 추락하더니 결국에는 폭풍이 몰고 온 파도에 쓸려 가버린다. 폭풍우가 지나고 슈미트의 가면이 벗겨진 후에 하늘은 다시 맑아진다.

폭풍과 파도의 비유는 오늘날까지 널리 사용되고 있다. 1987년 10월 19일에 주요 주식시장이 붕괴했는데, 이는 어떤 면에서 보자면 처음으로 국제 금융이 그야말로 동시에 무너진 것이다. 사실 이 일에 앞서 10월 15일과 16일 밤에 유난히 강력한 온대저기압이 발생했는데, BBC에서 가장 명성 있는 일기예보관은 이것이 가짜 경보라고 일찌감치 무시해버렸다. 하지만 일부 주식 거래인들은 10월 19일 암흑의 월요일에 길가에 쓰러진 나무들 때문에 출근하지 못했다.

기상학과 금융 예측의 유사점은 너무 완벽해서 믿기 어려울 정도였다. 과도한 주식 투기를 다룬 마틴 스코세이지Martin Scorsese의 영화 〈더울프 오브 월스트리트〉에서 불법적으로 얻은 이득을 다른 곳으로 옮기려고 국경을 몰래 빠져나가려던 주인공의 요트가 지중해 폭풍에 전복되는 모습이 나온다. 미국의 경제학자 조셉 스티글리츠Joseph Stiglitz는 아시아 지역의 위기를 다루는 국제기구에 대한 비평에서, 작은 개발도 상국을 거칠고 험난한 바다 위에 떠 있는 작은 배에 비유하며 "배가 아무리 잘 설계되어 있고 노련한 선장이 타고 있어도 결국에는 큰 파도에 부딪혀 전복될 가능성이 크다. 국제통화기금IMF의 자본 시장 자유화 프로그램에 의해 그들은 구명조끼나 안전망도 없는 상태에서 훈련도 전혀 받지 못한 채 물이 새는 배를 타고 가장 험난한 바다로 나가게 되었다"라고 묘사했다.[51]

그러나 기상 현상과 경제 현상에 뚜렷한 차이가 하나 있다. 파도는 과학적으로 연구하여 이해할 수 있지만 경제 현상은 그렇지 못하다는 점이다. 1870년대에는 '경제학자들은 왜 금융계에 몰아닥치는 파도를 연구하는 데 전념하지 못하는가?'라는 질문이 뚜렷하게 제기되었다.

윌리엄 제번스, 파도와 패턴을 찾으려 하다

결국 1870년대의 상황은 전반적인 위기처럼 보이지 않았다. 통화 시스템은 그대로 유지되었다. 크라흐도 사회와 정치 질서가 전반적으로 붕괴하는 정도는 아니었다. 디플레이션도 지속되지 않았고, 주가가 전반적으로 하락하는 일도 없었다. 1834년부터 1988년 사이에 미국 주식 시장이 가장 크게 변동했던 100개월을 목록으로 작성할 때 1873년은 거기에 포함되지 않았다.[52]

새로운 학파는 폭풍이 부는 바다의 파도 같은 경제 및 금융 발전을 주관적인 평가에서의 변화에 대한 반응으로 묘사했다. 새로운 학파를 창시한 사람들은 결정의 개별성이나 세분화 그리고 결정을 도출하기까지의 정보 입력을 강조했다. 그들이 기존의 정치경제학이 만들어 낸 거시적 그림을 의심스러운 눈으로 바라본 것도 이해할 만한 일이었다. 1871년의 어느 강의에서 영국의 은행가이자 통계학자인 윌리엄 뉴마치는 경제학이 어떻게 관찰하는 학문으로 변모했는지 다음과 같이 설명했다.

　이제 정치경제학은 이전의 선험적 추상성과 연역적 성격을 가능한 한 멀리 던져버리고, 우리 시대의 다른 학문 분야처럼, 관찰, 경험, 사실, 귀납을 중시하는 학문으로 변모했다.[53]

　마르크스는 다양한 민족 전통, 즉 프랑스 혁명 전통, 독일 철학, 영국의 정치경제학을 연결하거나 종합적으로 정리했다. 그는 자신의 업적을 세 가지 요소의 역사적, 과학적 정점이라고 여겼으며, 이는 어느 정도 정확한 판단이었다.

　그런데 1870년대 초에 경제 절차에 대한 완전히 다른 새로운 비전이 나타났다. 앞서 언급한 매우 차별화된 세 가지 문화에서 이러한 현상이 동시에 발생했다. 프리드리히 하이에크Friedrich Hayek는 오스트리아 경제학자 카를 멩거Carl Menger에 대한 에세이에서 다음과 같이 썼다. "윌리엄 제번스의 《정치경제학 이론Theory of Political Economy》과 카를 멩거의 《국민경제학 원리Grundsatze》는 둘 다 1871년에 출간되었다. 그 해는 경제학 발전에서 근대의 시작으로 간주된다."[54]

　프랑스 경제학자 레옹 발라Léon Walras는 물론이고 멩거와 제번스는 한계주의라는 비전을 품고 있었다는 점에서 서로 비슷했고, 그 시기도 거의 비슷했다. 하지만 이들의 활동은 독립적이었으며 전혀 다른 전통과 문헌을 연구한 끝에 각자의 연구 방식을 도출한 것이었다. 이 방법의 본질은 때때로 시장 현상의 분리에 대한 주장과 더불어, '주관주의'라고 묘사된다. 신흥 경제학자들은 가치에 대한 영구적인 기반을 포괄적으로 일반화하는 것을 지지하지 않았는데, 세상의 인식은 계속 변한다는 점에 주목했다. 이들은 현대 미시경제학 분야의 창시자, 즉 미시경제적 토대(개별적으로 설명 가능한 경제적 선택의 다양성)가 경제 과정의 기초였다는 사상을 처음으로 제시한 사람들이라 할 수 있다.

글쓰기 스타일이나 학문적 영향은 서로 달랐지만, 마르크스와 마찬가지로 가격을 정확하게 연구할 때 도출할 수 있는 결론에 집착한다는 공통점이 있었다. 또한 이들은 19세기 중반의 붕괴 이후에 발생한 화폐와 통화의 발전에 관심이 많았다. 경제를 크게 변화시킨 '한계 혁명 marginal revolution'은 1860년대와 1870년대에 발생했는데, 세 명의 상징적인 인물이 거의 동시에 등장했지만, 따로 활동하면서 가치 결정에 대한 새로운 이론을 주창했다. 이러한 발견 과정을 하나로 조율하는 것은 시장이 수행하는 여러 가지 발전과 발견을 정리한 이론과 상당히 비슷해 보인다.

새로운 발견은 명백히 우연한 것이었다. 그 후로 정확히 어떤 조건이 한계이론限界理論, marginalism을 만들어내는지를 놓고 학계에서는 열띤 토론이 벌어졌다.

당시 어떤 의견이 오갔을까? 가장 그럴듯하고 전통적인 지식에 부합하는 대답은 한계이론주의자가 자연과학에서 발견한 개념을 옮겨와서 학문간 이종교배를 일으킨 것이라는 의견이었다.

1870년대 경제 혁신을 추구하는 사람들은 하나같이 자연과학 이론을 경제에 적용하는 데 매료되어 있었다. 하지만 이러한 설명은 타이밍이라는 문제를 간과한다는 약점이 있다. 아돌프 케틀레Adolphe Quetelet 와 앙투안 오귀스탱 쿠르노Antoine Augustin Cournot가 1830년대에 수학적 기초를 마련해 두었으며, 한계주의자의 선구자라고 할 만한 사람들의 아이디어는 인기를 끌지 못했다.

본격적으로 한계효용의 개념을 사용한 것은 독일 경제학자 헤르만 하인리히 고센Hermann Heinrich Gossen이지만 당시 그는 크게 주목받지 못했다. 헤르만의 인생은 실패의 연속이었다. 공무원으로서의 경력은 1847년에 끝나버렸는데, 학문 연구에 너무 몰두하는 데다 맥주를 마시러 가서 보내는 시간이 길다는 이유로 해고당할까 봐 본인이 먼저 사임한 것이었다. 이윽고 그는 1849년에 보험판매원을 시작했으나 1년 만에 실패하여 이 직업을 포기해버렸다. 헤르만은 마르크스처럼 물려받은 유산에 의존하면서 글을 계속 썼지만 끝내 적절한 출판사를 찾지 못했다. 《인간관계법의 발전과 그에 따른 인간행위의 규율Die Entwickelung der Gesetze des menschlichen Verkehrs, und der daraus fließenden Regeln fur mensch-liches Handeln》이라는 저서를 내면서는 자신이 제2의 코페르니쿠스가 될 거라고 기대했지만, 결핵에 걸려서 몸이 망가져 사기도 크게 저하되었다. 결국 그는 명성을 얻지 못한 채 세상을 떠났다. 하지만 철학자이자 경제학자인 로버트 애덤슨Robert Adamson이 우연히 중고 서점에서 그의 책을 발견하여 윌리엄 제번스William Stanley Jevons에게 주었고, 제번스가 헤르만을 선구자로 언급하면서 그의 이름이 알려졌다. 발라도 〈경제학자 저널〉에 '무명의 경제학자: 헤르만 하인리히 고센'이라는 제목의 기사를 실었다. 하지만 과장된 철학적,반종교적 주장 때문에 그 기사는 설득력이 높지 않았다. 특히 헤르만 하인리히 고센이 새 종교의 사제였다는 주장은 두고두고 큰 타격을 남겼다.[55]

한계주의 경제학을 본격적으로 주장한 세 사람(윌리엄 제번스, 레옹 발라, 카를 멩거)은 고센보다 훨씬 냉철했다. 세 사람의 업적은 1850년대와 1860년대의 불가사의한 변동을 설명하는 데에 적용되었다. 한계주의 학자 삼인방은 경제학을 바다의 파도에 빗대어 설명하곤 했다. 그중 멩거의 비유는 특히 유명하다.

서로 높이가 다른 고요한 물웅덩이의 수문을 다 열어버리면 수면에 파도가 발생하는데, 이 파도는 점진적으로 잦아들며 결국 수면은 다시 고요해진다. 파도는 우리가 중력과 마찰이라고 부르는 힘이 작용함을 보여주는 일종의 증상이다.

상품의 가격도 이러한 파도와 비슷한데, 가격은 개인 경제 간의 소유 분배에서 경제적 균형이 이루어졌음을 보여주는 증상이기 때문이다. 이를 수면으로 밀어올리는 힘은 모든 경제 활동의 궁극적이고 일반적인 원인, 즉 인간이 자신의 경제적 지위를 높이기 위해 자기 필요를 가능한 한 완벽하게 충족하려는 노력이다. 그러나 가격은 직접적으로 인식 가능한 과정의 현상일 뿐이다. 가격의 규모는 정확히 측정할 수 있으며, 일상생활에서 끊임없이 우리 눈앞에 나타난다. 이런 이유들 때문에 가격이 물물교환의 근본적인 특성이라고 생각하는 오류를 범하기 쉽고, 나아가 물품 교환에서 물품의 양을 등가물로 간주하는 또 다른 오류를 범하게 된다.[56]

윌리엄 제번스는 방법론뿐만 아니라 명명법命名法에서도 현대 경제학의 주요 창시자로 인정해야 한다. 수많은 위대한 경제학자들처럼 그도 인습을 타파하려 했다. 제번스 이전 시대에는 일반적으로 정치경제학

(영국 대학의 일부 주요 교수진은 여전히 이 학명을 사용한다.)이라는 용어가 널리 사용되었다. 하지만 제번스는 자신의 정치경제학 이론의 도입 부분에서 이러한 학명이 오해의 소지가 있고 의미상 중복된다고 지적했다.

사소한 변경 사항이 몇 가지 있는데, 그중 하나가 정치경제학이라는 이름을 간단하고 편리하게 경제학으로 대체한 것이다. 우리 분야를 가리키는 이름이 오래되긴 했지만 두 단어가 겹쳐 있으면 문제의 소지가 있다고 생각되므로, 가능한 한 빨리 이 용어를 그만 사용해야 한다고 생각한다. 몇몇 학자들이 이재학理財學, Plutology, 화식론貨殖論, Chrematistics, 교환학Catallactics 등 전혀 다른 명칭을 도입하려고 노력하고 있다. 하지만 경제학보다 더 나은 명칭이 있는지, 설령 있다고 해도 그런 명칭을 왜 사용해야 할지 설명할 수 있을까? 경제학은 우리에게 더 친숙하고 기존 명칭과도 밀접한 관련이 있으며, 수학, 윤리학, 미학 등 수많은 다른 학문의 명칭과도 형태상 적절한 조화를 이룬다. 더욱이 아리스토텔레스 시대부터 지금까지 사용되었기에 큰 권위가 있다.[57]

정치경제학이라는 용어는 정부 체제가 일반적 절차를 조종할 수 있다는 가능성을 너무 크게 암시한다. 그러한 가능성은 심사숙고하는 과정을 통해 화합을 이끌어내는 노력이 부족하다는 점을 기본적으로 가정하고 있다.

제번스가 생각하는 비전의 핵심은 다양한 욕구였다. 이러한 새로운 접근 방식은 훗날 인기를 얻었는데, 당시 제번스는 자신의 접근 방식을 이렇게 시작했다.

우리의 욕구는 다양하다. 조금 생각해 보면 우리는 어떤 종류의 한 가지 상품만 원하는 것이 아니라 한 가지 상품의 일부와 또 다른 상품 일부를 같이 원한다. …도서관에 한 가지 책의 사본만 가득 채워져 있는 것을 상상할 수 없는 것과 같다.[58]

가격 변동의 핵심은 가격이 상대적인 선호도를 얼마나 반영하느냐에 달려 있다.

1870년대 초반에 상업과 주식 시장에 일어난 격변을 돌이켜 보면 가격이 같은 방향으로 움직이지 않는다는 교훈을 얻게 된다. 분석가들은 왜 어떤 가격은 상승하고 또 다른 가격은 하락하는지 설명하고 해당 신호가 어떤 정보를 전달하는지 알아내려 노력했다.

제번스는 영국의 새로운 계급을 강력하게 대변하는 인물이었다. 그는 산업 사회 중산층 출신의 고상한 학자이면서 영국의 정치, 금융, 사회나 오랜 전통을 자랑하는 옥스퍼드와 케임브리지 대학과 같은 전통적이고 다소 속물적인 조직에 속해 있는 사람들과는 완전히 달랐다. 제번스의 아버지 토마스는 번영하는 항구 도시인 리버풀로 이주한 중부 지방 출신의 부유한 상인이었다. 토마스는 엔지니어링을 개선하는 데 남다른 열정이 있었으며 최초의 철도 건설자인 로버트 스티븐슨Robert Stephenson과 조셉 로크Joseph Locke를 알고 있었다. 사실 그는 1815년에 최초의 철로 만든 바다 항해용 보트를 직접 만들었다. 그의 어머니 메리 앤Mary Anne은 〈로렌초 메디치의 생애〉라는 시를 쓴 리버풀 출신의 시인이자 르네상스 학자 윌리엄 로스코William Roscoe의 딸이었다. 부모가 둘 다 유니테리언(삼위일체론을 부정하고 신격의 단일성을 주장하는 기독교의 한 종파 -역자 주) 교도인 데 반해, 제번스는 종교심이 깊지만 체제를 갖춘 기존 종교에 대한 의구심이 강했다. 그는 아버지에게 물려받은 기계에 대한 깊은 관심과 종교심을 결합했다. 그는 1851년 크리스털 펠리스에서 열린 만국박람회를 '거대한 사회라는 기계를 완벽하게 담은 이미지'라며 찬사를 아끼지 않았다.

제번스의 가족은 지적 능력이 아주 뛰어나 보이지만 그들 위에 신체적, 정신적 질병이 어두운 그림자를 드리우고 있었다. 윌리엄은 토마스와 메리 앤 부부의 9번째 자녀로 태어났다. 윌리엄의 누나와 형 중에서 유아기를 넘긴 것은 고작 세 명이었다. 어머니는 윌리엄이 불과 10살이었을 때 세상을 떠났다. 큰형 로스코Roscoe는 어머니가 죽은 후에 광기를 드러냈다. 둘째 형 허버트Herbert도 스스로를 통제하지 못하는 문제가 있었으며 못했으며, 계속되는 건강 악화로 어려움을 겪었다. 여동생 헨리에타Henrietta는 성인이 된 후로 생애 대부분을 정신병원에서 보냈다.

제번스는 다양한 부분에 학식이 깊었다. 그는 경제학, 통계학, 경제사는 물론이고 논리학, 기하학, 기상학에도 실질적으로 크게 기여했다. 그는 1856년 호주 조폐공사에서 애널리스트로 일하면서 철도 건설 자금 조달 문제를 이해하려고 애썼고, 그 과정에서 경제학에 관심이 생겼다. 조폐공사에서 일하는 동안 수많은 복잡한 금융 문제에 맞닥뜨렸는데, 미적분학을 사용하면 비교적 쉽게 해결할 수 있었다. 그는 문제를 해결해 놓고 여유 있게 자신의 다양한 지적 관심사를 탐구하곤 했다.

세 명의 경제학자 중에서 제번스가 가장 먼저 가치 결정에 관한 명확한 이론에 도달했다. 한계주의에 대한 첫 번째 설명이자 어떤 면에서 가장 명확하고 설득력 있는 설명은 1860년 호주에서 돌아온 제번스가 허버트 형에게 보낸 편지에 등장한다.

호주를 떠나기 전 정치경제학 연구에 엄청나게 몰두했어. 지난 몇 달간 내가 가진 것이 진정한 경제학 이론이라는 것에 대한 확신을 얻었지. 이 이론은 너무나 철두철미하고 일관성이 있어서 정치경제학에 관한 다른 책을 읽으면 어떤 책을 읽어도 분노가 치밀어오를 정도가 되었어. 이 이론은 원칙적으로 보자면 완전히 수학적이지만, 동시에 계산에 사용된 데이터가 지금으로서는 희망이 없다고 할 정도로 너무 복잡하다는 뜻이기도 해. 그렇기는 하지만 나는 정치경제학자들이 이미 정립한 주요 법칙을 수학적 원리에서 끌어냈어. 그들은 주요 법칙을 아주 엄격하고 서로 연결된 수많은 정의, 공리axiom 및 이론 형태로 배열해서 기하학 문제처럼 보이게 만들어 놨어.

중요한 공리 중 하나를 예로 들자면, 사람이 먹어야 하는 일반적인 식품과 같이, 어떤 상품이든 간에 상품의 양이 증가하면, 마지막으로 소비된 부분에서 파생하는 효용이나 이익의 정도가 감소한다는 거야. 식사를 처음 시작할 때 느끼는 즐거움에 비해 식사를 마칠 무렵의 만족감이 줄어드는 것을 생각하면 쉽게 이해할 수 있을 거야. 내 생각에, 평균적으로 보면 효용의 비율이 상품 수량의 연속적인 수학적 함수인 것 같다.

이러한 효용의 법칙은 사실 정치경제학자들이 늘 수요와 공급의 법칙이라는 더 복잡한 형태나 이름을 앞세워서 사용하던 가정이야. 하지만 이렇게 단순한 형태로 명확하게 정립하면 하나의 주제가 새롭게 시작되지. 물론 대부분의 결론은 오래전부터 일관된 형태로 기술되어 있던 거야. 하지만 지금까지 내가 연구한 바로는 자본과 가본의 이익에 관해 법칙에 대한 나의 정의는 완전히 새로운 거야. 다른 사람이 이걸 이용하도록 그냥 방치할 생각은 전혀 없어. 그래서 내년

봄에는 이걸 발표할 수 있도록 지금 준비해야 해.[59]

제번스는 자신을 혁신가이자 지적인 기업가로 여기고 있었다. 1862년에 발표했으며 1866년에 출간한 학술 논문에서 그의 이론이 대략 소개되었다. 1871년에 발표한 저서에는 제번스의 경제 이론에 대한 첫 번째 포괄적인 설명이 제시되었는데, 이 이론이 핵심을 이루었다. 제번스는 나중에도 이러한 순서를 자주 언급했다. 일례로 1874년에 발라의 획기적인 글을 읽고는 그에게 보내는 독점적인 편지에서 이러한 순서를 언급했다. 그는 대륙의 다른 경제학자들이 자신의 발견과 업적을 예상했을 수 있다는 가능성에 몹시 괴로워했다.

귀하가 회고록 사본을 보내주시고 그와 더불어 정중한 편지로 제가 관심을 갖게 도와주신 친절에 깊이 감사드립니다. 사실 편지를 받았을 때 이미 '주르날 데 에코노미스트'Journal des Economistes에서 당신의 놀라운 이론을 이미 읽어보았습니다.

지난 12년간, 저도 같은 방향으로 생각해왔기에 그 주제에 큰 관심을 갖게 되었습니다. 제가 발표한 교환이론은 영국에서 출판되었으나 사람들에게 무시당하고 비판을 받았습니다. 하지만 당신의 연구 결과를 통해 제 이론이 사실상 옳다는 것이 확증되어 매우 만족스럽게 생각합니다.

귀하가 이 점에 관한 저의 논문과 글을 알고 계시는지 궁금합니다. 제가 제시한 수학적 이론의 모든 핵심은 1862년에 제가 직접 생각해낸 것입니다. …물론 사용된 기호가 다르고 몇 가지 변형이 보이긴 하지만 귀하의 이론이 제 이론과 사실상 일치하며 제 이론의 정당성을

확증해준다는 점을 알게 되실 거라고 생각합니다.[60]

경험적 자료를 축적하고 거기에서 실질적인 도움을 받지 않았다면 제번스도 자신의 직관을 이렇게 확장하지 못했을 것이며, 적어도 자신의 방법이 유의미하고 유용하다는 점을 다른 사람에게 설득하지도 못했을 것이다. 영국의 경제학자 라이어넬 로빈스Lionel Robbins는 훗날 "사실을 다루는 제번스의 능력은 그야말로 천재적"이라고 말했다.[61]

사실 제번스는 경제학계에 새로운 이론을 제시하려는 첫 시도에서 사람들에게 무시당하여 큰 상처를 입었다. 그는 사람들이 지나치게 추상적인 접근을 한다고 불평했다.

나는 현장보다 이론에 더 강한 편입니다. 하지만 이론가는 그들의 정당성을 입증하기 전까지 불쾌한 악취를 풍기는 사람처럼 취급받죠. 그리고 정당성을 입증하는 과정은 정말이지 너무나 느리고 답답합니다. 그래서 도표나 가격표와 같은 것부터 시작하는 것이 좋습니다. 그러면 레퍼런스나 사실에 대한 지식이 없다는 말로 비난받는 일은 없을 겁니다.[62]

제번스의 궤적을 따라가보면 특히 놀라운 점이 많다. 그의 첫 번째 업적 발표는 대중의 관심을 끌기 위해 1850년대에 캘리포니아와 호주에 금광이 대량으로 발견된 이후에 금 가격이 상대적으로 어떻게 달라졌는지를 다루었다.[63]

그는 호주 조폐공사에서 애널리스트로 일한 덕분에 이 문제에 남다른 통찰력을 보였다. 그가 호주에 있을 때 벌어진 골드러시 현상은 호주 경제를 완전히 뒤바꿔놓았다. 그는 새로운 금광 발견이 금의 가격을 내리거나 다른 상품의 금 가격을 높이는 데 어떤 영향을 주는지 처음으로 정확하게 계산하여 제시했다. 이번에도 파도의 비유를 사용했다.

1853년 무렵에 전반적으로 엄청난 가격 상승이 일어난 것을 보고 큰 충격을 받았다. 그래서 가치 기준이 바뀐 것이 아닌지 의심이 들었다. 한편 그 시기에, 물이 빠져나가듯이 가격이 엄청나게 내려가는 무역 불황을 보니 이 주제가 더 중요하다는 생각이 들었다. 1858년에는 이렇다 할 가격 상승이 없었으며, 그에 상응하는 가격 하락으로 보상될 가능성이 없어 보인다. 결과적으로 영구적인 가격 상승이 이루어졌으며, 이는 금 가치의 하락을 뜻한다. 이는 아마 금광이 계속 발견되기 때문에 일어나는 현상일 것이다. … 내가 생각하는 최대 하락치는 9퍼센트이며, 독자들이 이 점에 동의한다면 감사하겠다. 동시에 솔직한 내 생각을 덧붙이자면 하락세는 15퍼센트까지 내려갈지 모른다.[64]

대중의 공감을 얻은 두 번째 저술은 석탄의 미래에 관한 논문이었는데, 앞서가는 지식인이자 경제학자인 존 스튜어트 밀John Stuart Mill과 윌리엄 글래드스톤William Gladstone 총리가 의회에서 벌인 토론에 인용되었다. 이 책은 탄소 에너지, 특히 석탄이 영국 산업 혁명의 중심이라는 강력한 사례를 제시했을 뿐만 아니라, 석탄 매장량이 제한되어 있으므로 그 결과로 결국에는 영국의 우위가 약화될 것이라는 점을 설명했다.

석탄 매장량은 충분하므로 석탄 하나로 철이나 증기의 시대를 충분히 앞지를 수 있다. 따라서 석탄이 이 시대의 주인이라고 할 수 있다. 바야흐로 석탄의 시대가 도래한 것이다.

사실 석탄은 다른 모든 상품과 어깨를 나란히 하는 것이 아니라 그 어떤 상품보다 우위에 있다. 석탄은 나라의 물질적 에너지로서 모든 것에 도움이 되며 우리가 하는 모든 일과 관련되어 있다. 석탄만 있으면 어떤 위업이든 가능해지고 쉽게 이룰 수 있다. 석탄이 없으면 몹시 힘들고 배고프던 과거로 다시 돌아가야 할 것이다.[65]

석탄 에너지는 경제 발전의 원동력이 되어 인간이나 동물의 물리적 힘을 대체해가고 있었다. 그러나 한계 비용(삼림 벌채로 인한 목재 부족 현상을 가리킨다.)에 의해, 이러한 발전은 석탄 혁명이 시작된 초기 환경과 동일하게 이루어지지는 않을 것이다. 생산의 한계 비용이 오를 것이며 다른 곳에서도 석탄 생산이 시작될 것이다. 따라서 영국의 경우 석탄 값은 점점 비싸질 것으로 전망된다. 단 하나의 에너지원에 의존하는 것은 전 세계에 불리한 일이다. 당시 영국은 이러한 문제에 대한 완충 장치를 시급하게 마련해야 했다. 제번스는 이에 대한 해결책을 제시했다. 현재의 공공부채를 낮추어서 미래에 석탄 생산량이 줄어들 때를 대비하자는 것이다.

국가 부채를 줄이기 위해 매년 일정액을 사용한다면 국가의 생산적인 자본을 늘리는 세 가지 목적에 도움이 된다. 현재 너무 빠른 속도를 보이는 발전을 점검·억제하고 국가가 미래에 봉착할 어려움을 조금이나마 줄일 수 있다. 지체 없이 당장 시작해서 꾸준히 밀고 나간다면, 현재 8억 스털링에 가까운 어마어마한 국가 부채도 우리 세대

내에 걱정하지 않아도 될 수준으로 줄일 수 있을 것이다. 그렇게 되면 우리가 앞으로 살아갈 시기는 영국의 경제 번영의 최절정기가 될 것이다.[66]

제번스는 가격에 대한 연구를 하면서 글로벌 발전이 미치는 영향을 예리하게 인식하게 되었다. 실제 관련성이 적어 보여도 다른 지역의 발전은 투자자의 심리에 상당한 영향을 줄 수 있다. 그는 유포리아•의 등장에 대해 다음과 같이 말했다.

해외로부터의 자극은 투기계급의 불타는 정신에 불꽃을 일으키는 성냥과 같다. 수많은 경제 버블의 역사를 돌이켜보면, 자극을 주는 원인과 신용 및 가격 인플레이션으로 이어지는 극도의 어리석음 사이에는 비례 관계가 성립하지 않는다. 쉽게 말해서 조증mania은 상업계의 어리석음이 최대치로 폭발하고 그 후에 자연스럽게 몰락으로 이어지는 것이라고 할 수 있다.[67]

제번스는 경기순환에 개인적으로 큰 영향을 받았으며 이 문제에 많은 관심을 기울였다. 1848년 1월에는 흉작과 다수의 철도업체 파산으로 경제 불황이 닥쳤고, 그의 아버지가 운영하던 회사인 제번스앤선즈 Jevons and Sons도 몰락했다. 그 일은 당시 12세였던 제번스에게 큰 충격이었다. 그는 일요일 아침에 할아버지와 아버지가 예배당에도 가지 않고 망연자실한 표정으로 회사 장부를 급히 뒤적이는 모습을 생생히 기

• euphoria, 극도의 행복감, 희열, 낙관론 –편집자 주

억한다고 회고했다.

한계주의 학파 동료들, 레옹 발라와 카를 멩거

×

한계주의 학파를 대표하는 다른 두 인물 레옹 발라와 카를 멩거에 대해서도 알아보자.

레옹 발라는 1834년 에브뢰에서 태어났다. 그의 아버지는 경제학자 오귀스트 발라Auguste Walras인데, 그는 1831년에 《부의 본질과 가치의 기원On the Nature of Wealth and the Origin of Value》이라는 저서에서 수리경제학이라는 학문을 처음으로 만든 사람이다. 그의 아버지는 레옹이 22세였을 때 교환가치 이론과 재산 이론을 처음 접하게 해 주었는데, 그는 명확하고 빠른 직관으로 아버지가 만든 체계가 진리임을 깨달았다. 레옹은 순수경제학 원리를 사회경제학의 결론에 연결하는 데 필요한 추론을 끌어내는 데 일생을 바치리라 결심했다.[68] 훗날 그는 "아버지는 이 시스템의 근간이 되는 경제 개념을 만드신 분이다. 그런가 하면 프랑스의 경제학자 쿠르노Courno는 이를 공식화하는 데 가장 적절한 수학적 언어를 내게 알려주었다. 하지만 완벽하게 이론을 완성하고 더 나아가 효용의 극대화를 실현하는 교환 및 생산의 자유경쟁체제를 확고하게 입증한 사람은 바로 나 자신이다."라고 언급했다.[69] 레옹의 방식은 한 걸음 앞서 나갔는데, 한계주의적 사고를 적용한 결과가 수학적으로 표현 가능한 평형equilibria 시스템이라는 점에서 그러하다.

카를 멩거는 변호사의 아들이었는데 합스부르크 제국의 보잘것없는 귀족 집안 출신이었다. 그는 크라쿠프에 있는 야기에우워 대학교에서 법학박사 학위를 받았는데, 학창시절에 수학을 회피한 탓인지 발라와 제번스에게 중요한 도구로 사용된 쿠르노의 업적에 대해서는 잘 모르고 있었다.

하이에크는 카를 멩거가 "경제 분석도구로서 수학의 가치를 한 번도 언급한 적이 없다. 그는 기술적인 장비나 의도가 부족한 사람이라고 믿을 이유가 전혀 없다."라고 했지만 이는 잘못된 생각이었다.[70] 사실 1884년에 발라에게 보낸 서한에서 카를 멩거는 '수학적 방법은 거짓'이라고 매우 공격적으로 지적했다.[71] 그가 가진 이러한 회의적인 태도는 독일 낭만주의 전통과 직접적인 관련이 있다. 독일 민족의 개성을 중시하고 지역적, 시간적 차이가 있는 발전 단계의 특성을 중시하는 태도 때문에 기존의 경제 일반화는 회의적으로 생각한 것 같다.[72] 또한 상품에 대한 견해에도 심오한 종교적 신비주의가 드러나는데, 이는 제번스나 발라의 견해와는 대조를 이룬다. 카를 멩거는 이렇게 말했다. "우리를 행복하게 해주고 기쁨을 주고 발전하게 해주는 일상 생활 속의 모든 것을 우리는 선이라고 부른다. 하느님은 가장 선하시다."[73]

카를 멩거도 가격을 연구하다가 가치를 평가하는 문제에 맞닥뜨렸다. 오스트리아 공무원으로서 그는 오스트리아 공식 신문인 〈비너 차이퉁〉에 시장 설문 조사 결과를 게재하는 일을 맡고 있었는데, 훗날 이런 기사가 나왔다. "시장 보고서를 연구하던 중에 전통적인 가격 이론들과 실무자가 가격 결정에 핵심적이라고 여기는 사실 관계 사이에 큰 차이가 있는 것을 발견하고 크게 놀랐다."[74] 결국 주식시장과 주식시장의 변동에서 새로운 경제학이 탄생했다. 행동의 차이를 설명하고 이러한 차이가 투자자에게 어떤 영향을 주는지, 더 중요한 것으로 생산자와 소비자에게 어떤 영향을 주는지 해석하는 학문이었다. 생산자와 소비자의 선호도가 달라지는 것은 새로운 신호와도 같았다.

그런데 제번스와 그의 동시대 학자들의 업적이 실현되는 데 왜 이렇게 오랜 시간이 걸렸을까?

두 가지 고려 사항이 중요한 역할을 했다. 첫째, 이러한 아이디어가 어떤 식으로든 널리 알려져 있었으며 제번스는 부분적으로 불완전하게 그러한 아이디어를 공식화했다. 이 학문을 창시한 케임브리지 대학교 교수 앨프레드 마셜Alfred Marshall은 종합이나 체계화 작업에 대한 자신의 놀라운 업적을 다른 사람이 인용하게 허락해주지 않는 것으로 악명이 높았다.

제번스의 업적이 경시된 두 번째 이유는 그와 존 스튜어트 밀의 사이가 좋지 않기 때문이었다. 존 스튜어트 밀은 빅토리아 통치 중반에 이름을 날린 훌륭한 학자이지만 그도 혼란스러운 점이 많았다. 제번스가 존 스튜어트 밀에 적대감을 품고 있었기에 마셜은 제번스의 업적을 인정하는 것을 더욱 꺼렸다. 제번스도 이 문제를 알고 있었다. 그는 발라에게 보낸 편지에 이렇게 썼다.

"우리의 노력이 궁극적으로 성공을 거두리라는 점은 조금도 의심하지 않습니다. 하지만 그렇게 되기까지 투쟁이 필요해 보입니다. 존 스튜어트 밀의 제자들은 스승의 가르침에 대한 어떤 혁신도 완강히 반대하고 있습니다. 존 스튜어트 밀에 대한 발언 때문에 〈런던 이그재미너〉지는 이미 나에게 거센 비판을 퍼붓고 있습니다. 그 신문은 존 스튜어트 밀을 절대적으로 옹호하니까요. 그래도 나는 마지막 결과가 어떨지 절대 두려워하지 않고 계속 그를 비판할 겁니다."[75]

제번스는 영국 경제사상의 '고전적' 계파에 조정이 필요하다며 이렇게 말했다. "경제학의 진정한 계통이 (애덤)스미스에서 (토마스)맬서스를 거쳐 (나소 윌리엄)시니어로 이어진다는 생각이 강하게 든다. 그런가 하면, 리카르도를 거쳐 밀에 이르는 또 다른 학파는 진실을 가지고 있지만 그만큼 많은 오류를 경제학에 초래했다."[76]

얼마 지나지 않아 한계주의자들의 생각과 개인의 경제 활동으로 인한 파장에 대해 우려하는 목소리가 등장했다. 때마침 세계화라는 시계추가 또 한 번 움직였고, 국제 무역 메커니즘과 금융 흐름의 초점도 바뀌었다. 수백만 명의 개개인이 경제 활동을 하면서 가격을 결정하는 것이 아니라, 집단 차원에서 효율적인 자원 재분배가 가격에 영향을 미친다는 의견이 더 주목받기 시작했다.

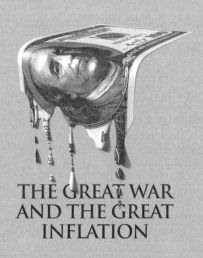

THE GREAT WAR
AND THE GREAT
INFLATION

3장

제1차 세계대전과
대인플레이션:
경제사 최악의 위기

1840~1870년대

1873~1880년대

1920~1930년대

1929~1939년

1970년대

2008년

2020~2022년

제1차 세계대전은 세계화의 터닝포인트다. 이 전쟁은 인플레이션의 파괴적인 효과를 가장 처절하게 보여준 독일의 '대인플레이션Great Inflation'을 초래하기도 했다. 제1차 세계대전과 대공황은 경제사와 경제 분석에서 가장 두려운 사건으로 손꼽힌다. 당시의 기억은 지금도 전 세계의 경제 정책가들을 괴롭히고 있으며, 재앙을 직접 경험하지 못하고 기억하지 못하는 세대와 국가들에도 영향을 미치고 있다.

전쟁과 경제 불안

독일은 제1차 세계대전 이후 20세기에 가장 극적인 인플레이션을 경험하여 많은 이의 시선을 끌었다. 오스트리아, 헝가리, 폴란드와 같은 중부 유럽 국가들도 독일과 비슷한 경험이 있다. 1923년 11월 독일 통화인 마르크는 전쟁 전 가치의 1조분의 1로 하락했다. 인플레이션 막바지에는 하루에도 몇 번씩 화폐의 가치가 달라졌기에, 상점의 주인들은 환율을 보고 수시로 가격을 조정했다. 물건 한 개를 구매하려 해도 거대한 지폐 꾸러미를 가져와야 했다.

독일의 인플레이션이 가장 유명하지만, 역사를 돌이켜 볼 때 가장 심각한 인플레이션은 아니었다. 제2차 대전 이후에 헝가리의 통화 가치는 최악의 수준으로 평가절하되었다. 최근에 짐바브웨에서 발생한 초인플레이션(2007~2008년)은 속도가 훨씬 빨랐는데 일일 인플레이션이 98퍼센트에 달했다.(최근 계산에 의하면 1920년대 독일의 인플레이션이 가장 높았을 때도 일일 인플레이션은 '고작' 20.9퍼센트였다.) 프랑스 혁명기에 발행된 아시냐assignat라는 불환지폐의 인플레이션은 일일 가격변동률이 최대 4.77퍼센트를 기록했는데, 이 또한 주요한 기록으로 여겨지고 있다.[1] 독일 인플레이션은 상당히 아이러니한 상태가 되었는데, 인플레이션이 곧 바이마르 공화국의 운명과 연결되었기 때문이다. 이 공화국은 초인플레이션이 끝난 지 10년도 지나지 않아서 몰락했다.

바이마르 공화국이 몰락하기 한참 전인 1931년에 램지 맥도널드 Ramsay MacDonald 영국 총리는 무책임한 재정 정책의 결과를 보여주려고 선거 운동 중에 독일 인플레이션 지폐를 흔들면서 '주말에 지폐로 주급을 받으려면 이삿짐 트럭이 필요할 것'이라고 경고했다.[2] 바이마르 공화국의 사례는 재정적인 정통성을 지지하는 대표적인 역사 사례가 되었다. 요즘에는 그러한 재정 정통성fiscal orthodoxy을 가리켜 '긴축재정'이라 하는데 이는 다소 경멸적인 뉘앙스를 풍긴다.

저명한 전략적 사상가인 조지 케넌George Kennan은 제1차 세계대전을 '20세기의 중대한 재앙이었으며, 서구 문명의 실패와 몰락의 중심에 놓인 사건'이라고 명확하게 정리했다.[3] 실제로 이 전쟁은 세계 정치를 완전히 바꿔놓았다. 합스부르크, 호엔촐레른, 오스만, 로마노프와 함께 4대 왕조 제국이 무너졌다. 영국과 프랑스 제국이 살아남아 승리를 거둔 것처럼 보이는데, 이 두 나라는 단순히 기업형 제국이라고 생각할 수 없기 때문일 것이다. 이 전쟁 때문에 미국도 확실히 세계 정치에 개입하게 되었다.[4] 그 후 1919년 파리 평화 회의에서 세계 정치의 지도를 전혀 다른 모습을 갖게 되었다.

제1차 세계대전은 경제 혁명을 일으켰으며 전 세계적으로 생산 규모를 크게 확대했다. 또 세계화에 대한 시각을 변화시켰는데, 지정학적 관점이 크게 대두되었다. 유럽의 교전국들은 식량, 원자재, 인력을 충당하기 위해 전 세계 나라에 도움을 요청했다. 인도와 일본의 직물 생산량은 급증했으며, 북대서양 산업 지역과 농업 주변 지역의 경계는 흐릿해졌다. 이제는 총성과 파괴의 중심을 둘러싼 풍요의 세계가 정립된 것처럼 보였다. 전쟁이 한창 진행될 때 물질적인 측면에서 엄청난 손실이 발생했으며, 4년 넘게 비생산적이고 소모적인 전쟁에 참여하느라 물질적인 손실에 못지않게 수많은 기회와 성장의 가능성을 놓치고 말았다.

유럽의 생산 자원이 파괴되자 어마어마한 비용이 소요되었는데, 이 비용을 어떻게 배분할 것인지를 놓고 정치적 분쟁이 일어났다. 가장 단순하게 분석하자면 둘 중 하나를 선택해야 했다. 국내 조처를 통해 비용을 부담시키거나 다른 사람이 비용을 대신 부담하게 만들거나. 다른 나라의 돈으로 해결하는 방법은 불행과 궁핍에서 벗어날 기적처럼 보였다. 전쟁이 끝나자 승자와 패자가 가려졌고, 승자는 모든 비용을 패자에게 떠넘길 수 있는 상황이었다.

중국의 전략가 손무의 격언에 따르면 "승리하는 무사는 승리한 후에 전투에 나가고, 패배하는 무사는 먼저 전쟁에 나가서 승리하려고 한다." 1914년 교전국들은 승리도 거래의 일부라고 생각하여, 승리의 비용을 패전국에 모두 떠넘기려 했다.

불확실성과 두려움이 커지자 군사적 교착상태를 해결하는 새로운 방법에 대한 환상이 생겨났고, 새로운 과정이나 기계를 필사적으로 찾게 되었다. 전쟁에 지치고 혼란에 빠진 사람들은 인공인간, 로봇 또는 호문쿨루스•를 사용하는 것과 같은 아이디어에 마음을 뺏기기도 했다.[5] 무성 영화가 등장해서 이러한 상상력을 부추긴 것도 있다. 초창기의 대표적인 무성 영화는 폴 베게너Paul Wegener와 하인리히 갈린Heinrich Galeen의 〈골렘The Golem〉이었다. 미국에서는 〈운명의 주인The Master of Fate〉이라는 제목으로 큰 인기를 끌었다. 1916~1917년에 독일에서는 오토 리퍼티Otto Rippert와 로버트 레이너트Robert Reinert의 〈호문쿨루스 시리즈〉가 가장 크게 성공했다. 이 작품은 실험실에서 만든 인공 인간이 감정을 갖지 못해서 겪는 어려움을 다루었으며, 주인공을 파괴할 수 있는 존재는 또 다른 인공 인간뿐이었다. 낯설고 이상한 현실은 이렇게 희한한 소설 같은 이야기를 만들어냈다.

결핍과 고난

×

제1차 세계대전을 계획할 때 가장 중점을 둔 것은 결핍과 고난이었다. 공급 부족으로 인한 충격은 전면전을 벌이려고 계산하거나 계획한 것이었다. 전쟁이 발발하기 오래전부터 각국은 상대방을 굶겨 항복시키는 봉쇄 전략을 마련했다. 물자 등의 부족을 초래하는 것을 주된 군사적 무기로 사용한 것이다. 따라서 이를 어떻게 극복하느냐가 승리를 좌우했다.

물자 등이 부족하면 즉시 위기가 닥친 것처럼 느껴지고 구제 방안을

• homunculus, 이야기 속에 나오는 난쟁이 -역자 주

신속히 마련해야 한다. 이런 상황에서는 사람들의 사기가 떨어지고 각종 시위가 발생하며 폭력적으로 정부를 전복하려는 시도가 발생할 수도 있다. 구제 방안을 신속히 마련해야 하므로 정책 입안자가 서둘러 결정을 내리는데 이런 상황에서는 바람직하지 않은 결정을 내리기 쉽다. 게다가 물자 등의 부족으로 영향을 받는 모든 사람이 구제 방안을 찾으려고 다 같이 모여서 조직을 구성하려는 움직임이 발생한다. 이런 과정에서는 대개 가장 목소리가 크고 영향력이 넓은 사람이 주도권을 쥐는데, 이들이 권력을 장악하면 분파주의가 발생하고 결국 정치적 붕괴로 이어진다.

비상사태가 발생하면 정책 결정의 역학이 완전히 달라진다. 전쟁이야말로 가장 극적인 비상사태이다. 평시라면 전략적 비전을 세우는 사람들은 장기적 안목을 가지고 정책의 지속가능성을 고려해야 한다. 하지만 비상사태가 벌어지면 단기적으로 발생하는 일이 장기적 전망에 큰 영향을 주게 된다. 지금 당장의 선택이 긍정적이거나 견딜만한 미래를 맞이할지 아니면 비참함, 고난, 굴욕으로 점철된 미래를 맞이할 것인지 결정한다. 따라서 비상사태에 직면하면 어떤 조처이든 마련해야 했다. 그러한 조처가 장기적인 안정성을 보장하지 않는 경우라도 어쩔 수 없었다. 정책 입안자들은 도박하는 심정이었다. 생명이 위중한 환자의 응급 상황과 비슷했다. 그럴 땐 나중에 여러 가지 심각한 부작용을 초래할 가능성이 있어도 일단 지금 생명을 구할 수 있다면 필요한 약물이나 의료적 조처를 시행해야 한다. 마찬가지로 전쟁에서 살아남으려면 특별한 조처가 필요했다.

1914년에 각국 정부는 깜짝 놀랄 정도로 발 빠르게 움직여서 즉각적인 금융 불안정의 원인이 될 만한 것들을 차단했다. 미국의 윌리엄

맥아두 재무장관은 외국 주주들이 주식을 매각하고 미국 달러에서 빠져나가는 것을 막으려고 7월 31일에 뉴욕증권거래소를 동결, 폐쇄했으며 이러한 상태는 4개월간 지속됐다.[6] 같은 날 런던증권거래소는 문을 닫았으며 이러한 상태는 5개월간 지속되었다. 재무부는 소액권으로 긴급통화를 발행했고, 영국 중앙은행은 대량의 지폐를 매입했다.[7] 독일도 금 태환을 중단하고 긴급 통화를 발행했다. 평론가들은 중앙은행 총재를 금융계의 '야전사령관'이라며 크게 칭송했다.[8]

금융 공황을 피할 때 얻을 수 있는 단기적인 유익은 명백했다. 다들 전쟁이 금방 끝날 거라고 여겼기에 아무도 장기적인 여파를 생각하지 않았다. 아무튼 독일과 영국에게 가장 중요한 것은 전쟁에서 승리하는 것이었으므로 돈은 그들에게 매우 절실했다.

제1차 세계대전에 참전한 나라들의 입지는 각기 달랐으므로 전략이 다를 수밖에 없었다. 서유럽은 이미 수입 식품에 크게 의존하는 상태였으며, 주요 공급원은 북미와 러시아였다. 러시아는 막대한 양의 곡물을 수출하는 나라였으나 전쟁으로 인해 무역이 중단될 상황이었다. 곡물 수출에서 수익 손실이 발생하면 산업재 부족이 초래될 수 있었다. 전쟁 중에 러시아의 밀 생산량은 대폭 감소했으며 볼셰비키 혁명 기간에는 더욱 줄어들었다. 1914년 생산량은 227억 킬로그램이었는데 이는 1917년에 116억 킬로그램으로 줄어들었고 1920년에는 87억 킬로그램을 기록했다.[9]

미국이 곡물과 기타 원자재의 주요 수입국으로 떠올랐다. 하지만 유럽 국가들은 전쟁에 몰두하느라 자금이 거의 바닥난 상태였으므로 미국으로부터 식량을 수입하기 위한 다른 대책이 필요했다. 영국은 곡물을 대량으로 수입하는 나라였는데 강력한 해군을 보유하고 있어서 해안 항로를 지켜줄 것으로 예상할 수 있었다. 독일, 오스트리아-헝가리와 같은 동맹국들은 식량 수입 의존도가 매우 높은데 해상 접근성은 쉽게 차단될 위험이 있었다. 따라서 독일은 전쟁을 빨리 끝내려고 악명 높은 슐리펜 계획*과 같은 방안을 시도할 가능성이 높았다. 그러나 이런 계획이 효과적으로 실행되지 않을 경우, 장기전을 대비해 경제와 사회를 재조정할 플랜B가 필요했다.

동맹국은 상황을 역전시켜서 서유럽을 봉쇄할 쉬운 해결책이 있을 거라고 결론짓고 싶었을지 모른다. 잠수함을 동원해서 무역로를 막으면 영국과 프랑스가 기아로 고통받게 되지 않을까?

하지만 그런 방법으로 두 나라가 단시간에 무너질까? 무조건부 잠수함 공격을 시행하는 것은 중립 입장이던 미국의 해상 운송에 영향을 주었기에 결국에는 1917년 4월에 미국도 이 전쟁에 뛰어들게 되었다. 오랫동안 이 작전을 주장했던 독일군 최고사령부는 이 방법을 쓰면 영국이 삽시간에 무너질 것인데, 거대한 미군이 전쟁터에 도착하기도 전에 그렇게 될 것이라고 호언장담했다.

전쟁이 발발하기 오래전부터 모든 정책 입안자는 동원 및 자원 공급에 관한 논의에 익숙해진 상태였다. 독일의 경우, 농업을 보호하기 위한 기본적인 조처 중에 고비용 생산을 유지해야 한다는 주장이 있었는데, 그렇게 해야 군사적 충돌이 발생해도 공급이 보장된다는 논리였다. 독일 농민이 상대적으로 불리한 입장에 처할 수 있으나, 적어도 공급 채널은 안전하게 지킬 수 있었다. 영국은 자급자족이 불가능한 섬이라

• Schlieffen plan, 프랑스의 강력한 방어선을 피하려고 벨기에와 네덜란드를 통과하여 프랑스를 침공하려는 계획 -역자 주

서 식량을 확보해야 하는데, 이 문제는 모국과 연결된 제국에 해당하는 사례로 여겨졌다.

급진적 성향인 영국의 법학자 프레더릭 해리슨Frederick Harrison은 독일의 군사적 우월성이 영국에 재앙을 초래할 것이라며 다음과 같이 기술했다.

> 기근, 무정부 상태, 산업계와 금융계의 극심한 혼란은 불가피할 것이다. 영국은 계속 버틸 것이다. … 그러나 다시 자유롭게 살 수 있게 되기 전에 자국민의 절반을 잃을 것인데, 그들이 제대로 먹지 못하기 때문이다. 그리고 해외 곳곳을 아우르는 제국도 더는 지켜내지 못할 것이다. … 긴축, 평화, 형제애에 대한 고상한 표현은 사실 얼마나 무의미한가. 국가의 존속이 걸린 치명적인 전투, 가장 파괴적이고 잔인한 전쟁 등, 차마 말로 다 표현할 수 없는 파멸의 위험에 노출되어 있기 때문이다.[10]

독일의 위협은 영국에서 유사한 반응을 일으킬 수 있었다. (영국은 대규모 지상군을 보유하지 않았으므로)해군성은 대규모 지상군을 투입하는 전통적인 방식의 전쟁을 피할 계획이었으며, 이를 기반으로 영국은 봉쇄 작전을 마련했다.

해군 지지 세력은 전쟁이 터지기 수년 전에 기아 현상을 유도하는 것이 영국의 주요 전략이 될 것이라고 분명히 지적했다. 해군 정보국장 찰스 오틀리 경Sir Charles Ottley은 "(장기전의 경우) 해군력으로 (독일 인구는 빨리 분쇄하지는 못하겠지만) 그들을 '극도로 미세한 입자'로 만들어 버릴 수 있다. 얼마 못 가서 함부르크 거리에 잡초가 자랄 것이며 나라 전역이 빈곤과 결핍에 허덕일 것이다."라고 기술했다. 유능한 전략가이자 국방위원회 해군 차관보인 모리스 행키Maurice Hankey 대위는 "우리 해군력의 막강한 우위를 고려할 때, 프랑스를 적절히 지원하는 방법은 독일 경제를 강하게 압박하여 전쟁을 지속하지 못하게 만드는 것이다."라고 결론내렸다.[11]

물론 이 전쟁이 금방 끝날지 길어질지 불분명했다. 사실 전쟁이 빨리 끝나야 하는 이유로 가장 많이 언급된 것은 공급망이 훼손되어 현대 산업 사회의 생존 여부가 불투명하다는 것이었다. 노먼 에인절 Norman Angell이라는 저널리스트의 유명한 저서 《위대한 환상The Great Illusion》에 그 점이 잘 드러나 있다.

전쟁이 발생하면 신용에 기반을 둔 금융과 산업이 국제화되고 복잡미묘한 상호 의존 관계를 맺게 되므로, 독일 자본은 거의 다 사라지고 독일의 신용도 무너질 것이었다. 이를 회복할 유일한 방법은 독일이 그러한 상황을 초래한 조건을 끝내서 영국 내에 발생한 혼란을 종식하는 것뿐이었다. 게다가 이러한 신용 기반 금융의 복잡미묘한 상호 의존성 때문에 침략국이 주식, 지분, 선박, 광산 또는 보석이나 가구보다 더 가치 있는 것, 다시 말해서 국민의 경제생활과 관련된 사유 재산을 몰수한다면, 침략국의 재정에 큰 영향을 미칠 것이므로 몰수 재산의 가치보다 몰수로 인해 침략국에 초래된 손해가 더 클 것이다.[12]

따라서 상업적으로 번창하던 시기에, 전쟁에 나가 국가의 부를 모두 망쳐버린 것은 매우 어리석은 짓이었다. "독일은 수년간 고생 끝에 세계 무역을 장악하게 되었으나 이를 빼앗기게 되었다." 에인절은 독일 작가들이 다음과 같이 주장했다고 알려준다. "독일은 평화의 전쟁에서 명명백백하게 승리하고 있다. 그러므로 독일의 우월성이 입증된 경기장에서 미심쩍은 갈등이나 분쟁이 일어나는 경기장으로 옮기는 것은 매우 어리석은 짓이다."

이러한 주장은 실제로 독일의 상업적 사고와 상당 부분 일치한다. 독일 경제학자 칼 헬페리히는 전쟁이 금방 끝나야 한다고 기술했다. "우리 영토와 바다의 국경을 막아서 곡물 수입을 차단하는 전쟁이라면 과연 어떤 전쟁이란 말인가? 그런 가능성을 생각하는 것조차 우리 외교 정책을 바라보는 시각에 무한한 불신을 품고 있다는 뜻이다." 몇 년 후 도이체방크에 소속된 은행가로서 중동 지역에 관한 독일 정책 수립에 깊이 관여하게 된 헬페리히는 자기 생각을 바꾸고 러일전쟁에서 배운 교훈을 인정했다.[13]

전쟁이 발발한 후, 존 메이너드 케인스는 자신의 동료이자 블룸즈버리 지지자 소설가 데이비드 가넷David Garnett에게 적어 보냈다.

이 전쟁이 1년 이상 지속될 수 없고, 교전국들이 전쟁으로 인해 파멸될 수도 없다는 확신을 표명했다. 그는 이 세상이 엄청난 부를 가지고 있으며, 다행히도 그 부는 전쟁에 곧바로 동원될 수 없는 종류라고 설명했다. 그것은 자본 장비의 형태로 되어 있어서 그것이 만들어 내는 결과물은 전쟁을 치르는 데 아무런 쓸모가 없었다. 그는 사용 가능한 부를 모두 사용하려면 약 1년 정도 걸릴 거라고 예상했으며, 그런 시점이 되면 강대국들은 평화를 이룰 수밖에 없다고 생각했다. 우리 해군이 독일을 봉쇄하는 것을 막는 데 랭커셔에 있는 면화 공장을 사용할 방도는 없었다. 독일 역시 장난감 생산 공장을 활용해서 군에 필요한 장비를 공급할 수도 없는 노릇이었다.[14]

사람들은 이 전쟁이 오래 갈 수 있다고 생각했다. 군 당국이 경제학자들보다 더 암울한 편이긴 해도, 장군들은 대체로 이 전쟁 비용을 어떻게 충당할 것인가라는 질문에 실속 있는 대답을 내놓지 못했다. 헬무트 폰 몰트케Helmut von Moltke 참모총장은 "이 전쟁은 세계대전으로 번져서 영국이 개입하게 될 것"이라고 예견했다. 그러면서 "극소수의 몇 사람만이 전쟁의 범위와 지속 기간 및 끝날 시점을 상상할 수 있다. 사실 이 모든 상황이 어떻게 끝날지는 이제 아무도 모른다. 교양 있는 유럽 국가들이 서로 분열되고 떨어져 나갈 것"이라고 말했다.[15] 전쟁이 발발한 직후, 몰트케는 신경쇠약에 걸렸고, 에리히 폰 팔켄하인Erich von Falkenhayn에게 자신의 자리를 물려주었다. 팔켄하인은 1914년 8월에 이 전쟁이 적어도 1년 반은 이어질 것이라 예상했다.[16]

1914년 8월에 가장 먼저 생각할 점은 거대한 규모의 병력(과 말)을 최전방에 배치할 계획을 세우는 것이었다. 다른 사항은 모두 부차적인 것에 불과했다. 전쟁이 길어지면 분명히 공급 문제가 더 심해질 것이었다. 집에 있는 가족들이 굶주림에 시달리고 있기에 사기도 크게 떨어질 우려가 있었다. 가족이 보낸 편지를 받아보거나 짧은 휴가를 받아 집에 갔다가 가족들이 비참하게 지내는 모습을 보면 군인들은 금세 사기를 잃을 수 있었다.

예견대로 얼마 가지 못해서 식량 문제가 시작되었다. 러시아가 주요 곡물 생산지인 갈리시아 대부분을 재빠르게 점령했기에 전쟁 초기 몇 달 만에 오스트리아는 심각한 기아를 겪었다. 1915년 4월에는 빵과 밀

가루의 배급 카드가 배포되었고, 1916년에는 설탕, 우유, 커피, 돼지기름 등의 배급 카드가 줄줄이 발행되었다. 1916년에 빈은 주민들에게 먹을 것을 마련해 주기 위해 빈민급식소를 세웠고, 도심 녹지 공간 대부분을 채소를 키우는 데 할애했다. 부당하게 폭리를 취하는 행위나 투기를 반대하는 시위가 나날이 증가했는데, 사람들의 불만을 회피하기 위한 당국의 조치였다. 1917년 1월에는 투기꾼 명단을 인쇄하여 기둥에 크게 게시하기도 했다. 사람들은 아침에 상점이 문을 열기 전부터 밤새 길게 줄을 서서 기다렸다. 당국은 이러한 줄이 무질서한 상황을 일으키는 원인이라고 생각하여 이를 저지하려 했지만 별로 소용이 없었다.[17]

독일의 상황도 오스트리아와 크게 다르지 않았다. 전쟁 전에 독일은 식량 공급량의 약 5분의 1을 수입에 의존했는데, 단백질원의 의존도는 27퍼센트, 지방원의 의존도는 42퍼센트였다. 베를린에서 시작된 배급 제도는 금세 오스트리아의 여러 도시를 비롯한 각 지역으로 확대되었고, 빵이 아닌 다른 식품도 배급 제도로 전환되었다. 식품 가격 상한선이 설정된 영향도 어느 정도 있었기에, 공급 문제가 한동안 손에 잡힌 것처럼 보였다. 하지만 가격 문제 뒤에는 엄청난 품질 저하라는 또 다른 문제가 숨겨져 있었다.

빵에 감자 가루를 섞고 우유에 물을 타고 커피 대신 구운 도토리를 사용하는 일이 벌어졌고, '대체품', '대용품'이라는 표현이 수시로 등장했다. 특히 널리 사용된 대용품은 바로 순무였는데, 너무나 널리 퍼진 나머지 유난히 추웠던 1916~1917년의 겨울을 가리켜 '순무 겨울'이라고 부르기도 한다.

주요 물품은 모두 부족했다. 농작물은 질산염 부족으로 잘 자라지 않아서 농업 생산량이 급감했다(요즘은 질산염을 폭발물 제조에 사용한다.).
1916년 감자 수확량은 평시 수준의 절반 정도였다. 1917년 겨울, 흉년을 한 차례 더 겪은 후에 몇몇 도시의 일일 칼로리 공급량은 가구당 1,000칼로리까지 줄어들었다. 사람들은 자녀를 시골로 보냈으며, 1917년에는 중립국인 네덜란드나 스위스로도 자녀를 보냈다.

사람들은 길게 줄을 서는 것을 가리켜 '폴로네이즈•를 춘다'라고 완곡하게 표현하기 시작했다. 그들은 줄을 선 상태에서 관료주의의 문제점에 대해 불만을 토로하거나 걱정을 늘어놓았다. 이렇게 줄을 서는 곳이 사회적 급진화의 주요 장소가 되었다. 빈에서 그랬듯이, 줄을 서는 것Anstellen은 민심의 화약고와 같았다. 소비자 시장의 무정부 상태에 대한 불만이 폭증했고 사람들은 공정한 분배를 보장해 주는 더 나은 계획을 요구했다.[18]

암시장이 확산하면서 시장을 조작하거나 투기한다는 비난의 목소리도 커졌다. 1915년 10월에 베를린-리히텐베르크에서 폭동이 발생했으며 1916년 6월에는 뮌헨 중심부에서 폭동이 일어났다. 빈에서는 1916년 5월에 몇 차례 소동이 일어났다. 1917년 봄이 되자 볼셰비키 혁명에 관한 소식이 전해지면서 독일 여러 도시의 분위기가 심상치 않게 변했다. 1918년 6월에 배급량이 삭감되자, 빈 주민의 상당수가 조직적이고도 적대적인 방식으로 근처 시골로 쳐들어가서 비축 식량을 약탈했다.[19]

식량 부족은 독일인의 세계관과 소비가 갖는 중심적 위치에 장기적인 영향을 주었다.[20] 혁명의 정치뿐만 아니라 가정 내 의사 결정에 이르

• 폴란드의 민족정서가 담긴 폴란드 춤곡

기까지 모든 상황이 식량 위주로 돌아갔다. 스스로 귀족이라 생각했던 독일 소설가 토마스 만Thomas Mann은 '버터를 얼마나 먹어야 할지에 대해 아내 카티아와 말싸움을 벌이느라 아침 식사를 다 망쳤다'고 적었다. 가족들 앞에 무화과가 하나씩 놓인 것이 전부였다. 토마스는 자기 몫을 가장 아끼는 딸인 에리카에게 먹으라고 주면서 다른 자녀들에게 불공정에 익숙해지는 법을 조금 일찍 배운다고 생각하라고 말했다.[21]

역사적으로 볼 때, 전쟁 중에 식량 배분을 제대로 하지 못하면 정치에 대한 환멸을 품는 주요 원인이 되며 결국 폭동이나 극단주의 및 급진주의 행동을 유발한다. 어떤 작가는 이러한 결론에 반대하면서 행정부가 합리적으로 대처했고 기본적으로 배급된 수프인 '아인토프Eintopf'를 중심으로 전시에 새로운 평등주의를 지향하는 새로운 사회적 합의가 이뤄진 것이라고 주장한다.

잠시 식량 부족을 겪긴 했지만, 전반적으로 독일인들이 제1차 세계대전 중에 굶어 죽지 않았다는 점은 명백하다. 애브너 오퍼Avner Offer라는 역사학자는 1917년부터 1918년까지 중년 남녀의 평균 체중을 자세히 알려주는 도표를 제시하면서 체중의 변화가 거의 없다고 결론짓는다. 또한 독일인이 지방이 많은 음식이나 맥주가 없어도 생활하는 데 어려움이 없다고 기술한 편지도 인용했다. "내가 날씬해 보인다고 해서 내가 완벽하게 건강한 것이 아니라고 생각하지 마시오. 내 인생에서 지금처럼 기분이 좋았던 적도 없으니까." 그는 또한 미국 심리학자가 "독일인이 채식주의자였다면 아무런 문제가 없었을 것"이라고 말한 점도 인용했다.[22] 예일대 교수이자 미국 식품 활용 자문위원회 위원이며 현대 생화학의 아버지라 불리는 러셀 헨리 치텐든Russell Henry Chittenden은 더 건강한 생활 방식으로 저단백질 식단을 권장했으며, 기존의 식습관은 기준치가 너무 높다고 주장했다. 이처럼 전쟁은 건강한 삶을 위한 일종의 실험으로 둔갑할 수 있었다.

영국 출신의 젊은 경제학자 클로드 길레보Claude Guillebaud는 1919년에 베를린을 방문한 다음, 이렇게 보고했다.

나는 거리에서 만난 사람들이 대부분 건강해 보여서 매우 놀랐다. 현재 베를린에서 살이 찐 사람은 거의 찾아볼 수 없지만, 마찬가지로 사람들의 얼굴에 허기나 피곤한 기색은 없다. 중산층과 상류층 대부분은 정상적으로 건강한 상태였고, 얼굴이 움푹 들어가거나 눌려 보이지 않았다.

가난한 사람들에게서는 궁핍한 삶의 흔적이 보이긴 했다. 하지만 식량 부족과 전쟁에서 패배했다는 우울감 때문에 많은 사람이 열심히 일해야겠다는 의욕이나 능력을 잃었는데도 불구하고 성인 대부분은, 겉으로 보기에는 적어도 실제로 거의 먹지 못하는 상태라고 말하기 어려워 보였다. 빈곤층이 먹는 음식은 단조롭고 상당히 맛없는 것이지만, 노령이나 질병에 걸릴 위험이 없는 건장한 성인이 생명을 유지하는 데에는 충분한 정도다.

병원에서는 기아 문제가 확실하게 대두되었다. 직원들의 말에 의하면, 환자들이 신선한 공기를 마시도록 밖에 내보낼 수 없었는데, 너무 배가 고파서 설익은 과일이나 밤을 먹거나 심지어 풀과 잡초까지 뜯어 먹으려 했기 때문이었다. 이렇게 제대로 먹지 못하고 영양실조에 시달리자 여러 가지 건강 문제가 발생했다. 폐질환이 증가했는데 특히 결핵 발생률이 높아졌다. 근무 여건으로 인한 건강 악화도 만만치 않았다.

중금속뿐만 아니라 폭발물 제조에 참여한 수많은 노동자가 질산염 화합물, 트리니트로톨루엔, 트리니트로아니솔, 디니트로벤젠, 피크르산, 나프탈렌 및 페놀 화합물에 중독되었다. 전쟁이 종식되고 평화로운 분위기가 찾아온 첫 해에는 이러한 전염병이 더욱 확산했으며 전쟁 상황의 후유증 때문에 독감에 대한 취약성은 더욱 커졌다.

영양 문제는 세계관에 큰 변화를 가져왔다. 일반 중산층과 하층 중산층의 경우, 노동계급과 그들의 생활방식을 명확히 구분 짓는 요소들이 모두 사라져버렸다. 달리 말해서, 양질의 집밥은 존중받는 노동계급 식단의 주요 특징이었는데, 이것이 평화의 분위기와 함께 사라져버린 것이다.

소비자 이익을 위한 전쟁 위원회War Committee for Consumer Interests는 첫 번째 전시 조사 후에 "미텔슈탄트Mittelstand(중간 질서)가 무너지고 '부자와 가난한 자'만 존재하는 '야만적인' 경제가 등장했다."라고 보고했다.[23] 앞으로 식량이 부족할 것이라는 생각 때문에 1915년 초반에 소위 '돼지 대학살Schweinemord'이 시행되어 돼지 개체수가 엄청나게 줄어들었다. 이에 따라 육류가 많아졌으나 보존 및 통조림 기술이 좋지 못해서 고기 대부분을 낭비하고 말았다. 식량 부족이 심각해지자 타인에 대한 분개심이 커졌다.(사실 돼지를 다 죽이라는 것은 전문가들의 의견이었다.) 후에 독일인을 넘길 때 매 끼니를 챙겨줘야 하는 200만 명이 넘는 포로도 이 때문에 쉽게 포기할 수 있었다. 기아와 질병에 더해 외국인혐오증이 강해졌고, 이는 향후 독일의 분위기를 점치는 한 가지 지표가 되었다.

러시아는 방대한 곡물 생산지를 보유하고 있으므로 이처럼 심각한 식량 부족을 겪지 않았다. 그리고 곡물 생산량의 상당 부분을 수출하지 못했기에 국내에서 소비할 식량이 더 넉넉했다. 그럼에도 불구하고 병목 현상이 발생해 식량 부족 문제를 겪었는데 계획이 미흡했기 때문이었다.

다른 교전국과 달리 러시아에서는 야생 동물의 수가 증가하여 곡물에 대한 위협이 날로 심해졌다. 1916년 조사 결과에 따르면 소는 25퍼센트가 증가했고 양이나 염소는 이보다 더 많이 늘어났다. 수확량은 상대적으로 많았는데, 1917년 수확량은 1914년에 비해 고작 12퍼센트 정도 줄어들었다. 하지만 군수품 생산 때문에 도시 인구가 급격히 늘어났기에, 도시 및 산업중심지에 대한 공급은 원활하지 못했다.

일례로 1916년 12월에 페드로그라드(현재의 상트페테르부르크)에는 실제로 필요하다고 생각되는 양의 15퍼센트도 되지 않는 곡물이 도착했다. 정부는 교통이 원활하지 않으며 철도 트럭을 사용할 수 없어서 그런 것이라고 발뺌했다. 트럭은 충분했을지 모르나 군사적 필요 및 다른 방해 요소 때문에 트럭이 적절한 장소에 있지 않아서 제대로 활용할 수 없었다. 물자 부족에 영향을 받지 않는 곳이 없었다. 철도 노동자들이 작업할 때 신을 신발이 없어서 출근하지 못했다는 이야기도 있었다. 심지어 러시아의 곡물 상당 부분은 쥐가 먹어버리고 말았다.[24]

1917년에 발생한 혁명 이야기를 들여다보면 도시에 식량 부족이 심각한 수준이었으며 숙박 시설의 상태도 엉망이었다는 내용이 대부분을 차지한다. 차르를 반대하는 이 혁명은 2월 23일(그레고리력의 3월 8일)에 여성 수만 명이 '고물가를 해결하라', '굶주림을 더 이상 견딜 수 없다'와 같은 구호를 내걸고 시위를 벌이면서 시작되었다. 하지만 이는 1915년에 러시아 제국 전역에 발생했던 '시장 무질서', '기근 폭동', '대학살', '여성 폭동'과 같은 현상이 최절정에 도달한 것이었다.[25]

점령당하지 않은 프랑스와 영국은 생명을 위협할 정도로 식량 부족이 심각하지 않았지만, 물자 등이 매우 부족했고 곳곳에서 시위가 발생했다. 파리는 1917년이 되어서야 설탕을 배급하기 시작했고 빵은 1918년부터 배급했다. 영국에서는 1918년 2월에야 비로소 배급을 시작했다. 당시 영국은 농업 부문이 크게 줄어든 상태였기에 수입을 통해 국내에 필요한 식량을 확보하려 했다. 곡물이 무역 선적 용량의 상당 부분을 차지했는데 무게로 따지자면 17퍼센트였다.[26]

하지만 전쟁이 발생하자 즉시 문제가 생겼다. 1915년 초반에 무역 위원회는 "식료품 가격이 지나치게 상승하여 전반적인 대중의 복지가 크게 위협받고 있다"라고 결론내렸다. 가격은 계속 오름세를 보였다. 여러 동맹국이 곡물을 확보하려고 입찰 전쟁에 뛰어든 것이 가장 큰 요인이었다.[27] 그 결과로 식품 가격, 식량 공급 등에 관한 여러 형태의 위원회가 만들어졌고, 이들은 전쟁을 동쪽으로 확장하여 러시아의 광활한 곡창지대에 접근하자는 전략을 제안했다. 러시아산 곡물이 흑해를 거쳐 지중해로 넘어오기 위해서는 보스포루스 해협을 우호적인 국가가 장악해야만 했기 때문이다.

그 결과 오스만 제국을 상대로 다르다넬스 캠페인Dardanelles campaign을 벌이기로 했는데, 이는 거의 성공하는 듯 보였으나 굴욕스러운 대실패로 끝났고 말았다. 허버트 애스퀴스Herbert Asquith 총리는 여자친구에게 보낸 편지에 이렇게 썼다.

의심할 여지 없이, 이제 우리도 전쟁의 위기를 실감하고 있어. 식량을 주로 운반하던 독일 선박은 모두 나포되거나 억류되었고, 해군성이 우리 선박 1,000척 이상을 수송 업무에 징발했어. 게다가 호주

농작물은 손을 쓸 수 없는 상태지. 러시아 농작물이 아주 많고 탐이 나지만, 우리가 콘스탄티노플을 장악하고 흑해를 열 수 있을 때까지 러시아도 폐쇄된 상태야.[28]

1916년이 되자 영국의 보급품이 모두 바닥나버렸다. 이제 이를 어떻게 충족할 것인가는 핵심적인 문제가 되었다. 육류 부족 문제도 심각했는데, 군대에는 민간인보다 더 많은 양의 육류를 공급해야 한다고 믿었기 때문이며, 프랑스의 육류 부족 사태를 완화해야 할 필요성이 겹쳤기 때문이었다.[29] 게다가 돼지 개체수가 크게 줄었고 목초지를 농경지로 바꾸는 캠페인이 벌어졌다. 배급제를 막을 대안은 해외에서 식량을 빌려오거나 해외 원조를 받는 것이었다.

전쟁에 대처하고 민간인의 사기를 유지하려면 대량으로 수입해야 하는데, 이 방법을 사용하면 거기에서 발생하는 무역 적자를 충당할 수 있었다. 1917년에 정부는 '국가적 사순절'National Lent을 선포하면서 조지 5세 국왕이 평소에 비해 먹는 양을 사분의 일이나 줄였다고 알렸다. 식생활에서 자제를 나타내야 한다는 내용의 강연이 전국 곳곳에 퍼져나갔으나, 큰 효과는 없었다. 1917년 연말 무렵에는 대대적인 시위가 벌어졌으며 종종 폭력 사태로 이어졌다.[30]

전쟁의 비용

✕

전쟁에서 발생한 비용, 특히 장기전에서 발생한 비용은 발생 시점에 감당하기가 너무 어려워 보인다. 당시에는 이렇게 많은 전쟁 비용은 미래에 대한 유치권 행사, 즉 차입borrowing을 통해 해결하는 것이 가장 좋다고 생각했다. 하지만 어떤 의미의 전쟁 비용은 당장 내야 했다. 포탄을 쏘아야 하고 군인들을 먹이고 급여를 줘야 하고 야전 병원을 건설해야 했다. 질산염은 폭발물을 만드는 데에 쓰느라 경작지를 비옥하게 만드는 데 사용될 수 없었다. 전장에서 군인들에게 먹일 쇠고기는 경제적 전쟁 동원에 필요한 인력인 석탄 캐는 광부들에게 줄 수 없었다.

쉽게 말해서 군사적으로 필요한 것들과 경쟁 구도를 이루는 비군사적 상품의 소비는 모두 줄여야 했다. 이 문제를 어떻게 처리할 것인가를 놓고 격렬한 논쟁이 벌어졌다. 특히 차입과 세금을 어떻게 배합하는 것이 가장 바람직한가를 두고 의견이 분분했다. 많은 선택권을 빼앗긴 소비자의 경우, 세금이나 부과금을 통해 소비 수단을 박탈해버릴 수 있었다. 또는 채권이나 기타 상품을 구매하게 하여(현금을 그냥 보유하는 것도 하나의 방법이었다.) 자발적으로 소비를 연기하는 방법도 있었다. 그렇게 하면 미래의 상품에 대한 권한이 생기므로 경쟁 관계에 놓인 다른 소비자가 누릴 수 있는 상품이 줄어들었다. 어떤 상품을 갖지 못하게 그냥 빼앗을 것인지 아니면 불확실한 가치를 약속할 것인지의 문제였다. 후자의 경우 그 약속이 과연 이루어질지 의심이 커진다는 단점이 있었다.

영국의 고전 정치경제학은 프랑스 혁명과 나폴레옹 전쟁의 여파로 전쟁 재정이나 자금 조달 문제를 다룬 경험이 있었다. 둘 다 비용이 많이 들고 장기간 이어진 전쟁이었으나 상대적인 비용은 20세기 총력전보다 적었다. 대략적인 수치를 보자면, 프랑스 전쟁의 경우 전쟁에 들어간 평균 연간비용은 전쟁 마지막 해 GDP의 12퍼센트밖에 되지 않았다. 하지만 제1차 세계대전에는 32퍼센트나 되었다.[31] 경제학자 데이비드 리카르도David Ricardo는 부담금이나 세금을 당장 부과하는 것이 가장 신중한 선택이라고 여겼다. 전쟁 부채에 대한 미래 이자를 충당하려고 영구세를 매기면 결국 "국가 자본"이 줄어들 것이었다.

전쟁세에 수반되는 가장 큰 이점은 국가 산업에 영구적인 혼란을 야기하지 않는다는 것이다. 상품의 가격은 이러한 과세에 영향을 받지 않으며, 설령 영향이 있다고 해도 전쟁으로 인해 다른 이유로 상품의 가격뿐만 아니라 모든 것이 영향을 받는 기간으로 국한된다.

전쟁이 끝나고 평화가 찾아오면 모든 것이 원래 가격으로 돌아갈 것이다. 세금이 다양한 상품에 미치는 직접적인 효과는 우리가 특정 기술이나 시설을 이미 보유한 직업을 버리고 같은 기술과 시설이 필요한 다른 일에 종사하도록 유인하지 못할 것이며, 간접적인 효과로는 그럴 가능성이 더욱 낮다. … 어려움이 생기면 생기는 대로 대처해보자. 우리의 재산에 영구적인 부담이 발생하지 않도록 잘 보호하자. 우리가 과거의 구제책에 참여할 때까지는 그 중압감을 제대로 느낄 수 없을 것이다.[32]

그는 추가로 실용적인 주장도 했다.

평화를 지속시키기 위해 가장 안정적인 방법은 장관들에게 전쟁을 지원하는 세금을 국민에 부과할 필요성을 강하게 인지시키는 것이다. 평시에 이러한 감채기금sinking fund이 적잖이 쌓이는 것을 감내하면, 약간의 도발만으로도 새로운 경쟁에 참여하도록 유도할 수 있다. 그들도 조금만 관리하면, 감채기금을 부채 상환에 쓰는 것이 아니라 새로운 공급을 늘리는 데 사용할 수 있음을 깨달을 것이다.

현재 장관들은 그들이 방금 써버린 기금을 대신할 새로운 감채기금을 마련하기 위해 새로운 세금을 부과하고 싶어 하는데, 요즘 이런 말을 자주 한다고 한다. "이렇게 하면 외국이 우리의 나라를 존중할 것이다. 우리에게 이처럼 강력한 자원이 있다는 것을 알면, 함부로 우리를 도발하거나 모욕하지 못할 것이다.[33]

리카르도의 주장은 틀릴 가능성도 있다. 국민이 상당한 부채를 안고 있다는 것은 국가의 자신감과 배짱을 보여주는 것이었다. 제1차 세계대전의 교전국들은 채권 문제를 선전의 가장 중요한 순간으로 여겼다. 또한 그들은 상대 국가가 제기한 문제를 주의 깊이 보고 있었는데, 국가의 사기가 어떠하며 그로 인해 총력 동원에 어느 정도까지 집중할 수 있는지 알아보려는 것이었다.

영국에서 리카르도의 주장은 거의 1세기가 더 지난 후에야 반향을 일으켰다. 케임브리지의 경제학자 아서 피구Arthur Pigou는 리카르도처럼 군국주의자가 아니었으며 군사 동원의 범위를 불신에 가득 찬 눈으로 바라보았다. 그는 사회 정의에 관련한 몇 가지 고려 사항을 추가했는데, 전쟁은 더 평등한 사회를 건설하는 기회가 될 것이며, 이미 부유한 채권 보유자에게 더 큰 몫을 미래에 보장하는 것보다는 과세를 통해 더 평등한 사회를 이룰 수 있다고 생각했다.

국가에 필요한 돈이 있다면, 그중에서 부자는 어떤 방식으로든 가난한 사람보다 더 많이 내놓아야 하며, 아주 부유한 사람은 일반적인 부자보다 더 많이 내놓아야 한다. 그리고 이들이 부담하는 금액은 단순 비례로 늘릴 것이 아니라 얼마나 부자인가에 따라 점층적으로 높

여야 한다.[34]

전쟁의 재정 문제는 사회 배분이라는 근본적인 문제와 관련이 있다. "정부는 어느 정도까지 세금으로 전쟁 자금을 조달하고 어느 정도는 차입으로 해결할 것인지 결정해야 하는데, 이와 관련된 핵심 원칙은 경제적 부의 수준이 서로 다른 사람들에게 전쟁 비용을 합리적으로 배분하는 정부의 결정이라고 할 수 있다."[35]

20세기에 와서 새로운 국내 정치 현실, 노동계급과 사회주의 정당의 등장으로 인해 현실적으로 새로 고려할 점들이 생겨났으며, 여기에는 차입을 줄이는 것도 포함되었다. 차입은 부유한 투자자 계층에게만 유리한 것이었다. 피구는 이 점을 다음과 같이 설명한다.

이 전쟁은 격변을 일으키며 매우 예외적이다. 매우 부유한 사람과 일반 부자들은 평시보다 객관적으로 훨씬 더 큰 부담을 안아야 한다. 이러한 결과를 가져올 방법은 딱 하나뿐이다. 고소득자에게 빌린 돈으로 전쟁 자금을 조달하는 비율은 지금보다 많이 줄여야 하며, 일종의 누진세 형태로 그들에게 돈을 걷어 전쟁 자금을 조달하는 비율을 늘려야 한다.[36]

문제는 1914년 이전부터 있었다. 인프라와 사회적 비용이 더 많이 들기 때문에 정부 지출이 늘어났고, 1892년에 독일 경제학자 아돌프 바그너Adolph Wagner는 국가 활동을 증가시키는 법칙을 만들었다.[37] 그는 또한 이를 가리켜 문화 선진국의 경제가 점점 더 '공산주의적 성격'을 띠는 것이라고 했다. 20세기에 접어들자마자 강대국 간의 군비 경쟁이 과열되면서 지출 요소가 추가되었고, 이 비용을 충당하는 것이 정치적으로 점점 더 짜증스러운 요소가 되었다.

전쟁 자금을 조달하는 문제에서 두 가지 원칙 또는 접근 방식이 서로 충돌하고 있었다. 하나는 채무 조달bond financing에 의존하는 것인데, 그렇게 하면 재무 건전성을 가장 좋게 포장할 수 있었다. 다른 하나는 사회 정의라는 명목으로 세금을 인상하는 것이었다.

후자에 대한 실질적인 저항은 정의의 확산, 더 공평한 사회, 직접 피를 흘리고 가족의 죽음을 목격하고 비용을 직접 부담한 사람들에 대한 적절한 보상을 반대하는 형태로 표현되는 일이 거의 없었다. 그보다는 세금을 부과하면 전쟁 노력에 참여하려는 의욕이 줄어들 거라는 생각이 근간에 깔려 있었다. 기업들이 전쟁물자 생산으로 전환하려는 애국적인 태도를 보이는 일이 줄어들 것이고, 급여의 상당 부분을 세금으로 뺏기거나 맥주 소비세가 지나치게 높아질 경우, 노동자의 사기가 저하될 것이 분명했다. 민간인의 사기가 중요하다는 논의가 진행된 결과, 차입을 더욱 강조하게 되었다. 과도하게 소비를 졸라매서 사기를 낮추면 안 된다는 분위기로 인해 세금 인상에 대한 반대 의견이 강해졌다.

영국에서는 소득세가 파운드화 기준으로 1실링 2펜스에서 6실링까지 인상되었고 초과 이윤세가 부과되는 등 세금이 급격히 늘어났다. 1914년부터 1918년까지 소득세와 재산세 수입은 3.0퍼센트에서 9.6퍼센트로 3배나 늘었지만, GDP의 최소 50퍼센트를 차지하는 전쟁 비용을 감당하기에는 충분하지 않았다. 따라서 미래에 대한 모기지는 더욱 확대되었다. 1914년에 국가 부채는 액면가로 7억 6백만 파운드에 달했고, 1916년에는 21억 9천만 파운드, 1919년에는 74억 8,100만 파운드로 증가했다.

런던증권거래소에서 발행된 전시 공채war loan는 조작된 선전 호소와 함께 선전의 핵심을 이루었다. "영국 소버린이 승리할 것이다"라는 표현은 일종의 말장난이었는데 소버린은 영국에서 사용되는 동전을 가리키면서 동시에 군주와 주권자인 국민을 뜻하는 단어였다.

1914년 11월에 발표된 최초의 전시 공채는 3억 5천만 파운드였으며 채권이자율•은 3.5퍼센트였다. 1915년 6월 제2차 공채 발행액은 9억 1백만 파운드였으며 채권이자율은 4.5퍼센트였다. 구매자가 미래에 대해 확신을 줄 목적으로 최초의 공채를 보유한 사람들에게 공채 전환을 허용했다.

1917년 7월에 세 번째 공채가 5퍼센트에 등장할 때도 같은 조건이 허용되었다. 이러한 관행은 '채권 보유자에게 과도하게 지불했는가?' 라는 거센 비판을 일으켰다. 전쟁 당시에 총리를 지낸 데이비드 로이드 조지David Lloyd George는 후에 전쟁 공채의 높은 이율 때문에 "산업, 상업, 국가 등의 모든 기업이" 자금 확보에 어려움을 겪었다고 인정했다.[38]

1931년에 잠시 내각 장관을 지냈고 제2차 세계대전 중에 스코틀랜드 국무장관으로 복귀한 스코틀랜드 독립 노동당의 정치인 톰 존스턴Tom Johnston은 1934년에 금융업자financier들을 엄중하게 비난했다. 그는 전시 금융 언론의 '마침내 돈이 제자리를 찾고 있다'라는 들뜬 분위기의 헤드라인을 인용하면서 '화폐 권력의 통제자들, 독일군이 현장에서 진군할 때마다, 그리고 독일군이 해상에서 유보트 작전을 벌일 때마다 동포들에게 냉혹하게 더 많이 요구한 자들, 수억 달러의 불필요한 부채

• coupon rate, 채권에 의해 지급되는 명목 수익률 -역자 주

를 초래한 사람들, 이자율을 부풀린 사람들'이라고 못 박았다.[39] 존스턴의 저서는 열렬한 사회사상가인 시드니 웨브Sidney Webb에게 큰 지지를 얻었다.

영국을 위시한 동맹국들은 전시의 경제를 돌보는 또 다른 방법이 생각해냈지만, 그 또한 해외 투자자에게 증권을 판매하는 방법으로서 높은 이자율이라는 유혹에 의존하는 것이었다. 전쟁 초기에는 영국 부채가 증가해도 단기부채를 발행하여 이를 관리할 수 있었다. 하지만 1915년에는 또 다른 가능성이 불가피해 보였다. 영국은 포탄 부족으로 군사 작전에 어려움을 겪게 되자 혼란에 빠졌다. 이를 해결할 방법은 국내 소비를 대폭 줄이는 것인데, 다소 잔인하긴 해도 다른 방도가 없었다. 이제 재무성 관리가 된 케인스는 "개인 소득을 몰수하는 정책을 쓰지 않으려면, 군대를 대폭 줄이고 동맹국에 보조금을 계속 지급하는 것만이 대안"이라고 주장했다.[40]

각종 자원을 구하는 비용을 충당하기 위해 돈을 수입하면 이러한 제약도 어느 정도 해소할 수 있었다. 1914년 12월부터 무역 적자가 늘면서 파운드 대 달러 환율이 악화했다. 그러자 초반에 영국은 정부가 쥐고 있던 해외 증권을 매각하여 무역 적자를 겨우 메웠다. 하지만 이조차 바닥을 드러내자 해외에서 차입을 시도하게 되었다. 처음에는 상황이 다소 암울했다. 1915년 말에 미국 시장에서 영국-프랑스 채권을 대규모로 발행했으나 결과는 실망스러웠다. 명목 수익률이 매우 높았고 (5.46퍼센트) 유효수익이 6.75퍼센트를 기록했는데도, 허스트 언론과 중서부 지방의 친독일 및 친아일랜드 단체가 채권을 반대하는 목소리를 높이며 거센 언쟁을 벌인 영향이 컸다.[41]

1917년 4월에 미국이 세계대전에 뛰어든 후에야 상황을 반전시킬

카드가 등장했다. 미국 재무부는 미국인들의 애국심에 호소하며 '자유채권Liberty Bond'을 매입하라고 촉구했다. 첫 번째 채권 발행은 전쟁을 선포한 지 불과 며칠 뒤인 1917년 4월 28일에 이루어졌는데, 그 결과는 상대적으로 실망스러웠다.(그리고 수익률은 고작 3.5퍼센트에 머물렀다.). 세 번째와 네 번째 발행은 매우 성공적이었으며 수익률도 4.25퍼센트를 기록했다. 전쟁 기간 내내 영국은 미국 시장에서 12억 9천 2백만 파운드를 조달하는 데 성공했다.

영미 양국에서 자금을 빌린 프랑스는 전쟁이 벌어진 지 몇 달 만에 발 빠르게 움직여서 해외채권시장에 접근했다. 1915년에 영국은 프랑스뿐만 아니라 이탈리아에 자금을 조달하기로 합의했다.(사실상 이는 이탈리아를 전쟁에 끌어들이려는 뇌물이었다.) 또한 영국은 점점 절박해지는 러시아에도 자금을 지원하기로 했다.

프랑스의 세율은 영국보다 훨씬 낮은 편이었다. 전쟁 전에는 소득세가 전혀 없었고, 1914년에 소득세를 제정하려는 움직임이 시작되어 1916년에야 발효되었으며, 상대적으로 낮은 세율(2퍼센트, 저소득층을 고려하여 세율을 낮추었다.)이 적용되었다. 영국과 마찬가지로 전쟁 이윤세war profits tax가 있었다.

전쟁 참호의 반대편에서는 전혀 다른 상황이 펼쳐졌다.(도표 3-1 참조) 프랑스나 영국과 달리, 독일은 외부 자금에 접근할 준비가 되어 있지 않았다. 전쟁 초기에 몇몇 독일 금융가는 뉴욕에 있는 독일계 미국인들이 자기들을 도와주기를 바랐지만, 소용이 없었다. 1914년 3월 말, 독일의 공공 부문 부채는 GDP의 40퍼센트에 못 미치는 수준이었고 국가 부채는 GDP의 10퍼센트 미만이었다. 중앙(제국)의 부채 중 90퍼센트는 장기 대출 형태였다. 이렇게 전쟁 중에 독일의 채무 증가는 영

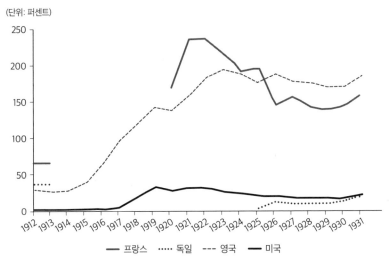

◆ 도표 3-1. 1912년부터 1931년까지 GDP에서 공공부채가 차지한 비율 ◆

(단위: 퍼센트)

— 프랑스　…… 독일　--- 영국　— 미국

출처: IMF의 공공부채 역사 데이터베이스

국보다 적어 보였으나 매우 무거운 이자율이 부과되었으므로 재정 건전성은 별개의 문제였다. 1919년에 독일의 전쟁 관련 부채는 GDP의 50퍼센트를 훌쩍 넘겼고, 그중 거의 40퍼센트가 단기 부채였다. 정규 세금 수입의 약 80퍼센트가 1918년 회계연도(1918년 4월부터 1919년 3월까지)에서 부채에 대한 이자를 지급하는 데 사용되었다. 독일 공공 부채의 가장 큰 특징은 처음부터 제 모습을 드러내지 않고 위장했기에 그에 관한 약속의 범위를 정량화할 수 없다는 것이었다. 이는 재정 투명성을 강조하는 영국의 전통과 극적인 대조를 이루었는데, 영국의 경우 막대한 공공 부채가 차입 비용을 증가시키는 것으로 나타났다. 전쟁이 시작하자마자, 1914년 8월 4일 자 법령에 따라 정부는 산업이나 농업 자산에 대해 명목상 담보를 갖춘 소액 대출 증서Darlehnskassenscheine

178

를 발행했다. 이 증서는 실질적인 병행 통화에 해당하지만 통합 부채나 은행권 발행 통계에는 포함되지 않았다.

서부 강대국은 전쟁 중에 세율을 급격히 인상했으나, 독일은 전쟁 직전에 새로운 소득세와 부유세가 새로 부과되었다. 1913년에 제국의회 Reichstag는 일회성 군비 부과금Wehrbeitrag을 통과시켰는데, 소규모 자산에 대한 세액을 0.15퍼센트에서 최대 1.5퍼센트까지 인상했고 소득에 대한 세액은 1퍼센트에서 8퍼센트로 높였다. 평시에 중앙 정부의 수입은 주로 관세에 의존했으나 전쟁 중에는 이 수입원이 완전히 무너졌다. 그런데도 많은 정부 인사들은 세금 인상에 반대했다. 1915년 당시 재무 장관은 제국의회에서 세금을 더 늘리는 것은 합리적이지도 바람직하지도 않다고 말했다. 전쟁 이익세는 뒤늦게 1916년에 도입되었으며 잎담배와 일반 담배에 대한 세금도 생겼다. 1917년에 세율이 더 높아졌고 중앙 은행에도 세금이 부과되었다.

칼 헬페리히 당시 재무장관은 독일이 독특한 재정적 강점을 지닌 위치에서 출발했다는 생각을 강렬하게 지지했다. 그는 전쟁이 만 2년을 채우는 시점에도 자신의 주장을 굽히지 않았다. 전쟁 물자를 동원할 때는 독일의 힘을 보여주는 방법으로 세금이 아니라 채권을 선택했다. 채권을 판매하는 것은 대중을 대상으로 신뢰도를 표결하는 것이며, 부유층을 조국의 운명과 뗄 수 없는 관계로 묶어버리는 일이기도 했다. 1915년 3월에 그는 제국의회에서 다음과 같이 말했다.

이번 전투가 국가 간의 이러한 갈등의 결과를 정할 것이며, 전쟁 무기뿐만 아니라 경제와 금융 무기도 동원하게 될 것입니다. 적은 자신과 우리에게 이 전쟁이 무엇을 의미하는지 인지하고 있습니다. 지금까지 우리는 금융 전쟁의 최전방에 서 있었습니다. 우리의 적수 중에는 아직 우리가 이룩한 성과에 비교할 만한 자가 아무도 없습니다. 우리는 어떤 속임수나 책략도 쓰지 않고 세 가지 채권을 대량으로 발행하여 약 250억 마르크를 성공적으로 확보했습니다. 프랑스는 주요 국내 채권을 딱 하나만 발행했는데, 그들이 발행한 소위 승리 채권 Victory Bond은 아직 전쟁에 지출한 비용 100억 마르크를 확보하지 못했습니다. 영국도 지금까지 통합 채권으로 180~190억 달러를 조달했으나 우리가 확보한 250억 달러에 비하면 아무것도 아닙니다.

우리는 두 번째 채권으로 영국의 첫 번째 채권 발행을 이겼고, 세 번째 채권 발행으로 영국의 두 번째 채권 발행을 앞질렀습니다. 지금까지 영국은 우리의 세 번째 채권 발행을 따라잡지 못하고 있으며, 단기 부채는 측정이 어려울 정도로 불어나고 있습니다. 이달 말이면 5년 만기 미국 국채를 포함하여, 부채는 150억 달러에 육박할 것이며, 어쩌면 이미 그 선을 넘었을지 모릅니다. 그런데도 영국 재무장관은 어찌할 바를 모르고 주저하고 있습니다.[42]

헬페리히의 공약 중에서 자국민에게 가장 찬사를 받은 것은 결과적으로 보면 이 전쟁이 승리한 독일 국민에게 큰 손실을 초래하지 않을 것이며, 패전국이 모든 비용을 부담할 것이라는 주장이었다.

따라서 당분간 지속할 수 있는 유일한 방법은 평화가 이루어질 때까지 신용을 통해 전쟁 비용을 최종 결제하는 것을 미루는 것뿐입니다. 오늘 다시 한번 강조하고 싶은 것은, 신이 우리에게 승리를 주시고 우리의 삶의 필요에 따라 평화를 이룩할 가능성을 주신다면, 우리

는 다른 모든 것과 함께 비용 문제를 결코 잊지 말아야 하며, 잊어서
는 안 된다는 점입니다.

(동의를 표하는 열렬한 환호성)

여기에 우리 국민의 미래가 달려 있습니다.

(옳소!)

우리 국민의 전반적인 미래 생활 수준은, 가능한 한, 전쟁이 초래
하는 막대한 부담에서 자유로워야 합니다.

(옳소!)

이 전쟁을 선동한 자들은 수십억의 이익을 얻었습니다.

(옳소!)

우리가 아니라 그들이 수십 년간 계속 끌어가기를 바랍니다.

(아주 좋소!)

여러분, 나는 이 전쟁이 적에게 막대한 재정적 어려움을 초래했기
에 방금 내가 말한 과업이 훨씬 더 어려워진다는 점을 모르지 않습니
다.

(옳소!)

그러나 이 방향으로 이루어질 수 있는 일이 있다면 그대로 이루어
질 것입니다.

(브라보!)[43]

대가를 치르는 것은 배상금을 지불하거나 영토를 넘겨주는 방식으
로 진행될 수 있다. 헬페리히는 전쟁 이후에 독일이 주도하는 중부 유
럽에 벨기에를 추가하는 사람 중 하나였다.(벨기에를 추가한 이유는 다름
아닌 항구 때문이었다.) 게다가 그는 우크라이나의 독립 영토에도 관심을

가지고 있었는데 그곳을 활용하면 독일의 식량 수요를 해결할 수 있다고 여겼다. 이런 식의 약속을 사용하면 동맹을 맺거나 동맹국과의 결속을 강화할 수 있었다. 1917년 2월에 악명높은 치머만 전보를 확인해보면 독일은 멕시코에 미국과의 향후 전투에 합류하면 텍사스, 뉴멕시코, 애리조나를 내주겠다고 제안했다. 그동안 독일인의 돈은 임시 복무에 사용할 예정이었다.

여러분, 이번 전쟁과 관련하여 모든 국민에게 분명히 알릴 점이 있습니다. 우리는 피와 철만이 아니라 빵과 돈을 가지고 이 전쟁을 벌이고 있습니다. 이 전쟁에는 일반 징집뿐만 아니라 일반 재정 징집, 저축 의무 및 지불 의무도 있습니다.

(옳소!)

아무도 이번 징집을 회피할 수 없습니다. 아주 보잘것없고 힘이 적은 사람이라고 해도 예외가 아닙니다. 필요한 식량을 낭비하거나 부의 신인 마몬의 노예가 되어 자기가 저축한 돈을 내놓지 못하는 사람이 있다면, 군 복무를 피하는 탈영병과 다를 게 없습니다.[44]

이 징집은 채권에 서명하는 것을 의미했다. 1914년 1차의 명목수익률은 5퍼센트였으며 10년 후에 4퍼센트 일반 채권으로 전환할 수 있었다. 결과는 대성공이었다. (당시 도이체방크에 근무하던)헬페리히는 예상보다 2배나 많은 자금을 모았다고 발표했다. 1915년 2월에는 2차 시도가 있었다. 그는 독일에서의 성공을 바탕으로 1915년 4월에 미국에서도 천만 달러를 모으려 했다. 이에 따라 독일정보서비스는 헬페리히가 독일 의회에서 제시한 논평을 뉴욕에 배포했다.[45] 그러나 시도는 성공하지 못했으며 그 후로 재시도는 없었다.

저명한 독일 출신의 은행가 맥스 바르부르크Max Warburg는 미국으로 건너가 연방준비제도를 설립하는 데 참여할 정도로 영향력 있는 인물이 된 남동생 폴에게 로비했다. 〈뉴욕 타임스〉는 독일 채권 문제를 비교적 긍정적으로 보도했으나 해외 수요는 '중간' 정도였다고 간단히 언급한 것이 전부였다.[46]

한편 〈월스트리트 저널〉은 전쟁 시 일일 비용이 얼마나 되는지 계산한 적이 있다. 독일의 경우 일일 지출 비용은 800만 달러였고 오스트리아-헝가리는 400만 달러, 영국은 1,000만 달러, 프랑스는 865만 달러, 러시아는 850만 달러였다.[47]

독일과는 다르게, 1915년 초반에 오스트리아 전시 공채는 좋은 결과를 얻지 못했다. 많은 사람이 이를 기존 제국이 무너지는 신호로 여겼다. 특히 체코 산업가와 대지주, 교직자들이 애국심에 기반한 희생을 요구하는 캠페인을 설교단에서 늘어놓았음에도 불구하고 아주 소량을 사는 데 그쳤다.[48]

헬페리히는 임금과 이윤을 제한하려고 하면 동원에 부정적인 영향이 생긴다는 것을 발견했다. 이에 그는 계약가를 책정할 때 생산자의 재량권을 제한하려는 산업가 리하르트 머튼Richard Merton의 제안을 격렬하게 반대했다. 머튼이 가격 책정에 관한 공식적인 문서를 제출하자, 헬페리히가 관련 사실을 조사하기 위해 최전방으로 파견되었다. 그는 자유시장에 대한 대안을 모두 '말도 안 되는 수준의 이기심, 의무감, 복종'을 요구하는 것으로 여겼다. 새로 세금을 부과하게 되면 독일 제국이 '완전히 국유화된 경제에 기반한 것이 아닌 이상, 예측 가능한 미래에 전쟁을 새로 시작하는 것'이 불가능하다고 판단했다.[49] 세금은 전쟁의 비용과 고통을 시각적으로 뚜렷하게 상기시키는 역할을 할 것이므로, 차라리《외상 죽음》*과의 전쟁을 벌이는 편이 나을 것이다.

실질적인 세금을 배제하였고, 동시에 해외 차입이나 전쟁에 승리하여 외부에서 실질적인 자원에 접근하는 것도 불가능했기에, 이제 전쟁 비용을 관리할 유일한 방법은 인플레이션이었다.

이처럼 독일이 전쟁 비용을 처리하는 과정에서 정부 부채의 실질 가치는 많이 증가하지 않았다. 전쟁 비용은 통화 청구의 평가절하를 통해 처리되었다. 전쟁이 끝난 뒤에도 그 여파는 계속되었다. 중부 유럽의 다른 지역, 특히 오스트리아와 헝가리처럼, 독일에서도 초인플레이션 hyperinflation이 발생했다.

인플레이션과 초인플레이션

초인플레이션을 억누르려면 정계에서 누군가 영웅적인 행동을 취했어야 할 것이다. 기존의 청구를 취소하고 실질적인 재정 부담을 요구해야 하기 때문이었다. 체코슬로바키아라는 새로운 국가만이 이 방법을 시도해서 성공을 거두었다.

과세 조처는 사람들에게 인기가 없었고, 관련 책임자인 재무장관이자 보수 자유주의 경제학자 알로이스 라신Alois Rašin은 1923년에 암살당했다. 라신은 1919년 1월에 외무장관 에드바르트 베네시Edvard Beneš에게 다음과 같이 불만을 토로했다.

• 루이페르디낭 셀린Louis-Ferdinand Céline이 발표한 초현실주의 소설의 제목인데, 존재의 무의미함을 다루고 있다.

184

사람들은 세금을 내지 않는 것을 자유라고 생각합니다. 세금 정책의 시행에 관해 조처하는 사람이 아무도 없습니다. 이걸 어떻게 진행하면 좋을지 잘 모르겠습니다. 국가는 지금 위기 상황이지만 사회 전반에 걸쳐 국가가 모든 문제를 기적적으로 해결해 줄 거라는 기대가 높습니다. 모든 사람이 고용과 유지에 필요한 지원을 바랍니다. 달리 말하자면 정부의 지출로 최소생계가 보장되기를 원하는 거죠.[50]

그렇지만 전반적인 안정화는 체코슬로바키아에서 더 수월하게 이루어졌다. 외국인으로 간주되는 부유한 자산가, 귀족, 옛 군주제 출신으로서 독일어를 구사하는 토지 소유자가 있었는데, 그들의 토지를 국유화하여 국가 재정의 기반으로 사용할 수 있었다. 쉽게 말해서 개혁과 안정화를 도모하는 데 필요한 비용을 부담할 만한 내부의 적이 있었다. 1919년 4월 16일 제215호 법률인 토지수용법Expropriation Act에 따라 1.5제곱킬로미터가 넘는 농경지와 2.5제곱킬로미터 이상의 기타 토지는 (삼림을 포함하여) 모두 국가에 몰수되었다. 1922년을 기준으로 1,730명의 토지 소유주가 농경지 12,296제곱킬로미터의 농경지와 27,333제곱킬로미터의 비농경지를 몰수당했다. 이는 체코슬로바키아 토지 전체의 28.2퍼센트에 해당하는 면적이었다. 일부 토지는 반환되었지만, 국가는 농민을 부흥할 목적으로 몰수한 토지 대부분을 경매로 소규모 자작농에게 팔아넘겼다.[51]

전시 계산 방식과 비슷한 방식으로 인플레이션을 정당화할 수 있었다. 쉽게 말하면 다른 사람에게 비용을 떠넘기는 것이었다. 이러한 움직임은 독일의 토론에서 특히 두드러지게 나타났다. 독일인은 인플레이션이야말로 베르사유 조약에서 부과하는 배상금에서 벗어나는 방법이라고 생각했다. 빌헬름 쿠노 총리는 독일 초인플레이션이 최악의 단계에 도달했던 1923년 7월에 "사실 우리는 전쟁 배상금을 먼저 처리하고, 세금 문제는 그다음에 해결하고 싶었다"라고 털어놓았다.[52]

인플레이션 과정에도 초반에는 속이기 쉬운 외국 투자자를 유혹해서 환율이 회복되면 수익이 생길 것이라고 기대하면서 독일 지폐를 구매하도록 했다. 1921년 10월에 〈월스트리트 저널〉은 당시 미국 투자자들이 마르크 지폐를 500억 달러나 보유하고 있지만 사실상 종잇조각에 불과하다며 "엄청난 사기극"이라고 맹렬히 비난했다.[53]

전쟁이 끝난 뒤, 중부 유럽에는 인플레이션과 초인플레이션이 발생했다. 여기에는 두 가지 근본적인 원인이 있었다. 하나는 (전시에 소득 분포에 변화가 생기면서)저축률이 낮아진 것이고 다른 하나는 통화 및 재정 정책이 매우 부실했기 때문이었다.

제1차 세계대전의 결과로 소득은 물론이고 저축률까지 급격히 감소하게 되었다. 동시에, 적어도 한동안은 독일 사람들이 생활 수준을 유지하면서 대규모 무역 적자를 감당할 수 있었다. 그런 사치가 가능했던 이유는 전 세계 투자자들이 통화, 증권, 부동산과 같은 독일 자산을 구매하는 데 돈을 썼기 때문이었다. 영국과 미국 투자자들은 독일의 경제 회복을 놓고 사실상 도박을 하고 있었다. 어쨌든 1914년 이전까지는 독일이 미국과 함께 세계 양대 경제 대국으로 여겨졌다. 독일 인플레이션에서 비교적 후반기인 1922년 여름이 되어서야 해외 투자자들은 독일이 (배상금을 포함하여)외국에 진 부채를 갚을 능력이 없다는 점을 깨달았다.

1922년 6월 24일에 외무부 장관 발테 라테나우Walther Rathenau가 암살되는 정치적 사건이 벌어졌는데, 이를 통해 바이마르 공화국이 정치적으로 불안정하다는 점이 더욱 두드러졌다. 그때부터 해외 투자자들은 독일 자산을 더는 매입하지 않았다. 그러자 인플레이션 초반과 달리 대규모 자본 흐름이 갑자기 중단되었고, 마르크의 가치는 크게 하락했다. 독일의 인플레이션을 둘러싼 논의 대부분은 독일과 외부 세계의 관계라는 측면에 초점을 맞추었는데, 이 관계는 시간이 갈수록 더 적대적이고 악의적으로 보였다. 1923년 초에 독일이 보상 석탄 공급에 실패하고 프랑스가 석탄과 기타 자원을 탈취하려고 루르 계곡을 군사 점령한 이후에 가격 변화를 통제할 수 있는 정부의 역량은 완전히 사라졌다. 독일 정부는 루르 노동자 및 기업에 돈을 주어 일을 못 하게 했고, 재정 격차는 감당할 수 없을 정도로 벌어졌다.

따라서 인플레이션을 조장한 두 번째 동인은 독일 정부와 독일 중앙은행의 정책이었다. 두 기관은 정치적 상황을 고려하는 데 아주 민감했으며, 실업률 상승 때문에 이미 불안정한 정치 상황이 더욱 나빠질까봐 걱정하고 있었기에 재정과 통화 정책으로 무엇이든 해보려고 애쓰고 있었다. 정부는 국영 철도 및 우편 시스템의 고용을 유지하고 많은 구매력을 창출하려고 애쓰느라 막대한 재정 적자를 겪었다. 정부는 반복적인 자극을 주기 위해 새롭고 독창적인 방안을 계속 찾으려 했다. 당시에는 그러한 자극이 중앙은행을 통해 화폐로 전환되었다.

대규모 생산업체들은 중앙은행의 저렴한 대출을 받았는데, 이는 금세 심각한 마이너스 상태로 이어졌다. 1922년 여름까지 중앙은행 할인율은 고작 5퍼센트였다. 중앙은행 총재이자 연로한 프로이센 관료인 루돌프 하펜슈타인Rudolf Havenstein은 막대한 신규 자금 수요를 충족하려고 새로운 인쇄 공장(132개 공장 및 은행 자체 시설), 인쇄판 제조업체(29개), 제지 공장(30개)을 성공적으로 유치했다고 자랑을 늘어놓았다.

그는 대기업에 대한 은행 대출을 자극하고자 점점 더 독창적인 방안을 고안했다. 예를 들어 "지폐 인쇄기를 계속 돌리는 것은 애국자의 의무이다"라고 끊임없이 말하는 식이었다. 21세기 초반의 '그린스펀 풋'•과 비슷한 '하펜슈타인 풋Havenstein put'이라는 말이 생겼는데, 이는 중앙은행은 독일 기업이 계속 사업을 확장할 수 있도록 이자율을 매우 낮은 수준으로 유지하는 것을 가리키는 말이었다.

장기적으로 인플레이션은 독일 저축을 무너뜨렸고 바이마르의 불안정한 민주주의 경제를 더 많은 쇼크에 취약하게 만들었다. 뿐만 아니라 대중 심리와 정치 심리에도 적잖은 영향을 주었다. 독일 인플레이션의 패자를 보상하려고 일부 자산만 재평가하고 나머지 자산을 재평가하지 않았는데, 그 결과로 서로 대립하는 집단이 생겨났고, 정치는 조직화된 이익 집단 간의 협상이 전부라는 불신이 생겨났다.

가격 변동이 계속 이어지고 엄청난 돈을 벌었다는 이야기와 더불어 투기로 막대한 돈을 잃었다는 이야기도 끊임없이 들려오자 평범한 독일 시민들과 중부 유럽 사람들은 예민하고 신경질적으로 변했다. 가격의 광기로 인해 남녀의 관계에도 변화가 생겼다. 남자는 여자를 원래 계산적이고 물질주의적이며 낭만적인 환상을 크게 경멸하는 존재로 생각하고, 여자도 남자를 같은 시각으로 바라보게 되었다.[54]

돈이 전부라는 분위기가 팽배했다. 유대인이 금융계를 쥐고 흔드는 것에 관해 오래되고 진부한 표현이 많이 있었기에, 인플레이션의 불확실성은 반유대주의를 부추겼다. 나중에 과학자이자 작가인 엘리아스

• Greenspan put, 연방준비제도가 경제 전반의 안정보다 주식 투자자 보호를 우선시하여 그 목적으로 금리를 내린 적이 있다는 뜻 -역자 주

카네티Elias Canetti를 비롯하여 몇 예리한 관찰자들은, 대인플레이션 때문에 큰 숫자가 비현실적이고 이해할 수 없는 것처럼 보이는 세상이 되었고, 결국 홀로코스트도 가능하게 된 것이라는 결론을 내렸다.[55] 관료들은 결과를 깊이 생각하지 않고 말도 안 되는 큰 액수를 적었다.

불안정한 물가는 파괴적이며 궁극적으로는 살인적인 사회 행동으로 이어진다는 정확한 메커니즘을 한 번쯤 생각해 볼 필요가 있다. 안정된 시기에는 상업 거래의 양측 각 당사자는 가격이 공정하다고 생각하고, 거래가 양측 당사자 모두에게 이익을 준다고 생각한다.

나는 주린 배를 달래줄 한 끼의 식사를 하고, 그 대가로 식당 주인은 자기 필요를 충족시키는 데 쓸 돈을 갖게 된다. 가격이 달라지면, 나는 비용을 더 많이 내야 하므로 화가 나고, 식당 주인은 내가 낸 돈으로 더 이상 많은 물건을 살 수 없기에 화를 낸다. 우리 둘 다 거래에서 실패했다고 여기며, 어떤 사악한 힘이 자신을 조종한다고 믿는다. 그리고 다른 사람을 이용한 것에 대해 죄책감도 느낀다. 상대방의 손에서 순식간에 돈을 사라지기 때문이다. 그러면 우리의 방식이 투기성을 띠거나 거래를 마음대로 장악하려는 측면이 있다는 생각이 들 것이다.

제1차 세계대전 이후의 화폐 혼란 속에서 비유대인 독일인은 유대인의 행동과 연관된 활동을 시작했는데, 그렇게 전통 규범을 위반하는 자신에 대한 혐오감을 느꼈다. 그래서 금융이나 돈과 관련된 집단을 비난하는 방식으로 자신들의 강한 감정을 외부로 표출했다. 이동성에 대한 반발도 있었는데, 특히 독일의 새로운 동부 국경을 넘는 것에 매우 예민했다. 폴란드인과 유대인 상인들은 독일인을 이용하는 것처럼 묘사되었다. 하지만 외화가 강세를 보이고 마르크가 하락함에 따라, 외국 관광객들(서유럽과 미국에서 온 관광객)이 베를린이나 그 밖의 환락가에서

적은 비용으로 수준 높은 생활을 누리는 것처럼 보였다. 이 또한 독일인들의 분노를 자극했다.

인플레이션은 윤리적 가치를 무너뜨렸으며 정치 구조를 부식시키고 약화하기도 했다. 독일은 당시에도 지금도 연방 국가인데, 연방주의는 수입과 지출의 분배에 관한 정확한 규칙에 따라 움직인다. 인플레이션 과정과 더불어 세금과 정부 지불의 실제 가치에 대한 불확실성이 이어지므로, 지역마다 개인 생활에서 경험하는 것과 같은 상실감을 느끼게 된다. 세금은 베를린, (쇠퇴하는 소련의 경우에는)모스크바, (압력을 받는 유고슬라비아의 경우에는)베오그라드 등, 중앙으로 가는 것 같다. 이에 반해, 지출은 연방정부의 소재지 근처에 관련된 것처럼 보인다. 이러한 해석이 분리주의separatism를 부채질한다. 초인플레이션이 발생한 해에 작센은 급진적인 좌파 정권인 '적백파the red hundreds'의 손아귀에서 벗어나려고 애썼고, 반면에 바이에른은 급진적인 우파로 이동했다.(그리고 1923년 11월에 아돌프 히틀러가 폭동을 일으켰으나 실패로 끝났다.) 라인란트 분리주의자들은 프랑스와의 단독 협정을 원했다.

신용 및 정부의 화폐인쇄기에 대한 접근성을 이모저모로 따지다 보니 분리주의를 밀어붙이는 분위기가 더욱 강해졌다. 독일 중앙은행은 대대적인 마이너스 실질이자율로 신용을 연장했는데, 이는 사실상 보조금 지급과 다름없었다. 그러나 국가적으로 중요하다는 점을 강하게 피력하면서 베를린의 정치 과정과 긴밀하다는 점을 주장할 수 있는 기업에만 이 보조금을 받을 기회가 열렸다. 다른 기업은 모두 패배자와 다름없었다.

정치가 붕괴할수록 세금 징수는 더욱 어려워진다. 특히 거리가 먼 지역에서 이러한 현상이 두드러진다. 게다가 지출도 무너지게 되어 있다. 그 결과, 지방정부는 새로운 재정 메커니즘을 마련할 충분한 인센티브를 거머쥐게 된다.

1923년 늦여름부터 가을까지 독일이 거의 무너질 뻔한 상황이 이어졌으며, 나중에 냉전이 종식될 무렵에는 소련과 유고슬라비아 연방이 둘 다 붕괴했다. 현금이나 신용 거래를 하거나 이러한 거래를 믿을 수 있는 능력이 사실상 무너졌기에 비밀리에 돈이나 물자를 다량으로 비축하는 현상이 발생했다. 그래서 1990년부터 우크라이나는 러시아에 식량 공급을 중단해버렸다. 각국 중앙은행은 연줄이 많은 기업을 우호적으로 대했다. 중앙연방 정부는 모든 혼란과 무질서에 대해 외부 세상이나 국제사회를 탓했다.

세르비아의 경우, 인플레이션은 국제사회의 제재 때문에 발생한 것이었다. 소련이 무너지자 러시아가 희생양이었다는 이야기가 빠르게 퍼져나갔다. 러시아의 적들이 '서방에 팔려 가다시피 한' 미하일 고르바초프 치하의 반역적인 소련 지도층과 손잡고 냉전 전략을 실행했다는 것이었다. 인플레이션과 경제적 약화에 관한 세르비아와 러시아의 설명은 바이마르 지도자들과 체제에 대한 급진적 반대파의 끊임없는 불평과 별반 다르지 않았다. 쉽게 말해서 외세 또는 국제 질서가 말도 안 되게 무거운 배상금을 부과하여 인플레이션을 유발했다는 것이었다. 인플레이션은 소수를 목표로 삼게 했으나, 국제 질서의 부당함에 대한 분노가 폭발하게 만들기도 했다.

체코슬로바키아처럼 대규모 몰수가 없었다면, 1922년에 오스트리아와 헝가리에서, 그리고 1년 후에 독일에서 발생한 정치 및 경제의 대대적인 몰락 이외에는 효과적인 통화 및 금융 안정의 기반을 마련할 방법이 없었을 것이다. 이 모든 나라에서 국유화를 둘러싼 논의가 있었으나 퇴짜를 맞았다. 국유화를 진행하면 배상 채권자가 자원을 손쉽게 압류할 수 있는 경로가 될 것이라는 주장이 설득력을 얻었기 때문이다. 물론 이 주장을 강력히 주장한 것은 기존의 자산보유자들이었다. 전반적인 논쟁은 정치에 영구적인 표식을 남겼는데, 특정 집단의 자산을 압류하면 반유대주의 운동에 강력히 작용한 재정상의 모든 난제를 해결할 수 있다는 생각이었다. 이러한 생각은 나치 정권의 몰수 정책의 기반이 되었다.

경제적 사고의 오류로 시작된 것이 결국에는 폭력 정치라는 엄청난 파국으로 이어졌다. 이러한 궤적에 가장 큰 책임이 있는 사람은 결국 실패로 끝난 독일의 전시 재정 동원 전략의 주동자인 재무장관 칼 헬페리히였다.

위기에 처한 경제학자: 칼 헬페리히

독일은 제1차 세계대전이라는 재앙과 초인플레이션이 발생하기 전에도 돈과 금융 안정에 대한 집착이 남다른 편이었다. 토마스 만Thomas Mann의 두 번째 동화《대공전하Königliche Hoheit》는, 이러한 지배적인 독일의 사고방식을 다소 과장되게 묘사한다. 이는 상업계에 종사하는 어느 가족의 쇠퇴를 그린《부덴브로크 가의 사람들Buddenbrooks》이라는 데뷔작에 이은 두 번째 작품이었다.《대공전하》는 전통적인 독일의 소영토 국가, 대공국 및 그곳 경제의 몰락에 대한 서사로 시작한다. 하지만 본격적인 이야기가 전개되면서 분위기는 낙관적으로 변하며, 놀랍게도 해피엔딩으로 끝난다. 왕자가 정치와 경제에 관한 서적을 읽기 시작할 때만 국가가 위기에서 빠져나오는데, 이를 통해 미국인 상속녀(상속녀의 아버지는 앤드류 카네기를 모델로 삼은 인물이었다.)는 왕자가 자신처럼 모든 국민의 이익을 진심으로 위하는 사람이라는 확신을 얻는다. 결국 두 사람은 결혼하게 되고, 국가의 채권 수익률은 감소하며 나라의 경제가 다시 번영한다. 정치 경제는 독일 국정의 핵심이었다. 하지만 경제 서적의 내용이 틀렸다면 어떻게 되었을까? 칼 헬페리히는 화폐에 관한 독일의 관점을 주창한 인물이 되었다.

헬페리히는 1872년에 출생했다. 그의 아버지는 상인이었는데, 1872년 독일 제국의 탄생에 뒤따른 상업과 정치계의 열기가 시작되기 1년 전에 고향인 노이슈타트안데어바인슈트라세에서 직물 공장을 열었다. 그 도시는 독일 서부의 라인란트 팔츠라는 지역에 있는데 경치가 좋기로 유명했다. 헬페리히는 말 그대로 기업가의 열정이 낳은 산물 같은 존재였다. 그는 어린 시절에 조숙한 편이었으며 논쟁을 벌이는 것을 좋아했고, 어린 동생들을 괴롭히는 역할을 했다. 양철로 된 병사 장난감을 가지고 놀 때 항상 자기가 독일 편을 하겠다고 우겼다.

그는 가족 중에 처음으로 대학 교육을 받았다. 뮌헨에서 법을 전공한 다음, 가족의 지인을 통해 스트라스부르에서 정치경제학 교수로 일하던 게오르그 프리드리히 크나프Georg Friedrich Knapp를 만났다. 크나프 교수는 경제사에 관심이 있었으며 1891년에 유명한 저서 《화폐국정론 The State Theory of Money》을 출간했다. 이 책에서는 낯설고 새로운 단어를 사용하여 화폐를 만든 것은 국가라는 점을 설명했다. 크나프는 자신이 법정화폐주의자chartalist 또는 명목주의자nominalist라고 주장하면서, 귀금속은 각자 근본적인 가치가 있다는 금속주의자metallist의 주장에 반대한다고 밝혔다. 경제학의 새로운 표현은 그리스어에서 따왔는데, 이런 표현은 조롱을 퍼붓거나 패러디할 때 손쉽게 사용되었다. 그가 제시한 화폐 발전 단계 이론은 다음과 같다.

1. 우리는 지불 수단이 계통 발생을 통해 이루어진다고 가정하는
   데, 오직 물질적인hylic 결제수단만이 보상 가치가 있기 때문이다.
2. 그러면 사상이 나타난다. 사상적 결제수단만이 선언적이며, 따
   라서 증표주의적Chartal이라고 할 수 있다.
3. 마지막으로 물질적 기반이 사라질 수 있는 경우는 증표주의적
   결제 수단이 사용되는 경우로 국한된다. 따라서 증표주의적 결
   제 수단만 자율적이라고 할 수 있다.[56]

독일을 벗어나면 크나프 교수의 명성은 별로 높지 않았다. 그리고
경제학자 T.E. 그레고리가 "인플레이션이라는 재앙을 초래하는 주요한
지적 요인"이라고 명명한 대상 중 하나로 널리 인식되면서 크나프의
명성은 점차 문제시되었다.[57] 하워드 엘리스Howard Ellis는 독일 통화 이
론을 조사한 후에 이렇게 결론내렸다. "우리는 결코 국가화폐론을 의심
해서는 안 된다. 그레셤의 법칙Gresham's law은 종종 국가의 의지를 직접
적으로 막아서 좌절시키며, 국가의 통화가 말도 안 될 정도로 평가절하
되면 무역은 국가 통화를 완전히 거부할 것이다."[58]

하지만 국가를 통화 과정의 중심으로 보는 크나프의 생각은 돈에 대
한 국가 주권을 원하고 돈을 권력 투쟁의 도구로 보는 현대적인 요구
에 부합한다. 그가 제시한 비전은 많은 문제가 있긴 하지만 주기적으
로, 또는 세계화의 방향에 대한 의심이 드는 순간에 다시 등장한다. 국
가가 어떻게 돈을 창출하느냐에 관한 크나프의 주장과 그로 인한 놀
라운 결과에 대한 그의 설명은 소위 MMT라는 현대 통화 이론Modern

Monetary Theory*을 지지하는 오늘날의 주장과 구조적으로 유사점이 많다. 그는 돈을 두 가지 전혀 다른 방식으로 생각했다. 첫 번째는 국내 화폐가 존재한다는 점인데, 크나프는 자생화폐autogenic money라는 표현을 사용했다.

자생화폐의 단점만 계속 강조할 것이 아니라, 종종 자생화폐가 여전히 어떤 역할을 하는지 생각해 봐야 한다. 자생화폐는 우리를 빚에서 해방해 준다. 하지만 누가 빚을 청산해주었든 간에, 자신이 물질도 받았는지 여부를 길게 생각할 필요는 없다. 무엇보다도, 이는 국가에 대한 부채에서 우리를 해방시켜 주는데, 발행자인 국가는 수취인으로서 이러한 지불 수단을 수용할 수 있음을 명확히 인식하기 때문이다. 국가에 세금이 많을수록 이러한 상황의 관련성은 더욱 높아진다. 국가는 자생적인 지불 수단을 만들어 이러한 도구에 부채를 상환할 수 있는 권한을 부여한다.

둘째, 국제 화폐라는 것이 있는데 크나프는 이를 '판토폴릭pantopolic'이라고 불렀다. 교환 통제exchange control**를 통해서만 관리할 수 있는 화폐라는 뜻이다.[59] 그는 국내 통화 상황과 환율 사이에 연관성이 있다는 생각을 절대적으로 부인한다.

이러한 분석은 19세기 말에 등장했는데 현대 미국의 MMT와 유사

- Modern Monetary Theory. 현대화폐이론. 정부 주도의 화폐 창출을 통해 재정 지출을 제한없이 늘려 경제, 사회 문제를 해결해야 한다는 주장 -편집자 주
- •• 통화 안정화, 외환 보유고 보존 등을 위해 자국 통화나 경우에 따라 외화의 유입 및 유출을 규제하는 정책 -편집자 주

하다고 볼 수 있다. 중심적인 아이디어는 화폐 주권 사상이다. 선두에 나서서 MMT를 옹호하는 스테파니 켈튼Stephanie Kelton이라는 경제학자는 현대 미국 독자들을 위해 국내 화폐가 국가의 부채라는 점에서 직접적으로 기인하는 해방적 이점에 관한 크나프의 견해를 한결 단순한 표현으로 설명한다.

> 돈과 정부 부채는 국민이 미래에 더 많은 세금을 부담해야 하는 국가의 부채가 아니라, 오히려 국민이 각자의 꿈을 실현하게 해주는 자산으로 봐야 한다. 부채라는 부분은 허구와 같아서 별로 중요하지 않다. 원한다면 간단한 키 입력만으로 즉시 빚을 갚아버릴 수도 있었다.
> 다시 강조하지만, 국가의 부채 전액을 내일 당장 갚아버릴 수 있다. 그렇게 되면 우리 중 아무도 동전 한 푼 낼 필요가 없다. 정부의 지출 능력은 무한하며, 제한된 것은 경제의 생산적 자원뿐이다. 금융은 제약 사항이 아니며, 실질적인 자원에 제한이 있을 뿐이다. 의료적자를 메우려면 일차 진료를 맡을 의사, 간호사, 치과의사, 외과의, 의료장비, 병상 등이 더 많이 필요할 것이다.[60]

그러나 여기에는 중요한 자격 요건이 뒤따른다. 켈튼은 크나프와 비슷한 주장을 펼쳤다. 심지어 외환 시장을 통제하는 국가만이 이처럼 놀라운 축복을 얻는다고 주장했다. 정말이지 크나프와 꼭 닮은 생각이었다. 이는 자국 통화로 차용하는 국가가 운신의 폭이 크며, 어쩌면 무한하다는 것을 뜻한다. 50년 전에는 상대적으로 극소수의 부유한 산업국가만이 자국 통화로 장기 대출을 받을 수 있었고, 그 외의 나라들은 경제학자 베리 아이켄그린Barry Eichengreen과 리카르도 하우스만Ricardo

Hausmann이 '원죄original sin'라고 표현한 상태에서 고통받아야 했다. 다시 말해서 통화의 견고성에 대해 시장의 신뢰를 얻지 못했고 외화 부채에만 의존했다.[61]

이제 멕시코와 같은 다수의 중상위 소득 국가들은 국내 통화로 장기 대출을 받을 수 있다. 하지만 문제는 정부 차입에서 끝나지 않는다. 경제적으로 필수적인 기업 그룹이 상당한 액수의 기업 차입을 할 경우, 지불 불능 위협이 발생하여 정부는 구제 금융에 개입해야 하는 암묵적인 책임을 떠안을지 모른다. 이런 관점에서 볼 때, 미국을 제외한 대다수 국가는 더 이상 진정한 화폐 주권을 갖고 있다고 할 수 없으며 MMT는 순전히 미국만 가질 수 있는 신념이 되어버린다. 예를 들어, MMT 방식에서 볼 때 영국도 통화 주권을 가지고 있는 것처럼 보이지만, 민간 달러 차입이 많기에 정부가 직접 가치를 조작할 수 없는 외화 노출이 크다고 봐야 한다.

하지만 미국의 입장은 이와 대조적이다. 미국의 장기적인 무역 적자는 이런 관점에서 전혀 문제가 되지 않는데, 그러한 무역 적자는 세계의 다른 모든 나라가 어떻게든 달러 보유량을 확보하거나 늘리려는 욕구가 크기 때문에 발생한 것이다. 민간 부문에 적자가 발생한다면, 이는 정부가 나서서 무역 적자 이하로 낮추도록 허용하기 때문이다. 따라서 예산 적자나 재정 지출이 확대될 여지는 얼마든지 있다. 다시 한번 강조하지만, 이것은 미국에서만 독특하게 발생하는 문제이다.

이러한 화폐 분석이 실질적으로 폐쇄된 경제에만 적용된다는 주장보다는 더 근본적인 반대 의견이 있다. 20세기 초반에 비평가들은 크나프가 통화공급 제한이라는 문제를 전혀 인식하지 못했다고 재빨리 지적했다. 엘리스는 크나프의 연구가 그 점에 있어서 불모지와 같았다고 말했다.[62] 그러한 불모성은 아주 크고 심각한 재난과 같은 결과를 초래했다.

헬페리히는 크나프 교수의 지도를 받아서 박사 논문을 완성했는데, 제목은 1857년 독일-오스트리아 통화 연합The Consequences of the German-Austrian Money Union of 1857의 결과였다. 크나프는 제자인 헬페리히를 아꼈으며 이전에 자신의 밑에서 수학한 제자이자 라이히스방크● 통계부 책임자이며 사실상 은행의 수석 경제학자였던 칼 폰 룸Karl von Lumm에게 그를 추천해주었다.

헬페리히는 크나프와 극과 극이라고 할 만큼 전혀 달랐다. 교수답게 턱수염을 기른 크나프는 점잖고 세속적인 것과 거리가 먼 사람이었으며, 자신이 직접 만든 이상한 경제용어에 푹 빠져있었다. 하지만 총알처럼 뾰족한 머리 모양을 고수한 헬페리히는 모든 행동에서 자기가 중심을 차지하고 싶어 했다. 그는 태생적으로 정치적인 동물이었다. 크나프는 정치적 중심지에서 상당히 떨어진 곳인 스트라스부르에서 교수로 지내는 데 만족했지만, 헬페리히는 베를린에 가서 권력을 거머쥐고 싶어서 안달했다. 얼마 지나지 않아서 헬페리히는 금 본위제를 옹호하는 재능있고 열정적인 선전가로 변모했다. 그래서 은화를 통화로 사용하기를 원하는 데다 가격 상승이 부채를 줄이는 데에 도움이 된다고 생각하던 포퓰리스트와 농민들에게 거센 공격을 당했다. 또한 금을 별로 높이 평가하지 않은 크나프와 결별하게 되었다.

젊은 헬페리히는 엄청난 능력을 발휘하여 집필 작업에 매진했고 '기관총을 쏘는 속도'로 자신의 주장을 펼쳤다. 크나프는 그의 논쟁을 매

● Reichsbank, 독일제국 설립부터 제2차 세계대전까지 존속했던 독일의 중앙은행 -역자 주

우 싫어했으며 경고까지 했지만, 어쨌든 그는 논쟁에 남다른 재능이 있었다. 그는 무료 은화 발행으로는 곡물을 재배하는 독일 농사꾼이 안고 있는 근본적인 문제인 높은 비용을 해결하지 못한다는 것을 제대로 파악했고, 독일 가격, 임금 및 차입 비용에 대한 법의학적인 논의를 진행했다. 그는 금 본위제를 끝내면 '경제와 사회에 치명적인 재앙이 초래될 것'으로 생각했다.[63] 그래서 복본위제를 지지하는 면에서 선도적인 역할을 하던 독일 보수당 의원인 오토 아렌트Otto Arendt를 맹렬하게 비난했다가 결국 명예훼손 소송을 당했다. 이 일로 헬페리히는 두 번째 박사 학위를 잃을 뻔했다. 이 무렵에 그는 자신의 학술 연구를 체계적으로 정리하여 돈에 관한 교과서로 만들 준비를 했다.

헬페리히의 저서 《돈Das Geld》은 큰 영향력을 행사했으며 여러 차례 인쇄되었다. 1920년 초반까지 돈과 관련하여 현실에 발생한 극적인 변화를 설명하기 위해 계속 내용이 개정되었다. 최종판은 독일이 초인플레이션으로 초토화되었던 1923년에 출간되었다. 이 책은 여러 면에서 크나프의 세계관을 지속적으로 반영한 것인데, 헬페리히는 그의 역사적 저술물의 핵심 주제였던 금 본위제를 계속 주장했다.

《돈》이라는 책은 독특하게도 돈을 대체로 상품으로 취급했다는 것이다. 이러한 접근은 국내외 상업을 촉진했으며, 결국 운송(수단)과 비슷한 면이 있다고 할 수 있다. 헬페리히는 한계효용•을 생각할 여지가 없었다. 그 대신, 돈이란 "중개자나 대리인의 성격을 띠는 다른 모든 종류의 재화와 같은 방식으로 욕구를 만족시킨다."라고 주장했다.[64]

• marginal utility, 어떤 재화를 연달아 소비할 때 마지막 단위의 재화에서 얻는 심리적 만족도 -역자 주

헬페리히는 사회, 정치적으로 불안정한 혼란을 일으키지 않는 이상적인 화폐 질서를 크나프의 방식으로 정의하려고 여러 차례 시도했다.

화폐 가치의 변화는, 어느 방향으로 일어나든 간에, 소득과 부의 분배에 심각한 변화를 불러오고, 모든 경제적 계산의 기반을 뒤흔들며, 그에 따라 공동체의 경제 생활마저 뒤흔드는 조건을 만들어 낸다. 따라서 정의뿐 아니라 경제 체제의 이익을 위해서라도 화폐 가치를 가능한 한 안정적으로 유지하는 것이 가장 바람직할 것이다. 예를 들자면 화폐의 측면에서 교환 관계를 결정하는 요소들을 최대한 변동 없이 유지할 수 있다. 돈이 행사하는 영향력이 작을수록, 그리고 경제 생활의 과정이 돈에 영향을 덜 받을수록, "화폐 가치의 안정성"이라고 일컬어지는 이상적인 상태에 더 가까워진다.[65]

귀금속을 발굴하는 데에는 모호함이 뒤따르지만, 지폐는 그러한 모호함 없이 안정적인 가치 통화를 확립할 가능성을 제공한다는 면에서 이론적으로는 바람직하다고 말할 수 있다. 하지만 현실에 관해, 그는 초기에 발표한 글에서 다음과 같이 밝혔다.
(아래의 문구는 마지막 판까지 변경 없이 유지되었는데, 종이 화폐로 된 마르크와 독일 대인플레이션을 겪으면서도 변하지 않았다.)

그러므로 화폐와 관련하여 진행되는 변화는, 지폐의 경우, 돈과 기타 상품 전반의 일반적인 교환 관계에 더 직접적인 영향을 줄 것이다. 적절하게 조직된 은행 기기로 보완되는 금속 화폐와 비교할 때 지폐의 영향을 더욱 강할 수밖에 없다. …… 금속 화폐와 대조적으로 지폐의 경우, 순수한 이론적 관점에서 볼 때, 돈의 가치에 대한 통제권을 국가가 갖게 되는 것 같다. 그러한 조직에서는 귀금속 생산량이나 이러한 귀금속이 국제적으로 어떻게 이동하느냐와 같은 문제는 우리의 권한을 벗어나는 사안인데, 화폐의 공급이 그러한 사안에 의존하지 않는다.

사실 이 점은 전적으로 지폐 발행 기관의 의지에 달려 있다. 이와 같은 화폐 조직의 본질 덕분에 통화 공급과 수요 간의 절대적인 균형을 항상 유지하는 것이 가능할 것 같다. 더 나아가, 화폐가 경제 현상으로부터 어떠한 영향도 받지 않기에 가치 안정성도 확보할 수 있다.[66]

"순수하고 단순한 지폐는 어떤 의미에서는 화폐의 발전 역사에서 극단적인 지점을 가리킬 수 있다." 여기까지 보면 상당히 괜찮다는 생각이 들지 모른다. 하지만 이해관계를 발생시키고 대대적인 분배 투쟁을 촉발하는 결과로 이어질지 모른다.

심지어 국가에도 아무것도 없는 상태에서 돈을 벌 수 있다는 무제한의 가능성이 너무 큰 유혹이라서, 국가가 재정상의 목적을 위해 권력을 남용하지 않을 거라고 강하게 확신하기 어려울 정도이다. 게다가, 요즘처럼 경제적으로 논란이 많은 시기에 이해관계가 얽힌 당사자들 사이에 싸움이 벌어질 수 있고, 그런 싸움이 벌어질 때 객관적인 기준이 없으면, 이성이나 정의가 아니라 무자비한 힘의 논리에 따라 결과가 미리 정해질 수 있다.

한쪽에서는 빚이 있는 모든 사람이 화폐 발행을 최대로 늘리고 화

폐 가치를 최대한 떨어뜨리기 위해 온 힘을 다해 싸울 것이고, 반대편
에서는 채권자와 고정된 금액의 월급, 배당금, 임금을 받는 사람들이
있는데, 이들은 돈의 가치를 보존하고 더 나아가 가치를 높이는 데 온
통 관심이 쏠려 있다. 이처럼 화폐 가치를 둘러싼 싸움은, 다양한 이
해관계가 관련된 어떤 경제적 갈등보다 경제적, 사회적 생활의 사기
를 크게 떨어뜨릴 것이다. 중대한 갈등을 피하려면 돈의 가치를 귀금
속 중 하나에 따라 결정해야 하는데, 경제적 문제의 당사자에게 영향
을 받지 않으며 지금까지 다른 상품에서 관찰된 것보다 대략적인 안
정성이 보장되는 금속이어야 한다. 물론 이와 같은 갈등을 완벽히 차
단할 수는 없다. 확실히 차단할 수 있다면 애초부터 "통화 문제"가 존
재하지도 않았을 것이다.[67]

위의 글은 인플레이션 때문에 정치에 압력을 행사할 수 있는 이해집
단이 강화된다는 기묘한 예상을 제시한다. 정치에 압력을 행사할 수 있
는 이해집단이란 산업 이익 단체, 노동조합, 농민 조직 등을 가리키는
데, 이들은 힘이 빠진 정부를 쉽게 밀어붙일 수 있다. 전시에 전쟁 지원
을 유지하는 데에만 급급한 정부는 물론이고 패전국이 되어 실망과 환
멸에 직면한 새로운 바이마르 공화국 정부도 마찬가지였다.

헬페리히는 학계를 떠나 독일 식민 사무소에 근무하다가 다시 독일
중앙은행Deutsche Bank으로 자리를 옮겼다. 독일의 해외 영향력 확대에
관해 정부와 긴밀한 연계를 추구하던 주요 은행이었다. 1906년 이후로
그는 베를린-바그다드 철도의 주요 발기인이 되었다. 이는 독일중앙은
행이 직접 추진하면서 자금 조달까지 맡은 프로젝트였다.

1905년 12월에 가톨릭 중앙당 소속 의원 마티아스 에르츠베르거

Matthias Erzberger가 독일 의회에서 독일의 식민 정책에 대한 대대적인 공격을 퍼붓기 시작했다. 그는 헬페리히가 많은 부분을 관리하고 공개적으로 옹호했던 북카메론 철도에 집중적인 공격을 퍼부었다. 헬페리히는 독일 의회 토론에서 물러났는데, 에르츠베르거의 선동 행위를 몹시 경멸했으며, 의회주의가 자원을 낭비하고 행정부를 사실상 무력화시킨다는 느낌을 강하게 받았다.

그때 헬페리히는 독일에 관한 모든 가능성에 대해 몹시 흥분된 상태였다. 1912년 9월에 그는 제4차 독일 은행가 회의에서 다음과 같이 기쁨에 넘친 상태로 연설하여 전국적으로 유명세를 얻었다. "역사상 어떤 나라도 스스로 고행을 자초하며 허리띠를 졸라매는 방식으로는 어떤 성과도 이룩하지 못했습니다. 진보는 삶의 즐거움과 창의적인 열정이 필요합니다. 우리는 이런 것들을 놓치기를 원치 않습니다."[68]

그는 특히 독일의 잠재력에 대해 강력한 발언을 하기 위해 통계 및 경제학을 계속 연구했다. 1914년 6월에 출판된 독일 국민 소득에 관한 헬페리히의 선구적인 조사 제4판에서 그는 '재정 준비 및 재정 동원'이라는 문제를 다루는 서문을 추가하고 다음과 같이 기술했다.

"우리 시대는 국가가 자신을 지키고 외부 세상에 대한 영향력을 장악하려는 투쟁에 모든 힘을 총동원하는 시기이다. 이런 시기에 금융계의 권력도 거대한 게임에서 위태로운 상태에 놓여 있는 것은 그리 놀랄 일은 아니다. 우리보다 재정적으로 우월하다고 생각하는 여러 나라들은 정치적 계산에서 자신의 우월성을 사용하려 한다. 불과 몇 년 전만 해도 외국인들은 '당신네 독일 사람은 재정적으로 버티지 못할 거요.'라는 말을 자주 들었다."[69]

헬페리히는 계속해서 독일과 프랑스를 대조했는데, 프랑스는 재정적 수준이 높다는 것을 자랑스럽게 여겼으나, 당시에 군사 예산으로 인해 재정이 힘든 상태였다. 그는 이 책의 의무는 독일의 장점을 드러내는 것이며, "세계의 이익을 위해, 군사력이나 협상, 동맹으로는 이룰 수 없었던 목표를 금융 정책을 통해 달성할 수 있을 거라는 환상, 즉 독일을 무너뜨리겠다는 환상을 없애는 것"이라고 생각했다.[70]

평화의 시대가 도래하고 베르사유 조약에 따라 프랑스가 독일에 전쟁 배상금을 떠안겼는데, 헬페리히가 보기에는 전쟁이 계속 이어지는 것과 다름없었던 것도 그리 놀랄 일은 아니었다. 그는 돈에 관한 교과서의 개정판에서 이렇게 지적했다. "당시에 만들어진 소위 '평화'라는 것은 프랑스의 정치가 클레망소Clemenceau가 묘사한 것인데, 그는 '다른 수단에 의한 전쟁의 지속'으로서 평화를 만들어냈다."

그의 말처럼 통화 체제는 정치적 이해관계가 공공연하게 충돌하는 통로에 지나지 않았다. "전쟁 전에는 금을 기준으로 하는 국제 통화 체제가 있었지만, 이제는 각국이 서로 무관한 통화 체제를 사용하여 혼란스럽게 뒤얽혀 있으며 어떠한 평형equilibrium도 찾아볼 수 없다."[71]

헬페리히는 이제 우파민족주의 정치인으로 변신했다. 전쟁 이전의 민족적 자유주의 성향이 포함되었다. 사실 낡아빠진 견해였고 남은 것이라곤 세금에 대한 강한 적대감뿐이었다. 그는 필력이 뛰어나고 선전에 능했기에 초기 공화국의 주요 인물들을 반대하는 캠페인을 조직했다. 그는 "독일의 의회 정부에 대한 풍자를 쓰지 않을 수 없다"라고 회고하면서 '과거의 에덴동산이자 미래의 열반인 두렵고 존경받는 독일 제국'을 동경했다.[72]

전쟁 전 제국주의에 반대하는 가톨릭 중앙당의 마티아스 에르츠베르거Matthias Erzberger는 과거에 헬페리히를 식민주의자로 몰아세웠으며 전시 재무장관이라는 이유로 그를 공격했던 사람이었다. 이제 그는 평화 조약에 서명하고 금융 안정화 프로그램을 마련하려고 노력했다. 헬페리히는 에르츠베르거가 정직하지 못한 사람이며 제국의 파괴자 Reichsverderber라고 비난하면서 자신의 긴 연설의 마지막에 다음과 같은 질문을 던졌다. "독일 국가와 독일 국민이 암적인 존재인 에르츠베르거의 손에 파멸될 것인가?"[73] 이로 인해 명예훼손으로 재판이 벌어졌고 민족주의 판사들이 자리한 법정은 헬페리히가 이해충돌에 관한 많은 혐의 중 상당 부분을 입증했다며 고작 300마르크의 벌금형을 선고했다. 에르츠베르거는 정치적으로 몰락했으며 재판이 끝난 지 몇 달 뒤에 조직 영사라는 테러단체가 보낸 두 명의 젊은이의 손에 암살되었다.

바이마르 정부에 대한 헬페리히의 공격은 계속되었다. 1922년에는 특히 외무장관 발터 라테나우Walther Rathenau의 '이행fulfillment 정책'을 집중 공격했는데, 라테나우는 더 유리한 해결책을 얻으려고 배상금을 지불하고 협상을 시도했다. 1922년 6월 23일에 그는 독일 의회에서 "주권의 중요한 속성을 포기한 독일 정부는 반역죄로 재판을 받는다"라고 했다. 다음 날 아침 외무부로 가던 길에 그는 조직 영사•의 총격으로 사망했다. 그들은 베를린-그루네발트Berlin-Grunewald에서 그의 차가 모퉁이를 도는 시점을 이용했다.

정부의 입장에서는 명백히 헬페리히가 진짜 살인자였다. 헬페리히는 그의 입장을 저지하는 의회 의장의 말을 무시하고 평소처럼 독일

• Organisation Consul, 바이마르 공화국에서 활동한 초민족주의, 반유대주의 테러 조직 -역자 주

의회에 출석하여 자리를 잡고 앉았다. 요제프 비르트Joseph Wirth 총리
가 라테나우를 위해 감동적인 추도사를 맡았는데, 헬페리히와 그가 이
끄는 당을 겨냥하여 다음과 같이 말했다. "저기에 독일 국민의 상처에
독을 뿌리는 적이 있다. 바로 저기에 그 적자가 서 있다. 의심의 여지가
없다. 그 적은 오른편에 서 있다."[74]

헬페리히의 사악한 수사적 표현은 예측대로 비겁한 암살 사건을 초
래했다. 하지만 이 사건 때문에 헬페리히의 경력이 끝난 것은 아니었
다. 오히려 그는 라테나우가 암살된 이후에 시작된 독일 초인플레이션
의 마지막 단계에서 중심적인 구실을 했으며 호밀 생산에 관한 모기지
를 기반으로 새로운 통화를 발생하는 안정화 계획을 구상했다.

임시 지폐가 발행되었으나, 막상 그 상황이 되고 보니, 우파 연합의
주도하에 금 본위 통화를 중심으로 보다 전통적인 형태의 안정화가 이
루어졌다. 1920년 도스 안Dawes Plan이라는 새로운 계획의 형태로 배상
합의가 이루어지지 않았다면 이 또한 불가능했을 것이다.

헬페리히는 이를 '제2의 베르사유'로 여겼으며, 반대하는 선전을 계
속 펼쳤다. 그는 '독일 국민이 또다시 이런 저주를 받는다면 어떤 구원
도 받지 못하고 멸망할 것'이라고 주장했다.[75] 1924년 초반에 헬페리히
는 주로 건강상의 이유로 이탈리아를 여러 번 방문했는데, 이탈리아 독
재자 베니토 무솔리니Benito Mussolini를 방문한 적도 있었다.

4월 24일 이른 아침, 헬페리히는 스위스에서 밀라노-바젤 북쪽으로
가는 급행열차를 타고 있었다. 이 열차는 밀라노행 열차와 충돌하면서
화재가 발생하였고 그는 이 사고로 생을 마감했다. 이로써 돈이 분배를
둘러싼 국내 분쟁의 원인으로 여겼기에 돈의 성격을 정치적 편의를 위
해 왜곡되게 표현하면서 시작된 그의 정치 경력도 끝나버렸다. 하지만

그는 국제적인 메커니즘인 전쟁으로 인해 균형을 무너뜨려서 국내 분쟁으로 인한 많은 상처를 치유할 자원을 생산할 수 있게 된다고 생각했다. 헬페리히는 소버린 화폐의 논리로 궁극적인 파괴의 결론에 도달했던 음울한 경제학자였다.

THE GREAT
DEPRESSION

| 4장 |

대공황:
세계화의 종말

1840~1870년대

1873~1880년대

1920~1930년대

● **1929~1939년**

1970년대

2008년

2020~2022년

대공황은 세계화에 대한 우리의 생각에서 이정표와 같은 사건이며 대반전을 가져온 사건이다.

2001년에 나는 이를 가리켜 '세계화의 종말'이라고 표현했다. 세계는 대공황 이후 자급자족 경제, 경제적 민족주의, 근린궁핍화정책*으로 방향을 선회했다. 하지만 대공황 시대의 사고방식은 계속 남아 있었다. 1930년대 일부 작가들은 이 현상을 '자본주의의 종말'이라고 표현했다. 독일의 저널리스트 페르디난트 프리트Ferdinand Fried도 1931년에 이처럼 자극적인 표현을 자신의 책 제목으로 사용했다. 그는 세계 경제와 부채가 어떻게 상호 연결되어 있으며, 사회가 부채에서 벗어나려면 어떻게 무역과 금융화된 세계 경제에서 벗어나야 하는지 설명했다.¹ 그가 기고한 〈디 타트〉는 보수적이거나 혁명적인 '새로운' 저널이었다. 그는 곧 나치에 동조했고, 돌격대의 지도자로 승급했다. 전쟁이 끝난 후에는 중도우파 신문인 〈디 벨트〉의 수석 경제 작가로 탈바꿈했다.²

• beggar-thy-neighbor policy, 다른 나라의 경제를 희생시키면서 자국의 경제적 이익을 추구하는 정책 -역자 주

전쟁 이후의 경제 슬럼프

✕

제1, 2차 세계대전 사이에 닥친 슬럼프는 기존의 경제를 완전히 뒤엎어놓은 것 같았다. 대공황의 충격을 초래한 것이 무엇인지 이해하게 되자 벤 버냉키Ben Bernanke는 거시경제학의 '성배holy grail'라는 의미심장한 표현을 사용했다. 하지만 중세 시대 이야기에 등장한 기사들은 원정을 떠나기 해도 사실 거의 성공하지 못했다.[3]

알프레드 테니슨Alfred Tennyson의 시집《갈라하드 경Sir Galahad》에는 이런 표현이 있다. "오, 정의롭고 충실한 하느님의 기사여! 달리십시오! 상이 가깝습니다." 갈라하드 경은 성배를 언뜻 본 것이 전부였는데도 말이다.

어떤 의미에서 보면 현대의 분석적 연구에 대한 답은 명백하다. 대공황은 제1차 세계대전에 뒤이은 거대한 혼란(공급 충격)에서 초래된 문제다. 세계대전이 초래한 반세계화라는 단절의 연속이었으며, 국제주의를 되살리거나 재창조하려는 어설픈 시도 때문에 더 악화했다. 분명한 것은 세계대전이 유럽의 생산과 농업에 큰 타격을 가했으며, 제조업과 농작물 생산은 다른 곳으로 이동하게 했다는 것이다. 그런 면에서 보면, 전쟁은 19세기 후반의 부분적인 세계화를 확장했다고 할 수 있다. 그 결과, 유럽에서 비교적 안정적인 나라로 자금이 흘러 들어가고 인구가 이동했으나, 전 세계 대다수 나라는 발전의 한계에 놓이게 되었다.

인도와 일본의 직물 생산은 크게 확대되었다. 인도의 면직물 생산량은 1914~1915년에 9천498제곱킬로미터였는데 1917~1918년에 1만 3,495제곱킬로미터로 증가했다.[4] 일본의 면직물 생산량은 1913년에서

1929년 사이에 4배나 증가했고 방적사 생산량도 두 배로 늘었고,[5] 면직물 수출은 1913년부터 1918년까지 10배나 늘어났다.[6] 유럽을 제외한 다른 지역의 곡물 생산량도 증가했는데, 남반구 생산량은 1914년에 57억 5천만 킬로그램이었으나 1920년에 88억 2천만 킬로그램을 기록했고, 북미 지역의 곡물 생산량도 늘어났다.[7]

유럽은 전쟁이 끝나자 회복세로 돌아섰고 들판에 예전처럼 비료를 뿌려 농작물을 생산하기 시작했다. 이번에는 과잉 생산이 발생하는 것처럼 보였다. 이는 지출이나 소비 호황을 부추길 가능성이 있었다. 1930년대에 수입 의존도가 높은 일부 산업 국가, 특히 영국이 경기침체에서 회복할 수 있었던 이유 중 하나는 수입 식품의 비용이 줄어듦에 따라 무역 조건이 유리해진 덕분이었다. 하지만 1920년대에는 전쟁 부채를 갚느라 힘들어서 수요가 억제되었다. 찰스 피구Charles Pigou는 아무런 지출 없이 위 부채를 받아 챙기는 임차인이야말로 영미전쟁의 주요 수혜자라고 지적했다. 이렇게 전시의 공급 충격은 수요부족의 문제로 이어졌다.

제1차, 2차 세계대전 사이의 경제 슬럼프는 세계적인 현상이었지만 나라마다 그 결과는 다르게 나타났고, 정책에도 차이가 컸다.

부채가 많은 나라들에게는 별로 마음에 들지 않고 정치적으로 불리한 대안만 남아 있었다.[8] 수출 우위(또는 해외 수요)를 얻으려고 평가절하 해봐야 외화표시채권foreign currency denominated debt• 부담만 증가시키므로, 평가절하가 디폴트로 이어지는 상황을 피할 수 없었다. 그러한

• 외국시장에서 발행된 채권 또는 국내에서 발행된 외국통화표시채권. 환율 변동에 따라 투자 성과가 달라질 수 있다. -편집자 주

조치는 필요한 수입을 포함하여 금융 무역의 가용성을 제한하게 되었다. 그래서 아르헨티나의 라울 프레비시Raúl Prebisch를 포함한 부채 부담이 심각한 나라의 경제 전략가들은, 수입 대체*를 통한 장기 개발 전략만이 국내 수요를 높여서 살아남는 길이라고 생각했다. 프레비시는 1930년대에 정교한 외환 통제 시스템을 개발했는데, 농산물 생산자가 낮은 농산물 가격이라는 함정에서 벗어날 전략을 구축하려면 이러한 통제가 꼭 필요하다고 생각했다. 정책 옵션이 더 많은 것처럼 보이는 다른 방면에서도 디플레이션과 불황을 초래하는 외부 시스템과의 연결고리를 끊으려는 강력한 인센티브가 마련되었다.

영국이 가진 경제적 사고의 전통은 위기 대응 전략에 대한 전 세계의 논의에 큰 영향을 주고 있었다. 영국은 다른 나라보다 경제적 딜레마에 대처할 방안을 더 많이 가지고 있는 것처럼 보였지만, 주어진 기회를 거의 알아보지 못했다. 당시 영국이 처해 있던 독특한 물리적인 상황 때문이다. 영국은 장기적인 상대적 경기침체 상태였으며, 전 세계적 불황이 닥치기 전에도 심각한 구조적 문제를 안고 있었다. 1920년대 중반에 (보험에 가입한 근로자가 약 1천200만 명이었는데)25만 명 이상이 실직 상태였다. 75만 명은 역사가 긴 주요 산업, 특히 면화 및 모직 제조업에 종사했다.[9]

정치인들은 생산성을 높이기 위해 투자하기는커녕 비용 절감 외에는 다른 해결책을 생각해내지 못했다. 그들은 특히 임금 삭감을 시도하려 했다. 철강 사업을 하는 집안 출신의 스탠리 볼드윈Stanley Baldwin 총

• import substitution, 수입을 줄이거나 억제할 목적으로 국내의 상품 및 서비스 생산을 증가시키는 정책 -역자 주

리는 "산업의 자립을 돕기 위해 이 나라의 모든 노동자는 임금을 삭감해야 한다"고 말했다.[10] 전쟁 전의 환율을 선택하자 이러한 압력은 더 심해졌다. 정부는 1925년에 금 본위제와 금 태환gold convertibility으로 되돌아갔는데, 이에 따라 통화 수축에 대한 압력이 계속되었다.

하지만 전쟁 이전의 환율로 돌아가는 것이 옳다고 생각한 당시 분위기를 고려할 때, 국가 간 통화 단위의 동등성parity을 선택한 것은 실수였을지 모른다. 당시 영국은 고정 환율이 제공하는 손쉬운 목표를 좇는 방식의 재정 운영에 취약한 상태였다.

1920년대의 영국은 이미 암울한 상태였다. 주요 산업 경제국인 독일 및 미국과는 현격한 대조를 이루었다. 독일은 해외 차입 덕분에 1920년대 후반부터 호황을 누렸고 기술 발전을 이룩한 미래를 꿈꾸었다.[11]

미국은 금융 성장을 통해 세계 경제를 상승세로 이끄는 주도적인 역할을 맡고 있었으며 상당히 들뜬 분위기였다. 독일로 자금이 유입되자 당시로서는 배상금을 내지 않거나, 적어도 순이체지불net transfer payment은 안 해도 되는 상황이었다.[12] 일본도 강력하고 역동적인 수출 산업을 구축하고 있었다. 1920년대 말에 소련은 경기침체를 벗어나려고 강력한 산업화 정책을 추진했다. 영국은 그처럼 역동적이지 않았는데, 케인스는 자신이 영국의 불안에 대한 해결책을 제공할 뿐만 아니라, 훨씬 더 넓은 지역, 어쩌면 전 세계에 적용할 수 있는 정책 프레임워크를 제시하고 있다고 생각했다.

1935년에 그의 유명한 저서 《고용, 이자 및 화폐의 일반이론The General Theory of Employment, Interest, and Money》이 출간되기 하루 전에 조지 버나드 쇼에게 보낸 편지에 케인스는 다음과 같은 소감을 밝혔다. "내가 집필하는 책은 지금 당장이 아니라 향후 10년에 걸쳐 전 세계가 경제 문제를 바라보는 방식을 완전히 바꿔놓을 경제 이론을 알려줄 겁니다."[13] 케인스는 영국의 문제를 해결하려면 세계적인 규모의 해결책이 필요하다고 여기고 있었다.

전 세계적인 과열

✕

1920년대 미국은 분위기가 매우 고양되어 있었고 에너지가 넘쳐흘렀다. 모든 일이 제대로 돌아가는 것 같았고 기회는 무궁무진했다. 당시의 신문 기사를 분석하면 사람들의 심리나 정서가 시장에 영향을 미치는 순간을 찾아낼 수 있다.[14] 낙관적인 단계에서 놀라운 속도로 확장이 이루어지고 있다는 소식이 연일 쏟아졌는데, 공공 부문 재정의 상태가 양호하다는 분석도 있었다.

미국은 공공 자산으로 따지자면 대규모 산업 국가 중에서 부채가 가장 낮은 국가였으며, 이자율은 훨씬 더 낮았다.[15] 미 독립 150주년을 기념하던 1926년에 한껏 들뜬 기분을 드러낸 기사들이 쏟아졌는데, 다음과 같이 미국의 성공을 묘사했다.

두 나라를 한 문장으로 비교하자면, 미국은 현재 영국 인구의 3배이고, 부의 축적은 5배, 수입은 6배나 된다. ⋯ 금년에 포드사는 9천 400만 달러의 수익을 기록했다. 영국에서는 아무도 이러한 사실을 이해할 수 없다. 사실 이것은 영국의 최대 자동차 제조사가 보유한 자본금의 3배가 넘는 돈이다. ⋯ 미국의 부는 지난 수십 년 사이에 두 배로 늘어났다. 이런 발전 속도는 유럽에 한 번도 알려진 바가 없다. 이처

럼 압도적인 수치에 비하면 영국의 발전은 '가난뱅이의 짧고 단순한 연대기'처럼 보일 뿐이다.[16]

이와 같은 기사들은 미국의 기업 신뢰도와 투자 행동에 막대한 영향을 미쳤다. 미국의 투자자들은 자국이 글로벌 리더로서 새로운 역량을 갖고 있다고 확신하게 되었다.

1920년대 중반에는 전쟁의 참혹한 모습을 뒤로 한 유럽에 관한 긍정적인 소식이 있었고 가장 중요한 정치적 사안인 전쟁 배상금 문제에 대한 안정적인 해결책이 마련될 가능성도 보도되었다.[17] 언론 기사에서는 새로운 투자 환경을 '긍정주의'와 '들뜬 분위기'라고 묘사했으며 유럽의 정치 상황이 안정된 것에 대해 안도감을 나타내면서 유럽이 다시 국제 금융경제 중심지로 되살아나리라 전망했다.[18]

국제화에 뒤따르는 분위기는 자신감을 한껏 북돋워 주었다. 1920년대 중반에 유럽의 기업들, 특히 독일 기업의 미국 자본 시장 진출에 관한 논의가 확대되었다.[19] 전반적으로 언론은 적극적으로 이를 권장하는 분위기였다. 미니애폴리스의 노스웨스턴내셔널뱅크Northwestern National Bank 대표 에드워드 V. 데커Edward V. Decker는 다음과 같이 의견을 제시했다.

우리는 농부, 은행가, 사업가, 철도인들과 함께 일하는 법을 많이 배우고 있으며, 향후 몇 년간 세계적인 번영에 어느 정도 기여할 것이라고 믿고 기대하면서 계속 연합된 상태로 나아갈 것을 제안합니다.[20]

1920년대는 화려하고 시끄럽게 시작했으나, 후반기에 와서는 상황이 나빠지는 것처럼 보였다. 하지만 재앙 수준이라고 할 정도로 심각한 상황은 없었다. 분석가들은 1929년 10월 미 주식시장이 무너져내린 정확한 이유를 찾으려고 오랫동안 애썼으나 시간만 낭비했다. 아무리 찾아봐도 결정적인 단서가 나오지 않았다.[21] 1929년 초에 제너럴모터스 사장 알프레드 슬론Alfred Sloan은 다음과 같이 선언했다.

> 대체로 볼 때 사업은 잘되고 있으며 대다수 분야에서 더 나아질 것이다. 제조업자, 도매업자, 소매업자는 신용 관리에서 지나치게 도를 넘은 상태가 아니다. 산업 부문이 과거에는 때때로 과잉 생산으로 문제를 겪었지만 지금은 그러한 징후가 없다. 올해는 앞길에 좋은 징조만 보이는 것 같다.[22]

1929년 2월이 되자 신문에는 불안이나 회피 심리를 드러내는 표현이 쏟아져 나왔다. 내용 대부분이 브로커 대출을 제한하여 지나친 호황을 억제하려는 연방준비제도의 행보와 관련이 있었다. 2월 11일에 〈월스트리트 저널〉에 실린 '시장과 함께Abreast of the Market'라는 칼럼은 이런 내용을 담고 있었다.

> 전반적인 분위기는 계속 비관적이다. 연방준비제도의 최근 경고는 지난달보다 더 많은 관심을 얻었다는 느낌이 든다. 그 결과, 부패나 비효용성을 걷어내야 할 필요성에 주목하게 되었는데, 특히 처음부터 노골적으로 낙관적이었던 외부인들 사이에서 그런 의견이 대두된다. 보수적인 관찰자들은 기회가 주어질 때마다 계속해서 이익을

얻는 것을 선호하는 쪽으로 계획한다. 시장이 좋은 매수를 할 수 있는 수준이 되기 전에 더 합리적인 가격으로 주식을 재매입할 수 있다고 보기 때문이다.[23]

동시에 〈월스트리트 저널〉은 '내셔널시티뱅크 보고서는 투기 목적으로 규제되지 않은 비은행 대출이 많이 늘어나고 있다는 점을 경고하고 있다'고 보도했다.

이는 브로커의 대출 규모 자체가 위험하기 때문이 아니라, 비은행 대출기관이 자금 시장에 대해 책임을 거의 느끼지 않으며, 마지막 순간에 급박하게 통지하고 곧바로 자금을 회수할지 모르기 때문이다. 만약 그런 상황이 벌어지면 자금 시장을 균등한 상태로 유지할 책임은 은행이 떠안게 된다.[24]

뉴욕 연방준비제도는 시장의 활기를 억제할 수단이 없다고 우려하고 있었으나, 연방준비제도가 '잘난 척하면서 침묵을 지키는' 것을 비난하는 목소리도 적지 않았다.[25] 체서피크와 오하이오, 볼티모어와 오하이오의 합병에 대한 반대를 포함하여 철도 합병에 관련된 어려움도 우려를 자아내는 원인이었다.[26]

1920년대의 열광을 주도한 것은 혁신과 심리학이었다. 미래에 대한 투기, 풋옵션, 콜옵션의 변형이 수없이 나타났다.

새로운 개념도 등장했다. 투자자이자 전문가인 벤저민 그레이엄 Benjamin Graham은 가치 투자라는 아이디어를 추진하여 권위자로 인정받았다. 그런데 오해를 일으키거나 잘못된 행동을 유발하는 온갖 종류의 인센티브가 있었다. 훗날 그레이엄은 "대다수 고객이 대리업자에게 구체적인 허락이나 주문을 받지 않고 자신이 원하는 대로 사고팔 수 있는 계정, 즉 매매에 관한 자유재량을 일임하는 계정을 사용했다"라고 언급했다. 그들은 수익이 발생하면 고객과 절반씩 나누어 가지면서도 손실은 조금도 떠안지 않았다.[27] 그래서 더 큰 위험을 감수하는 데 전혀 주저함이 없었고, 투자에서 발생하는 손해나 비용은 전부 다른 사람에게 떠넘겨버렸다.

세계화 시대의 기업가 이바르 크뤼게르

제1, 2차 세계대전 사이에 가장 혁신적이면서 세계화에 가장 어울리게 행동한 기업가는 사업가 겸 엔지니어인 이바르 크뤼게르Ivar Kreuger였다. 1880년생인 그는 세계 곳곳을 여행한 후에 고국 스웨덴으로 돌아가서 폴 톨Paul Toll이라는 엔지니어와 손잡고 크뤼게르앤톨Kreuger and Toll이라는 건설업체를 설립했다. 제1차 세계대전이 발발하기 직전에 그는 운영난을 겪고 있는 성냥업체 두 곳을 인수했고, 스웨덴성냥회사 Svenska Tandsticks Aktiebolaget라는 새로운 회사를 만들어서 국내의 스웨덴 성냥 제조 부문을 장악했다. 1920년대 초에는 미국에서 자금을 조달할 기회를 발견했으며 리히텐슈타인에 본사가 있는 지주회사인 콘티넨털 인베스트먼트AGContinental Investment AG과 손잡고 앞서 언급한 두 개의 스웨덴 기업의 미국 자회사를 설립했다.

그는 미국에서 확보한 자금으로 중부 유럽의 성냥 제조 분야에서 주로 저평가된 자산을 손에 넣었다. 1920년대 중반부터 크뤼게르는 각국 정부에 돈을 빌려주기 시작했는데, 자신이 운영하는 성냥업체에 독점권을 부여하는 것을 종종 대출 조건으로 제시했다. 프랑스는 크뤼게르에게 7천500만 달러를 빌렸으며, 그리스, 에콰도르, 라트비아, 에스토니아, 유고슬라비아, 헝가리, 볼리비아, 과테말라, 폴란드, 터키, 루마니아도 그의 고객이었다.

1929년 10월에 크뤼게르는 유럽의 핵심인 독일 시장을 공략하기 시작했다. 그는 현금 부족에 허덕이던 독일 정부에 1억 2천500만 달러를 이자율 6퍼센트로 빌려주겠다고 제안하면서 성냥 독점권을 요구했다. 해당 자금은 채권과 옵션을 혼합한 새로운 수단으로 미국 시장에서 확보할 예정이었다. 10월 24일이 되자 미국 언론에 커다란 광고가 등장했으며 뉴스 기사도 쏟아져 나왔다. 그가 제안한 성냥 독점은 독일 시장에서 소련의 싸구려 성냥을 몰아내는 방법을 제시했기에 정치적으로도 상당히 구미가 당기는 것이었다.

크뤼게르앤톨의 자본 증자 덕분에 이미 보유한 채권certificate 3매당 23달러 상당의 채권 1장(가격은 36달러였다.)을 제시하게 되었다. 이 채권은 지급액이 일반 이자율 5퍼센트를 초과할 때 일반 주식과 동등하게 공유할 수 있는 사채를 가리키는데, 지난 10년간 25퍼센트를 꾸준히 유지했다. 그 점을 생각하면 예상 수익률은 5.9퍼센트였다. 이러한 소식은 상당히 솔깃했다. 〈월스트리트 저널〉은 광범위한 목재 및 펄프 보유를 보도하면서 대차대조표의 모든 자산이 '보수적인 기반'으로 가치 평가된다고 지적했다.[28] 불행하게도 10월 24일은 뉴욕 시장에서 평범한 날이 아니었다. 이는 결국 '검은 목요일'로 불리게 되었는데, 주식 시장의 붕괴가 시작되어 주식 거래량이 가히 기록적이었으며, 실패에 절망한 투기꾼들은 연이어 자살해버렸다.

이튿날인 금요일에 크뤼게르는 리 히긴슨Lee Higginson이라는 미 은행가의 보스턴 자택으로 파격적인 내용의 전보를 보냈다. 미국 인수은행들이 확보한 사채의 절반을 자신이 소유한 스웨덴 신디케이트가 인수하겠다고 제안한 것이었다. 미국 은행가들은 운 좋게 도움을 받을 기회가 생기자 깜짝 놀랐다. 보증회사의 조셉 R. 스완Joseph R. Swan은 "그는 과감하게 행동하고 있습니다. 제 생각엔 아주 현명한 것 같아요."라며 만족감을 드러냈다.[29] 결과적으로 크뤼게르의 전략은 큰 성공을 거두었다. 월스트리트에서 또 한 번 역사적인 대량 매도가 발생한 28일 월요일에도 가격은 그대로 유지되었다.

크뤼게르는 심리를 통달한 사람처럼 거칠기 짝이 없는 시장의 움직임을 온순하게 길들이는 요령을 알고 있었다. 그를 만나본 사람들은 남다른 설득력에 탄복했다. 스웨덴에서 그와 함께 일했던 사람 중 하나인 칼 버그먼Carl Bergman은 나중에 다음과 같이 기술했다.

크뤼게르에게는 묘한 위대함이 느껴졌다. 그는 사람들이 무슨 짓이든 하게 만드는 힘이 있었다. 사람들은 그에게 완전히 반했으며, 그 사람의 독특한 매력과 끌어당기는 힘을 거부하지 못했다. 그것은 크뤼게르만의 비법이었는데, 리더십이라는 심리적 자질과 남다른 직관력이 그의 무기였다. 그는 상황을 눈으로 보는 즉시 파악했다. 무엇보다도 그에게는 변화를 불러오는 힘이 있었다. 나는 뉴욕에서 J. P. 모건과 여러 번 눈이 마주쳤는데, 그것은 마치 타오르는 숯불 같았다. 하지만 크뤼게르의 눈은 전혀 달랐다. 그의 눈에는 또 다른 특징이 있었다. 가늘게 찢어진 작은 눈이었지만 상대방을 얼마든지 꿰뚫어 볼 수 있을 것만 같았다.[30]

독일 재무부에서 크뤼게르를 상대한 관리는 한스 셰퍼Hans Schäffer였는데, 크뤼게르가 상당한 부자인데도 베를린에서 자신에게 소박하다 못해 금욕주의자의 식단에 가까운 음식을 대접하는 것을 보고 깜짝 놀랐다. 크뤼게르는 샴페인을 계속 권하거나 자기 자랑만 늘어놓는 사람이 아니었다. 그는 듣기 좋은 정선된 표현만 사용하여 대화를 이어갔다.[31]

베델 스트로스버그처럼 크뤼게르는 스톡홀름, 파리, 베를린, 뉴욕 등 전 세계 곳곳에 거처를 마련해 두었으며 스웨덴에 시골 휴양지를 갖고 있었다. 스톡홀름 중심가에 마련된 '성냥 궁전'은 신고전주의를 표방한 4층 건물로서 사무실만 125개나 되었다. 말굽 모양으로 생긴 저택이었는데 안뜰 주변은 옅은 색의 대리석과 화강암을 사용했고 신화에 등장하는 인물의 조각상이 세워져 있었다. 중앙에는 스웨덴의 조각가 칼 밀레스Carl Mille가 만든 다이애나 청동 조각상이 있었는데 한쪽 다리로 중심을 잡은 채 하늘을 가리키는 모습이었다. 회의실은 표현주의 화가인 아이작 그뤼네발트Isaac Grunewald의 작품으로 꾸며져 있었다. 크뤼게르가 쓰는 커다란 방에는 그가 소유한 세계적 규모의 제국을 강조하려는 듯 세계 각지의 시간을 알려주는 시계가 걸려 있었다.[32]

1931년 여름에 대형 은행이 무너지고 신용위기를 겪고 나자, 크뤼게르가 이 세상을 구할 위상을 가진 유일한 인물처럼 보였다. 바젤에 설립된 국제결제은행Bank for International Settlements은 중앙은행을 위한 중앙은행이었다. 벨기에 은행가인 에밀 프랑키Emile Francqui는 위기에 처한 국가를 구제할 자금을 확보하기 위해 민간-공공 협력 기업을 제안했으며, 논의 초반 단계에서 크뤼게르가 주도적인 역할을 맡았다.

그러나 1932년, 그의 제국은 비틀거리기 시작했다. 그는 크뤼게르전신회사인 L. M. 에릭슨L. M. Ericsson을 통해 J. P. 모건 및 국제전화전신공사International Telephone and Telegraph Corporation, 이하 ITT와 거래를 시도했으나 불행히도 에릭슨의 재정 상태가 정확히 전달되지 못했다. ITT는 상황을 잘못 파악한 상태에서 에릭슨의 주식을 60만 주나 사들였다. 크뤼게르는 처음에 영어와 스웨덴어 사이의 번역 문제가 있었다고 설명하다가 결국 뉴욕에서 도망쳐 나와서 파리로 갔다.

깊은 절망에 빠진 크뤼게르는 3월 12일에 파리의 아파트에서 총상을 입고 죽은 상태로 발견되었다. 그의 침대 옆에는 러시아 작가 일리야 에렌부르크Ilya Ehrenburg의 소설《에디니 프론트Edinyi Front》가 놓여 있었다. 소설의 주인공은 스칸디나비아식 이름을 가지고 있는데, 소련을 위협하는 성냥 제국을 건설했으나 결국에는 파리에 있는 어느 아파트에서 심장 마비로 사망한다. 어찌 보면 크뤼게르의 운명을 알려주는 예언서 같은 느낌이 있다. 크뤼게르의 동생은 형의 죽음이 (자살이 아니라)살인 사건이라고 주장하면서 오랫동안 캠페인을 벌였다.

크뤼게르가 사망한 후에야 그가 담보로 삼으려 했던 대량의 이탈리아 국채가 위조된 것이라는 점이 밝혀졌다. (그의 동생은 대출이 가능한지 가늠해보려고 마련한 샘플 스케치에 불과하다고 주장했다.) 무솔리니는 "우리가 굶어 죽는 한이 있어도 프랑스에서는 단 한 푼도 빌리지 않을 것이다."[33]라고 말하며 크뤼게르의 거래에 관심이 없다며 강력히 부인했다.

크뤼게르의 모든 사업이 부실한 것인지는 확실치 않다. 주요 채권자 중 한 사람인 리 히긴슨Lee Higginson은 우려에 대한 평가가 정확하다고 주장했는데, 이러한 주장은 그리 놀랄 일이 아니었다.

스웨디시 매치컴퍼니Swedish Match Company는 살아남아서 발렌베리 가문에 인수되었다. 변호사 프랭크 파트노이Frank Partnoy는 최근에 크뤼게르를 연구한 끝에 실패한 것처럼 보인 것은 자산을 헐값에 처분한 결과였다고 결론지었다. 2008년에 리먼 브라더스가 파산한 것처럼, 이 사업도 파산을 일종의 환상처럼 여겼을 것이다.[34] 크뤼게르 이야기는 미국의 새로운 글로벌 참여도를 보여주는 지표였는데, 카리스마 넘치는 외부인이 만들어 낸 이야기에 의존도가 높은 편이었다.

이 시기 정치인들은 낙관적인 성명 발표를 통해 신뢰를 회복할 수 있을 것이라고 판단했다. 1929년 11월에 허버트 후버 대통령은 개인 소득세와 기업세를 줄인다고 발표하면서 이런 말로 사람들을 다독였다. "현재 우리가 직면한 문제는 성장과 진보의 문제입니다."

그는 어감이 강하고 사람들이 주로 사용하는 '몰락crash'이나 '위기crisis'가 아니라 마음을 차분하게 해주는 심리 용어인 '우울함depression'을 사용했다.[35]

붕괴가 발생한 후인 1929년 11월에 화폐 및 비즈니스 전문 경제학자로 널리 인정받던 어빙 피셔Irving Fisher는 '폭도 심리mob psychology'를 비난하면서 "공황의 주요 원인은 시장의 가격 수준이 비정상적으로 높았던 것이 아니"라고 주장했었다.[36] 심리적으로 고찰한 결과, 결국에는 위기나 공황panic보다 우울함이 더 심각한 느낌을 주게 되었다. 이에 정책 입안자들은 20세기 후반의 문제를 다룰 때 이 표현을 지양하고 그보다 부드러운 표현인 '경기 후퇴recession'라는 표현을 사용했다.

1929년 12월 국정연설에서 후버는 과거의 실패에 대한 기억이 기업의 신뢰도에 상당한 위협을 가하는 것이라고 지적했다.

갑자기 실업의 위협이 닥치고, 특히 매우 불안정한 금융 체제하에 이전에 여러 차례 붕괴를 겪을 때 벌어진 결과를 생각해 보면 비관적인 생각과 두려움이 밀물처럼 밀려듭니다. 과거에 비슷한 폭풍 같은 일이 발생해서 건축 작업이 줄어들고 임금이 삭감되고 근로자가 대거 해고된 일도 생각날 겁니다. 당시에는 전국 곳곳의 기업이 사업의 지속 및 확장에 관한 계획과 제안을 중단하는 경향을 보였습니다.

이렇게 주저하는 분위기를 그냥 내버려 두면 그 자체로 인해 대량 실업과 여러 가지 문제를 동반하는 경기 불황으로 이어질 수 있습니다. 그래서 나는 기업, 국가, 지방자치단체가 체계적이고 자발적으로 협력할 수 있는 제도를 마련했습니다. 이를 통해 국가의 기본 사업을 평소대로 계속하고, 임금과 소비력이 줄어드는 일을 방지할 것이며, 특히 고용 부족을 균등화하는 데 도움을 주기 위해 건설 작업을 확대하고자 노력을 집중할 것입니다.[37]

그러나 미국은 이미 경제 위기로 갈가리 찢긴 버린 상태였으며 후버는 협조를 끌어내는 데 사실상 실패하고 말았다. 대담한 희망은 허황한 말로 전락하고 말았다. 약속을 지키지 못하면 신뢰는 금세 무너지기 마련이다. 뉴욕증권거래소 부사장 리처드 휘트니는 1929년 10월 대규모 입찰로 시장을 안정시키려고 노력했지만 결과는 좋지 않았다. 9개월 정도 지난 후에 첫 공개 성명에서 그는 "공황은 사회 전체에 대한 극심한 환멸을 조장하는데, 이를 미리 방지하거나 그 영향을 최소화할 실질적인 조치는 없었다."라고 인정했다.[38]

뉴스를 어떻게 해석할 것인가를 두고 의견이 분분한 시절이었다. 1930년 봄에 논란이 많았던 스무트-홀리 관세법*이 통과될 것이 거의

• Smoot-Hawley Tariff Act, 대공황 직후에 미국이 자국 산업을 보호하려고 수입품에 높은 관세를 부과한 관세법 -역자 주

확실해 보였는데, 이 법이 경제에 도움이 될지 해가 될지를 놓고 의견이 분분했다.[39] 〈월스트리트 저널〉은 관세를 통과시키면 의심이나 장애물이 사라질 거라고 주장했다. "오랫동안 법안을 둘러쌌던 의혹을 모두 해결하고 향후 며칠 내로 관세를 최종 부과하게 되면 비즈니스에 분명한 자극제 역할을 할 것이다. 충분한 정보를 가지고 있는 정부 고위 관료들은 모두 이렇게 생각한다."[40]

그러나 며칠 뒤 뉴욕의 투자 상공 금융기업 도미니크앤도미니크 Dominick and Dominick의 보고서는 캐나다와 아르헨티나의 보복 가능성이 있다고 지적하면서 미국의 번영이 지속하느냐는 해외시장에 달려 있다고 지적했다. "이미 우리 공장은 국내 소비의 96퍼센트를 공급하고 있다. 생산업체들은 증가하는 생산량을 흡수해 줄 해외시장을 찾아야한다."[41] 물론 실제로는 관세가 세계 경제나 미국 무역에 어떤 영향을 미칠지 아무도 알지 못했고, 이러한 모호함은 두려움과 동시에 희망에 부채질했으며 시장 변동성을 초래했다.

공포가 고조된 또 다른 예는 목재였다. 경기침체로 인해 목재 가격이 폭락한 것은 소련의 음모라고 여겨졌다. "미국을 포함하여 소위 자본주의 국가로 불리는 다른 나라에 저렴한 상품을 공급함으로써 그들의 경제 구조를 대대적으로 공격하는 것은 분명 러시아가 꾸민 계략의 일부이다."[42]

영국의 경제학자 존 메이너드 케인스는 미국 자본주의를 비판하는 주장을 펼치면서 월스트리트의 붕괴를 전면에 내세웠다. 그가 보기에는 가치 평가 시스템이 문제였는데, 가치가 장기적인 생산성과 필연적이거나 직접적인 연관성이 없었다. 미국은 주식시장에 많은 사람이 참여하기에 유독 변동성이 컸지만, 보다 배타적이고 '귀족적인' 시장은 미국보다 취약성이 낮았다.

케인스는 미국의 어느 금융가에게 이렇게 말했다. "그들은 모두 비정상적이고 심지어 인간 이하라고 할 수 있어. 그리고 그 사람과 그의 친구들의 사고방식은 갱 단원 같아."[43] 그는 나중에 《일반이론General Theory》이라는 저서를 통해 이렇게 결론 내렸다. "금융 이외의 분야에서도 미국인은 평균적인 의견이 무엇인지 알아내는 데 과도한 관심을 두는 경향이 있다. 이러한 국가적 약점은 주식시장에서 천벌을 받는 원인으로 작용한다."

1929년부터 1932년까지 미국 GDP는 1,031억 달러에서 580달러로 하락하여 3분의 1 수준으로 내려앉았다. 다우지수는 1932년 7월에 40.56포인트라는 최저치를 기록했다. 장기적인 하락 때문에 어마어마한 손실이 발생하자 곧바로 소비에 큰 타격이 있었다. (종종 60만 명의 고아와 과부로 묘사되는)투자자들은 주식시장 붕괴로 200억 달러가 넘는 손실을 보았다. 막대한 금액이긴 하지만 수요 붕괴와 GDP가 감소한 범위를 설명하기에는 여전히 역부족이다.

금융 스트레스

✕

크라흐가 발생하기 전인 1920년대 세계 금융은 이바르 크뤼게르와 같은 거물급 인사들이 장악하고 있었다. 한편 정치인들은 자주 허둥지둥하는 모습을 들키곤 했다. 금융인의 카리스마는 신용이라는 마법을 통해 수요를 증가시킬 수 있다. 하지만 이들은 금방 무너져서 아무것도 남지 않을 때도 있다.

후버는 대통령 임기가 끝날 무렵에 완전히 신뢰를 잃은 것처럼 보였다. 영국 총리 램지 맥도널드Ramsay MacDonald는 눈에 띄게 피곤한 모습을 보였는데 그는 사실 노인성 치매 초기 단계로 고생하는 중이었다. 독일 총리 하인리히 브뤼닝Heinrich Bruning은 독일 붕괴의 재정적 측면을 이해하지 못했다. 그는 훗날 나치 정권에서 쫓겨나 미국으로 망명을 떠났을 때 회고록을 썼는데, 은행 붕괴에 가장 직접적인 책임이 있는 금융가인 야코프 골트슈미트Jakob Goldschmidt와의 대화를 자주 인용했다.[44] 대서양 양편에서 주식시장에 닥친 공황보다는 은행 붕괴가 대공황을 초래한 실질적인 요인이었다.

1929년 10월에 미국 주식 시장이 무너졌으나, 놀랍게도 유럽이나 아시아의 다른 주식 시장에 심각한 공황을 유발하지 않았다. 경제 상황은 점점 더 암울해졌고, 월스트리트에서 흘러나오는 소식은 암울함을 더해주는 또 하나의 요소에 지나지 않았다. 자본 이동성이 매우 높은 이 세상에서 각국 주식시장이 이렇게 서로 단절되어 있다는 점과 1929년 10월에 닥친 위기를 온전히 미국에만 국한되는 현상, 독특한 미국인 심리에서 기인하는 것이라고 여긴 것은 매우 놀랄 만한 일이다.

미국의 수입 수요가 침체하고 자본 수출이 감소하자 미국의 불황이 다른 나라로 퍼져나갔다. 영국과 독일 주식시장의 움직임은 매우 밀접한 상관관계가 있었지만, 월스트리트와는 그런 관계가 없었다.(도표 4-1 참조) 모든 것이 불확실해 보이자 금융권은 과거의 행동 패턴으로 돌아갔다. 1929년 10월 뉴욕 시장은 1907년의 공황 때처럼 J. P. 모건John Pierpont Morgan이 나서서 구제해 줄 거라고 기대했다. 그러나 그는 이미 죽고 없었고, 뾰족한 수는 나오지 않았다. 검은 목요일에 J. P. 모건 은행에서는 뉴욕 증권 거래소 부사장인 리처드 휘트니를 현장에 보내서 미국의 철강 회사인 US스틸의 주식을 2천만 달러치 매입하게 했다. 일

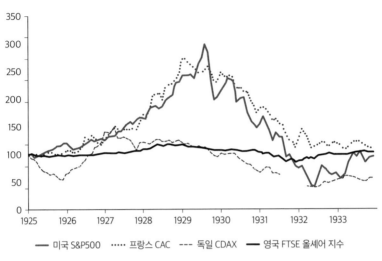

✦ 도표 4-1. 1925~1934년 프랑스, 독일, 영국, 미국의 주가 지표 ✦
(1925년을 100으로 한다.)

━ 미국 S&P500 ⋯⋯ 프랑스 CAC --- 독일 CDAX ━ 영국 FTSE 올셰어 지수

출처: 글로벌 금융 데이터 자료를 토대로 계산한 것임

종의 '쇼'였다. 잠시 주가가 오르는 것처럼 보였지만 다음 월요일에 그가 더 이상 주식을 사지 않자 공황이 발생했다.

벤 버냉키Ben Bernanke는 대공황 당시의 금융 불안정성을 연구한 끝에, 미국이 유독 금융 정책의 변동성이 크다는 결론을 얻었다. 다른 나라는 금 본위제에 따라 정책이 제한되어 있었다. 미국의 경제학자인 배리 아이컨그린Barry Eichengreen은 이를 가리켜 케인스의 '황금 족쇄golden fetters'라고 했다.[45] 그런데 (상당한 흑자를 보유한)프랑스도 미국과 비슷한 상황이었으며 정책이 변경될 여지가 많았다. 따라서 '1914년 이전까지 적어도 핵심 산업에서는 금 본위제가 잘 작동한 이유가 무엇인가?'라는 질문이 생긴다.

주변 국가들은 금융 충격으로 금을 빼앗길 가능성이 없었다. 전쟁이 발발하기 전에 영국은 이 체제를 안정시키려고 했으나, 전쟁 중에 고립주의를 택한 미국과 독일의 보복을 두려워한 프랑스는 건설적인 국제정치에서 발을 빼는 쪽을 택했다.

1920년대의 새로운 질서에 대해 좋게 생각하는 한 가지 견해는 전쟁 이후에 많은 국가가 주변부periphery로 밀려났다는 것이다. 다시 말해 그들은 자기 수요를 스스로 통제할 수 없는 세상에서 빚에 발목이 잡혀버렸다. 이들은 해외에서 자금을 조달할 수밖에 없었다. 독일이 19세기 후반에는 세계의 핵심적 역할을 맡고 있었던 것이 분명하지만 제1, 2차 세계대전 및 평화 협정의 비용을 떠안으면서 그 자리에서 밀려났다. 유포리아의 순간이 다 지나지도 않았는데 주변부로 가는 금융의 흐름이 크게 증가했고, 대출이 증가하자 핵심부는 더욱 기세등등해졌다. 부채가 쌓이고 또 쌓이자 반감revulsion이 생기고 위기가 발생했다. 부채의 담보 가치가 무너지고 있다는 점이 명확해졌다. 남아메리카와 중부유럽 등 국제 채무를 안고 있는 국가라면 다 관련된 상황이었다. 그중에서 가장 큰 채무를 안고 있는 나라는 독일이었다. 미국의 경우, 농업을 주로 하는 지역 위주로 이러한 약점이 두드러졌는데, 미국 전체 농장의 45퍼센트, 즉 농장 모기지 부채의 52퍼센트가 채무불이행 상태였다.[46] 개인 부채의 총액은 많이 감소했는데, 대공황 이전에 270억 달러였으나 1934년에는 90억 달러 이하로 줄어들었다.[47]

가격이 하락하자, 생산자는 채무를 갚기 위해 매출을 더 늘려야 했다. 하지만 이들이 애를 쓸수록 가격은 더 하락하면서 악순환이 시작되었다.

대공황의 서막

✕

공황이라는 말 앞에 '대'를 붙여야 할 정도로 심각한 상황을 초래한 것은 중부 유럽에서 시작하여 전염병처럼 퍼져나간 일련의 금융위기였다. 1931년 여름에 발생한 유럽 대형 은행의 몰락은 위기에 결정적인 역할을 했다. 그로 인해 각국 중앙 정부가 감당할 수 없는 불가능에 가까운 정책 딜레마가 발생했다. 이 일은 미 경제에 새로운 쇼크로 다가왔으며, 자금 중심의 몇몇 주요 은행은 투자자나 예금자 패닉에 매우 취약한 상태가 되었다. 유럽발 은행 위기는 결국 미국의 불황을 더욱 심각한 상태로 몰아넣었다. 당시 미국의 금융 기관 대다수는 규모가 작은 지역 은행이었기 때문에 위기에 취약했다.

안타깝게도 미국 대공황에 대해 설명할 때 유럽의 몰락에서 어떤 영향을 받았는지 제대로 알려주거나 그로 인해 금융 불안이 확산했고 은행들이 대출을 요청하게 된 과정을 다루는 기록은 거의 찾아볼 수 없다. 사실은 1931년 여름에 발생한 국제적인 공황이 미국에 심각한 경기 불황을 일으켰고 결국 대공황으로 이어진 것이다.[48]

1930년에서 1931년으로 이어지는 겨울에 수많은 내부자, 특히 영향력 있는 취리히 은행가인 펠릭스 소마리Felix Somary가 금융 전문가들을 찾아다니며 독일과 이탈리아 은행 시스템에 닥친 위협에 대해 엄중한 경고를 전했다. 그는 크뤼게르 제국이 곧 무너질 것이라는 점도 경고했다.[49] 유럽 금융위기의 첫 번째 실질적인 징후는 북쪽이나 남쪽 이웃 국가가 아니라 작은 나라인 오스트리아에서 나타났다.

오스트리아 은행업계가 안고 있는 문제는 제1차 세계대전의 여파와 다국적 합스부르크 제국이 해체되고 '도이체스터 제국'이라는 이름으로 멸시당하는 상태가 된 것에서 비롯되었다. 당시 제국의 주요 은행은 오스트리아 생활이 축소된 상황에 적응해야 했다. 1929년에 정부는 당시 최대 규모의 은행이자 가장 유명한 은행이었던 크레디탄슈탈트 Creditanstalt 은행에 이미 파산한 토지대출 공사Bodenkreditanstalt와 합병하라고 강요했다.

토지대출 공사의 심각한 상황 때문에 오스트리아의 다른 은행들은 모두 거래에 참여하지 않겠다고 선언한 상황이었다. 하지만 뇌물을 받은 크레디탄슈탈트 은행은 결국 문제를 묵인하고 말았다. 이 거래에는 한 가지 비밀이 있었는데 오스트리아 국립은행이 런던 시장을 중심으로 해외 은행에 예금을 하고, 이를 전달해서 크레디탄슈탈트 은행을 강화한다는 것이었다. 따라서 해당 금액은 오스트리아 국립은행의 대차대조표에 외환보유고로 표시할 수 있고 최대 규모의 상업은행에 대한 지원 자금으로 재활용되었다. 영국 중앙은행의 몬터규 노먼Montagu Norman 총재는 몰락의 여파로 영국 국내 은행들이 노출된 사실을 알게 되었으며, 그 돈을 '오염된 자금tainted money'이라고 칭했다.[50]

그런데도 은행의 손실은 눈덩이처럼 커졌다. 1929년 이후의 어느 시점에서 보더라도 크레디탄슈탈트 은행이 파산하는 것은 전혀 이상하지 않았다. 1931년 5월에 은행 경영진은 "지속적인 산업 불황을 참작할 때, 올바른 대차대조표를 완성하려면 채무자에 대한 보수적인 가치 평가가 필요하다"라고 주장하면서 자산 조사에 박차를 가했다. 그들은 토지대출 공사와의 거래에서 6천만 달러의 손실을 본 점 외에도, 신용 손실액이 5천200만 실링, 산업 참여로 인한 손실액이 2천800만 달러라는 점을 알게 되었다.[51]

은행 이사들이 (그야말로 최악의 순간에)갑자기 정직성과 자산의 시장 가치 평가를 추구하려고 마음을 먹은 이유는 아직도 알 수 없다. 개종 경험이 있는 새로운 지도자인 졸탄 하이두Zoltan Hajdu가 본인이 직접 이전의 은행 경영진, 특히 심각한 부패를 저지른 프리드리히 에렌페스트 Friedrich Ehrenfest에 대항하는 신성한 도구의 역할을 자청했다는 것이 가장 유력한 설명일 것이다. 에렌페스트는 1930년 7월에 이사직에서 밀려났으며 그의 행적 때문에 나중에 정부는 은행 경영진을 대상으로 소송을 제기했다. 알고 보니 그는 개인 투자 자금을 확보하려고 은행 승인도 없이 대출을 받았다.[52]

크레디탄슈탈트 은행의 사례는 통화승수credit multiplier* 의 축약 과정을 보여준다. 수많은 대규모 산업 고객과의 관계에 묶여 있었지만, 예금이 줄어들자 소규모 고객, 즉 경제생활의 중심축이자 정치의 중심 세력이기도 한 중소기업인에 대한 신용을 축소했다. 이러한 일반적인 패턴은 독일에서도 나타났다. 독일의 경우, 파산하여 (거래 규모가 적은 고객들을 대상으로 불균형하게 신용을 축소한)은행들이 정치적 급진화를 초래한 원인으로 작용했다. 이런 문제가 있는 은행이 자리 잡은 도시에서는 나치당 지지율이 급격하게 상승했다.[53]

독일로 위기가 퍼져나간 것은 불가피한 일이 아니었다. 독일과 오스트리아가 이웃 나라이긴 하지만, 독일은 오스트리아 재정에 직접적인 관여가 거의 없었다. 사실 독일 은행을 모두 합쳐도 크레디탄슈탈트 은행 예금 보유량은 4퍼센트 미만이었다. 그러나 독일 은행은 1920년대 초반의 인플레이션과 초인플레이션으로 인해 자본 기반이 약화한

• 본원통화 한 단위가 증가할 때 통화량이 늘어나는 비율. 경제주체들의 현금보유비율과 예금은행의 지불준비율이 작을수록 커진다. -편집자 주

점에서 오스트리아 은행과 비슷한 것 같았다. 그리고 여기에 통화 위기가 겹쳤다. 통화 위기는 정부가 오스트리아와 관세동맹 협상을 시도하고, 전후 배상금 합의를 다시 협상하자고 주장하는 바람에 발생한 것이었다.

1931년 7월 초까지 독일 당국과 독일 중앙은행인 라이히스방크Reichsbank는 독일의 주요 은행이 무너지는 것을 절대로 허용하지 않겠다는 뜻을 명확하게 밝혔다.[54] 그러나 불과 며칠 만에 라이히스방크가 영국이나 미국의 중앙은행에서 지원받지 못한다는 점이 분명해지자, 라이히스방크는 손바닥 뒤집듯이 기존 입장을 바꿔버렸다. 이제는 독일 신용 체제가 모래성처럼 무너지는 것을 가만히 지켜볼 수밖에 없는 처지가 되었다. 그래서 1931년부터 규제, 금융기관과 국가의 관계, 공적 소유public ownership에 대해 열띤 논쟁이 벌어졌다. 7월 11~12일 주말에 걸쳐 중대한 논의가 이루어졌다. 논의의 핵심은 공황의 범위가 정치적, 외교적 불확실성에서 초래된 것인지 아니면 독일 은행 시스템의 고질적인 문제에서 기인한 것인지였다. 여기에는 한 가지 잠재적인 문제가 있었는데, 부정적인 뉴스가 발생하면 곧바로 하나의 전환점으로 작용할 여지가 있다는 것이었다.

독일 은행업의 미래에 대한 이러한 토론에서 중심적인 인물은 다나트 은행Danat Bank 대표이자 마스터 트레이더인 야코프 골트슈미트였다. 그는 1931년에 123개 독일 기업에서 이사회 임원으로 재직하고 있었다. 성격은 매우 외향적이었고, 공개 연설을 통해 1920년대 독일 세계화와 개방성의 핵심 인물을 자처했다. 그는 새로운 종교를 전파하러 온 선교인 같은 열정을 드러내며 다음과 같이 말했다.

사적 이익을 추구하는 것이야말로 경제 발전의 주요 동인이며 고용주뿐만 아니라 노동자에게도 큰 영향을 준다. 개인의 발전을 통해 더 나은 형태의 협력이 이루어질 수 있다. 우리는 세계 신용에 의존하고 있으며, 이러한 신용은 체제와 방법에 대한 신뢰심을 기반으로 해야 한다. 개인과 공동체의 행동에 영향을 주는 발전이 무엇인지 이 세상이 공개적으로 명확히 볼 수 있어야 한다.[55]

여기에서 핵심은 독일을 국제 경제와 통합시키는 것이었다. 그러나 골트슈미트의 도움으로 만든 불안정한 세상에는 어두운 그림자가 드리우고 있었다.

1931년 6월부터 7월 초 무렵에 다나트 은행이 엄청난 자금 손실을 본 사실이 드러났다. 주요 원인은 노르드볼레Nordwolle라는 섬유 생산업체였다. 이 회사가 파산할 거라는 소문이 파다했고(관련 소식이 스위스 신문에 보도되기도 했다.) 골트슈미트는 5월 11일에야 노르드볼레로 인한 손실 규모를 파악할 수 있었는데, 그날 공교롭게도 오스트리아 은행이 파산했다. 그는 드레스너은행Dresdner Bank이 노르드볼레의 신용을 상당 수준 확장해준 사실도 알고 있었다.

신앙심이 깊은 가톨릭 교인이자 정치인인 하인리히 브뤼닝 총리는 은행들이 서로의 예금을 보증해주는 네트워크를 확장하여 신뢰를 회복했어야 한다고 뒤늦게 생각했다. 원래 그 아이디어는 마커스 발렌베리Marcus Wallenberg라는 스웨덴 은행가가 제시한 것인데, 그는 은행 문제를 해결하는 면에서 스웨덴에 좋은 선례가 있다고 말했다. 1920년에 스웨덴 은행들이 공동 보증을 해준 덕분에 스벤스카 한델스방켄Svenska Handelsbanken이라는 은행이 구제받았기 때문이다. 그런데 담당 공무원과 라이히스방크 은행장은 다른 독일 은행의 의견을 들어보기도 전에 그 제안은 (다나트 은행에서 나온 것이라)실현 불가능하다고 못 박았다.

7월 13일에 독일 정부는 은행 휴무일을 선포한 다음 정부 자본으로 주요 은행들을 재정비했다. 독일 금융 시스템이 무너지자 런던의 몇몇 상업 전문 은행은 직격타를 맞았지만, 중부 유럽의 은행 대출이나 채권 발행에 관여한 미국의 대형 금융 기관들에는 실질적인 영향이 전혀 없었다.[56] 그런데도 비교적 거대한 나라의 금융 붕괴가 주는 신호는 중대한 의미가 있었다. 독일이 그 대표적인 사례가 될 수 있는데, 당시 독일에는 공공 부채를 해결할 필요성과 공공 지출 때문에 사모 신용private credit을 몰아낼 가능성이 있었다. 독일 은행은 단기 정부 부채를 보유하도록 강요당했고, 그 결과 다른 자산을 줄여야 했다. 이러한 교훈은 신용에 제약이 큰 독일의 경우에는 맞았으나 미국에는 맞지 않았는데, 미국은 다른 방도를 마련할 재정상의 여지가 더 컸기 때문이다.

뉴스에서 전달하는 사실뿐만 아니라 뉴스로 인한 감정적 가치도 모두 세계화되는 세상이었기에, 다른 지역에서 들려오는 부정적인 소식은 미국의 기대치를 높일 수 있었다. 1931년에 특히 그러했는데, 당시에는 두 가지 뚜렷한 불안감이 밀려들었다. 하나는 2월에 발생했고 주로 국내 재정 상황과 관련된 불안감이었다. 당시 보수적인 투자자들은 정부가 대공황에 대처하기 위해 지출을 확대하는 것이 어떠한 영향을 초래할지 걱정하고 있었다. 또 다른 불안감은 6월과 7월에 발생했는데, 해외에서 들려오는 소식 때문에 비관적인 분위기가 퍼졌다. 〈뉴욕 타임스〉도 이 소식을 대대적으로 보도했다. 두 가지 소식은 결국 같은 방향으로 이어져서 정부 지출의 위험에 이목을 집중시켰다.

1931년 2월에 부정적인 보고가 갑자기 급증했다. 그중 대부분은 의회에서 논의 중이던 참전용사 보너스를 조기 지급하는 사안에 관한 것으로, 이를 조기 지급하면 채권 시장에 부담이 될 것이라는 우려였다. 대공황 시기의 유럽 정부들이 겪은 재정적 어려움과도 비슷한 점이 있었다. 예를 들자면, 한 언론 기사에서는 '전국 곳곳의 산업 및 금융 지도자들이 참전용사 보험 조정 증명서를 현금화하는 제안을 만장일치로 반대한다'며 관련 사항을 자세히 열거했다.[57] 동일 언론사는 1928년과 1929년에 투기를 급증시킨 중개 대출('타인을 위한 대출'에 관해 카터 글래스Carter Glass가 이끄는 위원회가 실시한 의회 조사)을 둘러싼 우려도 파고들었다.[58]

1931년 여름이 되자 유럽에서 들려오는 금융 분야의 흉흉한 소식 때문에 불안감은 더욱 고조되었다. 은행 위기와 주식시장 위기는 복잡한 전달 경로를 통해 꼬리에 꼬리를 물고 악화하는 양상을 보였다. 주식시장 공황으로 초래된 부의 감소는 개인 및 기업의 대출 담보를 줄여버렸고, 그로 인해 신용 탈중개화credit disintermediation가 발생했다. 사실 신용 이탈은 대공황의 주요 특징이었다. 은행은 점점 대출을 줄이고, 대출 장부를 축소했으며, 차용인에게 주식과 기타 자산을 청산하도록 압력을 가하여 가격을 더욱 폭락시켰다. 이러한 과정을 어빙 피셔는 '부채 디플레이션debt-deflation'이라고 명명했고, 나중에 벤 버냉키의 손에서 통화 정책 전달 경로 모형이 완성되었다.

국제적인 구제 방안

✕

수요의 붕괴를 막거나 중단하거나 반전시키고자 국제 사회가 합심하여 노력할 수도 있었을까? 그렇게 하기에는 그 누구도 위험을 더 감수할 준비가 되어 있지 않았다. 그래서 움츠러들다 못해 다 죽어가는 신용 엔진을 재가동해야 했다. 프랑스와 미국은 큰 흑자를 누리는 양대 국가였는데, 그들 외에는 어느 국가도 새로운 시도를 해볼 여지가 있어 보이지 않았다. 하지만 프랑스와 미국은 둘 다 얼어붙은 상태였다. 프랑스는 유럽이 공황에 빠져서 더욱 위험해지고 있으며 그러한 상황이 자국에 큰 위협이 된다고 생각했을 뿐만 아니라, 파리가 어떤 식으로든 국제적 지원을 베풀면 결국에는 적국들만 더 강해질 거라는 두려움에 사로잡혀 있었다. 미국은 경기침체가 초래한 국내 상황에 집착했으며 은행가는 국제적 이윤만 추구하는 이익 집단이라고 생각했다.

후버 대통령은 한 가지 대담한 전략을 시도했다. 1931년 6월 20일에 배상금 및 전쟁 부채 지급을 1년간 유예한다고 선언한 것이다. 미 금융계는 이 선언을 희소식으로 받아들였다. 월스트리트에서는 주가가 상승했고 언론에서도 처음에는 "국제적 불확실성과 세계적인 불황을 완화하기 위해 시도할 만한 가장 효과적인 조처 중 하나"라는 말로 기대감을 드러냈다. 그렇지만 비관적인 기대가 이미 깊숙이 뿌리를 내리고 있었으며 '투자자들은 이미 아무런 희망이 없다고 판단하여 체념한 상태'라는 점이 분명해졌다.[59] 독일의 상황이 개선되기는커녕 더욱 나빠지자, 잠시 모습을 드러낸 낙관주의는 자취를 감추었고 미국이 취한 국제적 행동도 아무런 희망을 주지 못했다.

독일의 금융위기가 한창 심각하던 시기에 유일하게 현실적인 대안은 프랑스가 팔을 걷어붙이고 투자해서 도와주는 것이었지만, 이 또한 물에 빠진 사람이 고작 지푸라기를 잡는 것에 불과했다. 독일 재무성의 최고 책임자가 이 해결책을 시행하려고 노력하고 있었는데, 그는 금융 및 언론계의 중개자들을 통해 프랑스 우익 정당의 독재자인 피에르 라발Pierre Laval과 비공식적으로 접촉하고 있었다.

하지만 그렇게 프랑스에 도움을 받는 것은 2008년에 중국의 국부 펀드로 미 금융기관을 구제할 수 있을 거라는 생각만큼이나 현실성이 부족했다. 독일 은행 위기가 발생하기 전에도, 긴장감이 고조되자 스위스 바젤에 있는 새로운 국제 은행인 국제결제은행Bank for International Settlements은 국제적으로 힘을 모아 독일 은행을 구제하는 데 민간 은행가들을 참여시키려고 크뤼게르를 포함하는 계획을 세웠다. 훗날 킨더슬리 플랜Kindersley Plan이라고 부르는 계획이다. 당시 국제결제은행 관계자는 크뤼게르에게 다음과 이런 내용의 편지를 썼다. "우리 프랑스 친구들은 이 제안에 대해 약간 겁을 먹었는데, 그들은 우리가 프랑스 시장에서 돈을 빼내어 프랑스인이 아닌 인사들이 관리하는 기업에 쏟아부으려는 영국의 함정이라고 생각한 모양입니다."[60] 그들 사이에선 탐색전에 가까운 토론이 이어졌으나 아무런 결과를 얻지 못했다.

1932년 1월에 존 메이너드 케인스는 함부르크와 베를린을 잠시 방문하여 독일 사람들에게 다음과 같은 질문을 던졌다. "현대 자본주의 금융 구조가 거의 완전히 무너지는 것을 막을 수 있을까요?" 그 대답은 자산 가격의 구조에 들어 있었다.

금융 공황이 발생한 직접적인 원인은 명백합니다. 상품뿐만 아니라 거의 모든 종류의 자산의 화폐 가치가 무서울 정도로 폭락하는 것에서 그러한 원인을 찾을 수 있습니다. 이러한 하락은 은행 예금을 포함해 모든 종류의 화폐 부채에 대해 보유하고 있는 자산이, 더는 부채 총액과 같이 순실현가능가치가 없는 상태에까지 왔습니다.[61]

금융 기관은 상품의 가치 하락이 초래한 결과를 경제 전반에 전달하는 핵심적인 역할을 한다. 케인스는 부채를 탕감하면 이러한 부담이 완화된다고 생각했다. 또 다른 대안은 통화량을 늘리는 것, 즉 인플레이션을 유도하는 것이었다.

결국에는 디플레이션의 압력을 완화하려는 일련의 과정이 시행되었다. 문제는 금융 조직과 국제 신용 시스템이 압박을 견디지 못하고 무너지기 전에 압력을 완화할 시간이 있느냐는 것이었다. 만약 시간이 있다면, 전 세계적으로 자본을 확장하고 가격을 높이는 것, 쉽게 말해서 인플레이션을 추구하는 협동 정책을 위한 길이 열릴 것이었다. 내가 생각할 수 있는 유일한 대안은 채무 불이행이 발생하고 기존의 신용 시스템이 사라진 다음, 새로운 기초 위에 시스템을 재건하는 것이다.[62]

국제적인 구제 방안은 실행 불가능하거나 이미 실패했기 때문에 경제적 민족주의로 후퇴하는 것만이 유일한 대안인 것처럼 보였다.

차선책으로 무역 보호책을 방어할 수도 있었다. 이 방법은 정책과 금 본위제의 제약이 뒤섞일 때 발생하는 통화 디플레이션이 전염병처럼 확산하는 것을 어느 정도 제한해주는 메커니즘이다. 1931년 금융위기 이후로 각국은 해외 노출을 줄이기 위해 이전보다 훨씬 급진적으로 행동했는데, 양적 제한(쿼터)을 더 많이 부과하고 관세를 인상해버렸다.

자금의 흐름을 제한하는 것도 꽤 효과적인 방법처럼 보였지만, 위기가 너무 심각한 수준이라서 채무국으로 막대한 신규 자금이 흘러들어오는 것은 이미 기대하기 어려운 상태였다. 따라서 실질적인 자본 통제는 더 이상의 유출이 없도록 차단하는 것이었는데, 빌려온 자금은 이제 폐쇄된 채무국의 경제에 가두는 수밖에 없었다.[63]

세계화의 다른 측면도 내림세를 보이고 있었다. 인구 이동을 제한한 것은 경제적 불확실성에 대한 논리적인 대응처럼 보였으며, 대공황 이전인 1920년대에 프랑스와 미국을 포함한 여러 나라에서 이미 체계적으로 인구 이동 제한을 시행하고 있었다. 슬럼프로 인한 불안감은 사람들의 이동을 통제해야 한다는 압박감을 더욱 부채질했다.

다국적인 해결책이 등장할 희망이 조금이라도 있었을까? 국제협력이 최고조에 달한 것은 1933년 런던세계경제회의London World Economic Conference였다.[64] 하지만 이 회의가 실패하리라는 것은 이미 예상되어 있었다. 통화 전문가들은 통화 안정화에 대한 합의를 도출하는 것은 매우 바람직하지만, 그렇게 하려면 사전 협의를 통해 대공황 시기에 도입된 높은 관세와 쿼터를 포함하여 무역 장벽을 완전히 해제해야 한다고 지적했다. 무역 전문가들은 한자리에 모여 이 점을 재차 강조했다. 그들은 보호 무역주의가 명백히 악덕이라는 점에는 의견을 같이했지만 통화 안정 없이는 해결할 수 없는 필수적 조치라고 생각했다.

이러한 교착 상태를 극복하기 위해 특정 국가의 이익을 희생할 준비가 되어 있는 단호한 강대국의 리더십만이 이 회의를 살릴 수 있을 것 같았다. 하지만 그런 리더십이 등장할 가능성은 희박했다. 경제적으로 매우 힘든 시기였기에 각국 정부는 단기적 비용이 뒤따를 수 있는 희생을 치르려고 하지 않았다. 장기적 안정이라는 결과가 뒤따른다고 해도, 정치적으로 당장 얻을 수 있는 결과가 너무 불리했다. 경제 상황이 좋지 않을 때는 각국 정부도 힘이 없고 불안에 시달렸기에 민심을 잃을 행동은 피하려 했다.

실패를 피할 수 없다는 점을 깨닫자 참가자들은 희생양을 찾기 시작했다. 고전 탐정소설처럼 1933년 회의의 모든 당사자에게 용의자로 추정될 만한 이유가 있었다. 영국과 프랑스는 국제주의에서 등을 돌리고 그들의 방대한 해외 제국을 우선시하는 '제국 특혜Imperial Preference' 무역 체제를 도입했다. 독일이 급진적이고 공격적인 아돌프 히틀러 정부를 승인한 지 얼마 되지 않은 시기였다. 독일 대표단의 우두머리는 우익 선동가인 알프레트 후겐베르크Alfred Hugenberg였는데, 그는 나치는 아니었으나 자신이 실제로 히틀러보다 훨씬 더 완강한 민족주의자라는 것을 보여주고 싶어서 안달이 나 있었다. 일본 정부는 불과 얼마 전에 만주에 군대를 파견했다.

런던에 모인 강대국 중에서 미국만이 독보적으로 합리적이고 국제주의를 표방하는 나라처럼 보였다. 새로 취임한 프랭클린 루스벨트Franklin Delano Roosevelt 미국 대통령은 카리스마가 넘치는 영미주의자로서 범세계주의를 표방했다. 루스벨트는 이미 대공황에 맞서 뉴딜정책New Deal 등 강력한 조처를 시행했고, 무너진 미국 은행 시스템을 재정비하려고 애쓰고 있었다. 그는 회의에서 어떤 노선을 취해야 할지 몰랐는데, 대통령 고문들이 제시하는 조언에 일관성이 없었기 때문이다. 결국 그는 인내심을 잃은 채, 미국은 달러를 안정시킬 의향이 없다고 발표해버렸다. 1933년 7월 3일에 라디오를 통해 전해진 그의 발표는 흡사 '폭탄bombshell'을 떨어뜨린 것과 같았다. 그는 "국내 경제를 건전한 상태로 복구할 필요가 있으며 (소위)국제 은행가들의 해묵은 집착은 쓸모없다"고 강력히 비난했다.[65]

다들 국제주의의 실패에 충격을 받은 척했다. 하지만 속으로는 회의가 실패한 것에 책임을 전가할 사람을 찾았다는 사실에 기뻐하고 있었다. 케인스는 회의 결렬과 루스벨트가 던진 '폭탄'을 열렬히 환영했다. 1933년 7월 4일 〈데일리 메일〉에 '루스벨트 대통령이 전적으로 옳다'라는 제목으로 케인스가 쓴 환호 기사가 실렸다.[66] 이렇게 케인스와 루스벨트는 반세계화 정치의 새로운 시대를 여는 주역이 되었다.

마법사 케인스

✕

케인스는 에드워드 시대[•]에 태어나 성장했는데, 당시 케임브리지의 분위기는 밝고 낙천적이며 지적으로 자신감이 넘쳤다. 그의 아버지는 수학자이자 경제학자이자 영향력 있는 대학 행정가였던 존 네빌 케인스 John Neville Keynes였다.

케임브리지 사고방식에 따르면, 모든 문제는 분석과 성찰을 통해 답을 찾을 수 있었다. 이를 두고 케인스의 현대 전기 작가인 로버트 스키델스키Robert Skidelsky는 '장소의 오만함'에 대해 이야기한다.[67] 같은 주제를 두고 그의 첫 번째 전기를 집필한 경제학자 로이 해러드Roy Harrod는 독특한 시각으로 이야기를 시작했다. "내 목적을 달성하면 케인스가 일생을 바쳐 이룬 업적이 안정성, 자신감, 진보성이라는 측면에서 케임브리지 문명의 표현으로 보일지 모른다." 하지만 작가는 곧 우울함을 약간 드러낸다. 캐임브리지 문명이 이제 쇠퇴하고 사라져가기 때문이었다. 따라서 다음과 같은 질문이 생겼다. "그가 평생을 바쳐 이룩한 업적도 시간이 지나면 빠르게 사라져 가는 문명의 화려한 여운 정도로 여

• 영국 역사에서 에드워드 7세가 재위한 1901~1910년까지, 또는 제1차 세계대전 발발 직전인 1914년까지를 일컫는 말 -편집자 주

겨질 것인가? 아니면 영국 문명의 한 단계와 다음 단계를 이어주는 연결고리가 되어 혼란과 불확실성의 시기를 연장할 것인가?"[68]

근본적인 낙관주의를 지닌 케인스는 제1차 세계대전의 여파로 비관적인 경제학자들과 다른 시각을 가지고 있었다. 당시는 훌륭한 젊은이들로 이루어진 한 세대가 죽은 후였다. 영국이 전 세계를 호령하던 전쟁 전의 현실이나 확실성도 모두 사라진 상태였다.

케인스의 제자인 콜린 클라크Colin Clark는 훗날 이렇게 썼다.

당시 케인스를 제외한 대부분의 영국 경제학자는 심각한 비관주의에 빠져 있었다. 수많은 벗이 전사했고, 제1차 세계대전이 초래한 고통과 아픔의 여파는 여전히 남아 있었다. 그들의 비관주의적 태도는 세계 경제 불황이 초래한 여파를 해결할 수 없다는 문제만이 아니라 전쟁이 발발하기 전에 이미 어려움을 겪고 있던 영국의 경제 상황이었다.[69]

이러한 영국의 상황과 세계대전의 여파로 발생한 전반적 우울함은 케인스의 사상이 발전하는 과정을 이해하는 데 큰 도움이 된다. 그는 영국의 경기침체에 관한 확실한 해결책을 제시하고 싶어 했다. 그와 동시에 국제적 체제의 취약성과 문제점, 국제 질서를 회복하거나 재정비하는 데 드는 외교적 노력에 숨겨진 위선적인 면에 집착이 심한 편이었다.

케인스는 1919년 연말에 발표한 파리 평화회의에 관한 저서 《평화의 경제적 귀결The Economic Consequences of the Peace》 덕분에 유명 인사가 되었다. 그는 평화 회담의 결말에 크게 실망했으며, 영국 대표단에서 사임한 뒤 런던과 케임브리지로 돌아왔다. 그는 파리의 '안개와 지저분한 공기'를 몰아내고 블룸스버리 그룹과 철학자 G. E. 무어가 이끄는 케임브리지의 지식인 모임이 가진 윤리적인 분위기를 가져와야 했다. 케인스가 재무성에 사표를 던지고 베르사유 조약 전문이 발표된 후에, 블룸스버리 그룹의 일원이었던 버지니아 울프Virginia Woolf는 1919년 7월 8일 자신의 일기에 이렇게 썼다.

케인스는 파리 평화회의에서 목격한 암울하고 굴욕스러운 모습에 심한 환멸을 느끼고 있다. 당시 회의에서 사람들은 유럽이나 영국을 위해서가 아니라 다음 선거에서 자신이 의회로 복귀하기 위해 뻔뻔하게 행동했다.[70]

앞서 5월 말, 블룸스버리 그룹의 또 다른 회원이자 한때 연인이었던 덩컨 그랜트Duncan Grant에게 보낸 케인스의 편지에는 다음과 같은 내용이 있었다.

"지난 2~3주간 나는 세상 누구보다 비참한 기분이었어. 평화회의는 터무니없고 엉망진창이었으며 불행만 가져올 뿐이었지."[71]

몇 주 후에 그는 자기 생각을 글로 출간했다. 그것은 깊은 확신의 산물이었다.

그가 보기에 도전 과제는 구조적이고 경제적이었지만, 문제는 심리적이고 개인적이었다. 후에 출간된 저서에서 가장 설득력이 큰 부분은 동맹국 지도자Allied leaders에 대한 자세한 설명이었다. 특히 케인스는 자신의 저서가 우드로 윌슨Woodrow Wilson이라는 사람에 관한 비극이라고 여겼다.(여기서 케인스는 셰익스피어의 《맥베스》를 인용했다.)

미 대통령으로서는 최초로 재임 기간에 유럽을 방문했던 그는 원래 유럽을 재건하고 황폐해진 문명을 복원할 인물로 등장했다. "대통령이 조지 워싱턴호를 타고 우리에게 와주었을 때 전 세계 사람들의 마음에 얼마나 큰 희망이 생겼던가!"[72]

그러고 나서 평화 조약에 대한 환멸이 생겼다. 케인스가 보기에 그 조약의 기반은 프랑스의 처벌과 복수 사상이었다. 그래서 그는 배신의 원인을 찾다가 대통령에게서 성격적 결함(장로 교인다운 성격)을 찾아냈다. "대통령에게 무슨 일이 생긴 것인가? 어떤 약점과 불운이 그렇게 대범하고 예상치 못한 배신으로 이어진 것인가?"[73] 윌슨이 품은 생각과 이상, 그리고 그들의 배신에 집중했던 케인스의 해석은 그의 오랜 신념에서 나온 자연스러운 결과물이었다. 이것은 이해관계가 아니라 아이디어에 따라 세상의 흐름이 정해진다는 존 메이너즈 케인스의 유명한 저서 《고용·이자 및 화폐의 일반 이론》의 결론에 가장 명확히 드러나 있다.

케인스의 저서는 큰 인기를 얻었다. 초판 인쇄본 2만 부는 금방 동났고, 3만 부를 추가 인쇄했다. 《평화의 경제적 귀결》은 지금까지 거의 중단 없이 출판되고 있다. 〈잉글리시 리뷰English Review〉지의 필진 오스틴 해리슨Austin Harrison은 '비교할 수 없는 권위를 가진 책'이라고 칭찬했으며, 〈선데이 픽토리얼Sunday Pictorial〉지의 글 덕분에 '조약을 파기하지 않으면 위기가 닥칠 것'이라는 표현이 유명해졌다.[74]

《평화의 경제적 귀결》에서 제시한 가장 구체적인 정책은 경제 재건을 위해 국제 대출을 개시하라는 것이었다. 케인스가 생각한 금액은

2억 파운드인데 이는 당시 영국 GDP의 3.6퍼센트에 해당했다. 그 제안이 현실적이었을지 몰라도, 이를 시행하려면 책 한 권으로는 부족했다.

기본적인 개념은 재건이라는 작업을 위한 아이디어보다는 이해관계를 동원하자는 것이었다. 1919년 말에 암스테르담의 저명한 네덜란드 은행가 제라드 피서링Gerard Vissering의 집에 대안이 될 만한 구제 및 복구 메커니즘을 구상하기 위해 은행가와 금융가 여러 명이 모였는데 이 모임의 핵심 인물은 케인스였다. 이들은 국제연맹에 보고서를 제출하고 전 세계 금융 업계를 대상으로 회의를 조직하여 전후의 혼란스러운 상황을 해결하고 유럽 경제를 재설정하여 번영으로 인도하려는 희망을 품었다. 그들은 정부 부채 위기에 관한 기본적인 진리를 강조했는데, "과잉 소비를 줄이고 생산과 세수를 늘리는 것이 유일한 해법은 아니더라도 가장 희망적인 구제책으로 보인다"라고 의견을 모았다.

암스테르담에서 열린 논의에서 핵심적인 한 가지 사안이 더 있었는데, 그것은 바로 '베르사유 회의에서 채택된 전략에 대한 대안 전략을 마련하는 것'이었다. 독일, 한발 더 나아가서 중부 유럽은 모든 것을 잃어버린 전시 경제에서 평시 상황으로 전환하려면 외부에서 상당한 자금을 지원받아야 했다.

암스테르담 논의에 참석한 유력한 인사이자 뉴욕에 자리 잡은 국립상업은행National Bank of Commerce의 총재 제임스 알렉산더James Alexander는 유럽 재건에 필요한 자본 유입을 혁신적으로 처리할 방안을 제안했다.

유럽이 떠안고 있는 엄청난 빚과 불안정성 때문에 유럽 국가나 유럽 기업에 자금을 빌려주는 것은 극도로 위험한 것처럼 보였다. 그래서 그는 채무 불이행의 위험을 낮추고 위험 등급이 높은 유럽 국가에 대한 대출을 확대하려면, 유럽의 신용 수요를 한데 모아서 증권화한 다음에 미국 투자자에게 판매해야 한다고 주장했다. 유럽 국가들이 돈을 빌릴 때 개별적으로 신용 계약을 체결하는 것이 아니라, 미국 투자자들이 돈을 빌리는 모든 유럽국의 이자 및 원금 지급액에 대해 현금 흐름의 일정 지분에 대한 권리를 매입하는 방식이었다. 또한 채무 불이행이 발생할 때 대출 기관에 자산을 제공하고 애초부터 차용인이 채무 불이행을 일으킬 요인을 줄이려면 가치가 큰 담보를 설정해야 했다. 채무 불이행이 발생하면 담보를 빼앗기므로, 담보의 가치가 커야만 차용인이 채무 불이행을 일으키지 않으려고 노력하게 된다. 알렉산더는 "(미국 상품)을 구매하는 유럽의 개인 구매자는 자신의 전 자산에 대해 일반 모기지를 제공할 준비를 해야 한다. 그의 대출은 가능하다면 정부 보증으로 강화하고, 자국 은행의 컨소시엄을 통해 추가 승인을 얻도록 해야 한다"라고 기술했다.[75]

제아무리 혁신적인 금융 방안을 동원하더라도, 전쟁 배상금이나 연합국 간의 부채 문제에 대한 명확한 결과가 없었기에 투자 커뮤니티는 막대한 불확실성에 휩싸였다. 합법적인 가치가 있는 유럽 자산으로 유럽 증권을 보증하더라도, 끔찍한 내전을 치른 지 얼마 되지 않았으며 유럽 전역에 분쟁이 계속되고 있다는 뉴스가 쏟아져나오는데, 일반적인 미국 투자자가 과연 유럽에 장기 투자하는 것을 편안하게 받아들일지 알 수 없었다. 유럽에 당장 필요한 수준의 자본을 확보하려면 미국 전역 모든 사람의 저축을 동원해야 했다. 만약 그렇게 한다면 평범한 미국의 농부, 소규모 자영업자와 전문직 종사자가 모두 일반적인 미국인 투자자가 되는 것이었다. 투자자인 미국의 측면에서 볼 때 투자자의 폭이 이처럼 넓어야 했기에, 이론상으로는 전혀 문제가 없더라도, 현실적으로 유럽 담보는 사실상 불가능해 보였다.

1920년 1월 20일에 케인스는 주요 중립국과 연합국 정부에 제안서 사본을 보냈다. 충분한 서명이 확보되지 않은 프랑스만 제외되었다. 케인스는 각국 정부의 지원을 얻을 가능성에 대해 낙관하지 못했으며, 1월 31일에 피서링에게 다음과 같은 글을 보냈다.

적절한 결과가 나올 거라는 부푼 희망을 품을 수 없군요.[76] 미국인들이 아무것도 안 하기로 마음먹은 것이 분명합니다. 여기에 프랑스의 불안한 상황이 겹치면, 사실상 어떤 나라도 (유럽 경제의 재건을 돕기 위해) 행동을 취하는 것이 매우 부담스러운 상황이 되어버립니다.[77]

케인스는 예언 같은 말을 자주 했는데, 이번에도 그런 발언을 했다. "일이 이렇게 흘러가면, 전반적인 상황이 나아지기는커녕 더 나빠질 가능성이 점점 커집니다."[78]

1919년 12월 12일에 그의 한탄을 담은 《평화의 경제적 귀결》이 출간된 직후 케인스는 곧바로 정치적 곤경에 처했다. 미 행정부를 맹렬히 비난하고 풍자하는 글이 어떻게 워싱턴이 온화하고 관대하게 행동하도록 설득할 수 있었겠는가? 케인스는 국제연맹에서 큰 영향력을 가진 영국 정치인 로버트 세실 경에게 자신이 암스테르담 그룹의 제안서에 서명해야 할지 자문했다. 세실 경은 케인스의 저서에 대한 워싱턴의 반응에 특히 우려를 나타내면서 다음과 같이 답변을 보내주었다.

나는 (《평화의 경제적 귀결》이) 윌슨 대통령과 그의 수행단에 미치는 결과가 다소 걱정됩니다. 그는 아주 허영심이 많다고 합니다. 이 책에서 당신이 그를 묘사한 것을 보면 그의 허영심을 충족시키는 것과는 거리가 아주 멉니다. 그리고 그는 (분노와 원한을 품는) '악의적인' 사람으로 알려져 있습니다. 당신이 이미 지적한 것처럼 우리는 미국에 관대함을 보여달라고 호소해야 합니다. 만약 미 행정부가 우리에게 적대적으로 나온다면 우리는 분명 실패할 겁니다.

세실 경은 1920년 1월 6일 자 편지에서 자기 입장을 다음과 같이 또한 번 강조했다. "우리는 엄청난 결과를 바라지만 사실 희망적이라기보다는 절망적인 상태에 가깝습니다. 우리는 어떠한 기회도 함부로 버려서는 안 됩니다." 그는 케인스가 서명해버리면 "강력한 영향력을 가진 사람들이 적으로 돌아서게 만드는 것"이라고 경고했다.[79]

케인스는 국제 문제에서 눈을 돌려 국내 문제에 관심을 가졌다. 새로 바꾸거나 제대로 바로잡을 만한 사안이 훨씬 많았다. 1920년대 영국의 불안과 대공황에 차례로 대응하면서 케인스는 돈과 총 경제 성장aggregate economic performance의 상호 작용을 먼저 확인하게 되었다. 1930년에 출간된 《화폐론A Treatise on Money》은 주로 화폐 관리가 어떻게 경제의 신용 기반을 무너뜨릴 수 있는지 다루었다. 이 책의 가장 큰 목적은 1925년에 영국이 금 본위제를 다시 도입하여 패리티를 잘못 선택한 것 때문에 영국 중앙은행이 과도하게 제한적인 통화 정책을 시행하게 된 것인가라는 논의에 이바지하는 것이었다.

1920년대에 케인스는, 자신이 수학했던 케임브리지 대학교 킹스칼리지의 금융 고문으로서, 투자에 관한 신용 순환 이론을 적용했다. 또한 런던과 케임브리지 경제 서비스London and Cambridge Economic Service의 창립자답게, 주식, 채권, 현금에 적절히 투자 배분하는 방법으로서 이 이론을 많은 사람에게 전파했다. 하지만 이 전략은 괄목할 만한 성공을 거두지 못했다.[80] 그러자 케인스는 자신의 주장을 재고하기 시작했다.

케인스의 분석에서 두 가지 가설이 점차 중요성을 띠게 되었다. 한편으로는 금융 시장의 상호작용에서 예상치 못한 불안정성이 유발되었고, 주기적으로 기대감과 행복감에 크게 부풀었다가 얼마 버티지 못하고 무너져 내리는 상황이 이어졌다. 다른 한편으로는 전시 독일이나 무솔리니가 집권한 이탈리아, 소련의 경우에 체계적인 계획을 통해 이룩하는 성과가 좋은 평가를 받았다. 1932년에 케인스는 이런 결론을 내렸다.

현대에 와서 두 가지 아주 특별한 정치 운동이 도덕적, 감정적으로 서로 완전히 반대인 출발점에서 시작하여 국가 계획이라는 중대한 사항에서 합의점에 도달했다는 것은 매우 의미 있고 중요한 사항이다. 19세기에는 무질서가 존중받았지만, 이제는 중간 합의점에서 이성적으로 판단하고 심사숙고하는 것이 더 중요하다.[81]

1932년에는, 핫머니*의 흐름에 관해 강력한 경고를 발했다.

(산업이 쇠퇴하는 원인을 조사하려고 정부가 구성한) 맥밀런 위원회 Macmillan Committee가 지적한 바에 따르면, 영국 중앙은행이 보유한 자원은 긴급 상황에서 거대한 여유 자금의 세계를 처리하기에 충분치

---

* Hot money. 국제금융시장을 이동하는 단기자금. 단기 수익을 목적으로 하는 투기성 자본을 보통 핫머니라 칭한다. -편집자 주

않다. 요즘 전 세계를 돌아다니는 투기꾼과 국제 안전 우선주의자들이 이러한 자금을 가지고 있는데, 각국의 은행 시스템을 차례로 당혹스럽게 만들고 있다.[82]

가장 큰 수수께끼는, 유럽 강대국이 모두 피를 흘리며 무너진 후에 막대한 지배력을 거머쥔 '번영의 땅'이라 불리는 미국이 그토록 무너지기 쉬운 상태가 되어버린 이유였다. 《화폐론》이 제시하는 개념 프레임워크에 있어서, 중앙은행이 잘못된 정책 체제를 운영하고 있다는 주장도 등장할 수 있었다.

실제로 이러한 생각은 나중에 밀턴 프리드먼Milton Friedman과 안나 슈워츠Anna Schwartz가 집필한 《미국 화폐사Monetary History of the United States》에 등장한 유명한 분석의 핵심으로 사용되었다. 패전하여 엄청난 배상금을 떠안은 독일이 저렇게 비참해진 이유를 설명하기란 어렵지 않았다. 그러나 미국은 자신만의 사고방식에 빠져있었으며 그들의 생활 방식과 특징에서 핵심을 이루는 확고한 개인주의에 중독되어 있었던 것이 분명했다. 케인스는 다음과 같은 질문을 던졌다.

가장 둔한 관찰자마저도 깊이 우려하게 만드는 현대 세상의 경제적 사건은 무엇인가? 우리는 전쟁 중에 물질적 부를 만들어내는 비범한 능력을 얻었다. 물론 그 당시에는 또 다른 파괴를 일으키기 위해 그러한 능력을 개발한 것이었다. 하지만 그러한 능력과 대조적으로 오늘날 우리는 풍요 속의 빈곤을 겪는다. 우리 손으로 직접 만들어 낸 영양분을 입으로 가져가지 못할 만큼 심각하게 무능력하다.

전쟁은 이 나라에서 계획된 체제에 가장 가까운 사건이었다. 환경은 매우 열악했고 지나치게 서두르는 느낌이 있었으며 급하게 임기응변으로 대처할 수밖에 없었다. 그런데도 그 상황에서 우리는 현대 기술의 생산 잠재력을 엿볼 수 있었다. 반면에, 미국은 계획이라는 개념에 대해 가장 적대적인 전통을 가진 나라이자, 정부의 형태가 즉흥적인 계획에 가장 적응력이 떨어지는 편인데, 현재 바로 미국에서 기회에 비해 경제 체제가 실패했다는 것이 가장 명확히 드러난다.[83]

케인스는 대중 심리와 대조되는 개인의 무력함을 깊이 생각한 다음 스웨덴의 성냥왕 이바르 크뤼게르를 특별한 예시로 선택했다. 크뤼게르는 자신이 운영하는 성냥 회사가 성냥을 공급할 기회를 담보로 금융 대출을 얻어내는 방법을 사용했다. 1919년 케인스-피셔링 그룹은 미국 대출의 담보로 사용할 안정적인 유럽 기업을 구축하는 것을 목표로 삼았는데, 크뤼게르의 사례야말로 이 목표를 달성하기에 가장 좋은 방법처럼 보였다.

케인스는 크뤼게르의 목표와 뻔뻔함에 강한 인상을 받았으며, 그의 실패에서 단순한 교훈을 끌어내려고 애썼다.

그러나 요즘 같은 시기에 전 세계적으로 국가 계획에 가장 좋은 기회는 산업 불황을 피하거나 완화하는 데에서 찾을 수 있다. 산업 불황이 닥치면 부의 창출에 관한 세계 각국의 잠재력이 막대한 손실을 보게 된다. 여기에서 우리는 또 한 번 개인의 범위를 완전히 벗어나는 문제점을 발견하게 된다. 개인은 무력한데, 비참하다는 생각이 들 정도로 무력한 존재이다.

오늘날 주변을 둘러보면 세상이라는 카펫 위에 그러한 예가 수없이 뿌려져 있는 것을 쉽게 볼 수 있다. 개인이 강한 열망을 품고 있거나 이해를 열심히 추구하더라도 그가 사실상 할 수 있는 것은 하나도 없다. 그리고 중심부에서 서로 협력하는 행동에서 시작된 것이라면 쓸모없는 것은 하나도 없다.

개인의 무력함에 대한 가슴 아픈 사례가 있다. 이바르 크뤼게르의 비극적인 죽음을 보면, 제아무리 영향력이 강하고 놀라운 천재성을 지니고 있어도 어쩔 수 없다는 것을 알 수 있다. 당대에 그만큼 훌륭한 비즈니스 실력을 갖춘 사람은 아마 없었을 것이다. 그는 공익을 위해 매우 폭넓게 많은 활동을 했으며 전후의 혼란스러운 세상에서 자원이 남아도는 나라와 자원이 절대적으로 부족한 나라를 이어주는 통로가 되는 것이 자신의 사명이라고 생각했다. 그는 견고한 기초를 먼저 만들고 주어진 상황에서 인간의 능력으로 해낼 수 있는 안전장치로 자신의 주변을 에워쌌다. 무지한 사람은 평범한 도박꾼의 운명이라고 착각할 만한 고통을 겪지만, 사실은 어느 인간도 녹여서 일상생활의 따스함을 회복할 수 없는 얼음 왕국의 빙산 사이에 끼인 사람이다.

정중하게 말해서 유동성을 가지려 노력하는 자본가들은 자기 친구들과 동료들을 싸늘한 강물에 밀어 넣는데, 자신 또한 결국 뒤에 있는 더 조심스러운 친구의 손에 강물로 떠밀려 들어가는 것과 같다. 그런 모습을 지켜보는 것에서 교화받기란 어려운 일이다.[84]

19세기 금융계에 불어닥친 폭풍은 이제 케인스에게 얼음 왕국의 빙산과 같았다.

케인스는 결국 소규모 개혁 제안에도 조급한 마음을 갖게 되었다.

이미 1929년에 자유당 선거공약의 일환으로, 대규모 공공사업을 열렬히 지지했다. 1932년에 그는 대공황 긴축에 대한 대안을 간절히 원했던 보수당 하원의원이자 케인스의 저서를 처리한 출판사의 공동 소유주인 해럴드 맥밀런Harold Macmillan에게 다음과 같은 편지를 썼다.

제가 느끼기에 귀하는 국가의 투자 기능을 개발하려는 제안을 강하게 밀어붙이지 못하는 것 같습니다. 귀하는 국가가 반드시 해야 할 역할을 축소하려고 하며, 민간 기업과 보조금을 합친 방식으로 결과를 얻으려는 것 같습니다. 하지만 현재 그 방법이 과연 실행 가능성이 있는지 의구심이 듭니다. 현재 필요한 자극이 적정 수준이면 귀하의 방식이 효과가 있을지 모릅니다. 하지만 지금으로서는 국가의 모든 힘을 한데 모은다 해도 적정 수준의 투자를 끌어내기란 매우 어려운 상황입니다.[85]

국가 수준의 프레임워크 외에는 해결책이 나올 수 없었다. 금융이 불안정한 상황에서 각국은 합리적 계획을 위해 서로 분리해야 했으며, 관세를 적용하는 것은 별로 중요해 보이지 않았다. 에드워드 시대의 자유주의자로서 케인스는 무역 제한이 열등한 규제 방식이라고 생각했다. 그는 1932년에 오타와에서 열린 대영제국 경제회의British Empire Economic Conference에서 영국의 자유무역 협정 종료를 앞둔 행사 준비 기간에, 영국 예산에서 관세가 증가한 것을 '1급 저주'라고 표현했으며 '그게 필요한 조처일지 모르지만, 관세를 그렇게 늘리는 것은 정말 불쾌한 일'이라고 덧붙였다. 식품에 대한 세금은 제외하되, 관세를 높이려는 시도는 '거기서 멈추기'를 바랐다. 관세로 해낼 수 있는 목표라면

환율 하락으로 훨씬 더 잘 해낼 수 있었다.[86]

케인스는 자기 생각을 크게 조정하여 국제 무역이 수요 부족의 주요 원인이라는 결론에 도달했다. 그는 1933년에 발표한 '국민적 자급자족'National Self-Sufficiency이라는 논문에서 상황이 어떻게 변해왔는지 다음과 같이 설명했다.

그러나 외국 무역을 확보하기 위한 국가적 노력을 집중하는 것, 외국 자본가의 자원과 영향력이 국가의 경제 구조에 침투하는 것, 우리의 경제생활이 끊임없이 변동하는 외국의 경제정책에 밀접하게 의존하는 것이 국제 평화를 보호하고 보장해 준다고 말하기 어렵다. 그동안의 경험 및 앞일에 대한 예측에 비추어 볼 때, 오히려 그와 반대의 주장을 펼치는 게 더 쉽다. 그래서 나는 각국이 경제적으로 서로 얽히고설키는 것을 최대한 늘리려는 사람보다는 오히려 이를 최소화하려는 사람을 더 응원한다.

아이디어, 지식, 과학, 후대, 여행과 같은 것들은 본질적으로 국제적인 성격을 지닌다. 하지만 합리성이나 편의성의 측면에서 가능하다면 상품은 국내에서 생산하도록 허용하는 것이 좋다. 무엇보다도 각국이 금융을 독자적으로 운영해야 한다. 그러나 이와 동시에 금융이나 경제와 관련하여 얽힌 부분을 풀어내려고 노력하는 사람들이 있다면, 그들은 매우 천천히 조심스럽게 움직여야 할 것이다. 이것은 뿌리를 완전히 뽑아서 해결할 문제가 아니라 식물이 전혀 다른 방향으로 자라도록 살살 유도하는 문제라고 할 수 있다.

그는 이제 전쟁 이전의 세계화를 돌아보며 1914년에 닥친 재앙의 근원은 무역 갈등이라고 해석했다. "경제적 국제주의 시대는 전쟁을 피하는 면에서 특히 성공적이었다고 할 수 없다. 1914년에 존재했던 것보다 더 높은 수준으로 국가가 자급자족을 이룩하고 여러 나라 사이에서 경제적으로 고립된 상태를 유지하는 것이 평화의 원인으로 더 적합했을 것이다."[87]

따라서 국가관의 화합을 이루려면 국제 교류에 제한을 가할 필요가 있었다.

1936년에 발표한 《고용, 이자 및 화폐의 일반이론The General Theory of Employment, Interest and Money》(이하 《일반이론》)은 위기 이후에 대한 케인스의 생각을 가장 잘 설명하면서도 동시에 가장 많은 문제를 드러낸 책이었는데, 긴장이 악화하자 이 책의 설명도 무너지고 말았다.

책의 논리는 크게 두 가지 방향을 제시했다. 하나는 1930년대 상황처럼 정책 설정에 비교적 쉽게 적용할 수 있는 지적 프레임워크다. 1930년대에 존 힉스John Hicks와 로이 해러드가 새로운 통합을 신속하게 언급했는데, 통합 방향을 주도한 것은 바로 케인스였다.[88] 힉스의 해석에 따르면 장기적으로 자본의 한계생산성은 무너지게 되어 있으나, 정부 조처로 경제는 더 나은 균형 상태에 도달할 가능성이 있다.

《일반이론》에서 케인스는 각국이 더 이상 무역을 놓고 경쟁하지 않아도 국제적 조화를 이룰 수 있다는 비전을 제시했다.

앞 장에서 국내 자유방임주의 체제와 19세기 후반에 매우 중시된 금 본위제를 시행하는 한, 정부로서는 시장을 위한 경쟁적 투쟁 외에는 국내의 경제적 어려움을 완화할 수단이 전혀 없다고 지적했다. 소득 계정의 무역 수지를 개선하는 조처 외에는, 만성적이거나 간헐적인 고용 불완전에 도움이 되는 모든 조치는 배제되었다. 경제학자들은 지배적인 국제 체제가 국제적인 노동 분업의 성과를 산출하며, 그와 동시에 여러 나라의 이익을 적절히 균형을 이루게 해 준다고 칭찬하는 데 익숙한 것 같다. 하지만 여기에는 그보다 더 심각한 영향이 숨겨져 있다.

정치가들은 상식과 실제 사건의 진행 과정을 제대로 이해한 후에 큰 감동을 하였으며, 부유하고 오래된 국가라도 시장을 위한 투쟁을 게을리하면 번영을 지속하지 못하고 실패할 것으로 생각했다. 그러나 국내 정책을 통해 완전 고용을 이룩하는 방법을 터득하면, (그리고 인구 트렌드에서도 균형을 이룩할 수 있게 된다면) 주변 국가의 이익과 비교하여 그 나라의 이익을 설정하기 위해 중요한 경제적 영향이 어떠한지 계산해볼 필요가 없다.

적절한 조건으로 국제적인 노동 분업과 국제 차입을 시도할 여지가 여전히 남아 있을 것이다. 하지만 한 나라가 다른 나라에 자신의 상품을 강요하거나 반대로 이웃 나라가 제시하는 것을 거부해야 할 절실한 이유도 더는 없을 것이다. 자기가 구매해야 하는 제품에 대한 대금을 내는 데 필요한 과정이라서가 아니라, 지급의 균형을 일부러 무너뜨려서 무역 균형을 자신에게 유리한 쪽으로 기울게 하려는 것이다.[89]

케인스주의의 두 번째 비전은 근본적인 금융 불안정에 처한 세상이다. 이 메커니즘은 대공황 때 국제 사회의 체제를 무너뜨렸으며 1970년대에 다시 모습을 드러냈다. 이 논리는 후에 하이먼 민스키 Hyman Minsky가 가장 명확하게 설명했다.[90]

1930년대에 케인스는 주로 영국에서 이루어지는 논의를 다루었다. 영국의 몇몇 경제학자들은 대규모 실업 현상이 상품의 지속적인 과잉 공급 및 인간 욕구가 완전한 충족되었음을 뜻하는 징후라고 믿었다. 이러한 비전을 반대하는 과정에서 또 다른 대안이 등장했는데, 투기와 기업의 실수로 문제가 생겼다는 주장이었다. 그 결과로 등장한 방식은 시장을 정리하기 위해 효과적으로 가격을 조정하는 것이 아니라 수량 조정으로 균형을 회복하는 것이었다. 하지만 이런 방식이 가져온 균형은 일종의 차선책이었다. 엘리자베스와 해리 존슨은 케인스가 자산 가격 및 가격 변동에 관한 '주식시장 투기꾼의 이론'을 내놓은 것이라고 결론지었다.[91]

금융 불안정을 완벽히 해소하려면 훨씬 더 급진적인 방법이 필요했다. 케인스는《일반이론》에서 이렇게 지적했다.

현대 세상의 경제생활을 힘들게 하는 신뢰의 위기를 타파할 유일한 근본적인 치료책은 개인의 소득을 소비하는 것과 특정한 자본자산을 생산하는 것 사이에 선택의 여지를 주지 않는 것이다. 그 자본자산이 자신이 선택할 수 있는 가장 좋은 투자 대상처럼 보여도, 실제로는 근거가 매우 불확실할 수 있다.[92]

정책 방향과 근본적인 심각한 취약성을 조화시키는 것은 사실 불가능에 가까운 일이었다. 그렇게 하려면 금융 불안정성이 없는 국제 질서를 확립하려는 노력이 필요했다. 케인스는 제2차 세계대전 중에 전후 질서를 준비하면서 이 일을 해내기로 마음먹었다.

세계대전 사이의 경제가 가진 문제를 해결하는 것에 있어 케인스는 중심적인 역할을 했고 그로 인해 강력한 신화가 탄생했다. 전지전능한 존재에 가까운 전문가가 상아탑에서 기발한 해결책을 만들어 낸다는 것이었다.

존 힉스는 《일반이론》에 관한 논평에서 "제번스 혁명을 뛰어넘는 것이라는 주장이 있다."라고 언급했다.[93] 그만큼 케인스의 저서는 마법처럼 사람의 마음을 사로잡는 특징이 있었다. 로이 해러드는 케인스의 전기에서 그를 거의 성인聖人으로 떠받들다시피 했는데, 해러드에 따르면 1944년 브레턴우즈에서 열린 유엔 국제 통화 회의*에서 케인스는 분위기를 완벽하게 파악하고 있었다고 한다.

이 회의는 다자간 형태의 국제 사회 전후 회복에 필요한 제도상의 계획을 정확하게 제시했고, 해러드는 여기에서 케인스의 모습을 이렇게 묘사했다. "케인스는 듣기 좋은 말을 항상 준비해두고 있었다. 그는 아무리 어려운 문제를 직면해도 번개처럼 상대방의 오류를 찾아냈으며 얼핏 듣기에는 점잖은 말이지만 실제로는 아프게 찌르거나 매우 공격적인 표현으로 이를 지적했다."[94]

전기나 분석 자료에서 '마법'이라는 말이 얼마나 자주 쓰였는지 확인해 보면 그저 놀라울 뿐이다. 《일반이론》에 관해서 스키델스키는 "케인스는 마법사 같은 인물이며, 그가 마법 같은 저술물을 남긴 것은 당연하다"라고 기술했다.[95] 미국의 정책 입안자 아돌프 벌리Adolf A. Berle와 해리 덱스터 화이트Harry Dexter White는 영국 경제학자 라이어넬 로빈스에게 "귀국의 케인스 경은 소변에서도 향수 냄새가 날 겁니다"

---

* 1944년 7월 미국의 브레턴우즈에서 연합국 44개국이 모여 국제 통화 금융 회의를 열고 체결한 협정. 통화 안정을 꾀하기 위하여 국제 통화 기금, 국제 부흥 개발 은행 설립을 결정했다. -편집자 주

라고 말했다.[96]

원래 자유시장주의자였으나 케인스주의로 큰 전환을 시도한 로빈스도 비슷하게 생각했는데, 한층 더 부풀린 표현을 사용했다. 그는 워싱턴에서 저녁 식사를 마친 후에 케인스에 관해 이런 글을 남겼다. "우리 생활이나 언어에 비해 고전적인 스타일을 사용하는 것은 사실이지만, 전통적인 것이 아니라, 순수하다는 말 외에는 표현할 길이 없는 독특하고 남다른 무언가를 통해 의미를 전달하는 것 같다. 미국인들은 신과 다름없는 그가 황금빛에 싸여 노래하는 모습을 넋을 놓고 바라보았다."[97]

세계화의 일시 중지

✕

케인스는 1935년에 조지 버나드 쇼George Bernard Shaw에게 향후 10년간 경제 문제에 대한 전 세계의 접근 방식을 개혁하는 사안에 관해 편지를 썼다. 그때 케인스는 1939년 이후로 세계를 휩쓴 대화재의 범위나 규모는 상상조차 못 했을 것이다. 그는 일련의 평화로운 국가들로 이루어진 집단을 영국이 주도하며, 그 집단에는 프랑스, 소련, 미국도 포함될 것인데, 이들이 '전체적으로 매우 강력해서 미친 사람이 아니고서야 그 집단에 감히 맞서지 못할 것'이라고 상상했다.[98] 희망으로 가득 찬 생각이었지만 우려가 전혀 없었던 것은 아니다. 하지만 그의 계산은 미국이나 소련을 평화 연맹에 어떻게 끌어들일지 설명하지 못했다.

1930년대 후반과 제2차 세계대전 당시에 전 세계를 괴롭힌 문제는 세계화를 되살리는 방법이 아니라, 종종 대립이 발생하는 민족주의 버전의 자본주의를 어떻게 부활시킬 것인가였다. 케인스는 국내의 관리

체제를 되살리는 가능성은 낙관적으로 전망했다. 국가 경제를 관리한 다는 것은 부족과 잉여를 관리하는 것이며, 국제 메커니즘은 국제 무역으로 인한 영향이 갈등을 일으키거나 파괴적인 수준으로 악화하지 않도록 보장해 줄 것이었다.

케인스는 자본주의 사상을 변호했으며 자신이 환자의 건강을 회복시키는 의사와 같다고 생각했다. "동료 시민을 압제하는 것보다는 자기 은행 잔액을 압제하는 편이 낫다. 은행 잔액은 종종 동료 시민을 위한 수단에 지나지 않는다고 비난받지만, 때로는 그것이 대안이 될 수 있다."

이것은 이성적인 생각이었다. 하지만 1930년대가 되자 그럴듯한 대안이 다양하게 등장했다. 유럽 전역에서 기존의 엘리트층이 새로운 신념을 받아들였다. 몇 가지 사례를 들자면 다음과 같다.

헝가리의 캐서린 카롤리 부인(공산주의자)은 케임브리지 대학교를 방문했을 때를 회상하면서, 그곳에서 만난 젊은 공산주의자 학생이 그녀에게 옥스퍼드와 케임브리지의 유서 깊은 대학들은 혁명이 일어나면 완전히 평준화해야 하는데, 매우 유감스럽지만 '꼭 필요한 일'이라고 말했다고 전했다. 또한 상류층의 억양을 구사하는 영국 대학생들은 소련이야말로 '약속의 땅'이라고 생각하고 있었다.[99] 영국 중산층을 대표하며 흠잡을 데라고는 전혀 찾아볼 수 없는 소설가인 바바라 핌Barbara Pym은 학창 시절에 나치 문양의 핀을 달고 옥스퍼드 교정을 돌아다녔으며, 함부르크에서 히틀러가 연설하는 것을 보려고 그곳을 찾아갔다. 그녀는 "그가 깔끔하고 단정해 보였으며 그의 연설을 듣고 크게 감동하였다"라고 기술했다.[100]

창조적 파괴를 주장한 조지프 슘페터

×

케인스의 근본적인 낙관주의와는 대조적으로 오스트리아의 위대한 경제학자 조지프 슘페터Joseph Schumpeter는 몹시 비관적이었다. 그는 정치적 발전과 경제적 발전의 상호 작용에 대해 매우 비관적인 견해를 발전시켰는데, 아마도 개인적 비극이 연달아 발생했기 때문일 것이다. 그는 자본주의는 혁명의 위대한 원동력이며, 특히 초기 저술물에서 '창조적 파괴creative destruction'라는 말로 이를 칭송했다.

하지만 지금은 자본주의가 그를 무너뜨리고 있었다. 그의 주장은 제2차 세계대전 중에 생성된 것인데, 당시에 그는 자기 생각이 미국 정책과 전혀 맞지 않다는 것을 깨달았고, 얼마 못 가서 소련이 유럽을 장악할지 모른다는 두려움에 사로잡혔다. 그는 시작 부분에서 "자본주의가 살아남을 것인가?"라는 충격적인 질문을 던졌다. 그러고는 "대답은 부정적이다. 내가 보기에는 자본주의는 살아남지 못할 것이다"라고 했다. 자신의 개인적 의견이므로 '흥미로운 점은 아니'라고 했으며, (자본주의의 종말에 관해서는)인용부호를 사용해서 '필연성'이라는 단어를 강조했다.[101] 자본주의가 지식인의 반발을 불러일으켰다는 것이 주장의 핵심이었다. "다른 유형의 사회와 달리, 자본주의는 필연적으로 문명의 논리에 따라 사회 불안 속에서 기득권을 창출하고 교육하며 그들을 따로 지원해 준다."[102]

슘페터는 해체로 이어지는 다른 메커니즘도 찾아냈다. 기업은 관료주의적 성향이 강해졌으며, 전통적인 가족 구조가 위기에 처함에 따라 자본 축적을 추진해주는 가족 역학도 사라지고 있었다.

가족을 위해 일한다는 동기에서 나오는 추진력이 줄어듦에 따라 사업가의 시간 지평은 대략 그 사람의 수명 기대치로 줄어든다. 이제는 돈을 벌거나 저축하거나 투자하려는 의지가 예전보다 못한데, 그렇게 하면 세금이 늘어날까 봐 걱정할 이유가 없는데도 의욕을 보이지 않는다. 오히려 저축과는 반대되는 마음가짐을 갖게 되어 단기적인 시야를 강조하는 철학을 가지고 저축을 반대하는 이론을 점점 더 수용한다.[103]

회사 생활은 창의적인 과정을 무너뜨려버렸다. 따라서 현대 기업은 비록 자본주의 과정에서 만들어진 산물이지만 부르주아 정신을 사회화시켜 준다. 그것은 자본주의 동기의 범위를 계속 좁히며, 결국에는 그것의 뿌리까지 숨통을 끊어놓을 것이다.[104]

슘페터의 분석은 자본주의가 이제 무너져버린 다른 사회 구조 및 행동의 산물이라고 지적한다.

자본주의 질서는 자본주의가 아닌 물질로 만들어진 지지대에 기대고 있으며, 자본주의가 아닌 행동 패턴에서 에너지를 끌어내는데, 후자의 패턴은 에너지를 끌어냄과 동시에 자본주의를 파괴할 수밖에 없다.[105]

간단히 말해서 마르크스의 주장이 옳았다. 케인스는 과잉 저축과 과소 투자가 경기침체를 유발한다고 여겼으며, 슘페터는 저축의 부족이 자본주의를 파괴하는 주요 요인이라고 생각했다.

전쟁이 끝난 후에, 슘페터는 비즈니스 구조와 창의성의 침식에서 가장 핵심적인 역할을 하는 새로운 역동성을 발견했다. 그의 저서《자본주의 사회주의 민주주의Capitalism, Socialism and Democracy》의 신판이 출간되었고, 그는 1949년에 추가한 메모에서 전후 인플레이션에 관해 다음과 같이 경고했다.

여러 해에 걸쳐 인플레이션 압력이 발생하면 관료 집단이 민간 기업 체제를 결국 무너뜨리는 데 큰 영향을 줄 수 있다. 그로 인해 발생하는 마찰과 교차 상태를 민간 기업의 탓으로 돌리고 이를 근거로 제한과 규제를 강화하는 것이다.[106]

슘페터는 급진적인 구조적 붕괴를 우려했는데, 그 배경에는 불연속성이 있었다. 그는 자신이 신고전주의 전통과 현격한 대조를 이룬다고 생각했다.

월라스Graham Wallas는 안정적인 상태에서의 상황을 묘사했다. 케인스도 근본적으로 정적인 상태를 분석했다.[107] 하지만 슘페터는 "어떻게 상황이 달라지는가?"라는 질문을 끊임없이 사용했으며, "이 세상에 근본적으로 새로운 일이 발생하면 우리는 수수께끼에 직면하게 된다"라고 결론 내렸다.[108]

여러 면에서 케인스가 제시한 비전보다 슘페터의 암울한 비전이 19세기 중부 유럽의 혼란스러운 경제와 정치 상황의 현실에 더 가깝다고 할 수 있다. 그런데 과연 어떻게 해야 이 세상이 케인스가 바라던 안정된 모습에 더 가까워질 것인가?

가장 중요한 것은 자본 이동을 제한하는 것이다. 이 주제는 이미 1930년대에 강조된 바 있었다. 미 재무부 관리인 해리 덱스터 화이트

Harry Dexter White는 뉴딜 정책 초반에 균형 상태equilibrium로 회귀할 필요가 있다는 주장을 펼쳤다. 환율, 물가, 국제수지의 안정성은 "관련된 국가들에서 가장 높은 수준의 안정성, 가장 폭넓은 안정성"을 의미했다.[109] 미 재무부 소속의 프랭크 코Frank Coe와 로플린 커리Laughlin Currie는, 1935년과 1936년에 발표한 공식 문서에서 이와 같은 새로운 균형 상태를 이루는 방법은 자본 통제뿐이라고 거듭 강조했다.[110] 뉴딜 정책이 나머지 세계에 대한 모형을 제공한다고 여기는 경향은 이미 오래전부터 존재했다.[111]

화이트는 1942년에 "수많은 나라가 자주 경험하여 결국 모든 국가가 종종 맞닥뜨리게 되는 상황으로 통제를 채택하는 것이 불가피할 때가 있다"라고 주장했다. 변동성 문제는 1930년대에 올바른 정책 결정에 가하는 제약의 핵심을 이루었다.

자본 도피는 투기성 환차익의 가능성을 노리거나 인플레이션을 피하거나, 세금 회피, 입법에 영향을 주려는 시도 등에서 발생하는데, 특히 혼란스러운 시기에 자본 도피 발생 빈도가 높아진다. 거의 모든 나라에서 때때로 투자의 유입이나 유출에 통제를 가하지만, 다른 나라의 협조를 얻지 못하면 그러한 통제는 사실상 어려워지며, 비용이 많이 발생하고, 결국 통제를 회피할 가능성이 커진다.[112]

자본 이동이 자신에게 유리한 사람들은 소수의 부유한 엘리트층인데, 미국의 경우, 이러한 엘리트 집단이 1920년대에 해외 채권을 사들였다가 큰 낭패를 겪었다. 통제의 효과가 높아지는 것은 유동자본을 가진 사람이 자유를 빼앗긴다는 뜻이다. "자산이나 소득이 충분하여 그중 일부를 해외에 계속 보유하거나, 또는 투자할 수 있는 해외 거주자의 5~10퍼센트에 재산권에 대한 또 다른 제한을 가하는 것이 된다. 하지만 국가가 이익을 판단할 능력이 있는 한, 그와 같은 제한을 가하는 것은 국민의 이익을 위하는 일이라고 보인다."[113]

브레턴우즈 협정

한편 케인스는 전시에 영국이 자본 통제를 완벽하게 활용하는 데 큰 공을 들였으며, 이제 전 세계 다른 국가에 좋은 본보기가 된다고 주장했다.[114] 자본 통제에 관한 그의 주장은 국제연맹이 1944년과 1945년에 각각 발행한《국제 통화 경험International Currency Experience》과《전후 세계의 경제적 안정성Economic Stability in the Post-War World》에 학문적 또는 지적 기반을 두고 있다. 특히《국제 통화 경험》의 내용은 대부분 라그나르 넉시Ragnar Nurkse가 집필한 것이다.

넉시가 집필한 책은 브레턴우즈 해결책의 이면에 놓인 전쟁 간 경험에서 얻은 여러 가지 교훈을 담고 있다. 국제연맹, 슬럼프에서 얻은 교훈, 새로운 질서 사이에는 커다란 개인적 연관성이 있었다. 실제로 넉시는 브레턴우즈에서 창설한 기관 중 하나인 국제통화기금의 고위직을 제안받았지만, 이를 거절하고 컬럼비아 대학교 교수가 되었다. 그러나 연맹에 있던 그의 동료 중 많은 이들이 국제통화기금으로 자리를 옮겼으며, 네덜란드의 자크 폴락Jacques Polak을 위시한 몇몇 동료는 국제통화기금이 제1, 2차 세계대전 간 연맹의 경험과 활동을 이어가거나 확장하는 수단이라고 여겼다.[115]

넉시는 제1, 2차 세계대전 사이에 환율을 정한 것이 잘못되었고, 이

를 시정하려는 시도 때문에 상황이 더 나빠졌다고 주장했다. 단기적인
거래 이득을 취하려고 앞다투어 평가절하를 시도했다. 환율조정이 잦
은 것은 사실 국제무역체제를 무너뜨리는 주요 원인이었다. 넉시는 환
율조정에 대해 이렇게 말했다.

> 환율조정이 자주 발생할수록 자본 흐름은 물론이고 무역 이동에
> 서 불균형이 심화할 가능성이 크다. 그로 인해 노동과 기타 자원의 이
> 동이 더욱 자주 발생하고 더 큰 혼란에 빠지게 되며, 환율 위험은 대
> 외 무역에 더 심각한 방해 요소로 작용할 것이다.[116]

브레턴우즈 협정과 국제통화기금의 조직협정Articles of Agreement에 새
로운 합의 사항이 추가되었다. 협정의 일반 조항은 무역 지불(경상 거래)
의 신속한 복구를 요구하지만 제6조 제3항에서는 자본 이동을 무기한
통제할 수 있다고 규정한다.(1990년대에 와서야 해당 조항을 자본계정 자유
화 조항으로 대체할 것인가에 대해 오랫동안 논의가 이어졌다.)

브레턴우즈의 견해는 압도적으로 국가 재건 문제에서 국가가 행사
하는 영향력에 관한 것이었다. 〈런던 옵저버London Observer〉는 "유럽에
서 재건 문제를 경쟁력 있는 민간 기업에 다 맡겨버릴 준비가 된 나라
는 거의 없을 것"이라고 영국의 입장을 설명했다.[117] 브레턴우즈의 빅
4에 속하는 중국과 소련도 이러한 견해를 강력히 밀어붙였다. 계획경
제를 시행하는 소련에서는 협정 문구에 양보concession 조항을 많이 만
들었는데, 케인스는 "미국 정책의 관심사이자 우려 사항은 러시아를 잘
달래서 협정에 참여시키는 것"이라고 불만을 토로했다.[118] 화이트는 회
의 초반에 언론을 향해 "전쟁 전에는 환율 변동이 매우 큰 폭으로 나

타났으며 그 당시에 '독수리'처럼 덤벼들었던 투기꾼들만이 손해를 볼 것이다. 기금을 통해 그와 같은 투기를 중단시킬 것이다"라고 선언했다.[119]

브레턴우즈는 진정한 의미에서 국제적인 행사였으며 전 세계 통화 질서를 재정비하는 문제에서 유일하게 성공적이라고 평가받는 회의였다. 실제로 그 후에 있었던 다른 시도는 모두 실패로 끝났다. 브레턴우즈는 뉴햄프셔 산맥이라는 아주 외딴 지역에서 진행되었다. 그곳은 전시의 푹푹 찌는 더위에도 불구하고 냉방시설이 없었던 워싱턴과는 한참 떨어져 있었다.(헨리 모겐소 2세 재무장관은 두꺼운 양말을 가져오지 않은 것을 후회했다.)[120] 브레턴우즈 회의가 성공리에 끝날 수 있었던 이유는, 정부 행동에 전반적인 패턴이나 템플릿을 강요하려고 하지 않았기 때문이었다.

더 개선되고 안정된 세상의 기반을 마련한 국가 발전에 관한 아이디어는 미국에서만 등장한 것이 아니었다. 1918년에 중국의 쑨원은《중국의 국제 발전International Development of China》이라는 저서에서 '인민의 4대 필수품은 식량, 의복, 주거지, 이동 수단'이라고 정의했으며 "자본 조달이 가능한 각국 정부는 공동행위 및 통일 정책에 합의하여 국제 조직International Organization을 구성해야 한다"고 주장했다.

이는 전쟁 이전에 가혹한 행위를 일삼던 해외 은행가들에게 통제권을 빼앗는 방법이었다. 쑨원은 다음과 같이 설명했다.

내가 생각한 국제 발전 계획에 따르면 중국의 모든 국가 산업을 하나의 거대한 신탁으로 모아서, 중국 인민에게 소유권을 주고, 국제 자금을 조달하여 상호 이익을 도모해야 한다.[121]

라틴 아메리카와 미국의 비전에도 공통점이 있었는데, 두 비전의 기반에 대해 역사가 프레드릭 파이크Fredrick Pike는 '비즈니스 문명을 규탄하는 것'이라고 평가했다.[122] 이러한 공통점을 기반으로 1930년대에 미국과 라틴 아메리카 국가는 협력을 더욱 강화했다. 미국은 나치 정권이 서반구에 경제적 침투를 시도할까 봐 몹시 염려했다. 멕시코 사람들은 여러 가지 측면에서 세계은행의 청사진과 같은 미주은행Inter-American Bank이 설립되어 공공 부문 개발에 미국의 자금을 지원받는 것이 가능해진다는 점을 긍정적으로 받아들였다.

멕시코의 경제학자이자 공무원인 알레한드로 카리요Alejandro Carrillo는 1941년에 다음과 같이 언급했다. "우리 멕시코인들은 프리랜서 자본가들이 우리 나라에 와서 자기들이 생각하는 제일 나은 방법으로 투자하는 것을 강력히 반대합니다. 그런 방식의 투자는 멕시코 경제생활을 발전시키는 것이 아니라 오히려 발전을 저해할 것으로 생각됩니다."[123] 하지만 국가가 주도하는 투자는 별개의 문제였다.

브레턴우즈의 새로운 미사여구는 뉴딜의 초반기로 돌아간다. 루스벨트는 1933년 7월 런던 세계 경제 회의에 전 세계 경제 정책 입안자가 모인 자리에서 (소위)국제 은행가들의 오래된 집착을 저격하는 '폭탄 같은 메시지'를 보냈다.[124] 모겐소 재무장관은 브레턴우즈에서 더 명확한 입장을 제시했는데 "국제 금융의 전당에서 고리대금업자를 모두 몰아내야 한다"고 촉구했다.

그는 폐회 연설에서 "브레턴우즈 회의에서 제안하는 제도는 과거에 특정한 민간 은행가가 국제 금융에 행사한 통제권을 실제로 제한할 것이다. 다른 상품과 마찬가지로 자본은 독점 통제에서 벗어나야 하며, 일반적인 복지에 이를 사용하려는 사람에게 합리적인 조건으로 제공

되어야 한다"라고 언급했다.¹²⁵ 브레턴우즈 협정에 대한 행정부의 주장
은 산업단체 총회와 정치행동위원회가 대변했는데, 이 위원회가 발행
한 팸플릿에서는 "최근 전쟁 이후 국제 금융의 역사는 '올바른 사람들'
과 '올바른 안전장치'에 의해 다루어졌다"라고 알린다. "전쟁으로 우리
가 얻은 것은 무엇인가? 전 세계가 공황을 겪었고 파시즘이 등장했다.
세계대전은 인류 역사상 최악의 전쟁이었다."¹²⁶

국가 계획을 기초로 전 세계를 재건하려는 목표에 대해 거센 반발이
있었다. 미 공화당과 금융 이해관계자 및 언론 상당수는 브레턴우즈 계
획을 반대했다. 〈뉴욕 타임스〉는 이 계획이 각국 정부의 불안정하고 인
플레이션을 조장하는 정책에 대해 '실질적인 통제력'을 행사하지 못했
다고 지적하면서, 미국은 자국 예산의 균형을 잘 유지할 때만 국제 협
력과 안정화에 가장 효과적으로 이바지할 수 있다고 주장했다.

여러 가지 면에서 회의는 불안정한 상태로 시작할 것이다. 안정적
인 환율과 세계 통화의 건전성 문제가 매우 중요하지만, 개별 국가가
어느 수준에서 자국의 통화 단위를 고정하고 안정화할지 결정하기에
이보다 더 어려운 시기는 없을 것이다.

… 인플레이션이나 평가절하가 자국에 이익이 된다거나 거대한
관세장벽을 세우거나 수출 보조금을 지급하거나 통화를 차단하면 이
익이 생긴다는 것은 잘못된 생각이므로 각국은 이런 생각을 버려야
한다. 또한 자국민이 금, 자본, 신용을 수출하지 못하게 하면 이익이
생긴다는 오해도 버려야 한다. 한 마디로 각국은 이웃 나라와 경제전
에 돌입하면 자신에게 이익이 된다는 잘못된 생각을 버려야 한다.

비슷한 맥락에서 〈워싱턴 포스트〉는 '각국이 예산의 균형을 맞추고 무역 수지를 조정하여 건전한 정책을 따른다면 브레턴우즈가 필요치 않다'라고 결론내렸다.[127]

무역 결제 문제와 별도로, 다른 국제화 메커니즘은 브레턴우즈 협정에서 제외되었다. 몇몇 소규모 국가는 협정에서 무역이 완전히 배제되었다며 불만을 드러냈다. 그들은 기계류의 대체 공급자인 독일과 일본이 전쟁으로 큰 타격을 입었으므로 미국이 전후 세계의 무역에 관해 지배권을 행사할 가능성이 크다고 생각했다. 그러면서 무역 불균형은 '모든 계획을 망쳐버릴 정도로 파괴적으로 될 것'이라고 우려했다.[128]

세계대전이 세계화에 미친 영향

미국은 전쟁이 끝난 뒤인 1945년 12월에야 국제무역기구International Trade Organization를 창설하려고 했지만, 그때는 꽤 늦은 후였다. 다른 나라들은 면제와 보호를 요구했고, 미국 의회는 옛 동맹국들의 배은망덕함에 소외감을 느꼈다. 무역 자유화를 감독하는 기구는 (냉전 이후 세계무역기구가 설립되기 전까지)존재하지 않았다. 관세무역일반협정(General Agreement on Tariffs and Trade, 이하 GATT)이라는 전반적인 협정의 틀 안에서 무역 자유화가 다자화될 수도 있었지만, 기본적으로 양자 간 무역 협정에서 무역 자유화가 이루어졌다.

유럽 국가들은 1950년대 후반에야 무역 결제(당좌 결제)를 자유화하기 시작했고, 일본은 1964년에야 그렇게 했다. 그 밖의 나라들은 그보다 한참 더 오랫동안 외환 거래를 통제했다. GATT 하에서 관세 인하에 대해 몇 차례 중요한 협상 회담round이 열렸는데, 이와 관련해서는

1960년대 초반의 '케네디 회담'이 가장 널리 알려져 있다. 하지만 이 회담에서도 직물과 농업 등 주요 생산품은 여전히 협상 대상에서 제외되었다.

무역 성장은 1945년 이후 전반적인 회복과 성장에서 중요한 엔진의 역할을 했지만, 1970년대까지 세계 생산량에서 차지하는 비율은 1913년(13.4퍼센트)이나 1929년(10.8퍼센트) 수준에 미치지 못했다. 1950년에는 고작 6.5퍼센트였고, 1960년에 8.1퍼센트로 증가했으나 1970년에 9.5퍼센트에 머물렀다. 새로운 세계화를 가리키는 급격한 성장세는 (과잉 거래라고도 볼 수 있는데) 한참 뒤에 나타났다.

당시 세계는 대규모 인구 이동도 별로 탐탁지 않게 여겼다. 전후 정착지를 조성하거나 이전 식민지가 독립을 얻은 덕분에 엄청난 인구가 새로운 지역으로 이동하여 정착했다. 체코슬로바키아, 소련, 폴란드에서 빠져나온 독일인(1950년까지 이렇게 이주한 사람이 약 1,200만 명이었다.)과 인도 아대륙亞大陸에 정착한 이슬람교도와 힌두교도가 상당히 많았다. 실향민 또는 난민의 수는 약 1천만 명에서 2천만 명 사이로 추정되었다. 이러한 흐름에 따라 노동 시장에 커다란 변화가 생겼다. 1950년대 독일은 자국으로 유입된 추방자 덕분에 경제 회복에 큰 도움을 얻었다.[129] 프랑스와 영국은 대기업empires이나 이전 대기업에서 막대한 자금이 유입되었다. 기존의 남부 지역에서 북쪽으로 아프리카계 미국인들이 '대거 이동'하면서 미국 노동 시장은 크게 달라졌다. 그러나 1940년대와 1950년대의 관점에서 볼 때, 국제적으로 대대적인 인구 이동이 지속할 가능성은 거의 없었다. 당시로서는 미국으로 유입되는 이민자와 전 세계 난민은 그리 많지 않았다.

전쟁과 그 여파로 인해 세계화는 축소되거나 중단되었다. 최초의 세계대전이자 가장 큰 규모의 전쟁은 1930년 세계화의 역전을 다시 뒤집지 못했다. 브레턴우즈는 전 세계의 연결성과 상호의존성에 대한 인식에서 나온 산물이었지만, 세계화를 앞세운 세상을 복구하지도 못했고 그럴 의도도 전혀 없었다. 이제 세계화는 19세기 세계관의 유물 정도로 여겨질 뿐이다.

전 세계의 상호연결성에 대한 회의적인 시선이 커진 이유는 정치와 무관하게 세계 혁명을 일으킨 기술 때문이었다. 20세기 국제 역사는 두 개의 U곡선으로 설명할 수 있다. 하나는 세계화의 U모양인데, 제1차 세계대전 이전에는 상호연결성이 높았다가 제1, 2차 세계대전 간의 대공황 및 제2차 세계대전으로 인해 크게 무너졌고 1970년대에 회복세로 돌아섰다.

두 번째 U곡선은 위아래가 거꾸로 된 ∩모양이다. 이것은 미국의 생산성 향상 또는 전 세계를 선도하는 가장 역동적인 경제의 생산 잠재력을 가리킨다. 제1, 2차 세계대전 사이에 대공황이 발생했음에도 불구하고 생산성은 크게 성장했고, 제2차 세계대전이 발발하자 그 성장세는 가속도가 붙어 더 빨라졌다. 하지만 1970년대 이후로 속도가 크게 줄어들었고 경제학자 로버트 고든의 분석에서 알려주듯이, 총요소 생산성은 1920년에서 1970년 사이에 이룩한 놀라운 수치에 비하면 삼분의 일 수준에 머물렀다.[130]

두 가지 U모양 곡선이 서로 맞물리는 현상에 대해 기술 변화, 전쟁, 반세계화 논리라는 세 가지 해석이 있다.

우선, 미국이 20세기 중반에 놀라운 발전을 해낸 것은 기술이 눈부시게 발전했기 때문이다.(도표 4-2 참조) 거의 모든 부면에 혁신이 이루어지자 경제가 달라졌고, 무엇보다도 경제의 상당 부분이 전기화되고

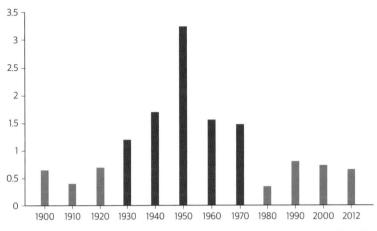

◆ 도표 4-2. 1900년부터 2012년까지 미국 총요소 생산성의 연간 성장률 ◆

출처: 로버트 고든, '거북이의 진보: 장기 침체가 역풍에 부딪히다
Turtle's Progress: Secular Stagnation Meets the Headwinds'

자동차 및 트럭 운송 산업이 확산했다. 경제사학자 알렉스 필드Alex Field는 '1929년부터 1941년은 미 경제사에서 기술적으로 가장 큰 발전이 이루어진 시기'라고 평가했다.[131] 대공황 중에도 기업은 실험실을 새로 짓고 연구개발에 박차를 가했다. 전화, 자동차, 전기제품, 유틸리티, 통신 등 여러 분야가 급속도로 발전했고, 이들의 상호 작용 덕분에 사람들의 생활이 크게 달라졌다.

1930년대 후반에는 미국 도심의 거의 모든 가정에 전기가 공급되었다. 도심 가정의 94퍼센트는 수도관과 하수관이 연결되어 있었고 80퍼센트는 실내에 수세식 화장실을 갖추었으며, 58퍼센트는 중앙 난방장치, 56퍼센트는 냉장고를 보유하고 있었다. 또한 각 가정에서는 세탁기를 사들였다. 한편 시골 지역에서는 트랙터가 등장하여 생산성을 크게 끌어올렸다.

대공황의 트라우마에도 불구하고 미국은 끊임없이 새로운 것을 발명했다. 사실 혁신은 1930년대 후반에 더욱 빨라졌다. 그리고 전쟁 때문에 새로운 추진력이 생긴 것도 있었다.[132] 미시간주에 자리 잡은 헨리 포드의 윌로 런Willow Run 공장은 B-24 폭격기를 제작한 곳이다. 이 공장은 1941년 3월에 공사를 시작하여 1년도 되지 않아 완공되었으며, 1942년 5월에 첫 비행기를 생산했다.

원래 이 공장은 시간당 폭탄 1개라는 엄청난 속도로 폭탄을 생산하려고 건립했으나, 목표 속도를 달성하는 것이 쉽지 않아서 오랜 기간 고전을 면치 못했다. 그러나 연습을 통해 학습이 이루어진 덕분에 생산 속도는 점차 빨라져서 1943년 2월에는 1달에 75개, 1943년 11월에 1달에 150개를 생산했고,1944년 8월에는 1달에 432개라는 신기록을 세웠다.[133] 이렇게 전시 생산 모델에서 소비자 번영을 창출하는 데 적용할 수 있는 새로운 템플릿이 만들어졌다.

둘째, 국제 정세로 인해 생산성 엔진이 더욱 빠르게 가동했다. 제2차 세계대전은 1930년대 후반에 닥친 장기적인 경기침체의 위협에서 미국 경제를 구제해준 경제적 기적이었다는 주장을 증명할 가능성이 보였다.[134]

마지막으로 노동자의 삶에 실질적인 개선을 가져다준 반세계화 deglobalization의 논리가 있다. 이제 노동자는 국제 이동에 대한 새로운 제한에서 보호받게 되었다. 1930년대에는 최근 이민자들이 일자리를 놓고 경쟁을 벌이는 일이 없어서 노동조합을 조직하거나 임금 인상을 추진하는 것이 비교적 쉬워졌다. 관세장벽이 높았기에 미 제조업체는 과거 수십 년간 의존하던 아웃소싱을 멈추고 국내 공장에 이용 가능한 모든 혁신을 도입하게 되었다. 이민자나 수입에서 비롯된 경쟁이 사라지자 소득 피라미드에서 가장 아래에 놓였던 노동자의 임금이 상승했으며, 이는 1940년대부터 1960년대까지 소득 분배를 놀라울 정도로 '크게 압축하는 데' 이바지했다.

로버트 고든Robert Gordon은 광범위한 탈세계화 덕분에 미국이 '대약진Great Leap Forward'•할 수 있는 토대를 마련한 것으로 생각했다.[135] 달리 말해서, 노동 시장을 차단하자 수요 압박이 발생하여 이민자가 더욱 늘어났고, 그로 인해 기술 변화에 더욱 박차를 가하게 된 것일지 모른다. 수요 관리는 처음에 경기를 조정하여 공황 발생을 막으려는 정책으로 시작되었으며, 나중에는 군사 동원 절차의 일부로 사용되었는데, 이것이 생산성 향상의 토대가 되었으며 전반적인 생활 수준을 향상하는 효과가 있었다. 전쟁으로 인해 가계 저축이 창출되었는데, 1945년 이후에는 전쟁 중에 사용할 수 없었던 소비재를 사들이는 데 이 저축액이 모두 소진되었다. 한마디로 '억눌린 수요pent-up demand'의 전형적인 사례라고 할 수 있다. 하지만 전후 기적에도 불구하고, 미국에서는 제1, 2차 대전 사이 기간의 예외적인 생산성 증가율이 하락했다.

마지막의 두 가지 효과, 그러니까 세계대전과 탈세계화로 인한 단발성 소득은 계속 반복될 수 없었다. 하지만 20세기 중반의 혁신이 지리와 거리에 미치는 영향은 새로운 기회를 열어주는 것처럼 보였다. 이는 19세기에 이루어진 혁신, 즉 전 세계를 하나로 묶어 월트 휘트먼에게 큰 찬사를 받은 철도나 증기선의 혁신과는 근본적인 차이가 있었다.

20세기 혁신은 지역별 생산의 확대하는 효과가 있었다. 거리에 구애

• 미국의 경제학자 알렉스 필드Alex Field가 공산주의국가인 중국의 성장을 풍자적으로 묘사한 용어

받지 않고 여러 지역에 전력이 공급되자, 생산을 기계적인 동력 전달이 필요한 커다란 공간에 국한할 필요가 없었다. 그리고 벨트와 도르래로 대형 모터나 터빈의 동력을 충분히 전달할 수 있었다.

철도망이 사람의 동맥 시스템이라면 새로 생긴 도로망은 모세혈관과 같았다. 1925년에 미국은 주간고속도로 합동위원회Joint Board on Interstate Highways를 구성했으며 1926년 11월에는 12만 8천 킬로미터가 넘는 개선된 고속도로 주변의 교통 기반 시설을 정비하는 프로그램을 시행했다.[136] 19세기 기술은 전 세계를 연결하여 크게 넓혀주었고, 20세기 혁명은 기술을 개별화하고 특수화하여, 개인이나 가족이 전화기, 자동차, 냉장고, 라디오, 세탁기를 갖게 되었다.

이렇게 특수화 및 물류 혁신이 마련한 토대 위에 또 다른 변화가 일어났다. 전쟁을 통해 정부가 운영하는 유능한 물류 시스템이 필요하다는 것을 알게 되었기 때문이다. 제2차 세계대전에서 정부가 나서서 국가 자원을 대대적으로 동원했는데, 이는 사실 전례가 없는 일이었다.

1940년 5월 26일, 루스벨트 대통령은 담화에서 '세계적인 규모의 전쟁이라는 폭풍이 다가오는데, 이에 맞서기 위해 미국 정부는 국내 제조업체의 효율성 높은 기기를 활용하여 향후 12개월간 전투기 5만 대를 생산할 것'이라고 발표했다. 구체적인 계획도 있었다.

정부는 관련 업계와 협력하고 있으며, 우리의 필요를 충족할 역량을 강화할 생각입니다. 미 정부는 공장을 확장하거나 새로운 공장을 건립하고, 이에 필요한 근로자 수천 명을 새로 고용할 것이며, 수백 가지 원자재의 새로운 공급원을 개발할 것입니다. 또한 공급품을 대량으로 신속하게 운송하는 방법도 마련할 것입니다. 관련된 세부 사

항은 현재 워싱턴에서 밤낮으로 준비 중입니다.[137]

전쟁은 미국 정부의 놀라운 힘과 능력을 여실히 보여주었다. 미 정부의 잠재력은 사실 1930년대에 이미 다른 나라를 통해 확인되었다. 특히 소련과 나치 독일 정부는 포드주의야말로 국가 경제를 일으키는 방법이라고 여겼다. 역사가 스테판 링크Stefan Link의 최근 저서를 보면 소련과 독일의 엔지니어들이 미국의 기술에 깊이 매료되어 그와 비슷한 변화를 추구했음을 알 수 있다.[138] 세계화를 나타내는 U모양 곡선과 미국 생산주의productivism를 가리키는 ∩모양 곡선은 서로 밀접하게 얽혀 있다. 미국은 이렇게 전 세계가 모방할 만한 모형 또는 템플릿이 되었다.

정치적 우위가 미국의 비전을 널리 보급하는 데 큰 도움이 되긴 했지만, 이러한 결과는 새로운 정치적 우위를 선점한 덕분만은 아니다. 1945년 이후 세계화는 무역, 사람, 자금의 거대한 흐름을 통해서 이루어진 것이라기보다는 아이디어의 거대한 흐름과 관련이 있었다. 미국은 거대한 내수 시장을 갖춘 경제 대국으로서 한 번도 해외무역에 크게 의존한 적이 없었으므로, 이런 의미에서는 세계화가 많이 이루어졌다고 할 수 없었다. 미국은 아메리칸드림이 대공황의 해결책이 될 수 있음을 보여줌으로써 20세기 중반에 전 세계의 발전에 크게 이바지했다.

각국의 정부는 수요 하락으로부터 시작된 대공황으로 인해 재앙이 발생하면 경제적으로 분석하는 것이 필요하다는 것을 깨닫게 되었고, 공공 부문을 대규모로 동원하는 결과가 이어졌다.

공공 부문의 동원은 국가적 차원에서 가능한 일이며, 군사 동원이라는 측면에서 분명히 큰 위험을 안고 있었다. 또 다른 지역에서 이를 모방하다가 자칫 큰 문제로 이어질 확률이 있었기 때문이다. 또는 평화로운 상황에서 이를 모방할 경우, 군사 동원을 민간 동원처럼 보이도록 변형한 것, 달리 말해서 모든 나라는 독자적인 계획, 미래에 대한 자체적인 경제 목표, 독자적인 항공사 및 독자적인 자동차 생산업체가 필요하다는 주장이 대두될 수도 있었다.

하지만 그 또한 아주 빠른 발전을 의미하는 것이었다. '빠른 발전even fast development'이라는 용어는 1940년대에 흔히 사용되었다. 안타깝게도 당시의 빠른 발전은 케인스가 지시한 것, 즉 '실질적인 세계화'가 이루어지지 않은 발전이었다.

THE GREAT
INFLATION

5장

대인플레이션:
풍요와 과잉이
불러온 위기

1840~1870년대

1873~1880년대

1920~1930년대

1929~1939년

1970년대

2008년

2020~2022년

대ㅊ인플레이션의 시작은 경제 과열이었다. 그로 인해 모든 것이 부족해지고 물가가 치솟아 정부에 대한 신뢰는 산산이 무너졌다. 한마디로 풍요와 과잉이 불러온 위기였다.

세계화는 재고再考 대상으로 전락했다. 1960년대에 국제 무역이 확장되고, 사회를 통제하고 인도하는 방식에 대해 낙관적인 분위기가 조성되었다. 이러한 분위기에서 행복감이 높아지자 경제를 가능한 역동적이고 효율적으로 운영하고 거시경제 관리의 메커니즘에서 성장을 조금이라도 더 이룩하려는 시도가 이어졌다. 각국 정부가 자기 목표를 달성할 수 있다는 믿음은 금세 오만함으로 바뀌었다. 결국 수요에 대한 상승 압력이 공급 제약을 유발했고 1970년대에 와서 공급 충격supply shock이 발생했다.

미국의 실업률은 현대적 개념에 따른 '자연실업률'•보다 훨씬 낮아졌다. 1965년과 1966년에는 실업률이 약 5.7퍼센트에 머물렀다.[1] 소

• 경제의 산출량과 고용이 사실상 완전고용 수준을 유지하고 있는 중에서도 지속되는 실업률 -편집자 주

비자 물가 인플레이션은 1965년 1.7퍼센트에서 이듬해에 3.0퍼센트, 1970년에는 5.9퍼센트로 증가했다. 연방준비제도는 1969년에 뒤늦게 긴축정책을 내놓았고, 덕분에 1970년에 불황이 심각한 수준으로 치닫지 않았다. 그러나 이러한 대처도 인플레이션 압력을 완화하는 데에는 별 도움이 되지 않았다.

이러한 문제점은 통화정책에도 나타났다. 통화정책의 모순은, 통화 안정성이 너무 높아지면 투기가 위험하지 않다는 잘못된 생각이 자리 잡고, 그로 인해 쉽게 무너지는 거품이 형성되는 것이다. 1960년대 후반, 무엇이든 해낼 수 있다는 분위기가 형성되자 정책가들은 케인스의 방식대로 재정 정책을 미세하게 조정하면 적극적인 수요를 통해 모든 형태의 경기침체에 대응할 수 있다고 생각했다. 그야말로 모든 것이 가능해 보였지만, 현실은 그렇지 않았다. 분석가들은 뒤늦게 '불쾌한 산술 계산'을 재발견하기 시작했다.[2]

각국 정부는 처음에 자신들이 더 많은 역할을 해야 한다고 여겼다. 보수적인 자유주의 시장 원칙을 따르겠다고 발표했던 정권, 이를테면 미국의 리처드 닉슨 정부나 에드워드 히스가 이끄는 영국 보수당 행정부도 결국에는 지속적인 번영을 추구하기 위해 통제와 제한을 가하게 되었다.(하지만 이러한 조처도 지속적인 번영을 유지하는 데 실패하고 말았다.) 닉슨 대통령의 물가 통제는 소비 및 수입 증가를 장려하였고, 결국에는 물자 부족으로 이어졌는데, 특히 1972년과 1973년 사이에 겨울 난방용 기름이 크게 부족했다. 연대순이 중요한데, 그 이유는 다른 나라, 특히 산유국과 다른 원자재 공급업체가 그들의 지위를 남용했다는 관점에서 1970년대의 많은 소문이 시작되었기 때문이다.

사실 이들은 미국이 주도하고 서방 국가들이 동조한 발전에 어떻게 대응할지 살피는 중이었다. 처음에는 산유국을 '가장 확실하게 이 일의 중심에 선 악당'이라고 생각하려 했다.[3] 하지만 더 현실적인 관점에서 보면, 유가는 전 세계 수요와 공급, 특히 1960년대 후반에서 1970년대 초반까지 이어진 전반적인 경제 확장에 반응해 움직인 것이었다.[4]

미국인들이 세계관을 묘사할 때 사용한 어휘가 어떻게 달라졌는지 살펴보면, 새로운 경제 쇼크로 인해 그들이 매우 당혹스러워했다는 점을 알 수 있다. 인쇄물의 경우, 미국인은 '위기crisis'보다 '진보progress'를 자주 사용하는데, 암울한 20세기를 보낸 독일인과 현격한 대조를 이루는 것이었다. 하지만 1967년부터 '진보'를 사용하는 횟수가 급격히 줄고 '위기'를 더 자주 사용했다.(프랑스에서는 일찌감치 '진보'를 사용하는 횟수가 줄어들었으며 1967년 이후로 프랑스와 독일에서 '진보'라는 단어에 대한 반감이 더욱 커졌다.) 1966년 이후로, 적어도 인쇄물에서는 '진보가 좋다'는 문구가 확실히 줄어들었다. 구글 엔그램 뷰어에 따르면, 1970년대에는 상황이 더 나빠졌다. '악화했다', '베트남', '휘발유 부족', '워터게이트', '스태그플레이션' 등의 단어는 국가에 대한 신뢰를 떨어뜨렸다.

비관론과 극심한 불안이 1970년대를 장악했다. 이를 조장한 결정적인 경제 요소는 미국 국내에 있었는데, 높은 인플레이션과 높은 실업률, 저성장이 한데 엉킨 결과물이었다.

당시는 생산성을 높이고 더 많은 성장을 이루어 생산량 증가의 결과로써 물가를 낮추는 것이 경제 성장의 역량이라는 믿음이 널리 퍼져 있었다. 니컬러스 칼도어Nicholas Kaldor가 개발한 영향력 있는 모형은 기술 진보와 성장률의 장기적인 관계를 조사하여 '기술 진보 함수technical progress function'를 도출했다. 제조업 부문이 확대되면 성장률이 높아지고 그에 따라 임금이 상승하여 노동자가 자립할 수 있는 선순환이 형성된다.[5] 케인스의 첫 전기를 쓴 경제학자 로이 해러드는 '수요 성장이 강화하면 인플레이션을 (높이는 것이 아니라)줄일 수 있다'는 논리적 결과를 끌어냈다.[6] 하지만 이러한 낙관적인 기대는 모두 처참한 실망감을 안겨주었다.

뉴질랜드 경제학자 윌리엄 필립스William Phillips가 제시한 필립스 곡선Phillips curve에서 유추할 수 있듯이, 과거의 정책 입안자들은 인플레이션과 성장이 역의 상관관계trade-off를 이룬다고 생각했다. 필립스 곡선은 임금과 실업률이 상충하는 관계라고 지적한다. 고도의 성장이 이루어지거나 고용이 증가하면 노동자가 부족해지고 임금 압박이 야기되는데, 이것이 물가 상승으로 이어진다는 것이다. 경제 쇼크는 고용 수요를 감소시키고 임금을 낮추며 물가 상승 속도에 제동을 건다. 전 세계 주요 산업 경제를 살펴보면 이러한 관계는 1960년대에 경험적으로 명백히 입증할 수 있었다.

하지만 1970년대에 와서는 실업률이 높은데도 임금이 계속 상승했다. 케인스가 제시한 조절 이론theory of adjustment은 임금을 받는 근로자의 비합리적이거나 자의적인 행동에 기반한 것이었는데, 원래의 비전에서는 임금 근로자가 '명목 임금의 환상'에 시달리고 있었다. 다시 말해서 이들은 인플레이션 때문에 자신들의 실질 소득이 줄어들지만, 실질 임금이 낮아지면 고용이 늘어난다는 것을 깨닫지 못했다.

인플레이션이 심해지면서 명목 임금에 대한 환상이 사라질 경우, '조절'이라는 질문에 대한 새로운 답이 필요했다. 임금 협상을 제한할 수 있는 것은 지침을 제공하거나 직접적인 통제를 가하는 방법밖에 없었다. 돈을 빌려주는 사람들도 자신만의 환상을 품고 있었다. 인플레이션이 증가하자 실질 금리는 지금까지 이어진 어떤 추세보다도 더 낮아져서 마이너스 영역으로 깊이 파고들었고, 정부 부채를 줄여 주었는데, 이에 따라 적자는 별로 중요한 문제가 아니라는 착각을 일으켰다.

새로운 필립스 곡선은 혁신적인 기술 및 경제 변화의 결과가 과소평가되어서 생성된 것이었다. 신기술이 등장하자 폭발적인 생산이 이루어졌고 부유한 국가는 서비스업으로의 전환이 일어났다. 하지만 새로운 활동에 필요한 노동력이 즉각 마련되지 않았으며, 한 분야에서 다른 분야로 인력을 이동하는 것은 완전 고용을 중시하는 정책과 양립하기 어려웠다.

이 문제는 서구 시장 경제가 아니라 소련 계획경제에서 가장 심각한 것으로 드러났다. 헝가리의 경제학자 야노스 코르나이János Kornai는 과잉 수요와 과잉 공급을 모두 제거한 실질 경제 체제는 존재할 수 없다고 분석했다. 그는 "최적화는 애당초 불가능하다. 우리는 완전 고용을 바라지만 노동 부족은 원치 않는다. 하지만 이 둘은 결합 상품과 같아서 반드시 함께 등장하는 것 같다"라고 기술했다.[7]

성장과 생산성

✕

문제의 원인은 국내에 있었지만, 인플레이션을 촉발한 여러 가지 주장과 반응은 국가 경제가 해외의 다른 국가 및 지역과 어떻게 연관되어 있는지를 형성하는 외부 정책에 포함되어 있었다. 그리고 이러한 정책의 주도권은 미국이 쥐고 있었다. 1971년 8월에 닉슨 대통령은 금과 달러의 태환성兌換性을 금지했으며(이 조처는 해외 공식 기관에만 적용되었다.) 임금 및 물가를 90일간 동결하고 수입품에 10퍼센트 추가 관세를 부과했다. 이러한 조처의 목적은 '불공정한 환율 때문에 국내 제품이 불이익을 당하지 않게 하려는 것'이었다. 12월부터 국내 생산업체에 도움을 줄 목적으로 새로운 환율이 도입되었다.

닉슨 행정부에서 경제보조관을 지낸 피터 피터슨Peter Peterson은 1972년 후반에 새로운 에너지 계획을 발표하면서 석유 수입을 감당할 자금이 부족하면 수출 수익을 늘리려는 경쟁이 벌어질 것이라고 경고했다. 당시 석유는 심각한 식량 부족을 겪은 1840년대 유럽에서 옥수수가 차지했던 자리를 서서히 빼앗고 있었다.(도표 5-1 참조)

피터슨은 이렇게 말했다.

적자에 허덕이는 모든 국가들은 에너지뿐만 아니라 해외에서 날아드는 청구서를 감당하기 위해 매우 야만적이고 무시무시한 쟁탈전에 참여할 수밖에 없을지도 모른다. 그런 상황이 발생하면 제조업체의 수출이나 수출 보조금을 놓고 처절한 경쟁이 벌어지는데, 이는 장기적으로 모든 당사자의 이익에 심각한 해를 초래할 뿐이다. … 비교우위가 서서히 자취를 감추고 있다. 저비용 에너지의 시대는 거의 끝났다고 봐야 한다. 뽀빠이는 이제 저렴한 시금치를 구하기 어려울 것이다.[8]

1년 후에도 닉슨은 '에너지 위기'를 언급하면서 이렇게 말했다.

현재 우리가 겪는 심각한 에너지 문제는 전쟁 때문에 발생한 것이 아니라 평화와 풍요로움에서 비롯된 것이다. 현재 에너지가 부족한 이유는 경제가 비약적으로 성장했으며 이러한 번영 속에서 한때 사치품으로 여겼던 것이 이제는 필수품이라고 생각하기 때문이다.

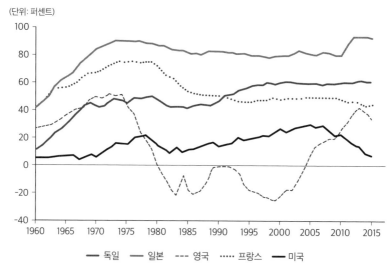

✦ 도표 5-1. 순에너지 사용량 대비 각국의 에너지 점유율 ✦

(단위: 퍼센트)

독일 ━━━ 일본 ━━━ 영국 ----- 프랑스 ····· 미국 ━━━

출처: 세계은행 데이터

닉슨의 조처는 석탄을 가스로 전환하는 것을 금지하고, 항공기 연료 사용을 줄이고 전국에 과속 제한을 가했으며 또한 난방유 소비를 줄이는 것이었다. 오래전에 실시된 식량 제한처럼, '건강에 유익한 것'이라는 말로 이러한 조처를 그럴듯하게 포장했다. "집안 실내 온도를 적어도 6도는 낮춰보라. 그러면 전국 주간 평균 온도인 20도를 유지할 수 있다. 우연인지 모르지만 내 주치의도 18~20도일 때 건강이 더 좋을 거라고 했다. 23~25도를 더 편안하게 느끼는 사람도 있겠지만 사실은 그렇지 않다."[9]

세계화된 시대에 불편함을 직면하면, 외부 세계를 새로운 고통의 근원지라고 우기고 싶은 생각이 든다. 특히 책임과 비난을 회피하려는 정치인들에게 이런 경향이 강하게 나타난다.

위기 또는 불안에 대한 가장 명확한 설명은 석유수출국기구(Organization of Petroleum Exporting Countries, 이하 OPEC)에 속한 산유국(이들 중 대부분은 중동 국가였다.)이 일으킨 공급 충격과 관련이 있었다. OPEC은 원유 가격을 높이려 했고, 그다음에는 석유를 정치적 무기로 사용하려 했는데, 닉슨 쇼크에서 유발된 통화 혼란*이 그러한 움직임의 배경으로 작용했다. 달러를 중심으로 구축된 액면가 체제는 1971년 8월에 무너졌고, 같은 해 12월에 스미스소니언 통화 회의에서 이를 복구하려는 시도가 있었지만, 설득력이 부족하여 금방 사라지고 말았다.

원유 가격은 예전부터 달러로 표시되었기 때문에 산유국은 처음에 수출의 실질 가치를 지키고 싶어 했다. 그러다가 1973년 3월에 복원된 액면가 체제가 또다시 붕괴하자, 유가를 올리는 것이 경제적, 정치적 무기가 될 수 있음을 깨달았다. 이렇게 해서 새로운 '석유 민족주의'가 등장했다.

1974년에 OPEC의 원유 수익은 3배나 증가하여 1,080억 달러가 되었다. 이는 전 세계 수출액의 8분의 1에 해당하는 금액이었다. 주요 산업 국가는 하나도 빠짐없이 석유 수입 의존도가 매우 높았다.

유가 상승은 (부와 소득을 줄이는)새로운 세금을 부과하는 것과 같은 효과가 있다. 이 때문에 산업 국가는 대부분 유가를 즉각적으로 조정하지 않는다. 대부분 국가가 취하는 즉각적인 대응은 쇼크를 받아들이는 것이다. 그처럼 통화 및 재정적 완화 조처는 인플레이션을 부추겼다.

---

* 1971년 미국의 리처드 닉슨 대통령이 금과 달러의 교환을 중지하고 모든 수입품에 10퍼센트의 관세를 부과한다는 발표로 세계 경제가 충격을 받았던 사건. 국제 사회와 사전 협의가 없었기에 세계 경제에 혼란을 주었다. -편집자 주

1974년 미국의 인플레이션은 11.0퍼센트까지 치솟았으며 몇몇 다른 나라에서는 이보다 더 높은 수치를 기록했다.(그러고 나서 2차 석유 파동 이후에 미국의 인플레이션은 1980년에 12.0퍼센트를 기록했다.) 영국에서는 1975년에 소비자물가지수CPI 인플레이션이 24.2퍼센트였고, 1980년에는 18.0퍼센트였다.(도표 5-2 참조)

각국은 연료 수입을 줄이려고 여러 가지 전략을 사용했다. 프랑스는 탄소 대신 원자력 에너지를 추진했고, 영국은 북해에 유전 및 가스전을 개발했다. 독일과 일본은 연비 향상을 받아들였다. 미국만 아무런 조처가 없다가 1970년대 후반에 뒤늦게 연비 개선 캠페인을 시작했다. 일본의 경차 생산량은 240만 대에서 1970년대에 640만 대로 증가했는데, 경차 생산 부문은 틈새 수출시장으로 자리 잡았다.

곳곳에서 허리띠를 졸라매는 모습이 관찰되었다. 일부 수입국에서

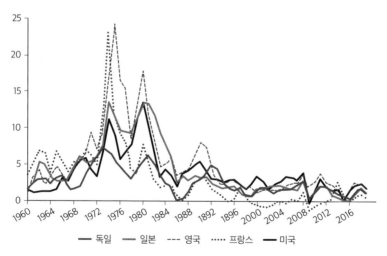

✦ 도표 5-2. 비교 CPI 인플레이션, 1960~2020년 ✦

출처: 세계은행 데이터

는 '차 없는 날'을 강제로 시행하여 휘발유 소비량을 제한하려 했다. 주유소는 공황에 빠졌다. 흑인 운동가들은 난방을 줄이거나 차단하면 '빈민가에 독감이 유행할 것'이라고 여겼다. 제시 잭슨Jesse Jackson 목사는 에너지 위기가 '흑인의 권리를 더 강하게 짓밟는 행위를 정당화하는 만능 알리바이가 될 것'이라고 주장했다.[10]

부족 현상은 연료에만 국한되지 않았다. 어떤 면에서 보자면 부족은 정부 방침이 초래한 결과인 데다 사실 정부 방침의 관련성 또한 결코 적지 않았다. 닉슨 대통령의 물가 통제 제4단계에 따라 1973년 8월부터 일부(기존) 유가는 통제되었으나 다른(신규) 유가는 규제받지 않았으며 농업, 위생, 긴급 서비스 부문에는 공급이 우선으로 허용되었다.

트럭 운송 사업이 배제되었다는 점을 제외하고는 이러한 우선순위가 꽤 합리적으로 보였다. 트럭 운전사들이 노발대발했고, 무력 시위대가 곤봉과 권총을 휘두르는 등 공개적인 충돌 사태가 벌어졌다. 1974년이 되자 다른 상품도 바닥을 드러냈다. 뉴욕의 경우 육류 공급량이 40퍼센트나 감소했고, 다른 지역에서도 소고기, 달걀, 밀가루와 같은 물품은 가게에서 배급제로 구해야 했다.[11]

1972년에 로마클럽이 '성장의 한계The Limits to Growth'라는 보고서를 발표했는데, 이는 지금까지도 널리 알려져 있다. 이 보고서는 인구 및 수요의 기하급수적인 성장과 전 세계적으로 재생 불가능한 자원의 제한된 공급을 맬서스Thomas Robert Malthus의 방식으로 대조하여 제시했다.

보고서는 MIT의 제이 포레스터Jay Forrester가 개발한 접근 방식을 사용하여 일련의 피드백 루프와 상호 작용을 컴퓨터 모형화한 것인데, 핵심은 '전 세계 체제의 기본적인 행동 모형은 인구와 자본이 기하급수적으로 증가하고 결국 붕괴한다는 것'이었다. 모델은 장기적으로 볼 때 지속가능성이 없다는 점을 명확히 지적했다. 보고서의 마지막 부분에는 다음과 같은 엄중한 경고가 들어 있었다.

> 성장 단계가 앞으로 100년간 이어질 수 없다. 다시 말하지만, 시스템 내부의 지연 때문에 국제 사회가 이러한 제약이 누가 봐도 명확할 정도가 될 때까지 그냥 기다린다면, 그때는 이미 너무 늦어버렸을 것이다.[12]

날짜에 관한 추측도 있었다. 자원 추출에 투입되는 자본이 점차 늘어날 것이며, 그 결과로 2015년 무렵에는 1인당 산업 생산량이 붕괴할 것으로 전망했다. 2020년쯤이면 교육 및 보건에 관한 지출이 감소하면서 사망률이 증가하고, 2030년부터 전 세계 인구가 줄어들 것으로 예측했다. 2022년에 이 보고서를 돌이켜보면 당시의 예측이 매우 놀라운 수준임을 알게 된다.

1970년대는 로마클럽이 제안한 즉각적인 조정을 해서 위협을 물리쳐야 했던 순간이었을까? 산유국은 암흑기가 별것 아니라는 반응이었다. 당시의 사우디아라비아 석유 장관 아메드 자키 야마니Ahmed Zaki Yamani가 "돌이 사라져서 석기시대가 끝난 것이 아니듯, 석유가 동이 난다고 해서 석유의 시대가 끝나는 일은 없을 것이다"라고 주장한 것은 두고두고 회자되었다.[13] 그의 말은 모든 산유국은 물론이고 석유 산업의 구호가 되었고, 정치인들은 이러한 세계관에 동조하는 듯했다.

실제로 성장에 주력하는 정치 제도는 지속적인 성장을 추진했다. 국제적으로 각국은 원유, 곡물, 기타 원자재에 돈을 많이 쓸수록 자국의 국제수지는 더 압박받는다는 사실을 알게 되었다. 정부는 해외에서 필수품을 조달할 수 없었기에 어려운 선택을 해야 했다. 누가 언제 차를 운전할 수 있는지, 교사, 경찰관, 공무원보다 간호사에게 더 많은 급여를 줄지 결정하고 부족한 물품을 배급하려고 애쓰는 과정에서 많은 정부가 좌절을 맛보았다.

모든 것이 부족해지자 각국 정부는 본능적으로 즉시 보호주의를 내세웠다. 영국은 다른 지역보다 국제수지 문제가 먼저 발생했는데, 영국 정부는 '바이 브리티시'• 캠페인을 시도했으며 주요 정당이 이를 지지했다. 정치 지도자들은 시민들에게 영국 국기가 그려져 있으며 "나는 영국을 지지한다"라고 쓰인 스티커나 배지를 착용하도록 권했다.(언론계의 거물급 인사 로버트 맥스웰도 이러한 구호가 쓰인 티셔츠를 사람들에게 나눠줬는데, 알고 보니 포르투갈에서 제작된 티셔츠였다.)

1970년대 중반에 1차 오일 쇼크를 겪은 후에 영국 정부는 잠시 노동당 좌파와 손잡고 대대적인 수입 제한 조치를 선포하는 등, 포위 경제를 시도했다. 미국은 일본과의 경쟁에 관한 염려가 컸다. 1981년에 워싱턴 정부는 도쿄에 일본 자동차 수출을 제한하는 협정에 서명하라고 강요했으나 이러한 시도는 역효과만 일으켰다. 새로운 '자발적' 양적 제한 때문에 일본 자동차 생산업체는 저렴하고 연비가 좋은 자동차가 아니라 고급 자동차 생산에 주력하기 시작했다.

보호주의에 관한 가장 광범위한 지성적 사례는 케인스와 케인스주의의 본고장인 케임브리지에서 등장했다. 응용경제학과 교수이자 학과장인 윈 고들리Wynne Godley는 관세 및 보호무역의 필요성을 강력하게 주장했다. 윈 고들리는 (코벤트가든 왕립 오페라 하우스에서 오보에 연주자로

• Buy British, 영국 제품 구매를 권장하는 캠페인 -역자 주

활동한 경력이 있는)유능하고 교양이 높은 사람이었다. 1975년에 응용경제학과가 발행한 〈경제 정책 리뷰Economic Policy Review〉에서는 "일종의 수입 제한을 도입하는 것 외에는 경상 수지를 개선하는 동시에 실업자를 100만 명 미만으로 유지할 방법은 없는 것 같다"라고 밝혔다.[14]

훗날 고들리가 지적한 것처럼, 1960년대 호황 때문에 사람들은 착각에 빠졌다. "호황기에는 외국 상품을 직접 생산하는 것보다 이를 판매하는 방식으로 돈과 직장을 더 쉽게 찾을 수 있는데, 이 점 때문에 사람들에게 오해가 생겼다."[15]

고들리의 동료인 프랜시스 크립스Francis Cripps는 같은 상황을 이렇게 설명했다. "시스템을 다시 키우려면, 승산을 바꿀 방법을 찾아야 한다. 그러면 성장이 절실한 사람들은 어떻게든 무역에서 자기 몫을 얻어내기 시작할 것이다. 그러면 전체 무역 시스템이 다시 한 걸음 성장할 수 있다."[16] 이는 보호주의의 장막 뒤에서 신속하게 역량을 키운다는 아이디어였다.

1976년에는 다음과 같은 점을 권장했다. "향후 수요 증가에 대한 국제수지 장애물을 없앨 수 있는 조처가 가능하다면, 영국 경제는 향후 여러 해 동안 연간 5퍼센트라는 지속적인 비율로 (과거의 성과를 기준으로 할 때)고속 성장을 달성할 수 있을 것이다. 이는 기존의 중대한 구조적 문제를 해결하여 산업 및 경제가 변혁할 기회가 될 것이다."[17]

권고는 극단적이라서 사람들의 주목을 얻지 못했다. 이란 혁명과 두 번째 석유 파동이 지나간 후인 1980년대 초반에 케임브리지 대학은 국제 시스템 전체에 초점을 맞추는 방향으로 태세를 전환했다. 고유가를 포함하여 전반적인 물가가 상승하는 것이 새로운 종류의 성장을 촉진하는 방안이 될 것이라고 주장했다. "세계 유가가 매우 높아지면 선진국은 에너지 소비를 줄일 방안을 빠르게 모색할 것이며, 더 많은 나라들이 접근하기 어려운 석유 매장량이나 기타 천연에너지 자원을 개발하는 데 도움이 될 것이다."[18]

수입품의 가격이 오르자, 각국 정부는 조정을 강요하여 임금이나 소득을 억누르는 것을 원치 않았다. 일반적인 역사 해석에 따르면, 리처드 닉슨과 지미 카터의 차례로 연방준비제도에 인플레이션을 밀어붙이라고 강요했다. 밀턴 프리드먼과 미국의 화폐 논쟁에 관해 폭넓게 연구한 에드워드 넬슨Edward Nelson은 이러한 해석이 틀렸다고 주장한다. 연방준비제도 의장인 아서 번스Arthur Burns는 흠잡을 데 없는 통화 정설을 중시하는 사람이며 프리드먼의 오래전 스승이었고, 이제는 그에게 친구이자 아버지 같은 존재였다. 그는 연방준비제도가 새로운 인플레이션 악순환을 막아내기로 결심한 상태였다고 계속 주장했다.

하지만 인플레이션이 어떻게 발생하는가에 대한 그의 이론에는 오류가 있었다. 그는 물가 및 임금 통제를 지지했으며, 그러한 통제는 일시적 쇼크로 인해 발생할지 모르는 임금 인상 효과를 통제할 수 있으므로, 자신이 옳다고 확신했다. 측정에 관한 문제도 있었다. 연방준비제도가 제시한 평가는 가치의 확장 여지를 기반으로 했는데, 이는 나중에 수정된 가치를 사용하여 계산한 것보다 훨씬 큰 수치였다.[19] 1981년까지 연방준비제도는 실질 금리(와 예상 금리)를 플러스로 유지할 만큼 충분하게 금리를 높이는 방식으로 인플레이션에 대응하지 않았다.[20] 잘못된 이론을 따르다가 1970년대에 대인플레이션을 만난 것이다.

프리드먼은 나쁜 인플레이션 결과를 예측한 것으로 명성을 쌓았다. 연방준비제도가 촉발한 인플레이션은 커다란 불안정을 초래했으며, 특히 1970년대 후반에 국제 통화로서의 달러 역할에 치명타를 가했다.

◆ 도표 5-3. 주식시장지수, 1969~1980년(1969년을 100으로 본다.) ◆

— 미국 다우존스　— 영국 FTSE　⋯⋯ 독일 DAX　— 일본 니케이225

출처: 글로벌 금융 데이터 자료를 토대로 계산한 것임

인플레이션이 나타난 초반에는 자산 가격(특히 주가)이 상승했으나, 인플레이션이 본격적으로 진행되면서 시장 심리에 영향을 끼치자, 1972년 이후로 미국과 영국의 시장이 속절없이 무너져내렸다. 이와 대조적으로 일본의 주식시장은 큰 상승세를 기록했고, 후에 독일도 비교적 완만한 상승세를 보였다.(도표 5-3 참조)

인플레이션에 대한 각국의 반응

유럽에서는 인플레이션이 주로 국제 통화 시스템을 통해 외부에서 유입되는 것이라고 이해했으며, 특히 프랑스와 독일에서 이런 생각이 뿌리 깊이 자리 잡았다. 1960년대 프랑스의 정책 입안자와 이론가들은 국제 통화 시스템에서 달러가 수행하는 역할을 공격했다. 조르주 퐁피두 대통령은 재무장관인 발레리 지스카르 데스탱에게 국제통화기금 연례총회에 가면 "고장난 시계에 시간을 맞출 수 없다"라고 말하도록 강력히 요구했다.[21] 에곤 소멘Egon Sohmen을 포함하여 독일 경제학자들도 인플레이션은 외부에서 유입된 것이라고 여겼으며, 큰 영향력을 행사하는 독일연방은행인 분데스방크Bundesbank도 그와 같은 비판적인 입장을 강하게 내세웠다.

1973년 5월에 분데스방크는 달러에 대한 고정 환율제를 종료하고 통화 규제에 돌입했다. 하지만 모든 독일인이 이러한 시도를 반기지는 않았다. 은행업계는 은행의 파산을 우려했고 수출업계는 환율 상승을 걱정했다. 그래도 분데스방크는 흔들리지 않았다. 1974년부터 분데스방크는 중앙은행 자금의 목표 범위, 즉 화폐 공급에 관한 좁은 척도narrow measure of the money supply에 따라 운영되었다. 은행 측은 시장과 임금 협상 과정 당사자에게 적절한 인플레이션 목표를 전달하는 방법이라고 생각했다. 나중에, 인플레이션이 미국보다 훨씬 낮았고 그 결과 금리도 낮아졌다. 독일인들은 초반의 성공 덕분에 1973년 후반기에 발생한 유가 상승은 단순한 일회성 사건으로 간주하고, 이를 수용할 수 있으며, 그 결과로 1975년에 세계 경기가 전반적으로 침체했으나 국내 경기침체는 비교적 심하지 않은 편이었다고 주장했다.[22]

정부의 역량과 효율성에 관한 논의에서 다양한 반응이 쏟아져나왔다. 에너지 문제나 가격 인플레이션 문제에 각종 통제 정책으로 대처하다가 실패하자, 해당 정책을 주도한 정치 지도자에 대한 신임이 바닥에 떨어졌다. 제럴드 포드 미 대통령은 고등학교 때 축구를 많이 했으나 자꾸 넘어지는 바람에 혼자 거리를 걸어 다니지 못하는 사람, 항상 껌을 씹는 사람으로 묘사되는 등 심야 코미디 프로그램에나 나오는 억울한 놀림감이 되었다.(더 심한 말로 모욕을 퍼붓는 사례도 많았다.)

차기 대통령인 지미 카터는 그보다도 운이 없는 것 같았다. 극적인 성찰의 순간에 그는 1979년 독립기념일에 예정된 연설을 취소하고 열흘간 캠프 데이비드에 머물면서 전국 각지의 미국인들을 초대하여 그들의 솔직한 생각에 귀를 기울였다. 그 결과는 7월 15일에 텔레비전 연설을 통해 발표했다. 그것은 '신뢰의 위기crisis of confidence' 연설 또는 '불안감 조성 연설malaise speech'이라고 널리 알려졌다(물론 카터 대통령이 불안감이라는 단어를 직접 사용한 것은 아니다.). 그는 시작부터 아주 통렬한 비판의 목소리를 그대로 전달했다.

남부 주지사는 이렇게 말했습니다. '대통령 각하는 지금 이 나라를 제대로 이끌지 못하고 있습니다. 그냥 정부를 겨우 운영하는 수준이지요.'

긍정적인 의견도 있네요. '대담해져야 합니다. 대통령 각하, 우리도 실수할지 모르죠. 그러나 우린 실험을 해볼 준비가 되어 있지 않습니까?' 신뢰의 위기는 국가 의지의 핵심과 영혼과 정신에 큰 충격을 주었습니다. 이러한 위기를 맞이한 이 순간에 우리 삶의 의미에 대한 의심이 커지고 나라의 대의가 약해지고 있습니다. 미래에 대한 신뢰가 약해지는 것은 미국의 사회, 정치적 구조가 무너질 수 있다는 위험한 신호입니다.[23]

연설에 대한 초기 반응은 매우 열광적이었다. 여론 조사에서도 그의 솔직한 의견을 높이 평가하는 사람이 많았다. 하지만 일단 분위기가 진정되자, 카터 대통령이 지도자로서 통제력을 잃었다고 보는 견해가 지배적이었다. 이것 때문에 1980년 대선 캠페인에서 '카터가 아니라면 누구든 좋다Anybody But Carter'라는 문구의 약자인 'ABC'를 쓴 플래카드가 등장했다.

공화당 최종 후보 로널드 레이건Ronald Reagan은 '불안감'이라는 주제를 자신에게 매우 유리하게 활용했다. 인플레이션은 카터를 공격하는 주요 무기가 되었다. 1980년대 초반에 인플레이션이 18퍼센트를 기록했고, 카터와 레이건이 출연한 중요한 텔레비전 토론에서 레이건은 다음과 같이 말했다.

> 그는 인플레이션과 OPEC을 두고 국민을 탓하고 있습니다. 연방준비은행 시스템을 비난하고, 미 국민에게 생산성이 낮다고 비난합니다. 그러더니 사람들이 너무 잘살고 있다며 부족함을 공유해야 한다고 주장합니다. 국민에게 희생을 강요하고, 부족함을 견디며 사는 것에 익숙해져야 한다고 훈계합니다. 하지만 우리가 인플레이션을 겪는 것은 사람들이 너무 잘 살기 때문이 아닙니다. 오히려 정부가 너무 편하게 지내기 때문에 인플레이션이 발생한 겁니다.[24]

정치인들은 쉽게 인플레이션을 비판하지만 사실 인플레이션에 어떻게 대처해야 할지 모른다. 인플레이션을 완화하는 과정은 어려워 보이고 내키지 않기 때문이다. 어찌할 바를 모르고 허둥대기만 하는 데다 개선 정책은 전혀 없으니 이를 완화하려는 과정은 효과가 없는 것처럼 보였다.

영국 정부는 훨씬 더 무능해 보였는데, 보수당과 노동당으로 구성된 전시 연립내각은 물가와 임금 통제에 의존도가 높았기 때문이다. 1974년에 보수당 총리 에드워드 히스Edward Heath는, 나라 전체를 마비시키다시피 한 노조와 격렬한 언쟁을 벌인 후에(특히 광산 노조와 마찰이 심했다.) '누가 영국을 지배하는가?'라는 질문을 해결하려고 조기 총선을 요구했다.

유권자들은 그를 외면했고 노동당이 이끄는 정부가 히스 정권을 대체했지만, 여전히 물가 및 임금 통제를 풀지 않았다. 보수당과 노동당 모두 임금 지도와 통제에서 이러지도 저러지도 못하는 선택이 관련되어 있었다. 간호사가 교사보다 더 가치가 있고 경찰이 탄광에서 일하는 광부보다 더 중요한 사람인가? 상을 주는 과정에서 분배 갈등이 생겼다. 어떤 집단이 다른 집단의 합의를 지적하면서 자신들도 합의금이 더 필요하다고 주장하면서 임금도 급격히 인상되었다. 시차를 두고 여러 이해집단과의 합의가 진행되자 합의금을 더 높일 가능성이 있다고 생각하게 되었고 이에 따라 불만이 커지고 정치화 현상이 고조되었다.

1976년에 영국 물가가 폭등하면서 통화 위기가 발생했다. 데니스 힐리Denis Healey 재무장관은 IMF 연례 회의에 참석하려고 출국할 예정이었으나 국내의 긴급 상황을 돌보기 위해 히스로 공항에서 발길을 돌렸다. 시간이 흘러 1978~1979년의 겨울은 '불만의 시기'였다. 물자가 부족하고 파업이 계속되었으며 거리에는 쓰레기가 쌓이고 매장되지 못한 시신들이 아무렇게나 방치되어 있었다.

제임스 캘러헌 총리는 1979년 1월 10일에 카리브해(과들루프)에서 열린 국제회의에 참석했다가 일광욕을 마친 모습으로 영국에 돌아왔다. 그가 입국장에서 내뱉은 말에 관해 오보가 나오면서 정부와 구 노동당의 정치 생명은 사실상 끝을 맞이했다. 타블로이드지 〈더 선〉은

'위기라니? 무슨 위기 말입니까?'라는 문구를 머리기사로 내놓았다. 캘러헌은 "내가 생각하기로는 이 세상의 다른 사람들은 혼란이 가중되고 있다는 생각에 동조하지 않을 것 같습니다"라고 하면서 갈수록 혼란이 커진다는 해석은 '다소 편협한 견해'라고 말했으나 결과는 좋지 않았다.[25] 그는 자기 편이 되어야 할 사람들과 자신의 정치 인생을 바치다시피 한 노동조합운동이 사실상 자신을 끌어내렸다고 느꼈다.[26] 보수당은 광고대행사 사치앤드사치Saatchi & Saatchi가 제시한 '노동당으로는 안 된다'라는 문구를 앞세워 선거에서 대승을 거두었다.

정당이나 정부만 제대로 돌아가지 않는 것은 아니었다. 자본주의도 이미 실패한 것처럼 보였다. 히스는 영국의 재벌 그룹 론로Lonrho의 수장 타이니 롤런드Tiny Rowland를 '용납할 수 없는 자본주의의 얼굴'이라고 낙인찍었다. 롤런드는 모험심과 독립심이 아주 강한 사람이었으며 아프리카에서 자신의 기업을 대대적으로 확장했다. 제1차 세계대전 중에 인도의 포로수용소에서 독일인 부모가 그를 낳았는데, 로디지아(현재 짐바브웨) 출신의 백인 농부인 롤런드는 대영제국의 종말과 국제 기업의 등장 사이에 존재하는 상업적 격차를 해소하고자 움직였다.[27]

론로는 남아프리카에서 엄청난 돈을 들여 확장 프로젝트를 진행했는데, 이는 웨스턴 플래티넘Western Platinum이라는 새로운 광산을 개설하는 것이었다. 그뿐만 아니라 변동성이 큰 상품 시장에도 투자했다. 1973년에 위원회는 롤런드를 퇴출하려 했으나 목적을 이루지 못했다. 그 후에 론로는 홍보 효과를 높일 생각으로 영국 주요 일간지 〈옵저버〉를 인수했다.

이탈리아와 독일도 지속적인 테러리즘의 위협 때문에 불안감에 사로잡힌 '리드의 시기anni di piombo, bleierne Zeit'를 보냈다. 독일의 경우,

위협을 가한 장본인은 극좌파 세력인 적군파赤軍派였다. 이탈리아는 상황이 더 복잡했다. 신파시스트의 테러활동과 붉은 여단Brigate Rossie 의 활동이 겹쳤으며, 둘 다 정보국이 관여하고 있다는 소문이 돌았다. 1974년부터 1975년까지 이탈리아 총리를 지낸 알도 모로Aldo Moro는 기독교민주당 출신이지만 공산당과 안정적인 동맹을 구축하려고 노력 했다. 그는 붉은 여단에 납치되어 55일간 인질로 잡혀 있다가 살해당 했다. 이탈리아와 영국 양측은 외부 규율을 부과하려고 1977~1978년 에 협상했던 IMF 패키지를 요구했다.

영국과 이탈리아의 국가 지도자들과는 대조적으로 독일의 헬무트 슈미트 총리는 단호하게 통제권을 장악하는 듯했다. 그러나 총리는 민 주주의의 실행 가능성과 본 공화국(서독)이 바이마르처럼 될 것이라는 전망 때문에 우울한 기분에서 벗어나지 못했으며, 자신이 속한 정당의 반대에 부딪혀 더욱 힘든 상태였다. 사실 몇 차례나 총리직 사임을 진 지하게 생각하기도 했다.

사람들은 그를 '행동하는 사람Der Macher'이라고 불렀다. 그는 1962년 2월 대홍수가 발생했을 때 함부르크시에서 목사로 일하고 있었는데, 그때부터 유능하고 이데올로기에 얽매이지 않는 방식으로 좋은 평판 을 얻었다. 그는 공약이나 거창한 비전을 조롱했는데 "비전을 품은 자 는 누구나 안과 의사를 찾아가야 한다"라고 말하기까지 했다.

총리가 되기 직전인 1974년 4월에는 '경제 보고서Okonomisches Papier' 라는 공식 문서를 작성했는데, 이는 오일 쇼크와 국제 통화의 인플레이 션이 초래할 결과에 대한 일종의 경고문이었다. 그는 산업 사회 내부의 민주주의 구조가 붕괴하는 것을 염려했는데, 특히 수입 대금을 치를 통 화를 벌기 위해 수출을 반드시 해야 하는 일본이나 유럽 국가들과 같은 나라들이 위험하다고 생각했다. 이러한 예상은 종말론적 비전이 아니라 세계 경제에 관한 현실적인 가능성이었다. 그는 총리로서 "국제적 행동을 통해 국가 경제, 더 나아가 세계 경제를 안정시켜야 한다"고 계속 주장했다. 더 나아가 '글로벌 경제 거버넌스global economic governance'가 필요하다는 점을 피력하기 시작했다.[28] 그는 시사주간지 〈슈피겔〉과 긴 인터뷰를 하던 중에 경제 문제에 있어서는 독일이 세계 강국이라고 설명했다. 또한 자기 자신을 삼인칭으로 표현하면서 "현 총리는 지난 3년간 세계 경제와 통화 문제에 깊이 몰두했으며, 그런 의미에서 보자면 이 분야에 관한 특별한 판단을 내리기에 유리한 전제 조건을 갖추었다"라고 강조했다.[29] 그는 자신을 세계 경제학자로 여겼으며 아버지가 자녀에게 대하듯이 미국 대통령에게 조언하려 했다.[30]

산유국이 독일을 포함한 다른 국가들에 투자하는 것은 아랍 지도자들이 '슈미트 총리가 무슨 행동을 하는지 깨달을 수 있는' 좋은 방법이었다. 실제로 산유국들이 독일의 자동차 산업에 투자하기 시작했다. 슈미트는 이렇게 말했다. "사람들은 외국인이 독일 산업의 지분을 사들이면 이 세상이 다 끝나리라 생각하지만, 현실은 그렇지 않습니다."[31]

일본에서도 정계에 대한 의구심이 전반적으로 확산했다. 1970년대 초반은 미친 물가라고 할 정도로 물가가 치솟았다. 1974년에 소비자 가격이 23.2퍼센트 상승했다. 다나카 가쿠에이 정부는 야심 차게 인프라 투자 및 개발 계획(일본 열도 재건 계획)을 약속했지만 부패 스캔들로 인해 1974년에 무너져버렸다. 그의 후임인 미키 다케오는 청렴한 사람이었고 대중에게 인기가 있었지만, 자신이 소속된 정당에서 지지를 얻지 못했다. 이렇게 정계가 주춤거리긴 했지만, 대기업 협회인 경제단체협회와 경영자총연합회의 공동 행동이 나선 덕분에 일본 경제는 변화를 통해 현대화를 이룩했다.

　이처럼 1970년대는 주요 산업 국가에서 인플레이션에 관해 서로 상충하는 견해가 쏟아져 나왔다. 독일은 1974년에 인플레이션이 고작 7.0퍼센트에 머물러서 아웃라이어outlier*처럼 보였다(당시에 이탈리아의 인플레이션은 19.2퍼센트, 영국이 15.9퍼센트, 미국이 11.0퍼센트였다.). 안정 지향적인 스위스조차 인플레이션이 독일보다 높게 나타났다. 이러한 차이로 인해 미국은 통화정책의 방향을 급격히 조정하기 시작했다. 이는 통화정책에 대한 전면적인 재평가의 결과이자, 달러 약세로 인해 전 세계에서 미국의 입지가 약해진 영향을 반영한 것이었다. 미국과 영국으로 이루어진 중심축은 인플레이션 결과의 국제적 범위의 최고점에서 안정된 중심으로 바뀌었지만, 디스인플레이션은 길고 고통스러운 과정이었다.

인플레이션에서 벗어나기 위한 노력

연방준비제도이사회 의장이었던 폴 볼커Paul Volcker는 1979년 10월 6일에 '보다 짧은 기간에 화폐 공급 증가에 대한 통제력을 확실히 하기 위해' 정책의 방향을 바꾸었다. 그는 "지급준비금 공급을 강조하고 지급준비 메커니즘을 통해 통화 공급 증가를 제한하겠다"고 발표했다.

　명목기준금리 목표치는 1979년 9월에 약 11퍼센트였으나 1980년 4월에 17퍼센트로 크게 인상되었다. 그로 인해 미국에 급격한 경기침체가 발생했는데, 연방준비제도는 대응책으로 금리 인하를 내놓았다.

● 평균치에서 크게 벗어나서 다른 대상들과 확연히 구분되는 표본 -편집자 주

1981년에 또 한 번 허리띠를 졸라매자 경기가 더욱 침체하였고, 이때 연방준비제도가 명목기준금리를 더 낮추어서 여름에 19퍼센트였던 금리가 연말에 14퍼센트까지 떨어졌다. 1982년 여름에 또 한 차례 금리가 인하되어 10퍼센트까지 내려갔다.

마거릿 대처가 이끄는 새 정부가 출범한 영국은 1980년 3월에 인플레이션을 해소하기 위해 중기금융전략Medium Term Financial Strategy으로 전환했다. '통화 공급을 통제하면 여러 해에 걸쳐 인플레이션율이 낮아진다'는 원칙에 따라, 4년간 주요 통화 목표(£M3)에 대한 목표 범위를 여러 차례 구체적으로 줄여나갔다. 미국과 영국의 방식은 초반에 광범위한 비판을 받았는데, 특히 디스인플레이션 과정에서 통화량 증가가 급격히 이루어진 것이 큰 이유였다.

영국의 경우, 1980년 1월부터 1981년 7월까지 통화공급량의 주요 측정 지표인 M3파운드가 34퍼센트 증가했다. 후에 볼커는 안정화를 촉진하는 면에서 중앙은행들과 통화정책이 성공한 것을 되돌아보면서 "국내외의 다양한 노력에도 불구하고 중앙은행은 통화주의적 성배를 발견하지 못했다"라고 설명했다. 결국 인플레이션을 안고 있는 국가라면 높은 실업률, 경기침체, 이익 압박과 같은 고통스러운 전환기를 겪지 않고는 인플레이션을 완화할 수 없을 것 같았다.[32]

볼커는 통화 목표를 줄여나가는 것에 환멸을 느꼈다. 특히 카터 행정부가 힘을 잃어가고 1980년 11월 선거에서 로널드 레이건이 대통령에 당선된 것은 그에게 큰 타격이었다. 11월에 그는 이렇게 한탄했다.

현재 우리가 관찰하는 상황을 일반적인 표현으로 설명하자면 회복 목표와 통화 목표 간의 유명한 충돌이라고 할 수 있다. 이는 어떤 의미에서 너무 제한적이라서 인플레이션 모멘텀이 감소하지 않는 한 회복을 허용할 수 없는 상태이다. 사실 이 단계에 이 정도로 빨리 도달할 거라고는 예상하지 못했는데, 이미 여기까지 와버렸다. 아주 간단히 표현하자면, 많은 사람이 이러한 목표는 경제 확장 능력의 한계를 낮추는 것으로 생각했다. 모든 불확실성을 고려하면, 인플레이션이 하락할 때까지 우리가 가진 모든 유형의 목표에 대해 계속 그렇게 생각할 것으로 예상된다. 목표를 정확히 맞추려는 진지한 관심 외에는, 어떤 관점에서 보더라도 상당히 불만스러운 그림이다.[33]

볼커는 뒤로 물러서기 시작했으나, 연준이 어떤 나침반을 따라야 할지는 분명하지 않았다. 12월이 되자 볼커는 연방공개시장위원회(Federal Open Market Committee, 이하 FOMC)에서 "신뢰성을 논할 때, 통화 목표에 지나치게 치중하는 것 같다"라고 무뚝뚝하게 불평을 쏟아냈다. 그는 더 열을 받더니 결국에는 폭발해버렸다.

사람들이 신용도에 대해 논하거나 인플레이션 때문에 얼마나 낙담했는지 종종 듣게 됩니다. 사람들은 정말 많이 낙담한 상태입니다. 특히 지난해 연방준비제도 정책에 관해 사람들은 이렇게 말합니다.
'당신이 겨울에 우리를 벼랑 끝에 데려왔기에 우리는 조금 염려됩니다. 전에도 이런 경험이 있었고, 2개월 후면 모든 것이 사라지고 아무 일도 일어나지 않은 것처럼 될 겁니다.'
그들은 통화 공급의 감소를 보고 통화 시장의 모든 압력이 사라졌으며 이제부터는 전속력으로 전진할 거라고 말하지 않았습니다. …… 그들은 1년이라는 시간에 걸쳐 일부 결과가 드러날 거라고 믿었고, 2개월 후에 시장이 다시 풀리자 '걱정할 필요가 없었는데, 괜히 걱정했군요.'라고 말했습니다.

또 어떤 기업의 의견이 인용되었냐고 한다면 크라이슬러를 꼽을 수 있습니다. 불과 몇 년 전에 뉴욕시에 문제가 발생했을 때 그랬던 것처럼, 대기업이 곤경에 처하면 정부가 개입합니다. 이번 봄에 발생한 일을 논하자면, 사실 나도 그 일과 관련되어 있었지만, 여러분 중에는 누구도 연루시키지 않겠습니다.

아무튼 하나이 상품 시장에서 재난을 겪었고, 사람들은 이 문제에 대해 크게 걱정했습니다. 헌트 형제는 결국 구제 금융을 마련했습니다. 우리는 이를 묵인했으므로 그렇게 하라고 허용한 것과 같습니다. 왜 묵인했을까요? 국내에서 두 번째로 큰 증권사가 걱정스러웠고, 국내 1위의 증권사도 별로 뒤처지지 않았으니까요. 적어도 미국의 최대 은행 중 하나가 잠재적인 위험에 처해 있었습니다. 돈 문제는 금방 풀렸습니다. 어쩌면 그런 일은 다시 일어나지 않을지도 모릅니다.

…… 사실 이렇게 표현할 수도 있습니다. 통화 목표와 경제의 실질적인 문제가 충돌하면 우리는 목표 내에 있든 밖에 있든 간에 우리가 양보하리라 생각합니다. 그들은 목표가 매우 정교한 것이라 하더라도 이를 쉽게 행동으로 옮기지 않습니다.[34]

반면 볼커는 초과 수요를 피해야 한다는 점을 분명히 밝혔다.

연방준비제도 정책에서 시장 심리를 바꾸는 것은 중요한 부분이었다. 1980년 12월 회의에서 볼커가 지적했듯이, 은 가격이 급변하는 것은 일종의 강박이었으며 인플레이션에 대한 우려를 보여주는 지표였다. 석유 재벌가의 자제인 넬슨 벙커, 윌리엄 허버트, 라마 헌트라는 텍

사스 출신의 형제들이 은 시장을 장악하려고 하자 시장 분위기는 더욱 달아올랐다. 1979년 초에는 은이 온스당 약 6달러였는데 늦여름부터 헌트가 은을 사들이기 시작했다. 1980년 1월 21일에 뉴욕상품거래소New York Commodity Exchange는 미래 시장에서 새로운 포지션을 취하지 못하게 하고, 증거금 요건margin requirement을 강화했다. 주가는 잠시 49달러까지 급증했다가 37.35달러로 곤두박질쳤다.[35] 단 하루 만에 그렇게 주가가 급락한 것은 기록적인 변화였다. 헌트 형제는 40달러에 은 500만 온스를 매입하겠다고 했다. 윌리엄 허버트 헌트는 '증거금 요건이 비현실적'이며 이 때문에 '비유동성 시장'이 형성된 것이라고 맹렬히 비난했다.[36]

헌트 형제는 빈털터리가 되었으며 3월 말에는 1억 달러나 되는 마진 콜을 감당할 수 없는 상태였다. 부채 누적액은 이미 10억 달러였다. 볼커는 매우 좋아하면서 헌트 형제가 은을 청산liquidation하기를 기대한다고 말했다. 또한 '그런 행동(과도한 투기)에 대한 최선의 방어는 시장 자체의 규율'이라고 선언하기도 했다.[37] 시장은 강력한 이익집단이 자행하는 강탈에 대한 방어 메커니즘이 될 수도 있었다.

한편, 원자재 위협이 사라지기만 해도 인플레이션이 하락할 가능성이 있었다. 은 거품이 붕괴하고 (뒤이어 금 가격이 하락하면) 달러에 대한 대안이 없다는 사실도 한 가지 이유였다. 1981년 7월에 볼커는 '인플레이션과 인플레이션 심리가 진전되고 있는 몇 가지 징후'를 보고했다.[38] 급격한 경기침체 과정에서 인플레이션 억제가 발생했다. 전미경제연구소National Bureau of Economic Research는 발생 기간을 1981년 7월부터 1982년 11월까지로 보았다. 1981년 11월과 12월에 실업률은 노동력의 10.8퍼센트였는데, 이는 세계대전 후 최고치였다.

연방준비제도는 1982년 6월 펜 스퀘어Penn Square 은행의 파산이라는 심각한 사태와 1982년 8월 멕시코 부채 위기의 발발을 고려하여 약간의 변화를 시도했다. 멕시코 부채 위기가 발발한 이유 중에는 연방준비제도의 금리 긴축도 포함되었다. 이 시점에 볼커는 통화량 증가에 대한 우려를 제쳐놓고 금리 목표 설정에 단순히 초점을 맞추었다.[39] 그러나 그의 정책에서 가장 눈에 띄는 것은 통화정책과 재정 정책을 분리 유지하겠다는 굳은 결의였다. 1982년 8월에 멕시코 위기가 심화하자 그는 의회가 예산 삭감에 동의하면 금리를 인하한다는 의회와의 조건부 거래를 단호히 거절했다.[40]

세계화의 확장

×

오일 쇼크가 경제적 민족주의로 전화하는 데 도움이 된 것이 아니라 결국에는 세계화를 더욱 촉진했다는 점은 역설적으로 보인다. 새로운 연결을 주도한 메커니즘 중 하나는 금융 혁명으로, 산유국이 축적한 막대한 흑자가 대형 국제 은행의 대출할 수 있는 자금으로 전환된 것을 가리킨다. 역외 시장이라 정부에게 직접적인 통제를 거의 받지 않는 국제자본 시장이 발전한 것은 당시 금융계에서 큰 혁신과 같았다. 돈이 풀리자 발전과 성장을 추진하려는 전 세계 정부가 자원을 사용할 수 있게 되었고, 이에 따라 국제 수요가 급증했다. 영국 노동당의 포위 경제와 같은 대안 전략은 시장에 대한 접근을 차단하고 번영을 가로막는 메커니즘처럼 보였다.

무역이 늘어날 가능성도 기술에 달려 있었다. 국제 상거래에 혁명을 일으킨 근본적인 요소는 표준화된 컨테이너인데, 이 덕분에 항구에서 선적 및 하역 속도가 빨라졌고 사용자와 유통업체에 직접 운송하는 것이 가능해졌다. 표준화된 규격의 컨테이너는 1950년대에 도입되었다.[41] 미국 최초의 컨테이너 항구는 뉴저지 엘리자베스 항만청 해상 터미널Elizabeth Port Authority Marine Terminal이었다. 1966년부터 미국과 영국 사이에 정기적인 물류 서비스가 마련되었으며 1967년에는 펠릭스토우Felixstowe에 최초의 컨테이너 전용 터미널이 문을 열었다. 그러나 컨테이너 운송이 본격적으로 시작된 것은 1970년대였다. 미 화물 운송에서 1973년에만 컨테이너 화물의 운송량이 기존의 일반 화물선보다 많은 것으로 나타났다. 1970년대에 경쟁이 커지면서 운송업체에 대한 화주들의 압력이 커져서 가격이 하락했다. 그러다가 1990년대에 와서 컨테이너 선박의 크기가 눈에 띄게 커졌다.[42]

에너지 위기에서 가장 확실하고 즉각적인 승리를 거둔 것은 일본의 자동차 생산업체였다. 세계 자동차업계에서 상대적 아웃사이더로 분류되는 오토바이 제조업체 혼다는, 1973년에 '성층 엔진'을 개발했는데, 이는 휘발유에 대한 공기 비율을 높여서 연비를 끌어올리는 방식이었다. 그 후에 혼다는 자동차 제조업체로 대대적인 변화를 꾀했다. 미국보다 에너지 제약이 훨씬 심한 일본은 연비가 높은 자동차의 주요 생산국으로 빠르게 성장했다. 일본 자동차는 연료 소모가 심한 미국산 자동차보다 경쟁력이 월등하게 앞서 있었다.

1980년에 미국의 자동차 업계 노동자는 20만 명이나 실직했는데, 이는 일본 자동차 수입의 급증과 직접적인 관련이 있었다. 1975년에서 1980년 사이에 미국에서 일본 자동차의 연간 판매량은 80만 대에서 190만 대로 증가했다. 영국도 비슷한 변화를 겪었다.

1965년에 처음으로 일본에서 수입된 다이하쓰 컴파뇨Daihatsu

Compagno라는 자동차는 거의 외면당하다시피 했다. 판매량은 고작 6대였고, 고객들은 '기술적으로 역행한 자동차'라는 악평을 내놓았다. '시속 96킬로미터까지 가속하는 데 너무 오래 걸려서 시간을 잴 수 없을 정도'라는 말도 있었다.[43] 하지만 그 후로는 일본 자동차 판매가 급증했고 영국의 자동차 업체들은 해외 브랜드와의 경쟁에서 한껏 움츠러든 모습이었다.

자동차 업계의 변화에서 볼 수 있듯, 기업은 품질이나 혁신 면에서 효율적으로 경쟁하는 법을 배워야 했으며 이제 경쟁 무대는 공개 시장으로 넓어졌다. 경쟁을 통해 개방하는 같은 과정이 다른 분야에서도 나타났다.

미국인들은 여가 시간에 와인을 즐겼다. 1976년 파리에서 영국의 상류층 와인 판매자가 마련한 블라인드 테스트에서 프랑스 심사위원 9명이 치열한 경쟁을 벌이던 주요 제품 몇 가지의 품질을 평가했다. 여기에서 화이트와인과 레드와인 모두 미국산 와인이 프랑스산 와인보다 우수하다는 평가를 얻었다. 이 테스트를 취재한 〈타임〉지의 기자는 미국인이었는데, 심사위원의 평결에 쓰인 표현을 인용해 이런 기사를 썼다. 미국 나파에서 생산된 화이트와인 샤토 몬텔레나에 대해 "아, 프랑스로 돌아가는 느낌이군요"라고 했으며 고가의 와인인 바타르 몽라셰를 맛보고는 "이건 분명히 캘리포니아산이에요. 어떤 맛도 느껴지지 않잖아요"라고 했다. 보고서의 제목은 '파리의 심사위원'이었다.[44]

패권 국가의 경우 새로운 것을 배우는 게 항상 더 어려운 일이다. 폴 크루그먼Paul Krugman은 "미국이라는 나라는 흔히 외국의 경험에서 배우는 것을 별로 좋아하지 않는다"라고 말했다.[45] 하지만 1970년대에는 해외 경험을 통해 새로운 것을 배우는 과정이 필수적이었다. 그 과정에서 학습을 낙관적인 봉투에 담아둔 것은 도움이 되었다. 로널드 레이건은 '미국의 아침'에 관해 연설했으며 마거릿 대처는 (여전히 반대를 받으면서도) "우리 정당에 비관론자를 두고 싶지 않다"라고 말했다.[46]

1970년대의 위기는 1840년대와 같은 것을 깨닫게 해주었다. 개방성은 탄력성과 회복성을 가져오며, 무역이 확장하려면 자금 조달이 필요하다는 점이었다. 최종적인 영향은 명확했다. 상품 무역이 1970년에는 전 세계 GDP의 9.5퍼센트를 차지했는데, 1980년에는 14.9퍼센트까지 증가했다. 같은 기간에 상품과 서비스 무역의 성장은 더욱 놀라웠다. 1970년에 12.1퍼센트였던 것이 1980년에 18.2퍼센트로 증가했다.[47] 이렇게 또다시 세계화로 주기가 맞춰지고 있었다.

1970년대에는 산업 경제가 아닌 다른 측면에서 변화가 일어났다. 산업 역량을 신속히 발전시키기 위해 국제 시장에서 저렴하게 대출받을 수 있다는 사실이 많은 나라에 좋은 기회로 여겨졌다. 국제통화기금은 방향을 바꾸어 석유 위기로 피해를 본 가난한 나라에 새로 설계된 석유 시설을 통해 최소한의 조건 또는 아주 저렴한 조건을 제시했다. 하지만 중간 소득 국가는 대부분 미국, 유럽, 일본의 신디케이트 대출*에 더 쉽게 사용할 수 있었고, 이를 확장의 기회로 여겼다. 그들은 수입품과 경쟁하는 동시에 일부 수출시장을 개발하면서 어떤 종류의 감독이나 통제도 단호히 거부했다. 브라질 재무장관 마리오 엔리케 시몬센Mario Enrique Simonsen은 국제통화기금이 민간 부문에 관해 '판단, 분석, 또는 예측'하려고 시도하지 말라고 주장했다.[48]

• syndicated loan, 최소 2개 이상의 은행이 차관단(신디케이션·Syndication)을 구성해 같은 조건으로 일정 금액을 기업이나 국가 등에 융자하는 일종의 집단 대출 -편집자 주

대규모 차입이 없었던 부문에서도 태도나 방향이 달라졌다. 경제학 교수이자 국제 무역 분야의 권위자인 자그디시 바그와티Jagdish Bhagwati 를 위시한 젊은 층의 인도 경제학자들이 국제 무역을 제한할 때 이익 을 얻는 로비 단체와 특수 이익 단체의 렌트추구행위*를 비판했지만, 당시에는 라이센스 라지**의 수혜자들에게 축적된 영향력을 넘어서기 에는 정치적 추진력이 역부족이었다.[49] 1990년대 초반에 만모한 싱 Manmohan Singh 재무장관은 "인도에는 없지만 한국에 있는 것은 무엇인 가?"라고 질문하더니, 개방과 개혁을 추진하는 프로그램을 준비하기 시작했다.[50]

하지만 가장 극적인 변화는 중국에서 나타났다. (배우이자 마오쩌둥의 부인인 장칭을 포함한)급진좌파 4인방이 무너지고 덩샤오핑이 권력을 거 머쥔 것이다. 덩샤오핑은 1978년 11월에 싱가포르를 방문했는데, 개방 적이고 현대화된 도시의 모습에 깊은 인상을 받았으며, 싱가포르라는 모형을 자국에 어떻게 적용하면 좋을지 고민하기 시작했다. 후에 그는 "싱가포르의 사회 질서가 우수하다. 그곳의 지도자는 엄격한 관리를 시 행하고 있다. 우리는 그들의 경험에서 배워야 하며, 그들보다 더 나은 성과를 내야 한다"라고 말했다.[51]

공산당 중앙위원회의 실무회의 및 1978년 11월~12월에 베이징의 징시 호텔에서 열린 삼중전회에서 각 당 대표는 중국의 경제 현대화 계획을 수립했다. 민간 산업으로 방향을 틀게 된 이유는 기술적인 전문

- rent-seeking behavior, 경제주체들이 자기의 이익을 위해 비생산적인 활동에 경쟁적 으로 자원을 낭비하는 현상, 즉 로비·약탈·방어 등 경제력 낭비 현상을 말한다. -역자 주
- •• license raj, 또는 regulation raj, 각종 사업 관련 허가를 인도 정부가 일일이 허가하는 강력한 통제 체제를 가리킴 -역자 주

지식이 필요했을 뿐만 아니라, 중국 이민(더 큰 중국)으로 만들어진 국제적인 네트워크에 국내 관리자를 연결하는 것이 상당히 큰 이점을 보였기 때문이었다. 덩샤오핑의 말을 빌리자면, "가장 중요한 것은 그들이 계속 착취를 이어가면 안 된다는 것이다. 그것을 제외하면 자본주의자라는 꼬리표에 계속 붙어있어야 할 이유는 전혀 없다."[52]

이러한 확장과 자유화 및 개방은 비교적 높은 인플레이션에서 시작되었다. 처음에는 인플레이션 덕분에 생산 조정이 쉬웠을지 모른다. 명목 임금 환상이 어느 정도 남아 있는 한, 상대 가격은 쉽게 움직일 수 있으며 물가나 임금 삭감에 대한 두려움을 일으키지 않기 때문이다. 그것이 사라지면 인플레이션은 가격 혼란을 일으키고 미래에 대한 투자를 불확실하게 만들 뿐이었다. 그러면 얼마 지나지 않아서 인플레이션과 씨름하는 것이 산업계의 주요 정책 사안이 되었다. 이는 개방성의 이점을 관리하는 정부의 역량과 능력을 시험하는 것이었다. 인플레이션을 극복하는 것이 '민주적 자본주의를 재편성'하는 기초가 되었으며, 많은 관찰자가 과거를 돌이켜보면서 이를 회의적으로 대한다. 이것을 '신자유주의'의 파괴적인 실험 또는 '치명적인 결과를 초래하는 학습 과정'이라고 생각하기 때문이다.[53]

인플레이션을 정복하려는 노력

✕

케인스는 인플레이션을 조장하거나 인플레이션 정책을 옹호, 지지하지 않았다. 제1차 세계대전이 끝날 무렵 케인스는 연합군의 평화주의자가 중부 유럽을 혼란과 인플레이션에 빠뜨린다며 맹렬하게 비난했다. 그는 "자본주의를 무너뜨리는 최선책은 통화를 타락시키는 것이다"라는 레닌의 말을 인용한 후에, '파멸의 편에 선 경제법칙의 모든 힘'이 그 과정에 어떻게 개입하는지 설명했다.[54] 제2차 세계대전 중에, 국내 계획에 대한 그의 가장 중요한 공헌은 '전쟁 비용을 어떻게 조달할 것인 How to Pay for the War'라는 논문인데, 소비자의 구매력이 지나치게 향상되면 반드시 인플레이션이 발생하므로, 이를 방지하는 핵심 메커니즘으로 세금을 높게 설정할 것을 주장했다.

더 바람직하고 지속가능성이 더 큰 방법은 평화의 시기가 도래할 때까지 대량 소비를 연기하는 것이었다.[55] 경제학자 로이 해러드는 런던 블룸스버리의 고든 스퀘어Gordon Square에 있는 케인스의 자택에서 그를 처음 만났다고 회고한다. 당시에 그는 1층 응접실로 안내받았는데, 방 안에 가구가 거의 없어서 휑한 느낌이 들었다고 했다. 케인스는 여러 가지 아이디어와 당대의 주요 사건들을 논하면서 "흥분을 감출 수 없다"라고 했다. 그는 '어떤 국가도 국민 소득의 일정 부분 이상을 세금으로 내는 것을 참지 않을 것이며, 더 큰 부담을 져야 할 때 자동으로 인플레이션이 초래한 곤경에서 빠져나오게 될 것'이라는 영국의 경제학자 콜린 클라크Colin Clark의 이론을 언급했다.[56] 케인스가 세상을 떠난 후에 비평가들이 저지른 명예훼손 중 하나는 그가 인플레이션주의자라고 주장한 것이었다.

수요 관리는 인플레이션을 방지하는 효과적인 도구가 될 수도 있었으나, 수요를 늘리려는 막강한 정치적 압력 때문에 큰 효과가 없었다. 인플레이션은 신케인스학파의 세상을 만들려는 새로운 전문가들의 주요 관심사가 되었다. 1970년대까지 이어져 내려온 철학을 가장 크게 반대한 두 사상가는 밀턴 프리드먼과 프리드리히 폰 하이에크Friedrich von Hayek였다. 두 사람은 종종 파괴적인 신자유주의를 퍼트렸다는 비난을 받는다. 폴 크루그먼은 프리드먼을 가리켜 현대의 이그나티우스 로욜라*라고 하면서 "프리드먼의 추종자들은 잘 훈련된 신자들로 구성된 군대처럼 활동하여 케인주의라는 이단의 대대적인 퇴보를 주도했으나 완벽한 성공을 거두지 못했다"라고 평가했다.[57]

역사가 페리 앤더슨에 따르면, 하이에크는 '타협을 모르는 우파'의 사악한 4인방 중 하나이며, '그의 목소리는 총리실에서 들린다'라고 했다.[58] 마거릿 대처는 옥스퍼드 학부생 시절에 하이에크의 유명한 정치 저서 《노예의 길The Road to Serfdom》을 읽었으며, 1970년대에는 가방에서 《자유헌정론The Constitution of Liberty》을 꺼내 보이며 "우리가 믿는 것은 바로 여기에 들어 있다"라고 말하곤 했다.[59]

그러나 정책적 측면에서 보면 새로운 전문가들의 역할은 미미했다. 로널드 레이건은 연방준비제도를 폐지하라는 프리드먼의 조언을 따르지 않았다. 마거릿 대처는 '인플레이션을 종식할 최상의 방안은 통화정책을 독립적인 중앙은행에 위임하는 것'이라는 하이에크의 견해를 무시했다. 프리드먼과 하이에크의 관점을 직접적으로 정책에 반영한 것이라면 영국에서 국유화된 산업을 민영화하는 것이 중요하게 여긴 것이었다. 두 사람이 만들어낸 지적 아우라는 어떠한 구체적인 정책보다 더 강한 힘이 있었다.

두 사람 모두 시카고 대학에서 오랫동안 강의했고 자유시장 철학을 강력히 지지했지만, 기질은 물론이고 근본적인 비전과 문제 해결책에서 큰 차이를 보였다. 둘 다 대공황 시기에 성장기를 보냈으나, 대공황에서 받은 영향은 전혀 달랐다. 프리드먼은 1912년에 출생했으며 미

• Ignatius Loyola, 예수회를 창설한 스페인의 신학자 -역자 주

경제나 정책 입안의 역사에서 1928년부터 1932년이 가장 암울한 시기였는데, 바로 그 시기에 대학에 다녔다. 그는 훗날 이렇게 회상했다.

부모님은 정말 가난했다. 오늘날 빈곤층의 수준에도 못 미치는 수입으로 살아가셨다. 아버지는 내가 15살이었을 때 돌아가셨다. 그 후에 어머니는 작은 소매점을 운영하여 가족을 부양했다. … 나는 부모님에게 한 푼도 받지 않고, 직접 돈을 벌어서 대학에 다녀야 했다. 1929년부터 1932년까지 대학에 다녔는데, 그때야말로 미 역사상 최악의 공황을 겪었다.[60]

그의 부모는 얼마 되지 않는 돈을 미합중국 은행Bank of United States에 맡겼다. 이 은행은 뉴욕 이민자에게 우선으로 서비스를 제공했으나 1930년 12월에 (예금 보험이 없어서)파산하고 말았다. 훗날 프리드먼의 학술 자료에서는 그 은행이 뉴욕 금융당국의 반유대주의 영향으로 유동성 지원받지 못해서, 유동성은 부족하지만 지불 능력이 있는 은행이 파산한 것이라고 기술한다.(아마 이 점은 프리드먼이 잘못 알고 있었던 것 같다.)[61] 이 사건은 대공황 역사에서 주요 사건으로 여겨진다. 아무튼 프리드먼이 은행 파산의 영향과 통화 당국의 무능함을 깊이 우려한 것은 불가피한 일이었다.

이와 대조적으로 1899년생인 하이에크는 제1차 세계대전 이후에 인플레이션과 초인플레이션이 가장 심하던 시기에 빈에서 수학했다. 1921년에 법학 전공으로 박사 학위를 받았고 1923년에 정치학 박사가 되었다. 그 후에 오스트리아 빈 대학의 교수인 루드비히 폰 미제스Ludwig von Mises의 도움 덕분에 새로 설립된 경기순환연구소Institut fur

Konjunkturforschung 책임자로 일했다. 당시 자유시장주의를 외친 지성인이었던 라이어넬 로빈스는 그에게 런던 정치경제대학London School of Economics에서 강의를 하라고 권했다. 그래서 1931년 9월 어느 주말에 열차를 타고 런던에 왔다. 그는 도착하자마자 영국 파운드는 금 본위제를 적용하지 않으며 그 때문에 자신의 급여가 상당히 줄어들었다는 점을 알게 되었다. 그가 평생 인플레이션과 국제통화 관계에 관한 문제에 푹 빠져있었다는 것이나, 한창 전쟁 중인 중앙 유럽의 이야기에서 영국에 대한 암울한 경고를 발견한 점도 그리 놀라운 일이 아니다.(그는 1938년에 영국 시민권을 받았다.)

프리드먼은 고전 자료와 라틴어 인용문을 좋아했던 하이에크를 귀족 계통의 인물로 보았는데, 대중적이며 심지어 프롤레타리아에 가까운 명확한 설명에 관심이 있는 자신과는 전혀 맞지 않다고 생각했을지 모른다. 프리드먼의 말을 듣거나 그가 쓴 글을 읽기는 항상 쉬웠지만, 하이에크의 글은 전혀 단순하지 않았으며, 갈수록 더 복잡해졌다.

대공황에 대한 하이에크의 해석은 케인스나 프리드먼과 큰 차이가 있다. 1931년 1월에 케임브리지에 잠시 방문해 강연을 했는데, 많은 사람이 놀라움을 감추지 못했다. 그는 허버트 후버, 헨리 포드, 과소소비주의 경제학자 윌리엄 트루펀트 포스터William Trufant Foster와 와딜 캐칭스Waddill Catchings가 전파한 소위 '새로운 복음'의 결점을 자세히 설명했다. 그것은 바로 소비자 구매력을 강화하거나 추가 자금을 투입해서 대공황에 대응할 수 있다는 주장이었다. 케임브리지에서는 상당히 공감을 얻었으나, 하이에크는 "이것이 오랫동안 현실 정치의 암묵적 기반으로 쓰였다"고 지적했다. 그는 투자 완료 또는 상품 생산 시간의 지연에서 문제가 발생하는 복잡한 모델을 제시하면서, '생산에 부여된 추가적인 신용 때문에' 생산자 상품에 대한 수요가 '인위적으로 증가했다'고 주장했다. 그러나 소비자 수요가 권위 있는 영향력에 의해 인위적, 지속해서 증가함에 따라 최악의 결과가 뒤따랐다.[62] 이 주장은 생산의 시간적 차원이 대규모 가격 변동을 초래한다는 제번스의 주장을 재차 확인하는 것처럼 보였다.

하이에크의 설명에 따르면 미 통화 당국의 개입이 1927년 호황기의 자연스러운 종결을 중단시켰으며,'가능한 모든 수단을 동원해서 정상적인 청산liquidation 과정을 방지하려고 의도적인 노력'을 기울였다.[63] 이러한 주제는 기본적으로 하이에크의《가격과 생산Prices and Production》에서 다루고 있다. 여기에는 생산 구조를 형성하는 것과 마찬가지로 상대적 가격의 중요성을 강조하고 '추가 신용으로 인한 잘못된 생산 방향'에 대한 같은 경고가 포함되어 있었다. 물가 평균은 통화정책의 입지를 판단하는 데 만족스러운 기준이 될 수 없었다.[64]

케임브리지 공식에서 하이에크는 다음과 같이 울림이 큰 비판을 덧붙였다. "우리가 자본주의 위기에 처해 있는 것은 맞지만, 자본주의 체제가 실패작임이 입증되었기 때문이 아니라, 10년 이상 체계적으로 자본을 무너뜨렸기 때문이다."[65]

케인스는 하이에크 저서의 기반이 된 1931년 강의 현장에 없었지만, 그의 제자인 리처드 칸Richard Kahn은 얼어붙은 침묵을 깨고 이렇게 질문했다. "그러니까 내일 제가 외출해서 외투 한 벌을 새로 사면 그 때문에 실업률이 증가할 거라는 말씀인가요?" 하이에크는 "맞습니다. 하지만 그 이유를 설명하려면 아주 긴 수학적 논쟁이 벌어집니다"라고 답했다.[66] 또 다른 케인스 경제학자인 헝가리의 니컬러스 칼도어는 원래 하이에크의 제자였으나, 나중에는 하이에크의 주장을 충격적이라고 할 정도로 철저히 무너뜨렸다. 하이에크의 주장은 경제가 어떻게 움직이는가에 대한 케임브리지나 시카고의 비전과 전혀 맞지 않았다.[67]

하이에크의 주장이 가장 명확히 드러난 저서는《노예의 길The Road to Serfdom》인데, 나치나 소련 경제의 분석을 담은 것이 아니라. 1920년대 바이마르 독일의 혼합 경제가 어떻게 경제 및 사회를 붕괴시켜서 (나치 정권이 등장하게 했는지)분석하고 있으며, 더 나아가 이것이 전후 시대 정책 입안자에게 경고가 된다고 알려준다.[68]

프리드먼은 (케인스처럼)하이에크가 진정한 경제학자라고 여기지 않았다. 그래서 하이에크를 시카고 대학교 경제학과에 임명하지 않고, 오히려 높은 수준의 학제 간 아이디어를 산출하는 곳인 사회 사상위원회 Committee on Social Thought에 보냈다. 그는 시카고에서 프리드먼 세미나에 한 번 참석하여 영국의 통화 공급을 논의하는 광경을 지켜보았지만, 세세한 내용에 지루하다는 인상을 받고 다시는 세미나에 가지 않았다. 하지만 프리드먼은 (이번에도 케인스와 마찬가지로) 정치 철학에 관한 하이에크의 접근법을 높이 평가했는데, 특히《노예의 길》에 담긴 사상에 매료되었다. 프리드먼은 "하이에크는 좋은 사람이고 순수한 지식인이다. 진리와 이해에 관한 그의 관심은 매우 진지하다. 이런 문에서 미제스와 매우 다르다"라고 평가했다.

프리드먼과 하이에크는 둘 다 1970년대의 문제는 잘못 인도된 각국 정부의 개입에서 근본적으로 발생한다고 생각했다. 제4차 중동전쟁과 1차 오일 쇼크 직후인 1973년 11월에 프리드먼은 시장이 가격 신호에 반응하며, 이러한 신호에 대한 간섭은 비뚤어진 효과를 생성하기 때문에 자멸적이라는 생각을 옹호할 의도로 '노예의 길road to serfdom'이라는 하이에크의 표현을 명시적으로 사용했다.

석유 문제는 가격 체제가 어떻게 자유와 효율성을 모두 촉진하며, 수백만의 사람이 하나의 공동 이익을 위해 자발적으로 협력하게 만드는지 명확하게 보여준다. 또한 가격 체제의 유일한 대안이 왜 강제와 무력 동원인지도 보여준다. 석유 위기에 대한 자동 대응으로서 정부가 석유를 할당, 배급하는 현실은 우리가 노예의 길로 얼마나 깊이 들어와 있는지 보여주는 것이다. 이렇게 해도 가격 상승을 막지 못하는데, 가격이 잡힌다 해도 모든 공은 배급 당국에 돌아갈 것이다.[69]

1974년 봄, 미국과 수많은 서유럽 국가는 혼란에 빠져있었는데, 프리드먼은 미국과 독일의 반응이 아주 대조적이었음을 이렇게 강조했다.

아랍 지역에서 생산량을 줄인 이후로 독일은 석유 제품에 가격 통제를 시행하지 않았다. 물론 처음에는 일요일 차량 운행을 제한했지만, 얼마 가지 않아 이를 취소했다. 석유 제품의 가격은 약 20~30퍼센트 올랐지만, 사람들이 길게 줄을 서거나 혼란을 겪는 일은 없었다. 탐욕적인 소비자는 고통이 가장 적은 방식으로 석유를 절약하는 것이 자신에게 이득이라는 점을 깨달았고, 탐욕적인 석유 재벌은 높은 가격을 감당할 능력이 있고 그럴 의지가 있는 사람들에게 석유 제품을 파는 것이 기업에 유리하다는 점을 알게 되었다.[70]

이처럼 국제적으로 비교하는 것은 정책 설계 및 정부 역량에 관한 적절하고 자연스러운 실험처럼 보였다.

프리드먼과 하이에크는 정치적 행동 때문에 가격 신호의 왜곡이나 상승이 경제에 미치는 영향에 대해 우려했다는 면에서 전반적으로 비숫했으나, 분석에 접근하는 관점은 전혀 달랐다. 프리드먼은 근본적인 문제를 인플레이션 또는 디플레이션처럼 간단히 측정 가능한 물가 변동으로 표현할 수 있다고 생각했다. 해결책도 간단하다고 주장했는데, 거의 기계적인 방식으로 통화 성장을 제어하면 된다는 식이었다. 그는 통화 공급량을 지속해서 2퍼센트 확대하는 정책 규칙을 선호했다.

이와 대조적으로 하이에크는 정책 결정의 프레임워크를 만드는 정치, 사회 질서를 조사하려 했으며, 거시집계변수macroeconomic aggregates• 에 대한 광범위한 접근법에 의구심을 품었다. 하이에크가 속해 있던 오스트리아 학파들은 가격의 차등 변동에 주목해야 한다고 여겼다. 가격이 어느 정도 한 방향으로 같이 움직이면 뭔가 잘못된 것이 있다는 뜻이며 여기에서 오해를 일으키는 신호가 만들어진다. 경제주체가 변화하는 세계에 관한 결정을 내리려면 끊임없이 변화하는 차별화된 가격 변동이 필요했다.

《실증 경제학의 방법론The Methodology of Positive Economics》에서 프리드먼은 과학의 목표란 '원칙적으로 어떠한 윤리적 입장이나 규범적 판단에서 완전히 독립하는 것'이라고 주장했다.[71] 아무리 비현실적인 가정을 하더라도, 예측보다 더 나은 결과가 나온다면 좋은 가설이라고 할 수 있다.

실질적인 가설의 집합체로 볼 때, 이론은 그것이 '설명'하려는 현상의 종류에 대한 예측력을 기준으로 판단해야 한다. 이론의 '시시비비'를 가리거나, 잠정적으로 유효하다고 '인정할 수 있는지' 아니면

• 국가나 지역의 전체 경제 활동을 측정하는 변수 –편집자 주

'틀렸다'라고 판단할 근거는 사실적 증거뿐이다.[72] 예를 들어 (한계주의자들의) 논쟁의 양측 기사는 내가 보기에 주요 쟁점인 한계주의 분석이 안고 있는 의미에 대한 경험과의 일치성은 본체만체하고, 별로 관련성이 없는 문제인 사업가가 실제로 일정, 곡선, 한계 비용과 한계 수익을 보여주는 다변수 함수를 참고하여 결정을 내리는지에 집중하는 것 같다.[73]

놀랍게도 프리드먼은, 마샬의 실증적 관찰을 보고 '가격 결정 과정에서 도출된 결과에 대한 유용한 가이드로 만들어주는 완전 경쟁이 존재한다고 가정할 필요가 없다'고 했다. 중요한 것은 경험적 발전을 보고 나서 그다음에 정책을 개선하는 데 바로 활용할 수 있는 경험적 결과를 도출하는 것이었다.

반대로 하이에크는 동기부여라는 문제와 지식이 어떻게 확립되느냐는 점이 분석 과정의 핵심이자 적절한 대응을 구상하는 데 매우 중요하다고 여겼다. 그는 경제학은 물론이고 모든 사회과학에서 인간의 의식이 핵심이라고 강조했다.

지난 100년간 경제 이론 분야의 중요한 발전이 이루어질 때마다 주관주의를 일관되게 적용하는 면에서 한 걸음 전진한 것이라고 해도 과언이 아닐 것이다. 경제 활동의 목적은 객관적인 용어로 정의할 수 없고, 인간의 목적에 관련해서만 정의할 수 있다는 점은 말할 필요도 없이 당연하다.[74]

그에게 돈이란 언어와 같아서 사람이 원하는 바를 전달하고 번역하는 도구이며, 가격이라는 일종의 신호나 기호로서 상대의 반응을 유도하는 것이었다. 그래서 하이에크는 정책 규칙을 구상하기보다는 경제 주체가 상호작용하는 프레임워크를 생각하는 데 치중했다.

1967년에 프리드먼은 미국경제학회American Economics Association 학회 장을 맡았다. 그의 취임 연설은 '거시경제 연구사의 전환점'이라고 널리 평가받는다.[75] 그는 통화정책의 지침을 생성하는 자신만의 방법인 정책 규칙을 적용했다. 분석의 핵심은 경제 활동의 자연스러운 수준, 그러니까 자연스러운 수준의 고용 및 금리가 존재하느냐였다.

자연 이자율은 시장 금리 또는 명목금리와 대조되었다. "통화 당국은 인플레이션을 통해서만 시장 금리를 자연 이자율보다 낮출 수 있다. 시장 금리를 자연 이자율보다 높이는 방법은 디플레이션뿐이다."[76]

어떤 순간을 들여다보더라도 실업률이 일정 수준을 유지했는데, 이는 실질 임금률의 구조와 일정한 균형을 이루는 특징을 보였다. 결과적으로 소규모의 통화정책은 고용 수준을 바꿀 수 없었다.[77] "우리는 사소한 교란disturbance이 발생할 때 이를 알아보거나 그러한 방해가 정확히 어떤 결과를 초래할지, 그러한 효과를 상쇄하려면 어떤 통화정책이 필요한지 예측할 정도로 충분히 알지 못한다."[78]

1950년대와 1960년대 자료에 등장한 필립스 곡선에서는 물가 상승이 실업률을 낮춰주는데, 프리드먼은 정책 입안자가 전통적인 케인스주의를 따르고 이를 활용하면, 필립스 곡선이 무너져 내릴 거라고 예상했다.[79] 이와 같은 프리드먼의 분석은, 임금 결정 과정에서 양측이 모두 무지하다는 주장을 기반으로 하여 에드먼드 펠프스Edmund Phelps가 개발한 필립스 곡선의 장기적인 수직성에 관해 독립적으로 도출된 주장을 따랐기에 폭넓은 지지를 받았다.[80] 펠프스의 주장에서 기대치는 매우 중요한 부분인데, 1970년대 이후에 발생한 합리적 기대 혁명의 많은 주제에 대한 기대도 이와 관련이 있었다.

연설 끝에서 프리드먼은 한 가지 규칙을 도출했다.

> 통화 당국은 자신이 통제할 수 없는 규모가 아니라, 통제 가능한 규모에 맞추어 자신의 발걸음을 이끌어야 한다. 당국이 종종 그랬듯이, 이자율이나 현재 실업률을 정책의 즉각적인 기준으로 사용한다면, 이는 엉뚱한 행성에 도착한 우주선과 같다고 할 수 있다. 가이드 장치가 아무리 민감하고 정교한 것이라도 우주선은 탈선할 수밖에 없다. 통화 당국도 이와 마찬가지일 것이다.[81]

중앙은행은 특정 통화총액 내에서 꾸준한 성장률을 달성하는 정책을 공개적으로 채택했기에 경제 활동에서 (대공황과 같은) 대규모의 변동을 피할 수 있었을 것이다. 정확한 통화 총량처럼 정확한 성장률은 명시적이고 널리 알려진 비율을 채택하는 것보다 중요하지 않다고 생각했다.[82] 연설의 각주에서 그는 2퍼센트 성장률이 적절한 가이드 역할을 할 것이라고 제안했다.

그러나 취임 연설Presidential Address의 이 부분에 관해 역사는 그리 우호적인 모습을 보이지 않았다. 마틴 아이헨바움Martin Eichenbaum은 '엉터리'라고 일축했고,[83] 프랑코 모딜리아니Franco Modigliani는 자연율 가설을 받아들이긴 했지만 "프리드먼은 그 논문에서 다른 잘못된 내용을 계속 언급했다"라고 지적했다.[84] 돌이켜보면 지나치게 모호한 의견이었다. 어떤 통화 조치가 채택되었는지 중요하지 않다고 말하는 것은 그냥 손을 내젓는 것과 마찬가지였다. 중앙은행은 1980년대 초반의 통화 목표

설정과 비슷한 어떤 것을 시도했을 때, 정확히 어떤 통화 조치를 실행해야 하느냐를 놓고 격렬한 논쟁에 시달렸다.[85] 통화량monetary aggregates은 다양한 방법으로 움직였고, 이자 지급 당좌계좌(미국 용어로는 NOW 계좌)와 같은 대대적인 금융 혁신이 있었는데, 이는 돈에는 성과보수가 없다는 전통적인 가설을 깨트리는 것처럼 보였다.

프리드먼은 실증적 관찰을 사용하면 더 나은 정책 규칙을 만들 수 있다고 항상 믿었다. 취임 연설에서 언급한 실용적인 제안은《미국 통화사Monetary History of the United States》의 분석을 직접 인용한 것인데, 소득 변화와 화폐량의 변화 사이에는 역사적으로 아주 명확한 장기적인 관계가 존재한다는 것이었다. 통계를 보면 화폐량의 변화율에 대한 소득의 변화율을 나타내는 '통화승수'가 아주 오랫동안 얼마나 눈에 띄게 안정적이었는지 알 수 있었다.[86] 미국의 경우, 통화승수는 약 2에 머물렀다. 중앙은행이 정하는 본원통화*가 (통화승수를 통해서)통화량money stock을 결정하면, 이것이 (통화유통속도를 통해서)명목소득을 정한다.[87]

통화와 예금의 비율도 오랫동안 상당히 안정적이었다. 영국도 비교적 짧은 기간이긴 하지만, 화폐수요 함수가 상당히 안정적이었다는 것을 알 수 있다. 그러나 1970년대부터 대서양 양측의 관계는 전혀 예상치 못한 방향으로 흘러갔고 속도는 매우 불안정해졌다.[88] 프리드먼의 계량경제학 방식은 엄청난 공격에 시달렸다. 이처럼 시카고 비전은 다른 통화 총량과의 관계가 역사적으로 명확했던 본원통화에 초점을 맞추고 있었는데, 정책에 적용하자 이러한 관계가 불안정해졌다.[89]

---

* reserve base, 중앙은행이 화폐 발행의 독점 권한을 사용하여 공급하는 통화 −역자 주

인플레이션을 분석한 경제학자들

$\times$

프리드먼과 안나 슈워츠의 공동저서인《미국 통화사》는 정책 논의에서 프리드먼이 남긴 가장 큰 유산이 되었다. 이 책은 웨슬리 미첼Wesley Mitchell이 개척한 경기 순환 연구라는 전통의 영향을 받았다. 훗날 프리드먼은 "미첼의 이론 작업이 자신의 실증 작업 전체에 걸쳐 영향을 주었으며 자신이 연구 중인 현상에 관한 '분석적 설명'의 일부가 되었다"라고 회상했다.[90] 그러나 은행 위기가 어떻게 독립적으로 발생하는지 적절한 설명을 제시하지 못해서 비판받았다. 이 책의 핵심은 자본주의 또는 금융 체제에 본질적인 결함이 있는 것이 절대 아니며, 연방준비제도의 정책에 실수가 있었고 이에 따라 심각한 통화 축소가 발생하여 은행들이 파산한 것이라는 점이다. 하지만 전체적인 결론은 '이데올로기만 가득'하며 프리드먼의 베스트셀러 선언문인《자본주의와 자유 Capitalism and Freedom》에 이미 언급된 다음과 같은 결론을 재진술한 것에 불과하다는 비판을 받았다. "사실은, 실업 문제가 심각했던 다른 시기와 마찬가지로, 대공황은 민간 경제의 본질적인 불안정에서 비롯된 것이 아니라 정부의 관리가 미흡하여 발생한 결과입니다."[91]

그리고 비평가들은《미국 화폐사》의 중심 논제가 '주요 경제학자들이 구식이라고 못 박은 랜덤워크 통계 기법과 역사적 분석'에 기초한 것이라고 지적했다.[92] 크루그먼은 신문에 실린 사망 기사에 의미심장하면서도 공격적인 내용을 담았는데, "시간이 지남에 따라 프리드먼이 이야기를 제시하는 방식은 미묘해지기는커녕 오히려 조잡해지고 있으며, 지적으로 부정직한 것처럼 보인다. 이 점을 다르게 표현할 방도가 없다"라고 기술했다.[93]

프리드먼이 필립스 곡선Phillips curve을 생성한 실증적 관찰을 정확히 공격했다. 하지만 소득과 돈의 실증적 관계를 보여주는 모형을 개발하면서 실증적 관찰이 항상 맞는 것은 아니라는 주장에는 아이러니가 있다. 필립스 곡선처럼, 1950년대와 1960년대의 현실(이 경우에는 1950년대 이전부터 적용된다.)은 정확하게 묘사했으나, 필립스 곡선처럼 1970년대와 그 이후에는 그가 설명한 관계가 성립하지 않았다.

프리드먼은 런던에서 열린 해럴드 윈코트 연례 강의에서 반혁명 선언문을 게시했는데, 케인스도 자기 말에 동의할 것이라며 이렇게 주장했다. "케인스가 살아있다면 분명 반혁명의 최전선에 나섰을 겁니다. 제자들을 기준으로 스승인 케인스를 판단하면 안 됩니다."[94] 그의 주장은 다소 모호한 부분이 있었다. 통화정책이 큰 영향력을 행사하지만, 동시에 정책 관리의 강력한 도구로는 사용할 수 없다는 것이었다. "대공황은 통화정책의 무력함을 드러내는 것이 아니라, 그 정책 효율성에 관한 비극적인 증거입니다. 아이디어의 세계에서 중요한 것은, 진실이 무엇인가가 아니라 무엇이 진실이라고 생각했는가입니다."

대공황을 계속 언급해야 했던 이유는 장기간의 데이터 시리즈와 (관찰된 통화수요함수와 같은)상수를 언급해야 청중에게 다음과 같은 주요 메시지를 전달할 수 있기 때문이다.

그렇지만 대중이 일반적으로 엄청난 양의 통계치를 따라올 거라고 기대하기는 어렵다. 쉽게 소화할 수 있지만 극적인 느낌은 적은 에피소드를 잔뜩 쌓아놓은 것보다는 단 하나의 극적인 에피소드가 여론에 강한 힘을 발휘할 수 있다.

통화는 미시적 관리micromanagement에 적합하지 않았는데, 즉각적인 운영이 금리에 진자 효과pendulum effect를 유발하기 때문이다.

이 메커니즘의 중요한 특징은, 통화 확장monetary growth의 변화가 처음에는 한 방향으로 금리에 영향을 주지만, 나중에는 반대 방향으로 영향을 미친다는 것이다. 초반에 통화 확장이 더 빠르게 이루어지면 금리가 낮아지는 경향이 있다. 하지만 나중에 지출을 늘리고 물가 인플레이션을 자극하면 대출 수요도 늘어나면서 금리가 상승하게 된다. 게다가 물가 상승으로 인해 실질이자율과 명목이자율 사이에 차이가 생긴다.

여기에서는 프리드먼이 기대가 정책 효과에 주는 영향에 관한 이론으로 다가가는 것처럼 보인다. 인플레이션 상승이 예상되면 명목이자율이 높아진다. 따라서 전반적인 교훈은 놀라울 정도로 명백하다. "지금까지 내가 말한 명제들을 종합해 보면, 산출량보다 통화량이 더 빠르게 증가할 때만 인플레이션이 발생하거나 발생할 수 있기 때문에 인플레이션은 언제 어디에서나 화폐적인 현상monetary phenomenon이다. 그러나 통화 확장에는 금의 발견, 정부 지출, 민간 지출을 위한 자금 조달 등 여러 가지 이유가 많다." 여기에 혼란과 불확실성의 시대에는 이런저런 이유가 다 발생할 가능성이 크다고 덧붙였을지도 모른다.

프리드리히 하이에크가 제시한 어떤 분석은 프리드먼의 비전과 평행을 이루는 것처럼 보였다. 통화팽창론의 경향을 비판한 것은 합리적 기대 모델을 만들어 낸 프리드먼의 주장과 다소 비슷해 보인다. 인플레이션은 기본적인 경제 과정이 제대로 이해되지 않은 경우에만 경기 부양책stimulus처럼 보일 것이다. "따라서 인플레이션은 일시적인 상승에 불과하며, 이 유익한 효과조차도 누군가가 계속 속으며, 일부 사람들의 기대가 불필요하게 실망으로 끝날 때만 지속할 수 있다. 인플레이션 자극은 인플레이션이 만들어 내는 오류 때문에 생기는 것이다. 이것이 특히 위험한 이유는, 아주 적은 양의 인플레이션이라도, 해로운 후유증을 막으려면 훨씬 더 큰 양의 인플레이션이 필요하기 때문이다."[95]

이와 같은 견해는 하이에크의 초기 저술물, 특히 그의 명성을 확립해 준《가격과 생산Prices and Production》이라는 저서에 처음 소개되었다. 대공황이라는 위기의 순간에 출판된 책인데, 표면상으로는 청산주의적 입장을 극단적으로 제시하고 있다. "그러므로 모든 가용 자원을 영구적으로 '동원'하는 유일한 방법은, 위기 중이든 그 이후이든 인위적인 각성제를 사용하는 것이 아니라, 시간에 맡기는 것이다. 다시 말해서, 생산 구조가 자본 목적으로 이용 가능한 수단에 적응하는 과정이 다소 느리긴 해도 이를 통해 영구적으로 회복되게 해야 한다."[96]

하이에크는 가격 변동이 정보의 주요 원천이라고 제시했으며 '화폐 가치가 안정적이라고 가정하는 한, 화폐의 영향을 무시해도 된다는 가정'은 일종의 망상이라고 생각했다.[97] 이처럼 특히 화폐수량설quantity theory•에 대해서는 회의적인 시각이 강하다. 하이에크는 화폐수량설 때문에 '일반 경제 이론의 전반에서 화폐 이론을 분리'된다고 생각했다.[98]

그러나, 프리드먼처럼 하이에크도 전쟁이 끝난 후에 발표한 저술물에서 개별 행위자의 행동보다는 당국의 통화 관련 대응이 인플레이션

• 화폐수량이 증가하면 물가가 오르고, 감소하면 물가가 내린다는 이론. 화폐수량설에 따르면 물가 수준은 화폐의 수량에 비례한다. ─편집자 주

을 유발하는 것이라고 여겼다.

종종 그 과정은 임금 인상이 직접적으로 인플레이션을 초래하는 것처럼 묘사된다. 하지만 이는 틀린 생각이다. 화폐 공급과 신용 공급이 확대되지 않으면, 임금 인상은 곧장 실업 현상으로 이어질 것이다. 그러나 임금 수준과 관계없이 충분한 돈을 공급하여 완전 고용을 보장하는 것이 통화 당국의 의무라고 주장하는 이론의 영향 때문에, 임금 인상이 이루어질 때마다 추가 인플레이션이 발생하는 것이 정치적으로 불가피한 상태이다.[99]

반면에, 통화정책 대응 때문만이 아니라 조직화한 이익집단이 경쟁적인 입찰 과정에서 임금 인상을 밀어붙이는 경향이 있기에 이러한 과정으로 이어지는 것이다. 따라서 인플레이션이 주로 화폐적인 과정이나 단지 화폐적인 과정이라고 할 수 없다. 1960년의 하이에크는 심각한 불황과 높은 실업률 때문에 노조가 힘을 잃는 것을 상상조차 하지 못했을 것이다.

당분간 저임금과 인플레이션이 지속될 가능성이 있다. 그러나 사람들이 어떻게든 이를 중단해야 한다는 것을 깨닫지 못하면 이런 상황이 무한정 지속될 수 없다. 통화정책이 광범위한 장기 실업을 초래하여 노동조합의 강압적인 영향을 빼앗는다면, 정치적으로나 사회적으로나 치명적이므로 그러한 통화정책은 배제해야 한다. 그런데 우리가 제때 노동조합의 근원적인 영향을 꺾지 못하면, 얼마 가지 못하고 노조 지도자는 아니더라도, 노동자 개개인이 보기에 노조가 법의 지배에 굴복하는 것보다 더 불쾌하게 느낄 만한 조처를 요구하는 상황이 벌어질 것이다. 정부가 나서서 임금을 고정하거나 노조를 완전히 폐지해야 한다는 목소리가 금세 커질 것이다.[100]

1970년대까지는 이러한 해석이 마치 예언처럼 여겨졌다.

인플레이션에 대한 훨씬 더 명확한 정치·사회적 이론은 경제 지식에 대한 하이에크만의 독특한 접근방식에 기반을 두고 있었다. "물론 생물학은 처음부터 유기체라고 불리는 특별한 종류의 자발적 질서spontaneous order에 관심이 있었지만, 사실 자발적 질서에 관한 연구는 오랫동안 경제 이론의 독특한 과제였다."[101] 사회적 지식이란 사회적 과정, 즉 시장에서 다수의 참여자가 상호작용과 학습을 진행한 결과가 축적된 것이라는 확신이 이러한 접근법의 출발점이었다.

경제학에서 형식적 균형 분석은 본질적으로 동어반복tautologie으로 구성된다. 내 주장의 핵심은, 지식이 획득되고 전달되는 방식에 대한 명확한 진술로 공식 명제를 채울 수 있다면, 이 동어반복을 현실 세계의 인과 관계에 관해 무언가를 알려주는 명제로 바꿀 수 있다는 것이다. … 경제 이론에서 경험적 요소는 … 지식의 습득에 관한 명제로 구성된다.[102]

1960년에 발표된 《자유헌정론》의 목표는 '사회에서 타인에 의한 강요를 최대한 줄이는' 자발적 질서를 이루어가는 데 필요한 철학 및 제도를 제시하는 것이었다.[103] 어떤 개인이나 권위자가 너무 많은 것을 알고 있다고 추정하는 것에 대한 경고였다. "무지함을 인정하는 것이 지혜의 시작이라는 소크라테스의 가르침은 우리가 사회를 이해하는 데 큰 의미가 있다."[104]

하이에크는 통화량을 포함하여 수량aggregates을 기준으로 생각하는 것을 별로 좋아하지 않았다. 그는 사회현상에 대한 과학적 접근방식이 소위 공학적 접근으로 이어졌다며 불만을 토로했다. (또한 스탈린이 정권을 쥐고 있던 시절에 러시아에서 예술가를 '영혼의 엔지니어engineer'라고 묘사했다고 덧붙였다.) 엔지니어는 "다른 사람이 독립적인 결정을 내릴 수 있는 사회 과정에 참여하지 않고, 자신만의 별도의 세상에서 살아간다."[105]

이처럼 프리드먼이 지지했던 화폐수량설은 위험한 현대 오류의 한 가지 사례일 뿐이었다. 이는 거대한 수량을 기준으로 생각하는 경향에서 비롯된 것이다.

내 불만은 화폐 수량설이 다양한 형태로 제시되는데 이것이 부당하게 화폐 이론의 중심을 차지하며, 나아가 이를 뒷받침하는 관점이 앞으로의 발전에 방해가 된다는 것이다. 화폐 수량설의 심각한 폐해는, 일반 경제 이론의 전반에서 화폐 이론을 분리한다는 것이다. 우리가 화폐의 영향과 관계없이 존재한다고 가정되는 가치를 설명하고 화폐가 가격에 미치는 영향을 설명하기 위해 여러 가지 방법을 사용하는 한, 이것은 어쩔 수 없는 현상이다. 그러나 총화폐량, 모든 가격의 일반적인 수준, 그리고 아마도 총생산량 사이의 직접적인 인과 관계를 확립하려고 애쓴다면, 사실 우리는 이보다 더 높은 수준으로 나아가지 못한다.[106]

하이에크는 돈이 그저 국가나 공공 기관의 산물이 아니므로 정책 조치로 마음대로 혹은 쉽게 통제할 수 없다고 생각했다. 또한 정부의 화폐 발행 권한을 박탈하고, 그 대신에 통화 '카탈락시catallaxy'라는 것을 만들고자 했다. 카탈락시는 '경제' 대신에 사용하려던 용어인데, '시장에서 수많은 개별 경제주체의 상호 조정을 통해 만들어지는' 것으로서 정부의 개입, 조정이 크지 않으며 자발적인 '질서'를 가진다.[107] (그러나 민간 자금을 개발할 가능성은 1970년대보다 차라리 2020년대에 더 현실성이 높아 보인다.)

가격 신호 및 통화의 다양성 교환이 가능한 메커니즘 또는 질서의 프레임워크가 필요했다. "현대 비즈니스 조직은 신용 기관에 크게 의존하며, 이러한 신용 기관에 대해 실질적으로 다른 대안은 없다. 역사적 발전을 통해 이러한 기관의 존재로 인해 통화 및 신용 체제의 상호작용을 의도적으로 통제하는 것이 꼭 필요하게 되었다."[108]

이따금 하이에크는 금 본위제에 대한 아쉬움을 드러냈다. "오늘날 훨씬 더 많은 사람이 금 본위제의 결함이 지나치게 과장되었다는 점에 동의할 것이다. 금 본위제를 폐지한 것이 과연 이득이었는지 의심스럽다. 하지만 금 본위제를 되살리는 것이 이 시기에 실용적인 제안이라는 말은 아니다." 국제 금 본위제가 가진 기능의 기반을 보면 더는 존재하지 않는 특정한 태도나 신념이 있었다. "운영의 기초가 된 기본적인 생각은 금 본위제에서 벗어나는 게 심각한 재난이자 국가적 망신이라고 여기는 것이었다. 금 본위제를 지키려고 힘든 조처를 하려는 나라가 없다는 것이 알려진다면 유리한 시기에만 적용하는 제도로 사용하기에도 쓸모가 없을 것이다."[109]

케인스의 《일반이론》에 관한 하이에크의 불만은 개념적 프레임워크와 관련이 있었는데, 이번에도 근본적으로 거시경제의 총량에 지나치게 의존하는 점을 반대한 것이었다. "실제적인 문제는 현재 우리가 거시 분석이라고 부르는 것의 타당성이다. 장기적 관점에서 볼 때 일반이론의 중요성이 크게 부각할 것이며, 이전의 어떤 단일 저작물보다 이 이론이 거시경제학의 우위와 미시경제학 이론의 일시적인 쇠퇴를 크게 초래했다고 봐야 한다."[110]

프리드먼이나 하이에크 모두 구체적인 대안적 도구를 제공하지 않았는데, 바로 이것이 문제였다. 사실 둘 다 어떠한 도구도 위험하며 남용될 여지가 있다는 점을 명확히 지적했다. 하이에크는 프리드먼보다 더 깊은 철학적 기반에 따라 그렇게 주장했다. 프리드먼은 연방준비제도를 그냥 폐지해야 한다고 도발적인 제안을 내놓았다. 그는 종종 자신이 '철학적 무정부주의자'처럼 보이는 것을 서슴지 않았다.[111] 훗날 그는 이렇게 언급했다.

> 미국에는 그처럼 공적 지위가 높은데도 그렇게 성과가 낮은 기관이 없다. … 그것은 1970년대 인플레이션을 뒷받침했다. 전체적으로 보면 형편없는 성과를 가지고 있다. 전반적으로 득보다는 실이 많은 조직이었다.[112]

로널드 레이건은 (미 재무부에서)폴 볼커를 처음 만났는데, 그 자리에서 볼커에게 "편지로 연방준비제도가 왜 필요하냐고 묻는 사람이 정말 많습니다"라고 말했다. 그러자 볼커는 "안타깝지만, 지금으로서는 인플레이션에 맞서 싸우는 유일한 주체입니다"라고 대답했다.[113] 그의 말은 옳았다. 1970년대 논쟁의 결과는 금융 문제에서 더욱 명확해졌는데, 사실 하이에크가 오래전부터 경고했던 사안이었다. 아이헨바움이 말했듯이 "경기대응적 재량적 재정 정책은 바람직하지 않으며 정치적으로 실현 가능성이 없다는 점에 많은 사람이 동의할 것이다."[114]

프리드먼과 하이에크는 지성에 호소하는 선동가였다. 두 사람이 권고한 정책들은 매우 극단적이었으며 실현 가능성이 없어 보였다. 연준을 폐지하거나 마약을 합법화하자고 했으며 하이에크는 경쟁적 비국가 통화를 제안하기도 했다.(프리드먼은 마약 합법화에 갈수록 큰 관심을 보였다.) 하지만 두 사람은 더 넓은 범위의 논쟁을 시작했는데, 결국에는 이미 실패한 것이 분명한 주류 사상에 점차 수용되었다. 가장 중심적인 아이디어는 로버트 루카스Robert Lucas와 토머스 사전트Thomas Sargent가 제시한 합리적 기대rational expectation 이론이었다. 프리드먼과 하이에크의 입장에서 보면 이것은, '경제 주체는 정부 정책, 특히 근로자가 인플레이션율에 매우 민감한 노동 시장 행동에서 찾아볼 수 있는 새로운 정보와 변화에 반응할 것'이라는 믿음에 불과했다.

루카스와 사전트는 프리드먼보다 훨씬 더 진보한 견해를 내놓았다. 그들은 대규모 거시경제 모델에서 도출된 정책 결론은 지속적으로 생겨나는 새로운 정보가 만들어 내는 피드백 루프 때문에 예측에 아무런 쓸모가 없다고 주장했다. 이러한 분석은 하이에크가 거시 계산에 대해 상당히 회의적이었던 것과 맥락을 같이 한다. 하지만 루카스가 발전시킨 형태는 케인스주의 전통과 합성하는 데 적합해 보인다. 신케인스주의자들은 합리적 기대의 틀•을 가져다가 이를 사용해서 경직성이 발생하는 이유에 관한 이론을 개발할 수 있었다. 하지만 그것은 불완전하거

• 현대 거시경제학 모형에서 많이 쓰이는 가정으로, 이용 가능한 모든 정보를 이용하여 미래에 대한 기대를 형성하는 것을 말한다.

나 부분적인 정보 그리고 불완전한 경쟁이었다. 이러한 경직성 때문에 한시적인 수요 부족이 발생할 수 있다.

이 문제는 통화 조치로 대응할 수 있다. 중앙은행은, 새로운 합의에 기초하여 동태확률 일반균형(Dynamic Stochastic General Equilibrium, 이하 DSGE)*을 활동 길라잡이로 사용했는데, 이는 기대를 형성하고 결과를 안정화하는 방법이었다. 그 결과란 인플레이션이 낮아지고 거시경제적 성장이 안정적으로 유지되는 것이었다. 이는 매우 인상적으로 보였으며, 2008년이 되기 전에 거의 전 세계적인 합의를 끌어냈다.

1980년대의 일반적인 흐름은 인플레이션을 낮추고 개방성을 높이는 것, 다시 말해서 세계화를 확대하는 것이었다. 이는 안정성을 창출하고 느슨하게나마 지적 활동을 지원하는 프레임워크를 제시하는 새로운 제도적 장치에서 나온 것처럼 보였다. 핵심은 시장 운영을 위해 가격을 자유롭게 결정하는 것이었다. 정확한 정책 형성이라고 하기보다는 프리드먼의 정책 영향이 가장 뚜렷하게 나타난 것으로 생각할 수 있다. 프리드먼은 정책에 영향력을 행사하려고 몹시 안달했지만, 하이에크는 그런 생각조차 멀리하려던 사람이었다. 경제학자 로버트 먼델 Robert Mundell은 1981년에 다음과 같이 결론 내렸다.

1981년 현재 미국에서 시행 중인 제도는 금 본위제도, 케인스식 상품 본위제도, 프리드먼의 지폐본위제도 아니다. 미국은 볼커의 본위제를 따르고 있다. 하지만 대처나 볼커 또는 나카소네의 본위제를 기

---

* 경제학에서 동태적dynamic이고 확률적stochastic인 거시경제의 움직임을 설명하기 위해 미시경제학적 기초microfoundation를 이용하는 거시계량모형이다. ─편집자 주

반으로 파운드, 달러 또는 엔화의 미래 가치를 누가 예측할 수 있겠는가?[115]

프리드먼이 남긴 교훈은 인플레이션을 다루는 기술 지침으로는 유용하지 않았으나, 자기가 최고의 정책과 이론을 가지고 있다는 미국의 안일한 태도에 충격을 주었다. 실제로, 더 넓은 세상으로 눈을 돌리면 비즈니스와 기업이 어떻게 발전할 수 있는지 볼 수 있다.

프리드먼은 또한 혁신의 원동력이 되는 경쟁에 대한 단순한 비전을 강력하게 설명했는데, 이 점에서는 하이에크와 의견이 완벽히 일치했다. 이것은 특히 개방과 학습을 통해 기술과 생산을 현대화하는 과제와 관련이 있었다.

두 사상가는 새로운 세계화의 물결을 일으킬 힘을 설명하면서 이를 높이 평가했지만, 이를 제어하거나 이끌어갈 만한 제도적인 메커니즘에 대한 분석은 내놓지 않았다.

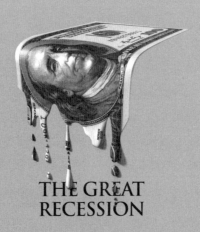

THE GREAT
RECESSION

| 6장 |

대침체:
지나친 세계화가
초래한 위기

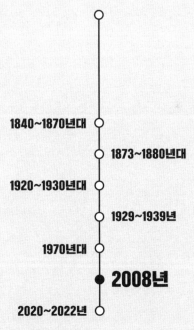

1840~1870년대

1873~1880년대

1920~1930년대

1929~1939년

1970년대

2008년

2020~2022년

로버트 루카스는 전미경제학회American Economic Association 회장 취임 연설에서 대공황의 불안 속에서 태어난 현대 거시경제학에 대하여 "이런 원래 의미에 비춰볼 때 성공한 것이다. 가장 중대한 사안은 경제 공황을 방지하는 것인데, 실제로 이 사안은 해결되었다. 수십 년의 세월을 돌아보면 그 점을 알 수 있다"라고 말했다.

당시에 이 말은 대규모 경기침체의 시대가 영원히 막을 내렸다는 광범위한 이론적 합의를 가리키는 것 같았다. 2008년 이후로 거의 모든 사람이 그의 말을 조롱했으나, 2021년에 또다시 찬사를 받으며 널리 인용되기 시작했다.[1]

2008년, 아주 심각하고 도저히 해결할 수 없을 것 같은 경제 위기가 닥쳤다. 때문에 지난 역사를 돌이켜봄으로써 비슷한 사례를 찾게 되었다. 대공황은 세계화에 닥친 위기였다. 그러나 2007~2008년 글로벌 금융위기가 대침체로 이어졌을 때, 세계화는 돌이킬 수 없이 전복된 것이 아니라 도전에 직면한 상태였다. 중앙은행의 즉각적인 대응 덕분에 세계화가 부활하거나 구제될 정도의 회복이 이루어졌다. 이러한 기관은 지금까지 정책 결정의 구심점 역할을 하고 있다.

2008년 글로벌 금융위기

✕

2008년 금융 쇼크는 미국에서 발생한 것이며, 전 세계 수요와 국제 무역에 심각한 타격을 입혔다. 세계 경제를 주도하는 미국의 입지도 크게 흔들렸다. 미국이 전 세계 경제를 주도한다는 생각은 브레턴우즈는 물론이고 1970년대 이후로 통화 문제에서 널리 사용된 (경제학자 존 윌리엄슨이 만든 용어인) '무제도nonsystem'의 실질적인 기초였다. 대공황은 수요 붕괴와 비슷한 점이 많은데, 대공황을 통해 배운 섬으로는 은행 구제를 위한 조처 및 조정, 유동성 공급을 위한 통화 정책의 사용, 재정 부양책, 공개 시장을 유지하는 일반적인 합의 등이 있다. 이러한 조처가 초반에는 놀라울 정도로 성공적인 것처럼 보였으나 정치경제에는 예상치 못한 반격이 있었다. 은행을 구제하는 데 주력한다면, 이는 납세자가 낸 돈으로 문제의 주범이자 악당을 도와주는 것이 아닌가?

이 사태는 '글로벌 금융위기' 또는 '대침체'•라고 불리는데, 많은 정책 입안자가 세계화에 대해 비난을 퍼부었다. 일례로 영국 중앙은행 총재 머빈 킹은 다음과 같이 말했다. "중국, 인도, 구소련과 같은 국가들이 세계 무역 체제에 진입한 결과를 우리가 감당할 수 없다는 것이 위기의 근원이다. 한 마디로 세계화가 위기를 초래한 것이다."[2]

세계화는 지나치게 과열되는 양상을 보였다. 1920년대에도 같은 현상이 발생해 결국 신용 구조가 붕괴하고 수요의 급격한 위축으로 끝나버렸다. 1970년대 경제가 과열되자 인플레이션에 따른 신용 축적과 정

• 양차 세계대전 사이에 발생했던 대공황과 구분하려는 의도도 있지만, 대공황과 대침체 사이에 유사점이 있다는 것을 뜻하기도 한다.

치 제도에 대한 불확실성과 의심이 높아졌지만, 붕괴는 발생하지 않았다. 오스카 호르다Oscar Jorda, 모리츠 슐라리크Moritz Schularick, 앨런 M. 테일러Alan M. Taylor는, 통화 조건이 느슨해진 것은 세계화된 금융 제도의 산물이며, 버블 현상과 금융 스트레스를 유발하는 주요 원인이고, 금융계의 구조적 변화가 이러한 효과를 더 확대했다고 생각했다.[3]

2000년대에 들어 기존 시스템은 제대로 작동하지 못하고 말썽을 일으켰다. 새로 닥친 위기는 세계화의 종말이었을까 아니면 자본주의의 종말이었을까? 1920년대에 발생한 몰락과 비교할 수밖에 없는 상황이었다. 대공황이 닥치자 통화 당국의 무능함이 드러났고 중앙은행은 정치에 불법적으로 개입했다는 비난을 받았다. 당시 중앙은행이 담합하여 정부의 활동에 제약을 가한 사건을 '뱅커스 램프Bankers' Ramp'라고 한다. 대공황의 여파로 중앙은행은 국유화되어 정치적으로 엄격한 통제를 받게 되었다. 이제 이들은 양차 세계대전에서 배운 점을 실천하기로 굳게 결심했다.

현대 금융 불안에 관한 비유는 이제 달라졌다. 19세기에는 세계화의 물결을 바다를 뒤흔드는 거대한 폭풍이나 집채만 한 파도에 비유했다. 그러나 이제는 어떤 해악도 초래하지 않으며 오히려 매력적으로 보이는 '버블'을 비유로 사용한다. 프린스턴 대학교 경제학과 교수인 마커스 브루너마이어Markus Brunnermeier는 "시장 참여자들이 자산 가격 변동이 과도하다고 생각할 때 (그들의 판단이 정확한지 아닌지에 관계없이)버블이 발생하며 (항상 그런 것은 아니지만) 종종 버블이 가라앉고 나면 가격이 급격히 하락하는 결과가 나타난다"라고 설명했다. 그러면 그들은 대출로 자금을 조달한다.[4]

'버블'이란 용어는 2007~2008년 금융위기 이후에 대중문화에도 사

용되었다. 2015년에 나온 영화 〈빅쇼트The Big Short〉를 보면, 마고 로비
Margot Robbie가 거품이 가득한 욕조에 앉아서 거품이 흘러넘치는 샴페
인 잔을 손에 들고는 이렇게 말한다.

대형 은행들은 이러한 (모기지) 채권의 판매 수수료 2퍼센트로 수
십억 달러를 벌었지. 그러나 그 이후에는 대출할 모기지가 부족해지
기 시작했어. 집도 많고, 그런 집을 살 만큼 좋은 직업을 가진 사람도
너무 많아. 그래서 은행은 이 채권에 점점 더 위험한 모기지를 채워넣
기 시작했어. 그렇게 하면 자기네에게 수익을 가져다주는 기계가 계
속 잘 돌아갈 테니까. 그렇지? 그런데 말이야, 이렇게 위험이 큰 모기
지는 서브프라임이라고 하거든. 그러니 서브프라임이라는 말에 절대
속지 말란 말이야.

그런데도 정책 부문에서는 전반적으로 일반화된 인플레이션 위험
을 목격하기 전까지는 중앙은행이 버블을 억제할 조처를 할 필요가 없
다고 생각했다. 이른바 대안정기가 찾아오자, 인플레이션과 가격 교란
price disturbances이 다 사라진 것처럼 보였다. 중앙은행은 비인플레이션
지속 확장Non-Inflationary Continuing Expansion을 뜻하는 NICE라는 새로운
약어를 사용했다.

밀레니엄 시대의 세계화와 관련된 여러 가지 현상이 있었지만, 가장
중요한 것은 새로운 '생산이 확대된 것'이었다. 제1차 세계대전 중에
그랬듯이 전 세계적으로 공급이 늘어나고 있었다. 세계 경제에 새로 진
입한 국가 중에서 존재감이 가장 컸던 중국이 논의의 중심에 섰다. 아
니, 중국 경제 성장의 전체 과정이 '차이나 효과' 또는 '차이나 쇼크China

shock'라고 일컬어졌다.[5]

새로운 생산자인 신흥 경제국가들은 대규모 무역 흑자를 기록했는데, 그 이유 중 하나는 1990년대에 급속도로 확장했으나 지나친 과열로 대규모 적자를 떠안고 막대한 외부(달러) 부채를 떠안은 동아시아 경제처럼 되지 않으려고 준비금을 축적했기 때문이다. 아시아 위기 이후 정책의 의미는 '환율을 억제해야 하는데 종종 미국 달러에 대해 비공식적으로 외부에 알리지 않고 그렇게 해야 하는 것'이었다. 중국은 이 점을 특히 유념했을 것이다. 대안을 제시하자면, 중국이나 다른 신흥경제국이 준비금을 비현실적이라고 할 정도로 많이 축적해야 하며, 거기에는 또 다른 동기가 있어야 한다. 예를 들어 비생산적인 농업에 묶여 있는 잠재 노동력이 막대한 빈곤국에서 가능한 많은 사람을 위해 고용을 창출해야 할 필요성 같은 것이다. 실제로 수많은 신흥시장 경제에서 전후 독일과 전후 일본, 그리고 1960년대 이후의 한국에서 제시한 모델에 따른 수출 주도 성장 이론을 분명히 받아들였다. 과거에 미국 정책 입안자들이 독일과 일본을 향해 전 세계 모든 나라가 흑자를 내지 못한다고 말했듯, 이번에도 수출을 강요하자 그때와 마찬가지로 우려의 목소리가 커졌다.

흑자 확대는 저축률 상승과 일치한다. 새로 산업화가 이루어지는 지역에서 소비 수준이 높아질 경우, 이러한 현상은 사라진다. 그러나 노년층을 대상으로 하는 조직적인 사회보장 제도가 없고 공공의료서비스가 열악한 나라에서는 높은 생산성을 갖춘 새로운 노동자들이 미래에 대한 걱정을 숨기지 못한다. 이러한 나라에는 기업과 정부 저축도 높은 편인데, 이에 따라 수요가 억제되는 효과가 있다. 그리고 기존의 부유한 산업 국가는 신흥경제국이 국제 수요를 촉진하여 성장 가속도를 높이는 데 더 많은 일을 해야 한다고 주장할 것이다.

세계화에 새로 합류한 신흥경제국에 흑자가 발생한다는 것은 주요 산업 국가 중 일부가 적자를 입는다는 뜻이지만, 주요 산업 국가가 다 그렇지는 않았다. 이러한 현상은 미국과 영국에서 특히 두드러지게 나타났다. 이에 관한 다양한 분석이 있다. 2000년대 초반에 IMF의 수석 이코노미스트였던 케네스 로고프Kenneth Rogoff는 2001년과 2003년의 대규모 감세가 촉발한 팽창주의 '부쇼노믹스'• 에 대해 경고했다. 당시 정부의 재정 상태는 2000년 GDP가 1.2퍼센트 흑자였으나, 2003년에 GDP가 4.7퍼센트 적자로 돌아섰다. 로고프는 이렇게 추측했다.

우리가 해마다 경상 수지 적자를 겪는 개발도상국에 대해 논의한다고 잠시 가정해 봅시다. … 예산에는 검은 글자가 점점 사라지고 붉은색 글자가 늘어납니다. … 보안 비용은 한도 없이 늘어나고, 자본 유입으로 인해 실질환율이 한껏 부풀려집니다. 이 모든 것을 생각해 보면 우리가 상당히 우려할 수밖에 없다고 생각합니다.[6]

영국 중앙은행 총재 머빈 킹Mervyn King도 비슷한 경고를 한 적이 있다. 위기가 지나간 후에 그는 이 문제를 스도쿠 게임에 비유하면서 저축률이 높은 아시아와 저축률이 낮은 영미 국가를 대조했다.(도표 6-1 참조)

머빈 킹이 말한 '경제학자를 위한 스도쿠'는 숫자를 3개만 선택하면 되기 때문에 일반 스도쿠보다 훨씬 간단하다.

• Bushonomics, 부시 대통령의 경제정책 -역자 주

	국내 수요	무역 수지	GDP
저축률이 높은 국가	18,000	1,000	19,000
저축률이 낮은 국가	28,500	-1,000	27,500
총계	46,500	0	46,500

출처: 머빈 킹, 2010년 1월 19일 자 엑시터대학교 연설

양쪽 국가 집단이 높은 수준의 고용 또는 완전 고용을 원하며, 저축률이 높은 집단이 무역 흑자를 목표로 할 경우, 저축률이 낮은 집단은 수학적으로 무역적자 감소를 목표로 삼을 수 없게 된다. "무역적자가 계속 높게 유지되어야 하는데, 이는 지속 불가능할지 모른다. 그게 아니면 다른 무언가를 포기해야 한다." 머빈 킹은 "경제학자를 위한 스도쿠는 이것이 기술적 문제가 아니라 본질적으로 정치적 사안이라는 점을 보여준다."고 말했다. 따라서 (그의 모국인 영국 또는 미국처럼)저축률이 낮은 국가는 '최후의 수단이 되어야 할 소비자의 역할'을 이제 그만두어야 한다.[7]

금융계에서 세계화란 제조업의 확장만을 가리키는 것이 아니라 더 특별한 의미가 있었다. 금융 시스템은 안정적으로 보였다. 미국은 대공황 시대의 은행법에 예금 보험이 포함되어 있으며, 이것으로 뱅크런bank run이 해결되었다고 생각했다. 영국도 1866년 이후로, 아니면

1825년 이후로 심각한 뱅크런이 발생한 적 없으며 뱅크런은 일반적인 문제가 아니라고 생각할지 모른다. 이렇게 몇 차례 위기를 통해 금융 불안정이 남긴 교훈은 무시되거나 잊히는 것 같았다.

미국은 당시 수요 촉진을 위해 부채負債를 만들었고, 수출을 촉진하는 초공업화 국가만이 아니라 세계 전역에 신나게 판매하고 있었다. 리먼브러더스는 허풍을 떨면서 서슴지 않고 잔인한 표현을 사용했다. "리먼브러더스의 금융 전문가는 뻔한 진실을 어렵고 이해하기 힘들게 만들 의도로 세계화의 필요성을 설명했는데, 사신을 무리와 차별화하려고 거대한 세계확장 전략을 강조했다. 쉽게 말하면 전 세계에 부채담보부증권Collateralized Debt Obligations을 풀어놓았는데, 특히 유럽과 일본을 집중적으로 공략했다."

리먼브러더스의 회장 리처드 펄드Richard Fuld는 '세계화는 미국 시장과의 분리를 뜻하는데, 미국 시장이 더는 전지전능하지 않기 때문'이라고 생각했다.[8] 골드만삭스의 트레이더는 아무것도 모르는 유럽 은행과 투자자를 '머펫'*이라고 비하했으며, 나중에 이렇게 설명했다. "아무것도 모르는 고객을 만나는 것은 횡재한 것과 같다. 월스트리트에서 가장 빨리 돈을 버는 방법은 가장 복잡한 상품을 선택하여 이를 가장 무지한 고객에게 판매하는 것이다."[9]

이처럼 세계화는 무지한 투자자의 돈에 좀 더 쉽게 접근할 길을 열어주었다. 유럽 은행은 미국 주식을 구매함으로써 미국 단기금융시장money market에서 자금을 조달했다. 그들은 대부분 미국 소매 고객이 만들어 낸 단기금융시장의 예금에 의존한 것이다.[10]

---

* muppet, 무지한 멍청이라는 뜻 -역자 주

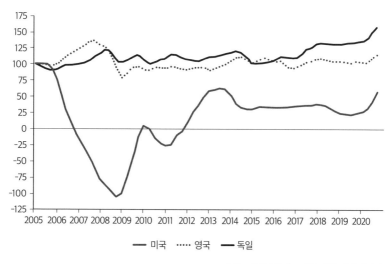

✦ 도표 6-2. 2005~2020년 독일, 영국, 미국의 주택가격지수 ✦
(2005년을 100으로 본다)

━ 미국 ⋯⋯ 영국 ━ 독일

출처: 세인트루이스 연준 제공 경제 데이터

결국 무너져 내린 것은 미국의 신용 체제였다. 2007~2008년에 전세계를 뒤흔든 위기는 분명히 부풀려진 금융 시스템에서 비롯된 것이었다. 당시 부동산 가격 폭락 때문에 금융계 전체가 집단적인 신경 쇠약에 걸린 것 같았다.(도표 6-2 참조) 서브프라임 부문은 미국 주택 시장에서 상대적으로 규모가 적은 편이었는데도, 어떻게 서브프라임 부문의 손실이 금융 중개 전반의 몰락을 초래한 것인지 도무지 이해하기 어려웠다.

갑자기 금융계 전체가 지뢰밭으로 변한 것 같았다. 불발탄이 어디에 묻혀 있는지 정확히 아는 사람이 하나도 없었기에, 금융 관계자와 소매업 예금주는 아무도 믿을 수 없었다. 복잡한 구조의 대형 금융기관은 수직 방향으로 통합되어 있으며 종종 모기지 생성 및 재포장을 포함하는데, 이들은 매우 취약한 상태였다. 그들의 자산 가치는 내부 알고리즘에 의해 정해지는데, 이 또한 불분명했고 시장 가격도 따로 존재하지 않았다.

그러고 나서 붕괴가 발생했다. 은행 간 시장이 한때는 끊임없이 접근할 수 있는 유동성이 있으며 절대적으로 안전한 것처럼 보였지만, 은행이 다른 금융기관에 대한 알 수 없는 노출 위험을 꺼리자, 이 시장도 말라버렸다.

금융위기의 대표적 사건인 리먼브러더스 사태는 2008년 9월 13~14일 주말 양일에 걸쳐 진행되었고, 9월 15일 월요일 아침에 파산했다. 극적인 주말 협상이 시작되기도 전에 느린 동작으로 붕괴가 한참 진행 중이었다. 지난주에 자금이 고갈되자, 다른 은행들이 리먼브러더스와의 거래를 차단했기 때문에 리먼이 파산할 것이라는 점이 모두에게 명백해졌다.

월요일 오전에 자유시장 성향이 강한 〈월스트리트 저널〉과 진보적인 언론 〈뉴욕 타임스〉를 포함하여 모든 주요 일간지에서 파산을 허용한 연방준비이사회와 재무부의 결정을 환영한다고 보도했다. 사실 리먼브라더스는 (시티그룹처럼)대형 은행이 아니었으며, 시장이 나쁜 행동을 처벌하는 것은 당연한 일이었다. 리먼브러더스의 파산으로, 매우 큰 보험사라 금융 체제상 중요한 존재인 AIG가 무너질 것이 분명해진 후에야, 당국은 대대적인 붕괴를 막기 위해 개입해야 한다고 판단했다.

금융 동결 때문에 그야말로 갑작스럽게 경기가 침체했다. 일반적인 상업 신용이 비활성화되자 무역이 크게 위축되었다. 실업률이 치솟기 시작했는데, 미국의 경우, 2009년 10월에 무려 10퍼센트를 기록했다. 제조는 약 20퍼센트 감소했고 새로운 주택 건축은 80퍼센트나 감소했다. 아웃풋 갭output gap•이 매우 크게 나타났다. 경제 활동량은 잠재된 능력보다 한참 밑돌았다. 국제통화기금의 2009년 10월 세계 경제 전망에서는 독일의 아웃풋 갭을 마이너스 3.6퍼센트, 영국은 마이너스 4.9퍼센트, 미국은 마이너스 4.5퍼센트라고 계산했다. 조정revision 이후에, 2020년에 새로 계산한 결과는 독일이 마이너스 3.8, 영국이 마이너스 3.056, 미국이 마이너스 7.403이었다. 당시 미국의 붕괴 규모는 과소 평가된 것이었다.

개정된 수치는 서구 경제 성장 경로의 하향 조정을 일부 반영한 것이었다. 미국보다는 유럽(특히 영국)의 하향 조정폭이 훨씬 컸다. 위기는 상처를 오래 남겼는데, 성장 기회에 악영향을 주었고 경제를 느린 경로에 몰아놓았다. 유럽처럼 위기가 오래 간 지역에서는 경기침체로 인한 영구적인 손실도 증가했다. 주요 은행 위기를 겪은 나라에서는 아웃풋 손실과 생산성 향상 둔화 현상이 두드러지게 나타났으며, 유로존에서 특히 심각했다.[11] 쇼크는 소득과 부의 분배에 영향을 주었고 그 결과, 정치적으로는 엘리트층의 경제 운영에 반감을 드러내는 포퓰리스트의 불만을 부추겼다. 위기의 초기 여파로 아웃풋과 고용 손실이 더 컸던 기존 경제의 경우, 위기 이전의 평균치와 비교할 때 소득 불평등이 더욱 심화한 것으로 나타났다.[12]

위기감을 조성한 또 다른 요인은 세계 경제 지형이 급격히 달라진 것이다. 지난 40년간 중국의 발전은 세계 경제사에서 지속적인 경제 성장률이 가장 높은 수준으로 가장 오래 지속된 것이었다. 중국이 미국을 추월할 것으로 예상되는 날짜는 계속 앞당겨졌다. 2003년에 골드만

• 실질 국내총생산GDP 성장률과 잠재 GDP 성장률 간 격차 -편집자 주

삭스 보고서에서는 2041년이라고 예상했으나, 심각한 금융위기가 발생하기 전이었던 2007년에는 이 날짜가 2027년으로 변경되었다. 금융위기를 겪은 후인 2019년에 〈이코노미스트〉는 중국이 미국을 추월할 거라고 예상하면서 계산 과정도 함께 공개했다. 2014년에 〈파이낸셜 타임스〉는 "세계 주요 통계기관에 따르면 미국은 세계 최대 경제국이라는 명성을 잃을 위기에 처했으며 보편적인 예상과 달리 훨씬 이른 시일 내에 중국에 선두 자리를 내줄 가능성이 크다"라고 보도했다.[13] 2020년에 영국의 경제 분석기관 경제경영연구소Centre for Economics and Business Research는 중국이 팬데믹에서 훨씬 빠른 회복세를 보이고 있으므로 2028년이면 미국을 제치고 앞서나갈 것으로 전망했다.

돌이켜보면 2007~2008년에 발생한 붕괴는 부채 위기처럼 보였다. 과거에는 욕심낼 수 없다고 생각한 자산이나 생활방식을 욕심내기 시작한 소비자에게 새로운 기회가 열렸는데, 주택을 소유하기 위해 빚을 내는 것도 그중 하나였다.[14] 부동산 가격이 계속 오르고 있기에 이는 안전한 투자라고 여겨졌다. 자산 가치가 계속 오르면 부채를 감당하는 것이 더 쉬워지기 때문이다.

저렴한 금리 덕분에 개인과 기업은 물론이고 정부에게도 대출을 권장하게 되었다. 하지만 1970년대와 달리, 훨씬 가난한 나라나 신흥시장 경제국에서는 정부가 대출을 강하게 밀어붙이지 않았는데, 1997~1998년 동아시아 위기의 여파 때문으로 보인다. 몇몇 중앙은행에서 채택한 해결책 때문에 부채를 상환하는 것이 쉬워지자, 산업계에는 매우 심각한 불균형이 발생했다.

글로벌 금융위기를 극복하기 위한 조치

✕

공식적인 대응은 2단계에 걸쳐 진행되었다. 첫 번째는 '대형 바주카 포' 구제였고, 그 후에 재정적, 정치적 비용을 둘 다 계산하게 되었다. 2007~2008년에 발생한 갑작스러운 금융 쇼크의 즉각적인 여파로, 금융 부문, 즉 구제안을 쥐고 있는 은행이 관심의 초점이 되었다.

미 재무부와 연방준비제도는 시장에 발언권을 주기 위해 문제가 있는 자산을 사들이는 조처를 계획했다. 그러나 가치 평가 작업은 아주 복잡하고 시간이 오래 걸렸기에 미 행정부는 영국에서 만들어진 훨씬 간단하면서도 효과적인 방법으로 바꾸었다. 그것은 바로 정부 자금으로 은행에 자본을 확충하여 은행이 최종 손실을 감수하게 하는 것이었다.[15] 이렇게 하면 신뢰도를 높일 수 있었다. 이 방법은 심장마비를 치료하는 것과 같았다. 혈액 순환을 회복하려면 심장(금융 서비스)을 마사지해야 했다.

많은 선진국에서 이 방법이 반복적으로 사용되었다. 당시에는 이 조치가 장기적으로 금융계에 어떤 영향을 줄지 알 수 없었다. 단지 은행 자산 가치가 회복되고 정부가 이 거래에서 이익을 거둘 가능성이 충분하다고 생각할 뿐이었다. 미국과 스위스에서는 이것이 현실로 나타났으나 영국과 아일랜드에서는 그런 일이 발생하지 않았다.[16]

하지만 즉각적인 금융 구제는 정부에게 재앙으로 다가오고 있었다. 은행들은 주로 자신(과 직원들)이 이익을 취하는 잘못된 형태의 인센티브를 통해서 주로 위기를 자초했는데, 인제 와서 손실을 사회화하자고 제안하고 있었다. 이런 은행들은 도와주는 것이 아니라 처벌하는 것이 마땅해 보였다.

미국의 일반 가정이나 그리스처럼 부채가 아주 많은 국가라면 지속 불가능할 정도로 심각한 부채를 줄여주는 편이 더 낫다고 주장할 수도 있었다. 부채가 곧 파산을 의미한다면 머리카락을 자르듯이 부채를 좀 덜어주는 것이 시장의 적절한 해답이 아니었을까?

아티프 미안Atif Mian과 아미르 수피Amir Sufi의 유명한 저서는 나중에 부채를 잔뜩 떠안고 있는 미국 가계의 주요 문제를 정확하게 지적했다. 그 책에서는 서브프라임 위기를 촉발한 주택담보대출은 기록으로 남겨야 하며, 그러한 규율을 적용하면 향후 지나친 대출과 대출 기관의 잘못된 행동을 막을 수 있다고 주장했다.[17]

케네스 로고프, 카르멘 라인하트를 포함한 많은 애널리스트들도 국가 부채에 관해 비슷한 점을 지적했다. 2010년 5월에 그리스 금융위기가 국제무대로 터져 나오자 IMF 주요 관리들은 같은 사례를 추진했는데, 전 세계적으로 유명한 부채 전문 변호사인 리 부케이트Lee Buchheit에게 조언을 구했다. 그러한 조처를 채택하는 데 방해가 된 것은, 이것이 시장 전염을 촉발하고 다른 부채 및 다른 국가에 영향을 미치는 데다, 부채 구조 조정으로 인해 언제 무너져도 이상하지 않을 정도로 아슬아슬한 기존 구조가 무너져 버릴지 모른다는 두려움이었다.

미국 가계 부채에 관련해서 비슷한 주장이 있었는데, 서브프라임 모기지 부채만이 아니라 훨씬 더 광범위하게 주택 가격의 상위 부문에도 문제가 있다는 것이 확실했다. 고소득이나 높은 신용점수를 앞세운 구매 때문에 부동산 가격이 불균형하게 상승한 지역에서는 연체율이 증가했다.[18]

위기가 한창 진행되는 중에는 부채를 탕감할 때 어떤 결과가 초래될지 예측하기가 너무 힘들었다. 그보다는 구매력을 높이고 자산 가격을 상승시키고, 근본적인 가치에 대한 어떤 의문도 제기하지 않는 편이 나았다. 부채 위기에 대응하는 가장 손쉬운 방법은 부채를 더 늘리는 것이었다.

물론 재정 조치를 통해 소비자를 지원하는 대안은 치유상 중요한 단계이자 정치적으로도 꼭 필요한 과정이었다. 정책 입안자들은 대공황에서 얻은 교훈을 활용할 수도 있었다. 위기 초반에는 수요 급락에 대처하려고 전통적인 케인스주의 경기부양책을 사용했다. 전 재무장관이며 훗날 버락 오바마 대통령 고문으로 활약한 래리 서머스Larry Summers는 2007년 12월 19일에 재정적 경기부양책을 촉구하면서 "시기적절하고, 목표가 정해져 있으며, 일시적이어야 한다"고 말했다.[19]

2008년 1월 18일에 행크 폴슨Hank Paulson 재무장관은 다음과 같이 부양책 패키지를 발표했다. "우리 경제는 예상보다 성장 속도가 느립니다. 따라서 우리는 신속하게 움직여야 합니다. 일시적이긴 해도 빨리 시행할 수 있고, 올해 경제 성장과 일자리 창출을 촉진하는 효과가 있으며 변화를 가져올 수 있을 정도의 대규모 패키지가 필요합니다."[20]

선거 직후인 2008년 11월에 오바마 정권 인수팀은 3천억 달러 규모의 부양책을 제안했고, 한 달 뒤 부양책 규모를 6천억 달러로 인상했다. 캘리포니아 대학교 버클리 캠퍼스 교수 크리스티나 로머Christina Romer는 산출 격차 계산의 규모를 근거로 이보다 훨씬 더 큰 1조 7천억 ~1조 8천억 달러의 패키지를 제안했으나 서머스의 반대에 부딪혔다.[21]

패키지 규모가 1조 2천억 달러로 줄어들자 서머스는 로머 교수에게 "1조 2천억 달러는 상상할 수 없는 금액입니다. 사람들은 우리가 이 금액을 확보하지 못할 거라고 생각할 겁니다."라고 말했다. 그래서 8천억 달러로 다시 조정되었다. 7천 870억 달러 규모의 어마어마한 부양책이었으나 세부 사항이 신속히 확정되었다. 그렇게 2007년 2월 17일에 미 역사상 최대 규모의 경기부양책'이 시행되었다.[22] 오바마 대통령은 덴 버의 자연과학박물관에서 이 법안에 서명했는데, 녹색 일자리를 향한 지출이 얼마나 큰지 강조하려던 의도였을 것이다.[23]

돌이켜보면 민주당원들은 이 패키지가 부적절하고 규모가 너무 작다고 비판했다. 조 바이든 부통령은 훗날 이렇게 설명했다. "아이러니하게도 우리는 그때의 겸손함에 대한 대가를 톡톡히 치렀다."

척 슈머Chuck Schumer 민주당 상원의원은 "부양책을 대폭 축소되자 경기침체가 5년이나 지속되었다"라고 결론지었다. 또 다른 영향력 있는 민주당원인 짐 클라이번Jim Clyburn은 "내 생각에 오바마가 저지른 큰 실수 중 하나는 경기 부양법을 완료하고도 자신이 한 일을 사람들에게 설명해 주지 않은 것"이라고 말했다.[24]

국제 사회에서도 재정적 경기부양책이 필요하다는 점이 제기되었다. 2009년 4월에 국제통화기금은 경기부양책이 "2010년에 확대되지는 않더라도 최소한 유지되어야 하며, 재정 여력이 있는 나라는 경기회복을 지원하려면 필요에 따라 새로운 부양책을 도입할 준비를 해야 한다. 가능한 한, 국제 사회가 서로 협조하면서 노력을 기울여야 한다. 특정 나라의 조처가 지닌 파급 효과가 국경을 넘어갈 수 있으며, 전 세계 경제에 도움이 되기 때문이다"라고 주장했다.[25] 지속적인 번영을 보장하려면 수요의 국제화가 이루어져야 했다.

그러나 전 세계는 새로운 대공황이 발생할지 모른다는 위협에 대처하려면 경기부양책이 필요하다는 합의를 금세 저버리고 부채의 증가 및 재정적 지속 불가능성의 위협이 장기적으로 가져올 영향에 대해 우려하기 시작했다. 이렇게 분위기가 반전된 원인으로는 금융 시장의 심리, 정책 전문가들의 저술물, 정치적 책략, 위기를 겪거나 위기 대처 방안을 마련하는 과정에서 쌓인 피로감, 은행 구제금융에 자금이 사용되는 것 때문에 많은 사람이 느낀 좌절감을 꼽을 수 있다.

첫 번째 설명은 금융 시장에 초점을 맞추는데, 채권 자경단이 가장 큰 악역을 맡고 있다. 그들의 진언은 빌 클린턴 대통령의 고문이었던 제임스 카빌James Carville이 자주 인용한 표현이었다. 1993~1994년에 채권 수입률이 급등하자 그는 다음과 같이 재치 있는 표현을 사용했다. "환생이 가능하다면, 대통령이나 교황, 또는 타율 400을 자랑하는 타자가 되고 싶다고 생각했죠. 하지만 지금은 채권 시장으로 환생하고 싶어요. 그야말로 모든 사람을 벌벌 떨게 할 수 있으니까요."[26]

2009년 중반에 채권 시장은 공포 분위기에 사로잡혔다. 10년 만기 미국 국채 수익률은 2008년 12월(12월 18일 최종 수익률은 2.77이었다)부터 4월까지 하락했으나, 4월 말부터 상승하기 시작하여 6월 10일에 3.98로 마감했다.

5월 21일 무디스 인베스터스 서비스Moody's Investors Service는 AAA 부채 등급이 '편안한comfortable' 상태라고 발표하면서, 2조 달러, 즉 GDP의 14퍼센트를 차입해야 할 정도로 악화한 미국 재정 상태를 참작할 때 이것이 "영원히 보장"되지는 않는다고 덧붙였다.[27]

'채권 자경단bond vigilante'이라는 용어를 1984년에 최초로 사용했다고 주장하는 에드워드 야데니Edward Yardeni는 2009년 미 국채 수익률 상승에 관해 이렇게 언급했다. "향후 10년간 10조 달러라는 말은 워싱턴이 정말이지 통제 불능 상태가 되었으며 어떤 형태의 재정 규율도 존재하지 않는다는 뜻입니다."

투자관리자이며 채권 전문가인 빌 그로스Bill Gross는 "6개월 전에 없었던 인플레이션 프리미엄이 채권 시장에 내재하여 가는 추세"라고 주장했다. 흥미롭게도 종종 채권 시장을 중국으로 의인화했는데, 미 국채에 중국 흑자가 축적되어 쌓여있었기 때문이었다. 3월에 중국 원자바오 총리는 자국이 미 국채에 7,679억 달러를 투자하는 것에 대해 "우려하고 있다"고 말했다.

전 연준 의장 앨런 그린스펀도 "수익률 스프레드yield spreads가 개방되는 것은 인플레이션 프리미엄이 상승한다는 뜻이다. 너무 많이, 너무 빨리 해내려고 하면 결국 장기 실질 금리가 상승하여 경제 회복에 방해가 될 것이다"[28] 라고 말한 것으로 알려져 있다.

〈월스트리트 저널〉은 "우리가 연준 의장 벤 버냉키와 채권 투자자, 즉 양대 금융 시장의 최후 결전을 지켜보고 있다고 해도 결코 과언이 아니다"라고 논평했다.[29] 오바마는 뉴멕시코 리오란초에서 다음과 같이 말했다. "중국에서 계속 자금을 빌릴 수는 없습니다. 부채가 생기면 이자를 내야 하는데, 이는 점점 늘어나는 빚 때문에 우리 아이들의 미래를 담보로 잡는다는 뜻이니까요. 미 국채를 보유한 해외 투자자도 결국 지치고 말 것입니다."[30]

두 번째 해석은 정부의 과잉 지출 위험에 초점을 맞추도록 인식을 바꿔준 것은 정책 토론의 학문적 프레임이었다는 것이다. 특히 영향력 있는 책 한 권이 큰 역할을 했을 가능성이 있다. 2009년 9월에 카르멘 라인하트Carmen Reinhart와 케네스 로고프Kenneth Rogoff는 《이번엔 다르다This Time Is Different》라는 아이러니한 제목의 저서를 발표했다. 이 책은 복잡한 금융위기가 초래한 피해 규모에 관해 엄중히 경고하면서 그로 인해 회복에 아주 오랜 시간이 걸릴 것이라고 했다.(역사적으로 평균 7년이 소요되었다.) 독자라면 당연히 경기를 금방 되살릴 지름길이 있는

지 궁금했을 것이다. 이 책에서는 금융위기 이후의 논의 방향을 잡을 때, 수 세기에 걸친 금융위기, 특히 국가 부채 위기라는 측면에서 현시대의 문제점들을 조명했다. 어떤 붕괴나 몰락이 발생하기 전에는 유포리아가 발생했는데, 채권 판매자들은 "이번은 정말 다르다"라며 정부에서 분명히 약속을 지킬 거라는 말로 고객을 회유했다.[31] 하지만 언제나 그랬듯이 정부는 약속을 지키지 못했고, 수백 년간 꽤 주기적으로 붕괴와 채무불이행이 반복되었다. 여기서 주는 교훈은 정부 부채가 너무 많으면 위험하다는 것이었다.

셋째, 학계의 논의는 정치 무대마저 지배했다. 긴축을 외치는 목소리는 곧 정치적 전투를 외치는 주장이 되었다. 2010년 5월 영국 총선 이후에 재무장관이 된 보수당의 조지 오스본George Osborne은 로고프의 말을 자주 인용했다. 그는 2010년 메이스 강의*에서 런던 청중에게 과도한 부채의 결과에 대해 경고하면서, 로고프가 "위기의 근원에 대한 우리의 이해에 가장 의미 있게 이바지했다"고 설명했다.[32]

이러한 설명은 영미 보수세력의 지배적인 주장으로 자리 잡았다. 퇴행적인 계급 전쟁에서는 긴축을 사용할 수도 있었다. 예산을 줄여서 대다수가 소수민족 출신인 가난하고 소외된 사람들을 힘들게 하는 방법이 있었는데, '복지 정책을 누리는 여왕'이라는 비난의 대상으로 만들어버리는 것이었다. 일부 정치인은 자기주장을 합리화하려고 채권 시장으로 눈을 돌렸다. 하지만 또 다른 정치인들은 라인하트와 로고프의 말을 인용하는 것을 좋아했다.(종종 잘못 인용할 때도 있었다.) 일례로 텍사스 공화당 소속의 케빈 브래디Kevin Brady 미국 하원의원은《이번엔 다

• Mais Lecture, 영국 베이스 경영대학원에서 주최하는 연례 강의 -역자 주

르다》가 출판되기도 전에 이 책을 인용했으며, 그 후에 라인하트와 로고프의 말을 잘못 인용하여 "8~10퍼센트 정도의 인플레이션으로 인해 정부가 결국 막대한 연방정부 부채를 상환할 자금을 마련하게 될 것"이라는 취지로 발언했다. 브래디 하원의원은 1970년대의 상황이 반복되어 인플레이션 상승, 경제 성장 둔화, 실업률 상승 등이 벌어질 수 있다고 경고했다.[33] 그로부터 몇 달 후인 2012년 3월에 그는 사운드달러법Sound Dollar Act을 발의했는데, 이는 연방준비제도가 금과 미국 달러의 외환 가치를 지켜보도록 요구하면서, 연방준비제도의 이중 권한을 종료시키고, 가격 안정성에 대한 단일 권한만 부여한다는 내용이었다.

또 다른 저명한 금융 보수주의자인 오클라호마주 출신의 공화당 의원 톰 코번Tom Coburn은 경기부양책에 대해 다음과 같이 구체적인 비난을 퍼부었다.

우리에게 필요하지 않은 것을 위해 갖고 있지도 않은 돈을 쓰겠다는 말이다. 그것이 이 법안의 80퍼센트를 차지한다. 우리에게 필요하지도 않은 것을 위해 갖고 있지도 않은 돈을 쓴다고 해서 경기 회복을 위한 자극이 발생할 리 없다. 법안의 주요 내용이 이렇다 보니 사람들에게 이런 반응이 나오는 것이다. 돈을 쓸 거라면 적어도 돈을 쓰는 목적은 달성해야 할 것이다. 이 법안을 자세히 살펴본 사람이라면, 이것이 계획이나 시행 단계가 아님을 알 수 있다.[34]

급진적 성향의 공화당 내부의 정치 단체 티 파티Tea Party는 미국독립혁명 당시 매파적인 재정 성향에서 이름을 따왔으며, 재정 긴축 캠페인에서 여러 번 큰 성공을 거두었다. 테네시주 변호사이자 티파티 네이션

Tea Party Nation의 지도자인 저드슨 필립스Judson Phillips는 이렇게 설명했다.

> 경기부양 법안이 나온 2009년 초에 이 모든 일이 시작되었다. 사람들은 우리가 이 법안을 감당할 수 없고 돈을 써도 번영을 이룩할 수 없다는 것만 깨닫게 되었다.[35]

넷째, 정부는 막대한 지출을 감행했지만 이렇다 할 성과는 없었다. 정부의 투자에 비하면 변화는 미미했다. 오바마 행정부에서 대통령 경제자문위원회 의장을 지낸 제이슨 퍼먼Jason Furman은 '피로가 시작되었다'는 흥미로운 주장을 펼쳤다. "역설적으로 예상보다 나쁜 거시경제적 결과 때문에 거시경제적 조치를 더 많이 시행하려는 욕구가 줄어들었다. 예상치 못한 경기 악화 현상이 경제 회복법의 대부분이 시행되기 전인 2009년 초중반에 발생했지만, 일각에서는 이것을 회복법이 효과가 없어서 향후 부양책이 역효과를 초래하는 증거라고 생각했다."[36] 재정 조처의 효과에 대한 의구심이 자리를 잡자, 적자에 대한 우려가 더욱 커졌다.

다섯째, 은행 구제에 쓰인 돈은 납세자의 돈으로 애초에 금융위기를 초래한 책임을 물어야 할 사람들에게 선물을 안겨주는 것처럼 보였다. 재정 적자는 대부분 금융 부문의 구제방안에서 발생한 것이었기에, 일반 대중을 이해시키는 것은 쉽지 않았다. 훗날 오바마 행정부의 백악관 비서실장이었던 람 이매뉴얼Rahm Emanuel은 "은행 구제 금융은 크립토나이트kryptonite*였으며 나라 전체가 보복심으로 불타올랐다"고 표현

• 〈슈퍼맨〉에 나오는 가상의 화학 원소이며, 슈퍼맨의 대표적인 약점을 가리킨다 -역자 주

했다.[37] 일부 평론가들은 티 파티의 등장 때문에 정부가 모기지 보유자, 특히 취약한 소수민족 출신으로서 모기지 및 주택소유권을 실제로 가질 자격이 없는 사람을 돕고 있다는 주장이 나온 것이라고 주장했다.[38]

정부 자금을 지출하는 것은 이제 무조건 나쁜 행동처럼 보이기 시작했다. 래리 서머스는 이렇게 설명했다.

대형 은행을 구제하는 것이 이제 인기를 얻지 못할 것이며 사람들이 근무하는 실제 기업을 구제하는 것이 더 인기를 얻을 것으로 생각했는데, 이는 틀린 생각이었다. 둘 다 인기를 얻지 못했다. 사방에서 의심에 찬 불만이 터져 나왔다. 저 기업은 안 도와주면서 왜 이 기업을 도와주는가? 이는 산업 정책의 일환인가? 사회주의를 시행하는 것인가? 왜 정부가 개입하는가?[39]

정치학자 메구미 나오이Megumi Naoi는 대공황 기간에 1인당 더 많은 경기부양 일자리를 얻었으며 경기부양책을 크게 자랑하며 광고했던 의회 선거구의 공화당 유권자들이 정부에 대한 적개심을 품고 있으며 정부 지원을 받는 경기부양책이 효과가 없다고 생각한다는 점을 통계자료로 입증해 보였다.[40] 한마디로 정부 지출은 감사의 물결을 일으킨 것이 아니라 여기저기에서 불만이 쌓이게 했다.

미국을 둘러싼 논의의 모든 요소가 전 세계에서 다양한 조합을 이루어 등장했다. 그리스에서 벌어진 사건들은 다른 나라의 논의 방향도 완전히 바꿔놓았는데, 가장 크게 영향을 받은 곳은 유럽이었다. 경기부양책에 대한 사회적 합의는 약해지고 긴축이 필요하다고 목소리가 높아졌다. 그리스는 일종의 시험 기구, 또는 세계의 금융 미래의 비전이라고 해석되었으나, 이는 잘못된 생각이었다. 2009년 10월 4일에 코스타스 카리만리스Kostas Karamanlis가 이끄는 중도우파 신민주주의 정부가 조기에 소집한 의회 선거가 시행되었는데, 게오르기오스 파판드레우George Papandreou는 사회당PASOK을 압도적 승리로 이끌었다.

카리만리스는 일부 재정 삭감을 주장했으나 사회당은 다른 관점으로 접근했다. 사회당은 후원 세력에 맞서고 남용을 줄일 필요성을 인정하면서, 새 정부가 들어서면 인플레이션율보다 더 빠르게 급여와 연금을 인상하고 '국제 인사'를 창의적인 예산 확장주의에 대한 고문으로 모시겠다고 약속했다. '우리는 돈이 있다'라는 캠페인 구호는 사람들의 눈길을 사로잡았다. 당시의 분위기는 대체로 이런 식이었다.[41]

그러다가 극적인 반전이 일어났다. 나중에 일부 유럽 재무장관들은 경제 위기에 직면하여 경기 조정 수단(재정 여유의 활용)으로 정부 지출을 확대하고 부채를 늘리라는 IMF의 조언이 (원래는 키프로스, 슬로베니아, 스페인을 겨냥한 것이었으나)그리스를 포함하여 유럽 국가들에 '전염되었다'고 불만을 터트렸다. 사실 후자의 나라들은 더 많은 주의가 필요했다. 2008~2009년에 IMF가 제안한 2퍼센트 경기부양책은 결과적으로 모든 국가를 대상으로 한 것처럼 되어버렸다.[42] 처음에 그리스는 아주 특이한 문제 상황처럼 보였다. 2009년 선거 직후인 10월 5일에 그리스 은행은 보고서를 통해 "우리는 전례 없는 재정적 탈선의 위험에 직면하고 있으며, 경제 활동의 침체로는 현재 상황을 거의 설명할 수 없다"고 밝혔다. 처음 9개월간 재정 적자를 계산해 보니 GDP의 9.7퍼센트였다. 이대로는 국가 재정 상태가 지속 불가능하다는 것이 너무나 확실했다.[43]

그리스의 경제 위기는 다른 나라에서도 비슷한 상황이 벌어질 수 있다는 것을 알려주는 전조였다. 포르투갈, 아일랜드, 그리스, 스페인도 국가명의 첫 글자를 차례로 연결하여 'PIGS'라는 불명예스러운 약어로 묶이게 되었다. 역사가 나일 퍼거슨Niall Ferguson은 계속해서 위기는 계속 전염될 것이라고 말했다. "이것은 농장의 동물을 생각나게 하는 약어로 지칭되는 지중해 지역에 국한된 문제가 아니라, 서방 세계의 재정적 위기를 뜻한다. 그 결과는 대다수 투자자가 현재 인식하고 있는 것보다 훨씬 심각하고 복잡하다."[44]

좌파는 쇠퇴하고 있었다. 프랑스에서는 사회주의 지도자이며 (훗날 대통령에 당선된)프랑수아 올랑드Francois Hollande가, 비록 시장의 비합리성과 부적절한 감독 때문에 붕괴가 발생했지만, 파괴적인 체제는 흔들리지 않았다는 점을 두고 이렇게 언급했다. "자유주의에서 영감을 받은 국제기관들은 위기를 이용하여 긴축 정책을 정당화했는데, 그렇게 하지 않고서는 그럴듯한 핑계를 찾을 수 없었다."[45]

영국은 재정 상황에 관한 교훈을 특히 진지하게 받아들였다. 사실 영국은 재정 확대에서 돌아선 또 다른 영향력 있는 사례가 되었다. 2009년부터 노동당 정부는 점점 조심스러운 태도를 보였다. 특히 재무장관 알라스테어 달링Alastair Darling은 "4년간 대출을 절반으로 줄여서 지출을 줄이는 일은 협상의 여지가 없는 일, 절대적으로 꼭 필요한 일"이었다고 여러 번에 걸쳐 강조했다.[46] 보수 야당은 더 많이 삭감하겠다고 약속했으며 의회 전체 과반수를 얻지 못한 상태로 2010년 선거에서 승리한 뒤에, 자유민주당과 연립 정부를 구성했다. 정부는 달라진 방침에 착수했는데, 이를 보고 비평가들은 '긴축 방침'이라고 손가락질했다.

영국 정부는 대규모 정부 부채의 불안정한 영향을 경고했던 케네스 로고프와 다른 사람들의 조언을 그대로 따르는 것처럼 보였다. 영국의 정책가들은 이 시기에 영국이 그리스처럼 실패할지 모른다고 경고했다. 재무부 수석 이코노미스트인 데이비드 램스던David Ramsden은 "영국이 세계에서 가장 부채가 많은 것으로 추정된다"라며 우려를 드러냈다.

위기 이전의 경제 성장 모델의 기반은 '지속 불가능한 수준의 민간 부문 부채와 증가하는 공공 부문 부채'였다. 재정 상태는 영국의 '핵심 취약점'이었다. 따라서 영국 공공 재정을 지속 가능한 기반으로 되돌리기 위해 긴급 조치가 필요한 때도 있었다.[47] 2010년 6월 새 정부는 스스로 '재정 명령'을 설정했는데, 5년 예측 기간이 끝날 때까지 현 예산을 주기적으로 조정하면서 균형을 맞추고 2015~2016년까지 GDP 대비 공공 부문 순부채 비율을 하향 조정하는 방안이었다.

새 정부의 첫 번째 예산은 5년에 걸쳐 GDP의 8퍼센트에 해당하는 구조 조정을 통해 이러한 표적을 1년 일찍 달성하는 것을 목표로 삼았다. 그뿐만 아니라 교통과 에너지에 초점을 맞춘 국가 기반 시설 계획도 제시했다. 정부는 5개년 계획 기간 동안 에너지 투자를 두 배로 늘릴 생각이었다. 조지 오스본 이론의 저변에는 4년 이내에 구조적 적자를 제거하면 책략을 마련하거나 사회적 재분배가 아니라 장기 투자에 돈을 쓸 여유가 생긴다는 믿음이 자리 잡고 있었다.

그리스뿐만 아니라 유로존과 영국의 다른 지역에서도 부정적인 역학이 나타났는데, 핵심 부분은 은행과 정부를 여러 가지 방식으로 연결하는 '둠 루프'•였다. 가장 단순한 연결 고리는 불량 은행의 구제 금융 비용이었다. 여기에는 재정적 비용이 수반되었기에 정부의 신용도

• doom loop, 경제 상황에서 악순환이 계속 이어지는 것 -역자 주

가 급락했고 채권수익률이 상승하여 결과적으로 은행 주가가 하락했다. 그러나 정부 부채는 은행 대차대조표에 자산으로 기재되었기에 은행 자본은 더 크게 잠식되었다.

다른 연관성도 있었는데, 정부 부채가 증가할수록 미래에 세금이 더 높아지고 (은행을 포함한)기업에 비용이 많이 발생하게 된다. 그러면 수익이 줄어들고, 은행 대차대조표상의 다른 자산 가치는 떨어질 수밖에 없다.

다자간 대응

✕

금융 부문의 긴급 조치만으로는 경제의 핵심인 순환 기능을 되돌리기에 충분하지 않았다. 보다 근본적으로 경제를 되살릴 방안이 필요했다. 경제 질서의 회복력을 높이거나 취약성을 줄일 필요가 있었다.

금융 부문의 불안은 금융화된 자본주의 또는 세계화의 약점을 부각했는데, 특히 전 세계에서 미국의 입지를 비판하는 사람들에게 약점이 더욱 크게 보였을 것이다. 2008년 10월 17일 퀘벡에서 열린 유럽연합-캐나다 정상회담 이후, 프랑스 대통령 니콜라 사르코지Nicolas Sarkozy는 조지 W. 부시George W. Bush 대통령에게 조제 마누엘 바호주 José Manuel Barroso 유럽연합 집행위원장과 정상회담을 갖자고 즉석에서 요청했다. 사르코지는 앵글로색슨 자유시장 체제를 대체하고자 급진적인 방향 전환을 구상했다.

사르코지는 프랑스 재무장관 크리스틴 라가르드를 동반하여 워싱턴 회의에 참석하여, 상당히 구체적인 제안을 다수 내놓았다. 이를테면, 시가평가 회계(및 미국 회계의 폭정)를 종식하고, 증권화에 제한을 가

해야 한다고 주장했다. 또한 평가 기관이 제시하는 평가는 은행의 자본 적정성 규제 요건에 포함되는데, 이러한 기관이 정부의 재정적 가능성을 좌지우지하는 것처럼 보인다며 이들을 잘라내야 한다고 지적했다. 그런데 부시 대통령은 한발 뒤로 물러나서 개혁 업무를 전문가에게 맡기려 했다. 그러자 사르코지 대통령은 전 골드만삭스 회장이자 미 재무장관인 행크 폴슨을 매섭게 노려보면서 '전문가야말로 이 세상에 혼란을 초래한 주범'이라고 반박했다.[48]

2008년 11월 14~15일 양일간 이어진 워싱턴 회담에 앞서 각국은 국제무대에서 선제적으로 각자의 입지를 다지기 위해 대규모 지원책을 제시했다. 세계의 정치 지형이 바뀌는 것처럼 보인 아주 특별한 시점에 그런 제안이 들어온 것이었다. 미국 대통령 선거(2008년 11월 4일)에서 여름에 부시 대통령의 뒤를 이을 유력한 후보였던 공화당 존 매케인John McCain이 낙선했는데, 많은 사람이 이를 미국의 나약함과 상대적인 퇴보를 알리는 신호로 여겼다. 일본 총리는 국제통화기금의 자원을 확대하기 위해 1천억 달러의 융자를 약속했고, 중국은 국제통화기금 프로그램을 협상하고 있던 파키스탄에 5억 달러의 원조 패키지를 제안했다. 신흥 시장의 시기가 도래한 것 같았다.

루이스 이나시우 룰라 다 시우바Luiz Inácio Lula da Silva 브라질 대통령은 그 기회를 포착하여 강대국을 대상으로 그들의 형편없는 거버넌스에 대한 강의를 진행했다.

우리는 도움을 요청하는 것이 아닙니다. 당신들에게 자금을 요청하는 것도 아닙니다. 우리가 당신들에게 바라는 것은 자기 나라의 경제부터 바로 세우는 것입니다. 우리를 위해 해줄 수 있는 최상의 도움

은 다시 경제를 성장세로 돌리는 것입니다.[49]

G8이 더는 존재할 이유가 없으므로 G20을 논하는 겁니다. 달리 말해서 요즘처럼 세계화된 시대에는 신흥경제국을 고려해야 합니다.

중국의 후진타오 주석은 '공정하고 정의롭고 포용력이 있고 질서정연한 새로운 국제 금융 질서'를 요구했다.[50] 사르코지는 100일 이내에 구체적인 프로그램이 나와야 한다고 종용했다. 그는 회담에 앞서 이미 (워싱턴)회담이 '자본주의를 재건할 수 있을 것'이라고 말했다. 서구 세계가 아닌 지역 출신의 일부 정치인들은 현대 자본주의에 관해 훨씬 더 급진적인 비평을 내놓았다. 2009년 3월 27일 자 기자회견에서 룰라 대통령은 이렇게 선언했다. "이전에는 모든 것을 다 아는 것처럼 보였으나 지금은 아무것도 모른다는 것이 증명된 파란 눈의 백인들이 저지른 비합리적인 행동이 이번 위기를 초래했다."[51]

2009년 4월에 런던에서 열린 G20 정상회담은 글로벌 금융위기에 대한 전 세계적 대응에서 극적이고 결정적인 전환점이 되었다. 전날인 4월 1일에는 런던 중심부 영국 중앙은행을 둘러싸고 반세계화, 반자본주의를 외치는 대규모 시위가 벌어졌다. 시위 참가자들은 위기에 타격을 입은 RBS라는 은행을 표적으로 삼았다. RBS의 전 CEO이며 ('문서 절단기'라는 별명을 가진)프레드 굿윈Fred Goodwin은 연금을 받았는데 이것이 논란의 여지가 있었다. 해당 은행 지점은 공격을 받고 약탈당했으며, 사람들은 스프레이 페인트로 '은행가를 태워버려라', '쓰레기 같은 놈'이라고 욕설을 써놓았다.[52] 4월 2일에 시위 장소에서 멀리 떨어진 런던 동부에서 회의가 열렸다. 회의 장소는 로열 빅토리아 독Royal Victoria Dock의 엑셀 런던 전시장이었다.

주요 참가국의 관계에는 긴장감이 역력했다. 몇 년 후, 영국의 보안 정보기관이 회의 참가자들에 대한 전자 감시를 한 사실이 드러났다. 긴장의 한 편에는 미국과 영국이 있었고 반대편에는 유럽 대륙을 대표하는 프랑스와 독일이 자리 잡고 있었다. 영미 양국의 견해는 대규모 경기부양책이 필요하다는 것이었으며, 국제통화기금을 통해 매우 강하게 피력한 상태였다. 그러나 유럽대륙 국가들은 자국의 재정 시스템이 '자동 안정화 장치'의 대형 배터리 역할을 하고 있다며 추가로 재량적인 판단에 따라 조처하는 것은 필요치 않고, 예산을 조절할 여지(재정적 여유)가 제한된 일부 국가의 경우, 대규모 지출 프로그램을 시행하는 것이 현명하지 못한 일이라고 주장했다. 사실 프랑스와 독일 사이에도 긴장감이 존재했는데, 두 나라에서는 위기 이후 논쟁이 조세 정의에 집중되었고 각국 정부는 탈세에 대한 적극적이고 조율된 대응을 요구했다.

몇몇 다른 국가들, 특히 중국은 세금 투명성에 초점을 맞추는 것은 자국의 금융 시스템의 발전을 억누르는 시도라고 느꼈다. 물론 소규모 조세 피난처는 G20에 포함되지 않았는데, G20은 기본적으로 19개(유럽연합 포함) 주요 국가로 구성되었다. 최근 10년간 세계화의 주요 승리자였던 소규모 개방경제국가(아일랜드, 네덜란드, 칠레, 뉴질랜드)는 그 자리에 없었다. G20은 취약하고 분열된 거대 경제 국가로만 구성되어 있었다.

논란을 고려할 때, 이 회의가 눈에 띄게 성공적이었다는 점은 놀라운 일이었다. 그 회의는 '브레턴우즈 회의'와 더불어 국제 경제 협력의 최고점 중 하나로 간주하며, 1933년 대공황 시기에 있었던 세계 경제 콘퍼런스가 실패로 끝난 것과 극명한 대조를 이룬다. 그 콘퍼런스도 런던에서 개최되었다는 것은 우연의 일치에 불과하다.(콘퍼런스 장소는 도시 반대편에 있는 켄싱턴 지질박물관이었다.)

정치학자 다니엘 드레즈너Dan Drezner는 '시스템이 작동했다'라는 논제를 핵심 주장으로 내세웠으며, 이를 위기 대응책을 분석한 자신의 저서 제목으로 사용했다.[53] 정상회담 성명에는 의도적으로 브레턴우즈 협정에 쓰인 표현이 채택되었다. "번영은 나눌 수 없으며, 성장을 지속하려면 성장을 공유해야 한다고 믿는다."[54]

영국 총리 고든 브라운은 이것이야말로 '새로운 세계의 질서'를 창조하는 것이라고 평가하면서 이렇게 말했다. "오늘은 전 세계가 경기침체에 맞서기 위해 단지 말로만 뭉친 것이 아니라, 경제 회복 및 계획을 가지고 한자리에 모인 날이다."

전 유럽연합 집행위원장 바호주는 "우리가 오늘 이룩한 성과는 경제사에서 비교 대상을 찾을 수 없을 정도로 위대하다. 우리는 무엇을 할지 정했고, 이제 실행하는 것만 남아 있다."라고 소감을 밝혔고, 프랑스 사르코지 대통령은 반미 감정을 드러내어 이렇게 말했다. "브레턴우즈 이후로 전 세계는 앵글로색슨 금융 모델에 따라 살고 있습니다. 내가 이를 비판할 입장은 아니지만, 오늘 우리가 새로운 페이지로 넘어간 것은 확실합니다." 앙겔라 메르켈 독일 총리는 '양심이 있는 새로운 자본주의'를 만들 수 있는 기회를 언급했다.[55]

11월에 그랬던 것처럼 미 행정부가 여전히 금융위기를 조화로운 방식으로 대응하려고 애쓰는 것처럼 보였다. 하지만 회의 참가국의 논의는 물론이고 여러 논평과 분석의 대주제는 미국의 약점과 취약성이었다.

오바마 대통령도 미국이 이제 단일 강대국이나 지배적인 강대국이라고 볼 수 없다는 점을 인정했다.

모두 아시는 것처럼, 브레턴우즈에 관해 이곳에서 많은 비교가 이루어졌습니다. 지난번 여러분은 전체적인 국제 사회의 틀이 새로 만들어지는 것을 보셨습니다. 만약 (프랭클린)루스벨트와 (윈스턴)처칠이 방 안에 브랜디를 앞에 두고 마주 앉아 있다면, 협상이 훨씬 쉬워질 겁니다. 하지만 지금 우리가 사는 세상은 그렇지 않죠. 그리고 우리가 사는 세상이 그런 구도가 되어서도 안 됩니다.

내가 대통령에 당선되면서 전 세계에서 미국의 위상이 어느 정도 회복되는 모습을 보게 되었다고 생각하고 싶습니다. 이 정도면 잘했다고 생각합니다.[56]

브레턴우즈를 언급한 것은 시사점이 분명했다. 1944년 콘퍼런스는 영미 양국을 위한 순간이었고 2009년 회의의 요소들이 이전의 역동성을 재창조했다. 어쨌든 이것은 영국이 주도한 사건이었고 고든 브라운은 선교활동의 관점에서 세상을 구하는 행위라고 평가했다. 회의 전 만찬에서 사르코지 대통령이 이번 위기에 대해 '우리 중 누구도 계획이 없다'고 말하자 오바마는 즉시 '고든에게는 계획이 있다'고 반박했다.[57] 오바마와 브라운은 해리 덱스터 화이트와 존 메이너드 케인스의 역할을 반복하고 있었다.

브라운은 국제 조정의 핵심으로 경기부양책을 강조하려고 애썼다. 회담 후 기자회견에서 그는 5조 달러의 글로벌 경기부양책은 '지금까지 세계적으로 시행된 부양책 중에서 최대 규모'라고 설명하면서, 추가로 1조 1천억 달러의 새로운 프로그램을 통해 '세계 경제의 신용, 성장 및 고용을 회복할 것'이라고 덧붙였다. 그런데 이러한 행보는 신문과 잡지 머리기사에 인상적인 금액을 제시할 수 있을 뿐, 실제 정책에 반

영되지 않을 가능성도 있다는 비판도 있었다.[58]

이들이 말하는 거액에는 재량에 따른 지출에 더해 경제 쇼크에 대비하여 모든 주요 국가(특히 유럽 대륙)가 기본적으로 갖추고 있는 자동 재정 안전장치가 포함되어 있었다. 이 수치는 시장에 강한 인상을 주고, 특히 유권자의 마음을 사려는 의도가 포함되어 있었다. 그러나 세부 사항은 다른 데 숨겨져 있었다. 이와는 대조적으로 국제통화기금이 세력을 키운 것은 이번 회의에서 좀 더 구체적인 성과처럼 보였다. 회담에 앞서 일본과 유럽연합은 국제통화기금에 천억 달러를 추가 지원하기로 약속했다. 회담 성명에는 '국제통화기금이 사용할 수 있는 자원을 3배로 증액하여 7천5백억 달러로 하고, 국제통화기금의 새로운 특별인출권(Special Drawing Rights, 국제통화기금이 사용하는 통화, 이하 SDR) 할당액 2천5백억 달러를 지원하고 다자개발은행Multilateral Development Banks의 추가 대출을 최소 1천억 달러 지원하여 무역 금융 지원금 2천5백억 달러를 보장한다'는 내용이 들어 있었다. 이 계산에 따르면 1조 달러가 넘는 규모의 경기부양책을 약속하는 것으로 해석할 수 있었다.

하지만 중국은 유럽의 지도자들처럼 그저 기존 질서를 구제하면 된다고 생각하지 않았다. 중국 정치인은 영미 양국이 기존 질서의 금융 불안정을 초래했다는 사실을 중요시했다. 따라서 미국의 제안에 대한 반발은 세계적인 경기침체 방지를 위한 지출을 반대하는 캠페인의 또 다른 요소처럼 보였다. 중국사회과학원 경제학자인 위용딩은 중국이 국제통화기금에 상징적으로 의미 있는 금액만 빌려줘야 한다고 설명했다. "우리가 거액을 빌려주면, 가난한 사람이 부자를 구제해 주는 것처럼 보일 것이다"라고 하면서 중국 인민들이 가만히 있지 않을 것이라고 덧붙였다.[59]

〈파이낸셜 타임스〉와의 인터뷰에서 원자바오 총리는 중국의 구제 능력에 관한 질문을 받자 중국은 여전히 가난한 나라라고 힘주어 말했다. 그는 일부 나라들은 중국이 주도적 역할을 해주기를 바라지만, 중국은 그렇게 할 준비가 되지 않았다고 말했다. "저는 그렇게 생각하지 않습니다. 아직 중국은 13억 인구로 이루어진 거대한 개발도상국입니다."[60]

당시 중국은 중간에서 애매한 입장이었다. 사실 오랫동안 중국의 입장은 1989년 천안문 광장 대학살의 교훈에 관해 덩샤오핑이 제시한 유명한 '24자 방침'으로 요약할 수 있다. "냉정히 상황을 관찰하며, 입장을 확고히 견지하고, 문제에 침착하게 대응하며, 능력을 숨기고 때를 기다리고, 낮은 자세로 임하며 결코 우두머리의 자리에 서지 마라."

24자 방침의 중심사상인 도광양회(韜光養晦, 능력을 숨기고 때를 기다려라)는 재정 위기에 적용되는 것처럼 보였다. 자본주의가 해체되면 결국 중국의 입장이 재고되지 않을까? 완벽한 반전은 시진핑이 등장한 이후에나 가능해 보였다. 2017년 10월 역사적인 연설에서 시진핑은 이렇게 선언했다. "이제 우리가 세계 무대의 중심에 서서 인류에게 더 크게 이바지할 때가 되었다."

그야말로 새로운 세상이 시작된 것이었다. 중국은 '동방에서 우뚝 솟아 강건한 모습으로 서 있었다.'[61] 그러나 이미 2009년에 후진타오 주석의 연설이 전환점을 제시했는데, 중국이 이제 "적극적으로 무언가를 이룩해야 한다"고 말했다.[62] 7월에 열린 중국 대사 회의에서 후진타오는 중국 외교사절 및 외교 정책 담당자들에게 "중국이 정치에서 더 큰 영향력을 행사하고 경제 부문에서 경쟁력을 높이고, 더 친화적인 이미지를 구축하며 도덕적 측면에서 더 인정받을 수 있도록 노력하라"고 촉구했다. 중국 언론은 재빠르게 그가 언급한 네 가지 영역을 '4대 장점'이라고 포장했다. 후진타오 주석은 "전 세계가 다극화될 전망이 더욱 분명하다"는 말로 연설을 끝맺었다.[63]

미 행정부는 국제 정세를 처리하는 문제에 장기적인 초점을 맞추었는데, 중국과의 갈등을 초래하는 문제인 지급 불균형(머빈 킹의 스도쿠 경제)이 핵심 사안이었다. 국가안보 부보좌관(국제 경제 담당) 마이클 프로만Michael Froman은 2009년 9월 24~25일에 피츠버그에서 열린 G20 정상회담을 앞두고 이렇게 밝혔다. "균형 잡힌 성장을 위한 프레임워크, 이번 위기를 초래한 불균형을 해결하는 방법 및 서로에게 책임을 묻는 과정에 대해 원만하게 합의가 이루어지기를 바랍니다."[64] 피츠버그 성명 초안에는 경상 수지 흑자가 높은 G20 회원국들이 "내수 주도 성장을 촉진하는 정책을 시행하기로 약속한다"라고 명시되어 있었는데, 중국은 즉각 반발했다. 중국의 조우웬종Zhou Wenzhong은 이렇게 지적했다. "경제의 균형을 회복하는 일 한 가지에만 집중하면 안 됩니다." 그는 국제통화기금이 근본적으로 강조할 대상은 금융 위험이 증가하는지 지켜보는 것을 더 잘 해내는 것이라고 주장했다.[65]

중국 해관총서 국장 유지엔화Yu Jianhua는 기자회견에서 "한 나라의 지도자가 다른 나라 지도자에게 수입을 늘리라고 요구하는 것이 과연 시장 경제 관행을 따르는 것인지 모르겠습니다"라고 말했다. 미국의 제안에 대해 유럽에서는 금융 규제를 개혁하지 않고 글로벌 불균형에 지나치게 집중한다는 비판이 쏟아졌다.[66] 이에 독일 관료들은 G20 정상회담에 앞서 "입장 차가 더욱 벌어지고 있다"며 경고했다.[67]

이처럼 피츠버그 회담은 회의론과 환멸을 조장했다. 이번 회담의 결과는 6개월 전에 런던에서 열린 회담과 현격한 대조를 이루었다. 전 국제통화기금 수석 이코노미스트인 시몬 존슨Simon Johnson은 이렇게 말했다.

한 달 동안 피츠버그에서 어떤 일이 이루어졌는지 사람들에게 물어보면 다들 멍한 눈으로 당신을 쳐다보기만 할 겁니다. … 이번 회담으로 상황은 악화했습니다. 금융개혁은 이를 가장 꺼리는 개혁가들의 속도에 맞추어 개혁이 진행될 가능성이 큽니다. 특히 은행 자본 요건이 더 까다로워지는 방향으로 이동하는 면에서 그렇습니다.

그는 미국이 단독으로 금융 규칙을 개정하는 편이 차라리 나을 거라고 주장했다.[68] 국제협력을 바라보는 분위기는 상당히 좋지 않은 편이었다.

이렇게 2009년은 교착 상태였는데, 1년 후인 2010년 11월 11~12일에 열린 G20 서울 정상회담의 교착 상태는 이와 전혀 딴판이었다. 정상회담 전날 저녁에 미국과 나머지 국가들 사이에 논란이 발생했다. 그 이유는 연방준비제도가 11월 3일 정책회의를 거친 후 '경제 회복 속도를 가속화하고 시간이 지남에 따라 인플레이션이 연방준비위원회의 약속과 일치하는 수준이 되도록 보장하기 위해' 장기 국채(양적 완화, 이하 QE) 6천억 달러를 추가 매입한다는 발표 때문이었다. 회의에서 제기된 한 가지 우려 사항은 QE가 작동하는 주요 메커니즘이 환율 하락을 통해 이루어질지 모른다는 것이었다. 일각에서는 이를 통화 전쟁을 선포하는 것이나 다름없다고 여겼다.

이러한 비판은 연준 전 의장 앨런 그린스펀이 〈파이낸셜 타임스〉와 한 인터뷰 때문에 더욱 불붙었다. 인터뷰 내용은 대부분 '최근 몇 년 사이에 세계의 주요 경제 대국으로 성장한' 중국을 겨냥한 것이었다. "중국은 경제적 지위에 뒤따르는 글로벌 의무를 이행하는 편을 아직 선택하지 않았다. 그렇지만 미국도 통화 약세 정책을 추구하고 있다"라며 중국과 함께 미국에도 비판적인 의견을 덧붙였으며, 중국을 공격하는 언사보다 이 말이 더 많은 관심을 끌었다.[69]

이처럼 서울 정상회담에 대한 기대치는 처음부터 아주 낮은 상태였다. 데이비드 캐머런David Camero 영국 총리는 "G20이 영웅적인 단계에 있다는 말이 아니"라며 기대감에 찬 물을 끼얹었다. 앙겔라 메르켈 독일 총리도 경상 수지 적자 및 흑자에 관해 광범위한 목표를 설정하려는 미국의 계획에 반대한다는 점을 거듭 밝혔다. 조제 마누엘 바호주는 "가속도가 붙긴 했지만 모든 엔진이 최대 출력으로 가동하는 것은 아니다"라며 아쉬움을 드러냈다.[70] 아이러니하게도 공산당이 통치하는 국가인데도 중국은 미국의 제안이 '계획경제'로 되돌아가는 것이라며 불만을 드러냈다.

브라질 지도자들은 강경한 태도를 보였다. 브라질 재무장관 기도 만테가Guido Mantega는 "이제 헬리콥터 밖으로 돈을 뿌리는 것은 소용없는 짓이다. 국제 시장에서 더 큰 경쟁력을 확보하려고 달러의 가치를 떨어뜨리는 결과만 나올 뿐이다"라고 지적했다. 퇴임을 앞둔 룰라 대통령은, 지우마 호세프Dilma Rousseff 대통령 당선인과의 공동기자회견에서, 서울 G20 정상회담에 대통령 당선인과 함께 참석할 것이며 "우리나라 통화가 과대 평가되는 것을 막고자 필요한 모든 조치를 하고 브라질의 이익을 위해 싸울 만반의 준비를 끝냈다"고 말했다. 이에 호세프는 "지난번에 일련의 경쟁적인 평가절하가 이루어졌다. … 그것은 제2차 세계대전에 끝났다"라고 덧붙였다.[71]

미국은 이러지도 저러지도 못하는 처지였다. 비평 세력, 특히 신흥시장이 보기에는 미국의 통화 정책이 수출을 촉진하는 민족주의적이고 이기적인 전략으로 보였다. 반면에 워싱턴이 정책 긴축으로 방향을 바꾸면 달러 자금을 조달하는 비용이 늘어나고 전 세계는 금리 인상과 달러 상환 압박에 처할 것이 뻔했다. 신흥시장은 위기에 직면해 있었다.

연준의 경기부양책을 비판하는 목소리에 버락 오바마가 반격을 가했다. 그는 경기부양책은 미국의 성장률을 높여줄 것이며 이는 '전 세계에 전반적으로 유리한 일'이라고 했다. "어떤 나라는 막대한 흑자 상태를 유지하고 다른 나라는 엄청난 적자를 계속 겪는 상황을 더는 지속할 수 없다." 달리 말해서, 중국을 포함한 다른 신흥시장은 수요를 더 많이 창출해야 하는 상황이었다.

미국이 결국 성장하지 못하거나 매우 제한적인 성장에 갇히는 것은 누구에게도 이익이 되지 않았다.[72] 미 재무장관 티머시 가이트너Timothy Geithner는 CNBC TV에서 다음과 같이 말했다.

그린스펀을 개인적으로 매우 존경합니다. 오랫동안 그분과 함께 일한 것은 행운이었습니다. 하지만 이건 연준의 방침도 아니고 정부 방침도 아닙니다. 우리는 결코 경쟁 우위를 확보하거나 경제를 성장시키는 도구를 얻기 위해 통화를 약화하지 않을 겁니다.

그는 "달러 가치가 하락한 원인은 '세이프 헤이븐'• 자본 흐름이 역전된 탓"이라고 덧붙였다.[73] 미국의 통화 조치와는 별도로, 새로운 무

• safe haven, 어떤 경우에도 원금 가치나 그 이상을 지킬 수 있는 안전자산 -역자 주

역 수치가 발표되자 여름이 오기도 전에 긴장이 더욱 고조했다. 10월에 169억 달러였던 중국의 무역 흑자는 271억 달러로 급증했는데, 이는 한 달 만에 중국이 달성한 최대 증가치이며 해당연도에는 두 번째로 높은 수치였기에 베이징에 새로운 압력으로 작용했다. 중국의 정책 입안자들은 어쩔 수 없이 연준의 행동을 지적하는 등, 관심을 다른 곳으로 돌리려고 했다.[74] 그리고 일본은 경상 수지 흑자가 24퍼센트 증가했다고 발표했다.

독일, 일본, 중국은 "G20을 대상으로 경상 수지 흑자 및 적자를 GDP의 4퍼센트로 제한해야 한다"는 미국의 요구에 반대하는 강력한 반대 의견을 냈다. 일본 재무장관 노다 요시히코는 각 나라는 '저마다 사정이 있는 것'이라고 했다. 그 시점에 일본의 흑자는 당해 GDP의 3.1퍼센트로 예상했는데, 이에 비해 중국은 4.7퍼센트, 독일은 6.1퍼센트였다.(사실 이러한 예측은 중국과 독일에 너무 지나친 것이었다. 최종 수치는 각각 3.9퍼센트와 5.7퍼센트였다.)[75] 유럽에서는 독일이 유로존을 더욱 심각한 위기로 몰아넣고 있으며, 특히 아일랜드가 금융 벼랑으로 내몰리고 있다는 비난이 커지면서 G20에 대한 대응은 무색해졌다.[76] 재정 정책은 국제 사회의 긴장을 드높이는 일종의 화약고가 되어버렸다.

중국은 기존의 다자주의와 그 한계에 답답함을 느꼈기 때문에 전 세계와의 관계를 재평가하여 세계화를 목표로 완전히 다른 형태의 제도적 프레임워크를 추진하게 되었다. 새로운 지도자인 시진핑 주석은 기존 체제를 벗어나지 않는 중국의 30년 전략을 확실히 끊어내겠다는 의지를 보였다. 그는 2013년에 카자흐스탄 수도 아스타나를 방문했을 때, 일대일로 전략*의 초반부를 발표했다. 이는 과거 실크로드의 핵심이었던 유라시아 대륙 중심부의 영토를 가져오기 위해 토지 세계화를 위한 인프라(벨트)를 구축하는 계획이었다. 나중에 그는 인도네시아에서 해양에 관한 계획(도로)도 발표했다. 한마디로 새로운 지정학적 변화를 가져오겠다는 것이었다. 아스타나에서 그는 시적인 표현을 빌려 이렇게 설명했다. "산에서 낙타의 종소리가 메아리치는 것을 들을 수 있고, 사막에서 연기가 한 줄기 피어오르는 것을 보게 될 것이다."

또한 시진핑은 러시아와 중국의 이전 협력을 기반으로 새로운 통화 협약을 맺기 원했다. 기존의 달러 시스템은 이제 새로운 것으로 바뀌고 있었다. 그는 19세기 카자흐스탄 출신의 시인이자 계몽가인 아바이 쿠난바예프Abay Qunanbayev의 이러한 말을 인용했다. "이 세상은 바다와 같고 우리 시대는 강풍에 비할 수 있다. 앞에 있는 파도가 형이라면 그 뒤에 따라오는 파도는 동생이다. 바람에 밀려 뒤에 있는 파도가 끊임없이 앞에 있는 파도를 압박한다."[77]

마찬가지로 세계화의 새로운 파도가 밀려와서 낡은 미국식 체제에 거세게 부딪히고 있었다.

통화 정책

×

모두가 함께하는 재정 확장은 실패했고, 다자주의는 모래사장에 발이 빠진 것 같았다. 이제 남은 것은 통화 조치뿐이었다. 연준 총재 제러미 스타인Jeremy Stein의 남긴 유명한 말 중에 '돈은 모든 틈으로 다 스며든다'는 표현이 있다.[78] 재정 조치는 수혜자가 누구인지 정확히 밝히면 즉

• 一帶一路, 중앙아시아와 유럽을 잇는 육상 실크로드(일대)와 동남아시아와 유럽, 아프리카를 연결하는 해상 실크로드(일로)를 뜻하는 말로 중국이 서부 진출을 위해 제시한 대외 전략이다. -편집자 주

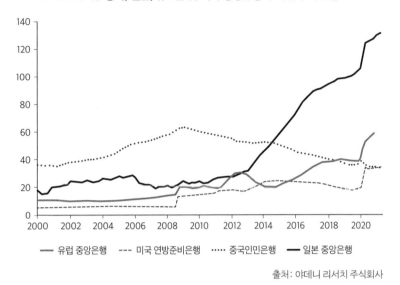

✦ 도표 6-3. 중국, 일본, 유로존 및 미국 중앙은행의 자산 구매 현황 ✦

유럽 중앙은행 ─── 미국 연방준비은행 ···· 중국인민은행 ── 일본 중앙은행

출처: 야데니 리서치 주식회사

시 반발이 생기는데, 이 표현은 재정 조치처럼 목표를 정확히 정한 것 같지 않았다. 그러나 바로 그 특징이 장기적인 문제로 판명되었다. 돈이 새는 틈을 다 막으려면 자산 가격을 높여야 하는데, 그렇게 하면 국내외 양측에서 재분배에 뒤따르는 결과가 발생했다.

G4라고 불리는 미국, 유로존, 일본 및 영국의 중앙은행이 아주 유사한 방식으로 움직이기 시작했다. 하지만 명시적으로 조정coordination을 시행할 필요는 없었다.(도표 6-3 참조) 대신 연방준비제도는 2000년대 초반에 불안을 겪을 때 일본이 대응한 방식에서 파생한 특정한 모형을 만들었는데, 일본을 포함하여 다른 나라들이 본받을 만한 방식이라고 판단했다. 한 가지 두드러진 점은 새로운 통화 체제에 보호주의적 우위가 있다는 점이었다. 즉, 통화가치를 떨어뜨려서 수출업체와 제조업 일

자리 창출에 유리한 점을 만들어낼 것으로 기대할 수 있었다.

2001년 3월 이후로 일본 경제가 침체하고 물가가 유례없이 빠르게 하락하자, 일본중앙은행은 정책금리를 0으로 인하했다. 이러한 행보와 함께 일본중앙은행은 양적 완화 정책을 발표했다. 이 정책의 세 가지 기둥을 차례로 소개하면 다음과 같다.

첫째, 일본중앙은행의 금융기관이 보유한 잔액을 운영 목표로 삼는다.

둘째, (식품 가격을 제외한)핵심 소비물가지수의 하락이 멈출 때까지 신규 정책을 고수한다.

셋째, 일본 장기 국채 매입을 늘린다.

실험 초기에 주목할 만한 점은 M1[*]이 급격히 증가한 것이었다. 이는 어음과 요구불 예금을 포함하는 화폐 공급 척도였으나, 정기예금 및 머니마켓 펀드를 포함하는 통화의 더 넓은 정의는 아니었다.[79] 대침체 중에 일본은 2001년의 방식으로 되돌아갔는데, 이것은 2012년 이후 '아베노믹스'로 더 확장된다. 일본은 공격적인 통화정책을 통해 20년간의 디플레이션을 되돌리는 동시에 재정 규율을 유지하고 성장 정책을 추진하려 했다.[80] 이처럼 일본은 자산매입 프로그램을 확대함으로써, 어느 나라보다 더 공격적으로 위기에 대응했다.

연준은 2008년 11월에 처음으로 장기 자산의 대규모 매입을 발표

---

[*] 유동성이 가장 높은 통화. 민간이 보유하고 있는 현금과 은행 요구불 예금의 합계이다. - 편집자 주

했다. 기관채 및 기관 담부보증권(mortgage-backed securities, 이하 MBS)을 6천억 달러치 매입할 예정이었다. 주택 구입을 위한 비용을 낮추고 신용 가용성을 높이려는 의도가 분명했다. 2008년 12월에 열린 다음 회의에서 FOMC는 연방기금의 금리 목표를 하한선인 0~0.25퍼센트로 낮추는 성명을 발표했다. 2009년 3월에 연방준비제도는 자산 매입 프로그램을 최대 1조 7천5백 달러까지 확대했다. 이는 MBS 1조 2천5백 달러, 기관 부채 2천억 달러 및 국채 3천억 달러가 포함된 것이었다. 이 조치는 곧 1차 양적 완화QE1로 알려졌는데, '민간 신용 시장의 상황이 개선되도록 도우려는' 것이라며, 비교적 광범위한 표현으로 그 목적을 설명했다. QE1의 총구매액은 GDP의 12퍼센트에 해당했다. 또한 2008년 12월 연준의 정책 성명에는 연방기금 금리의 예상 경로가 명시적으로 언급되기 시작했는데, 이 방침은 '포워드 가이던스forward guidance'라고 알려졌다.

이 방침의 명백한 동기는 경제적 여유를 고려할 때 표준 모델이 권장했던 마이너스 영역까지 금리를 적용하는 것이 불가능하다는 점이었다. 2009년 3월 FOMC 회의에 사용된 시뮬레이션에 따르면 통화정책의 최적 경로는 정책금리(연방기금 금리)를 마이너스 6퍼센트로 만들어야 하는데 이는 사실 불가능한 일이었다. 1조 7천500억 달러나 되는 QE1의 자산매입 프로그램은 극적이긴 하지만 사실상 불가능했던 정책금리 인하를 대체하려는 의도였다.

2010년 11월, 연준은 추가조치(제2차 QE)를 발표했다. GDP의 4퍼센트에 해당하는 6천억 달러 규모의 장기 국채 매입을 2011년 6월까지 완료하겠다는 것이었다. 2011년 9월에는 '오퍼레이션 트위스트Operation Twist'라 불리는 만기연장프로그램(Maturity Extension

Program, 이하 MEP)이라는 새로운 영역으로 이동하여, 위험 선호도를 높이고 장기 차입 비용을 줄이기 위해 단기 채권을 판매하고 장기 증권을 매입했다.

구체적으로 연준은 초반에 만기 6년 이상의 국채를 4천억 달러치 매입하고, 만기가 3년 미만인 증권을 같은 금액에 매도하는 것을 제안했다. 전체 이행 기간은 9개월이었다. 2012년 6월에 연준은 이 프로그램의 시행 기간을 2012년 연말까지 연장하여, 결과적으로 시장에서 6천670만 달러(GDP의 4퍼센트)의 장기 증권을 가져갔다. 그 무렵에, 10년 만기 국채수익률은 200년 만에 최저치를 기록했고, 부동산 시장에 큰 상승세를 보이고 있었다. 연준은 또한 2014년까지 연방기금 금리를 기존의 낮은 수준으로 유지한다고 발표했다.

3차 QE는 오퍼레이션 트위스트가 다 끝나기도 전에 시행되었다. 2012년 9월에 연방준비제도는 종료일을 정하지 않고 MBS를 매달 400억 달러치 매입하기로 했다. 2012년 12월에는 월 450억 달러의 MEP 비율로 국채를 계속 매입하고, 단기 국채 매각은 중단하기로 했다. 2013년 12월이 되어서야 연준은 매입 속도를 늦추어 MBS은 매월 350억 달러, 장기 국채는 400억 달러로 조정했고, 프로그램이 종료되는 2014년 10월까지 계속 매입량을 줄여나갔다. 전체적으로 보면, 3차 QE에 따른 국채 및 MBS를 1조 5천억 달러나 매입했는데, 이는 GDP의 9퍼센트에 해당한다.

이렇게 국채를 매입한 목적은 경제 성장을 촉진하는 것이었지만 회

• 중앙은행이 장기 국채를 사들이고, 단기 국채를 파는 정책. 장기 금리를 낮춤으로써 양적 완화 효과를 볼 수 있다. -편집자 주

복 속도는 실망스러울 정도로 느렸다.* 통화정책이 자산 매입을 통해 실현되었기에 피할 수 없는 주된 효과가 있었는데, 그것은 바로 전반적인 자산 가격이 높아진 것이었다. 결과적으로 2001~2007년 소위 대안정기에 자산 가격 붐 현상이 지속했으며, 특히 주요 글로벌 허브에서 주식 및 부동산 가치가 크게 상승했다. 하지만 많은 국가에서 부의 불평등이 악화하는 것처럼 보이는 정치적으로 위험한 부작용이 있었다.

중앙은행의 거래 규모는 입이 떡 벌어질 정도였다. 영국 중앙은행은 2009년부터 주로 정부 채권을 매입했으나 갈수록 민간 부문의 증권도 매입량을 늘렸다. 2011년부터는 정부 주식의 70퍼센트 이상을 매입할 수 없다는 제한이 생겼다. 2016년 브렉시트 국민투표로 인해 경제에 대한 불확실성이 높아졌고, 이에 따라 경제를 지원할 수 있는 대규모 QE가 한 차례 더 필요했다. QE의 선구자였던 일본은 2010년 10월에 5조엔 규모의 자산매입 프로그램을 발표했으며 엔 환율을 낮추는 것을 명시적인 목표로 설정했다.

유럽은 연방준비제도의 사례를 쫓긴 했으나 시차가 있었다. 2009년 7월에 유럽중앙은행(European Central Bank, 이하 ECB)은 유럽의 커버드본드covered bond market 시장을 재활성화할 비표준 조치를 도입했다. 당시 이 시장은 유럽 내 모기지의 5분의 1에 해당하는 자금을 쥐고 있었다. 1차 시장과 2차 시장에서 직접 매입하는 양이 연간 총 600억 유로나 되었다. 두 번째 프로그램은 2011년 11월부터 시행되었는데, 1년간 ECB는 목표금액인 400억 유로에 한참 못 미치는 164억 유로 정도

• 믿을 만한 추정 자료에 따르면 (GDP의 1.5퍼센트에 해당하는)약 3천억 달러를 국채 매입에 사용하면 정책금리를 0.25퍼센트 인하한 것과 거의 비슷한 효과를 내야 했다.

로 매입하는 데 그쳤다. 2014년 10월에 시행된 세 번째 커버드본드 구매 프로그램CBPP3의 순매입액은 2천900억 유로였다.

그러나 유럽 부채 위기 초반에 ECB의 주요 관심사는 그리스, 아일랜드, 포르투갈과 같은 위기 국가가 발행하는 부채를 매입하는 데 집중되어 있었으며, 시간이 흐르자, 증권시장프로그램(Securities Markets Program, 이하 SMP) 제하의 이탈리아 및 스페인 부채에도 눈길을 돌렸다. 매입거래는 2차 시장에서 이루어졌는데, ECB의 정부 자금 조달 관련 금지 규정(유럽연합기능조약 제123조)을 위배하지 않기 위해서였다. ECB는 또한 2012년 9월에 전면적 통화정책(Outright Monetary Transactions, 이하 OMT)의 조건부 프로그램을 발표했으나, 실제로 이 프로그램에 따라 이루어진 매입은 한 건도 없었다. 유럽은 연방준비제도보다 해당 프로그램의 탈퇴를 더 서두르고 있었는데, 지역 부채 위기를 둘러싼 논쟁의 영향도 있었다. 2011년에 국제통화기금과 ECB는 한동안 비전통적인 유동성 정책을 지속하면서 경기부양책을 점진적으로 철회할 필요가 있다는 점에 폭넓게 합의했다. 당시 국제통화기금은 인플레이션 상승에 대한 우려를 크게 강조했다.[81]

2013년 7월, ECB는 정책금리가 '장기간에 걸쳐 현재 수준을 유지하거나 그보다 더 낮아질 것'으로 예상하면서, 포워드 가이던스를 사용하기 시작했다. 2014년 6월에 예금 제도에 마이너스 금리를 도입했으며, 민간 부문 신용 조건을 완화하고 실물 경제에 대한 은행 대출을 활성화하려고 장기대출프로그램long-term refinancing operations을 목표로 삼았다.[82]

유럽의 경우 통화정책의 실질적 이점은 분배 비용이 2010년에 발생한 유럽 부채 위기에 대한 최초의 공식적 대응이었던 재정 구제금융만큼 확실하지 않았고 명확하게 계산할 수도 없었다는 점이다. 계속 축적된 요구의 불확정적contingent 특성 때문에 국내 납세자가 부담할 비용을 가늠하는 것이 사실상 불가능했다. 채권 국가에서는 투명성이 확보되지 않는 것을 보고, (채권자가 예측할 수 없긴 해도)결국에는 막대한 재정적 비용을 수반하는 함정에 빠져드는 것이라는 주장이 제기되었다.[83]

유럽중앙은행 총재 마리오 드라기Mario Draghi는 2014년 와이오밍주 잭슨홀에서 열린 연례통화정책 콘퍼런스 연설에서 완전히 새로운 입장을 선언했다. 특히 외국인은 Q.E. 조치의 한 가지 지렛대가 '환율'이라면서 연방준비제도 정책을 탓하는 성향이 있는데, 드라기도 그런 생각에 어느 정도 동조하는 것 같았다. 그는 "우리는 총수요와 인플레이션 양쪽을 모두 지지해야 하는 환율이 어떻게 움직이는지 이미 보았다"고 말했다.

그러나 중요한 것은 통화정책이나 중앙은행 조치만으로는 충분하지 않았다는 점이다. 더 많은 조정을 거친 재정 조치가 필요했는데, 금융시장에 대한 통화정책의 확실한 효과 덕분에 그러한 재정 조치를 시행하는 것은 한층 수월해진 상태였다. "재정 정책이 통화정책과 함께 더 큰 역할을 해낸다면, 전반적인 정책 입장에 도움이 될 것이다. 물론 적절한 범위는 있다. 우리의 구체적인 초기 조건과 법적 제약도 고려해야 한다."[84]

ECB는 확장자산구매프로그램Expanded Asset Purchase Programme을 시행했다. 2015년 3월부터 18개월 동안 'ECB의 목표인 2퍼센트보다 낮지만 2퍼센트에 가까운 상태로 인플레이션 경로가 지속해서 조정될 때까지' 매달 600억 유로를 매입하는 것이었다. 매입 금액은 2016년 4월부터 2017년 3월까지 800억 유로로 증가했다가 2018년 12월에 프로그램이 종료될 때까지 계속 줄어들었다.

중앙은행은 유일한 신처럼 보였다. 특히 2010년 경기부양책에 등을 돌린 재정 정책을 두고 치열한 정치 논쟁이 벌어진 이후에는 더욱 그렇게 보였다. 하지만 중앙은행의 행보는 효과적이었는가? 전반적으로 정책 입안자들은 말을 아끼는 분위기였다. 버냉키는 꽤 흥미로운 설명을 내놓았다. "QE의 문제는, QE가 이론적으로는 말이 안 되지만, 현실에서는 효과가 있다는 겁니다."[85] 그의 동료인 도널드 콘Donald Kohn은 좀 더 조심스러운 태도를 보였다. "내 생각에, 이런 단계가 어느 정도까지는 효과적이지만, 사람들은 다소 실망했고 연방준비제도도 마찬가지였습니다. 불황은 매우 깊었고 회복이 아주 더디게 이루어졌습니다."[86] 연준 총재들은 QE 프로그램이 종료되는 2014년 무렵에 "현재의 자산 매입 프로그램이 시작된 후로 노동 시장의 전망이 크게 개선되었습니다"라고 언급했다.[87]

사후 조사 결과는 이처럼 조용했던 낙관론이 옳았다는 것을 입증해 주었다. 2014년에 영국 중앙은행의 연구원들은 자산 매입이 실질 GDP에 통계적으로 유의미한 영향을 미친다는 점을 발견했다. GDP의 1퍼센트에 해당하는 자산매입은 실질 GDP의 0.36퍼센트 및 소비자 물가 지수 0.38퍼센트 상승을 초래했다. 또한 미국의 실질 GDP와 영국의 소비자 물가 지수는 각각 0.18퍼센트, 0.3퍼센트 상승했다.[88]

학계는 QE가 미국 장기 금리에 미치는 영향의 규모에 대해 대부분 회의적이었다. 일본의 대규모 실험이 국가를 안정시킨 것은 사실이나, 더 큰 성장으로 복귀하는 것을 보장하지는 못했다.[89] 일본은 매우 심각한 상태였던 이탈리아보다는 앞섰지만, G7 국가 중 하위권에 머물렀다.

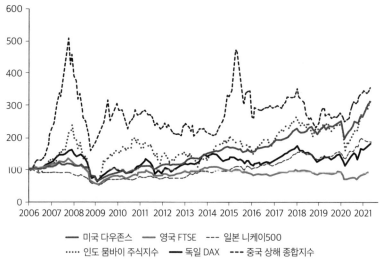

◆ 도표 6-4. 2006~2021년 주가지수(2006년을 100으로 본다.) ◆

— 미국 다우존스　— 영국 FTSE　--- 일본 니케이500
····· 인도 뭄바이 주식지수　— 독일 DAX　-·- 중국 상해 종합지수

출처: 글로벌 금융 데이터

중앙은행의 행보가 자산 가격에 미치는 영향이 훨씬 명료해지자 버블 현상에 대한 논의가 다시 시작되었다.(도표 6-4 참조) 2010년 11월 FOMC 회의를 기점으로 미국 주식시장이 장기적인 상승 움직임을 보였다. 대규모 신흥시장에서 가장 큰 폭의 상승세가 나타났다. 2014년에 인도에서는 투기가 많이 증가했고, 중국이 가장 주목할 만한 상승세를 보였다. 중국의 이러한 분위기는 2015년에 무너져내렸는데, 중국 당국은 책임을 인정하지 않으려고 투기꾼들을 강력히 비난하고 몇몇을 체포하는 등 극단적인 행보를 보였다. ('빅 쉬Big Xu'라는 별명으로 알려진)즈시투자Zexi Investment의 쉬시앙Xu Xiang은 항저우만 대교에서 차량 추격전을 벌인 후에 체포되었다. 시장을 열광하게 만든 통화정책을 뒤집는 것보다는 개인을 희생양으로 삼는 것이 쉬운 해결책이었다.

새로운 경제 민족주의

✕

세금으로 운영되는 경기부양책의 논리에는 민족주의가 들어 있다. 경기부양책의 목적은 국가의 번영을 이룩하고 국내 고용을 보호하는 것이다. 이런 관점에서 보면, 다른 나라로 유출되는 돈은 효율적으로 사용된 것이라고 할 수 없다. 그래서 각국은 증가한 구매력으로 현지 제품을 사게 하려고 유도한다.

프랑스의 사르코지 대통령은 자국의 자동차 회사 르노와 푸조-시트로엥에 외국의 공급업체나 해외 생산 현장에서 생산된 제품은 생산지로 되돌려 보내라고 촉구했다. 폐차 시 정부 지원금이라는 인센티브를 제공하자, 독일, 프랑스, 이탈리아, 영국, 미국을 포함한 다수의 국가에서 운전자들 사이에 낡은 자동차 거래가 활성화되었다. 이러한 노후 차량 보상프로그램cash for clunkers은 큰 인기를 끌었다. 그러나 종종 역효과도 나타났다. 2009년 1월에 시행된 독일 보상프로그램은 차 1대당 2천500유로를 지급했는데, 독일의 국내 자동차 생산업체나 고급차 생산업체보다는 프랑스, 스페인, 체코, 폴란드의 저렴한 자동차 생산업체가 실질적인 혜택을 누리는 것 같았다. 일례로 체코 총리 미레크 토폴라네트Mirek Topolanek는 "금융위기를 틈타서 보호주의를 도입하려는 시도 때문에 유럽 경제의 회복이 지연되며 소비자와 투자자의 신뢰를 잃을 우려가 있다"고 주장했다.[90]

각국 정부는 또한 다른 나라의 금융 구제는 원치 않았다. 처음에는 특히 은행 구제에 적용되었는데, 가장 문제가 되는 사례는 프랑스계 벨기에 금융기관인 덱시아Dexia나 벨기에계 네덜란드 기업인 포티스Fortis처럼 다국적 기업과 관련이 있었다. 다국적 기업의 구제 금융은 관련국의 재정 부채를 평가한 다음 할당하는 방식으로 이루어졌다. 이런 상황을 고려할 때 2012년 여름에 유럽이 은행동맹banking union을 출범시킨 것은 상당히 놀라운 행보였다.

사실 은행동맹은 유럽의 국가 부채 위기의 해결책으로서 매우 절실했던 변화였다. 그런데 은행동맹이 출범되기까지 왜 그렇게 오랜 시간이 걸렸을까?[91] 구제금융에 대한 저항 때문에 유럽 구제 메커니즘에 대한 전반적인 논의가 파행으로 치달았다. 독일은 지역 선거와 법원의 반대 때문에 꾸물거렸고, 동북 지역의 작은 국가들은 자금이 독일 은행이나 프랑스 은행 또는 무모하기 짝이 없는 그리스 소비자와 정치인의 손에 흘러 들어가고 있다고 투덜거렸다. 어쨌든 이전 공산주의 경제는 이보다 훨씬 가난했으며 더 부유한 그리스를 지원하면 안 된다고 주장했다. 각국은 새로운 투자가 절실히 필요했지만, 동시에 외국에 기업을 매각하는 것에 큰 거부감을 느꼈다. 일례로 중국은 그리스 피레우스 항구에 투자했는데, 이는 종종 구제 방안이 아니라 외국의 침입처럼 여겨졌다. 독일은 로봇제조업체 쿠카KUKA와 같은 첨단기술 기업이 매각되자 몹시 분개했다. 사르코지 대통령은 유럽 국부펀드를 설립하여 주가 하락으로 어려움을 겪고 있는 유럽의 선두 기업이 외국 국유 펀드에 인수되는 것을 막아야 한다고 제안했다.[92]

각국 또한 구식 무역 보호주의에 매달렸다. 2009년 3월 2일 자 세계은행 보고서에 따르면, 보호주의를 피하려고 국제회의에서 여러 번 약속한 것을 저버리고 개발도상국 및 산업 국가 17개국과 유럽연합이 제한적인 무역 관행을 도입했다. 세인트갤런의 싱크탱크인 글로벌 트레이드 어럴트Global Trade Alert는 2013년까지 매년 증가한 해로운 무역 조치의 세부 정보를 공개했다. 가장 큰 카테고리는 보조금 관련 사항이었

으나, 직접적인 관세인상도 큰 부분을 차지했다.[93]

글로벌 금융위기를 겪은 후에, 금융 서비스와 무역 분야에서 구식 세계화는 사라지고, 새로운 유형의 세계화가 자리를 잡았다. 전자 통신은 계속 발전했으며 그 속도는 매우 놀라웠다.

금융위기의 시대는 대혁신의 시대이기도 했다. 2007년에는 아이폰이 세상에 공개됐는데, 이는 개인 건 상호 작용과 소비자 행동은 물론 뉴스 전달에까지 혁명을 일으켰다. 스티브 잡스가 아이폰을 공개하면서 말했듯이, "지금까지의 어떤 모바일 장치보다 훨씬 더 똑똑하고 사용하기 쉬운 도약대와 같은 제품"이었다.[94] 처음에는 모든 관심이 문화나 재미, 즉 음악과 엔터테인먼트의 접근성에 쏠아졌다. 그러나 이것은 어디까지나 상업 제품이었으며, 금융 접근성에 혁명을 일으켰다. 아이폰보다 덜 정교한 휴대전화에서도 이러한 혁명이 분명하게 드러났다. 2007년에 보다폰그룹PLC와 케냐 최대 모바일 네트워크 운영업체인 사파리컴Safaricom에서 휴대전화 기반의 송금 및 결제 서비스인 엠페사(M-Pesa, 페사는 스와힐리어로 돈을 뜻한다.)를 출시했다. 이렇게 세계화의 중심은 무역과 금융에서 데이터와 통신 쪽으로 이동했다. 이러한 혁명은 결국 무역과 금융 서비스가 공급되는 방식에 영향을 주었다.

한편 위기는 신흥시장, 특히 중국의 성장에 가속도를 더했는데, 일부 지역에서 이러한 변화가 나타난 것은 더 쉽게 따라잡을 방법을 제공한 기술 덕분이었다. 전자 교환이라는 무중량 세계weightless world•가 급격히 커지면서 더 큰 통합을 이루는 동안 무역은 쇠퇴했다. 돈은 무중량 세

• '무중량 경제weightless economy'가 지배하는 세계. 무중량 경제란, 가치가 물리적인 최종 생산물에 있지 않은 경제활동을 가리킨다. 대표적인 예가 디자인, 아이디어, 컴퓨터 소프트웨어, 금융상품 등이다. -편집자 주

계의 일부로 생각할 수도 있는데, 중앙은행도 이 세계를 적극적으로 추진하고 있다.

버냉키의 구제 방안

×

벤 버냉키는 중앙은행장으로서는 최초이자 유일한 노벨 경제학상 수상자이다. 1953년에 조지아주에서 태어났으며 사우스캐롤라이나주 딜런이라는 작은 마을(인구 6천500명)에서 자랐다. 아버지는 약사였고 어머니는 종교심이 깊은 유대인 가정의 여자였으며, 버냉키는 뛰어난 학자로 성장했다.

그의 가족은 대공황으로 큰 상처를 입었다. 오스트리아-헝가리 제국에 온 이민자이며 그의 조부인 조나스 버냉키Jonas Bernanke는 뉴욕에서 약사로 근무하다가 대공황이 덮친 대도시를 벗어나 사우스캐롤라이나로 이주했다. 새로운 지역에서는 사업이 잘 풀렸고 벤 버냉키의 아버지가 가업을 이어받았다. 그의 외조부모는 나치와 크로아티아 파시스트의 박해를 피하려고 이탈리아로 갔다가 결국 미국으로 넘어왔다. 이러한 가족 배경을 보면 벤 버냉키가 그토록 오랫동안 대공황을 연구하는 데 몰두했는지 이해할 수 있다. 대공황은 미 경제를 파괴하고 유럽을 야만성과 인종 차별, 폭력의 도가니로 몰아넣었다.

하버드 대학교에 입학할 무렵에 그는 경제학자가 될 생각이 아니었다. 하지만 우연히 마틴 펠드스타인 교수의 경제학 입문 수업을 듣고는 경제학이야말로 수학과 역사에 대한 자신의 관심을 통합하는 학문임을 깨달았다. 그는 MIT에서 박사 과정을 하면서 스탠리 피셔Stanley Fischer에게 가르침을 받았고, 미국 대공황을 중점적으로 분석한 밀턴 프리드먼과 안나 슈워츠의 《미국의 통화사》를 감명 깊게 읽었다. 버냉키는 프리드먼주의자가 아니었으나, '실질적인 정책 결정에 가장 좋은 프레임워크'를 제시하는 광범위한 뉴케인스주의 운동을 지지했다.[95] '전쟁 간 대공황'에 대한 그의 연구는 프리드먼의 연구 결과에서 한 가지 중요한 점을 뒤집었는데, '연방준비제도가 통제하는 기본 화폐가 미국에 대공황을 초래한 주요 동인'이라는 비현실적인 가설을 버렸다.

프리드먼과 슈워츠는 통화 유통의 붕괴를 관찰한 후에 대공황을 '대긴축Great Contraction'이라고 바꾸어 불렀다. 하지만 두 사람은 은행 대출과 신용 결정이 이루어지는 방식은 꿰뚫어 보지 못했다. 따라서 프리드먼의 주장에 있는 큰 공백을 버냉키가 메웠다고 할 수 있다. 버냉키를 비판하는 사람들은 종종 그의 이론을 '신용주의creditism'라고 조소하지만, 그의 연구는 정책 시행과 관련하여 돈을 창출하는 제도적 메커니즘에 대한 이해가 매우 중요하다는 점을 명확히 지적하고 있다.[96]

그는 자신의 혁신적인 이론을 '금융 가속기financial accelerator'에 관한 토론을 통해 소개했다. 금융 가속기는 아주 작은 사건이 전 세계에 영향을 줄 수 있다는 이론인데, 옥스퍼드 대학교 교수인 이안 골딘이 제시한 '나비 결점'도 이와 같은 맥락이다.[97] 클레오파트라의 코 모양이 역사에 미친 영향을 둘러싼 논쟁을 지적하는 것은 일종의 관례였다. 그녀의 코 모양 때문에 마크 안토니우스가 로마를 버리고 이집트를 선택했으며, 옥타비우스 카이사르가 로마 제국을 건설하는 것이 가능해졌다는 것이다. 경제사에도 이에 대응하는 부분이 있었으므로 상대적으로 별것 아닌 교란이나 충격이 전체 경제 활동에 큰 변동을 일으킬 수 있었다. 여기에서 중요한 것은 이집트 여왕의 비강 구조가 어떠한지 해부학적으로 살펴보는 것이 아니다. 사람들이 관심을 두는 것은 작은 사건에서 엄청난 결과로 이어지는 인과 관계를 보여주는 연결 메커니즘이다.

버냉키는 오랫동안 공동 저술 작업을 해온 뉴욕대학교 교수 마크 거틀러Mark Gertler와 함께, '대리인비용agency costs'이라는 개념을 사용하여, 금융계에서 불완전한 정보가 가져오는 영향을 조사하는 방법을 개발했다. 이는 대출 작업을 시작하기 위해 특정 기업이나 개인의 가치를 평가하는 데 필요한 절차였다.

경기가 침체하면 불확실성과 파산에 대한 두려움이 커지기 마련이다. 대출 비용이 만만치 않다는 것을 알게 되면 소비자, 중소기업, 대차대조표가 취약한 기업과 같이 대출을 고민하던 대출자는 이러한 비용이 갈수록 불어나는 것을 보면서 대출에서 제외당하거나, 훨씬 더 가혹한 조건으로 대출받게 된다. 버냉키와 거틀러는 이렇게 설명한다. "경제를 덮치는 부정적인 쇼크가 대출자의 순자산을 얼마나 감소시키느냐(또는 긍정적인 쇼크가 순자산을 얼마나 증가시키느냐)에 따라서, 초기 쇼크의 지출 및 생산 효과가 증폭될 것이다. 부채 과잉은 저생산 기대 균형이 발생할 가능성을 초래한다."[98]

가까운 예를 들어보자. 대공황이 발생하면 약국(소매점)을 운영하던 사람은 대출이 더 힘들어진다. 은행은 이 약국이 파산할 위험이 크다고 평가하기 때문이다. 그러면 이 사람은 주식을 많이 보유할 수 없게 되고, 그 결과 이 약국은 점차 투자 가치가 떨어지고 고객들이 줄어들 것이다. 은행이 제시한 파산 가능성이 그야말로 현실화하는 것이다. 이 논리는 화폐수량설quantity theory of money의 발전에 크게 이바지한 어빙 피셔Irving Fisher가 제시한 것인데, 그는 이 과정을 '디플레이션'이라고 명명했다.[99] 버냉키는 이 점을 공식적인 모형으로 정립했다.

1991년에 버블 붕괴를 겪은 일본을 제외하면, 1990년대에는 대공황 시대에 미국이 겪은 트라우마에 필적할 만큼 디플레이션이 심각한 피해를 초래한 사례를 찾기가 어려웠다. 일본은 부채와 인구통계가 결합하여 경제를 짓누르는 사례처럼 보였다. 제1, 2차 세계대전 간 대공황과 마찬가지로 일본의 상황도 정책상의 실수에서 비롯된 것이었으므로 사실 피할 수 있었던 일이었다. 거틀러와 버냉키는 1985년 이후의 일본 통화정책이 "환율이나 자산 가격이 아니라 총수요에 초점을 맞추고 인플레이션 안정화에 주력했다면 결과가 훨씬 나았을 것"이라고 주장했다.[100]

아니, 소비자 물가라는 주요 지표 하나에만 집중했어도 상황은 훨씬 나았을지 모른다. 두 사람은 "우리가 역사를 검토한 결과를 보면 통화정책이 아예 아무 반응을 보이지 않거나 적극적으로 디플레이션 압력을 행사하는 경우에만 자산 가격의 붕괴가 경제에 지속적인 피해를 초래했다"라고 설명했다.[101] 이렇게 하려면 국내의 가격 신호에만 집중해야 했다. 국제 가격 변동이나 환율에는 전혀 신경 쓸 필요가 없었다.

초반부인 1991~1994년까지 버냉키는 자산 가격이 붕괴한 여파로 인해 통화정책이 너무 긴축된 상태였음을 지적했다. 그런데 일본의 정책 입안자들은 금리를 인하했고, 그렇게 하는 것이 정책 완화를 의미한다고 여겼다. 여기에서 대공황의 교훈이 시작되었다. 디플레이션 상태에서는 금리가 매우 낮거나 심지어 0인 상태도 여전히 실질 금리가 플러스에 해당하며 경제 성장에 제동을 가하게 된다. 수요를 확대하는 방법으로 이것보다 더 나은 다른 방법도 있었다. 이 분석은 1990년대에는 일본에만 적용되었으나, 2008년 이후로 산업화한 세상의 정책 딜레마를 이해하는 올바른 접근방식으로 자리 잡았다.

일본 관료들이 보기에 버냉키의 제안은 말이 안 될 정도로 공격적이었다. 그중 한 사람은 단지 통화량만 늘어날 가능성을 우려하면서 이렇게 말했다.

> 다른 형태의 정부 부채와 달리, 돈은 이자를 내지 않으며 만기도 없다. 통화 당국은 그들이 원하는 만큼 얼마든지 화폐를 발행할 수 있다. 따라서 물가 수준이 실제 화폐 발행과 무관하다면, 통화 당국은 그들이 만들어 낸 돈으로 상품과 자산을 한도 끝도 없이 가질 수 있을 것이다. 이는 균형이라는 면에서 보더라도 절대 불가능하다. 따라서 명목 이율이 0으로 제한되어 있더라도 화폐 발행은 궁극적으로 물가를 상승시킨다. 이것은 아주 기본적인 점이지만, 통화 무력감에 대한 주장을 상당히 갉아먹을 것인데, 앞으로 우리가 이 점을 직접 보게 될 것이다.[102]

달리 말하면, 통화정책은 결코 마비될 수 없다는 것이다. 중앙은행은 항상 인플레이션을 부추길 가능성을 쥐고 있었다.

가장 확실한 조치는 공식적인 인플레이션 목표를 정하는 것이지만, 일본 은행은 이를 거부했다. 거부 의사에 관해 버냉키는 다음과 같이 생각했다. "어떻게 달성해야 할지도 모르는 목표를 발표하는 것은 은행의 신뢰성을 위태롭게 만들 뿐이다. 은행은 단순한 발표만으로 기대치에 과연 영향을 줄 수 있을지 회의적인 태도를 보였다."[103]

이와 같은 맥락에서 버냉키는 밀턴 프리드먼의 유명한 사고 실험을 언급했다. 그 실험은 새로 인쇄한 돈을 '헬리콥터로 뿌리듯' 대량의 자금을 투입하는 것이다. "내 생각에는, 경제학자 대부분이 충분히 많은 양을 뿌리면 물가가 분명히 높아진다는 데 동의할 것이다."[104]

이러한 접근방식은 통화정책을 결정하는 과정에서 자산 가격에 관한 우려가 덜 중요한 자리로 밀려났음을 뜻한다. 이런 측면에서 버냉키는 대안정기*에 합의를 도출하는 핵심 인물이었다. 가격 상승은 '실제' 고려 사항을 반영할 수 있고 버블이 터지고 나면 (그것이 버블이었다는 것을 알 수 있기에)이를 쉽게 처리할 수 있다. 따라서 거품이 형성되는 과정에서는 그것이 거품이라는 것을 식별하기가 어려웠다.[105] 이는 종종 버블의 바람에 '기대는' 것이라기보다는 사건이 발생한 후에 '치우는 것'으로 묘사되었다.

또한 그는 세계화가 어떻게 자산 가격을 주도하는가에 대한 이론을 제시했다. 신흥시장, 특히 중국에서의 '과잉 저축 현상savings glut'은 미래의 의료, 교육, 주택을 위해 저축해야 하는 새로운 중산층이 성장한 것이라고 설명할 수 있다. 불확실성 때문에 기업의 저축도 높게 나타났다. 그 결과로 형성된 금융 흐름은 전 세계적 금리 하락으로 이어졌고, 자산 가격이 상승할 것으로 예상되었다. 영국중앙은행 총재를 지낸 경제학자 머빈 킹Mervyn King은 스도쿠 게임을 설명할 때 이러한 해석을 사용했는데, 그는 1990년대에 MIT에서 버냉키와 사무실을 함께 썼다고 한다.[106]

일본이 처한 곤경에 대한 해결책으로 제시된 두 번째 방안은 환율 관리와 관련 있었다. 통화 가격의 중심은 제1, 2차 세계대전 사이에 있었던 논의의 핵심으로 되돌아가는 것처럼 보였다. 당시에 영국이 1914년 이전처럼 금 본위제로 되돌아간 것은 명백한 실수처럼 보였다.

• 제임스 스톡 하버드대 교수 등이 2002년 논문에서 주장한 개념으로 1982~2007년 거시 변동성이 낮았던 20여 년간의 성장기를 말한다. -편집자 주

1990년대의 경험(1980년대 후반 환율 체제에서 거품이 발생했다는 통념) 때문에 일본에서는 이것이 정치적으로 민감한 사항이었다. 당시 레이건 행정부는 일본 수입의 급증에 깜짝 놀라 도쿄에 통화 및 재정 확대를 통합할 것을 촉구했다. 사실 미국은 엔화 대비 달러의 가치를 낮추거나 엔화의 저평가를 되돌리고 싶었다. 버블 붕괴 이후에 버냉키는 "공격적인 엔화가치 하락 정책만으로도 일본 경제가 다시 일어설 수 있다"고 주장했다.[107] 아마도 이러한 주장 때문에 일본 관료들에게는 버냉키의 제안이 매우 위험하다고 느껴졌다. 국제통화 협력을 위한 전통적인 프레임워크를 없애버리는 행위처럼 보였기 때문이다.

버냉키는 이렇게 덧붙였다. "나는 금리가 매우 낮았던 1930년대를 포함해서 중앙은행이 통화가치를 평가절하할 수 없었던 과거 역사적 사건은 전혀 모른다."[108] 하지만 평가절하를 통해 경제 확장을 촉진했던 유명하고 명백한 사례는 얼마든지 있다. 그 예가 1931년 영국과 1933년 미국의 사례이다. 1971년에 닉슨 미 대통령이 일방적으로 금태환 중지를 선언한 일이 있었다. 제1, 2차 세계대전 사이에 금 본위제를 포기한 것이 통화정책을 해방해 경기 회복의 가능성을 열어주었는데, 그 점을 다루는 문헌은 아주 많았으며 버냉키 본인도 그에 관한 논문을 발표한 적이 있었다. 따라서 그는 이러한 자료를 잘 활용할 수 있었지만 그러지 못했다.[109]

버냉키는 몇 가지 재정 요인fiscal component을 포함할 수 있는 비非전형 공개 시장nonstandard open-market•을 운영하는 것도 생각했다. 통화정책

• 중앙은행의 통화 정책 중 하나로, 중앙은행이 국·공채 등의 유가증권을 매입하거나 매각하여 시중에 유통되는 화폐의 양이나 금리 수준에 영향을 미치려는 수단이다. -편집자 주

조치와 재정 정책 조치 사이의 분석 장벽은 1970년대 논쟁에 등장한 대안정기 사고의 핵심요소였는데, 이것은 점차 약해지고 있는 상태였다. 이렇게 오랫동안 재무부 소관으로 여겨진 영역에 중앙은행이 발을 내딛었다.

재정 요인이란 일종의 암묵적 보조금을 말하는데, 이를테면 일본 은행이 은행부실채권을 액면가로 매입할 때 발생하는 보조금 같은 것이다.(물론 이 경우는 중앙은행의 자금으로 은행의 재정을 구제하는 것과 같다.) 이런 방식으로 민간 부문에 화폐 발행이라는 '선물'을 주면 모든 화폐 발행 방식에 따른 이전transfer과 같은 이유로 총수요를 늘리게 될 것이다.[110]

버냉키는 충격적이고 급진적인 주장을 담은 논문을 이렇게 마무리했다. "일본의 통화정책은 마비된 것 같다. 이 마비 현상은 대체로 자초한 것이다. 가장 놀라운 점은 통화 당국이 어떤 실험도 해볼 의지가 없다는 것이다. 확실한 보장이 없는 것은 시도조차 하지 않는다. 이제 일본은 루스벨트 방식의 해결책이 필요할지 모른다."[111]

실제로 일본은 2000년대에 정책 실험을 더 많이 하면 할수록 거대한 분석적 난제에 부딪혔다. 그것은 '정부 부채가 이렇게 많은 나라가 어떻게 정부의 대차대조표에서 긍정적 시장 평가를 얻을 수 있었는가'였다. 일본의 사례는 적어도 몇몇 정부는 부채가 영구적으로 높거나 부채가 점점 늘어나는데도 이를 떠안고 살아갈 수 있음을 시사하는 것 같았다.

버냉키는 일본 재난을 자세히 연구한 경제학자 아담 포센Adam Posen

과 함께 물가안정 목표제inflation targeting를 개발했는데, 이것은 물가 안
정성과 금융 안정성을 매우 상호 보완적이고 일관된 목표로 분석한 다
음, 통일된 정책 프레임워크 내에서 시행해야 했다. 이러한 프레임워크
는 대중과 정치인 모두 통화정책이 해내지 못하는 것(확장 정책을 통해
생산량과 고용을 영구적으로 늘리는 것)보다는 해낼 수 있는 것(장기적인 물
가 안정성을 유지하는 것)에 집중하도록 장려했다. 이와 관련된 가격은 소
비자 물가였으며, 그의 이론은 자산 가격을 슬쩍 무시해도 된다고 주장
하고 있으므로, 주택 붐이나 주식시장 급등은 그 자체로 걱정할 것이
아니며, 중앙은행이 나서서 조치할 필요도 없다. 버냉키의 주장에 따르
면 "통화정책의 전통적인 목표, 다시 말해서 산출 격차와 예상되는 인
플레이션에 집중하는 것이 자산 가격의 변동 확대와 그에 따른 경제
피해를 방지하는 데 더 효과적이다."[112]

　일본에 초점을 맞춘 것은 2008년 이후에 발생한 통화정책 문제
를 다루는 면에서 상당한 가치가 있었다. 일본이 겪은 인구 정체
가 다른 나라에서도 발생했기에, 일본은 세계를 사로잡을 '축소경
제shrinkonomics'의 모형으로 적절했다.[113] 하지만 일본이 주는 교훈
은 2008년 미국 금융 시장 붕괴로 이어진 모기지 유동화mortgage
securitization와 관련된 특정 금융 부문의 문제를 다루는 것과는 관련성이
적었다. 일본에서는 그런 문제들이 발생하지 않았다. 실제로 2008년
이후에 미국보다 일본의 경기침체가 더 심했지만, 일본은 대규모 은행
파산을 겪지 않았다. 어쨌든 일본 정부는 일찌감치 대형 은행이 도산하
는 것을 용납하지 않을 것이라는 점을 분명히 해두었다.

　이제 프린스턴 대학교 교수가 아니라 연준 의장이 된 버냉키는
2002년에 디플레이션의 위협에 관한 연설에서 일본 논문의 핵심 주제

를 재차 언급했고, 그 때문에 '헬리콥터 버냉키'라는 별명을 얻었다. 그는 먼저 일본의 경험에서 얻은 교훈을 바탕으로 한 연준의 연구를 제시했다. 일본에서 디플레이션이 지속된 것은 정말이지 일본 국내외 모든 관찰자가 전혀 예상하지 못한 일이라는 것이었다. 그러고 나서 버냉키는 같은 구제 방안을 제시했다.

유통되는 미국 달러의 양을 늘리거나, 달러를 늘리겠다고 위협을 가한다면 미 정부는 상품과 서비스 측면에서 달러의 가치를 줄일 수도 있다. 이는 해당 상품 및 서비스의 가격을 달러로 인상하는 것과 맞먹는다. 지폐를 사용하는 체제에서는 단호하게 행동하는 정부가 항상 더 많은 지출을 하며, 그 결과 플러스 인플레이션을 창출할 수 있다는 것이 연준의 결론이다.

연준은 시장의 장기적 측면에서 공격적으로 행동할 수도 있었다. 그러니까 목표 수익률과 일치하는 가격으로 만기일로부터 최대 2년까지 증권을 무제한 구매하기로 약속하여 금리 상한선을 시행할 수도 있었다. 그것은 버냉키가 지적한 것처럼, 제2차 세계대전 직후에 시행한 정책을 부활시키는 것이며, 그 때문에 연준 전 의장이자 이사인 매리너 애클스Marriner Eccles와 트루먼 행정부는 격렬한 논쟁을 벌였다.[114]

훗날 버냉키는 2002년에 했던 연설을 두둔하면서 이렇게 설명했다. "비현실적인 예를 사용하는 것은 종종 사안의 핵심을 파악하는 데 유용한 방법이다. 책임감 있는 정부라면 말 그대로 하늘에서 돈을 뿌리는 짓을 하지 않을 것이나, 그 점을 평계로 프리드먼의 사고 실험이 제시하는 논리를 아예 외면해서는 안 된다. 다소 극단적인 표현을 사용하긴

하지만, 그 실험은 각국 정부가 디플레이션에 절대 굴복해서는 안 되는 이유를 보여줄 목적으로 고안된 것이다."[115]

버냉키는 조지 W. 부시 대통령 시절 연방준비제도 이사로 임명받았고, 2006년에 연방준비제도이사회의 의장직을 맡았다. 그는 의도적으로 중앙은행을 정상화하려 했다. 워터게이트 스캔들을 폭로하여 유명해진 저널리스트 밥 우드워드Bob Woodward는 그린스펀을 '마에스트로'라고 부르면서 아첨 가득한 전기를 출간했다.[116] 하지만 그는 그린스펀이 연방준비제도를 이끌던 시절에 만들어진 특정 개인을 떠받드는 분위기를 없애고 싶어 했다. 어떤 젊은 화가는 CNBC에 출연해서 앨런 그린스펀의 초상화를 직접 그려 보였는데, 그린스펀의 후계자는 훨씬 더 힘들 거라며 이렇게 말했다. "수염이 얼굴을 숨기고 있죠. 실제 표정은 분명 이렇지 않을 겁니다."[117] 역사가 애덤 투즈Adam Tooze는 버냉키를 '잔잔하고 작은 인물'이라고 평가하지만, 이는 적절하지 못한 것 같다.[118] 버냉키의 말수가 적고 간결한 것은 사실이었다. 프린스턴 경제학과장으로서 존경받기도 했지만, 일부 학생들은 장황한 토론을 중단시키고 몇 마디 간결한 말로 논쟁을 끝내버리는 것 때문에 그를 몹시 싫어하는 사람도 있었다.

버냉키가 임명된 것은 관료주의자나 금융계에 연줄이 있는 인물이 아니라 학자를 중앙은행장으로 임명하는 국제 사회의 일반적인 추세를 반영한 것이었다. 영국의 경우, 런던시와 상호작용하면서 이를 규제하는 것이 영국 중앙은행의 주요 활동이었던 1997년 이전 환경에서는 대학교수 겸 경제학자 머빈 킹이 결코 은행 총재로 임명될 수 없었다. 그는 종종 은행가들을 경멸하는 태도를 숨기지 않았다. 하지만 버냉키는 머빈 킹과 달리, 절제하면서 자기 속내를 잘 드러내지 않았다.(그러

나 후에 버냉키도 행크 폴슨의 '지칠 줄 모르는 에너지'를 감당하기 어려웠다고 털어놓았다.)[119]

금전적 이익을 위해 대놓고 로비를 벌이는 것을 보면서 그는 깊은 혐오감을 느꼈다. 금융계에서 거센 비판이 쏟아져나오면 중앙은행장들도 이에 지지 않고 맞섰다. 금융 저널리스트 브라이언 웨스베리Brian Wesbury는 "연준이 그냥 사라졌으면 좋겠다"라고 했고, 싱가포르의 투자자 짐 로저스Jim Rogers는 "벤 버냉키가 미국 금융 제도는 고사하고 길모퉁이에 있는 레모네이드 가판대조차 운영할 줄 모른다"라고 비난했다.[120]

중앙은행에 학문적 접근방식을 적용하려면 투명성과 예측 가능성이 더 많이 요구되었다. 사실 이 논리는 중앙은행장을 완전히 없애버리는 것을 의미할 수도 있었다. 밀턴 프리드먼은 연준을 폐지하고 안정적인 통화 증가율을 생성할 수 있는 알고리즘으로 대체하자고 자주 이야기했다. 스탠퍼드 경제학자 존 테일러John Taylor는 이를 조금 더 정교하게 다듬은 접근방식을 사용하여 통화정책 규칙을 제시했으며, 이는 1990년대와 2000년대에 널리 논의되었다. 하지만 사실 규칙 기반의 접근방식을 따르면 규칙의 기반이 되는 모델의 적절성을 지나치게 확신하는 부작용이 발생할 수 있다. 연준을 연구한 역사가 앨런 멜처Alan Meltzer는 2000년대에 와서 연방준비제도가 더욱 학문적인 접근방식을 사용했으나, 1950년대에는 안정적이지만 '비논리적'인 정책을 펼쳤고 1980년대와 1990년대에는 '절충주의적' 체제를 사용했다면서 양측을 부정적으로 대조했다.[121]

버냉키는 기계도 아니고 알고리즘도 아니었다. 하지만 그의 철학과 정책 옵션은 매우 명확하게 미리 정해져 있었다. 정책 입안자로서 그는 학문적 연구에 많이 의존했으며, 구체적인 역사적 경험에서 정책적 관심사를 끌어냈다. 주말이 되어 리먼브러더스를 인수할 곳이 하나도 없다는 것이 확실해졌다. 뱅크오브아메리카도 영국 은행 바클레이스도 아니었다. 그러자 버냉키는 이 상황이 1931년 오스트리아의 크레디탄슈탈트 은행 사태와 비슷하다고 생각했다.[122] 리먼브러더스는 대규모 은행이 아니었다. 하지만 1931년에 작고 먼 나라의 은행 하나가 파산하자 그 여파로 전 세계 경제가 다 무너져버렸다.

리먼브러더스를 구제했어야 했을까? 리먼브러더스의 경영진은 자기 은행이 부실하지 않았다고 주장했으며, 후속 연구를 통해 그 주장이 옳았다는 것도 증명되었다.[123] 은행 구제에 관한 문헌은 19세기 〈이코노미스트〉의 편집자 월터 배젓이 개발한 분석을 적용하고 있다. 월터 배젓은 1866년 공황 중에 영국 중앙은행이 은행 시스템을 구제한 일을 기록했는데, 당시 중앙은행은 뱅크런을 조장한 부실 은행인 오버랜드 가네 상회Overend Gurney를 돕지 않았다. 배젓이 제시한 공식은 매우 유명한데, '최후의 수단인 대출 기관은 비유동성 기관에 도움의 손길을 내밀어야 하지만 부실 기관은 도움의 대상이 아니'라고 규정한다.

2008년 9월 15일의 이전 주에 다른 은행 시스템이 자금 조달을 중단했기 때문에 리먼브러더스가 비유동성 상태에 빠진 것은 확실했다. 추후 계산 결과를 보면, 리먼브러더스의 근본적인 지불 능력에 대해서는 불확실성이 매우 높게 나타났다. 자산 가치가 공황 가격('폭탄세일')으로 평가된 리먼브러더스는 분명히 지급불능 상태였지만 금융 시장이 정상 상태를 회복했다면 리먼브러더스도 지급불능 상태를 벗어났을 것이다.[124]

버냉키는 연방준비제도가 징벌금리를 적용하여 좋은 담보를 자유롭게 빌려주라는 배젓의 조언만 그저 따르고 있다고 거듭 주장했다. "연방준비제도는 배젓이 우리에게 요청한 방식 그대로 특별 프로그램을 마련했다. 우리는 기본적으로 보증backstop 대출 기관의 역할을 했다. '이 기업에 대출해주세요. 그러면 이 자금에 문제가 생길 때 우리가 나서서 도와드리죠'라고 말한 것과 같았다."[125]

사실 높은 징벌금리라는 개념은 금세 모습을 감추었다. 금융 정상화 과정에서 연방준비제도는 정반대의 문제를 겪고 있었는데, 금융기관들이 낙인 찍히는 것 때문에 연방준비제도의 할인 창구를 사용하는 것을 두려워했다는 것이다. 중앙은행의 지원에 의존하는 것처럼 보이게 되면 신뢰도가 떨어질 수 있다고 여겼다.

2007년 8월 17일은 글로벌 금융위기의 초반부였다. 은행 간 시장에 접근할 수 없어서 은행들은 전날 내내 공황 상태였고, 인플레이션이 여전히 가장 지배적인 우려 사항이라고 선언한 지 불과 열흘밖에 되지 않은 시점이었다. 연준은 "성장에 대한 하방 위험이 유의할 정도로 증가했다"고 선언하면서 조만간 단기 금리 목표를 낮출 가능성을 내비쳤다. 버냉키는 연방준비제도에서 직접 차입하도록 은행들에 권하면서 관련 대출이 더욱 유리하게 보이도록 만들었다. 사실 하루 전에 JP모건체이스앤컴퍼니, 시티그룹, 뱅크오브아메리카는 자산 담보 기업어음, 모기지 담보증권 및 기타 상품을 구매할 목적으로 총 750억 달러를 차입하는 가능성을 연방준비제도와 논의했다. 이러한 움직임은 앞서 언급한 낙인에 대한 두려움을 극복하려고 일부러 만들어 낸 것이었다.[126] 버냉키는 연방준비제도의 2008년 대출 제도가 "금융 체제에서 매우 중요한 금융기관이 무너지는 위험을 크게 줄일 것"이라고 설명했다.[127]

연방준비제도가 스스로 떠안은 임무는 체제 전반의 유동성을 높이는 것이었다. 일본식 디플레이션과 유사한 상황은 계속 이어졌다. 연방준비제도는 일본에서 배운 교훈을 적용하기 시작했다. 사실상 버냉키주의를 점진적으로 적용한 것이었다. 지나치게 낮은 인플레이션의 위협은 대침체가 미 전역을 강타했을 때 주요 정책 과제가 되었으며, 일본에서 배운 교훈이 그 어느 때보다 의미심장하게 보였다.

버냉키의 표현을 빌리자면, "낮은 인플레이션이 그저 좋기만 한 것이 아니라는 점이 분명해졌다. 역사적으로 낮은 실질이자율은 인구통계학적, 기술적 요인 및 기타 요인이 원하는 투자에 비해 원하는 글로벌 저축을 증가시킨 결과인데, 이것이 낮은 인플레이션(실질적인 인플레이션과 예상된 인플레이션이 모두 해당)과 결합하자 명목이자율이 지속해서 낮은 상태를 유지하는 결과가 산출되었다."[128]

버냉키는 이자율 관리의 비결을 예외적 조처를 거의 영구적이라고 할 정도의 정책 도구로 만든 것이라고 보았다. 이는 매우 특별한 전환점이었다. 버냉키는 통화정책은 이런 상태가 아니었다면 금리를 0 이하로 인하할 수 없기에 제약받기 마련인데, 앞서 언급한 것처럼 낮은 인플레이션이 지속되는 것이야말로 통화정책에 더 큰 영향을 준다고 추론했다. 몇몇 유럽중앙은행은 마이너스 금리를 실험했지만, 은행, 기업 및 개인이 실물 현금으로 이동할 가능성 때문에 이 실험은 항상 제약이 뒤따랐다.

2010년 11월에 연방준비제도가 자체 QE로 전환하자 비판적이고 논쟁적인 분위기가 이어졌다. 버냉키는 디플레이션에 대해 경고하면서 이렇게 설명했다.

일부 사람들이 생각하는 것보다 위험이 다소 클 수 있으며, 경기

회복은 사실상 지연될 수 있다. … 실제로 디플레이션이 발생한 가능성은 크지 않다고 생각하지만, 디스인플레이션만 발생하더라도 이러한 악순환이 시작될 수 있다. 디스인플레이션도 당연히 실질이자율을 높이기 때문이다. 따라서 이러한 하방 위험을 해결하는 것이 어렵다는 점에서 볼 때 관련 위험이 비대칭적이라고 할 수 있다. 한편, 지나친 고속 성장이나 한도 내에서 과도하게 높은 인플레이션과 같은 상승 위험은 금리 인상으로 해결할 수 있다.[129]

QE를 시행하려는 움직임은 연방준비제도와 재무부가 더 긴밀한 조정을 했다는 의미였다. 1970년대의 경험에서 생겨난 인플레이션을 억제하려는 사고방식에 중앙은행의 독립성이 크게 강조되었으나, QE를 시행하려는 움직임은 사실상 이러한 사고방식을 어느 정도 반전시키는 것이었다.

여기서 특징적인 것은 성공할 수 있는 경로 중 하나가 달러 약세라고 생각하려는 적극적인 경향이다.[130] 비평가들, 특히 다른 국가의 비평가들이 보기에, 이는 경제 민족주의를 앞세운 공격적인 행보였으며, 통화 전쟁 및 제1, 2차 대전 사이에 발생한 공황의 경쟁적인 평가절하로 되돌아가려는 시도였다. 달러의 가치 하락은 통화 전쟁으로 해석될 수도 있지만, 실제로는 다른 국가, 특히 중국이 미국의 이해관계에 피해가 적은 정책을 채택하도록 압력을 가하는 메커니즘이었다.

이러한 파급 효과는 미국 정책의 기능이라기보다는 국제통화 시스템의 결함이 작용한 결과에 더 가깝다. 특히 신흥 시장 경제 국가들은 규칙에 따라 행동하여, 자국 통화를 적절하게 평가하려고 노력한다. 이들은 선진국의 손쉬운 정책과 다른 신흥시장 경제가 통화를 저평가하거나 고정하려는 경향 사이에 갇혀서 이러지도 저러지도 못한다. 이러한 상황은 상당히 끔찍할 수 있다. 한편으로는 자본 유입을 처리해야 하고, 다른 한 편으로는 통화가치를 높이면, 자국 통화가치를 과소평가하는 국가에 대해 경쟁력을 잃게 된다. 해결책은 중국 및 다른 신흥 시장 경제와 계속 협력하면서 더 나은 체제를 수립하고, 특히 위안화에 더 큰 유연성을 부여하는 것이다.[131]

좋게 보면 환율이 더 나은 국제 통화 체제를 찾아가는 시도에서 일종의 무기였다고 할 수도 있겠지만, 대침체나 그 이후 상황에서 그런 현상은 실제로 나타나지 않았다.

11월 FOMC 회의가 열리기 며칠 전에, 미국 캔자스시티 연방준비은행 총재이자 강경파 세력인 토머스 회니그Thomas Hoenig는 QE를 향한 변동 가능성은 '악마와의 거래'가 될 것이라고 했다. 미국 필라델피아 연방준비은행 찰스 플로서Charles Plosser도 같은 우려를 표명했다. 또 다른 비평가는 재정 정책과의 조정 문제를 제기했다. 미국 댈러스 연방준비은행 총재 리처드 피셔Richard Fisher는 영국 중앙은행이 예외적인 재정 긴축에 대한 보상으로 QE를 추진하는 것이 맞다고 여겼다.

"킹 총재governor는 대처 총리를 능가하는 긴축재정 정책을 발표하여 QE를 상쇄하고 있습니다. 여기서는 그렇지 않습니다. 말하자면 우리는 지금 재정적 요실금으로 고통받는 것입니다. 이런 상황이 바뀌려면 합의accommodation를 요구해야 하겠지만 아직 그런 조짐은 보이지 않습니다. … 양적 완화는 시장 운영자에게 칡과 같습니다. 남부 출신이니까, 제 말이 무슨 뜻인지 잘 아실 겁니다. 의장님, 칡은 우후죽순처럼 계속 자랍니다. 시장 운영자의 마음에 일단 뿌리를 내리고 나면 사실상 이를 제거하기란 불가능합니다." 그런 다음에 피셔는 계획에 숨겨진 아이디어를 공격했다. "수출 수요를 자극하기 위해서 달러 가치를 떨어뜨린다는 것은, 공개 석상에서 입 밖으로 꺼내지도 말아야 한다고 생각합니다."[132]

버냉키의 동맹 세력 중 하나인 케빈 워시Kevin Warsh는 이 조처에 투표했지만, 자신의 반대 의사를 매우 명확히 밝혔다.(그는 나중에 〈월스트리트 저널〉에 이 내용을 기고했는데, 버냉키를 비롯한 다른 사람들은 이러한 행보가 의장의 지위를 약화하는 것이라고 여겼다.)[133]

"나는 워싱턴에 있는 다른 정책 입안자들에게 책임을 떠안는 것이 옳다고 생각하며, 여러분도 그들에게 책임을 넘기도록 제안하는 바입니다. 물론 다양한 책임 노선을 존중하는 방식으로 그렇게 하기 바랍니다."[134] 케빈 워시는 재정적 과잉행동주의fiscal overactivism에 도사리고 있는 위험에도 초점을 맞추었다. QE 주장의 핵심은 연준 직원이 "후속 조치 없이 6천억 달러를 매입하면 2012년 말에 실질 GDP가 0.7퍼센트 증가할 것이고, 1조 달러면 생산량이 1.1퍼센트 증가할 것"이라고 예측했다는 것이다. 한국에서 열린 G20 정상회담에 참석한 다른 나라들은 이러한 움직임에 즉시 날 선 태도를 보였다. 무뚝뚝한 독일 재무장관 볼프강 쇼이블레Wolfgang Schauble는 연방준비제도의 입장을 "도무지 이해할 수 없다 미국은 중국의 행동을 비난하면서 정작 그 행동을 다른 방식으로 되풀이하고 있다"[135]라며 혀를 끌끌 찼다. 미국에서도 공화당이 불같이 화를 내며 반대 의사를 표명했다. 글렌 백은 폭스뉴스에 출연하여 이렇게 주장했다. "바이마르 공화국 같은 순간이 올 거라고 누누이 말씀드렸죠. 이건 테스트를 거친 것도 아니고 기존 상식에 맞지도 않습니다. 짐바브웨에서는 이미 시도한 바 있죠. 정말이지 엄청난 도박이나 다름없습니다."

하원 예산위원회의 공화당 의장인 폴 라이언Paul Ryan은 "이것 좀 봐. 의회가 세금을 걷고 돈을 쓰고, 돈을 빌려서 또 쓰더니, 이제는 연방준비제도가 돈을 찍어내고 돈을 쓰고 있군"이라며 불평했다.[136] 그러나 이런 식의 비판은 적절하지 않았다. 유럽에서도 비평가들이 ECB 채권 구매에 관해 비슷한 반응을 보였으며 특히 독일에서 거센 비판이 일어났지만, 사실 인플레이션 위험은 실체가 없는 환상이었다.

사방에서 비판과 공격이 쏟아졌으나 버냉키는 '세련되지 못한 통화주의crude monetarism'라며 이를 모두 무시했다.[137] 그는 대공황이 남긴 교훈으로 충분하다는 점을 다시 강조했다. 결과는 다소 불안정한 균형 맞추기식 행동이었다.

교훈을 너무 잘 따라서 이런 결과가 나온 걸까? 금융기관이 실패할 때가 아니라 구제될 때 자본주의가 정말 위험한 것일까? 다른 한편으로는 새로운 제도나 방법은 정말 효과적일까? 2013년에 국제통화기금의 수석 이코노미스트이자 중앙은행에 대한 새로운 접근방식의 지지하던 올리비에 블랑샤르Olivier Blanchard는 "기존 정책과 비교할 때 비전통적인 통화정책의 영향은 매우 제한적이고 불확실하다는 점은 변함이 없다"라고 기술했다.[138]

또 다른 정책 선택은 더 중요했다. 미국은 2011년에야 금융 관련 신뢰를 완벽히 회복했다. 2009년 5월에 중대한 변화가 있었는데, 19개 은행지주회사에 대한 첫 번째 스트레스 테스트stress test가 발표되었고, 부실 은행의 자본 구성을 재편해야 한다는 점은 분명했다. 은행 파산의 위협은 사라진 것 같았다. 하지만 그것으로는 회복에 대한 장애물을 제거하기에 충분하지 않았다. 후에 버냉키는 다수의 영향력 있는 시장 관찰자들이 통화 정책이 취소될 것이라고 가정했기 때문에 공격적인 통화정책이 초기 단계에 효과가 없었다는 해석을 지지해 주었다.[139]

2010년 말에 시행된 조치와 이에 따라 촉발된 분노한 외침을 보며 시장은 결국 연준이 진지하다는 점과 새로운 정책에 대한 약속이 장기적이고 구속력 있는 참여를 뜻하는 것이라는 확신을 얻었다. 이는 금세 '오디세우스 스타일'이라고 알려졌는데, 그리스 신화에 나오는 오디세우스가 사이렌의 부름을 저항하려고 자기 몸을 돛대에 묶은 것을 비유한 용어이다.

또한 2011년 8월부터 연방준비제도는 포워드 가이던스로 전환했는데, 이는 예측 가능하고 장기적인 정책 기조를 유지한다는 명시적인 약속이었다. 2020년에 버냉키는 중앙은행의 예전 세계로 돌아갈 수 없다는 결론을 내렸다. "우리는 현재 한 가지를 확신할 수 있다. 과거의 방법은 앞으로 효과가 없을 것이다. … 연준의 주요 거시경제학 모델을 시뮬레이션해보면, 위기 이전에 개발된 정책 규칙을 사용할 때 단기 금리가 최대 삼 분의 일까지 0으로 제한되는 결과가 초래될 것이다."[140]

중앙은행 행동의 기존 모델에서는 같은 고전적 비유가 중앙은행 독립성의 이론적 근거로 자주 사용되었는데, 바로 이 모델을 그대로 반영한 것이었으며, '보수적인 중앙은행가'가 만들어 낸 정책이었다. 이제 각국 중앙은행은 지나치게 보수적이 되지 않으려면 묶여 있거나 자신을 스스로 묶어야 했다.

전 세계적으로 지원 정책을 시행한 결과 아일랜드, 아이슬란드, 스페인과 같은 제한된 사례 외에는 대규모 은행 붕괴 사태가 발생하지 않았다. 은행은 경제 과정의 중심에 있다는 안전망 의식 때문에 지나치게 많은 위험을 감수한다. 은행가 중에서 형사 소송을 겪는 일은 거의 없었다. 이러한 '대마불사to big to fail'라는 특성이 문제의 근본 원인 중 하나라는 인식에도 불구하고, 금융기관은 더욱 규모가 커졌다.

2009년까지 스코틀랜드왕립은행의 CEO였던 프레드 굿윈은 은행이 국유화된 이후에 '금융 분야에서 이룬 업적을 바탕으로' 여왕에게 기사 작위만 박탈당했다. 〈파이낸셜 타임스〉에 따르면 전 세계적으로 금융위기에 적절히 대처하지 못한 죄로 징역형을 선고받은 금융인은 47명인데, 대부분이 3개국에서 복역 중이다. 25명은 아이슬란드, 11명이 스페인, 7명이 아일랜드에 갇혀 있다. 따지고 보면 아이슬란드에는 약 120명의 수감자 중에서 은행가의 비율이 상당히 높은 편이다.[141] 미국은 금융위기와 관련하여 투옥된 은행가가 단 1명인데, 크레디트스위스Credit Suisse라는 외국은행에 근무했으며 주로 런던에서 활동한 카림 세라겔딘Kareem Serageldin이다. 따라서 미국에 있는 수감자 230만 명 중에서 글로벌 금융위기 때문에 갇힌 사람은 단 1명이다. 큰 실패나 무거운 형사 처벌이 없는 위기처럼 보였으나, 거액의 벌금이 부과된 사례는 있었다. 전 세계적으로 주요 은행들은 벌금으로 3천210억 달러를 냈는데, 이 중 3분의 2는 북미 지역의 은행에 부과되었다.[142]

버냉키는 중앙은행, 특히 미 연방준비은행을 유일하게 고려할 가치가 있는 옵션으로 만들었다. 그는 돈 관리, 더 정확하게는 신용 관리를 경제의 행운과 미래의 중심으로 만들었다. 버냉키를 포함한 중앙은행가들은 정부 지출, 즉 재정 정책이 더 많은 부담을 맡아야 한다고 계속 목소리를 높였다. 그들은 중앙은행이 수요 쇼크를 관리하는 중심 기관이 되면 거센 반발이 생길 위험이 있다는 것을 깨달았다. 2021년에는 대규모 재정 확대와 중앙은행 대차대조표 확대 등, 경기침체에 대한 일본의 대응 전략이 초래한 결과에 대해 회의적인 평가가 제기되었다. 새로운 내각총리대신인 기시다 후미오는 자국이 규제 완화를 겸하면서 통화팽창을 강조하는 아베노믹스에서 벗어나게 만들겠다고 약속했으나, 이제는 '신자유주의'라는 죄목으로 비난받고 있다.[143]

중앙은행 독립성(central bank independence, 이하 CBI)을 없애야 한다는 논리는 구미가 당길 수도 있고 그렇지 않을 수도 있지만, 상당히 구체적인 형태를 갖추고 있다. 인플레이션이 심각한 수준이라서 CBI 구제가 필요하다면, 위험한 디플레이션 경향도 CBI를 포기하는 것, 좀 더 부드럽게 말하자면 더 많은 재정-통화 조정을 시도하고, 더 나아가 예전처럼 중앙은행의 다양한 기능을 복구하는 것이 필요하지 않겠는가? 중앙은행은 디플레이션 쇼크 이후에 경제 활동을 재개하려면 레버를 점점 더 많이 당길지 실험해야 할 것이다.

글로벌 금융위기 이후에 중앙은행가들은 제도적 위험을 인지하고는 경제 붕괴에 맞서 시스템을 강화하려는 노력을 주도적으로 해야 한다는 사실에 대해 답답함을 종종 토로했다. 그들은 중앙은행이 아니라 정부가 할 일에 다시 관심이 집중되었으면 좋겠다고 생각했다. 즉, 재정적 지원이 더 강화되어야 한다고 여겼다. 이런 것을 요구하는 목소리는 유럽에서 가장 크게 터져나왔다. 마스트리히트 조약*에 따라 전 세계에서 가장 독립적인 중앙은행이 유럽에 있었기 때문이었다. (물론 비평가들이 보기에는 가장 책임을 적게 지는 은행이었을지 모른다.)

특히 마리오 드라기Mario Draghi는 재정 규율 강화를 지속해서 추진했다. 전임 총재인 장클로드 트리셰Jean-Claude Trichet는 같은 주장을 펼쳤

• Maastricht Treaty, 유럽공동체EC를 유럽연합EU으로 개칭한 조약 -역자 주

지만, 드라기처럼 강력하게 밀어붙이지는 않았다. ECB를 떠나면서 드라기는 이렇게 결론내렸다. "통화정책으로 여전히 내 목적을 달성할 수 있지만, 재정 정책과 서로 합이 맞으면 더 이른 시일 내에 목적을 달성하고 부작용도 줄일 수 있다."[144] 유럽은 또다시 현재 정책이 안고 있는 우려 사항에 잘 맞는 중앙은행 이론을 개발하기 위한 실험장으로 사용되고 있다. 그러나 ECB의 관점은 하나뿐이라고 말할 수 없다. 연준 의장 버냉키는 드라기와 매우 비슷한 주장을 펼쳤다.[145]

중앙은행의 역할이 복잡하고 다양해지자 CBI를 무너뜨리는 논리도 밀려났다. 2010년대에 중앙은행을 겨냥한 비평의 배경은 정책이 너무 복잡해졌고, 위기에 대처하는 단계가 통화정책보다 분배 유출 효과 distributive spillover effects•가 훨씬 명확한 요소들과 관련이 있다는 것이었다. 은행을 구제하려면 분명히 재정 요소가 관련되지만, 주요 이니셔티브는 정부, 재무부, 특히 대통령과 총리가 쥐어야 한다. 중앙은행 대차대조표에서 특정 종류의 자산을 구매하도록 요구하는 정책도 상대적 가격을 변경했다. 중앙은행이 금융 규제로 다시 방향을 전환하고, 어떤 종류의 대출이 더 바람직한지 판단을 내리자, 이들의 조처가 특정 경제 부문에 유리하거나 불리하게 작용하는 등, 결과에서 큰 차이가 나타났다. 분배에 어려움이 생기면 선택은 정치적으로 보이고, 위임의 논리는 힘을 잃는다.[146]

2010년대 말과 코로나19 팬데믹이 시작되기 직전에, 이 견해를 토대로 실제적인 정책 합의가 이루어졌다. 코로나19에 대한 즉각적인 대

• 겉보기에는 서로 관련이 없어 보이는 상황이 경제적으로 영향을 미치고 있음을 뜻한다.
  -편집자 주

응에서는 향후 인플레이션 궤적에 대한 불확실성이 높아져서 예측 범위가 많이 늘어났다. 인플레이션 위험이 있기에 CBI가 확대될 가능성이 있는가? 아니면 위기 상황에서 2008년 이후에 이어온 과정을 지속해야 한다는 의미를 지닌 디플레이션 위험이 있는 것인가?

이러한 불확실성에 더해 인플레이션 위험이 계속 커지는 것처럼 보이자, CBI를 반대하던 기존의 몇몇 의견이 다시 대두되었다. 제1차 세계대전의 여파로 금융 지배권을 위해 화폐수용정책을 지속하던 중앙은행들은 자기네 정책이 애국심에서 우러나온 필수적 요소라고 정당화했다. 중앙은행들은 기본적으로 정부 부채 비용을 통제하기에, 큰 압력을 받아야 했다. 트루먼 행정부는 한국전쟁이 한창이던 시기에 연방준비제도를 설득하여 금리를 낮게 유지하려고 애썼는데, 그때에도 애국심에 호소하는 표현이 사용되었다. 트루먼은 FOMC 전체 회의를 시작하면서 미 외교 정책을 깜짝 놀랄 정도로 명확하게 설명했다. 그는 "많은 전장에서 공산주의 영향과 싸워야 한다"고 강조하면서 "한 가지 방법은 정부의 신용과 국채에 대한 신뢰를 유지하는 것이라고 했다. 사람들이 국채를 신뢰하지 않으면, 군사 동원은 물론이고 필요하다면 전쟁을 통해 얻을 수 있는 모든 것이 위험에 처한다"라고 말했다.[147] 미 연방준비제도 전 의장 매리너 에클스는 주요 반체제 인사이며 현재 인플레이션에 대해 매우 강경한 입장이었다. 그도 해외 정책에 대해 대안적 견해를 제시했다. 그는 한국전쟁을 지지하지 않았으며 미국이 "비용은 따지지 않고 아시아에 있는 미지의 늪에 빠져드는 것일지 모른다"고 걱정했다.[148]

국가안보에 관한 이러한 주장에 비견한 현대적인 사례는 무엇일까? 몇몇 나라에서는 국방과 자국의 이익에 관해 1920년대 독일 중앙은행 총재였던 루돌프 하벤스타인Rudolf von Havenstein이나 트루먼이 사용한 표현이 등장했다. 가장 대표적인 사례로, 튀르키예의 레제프 타이이프 에르도안Recep Tayyip Erdoğan 대통령은 고금리를 '모든 악의 어머니'이며 '환율 투기꾼, 금리 로비, 신용평가사의 뒤에 숨어 있는 튀르키예의 적이 만들어 낸 것'이라고 했다.[149] 금리 통제는 하벤스타인이나 트루먼의 주된 동기였는데, 튀르키예 중앙은행 총재 나시 아그발Naci Ağbal이 금리를 2퍼센트 인상하자 2021년 3월에 그가 해임당한 것만 보더라도 분명히 알 수 있다.

2022년 러시아가 우크라이나를 침공하기 전에는 대부분의 유럽 국가 및 정치인들이 국가적 필요에 관해 에르도안의 표현을 사용해서 논쟁하지 않았을 것이다. 하지만 21세기 최우선 국익에 해당한다고 할 만큼 이들이 간절히 바라는 추가 정책이 있었다. 바로 기후변화의 실존적 위협 때문에 중앙은행의 프레임워크가 새로운 방향으로 나아가야 하며, 재정-화폐 상호작용에 새로운 요소가 필요하다는 점을 피력하는 것이었다. ECB는 이 점에서 특히 혁신적이었으나, 어려움을 겪기도 했다. 항공사 및 기타 탄소 생산자로부터 가져온 채권들은 기후 중립적으로 여겨지지 않았다. 대서양 반대편의 경우, 연방준비제도는 인종 불평등을 타파할 정책을 고려하고 있었다. 두 경우 모두, 정책 문제를 해결하는 면에서 중앙은행의 우선순위는 다른 일반적인 정부 정책과 분리할 수 없다.

중앙은행은 1991년 이후 일본의 장기 침체와 관련하여 초기에 생성된 모델을 기반으로 여러 가지 새로운 구실을 하게 되었다. 특히 금리를 자연이자율(r* 또는 r-스타라고 한다.)로 낮추는 캠페인을 주도하는데, 금융 자산이나 부동산을 보유한 사람만 혜택을 보는 것이 아니었다. 정부도 지출 제약에서 벗어날 방법을 찾을 수 있었기에 주요 수혜자였으며, 많은 포퓰리스트 지도자들도 수혜자 중 하나였다.

헬리콥터에서 돈을 뿌리는 것과 같은 비전은 정부에 새로운 기회를 주는 것처럼 보였다. 코로나19 위기에서 중앙은행이 취한 새로운 행보는 어쩔 수 없이 과거의 불쾌한 교훈을 계속 상기시켰다. 일례로 이탈리아 정치인 마테오 살비니Matteo Salvini는 유로화를 반대하던 기존 입장을 철회하고 이제는 돈이 쓰이는 모습을 보고 싶다고 밝혔다. "코로나19 때문에 유럽 기관은 우리의 말을 들을 수밖에 없는 처지가 되었다. 코로나19를 통해 모든 사람이 긴축은 효과가 없다는 점을 깨닫기 바란다."

이제 중앙은행은 막강한 영향력을 행사하면서 모든 사람이 중앙은행이 자신에게 유리하게 움직이기를 기대했다. 따라서 중앙은행과 같은 기관은 국내외를 막론하고 분배 문제의 중심에 있는 것처럼 보인다. 사실 그 자리는 상당히 불편하다. 그래서 전 세계 연결성이라는 핵심 메커니즘, 달리 말해 세계화의 핵심 메커니즘은 점점 더 큰 부담을 떠안게 되었다.

이 시점에서 세계화는 서로 경쟁하는 비전에 따라 분열되고 있다. 20세기 중반에 미국이 주도한 다자간 무역을 개방하는 비전에 대한 새로운 대안이 떠오르고 있다. 이제 중국의 일대일로 정책이 추진한 육로 및 해로 인프라에 중점을 두게 되고, 공급 물류는 세계화 통제 및 새로운 정치권력을 반영하는 핵심 요소가 되었다. 이와 같은 비전은 공급 충격이 위기 대응을 좌우하는 새로운 위기가 오면 더욱 확장될 수 있는 씨앗을 내포하고 있다.

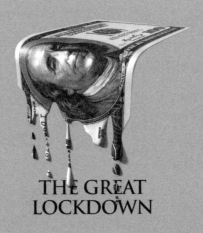

THE GREAT
LOCKDOWN

| 7장 |

대봉쇄:
세계화가 남긴 과제

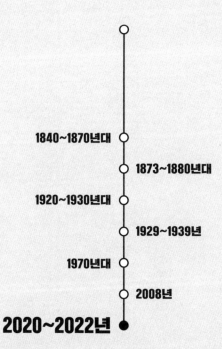

1840~1870년대

1873~1880년대

1920~1930년대

1929~1939년

1970년대

2008년

2020~2022년

2020년에 찾아온 쇼크가 그랬듯이, 대침체도 세계화 때문이라는 의견이 많았다. 코로나19 위기는 분명히 세계화, 즉 전 세계적 상호연결망의 산물이었으며, 이 문제에 대처하는 데 기술, 정치, 연결성을 한꺼번에 동원해야 했다. 달리 표현하자면 천재성과 정부의 노력, 세계화가 다 필요했다. 물론 이런 요소들을 어떻게 혼합하느냐의 문제는 새로운 논란을 일으켰다.

범세계적인 바이러스의 발생

탈세계화를 주장하는 사람들은 코로나19와 세계화의 연관성을 명확하게 정립하려 했다. 일례로 트럼프 대통령의 무역 자문이었던 피터 나바로Peter Navarro는 세계화를 가리켜 팬데믹의 처벌을 받은 '원죄'라고 주장했다.[1] 세계화를 추구하는 과정에서 전염병이 발생할 수 있다는 생각은 1993년 대중문화에서 이미 여러 번 드러났다. 애니메이션 시리즈 〈심슨 가족〉의 한 에피소드에는 호머 심슨이 우편으로 배송된 일본 제품의 포장지 때문에 독감에 걸리고, 결국 오사카 독감의 슈퍼 전파자가 되는 내용이 나온다.

코로나19 바이러스의 여파로 곳곳에 부족 현상이 발생했다. 의약품, 보호 장비, 산소, 백신, 화장실용 휴지, 반도체 칩, 교통 시설, 연료, 운동 기구 등 봉쇄 기간에 모두가 필요로 하는 물품은 모두 부족했다. 곳곳의 사람들이 취약한 상태가 되어버린 것이 너무나 명백했다. 수에즈 운하에 컨테이너 선박이 갇혀버리거나 중국 항구에서 코로나 확진자가 발생하는 등, 우연히 발생한 사고로 인해 공급망에 차질이 생겼고, 전 세계에 파급 효과가 미쳤다. 비슷한 사건들이 연이어 발생하자 전 세계가 서로 밀접히 연결되어 있다는 사실이 다시 한번 부각되었고, 이러한 세계화에 심각한 취약성이 있다는 것을 뼈저리게 느끼게 되었다. 그러다가 2022년에 러시아가 우크라이나를 침공했는데, 이는 제2차 세계대전 이후로 유럽에서 가장 중대한 무력 충돌이었으며 공급망에 유례없고 위협적인 문제를 초래했다.

바이러스와 같이 아주 조그마한 자극이 통제 불능의 과정을 촉발하면, 어떤 프레임워크와 방법을 사용해야 위협을 가장 잘 분석하여 솔루션을 제시할 수 있을까? 이전에 위기를 겪을 때도 그랬듯이 이미 개발된 수많은 기술적, 조직적 가능성으로 또다시 이 세상을 구해낸 다음 세계화를 다시 이룩할 수 있을까? 나노 기술은 코로나19 위기에 관한 의학적 해결 방안을 제시했다. 그렇다면 나노경제학이라는 새로운 경제학이 이 문제를 해결해 줄 것인가?

코로나19가 시작된 것은 2020년 봄이었는데, 처음에는 일시적인 쇼크인 것처럼 보였다. 하지만 팬데믹은 2년간 이어졌고 전 세계에 예상치 못한 상황이 퍼져나갔다. 이 바이러스는 돌연변이와 변이를 일으켰다. 이제 팬데믹은 반영구적 현상으로 자리 잡는 분위기였다. 2020년

12월에 전염성이 더 강한 '델타'라는 변이 바이러스가 인도에 등장했으며 불과 몇 개월 만에 바이러스 유행을 주도했다. 2021년 후반에 남아프리카에 오미크론이라는 더 강한 변이가 등장하여 삽시간에 전 세계로 퍼져나갔다. 백신을 접종하거나 이미 코로나에 걸린 사람이 증가하고, 그중 몇몇 사람은 낮은 수준의 항체를 갖게 되었으므로 바이러스에 대한 저항이 어느 정도 형성될 가능성도 있었다. 학교와 기업에서는 초반에 환자가 급증했고, 병원마다 환자가 넘쳐나는 일이 생기지 않게 하려면 3~4주는 휴교하거나 회사 문을 닫아야 할지 모른다고 여겼다. 이러한 분위기는 전쟁이 크리스마스 전에는 끝날 거라고 생각했던 1914년 여름과 가을과 비슷했다. 전혀 유례가 없던 일이라서 팬데믹이 초래한 마비 사태가 장기화할 거라고 아무도 예상하지 못했다.

전쟁과 마찬가지로 코로나19가 발생한 초반에는 사람들이 인상적이라고 할 정도로 높은 수준의 결속력을 보였다. 많은 나라에서 의료계 종사자들을 이 새로운 전쟁에서 최전방에 나가 싸우는 군인이라고 추켜세우며 열렬히 응원했다. 하지만 바이러스와의 전쟁이 계속되자 처음에 보여준 결속력은 무너지기 시작했다. 많은 나라에서 봉쇄정책, 백신 접종 및 테스트를 반대하는 사람들과 공식 정책을 지지하는 단체들이 거센 충돌을 일으켰다. 설상가상으로 위기에 대처하는 정부의 태도에도 큰 차이가 있었다. 일부 국가는 아주 엄격한 봉쇄정책을 시행했고 어떤 나라에서는 자유방임적인 접근 방법을 채택했다. 그러자 국민이 자발적으로 바이러스 노출을 줄이기 위해 셧다운을 시행했다. 다양한 방역 조치의 효과를 놓고 전문가들의 의견이 나뉘었으며 일반인들은 멋대로 이런저런 방법이 옳다고 주장했다. 피로감, 환멸, 냉소주의가 고개를 들었고, 이미 위태로운 사회 구조는 긴장감이 더욱 고조되었다.

세계화를 지지하는 사람들은 기업가 정신, 특히 생명공학 분야의 기업가 정신이 코로나19 위기를 벗어날 길을 제시해 준다고 주장했다. 새로운 영웅도 탄생했는데, 이들은 국제적으로 기동성이 뛰어난 사람들이었다. 그중에는 메이저리보핵산mRNA을 매개로 하는 치료용 메커니즘을 연구한 헝가리 태생의 펜실베이니아 대학교수 카탈린 카리코Katalin Karikó, 프랑스 출신의 모더나 CEO인 스테판 반셀Stephane Bancel, 우우르 샤힌Uğur Şahin과 외즐렘 튀레지Özlem Tureci 부부가 있다. 이 부부는 각각 독일과 터키 태생이며 종양학자이자 면역학자이고, 2008년에 바이오엔텍BioNTech이라는 스타트업을 세웠다.

중국 과학자들은 2020년 1월 10일에 코로나바이러스의 유전자 서열을 공개했는데, 우한에서 첫 사망자가 발생한 날이었다. 하지만 이 부부는 불과 며칠 만에 코로나19에 대한 성공적인 mRNA(메신저 RNA) 백신을 개발했다.

모더나와 바이오엔텍은 각각 매우 투기성이 강한 기업처럼 보였다. 바이오엔텍은 독일연방 교육연구부가 시행하는 자금지원 프로그램GoBio과 독일의 대형 복제의약품 생산업체 창립자들에게 초기 투자를 받아 설립되었다. 이후에 다수의 특허를 출원했으며 2019년에는 미국 나스닥에 상장했으나 주요 의약품제조업체는 아니었다. 모더나는 2018년에 바이오테크 기업으로서는 사상 최대 규모의 IPO를 시작했으며 75억 달러의 가치를 기록했는데, 약품이나 백신에 대한 규제 승인을 아직 한 차례도 받지 않은 상태였다. 자본시장에서 이처럼 큰 자금을 확보하자, 모더나는 지카 바이러스, 사이토메갈로 바이러스 등을 연구하여 2018년에 매사추세츠주에 대규모 생산시설을 짓게 되었다. 코로나19 바이러스가 세계적으로 확산되기 시작하자 모더나는 제조

시설을 확장하기 위해 13억 달러를 모금했다. 이는 창의성의 승리이자 벤처캐피털의 놀라운 승리를 보여주는 것이었다. 영국에서는 SV헬스 인베스터스SV Health Investors의 벤처자본가 케이트 빙엄Kate Bingham이 영국 백신 태스크포스 의장으로 임명되어, 케이트는 백신 6종을 3억 5천만 명 분량으로 확보하기 위해 인프라와 테스트 사항을 관리했다. 이는 영국 정부가 내린 몇 안 되는 성공적인 결정 중 하나였다.

그런데 의학 발전과 백신 개발을 추진하는 데 결정적인 역할을 한 것은 정부였을까?

2013년으로 돌아가보면, 미 정부는 핵심 연구개발조직인 다르파(DARPA, 방위고등연구계획국)를 통해 희소 질환에 대한 의료적 해결책을 연구하도록 민간 기업에 보조금을 전달했다. 모더나는 열대지방에서 발생하는 모기 매개 질환 치쿤구니야 열chikungunya을 퇴치할 수 있는 mRNA 약품을 개발하도록 2천 500만 달러를 지원받았다. 팬데믹이 시작된 이후에 미 정부는 2020년 5월 15일에 백신 생산과 개발을 가속하기 위해 100억 달러를 투자하는 웝스피드 작전Operation Warp Speed을 시작했다. 모더나는 15억 3천만 달러를 받았고 아스트라제네카와 존슨앤드존슨도 막대한 금액을 지원받았지만, 바이오엔텍과 협력한 화이자는 한 푼도 받지 못했다. 바이오엔텍은 3상 실험을 시작할 무렵에 백신 생산량을 대폭 늘리기 위해 독일 정부에서 3억 7천500만 유로를 받았지만, 웝스피드 작전에 비하면 터무니없이 적은 액수였다. 그동안 미 정부가 건강에 위협을 가하는 문제는 고의로 무시하고, 잘못된 치료책을 지원하거나 국수주의적인 태도를 고집했던 것을 고려하면, 이번 웝스피드 작전은 대성공이었다. 하지만 결과가 너무 늦게 나와서 도널드 트럼프의 재선에는 큰 도움이 되지 못했다. 화이자는 선거가 끝난 지

2주 후인 2020년 11월 20일에 FDA에 백신 긴급 승인을 요청했고 모더나는 11월 30일에 승인을 요청했다.(두 회사는 각각 12월 11일과 12월 18일에 긴급 승인을 받아냈다.)

솔루션을 제공한 기본 기술은 전혀 새로운 기술이 아니었다. 나노기술은 숙주 세포에 바이러스 단백질의 유전자 서열을 전달하는 데 사용되는 과정인데, 아마 1959년 노벨상 수상자인 리처드 파인먼의 '바닥에는 공간이 충분하다There's Plenty of Room at the Bottom'라는 다소 엉뚱했던 강의에서 영감을 받은 것 같다. 결정적인 도구인 스캐닝 터널링 미세포자는 1981년에 개발되었으며 1990년대에 와서 나노기술 연구가 폭발적으로 증가했다. 2020년에는 나노기술로 해결해야 할 백신 전달이라는 확실한 문제가 있었다.

하루빨리 백신을 개발하고 백신을 미리 구매하기 위해 각국 정부가 지출한 금액은 아마 사회는 물론이고 정부를 위한 절감 측면에서도 지금까지 측정된 정부 프로그램 중에서 가장 효과적인 것이었다. 백신이 공공 지출의 변화 가능성에 대해 사회 전반에 큰 안도감을 가져온 것도 그리 놀랄 일은 아니었다. 정부의 활약은 백신과 의료 장비에서 끝나지 않았다. 사람들은 정치를 통해 이미 극도의 긴장으로 여기저기가 찢긴 사회가 어느 정도 다시 봉합되기를 기대했다.

정치 제도는 대중 영합주의자들의 반란으로 크게 분열되었는데, 대표적인 사례는 2016년 브렉시트 투표와 도널드 트럼프가 대통령에 당선된 것이었다. 한마디로 당시 사람들은 더 강한 정부를 원하는 것 같았다. 2020년의 상황이 암울했는데도 트럼프의 인기는 높았는데, 넉넉한 정부 지원금이 크게 작용한 것 같다.(경기부양책의 일환이었던 재난지원금은 대통령의 이름으로 발송되거나 인쇄되었다.) 보리스 존슨Boris Johnson 영국 보수당(토리당) 총리는 쇠퇴하는 북부 산업지역을 되살리겠다는 공약을 내걸었고 선거에서 압도적인 승리를 거두었다. 토리당에 표를 던지면 공장을 얻을 수 있다는 말이 나돌 정도였다. 이와 같은 선거 모델은 전 세계 곳곳에서 널리 반복되었다. 이는 또한 2010년대에 이자율과 부채의 논리에 대한 대응이 다소 늦었음을 의미한다. 당시에 낮은 이자율 때문에 정부 지출이 사실상 아주 자유로워진 것처럼 보였다.

팬데믹은 전 세계적으로 심각했기에 국제 사회가 협조하여 대응해야 했다. 그저 이동을 제한하는 것으로 그칠 것이 아니라 백신 및 치료법 개발에서도 협조가 필요했다. 2007~2008년 글로벌 금융위기에 G20이 바람직한 방식으로 대응했는데, 코로나 사태에서도 상호 협조에 관해 많은 의견이 쏟아져 나왔다. 막대한 숫자로 뉴스 헤드라인을 만들어내는 것에도 비슷한 우려가 있었다. 존슨 총리는 2021년 6월 콘월주 칼비스 베이에서 개최될 G7 회의를 앞두고 "내년 연말까지 전 세계인에게 백신을 접종한다면 이는 의료 역사에서 가장 돋보이는 위대한 업적이 될 것"이라고 발표했으며, 10억 회분의 백신 추가 물량을 공급하겠다고 약속했다.[2]

그러나 백신을 공급하는 것은 단지 돈을 많이 버는 것보다 어려운 일이었다. 돈은 많이 창출되었으나 의약품이나 백신처럼 실제로 바이러스를 퇴치하는데 필요한 물리적인 제품이 부족했다. 수요 붕괴로 초래된 위기 상황에서는 어떤 활동이든 가리지 않고 촉진하는 것이 매우 중요한데, 종류와 관계없이 수요가 생기면 영향력을 발휘하여 신뢰 회복에 도움을 주기 때문이다. 코로나19 위기는 유효 수요의 무작위 부재에서 초래된 것이 아니었다. 효과적인 백신이나 극적인 효과를 보장하는 치료책을 만들어낼 마법 같은 것은 존재하지 않았다.(또는 그처럼 정확한 필요에 대응할 군사 장비를 갖추는 것도 힘들어 보였다.) 재정 정책을 확장하더라도 정작 구매한 제품이나 서비스가 효과가 없는 것이라면 재정 정책 확장은 결과적으로 재앙을 초래할 위험이 있었다.

질병과 경제의 연계성

코로나19 바이러스는 그야말로 갑자기 발생했다. 2020년 1월 4일에 세계보건기구WHO는 중국 우한에서 '원인을 알 수 없는' 집단 폐렴 사태가 발생했다고 발표했다. 1월 21일에 워싱턴주 보건부에서는 워싱턴주 스노호미시 카운티에서 우한에 다녀온 환자가 발생했는데, 이는 미국 내에서 가장 처음으로 코로나19에 확진된 사례였다. 1월 30일에 세계보건기구는 신종 코로나바이러스 발생에 관해 '국제적으로 우려되는 공중보건 비상사태'를 선포했고, 다음날 미 보건복지부 장관도 공중보건 비상사태를 선포했다.

2월 21일에 이탈리아에서도 밀라노 근처에서 첫 확진 사례가 보고되었다. 2월 29일에 워싱턴 주지사는 미국에 코로나바이러스 감염으로 인해 국내에 최초 사망자가 발생했다고 알리면서 워싱턴주에 비상사태를 선포했다. 3월 1일에 뉴욕 주지사는 뉴욕에도 의료계 종사자 1명이 확진되었다고 보고했다. 하지만 나중에 알고 보니 이런 보고보다 한참 전에 이미 확진 사례가 있었다. 워싱턴에 확진자 보고가 나오기 오래전에 이미 캘리포니아주에서 확진자가 발생했다. 이 바이러스는 2019년 연말에 몇 달간 우한에 퍼지고 있었는데, 이탈리아 의료당국은 암 검진 중에 혈액 표본을 검사하다가 2019년 9월부터 롬바르디아에 바이러스가 활동한 증거를 발견했다. 2020년 3월 11일에 세계보건기구는 코로나19 바이러스로 인한 사태를 팬데믹으로 분류한다.

'슈퍼 전파자 사례'를 통해 전염 과정에 대한 증거가 신속하게 발견되었다. 이는 마치 나비의 날갯짓이 전 세계적인 폭풍우를 초래하는 것과 같았다. 2020년 2월 19일에 밀라노에서 발렌시아와 아탈란타(베르가모의 현지 축구팀)가 경기를 벌였는데, 이 경기에 베르가모 현지인 4만 4천 명이 몰려들었고, 2주 후에 코로나 확진자가 급증했다. 베르가모 병원의 중환자실 책임자인 루카 로리니Luca Lorini는 "약 4만 명이 빽빽하게 밀집된 상태에서 서로 껴안고 키스했는데, 아탈란타팀이 4골을 넣으면서 이들의 신체접촉 횟수도 4배나 늘어났다. 그러니 확진자가 엄청나게 발생한 것도 당연하다."[3]고 인터뷰했다.

롬바르디아에는 브레시아의 산 파우스티노 민속 축제와 같이 대규모 모임이 여러 차례 있었다. 그때마다 거리에는 약 10만 명이 거리로 쏟아져 나왔다. 2월 26~27일에 보스턴에서 열린 바이오젠 회의에서도 회의와 직접적으로 관련된 확진 사례가 100건이 넘었으며, 이들 때문에 전국적으로 20만~30만 명이 확진되었다는 집계가 있었다.[4]

3월 7일 오스트리아 이쉬글의 어느 스키 리조트에 근무하던 바텐더가 증상을 보였다. 오스트리아 당국은 이쉬글 키츠로흐에 있는 그 술집을 며칠간 폐쇄하는 것 외에는 아무런 조처를 하지 않았다. 그러다가 3월 13일에 갑자기 리조트 전체를 폐쇄하고 관광객을 모두 돌려보냈다. 다들 미어터질 것 같은 버스와 기차에 몸을 싣고 집으로 돌아갔다. 이쉬글에서 시작된 코로나는 45개국으로 퍼져나갔다.[5] 3월 10일에는 워싱턴 스카짓 카운티에 61명이 합창 연습을 하려고 모였는데, 그중 1명이 유증상자였다. 연로한 합창단원들은 서로 충분한 거리를 유지했지만, 결국 53명이 감염되었다.

2021년에 인도에서 재앙이라고 할 정도로 두 번째로 대유행한 원인은 코로나바이러스가 정복되었다는 지나친 자신감이었다. 2021년 1월에 나렌드라 모디 총리는 세계경제포럼에서 다음과 같이 말했다. "인도가 전 세계에서 코로나바이러스에 가장 큰 영향을 받을 거라는 예측이 있었습니다. 현재 인도는 자국 시민의 생명을 성공적으로 지켜낸 나라 중 하나입니다."[6] 당시 총리가 속한 정당은 인도가 '코로나바이러스를 퇴치했다'고 선언했다. 하지만 대규모 선거 집회와 인도의 종교축제 쿰브 멜라Kumbh Mela에서도 슈퍼 전파자에 버금갈 정도로 최악의 결과가 나왔다.

폴 크루그먼은 밀턴 프리드먼의 사망 기사를 빌어 고인을 저격했는데, 외부 충격과 정부 정책의 효율성 및 역량에 관한 느낌의 관계를 놓고 이렇게 추측했다. "독감이 크게 유행하기 시작했는데 추후 분석을 보니 질병통제센터가 적절히 대처했더라면 유행을 억제할 수 있었음을 알게 되었다고 가정해 봅시다. 그러면 적절한 조처를 하지 않은 정부 관리를 비난하는 것이 당연한 반응일 것이다. 그렇지만 정부가 이 사태를 일으켰다고 하거나 질병통제센터의 실패를 보면 대규모 정부보다 자유시장이 우월하다고 주장하는 것은 지나친 억지일 뿐이다."[7]

정부 정책은 위기 대응의 핵심이었기에 대중의 정책을 중점적으로 비판하기 쉽다. 실제로 질병통제센터의 대응은 믿기지 않을 정도로 엉망이었다. 그들은 여러 주 정부가 사용하는 다양한 컴퓨터 체제나 기타 여러 가지 방식으로 수집된 데이터를 처리할 능력이 없었다. 질병통제센터는 위기에 대한 전반적인 견해를 제시하지 못했고 효과적인 정책 대응도 계획하지 못했다.

미국의 초기 대응은 의료 부문보다 경제 부문이 한층 나아 보였다.

S&P는 2020년 2월 19일에 사상 최고치로 마감했으나 2월 마지막 주에 전 세계 주식시장은 2008년 금융위기 이후로 가장 큰 폭으로 하락했다. 3월 3일에는 연방준비제도가 연방기금 금리를 인하했고, 3월 9일에 S&P500 지수가 7퍼센트 하락했다. 그러자 무질서한 거래를 막기 위해 시장 전체에 서킷 브레이커가 발동하여 15분간 거래가 중단되었다. 3월 12일에도 비슷한 상황이 반복되었다. 3월 15일에는 연방준비제도의 연방공개시장위원회가 임시 회의를 열고 연방기금 금리를 0퍼센트로 인하하고, 은행에 연방준비제도의 할인 창구를 이용하라고 촉구했다. 이들은 또한 캐나다 은행, 영국 은행, 일본 은행, 유럽중앙은행, 스위스 국립은행과 스왑라인* 협정을 맺었다. 제롬 파월Jerome Powell 연방준비제도이사회 의장은 다음과 같이 선언했다.

우리는 이 질병과 그 확산을 막기 위해 현재 시행 중인 조치가 단기적으로 경제 활동에 막대한 영향을 미칠 것으로 예상한다. … 또한, 이번 팬데믹의 영향으로 여러 나라의 경제 활동이 제한되고 있으며, 그 때문에 글로벌 공급망에 의존하는 미국 산업도 어려움을 겪고 있다. … 물가상승률 목표는 2퍼센트를 계속 밑돌고 있는데, 올해 팬데믹 발생의 영향으로 인플레이션이 억제될 가능성이 크다.[8]

공식적인 봉쇄가 시행되었고 전염성이 높거나 위험한 작업 환경에서 철수한 노동자가 많았기에 비즈니스 활동은 완벽히 중단되었다.

---

* swap line, 경제가 불안정할 때 미 달러를 필요로 하는 다른 중앙은행에 달러를 대출하는 제도 -역자 주

2021년 여름에 미국에서 근로자 약 400만 명이 매달 직장을 떠나는 '대사임Great Resignation' 현상이 발생했는데, 이는 장기적으로 이어질 것 같았다.

경제와 의료계에도 동시에 응급 상황이 발생했다. 금융계는 즉시 효과적인 대응책을 시행했는데, 중앙은행이 조달하는 정부 부채가 엄청나게 급증한 것은 하나의 기적처럼 보였으며 공황을 가라앉히는 데 큰 도움이 되었다. 1914년 7~8월에 영미 양국의 재무부가 효과적으로 대처하여 금융 스트레스를 즉시 억제한 것과 거의 유사한 방식이었다. 이렇게 되자 정부와 중앙은행이 바이러스에 맞서 싸울 만큼 충분히 강해질 수 있다는 점이 분명해졌다. 1914년과 마찬가지로 금융이 안정된다고 해서 긴장의 근본 원인을 해결할 수는 없었다.

의료시설의 응급 상황에 대처하는 방법은 여러 가지로 나뉜다. 첫째, 전염을 막고 병원이 마비되는 것을 방지하려면 여행을 금지하거나 제한하고 봉쇄 조처를 내려야 했다. 얼마 지나지 않아서 뉴욕, 베르가모, 밀라노와 같은 대도시의 병원이 포화 상태를 넘어선 모습이 텔레비전에 자주 등장했다. 환자들이 복도에 누워 있고 병원 건물 밖에 구급차가 줄지어 늘어선 장면도 자주 나왔다. 다수의 의료시설이 밀려드는 환자를 보기 위해 천막을 설치했다. 새로 병원을 짓기도 했는데, 우한에서는 최초의 응급병원인 후오선산 병원이 열흘 만에 완공되었다. 런던에는 크림 전쟁의 영웅이었던 간호사의 이름을 딴 '나이팅게일'이라는 임시 병원이 런던 동부의 엑셀 센터Excel Centre에 마련되었다. 2009년 4월의 획기적인 G20 회의에 사용되었던 콘퍼런스 센터가 이렇게 용도 변경된 것은 상징적인 의미가 매우 컸다.

둘째, 임시 비상사태에 대처하기 위해 마스크, 기타 보호 장비, 인공

호흡기 등 의료 장비가 시급히 필요했다. 영국의 기업가이자 혁신가인 제임스 다이슨 경Sir James Dyson은 인공호흡기 개발에 회사 자금을 2천만 파운드나 쏟아부었는데, 4월에 영국 정부는 사실은 인공호흡기가 필요 없다고 통지했다.

셋째, 코로나 환자를 치료할 방안을 필사적으로 찾아 나섰다. 체계가 없고 혼란스러운 방식으로 시도해 본 적이 없는 기술이나 약품이 채택되었다. 다시 말해서 채택된 기술이나 약품의 효과를 제대로 판단하기가 어려웠고, 실제로 그중 얼마는 허무맹랑한 이야기에 불과했다.

뉴욕에서 가정의로 활동하는 블라디미르 젤렌코 박사는 주로 하시딤 소속의 환자들을 항말라리아제인 하이드록시클로로퀸, 항생제(아지스로마이신), 황산아연으로 치료했다.[9] 그의 실험은 트럼프 대통령의 관심을 끌었으며, 대통령은 한동안 '하이드록시'를 열렬히 지지했다. 대중의 인기에 영합하려는 몇몇 지도자도 그와 같은 태도를 보였는데, 특히 브라질의 자이르 볼사나로 대통령이 가장 열광적이었다. 프랑스에서는 디디에 라울트Didier Raoult라는 의사가 하이드록시클로로퀸 성분을 크게 옹호했다. 그는 추종 세력을 보유하고 있었으며 에마뉘엘 마크롱 대통령도 그를 직접 방문했다.[10]

렘데시비르는 2020년 10월에 미국에서 승인되었지만 효과는 실망스러웠다. 기적처럼 즉시 치료 효과가 나타난다는 말은 대부분 속임수였다. 하지만 2021년에 나온 화이자의 팍스로비드Paxlovid나 머크앤리지백의 몰누피라비르Molnupiravir처럼, 상당히 신뢰할 만한 항바이러스 치료법이 점진적으로 등장했다. 백신보다 생산 및 배포가 수월했기에 바이러스를 통제할 수 있는 또 다른 기회로 보였으나, 새로 등장하는 바이러스 변종에는 효과가 없을 가능성도 있었다.

결국 이 병을 예방하거나 치사율을 낮추려면 백신을 개발해야 했다. 백신 대부분은 개발하는 데 10~15년이 걸리는데, 과거 사례에서 가장 단기간에 개발된 경우는 유행성 이하선염 백신이 4년 만에 개발된 것이었다. 중국은 2020년 1월 10일에 공중보건 활동 및 연구를 지원하려고 만들어진 사전 출판 데이터 허브Virological.org에 바이러스의 유전자 서열 분석을 개시했다.[11]

바이오엔텍은 유전자 염기서열 분석이 발표된 지 2주 만에 코로나 19 백신을 개발하기 시작했고, 화이자와 파트너십을 맺고 제품 규모를 확장했다. 모더나는 7월 14일에 초기 1상과 2상 임상 시험 데이터를 발표했으며, 바이오엔텍-화이자는 이를 8월 12일에 공개했다. 11월 9일에 화이자는 3상 실험 결과 자사 백신의 효과가 90퍼센트라고 발표했다. 12월 2일에서는 화이자 백신이 미국에서 긴급 사용 승인을 받았다.[12] 그래도 보호가 충분하다고 볼 수 없었다. 시간이 지날수록 항체의 양이 줄어들고 바이러스 변이가 나타나면서 부스터샷이 필요하게 되었다. 그렇기는 하지만 화이자와 모더나 백신은 심각한 질병이나 사망을 예방하는 데 매우 효과적이었으며, 바이러스의 전염성을 줄이는 데에도 큰 도움이 되었다.

2020년에 웝스피드 작전에 든 비용은 약 120억 달러로 추산된다.[13] 2020년 7월에 유럽연합은 코로나바이러스 백신에 최대 27억 달러를 선불로 지출할 계획을 밝혔다.[14] 2020년 12월, 벨기에 예산 책임자인 에바 드 블리커Eva De Bleeker가 유럽연합이 낸 실제 금액을 실수로 트위터에 공개해 버렸다. 화이자/바이오엔테크는 1회분이 12유로(14.70달러)였으며 아스트라제네카는 1.78유로, 모더나는 18달러, 독일의 큐어백Curevac은 10유로, 존슨앤드존슨은 8.50달러, 사노피Sanofi-GSK는

7.56유로였다.[15] 큐어백은 대규모 시험에 필요한 자금이 없어서 백신 개발이 지연되었으나, 독일의 바이오엔텍은 화이자가 막대한 자금을 제공해준 덕분에 백신 개발에 크게 성공했다.

한편, 큐어백의 상황은 악화일로였다. 설립자 겸 CEO인 잉마어 회어Ingmar Hörr는 백신 개발의 중요한 단계에서 심각한 뇌졸중으로 입원했다. 독일 정부가 낸 5억 3천만 유로 중에서 3억 유로는 자기자본equity이었다. 유럽연합 대출을 통해 8천만 유로가 추가 공급되었고,[16] 결국에는 큐어백의 백신 개발을 도와주기 위해 베이어와 노바티스가 개입했다. 화이자는 1억 1천300만 달러의 지분 투자를 포함하여 총 1억 8천500만 달러를 바이오엔텍에 냈으며 앞으로 최대 5억 6천300만 달러를 더 지원하기로 약속했다.[17] 영국은 백신 접종 프로그램에 117억 파운드(150억 달러)가 들 것으로 예상하였다.[18]

질병이 확산하자 경제와 금융 부문에 즉시 빨간불이 켜졌다. 정책 목표는 혼란에 빠진 상태를 그대로 드러냈다. 이 문제들을 동시에 다 처리해야 하는 거냐는 의문이 있었다. 봉쇄가 시작되자 공급은 더 어려워졌다. 경제가 침체할수록 팬데믹은 더 악화할 수 있는데, 경기침체가 빈곤층에 특히 큰 타격을 주기 때문이다. 빈곤층은 비좁은 주거 공간, 열악한 위생 상태 및 오염물질에 대한 노출 때문에 전염병에 매우 취약하다.

그러나 얼마 지나지 않아 이 상황이 대공황이나 대침체 시기에 경험했던 전통적인 수요 중심의 경기침체가 아니라는 것이 분명해졌다. 전반적으로 수요는 줄지 않았다. 서비스와 상품 중에서 감염 위험의 증가와 관련될 수 있는 것들의 수요만 감소했다. 봉쇄로 인해 여행이나 외식이 제한되기 전에도 이러한 분야의 소비가 급감했지만, 내구성 소비재의 구매는 증가했다. 집마다 식품을 보관하려고 더 큰 냉장고나 냉동고를 구했고, 청소부를 고용하지 못하는 대신에 자동 청소도구(로봇 진공청소기)를 매입했으며 오락을 즐기기 위해 다양한 전자 제품을 찾았다. 사무실이 폐쇄되어 재택근무를 해야 하므로 새로운 환경에서 일하는 데 필요한 전자 제품의 수요도 늘었다. 여러 가지 서비스의 수요는 급격히 줄어드는 반면에 각종 제품에 대한 수요는 계속 높은 수준을 유지하거나 훨씬 더 증가했다.

글로벌 금융 시장이 계속 제 기능을 해낼 수 있었던 것은 금융위기에 대응할 역량을 우려했던 다국적 정책 공동체가 이룩한 주요 성과라고 할 수 있다. 비상사태였기에 2008년 위기를 넘기려고 개발한 중앙은행 방침을 대대적으로 확장해야 했다. 2020년 3월 20일부터 주식시장은 급격한 상승세를 보였는데, 저가 매수자들이 기회를 노리고 있었다. 다른 사람들은 새로운 정책 방향이 지속될 것임을 깨달았다.

유포리아는 과거에 겪은 주식시장 거품 현상처럼 보였다. 기술주에 돈이 쏟아졌는데, 소비자와 기업의 행동이 달라지면서 영구적인 수익을 기대할 수 있다고 생각되는 '기술주'와 도지 코인Doge-coin과 같은 대체 통화에 돈이 쏟아져 들어왔다. 고전적인 19세기 투기 대상에도 투자하는 사람이 많았다. 헤지 펀드에서는 캔자스시티 서던 철도를 놓고 캐나다의 철도 업체인 캐나다 내셔널과 캐나다 퍼시픽이 치열한 경쟁 구도를 형성했다.

3월 19일에 미치 매코널Mitch McConnell 상원 원내대표가 구제안을 발표한 것이 미국 시장 심리에 전환점을 가져오는 계기가 되었다. 이는 2020년 3월 27일에 트럼프 대통령의 재가를 얻어서 코로나19 바이러스 지원 구조 및 경제안정법(Coronavirus Aid, Relief, and Economic

Security Act, 이하 케어스 법)으로 통과되었다. 이 법안은 2020년 코로나 19 팬데믹의 영향을 받은 개인, 가족, 기업에 긴급 지원 및 의료 대응을 제공하여 약 2조 2천억 달러의 경제 효과를 가져왔다. 소득이 일정 기준에 못 미치는 미국인은 직접적인 현금 지원을 받았는데, 독신 성인 1명당 1천200달러였다. 그 밖에도 실업 수당과, 근로자 임금, 임대료 및 기타 비용을 처리할 수 있도록 중소기업 대출 마련이 확대되었다. 코로나 팬데믹의 여파가 심한 부문에 별도의 자금이 지원되었으며 모기지 압류도 일시적으로 중단되었다.

극도의 정치적 양극화 시대에도 이 법안은 필요했으며 논란의 여지가 없었고 어디에서나 인기를 얻었다. 이상한 부분도 있었다. 일례로 대통령은 경기부양지원금 수표에 자기 이름을 인쇄해야 한다고 주장했다. 그래도 결과적으로 팬데믹이 계속됨에 따라 이 지원 정책도 반복할 수밖에 없게 되었다. 바이든 정부는 대규모 경기부양책이라는 아이디어를 그대로 수용했는데, 향후 선거를 어느 정도 염두에 둔 계산으로 보인다.

케어스 법의 일정 부분은 법의 목적을 달성하는 것과 거리가 멀었다. 중소기업에 직원 급여를 지원해 주어도 채용 관행이 크게 달라졌다는 증거는 거의 찾아볼 수 없었다. 지원 대상이 아닌 대기업과 지원 대상에 해당하는 중소기업이 같은 방식으로 행동한 탓이었다. 개인 경기부양금을 제공하면 소비는 즉시 증가했으나, 개인 상호작용과 관련된 서비스의 수요 감소에 타격을 입은 기업에는 사실 아무런 도움이 되지 않았다. 개인 경기부양금은 소비자 상품과 소비자를 대상으로 하는 서비스 부문에만 붐을 일으켰다. 중고차를 포함하여 자동차 판매도 호황을 누렸다.

미국에 나타난 패턴이 다른 나라에서도 반복되었다. 2020년 GDP 대비 전체 재정 적자의 평균치를 내어 보니, 선진국의 경우 11.7퍼센트였고, 신흥시장 경제는 9.8퍼센트 저소득 개발도상국은 5.5퍼센트를 기록했다. 2020년 전 세계 공공 부채는 GDP의 97.3퍼센트까지 증가했다. 전염병이 발생하지 않은 경우를 추정한 것보다 무려 13퍼센트포인트나 높은 수치였다.[19]

수요가 증가하자 전략적인 부문에 부족 현상이 발생하여 다른 부문으로 파급 효과가 미쳤다. 초반부터 가장 명백한 문제였고, 시간이 지나도 해결되지 않으며 오히려 더 심각해진 문제는 '치파게돈'으로 알려진 (반도체)칩 부족 현상이었다. 봉쇄 초반에 많은 직장인이 재택근무로 전환하면서 통신 장비를 업그레이드했다. 그러자 노트북, 라우터, 웹캠, 태블릿, 모니터와 같은 전자 제품 수요가 급증하여 칩이 부족해졌다.[20] 그리고 나서 봉쇄로 인해 서비스에 지출할 기회가 줄어들고 개인 상호작용이 적어지면서 사람들이 상품 소비를 점점 늘려갔다. 칩 부족 현상은 놀라울 정도로 오래되어 2022년까지 이어졌다. 바이러스의 공중보건 통제에 필요한 기본적인 테스트 장비가 부족한 것도 마찬가지였다.

정책 시행에 따라 물품 부족은 더욱 심해지다가, 무역 전쟁이 일어나자 상황은 더욱 악화했다. 기존의 무역 갈등은 미국이 몇몇 핵심 분야에서 의료 비상사태에 대응하는 데 큰 걸림돌이 되었다. (보호 장비, CT 기계, 환자용 펄스 모니터를 포함하여)다수의 중국산 의료 물품을 금지하는 보호무역주의 조처 때문에 품귀 현상까지 이어졌다.[21]

2020년에도 무역 전쟁은 계속되었지만, 트럼프는 한 발도 물러나지 않았다. 그러다가 1월 24일에 코로나바이러스에 대한 뉴스가 전해지자 트럼프는 약 4억 5천만 달러 상당의 철강 및 알루미늄 제품에 관세를 새로 부과했다. 아마도 이는 기존 관세 정책 때문에 어려움을 겪는 분야의 숨통을 틔워주려는 의도였을 것이나, 중국은 물론이고 대만, 일본, 유럽연합과 같은 동맹국에서 들여오는 수입품에 큰 타격을 입혔다. 대통령 임기가 끝나갈 무렵, 트럼프는 중국 최대 반도체 제조업체인 SMIC가 10나노미터 이하의 칩을 생산하는 데 필요한 미국 소재 부품과 기술을 제공하는 것을 중단하라고 미 상무부에 압력을 가했다. 이러한 칩은 스마트폰과 다른 첨단기술 제품을 생산하는 데 필수적인 부품이었다.

트럼프 대통령의 보호무역주의에 못지않게, 영국도 팬데믹 기간에 공급망을 더욱 확장했다. 유럽연합에서 탈퇴한 이후 새로운 무역 체제로 전환하자 여러 가지 관료주의적 합병증이 발생한 탓이었다. 미국과 마찬가지로 영국 정부도 위기의 순간에 중대한 공중보건 문제를 제대로 처리하지 못한 것으로부터 사람들의 관심을 분산시켜야 했기에 무역 난항을 내심 반겼을 것이다.

부품 부족 때문에 전자업계만 타격을 입은 것은 아니었다. 자동차에서도 칩이 매우 중요한 부품이었기에 자동차 업계도 생산에 큰 타격을 입었다. 많은 자동차 제조사들이 생산 설비 가동을 중단하게 되었다. 포드사는 계획보다 생산량을 110만 대나 줄여야 했다.[22] 모든 제조사를 합치면, 전 세계적으로 자동차 생산량이 150만 대에서 500만 대나 줄었다.[23]

얼마 가지 않아서 칩의 부족 현상이 전혀 예기치 못한 측면에서도 문제를 일으켰다. 일례로 치파게돈 때문에 개를 씻겨주는 전자 부스가 모두 문을 닫았다. 샴푸와 물을 배급하고 옵션에 따라 털을 말려주는 기능이 모두 칩과 연관이 있었다. 이러한 부스는 미군 기지는 물론이고 민간인들에게도 널리 사용되고 있었다. 극심한 날씨로 인해 발생한 문제도 있었다. 태평양 북서부 지역의 심각한 폭염 때문에 2021년 연말에 크리스마스트리 공급량이 급감했다.

컨테이너가 부족해지자 세계 무역도 곤경에 빠졌다.[24] 20피트짜리 컨테이너 생산량이 2020년 9월에 30만 개로 증가했고 1월에 다시 44만 개로 늘어났지만, 꼭 필요한 장소의 컨테이너 수요를 충족시키기에는 역부족이었다.[25] 컨테이너 생산뿐만 아니라 건설업계가 갑자기 바빠지면서 철강 자재도 부족해졌다. 처음에는 감염 위험이 크거나 폐쇄된 대도시 중심지에서 많은 사람이 빠져나오는 바람에 건설 붐이 일었고, 나중에는 자산 인플레이션이 심각해질까 봐 걱정하는 분위기 때문에 건설 수요가 높아졌다. 열연강판은 2021년 2월에 톤당 1천176달러였는데, 이는 최소 13년 만에 최고가를 기록한 것이었다. 다른 철강 제품의 가격도 크게 상승했다.(도표 7-1 참조)[26] 중국에서는 생산자 물가지수가 급등했고, 2021년 4월 말에 정치국은 생활 유지 및 물가안정에 꼭 필요한 상품 공급을 보장하면서 주택 투기를 억제하려는 조처를 내놓았다. 중국 인민은행은 물가안정을 목표로 주요 상품 공급을 늘리는 행보를 보였다.[27]

리튬, 희토류를 포함하여 전기차 배터리와 모터 생산에 필요한 원자재 업계도 유포리아 상태였다. 중국에서 생산되는 탄산리튬Lithium carbonate 가격은 3년째 내림세였지만, 국내 수요가 증가하자 2021년에 100퍼센트 이상 급등했다. 전기 모터에 사용되는 희토류인 네오디뮴-프라세오디뮴NdPr 산화물은 거의 40퍼센트 증가했으며 배터리 금속인 코발트도 비슷한 증가세를 기록했다.[28]

전체적으로는 아니지만, 곳곳에 상당한 가격 인상이 나타났다. 관광

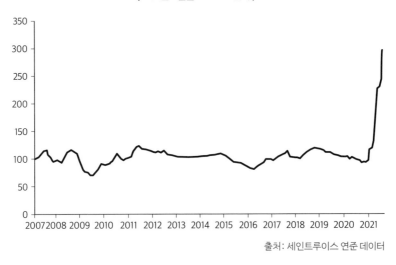

✦ 도표 7-1. 2007~2021년 철강 가격: 냉각 압연강판 지수 ✦
(2007년 1월을 100으로 본다.)

출처: 세인트루이스 연준 데이터

산업이 장기 침체할 것이라는 예상 때문에 투자가 위축되어 호텔 건설은 거의 중단되다시피 했다. 직장인들이 편한 차림으로 재택근무를 하자 출퇴근용 의복도 잘 팔리지 않았다. 수요가 가격에 미치는 영향은 점점 더 많은 영역으로 확대되었다. 부유한 나라에서는 건축 붐이 일어났기에 목재 가격이 급등했다. 인도의 경우는 목재 가격이 상승한 이유가 매우 비극적인데, 화장으로 장례를 치르는 횟수가 늘어났기 때문이었다.[29]

부족 현상이 두드러지자 즉시 공급품 보호 조치가 시행되었다. 공중 보건이나 보안에 꼭 필요한 공급품은 더욱 강력한 조치가 적용되었다. 백신 생산에는 복잡한 공급망이 관련되어 있지만, 어쨌든 백신은 새로운 민족주의에서 가장 명확한 주제였다.

mRNA 백신은 만들려면 19개국에서 공급하는 280가지 구성요소가 필요하다.[30] 2021년 초반에는 브렉시트 때문에 유럽연합과 영국의 무역협정은 무산되었다. 유럽연합과 영국의 심각한 분쟁에 옥스퍼드 대학교에서 개발된 아스트라제네카 공급 문제가 더해졌다. 아스트라제네카라는 백신은 대부분 네덜란드 라이덴에 있는 할릭스 공장에서 생산되었는데, 유럽연합보다 영국과 먼저 납품 계약을 맺은 상태였고, 이에 유럽연합은 수출을 봉쇄하겠다고 으름장을 놓았다. 이렇게 바이러스와의 전쟁 때문에 국제 긴장이 더욱 고조되었고, 국내 유통 문제도 더욱 심각해졌다.

팬데믹이 발생한 이후의 독특한 부족 현상은 설명하기 어렵지 않았다. 개인 보호 장비, 마스크, 인공 호흡 장치 등이 크게 부족했다. 또한 누가 보더라도 전통적인 경제 이론, 즉 물가 이론에서 알려주는 방식으로 부족 현상에 대처하는 것은 말도 안 될 정도로 어리석고 비효율적이었다. 가장 먼저 보호받아야 할 사람들이 아무런 보호 장치 없이 방치되었고, 보호 장치를 자랑거리나 사치품으로 여기는 사람들은 안일하게 지낼 수 있었다.

불과 몇 달 만에 부족 현상의 원인이 더욱 복잡해지고 서로 얽히면서, 빠져나갈 길을 상상조차 할 수 없는 상태가 되었다. 노동력의 부족, 특히 트럭 운전사가 부족한 것도 한 가지 원인으로 작용했다. 컨테이너 관리 및 승선 근무 인력도 부족했기에 컨테이너는 엉뚱한 지역에 발이 묶이거나, 제한된 항구 시설 때문에 항구 바깥에 길게 줄을 세운 상태로 보관되었다. 소비자들은 특정한 상품의 부족에 초점을 맞췄다. 영국인들은 운전자가 부족해지면 칠면조 도축 공장의 용량을 제한하는 이산화탄소 부족을 초래할 것이라며 우려를 표명했다. 농부들은 칠면조를 도살장에 팔 수 없었고, (영국에서 칠면조를 게걸스럽게 먹는 전통적 시기인)크리스마스에 칠면조가 약 100만 마리 부족할 거라고 생각했다. 뉴요커들은 베이글에 바르는 크림치즈라는 상징적인 식품이 부족한 상황에 직면했고, 도쿄에서는 맥도날드에서 감자튀김이 부족하여 배급량을 정해 두어야 했다.

이러한 부족 현상에 소비자는 예측 가능한 방식으로 대처한다. 가능한 한 물량을 많이 비축하고, 질이 더 낮은 대체품을 구매하기 시작한다. 축제를 좋아하는 영국 소비자는 크리스마스에 칠면조를 구하지 못할 상황에 대비하여 햄, 닭고기, 오리고기를 몇 번이고 사들일 것이다. 하지만 이렇게 비축하거나 사들인 대체식품을 다 먹지는 않을 것이다.

희소성이 눈덩이 효과로 이어지는 현상은 야노스 코르나이의 '공산주의 계획경제 분석'에 잘 설명되어 있다. 계획경제는 장기적으로 지속되는 부족 현상에 대한 가장 좋은 사례를 제공한다.[31] 신발 가게에서 자기 발에 맞는 치수나 디자인을 찾을 수 없거나, 찾지 못할 가능성이 크면, 발에 맞지 않는 치수나 맘에 들지 않는 디자인을 그냥 사면서 나중에 비공식적으로 교환할 수 있을지 모른다는 아주 작은 확률에 희망을 걸게 된다. 또는 자기 몸에 맞지 않는 치수의 옷을 사서 수선해서 입으려고 하거나, 아이들의 옷을 뜯어서 어른에게 맞는 크기로 만들려고 새로 바느질할지 모른다. 그래서 전반적으로 부족이 심한 시기에 낭비가 증가하지만 계획경제 체제가 완전히 무너지지 않는 한, 부족이라는 문제는 절대 해결되지 않는다.

소비자의 불안 심리는 생산자의 계산에 고스란히 반영된다. 공급자는 대안을 찾아서 기존의 계획을 그대로 유지하므로 결국 차선책을 밀어붙이게 된다. 제조업체는 각종 부품이 적시에 배송될 것이라는 확신이 더는 없으므로 재고를 대량 확보해야 한다. 그러면 창고를 더 크게 만들어야 하므로, 건설 및 이에 필요한 인력, 공급품 등에 대한 압박이 커질 수밖에 없다. 이러한 변화는 결국 생산 비용의 증가로 이어지며, 새로 정해지는 가격에도 반드시 반영된다.

이처럼 공급 제약이 생산 문제를 가중하고 상호 연결된 네트워크가 원활히 운영되지 못하거나 붕괴함에 따라 부족 현상은 더욱 심화할 수 있다. 일반적으로 국가도 개인과 같은 방식으로 행동하는데, 불필요한 것을 많이 비축하려 한다. 코로나 시대에 각국 정부가 백신 확보에 열을 올린 것만 보더라도 알 수 있다. 사실 다른 용도에 잘 쓰일 수 있는 물자를 대량으로 비축하는 것이라서 바람직하지 않다. 인명 구조에 쓰일 수 있는 수많은 장비를 그냥 재고로 쌓아두면 사용만료 기간을 넘기거나 보관 상태가 적절하지 않아서 결국 낭비하게 된다. 그런데 긴급한 위기가 닥쳤다는 인식 때문에 사람들은 극적인 조처가 매우 중요하다고 생각하고 정치적으로도 바람직하다고 믿는다. 팬데믹 당시 세계 각국은 위기에 잘 대처하고 있다는 점은 짧게 설명하고 실제로 백신 물량을 얼마나 확보하고 있는지 앞다투어 자랑했다.

'민족주의'라는 표현은 한편으로 국가의 성공을 의미하는 것처럼 보였다. 백신 민족주의, 공급망 민족주의와 같은 표현이 그랬다. 미국과 유럽연합은 자체 칩 생산을 확대하기 위해 보조금을 1천억 달러나 쏟아부었다. 부족 현상이 발생하자 이익에 눈이 먼 사람들이 가격 폭리를 취할 기회가 많아졌다. 문제는 여기서 끝나지 않았다. 자국이 핵심적인 공급을 좌우한다고 생각하는 나라들이 이를 정치적으로 유리하게 이용하려고 할 것이다. 러시아는 오래 전부터 에너지 공급과 혼란의 위협을 사용해서 세계 정치를 쥐락펴락할 수 있다고 생각했다. 아니나 다를까 이번에 러시아는 2022년 2월에 우크라이나를 공격하기에 앞서, 유럽에 가스 공급을 중단하겠다는 위협을 가했는데, 이는 우크라이나에 대한 압박을 강화하려는 수작이었다.

필요한 것이 부족해지면 부족한 상품을 놓고 나라들이 경쟁이나 입찰 전쟁을 벌이게 되고, 지정학에 관한 관심도 높아진다. 공급 문제가 증가하자 러시아가 유럽에 대한 가스 공급을 좌지우지할 수 있다는 사실이 더욱 큰 위협으로 다가왔다. 중국도 배터리 기술이나 에너지 저장을 포함하여 여러 가지 용도에 쓰이는 희토류를 보유하고 있었는데, 이 또한 경쟁 위협으로 간주하였다. 이렇게 많은 것이 부족해지자 경쟁과 공격적인 행동이 증가하여 전쟁 위험이 커졌다. 전쟁 위협과 보복성 제재라는 악순환은 공급 부족 문제를 더 악화시켜서 공급 차질은 더욱 심각해진다. 그 결과, 전 세계 경제는 물론 국제 정치마저 이 문제에 발목을 잡힌다.

2022년 2월 24일에 러시아가 우크라이나를 침공하면서 공급망 중단과 심각한 부족 문제는 더욱 악화되었다. 두 차례의 세계대전이나 1970년대 중동 분쟁에 대한 대응도 이와 비슷했다. 러시아와 우크라이나는 전 세계 밀 거래량의 30퍼센트를 공급했기에 밀 가격이 급등했고, 대체식품으로 여겨지는 다른 곡물의 가격도 영향을 받았다. 유럽연합의 천연가스 가격은 2022년 2월 18일부터 3월 7일 사이에 3배로 올랐다. 반도체 칩 제조에 사용되는 네온 가스는 90퍼센트가 우크라이나에서 생산되는데, 더 정확히 말하자면 러시아와 우크라이나 제철소의 폐기물에서 네온 가스를 생산하고 있었다. 전 세계 상업계는 이 점에 화들짝 놀랐다. 팔라듐, 백금, 아르곤, 크립톤도 부족해져 가격이 급등했고, 독일의 자동차 공장은 차량의 엔진 배선에 필요한 와이어 하니스가 부족해서 생산시설 가동을 중단해야 했다. 이 부품은 아주 단순한 것으로 고급 기술이 필요한 것이 아니었다. 무력 충돌과 공급 쇼크가 동시에 발생하자 전 세계 질서는 1930년대 이후로 가장 심각한 상황에 직면하게 되었다.

팬데믹으로 심화된 불평등

✕

팬데믹을 겪으면서 국내의 불평등은 물론이고 국가 간 불평등이 더욱 두드러졌다. 초반에는 국내 여러 지역에서 불평등 문제가 두드러졌다. 처음에는 밀라노, 영국 남동부, 뉴욕, 캘리포니아 등 전 세계적으로 연결된 대도시가 타격을 입었으나, 질병에 가장 취약한 빈곤층과 한계 노동자들이 급격히 늘어났다. 미국은 전 세계 최고를 자부하는 병원과 의료시설을 갖추고 있었지만, 반대로 가장 부적합한 병원과 시설도 없지 않았다. 전 세계에서 최고로 손꼽히는 교육시설과 대학교도 미국에 있었지만, 가장 형편없는 학교도 미국에 있었다. 미국에는 세계에서 가장 아름답다고 여겨지는 주택만 있는 것이 아니라, 최악의 수준이라고 할 만한 주택도 있었다.

백인보다 흑인과 히스패닉계 미국인이 팬데믹의 영향을 더 많이 받았다. 실제로 흑인과 히스패닉계 미국인의 바이러스 감염률과 치사율이 훨씬 높게 나타났다. 비교 초반부터 그들의 건강 상태가 더 좋지 않았는데, 고혈압, 당뇨병이 많고 이러한 질병에 대한 적절한 치료를 못 받고 장기간 방치되는 사례가 많았다. 이런 만성질환은 대개 유전적 요인 때문에 생기는 것이 아니라 열악한 사회적 조건, 다시 말해서 근접성이 높고 혼잡한 환경 및 (바람직하지 않은)작업 환경에서 유발되는 경우가 많다.

흑인과 히스패닉계 미국인들은 환자가 발생해도 격리할 개인 공간이 없어서 감염의 위험이 매우 컸다. 의료, 공공 교통기관 및 소매업처럼 물리적 접촉이 불가피한 직업군에도 흑인과 히스패닉계 노동자가 집중되어 있었다. 예를 들어 육류를 포장하는 공장 같은 곳이었다. 이런 공장에서는 근로자들이 물리적으로 매우 가까이서 일하는 데다 실내 온도가 낮아서 바이러스가 더 빠르게 확산했다.

사무실 근로자는 업무 장소를 집으로 바꾸기만 하면 문제가 해결되었다. 때로는 재택근무가 그들에게는 더 만족스러웠다. 반면 가난하고 열악한 상태에서 살아가는 사람들은 감염 검사를 받는 것도 쉽지 않았으며, 백신 접종을 꺼리거나 미루는 경향이 있었다.

결과는 가히 충격적이었다. 흑인이 코로나 바이러스에 감염될 확률은 히스패닉이 아닌 백인 미국인과 거의 같았지만, 입원율은 거의 3배였고 사망률은 백인의 약 2배였다. 히스패닉계 미국인도 백인보다 발병 사례 2배, 입원 횟수는 3배, 사망자는 2배나 많았다.[32] 임대료 체납으로 퇴거당하는 사례도 의료 문제를 악화시켰다. 퇴거 유예제도의 유무를 놓고 비교할 때, 이러한 제도가 없는 주에서 코로나 감염률이 2배나 높았다.[33]

측정 문제도 있었는데, 코로나 바이러스로 인한 사망자가 모두 계수에 포함되지 않았으며, 팬데믹 초반에 특히 그러했다. 대안은 정상적인 비율보다 높은 초과 사망률만 측정하는 것이었다. 영국에서는 모든 원인을 포함하는 사망률이 팬데믹으로 인한 흑인 남성의 사망 예상률보다 거의 4배가 높았으며, 아시아 남성의 경우에도 3배나 높았다. 그러나 백인 남성의 경우에는 고작 2배로 나타났다. 여성의 경우에도 같은 차이가 나타났는데, 각 범주에서 사망률의 차이가 남성보다 조금 적은

편이었다.[34]

2021년에 접어들자 불평등에 관한 논쟁이 전 세계적 규모로 확대했다. 최악의 상황은 대규모 신흥시장에서 발생했는데, 특히 브라질과 인도에서 상황이 매우 심각하게 치달았다. 부유한 산업 국가와는 대조적으로 소외된 저소득 계층은 처참할 정도로 취약했는데, 이들에게 적절한 보상을 하기에는 정부 자원이 턱없이 부족했다.

인도의 경우, 팬데믹 기간에 2억 3천만 명이 국가 최저 임금(1개월당 약 45달러)에 못 미치는 돈으로 생활했다. 2020년 1월에 인도인의 4.3퍼센트가 하루에 2달러도 되지 않는 돈으로 생활했다. 1년 후에는 이 수치가 9.7퍼센트로 증가했으며, 봉쇄 기간에는 인도 빈곤층의 90퍼센트가 식량 부족으로 어려움을 겪었다.[35] 유엔 세계식량계획World Food Program의 보고에 따르면 전 세계적으로 기근의 위험에 처한 사람은 2018년에 2천 700만 명이었으나 2020년에 3천 400만 명으로 증가했고, 2021년에는 이보다 더 증가했다.[36]

국민 대다수가 백신을 접종한 나라에서도 새로운 감염 사례가 발생하면서 부스터 백신 문제가 발생했다. 그러자 분배 문제의 또 다른 측면이 부각되었다. 부유한 국가는 취약한 자국민에게 3차 백신을 제공할 여력이 있지만, 그렇게 하면 빈민국에 돌아갈 백신 물량이 줄어들게 된다. 빈민국에서는 감염률이 높아서 유전자 변형 및 돌연변이 바이러스가 발생하게 되고, 자국은 물론이고 다른 부유한 국가의 공중보건 사태를 더욱 악화시킬 가능성이 있었다.

처음에 정책 입안자들은 팬데믹 상황을 전쟁 및 군사 동원에 비유했다. 2020년 2월 6일에 시진핑은 현재 중국이 '인민 전쟁'을 벌이고 있다고 했다.[37] 3월 17일에 보리스 존슨 영국 총리는 "지금 전시 정부처럼 행동해야 하며 경제를 지탱하기 위해 모든 수단을 동원해야 합니다"라고 말했다. 영국 재무부 장관 리시 수낵Rishi Sunak은 "지금까지 한 번도 겪어본 적이 없는 경제적 싸움을 벌이고 있습니다"라고 주장했다.[38] 3월 19일에 도널드 트럼프는 '우리의 대규모 전쟁'을 언급하면서 다른 나라를 적국으로 지목했다. "우리는 총력을 기울여서 중국에서 온 이 바이러스에 맞설 것입니다."[39] 무역제조업정책국장 피터 나바로Peter Navarro는 3월 28일에 이렇게 말했다. "우리는 제2차 세계대전 이후로 가장 중요한 산업상의 군사 동원에 참여하고 있습니다. 대통령은 전시 체제를 갖추고 보이지 않는 적과 싸우고 있습니다."[40] 물류회사 UPS 소속의 로라 레인Laura Lane은 3월 29일에 백악관에서 "이 전쟁에서 이기려면 물류가 잘 해결되어야 합니다"라고 말했다.[41] 하버드대 교수이자 경제학자인 케네스 로고프Kenneth Rogoff는 "정부가 건전한 대차대조표를 유지한다는 것은 지금처럼 전쟁에 버금가는 상황에서도 전력을 다할 수 있다는 뜻입니다"라고 설명했다.[42] 조 바이든 대통령은 취임 이후에 군사적 수사법을 사용해서 백신 접종이 '애국의 의무'에 포함된다고 설명했다.[43]

이처럼 많은 사람이 전시 군사 동원에서나 쓰일 법한 해묵은 추론 방식을 꺼내 보였다. 한 세대에 한 번 있을까 말까 한 예외적인 문제 상황이 발생하면 대대적인 대응책이 필요한데, 그 결과가 미래의 운명을 결정하기 때문이다. 실제로 코로나19에 신속하게 대응할 때 사망률이 줄어서 경제적 영향에 관한 비용을 아낄 수 있다는 확실한 증거가 빠르게 나타났다. 긴급 상황에 대처할 때는, 일단 많은 돈을 쓰고 부담은 미래에 전가해야 한다. 그렇게 하면 이른 시일 내에 정상 생활에 복귀하여 전시에 발생한 부채를 갚을 수 있다.

이러한 불확실한 상황이 언제까지 이어질지 모른다는 점도 전쟁과 비슷하다. 정책 입안자와 대다수 대중은 처음에 초기 전파를 억제하는 빠르고 효과적인 조처를 하면 바이러스를 억제하거나 차단할 수 있다고 생각했다. 이는 1914년에 전쟁이 금방 끝날 거라고 믿었던 것과 비슷했다. 그런데 전쟁과 달리, 이번 전쟁의 적인 바이러스는 눈에 보이지 않기 때문에 복잡하고 (처음에는 신뢰하기 어려웠던)테스트 절차를 개발해야만 적을 식별할 수 있었다. 눈에 보이지 않는 적은 여러 가지 음모론을 낳았다. 편집증에 기끼운 소문이 난무한 것도 전시 동원 상황과 비슷한 점이라고 할 수 있다.

또 최전선에 복무한 사람들은 전투에 투입된 군인처럼 적절한 보상을 해주어야 하는데, 보상 비용은 차입금으로 충당하고 미래 세대가 이를 갚아야 한다는 전제가 당연한 것처럼 여겨졌다. 하지만 전쟁 때와 마찬가지로 구매력은 계속 축적되었다. 정부는 개인에게 재난지원금을 지원했으나, 많은 사람이 이 돈을 쓰지 못하고 추가 소득으로 저축했다. 미국에서는 가처분 개인소득 대비 저축률이 2019년 12월에 7.2퍼센트였는데, 2020년 4월에 사상 최고치인 33.7퍼센트를 기록했다. 2020년 3월에서 4월에 저축률은 무려 4배나 증가했다.[44]

특히 제1차 세계대전 당시와 마찬가지로, 전쟁 이익에 대한 논란이 시작되었다. 빈곤국이 타격을 입었지만, 부의 불평등에 대한 통계를 보면 부유한 사람들의 재산은 놀라울 정도로 빠른 증가세를 보였다. 모건 스탠리의 루치르 샤르마Ruchir Sharma가 조사한 바에 따르면, 전 세계 억만장자의 재산 총액은 12개월 만에 8조 달러에서 13조 달러로 증가했다. 같은 기간에 억만장자의 수는 700명이나 증가하여 총 2천700명이 되었다. 소위 슈퍼리치가 중국에 234명, 미국에 100명이 새로 집계되었다. 슈퍼리치의 재산이 GDP에서 차지하는 비율은 러시아의 경우, 2020~2021년에 23퍼센트에서 34퍼센트로 증가했다. 인도에서는 10퍼센트에서 19퍼센트로, 미국에서는 13퍼센트에서 19퍼센트로, 중국에서는 8퍼센트에서 15퍼센트로 증가했다.[45] 크레디트스위스는 전 세계적으로 팬데믹 기간에 500만 명이 넘는 사람이 백만장자의 반열에 합류했으며 팬데믹이 발생한 첫해에 전 세계 부가 28조 7천억 달러가 증가했다고 보고했다. 이러한 추세는 밀레니엄 이후에 시작되었으며 팬데믹 기간에 다소 극단적으로 이어지고 있다. 글로벌 금융위기와 코로나19 위기가 발생한 후에 통화 구조 메커니즘이 적용된 것이 아무래도 크게 작용했을 것이다. 이처럼 순자산이 100만 달러가 넘는 사람들의 자산을 모두 합친 금액은 2000년부터 2020년까지 4배나 증가했으며 전 세계의 부에서 이들이 차지하는 비율도 35퍼센트에서 46퍼센트로 증가했다.[46]

나라마다 효과적인 대처 역량에 큰 차이가 있었다. 부유한 나라는 폐쇄로 인한 경제적 비용 측면에서 충격이 크지 않았고, 봉쇄의 충격에 대응하는 데 더 많은 돈을 쓸 수 있었다. 2021년 봄까지 미국은 추가 지출 조치를 시행했는데, 이 금액과 손실된 세수입을 더하면 GDP의 25.5퍼센트나 된다. 이는 영국의 16.2퍼센트나 독일의 11퍼센트보다 매우 높은 비율이다. 신흥경제국은 수입이 급격히 줄어들었기에 지출도 줄어들 가능성이 있었다. 중국의 경우, 새로운 재정팽창에 투자한 금액이 4.8퍼센트였고, 인도는 3.3퍼센트에 불과했다.(브라질만 이보다 좀 더 높았다.) 저소득 국가의 경우 제약이 더 심했는데, 이런 나라에서는 팬데믹 기간에 지출이 감소하여 인구가 더욱 취약한 상태가 되었다.

저금리 환경에서는 각국 정부는 물론이고 부유한 나라의 개개인도 유리한 입장이 된다. 쉽게 말해서 과거보다 부채상환 부담이 많이 줄어들고 경기 회복이 지연되는 것을 의미하지도 않는다. 가난한 국가는 부유한 나라보다 인플레이션이 훨씬 더 빠르게 진행되었다. 2021년 연말에 소비자 물가 인플레이션은 폴란드가 8.6퍼센트, 러시아가 8.4퍼센트, 인도가 6.1퍼센트, 브라질이 10.1퍼센트, 가나가 12.6퍼센트, 터키는 36.1퍼센트, 아르헨티나는 50.9퍼센트였다. 2022년에는 이 수치가 더 치솟았다. 하지만 선진산업국에서도 인플레이션 상승 현상이 나타났으며, 새로운 물가 인상이 얼마나 바꾸기 힘든 상태인가를 놓고 즉시 정책적 논의가 이어졌다. 재정 정책(과잉 지출)과 통화 문제(인플레이션)라는 측면에 1970년대 정책 논의가 그대로 반영되었다.

재정 논쟁은 난항을 겪었다. 초기에 각국 정부는 대침체의 경험에서 얻은 본능을 드러냈는데, 헤드라인에 큰 수치를 제시하여 최대한 강한 이미지를 주려고 했다. 대침체 시기에 그랬듯이, 조심할 필요가 있었다. 처음에 유럽연합은 환경 지속가능성이라는 장기적 문제를 해결하기 위해 공동채무증서를 발행하는 등, 과감한 재정 대응책을 시행하면서 이를 자축했다. 에마뉘엘 마크롱 프랑스 대통령은 이를 '전례 없는 조치'라고 표현했고, 유로그룹 재무 장관회의 위원장이자 포르투갈 재무장관 마리오 센테노Mario Centeno는 '재정통합을 향한 큰 진전'이라고 했다. 독일 재무장관 올라프 숄츠Olaf Scholz는 미 공화국 초기의 부채 상호화에 버금가는 해밀턴의 순간a Hamiltonian moment이라고 높이 평가했다.[47]

1992년 마스트리흐트 조약Maastricht Treaty과 1997년 안정과 성장에 관한 협약Stability and Growth Pact에 포함된 기존의 금융 규칙은 새로운 금리제도에 따라 개정할 필요가 있다는 점에는 의문의 여지가 없었다. 그러나 재정적으로 신중한 북유럽과, 재정 적자를 떠안고 살아왔지만 재정 적자를 더 늘리기 원하는 남부유럽 사이에 해묵은 갈등이 다시 표면화되었다.

미국의 경우, 바이든 행정부는 1조 9천억 달러 규모의 미국 구조계획(American Rescue Plan, 2021년 3월)을 시작했으며, 2021년 여름에는 향후 6조 달러의 예산을 제시하면서 연 소득 40만 달러가 넘는 고소득자만 세금이 크게 인상될 것이라고 약속했다. 이 예산대로라면 10년간 연간 1조 3천억 달러의 적자가 발생할 것이었다. 의회에서는 예산 찬반을 놓고 상원의원들이 반으로 나뉘어 팽팽하게 맞섰다. 민주당의 중도파 의원인 조 맨친Joe Manchin 상원의원은 '우리나라에 닥친 잔인한 재정 현실'을 언급하면서 "역사상 위대한 나라들은 부주의한 지출과 잘못된 정책으로 힘을 잃었다"라고 동료 의원들에게 조언했다.[48] 그는 곧이어 자신이 인플레이션이 더 가속화되는 것을 혼자서 막아낸 사람이라고 주장했다. 강력한 반대로 바이든 행정부의 제안은 무산되고 정치는 예전처럼 교착 상태로 되돌아갔다.

재정 방침과 마찬가지로 통화정책 재평가도 반대에 부딪혔다. 2020년 8월에 연방준비제도는 통화정책 프레임워크를 개편하여 인플레이션 목표를 2퍼센트로 설정했다. 이전의 언더슈팅*을 보상하기 위해 인플레이션을 '적당히' 높이려는 것이었다.[49] 이 방식에 따르면, 최대 고용이란 물가안정에 위험을 초래하는 지속적인 압력을 생성하지 않는 상태에서의 최대 고용을 의미했다. 유럽중앙은행도 비슷한 행보를 보였는데, '강력한 새로운 전략은 2013년 이후로 인플레이션이 지속해서 낮

• undershooting, 과도한 하락 -역자 주

은 이유, 다시 말해서 유럽중앙은행의 인플레이션 목표보다 낮은 이유를 정확히 이해하는 데 달려 있음'을 강조하는 것이었다.[50]

통화 전략을 이렇게 정의하기에 앞서 개혁에 관해 긴 시간 논의가 이루어졌다. 팬데믹이 시작된 지 몇 달 후에 이런 일이 진행된 것은 어디까지나 우연이었다. 그러나 금리 하락 문제를 오래 고민하다 보니 중앙은행들은 부족 현상과 정부 대응책이 가져온 채찍 효과를 발견하지 못했다. 공급 문제가 명확해졌는데도, 주요 중앙은행은 코로나19가 새로운 디플레이션 충격을 의미한다는 생각을 버리지 못했다. 2020년 6월에 연방준비제도는 핵심 인플레이션 조처가 "(연방공개시장)위원회의 2퍼센트 목표에 한동안 미치지 못할 가능성이 크다"면서 "수년간 매우 수용적인 금융 조건이 필요할 것"이라고 추론했다.[51]

2021년이 되자 물가는 한껏 급등했고, 중앙은행들은 또 한 번 판단 착오를 범했다. 그들은 이러한 혼란이 그저 일시적 또는 한시적이라고 주장했다. 유럽중앙은행 총재 크리스틴 라가르드Christine Lagarde는 "중기적으로는 아무런 영향이 없는 일시적인 공급 충격에는 과잉 대응하지 않을 것"이라고 약속하면서 이렇게 덧붙였다. "우리는 지속적이고 근본적인 인플레이션 역학에 반영된다고 확신하는 헤드라인 인플레이션의 개선에만 반응할 것이다."[52]

2021년 늦봄에 유럽중앙은행 수석 이코노미스트는 "인플레이션 모멘텀을 유지하기 위해 단호한 조처를 하되, 인내심이 필요하다는 점을 인지해야 한다"고 설명했으며 "세계 주요 중앙은행 중 어느 곳에서도 지속가능한 인플레이션을 급속히 2퍼센트 수준으로 끌어올 릴 것이라는 정책 성명을 내놓지 않았다"고 덧붙였다.[53]

연말이 다가오자 일시적transitory 또는 한시적 충격을 가리키는 표현이 부적절하다는 것이 분명해졌다. 8월에 연방준비제도 의장 제롬 파월Jerome Powell은 이렇게 설명했다. "그러나 역사를 보면 중앙은행들은 일시적 요인으로 인해 발생한 인플레이션이 사라질 것임을 당연하게 받아들일 수 없다는 교훈을 얻게 된다."[54]

그는 또 11월 30일에 열린 의회 청문회에서 이렇게 말했다. "(일시적이라는 표현)은 더 높은 인플레이션의 형태로 영구적인 흔적을 남기지 않는다는 뜻으로 쓰인다. 이제는 그 표현을 쓰지 않고, 우리가 의미하는 바를 더 명확하게 설명하는 편이 나을 것 같다."[55] '팀 트랜지토리team transitory'*를 주도했던 폴 크루그먼도 2022년 초에 경제 용어에서 '일시적'이라는 단어를 퇴출해야 한다고 인정했다.[56] 2022년까지 연방준비제도는 금리 인상을 통해 인플레이션을 공격적으로 억제하겠다는 약속에 집중했다.

유럽의 대응은 이보다 더 잠정적이었다. 유럽중앙은행 집행 이사인 이사벨 슈나벨Isabel Schnabel은 인플레이션 위험이 커질 수 있으니 경각심을 가져야 한다고 주장했다.[57] 몇 주 후에 독일 유명 일간지 〈빌트 자이퉁Bild Zeitung〉은 슈나벨이 텔레비전에 출연하여 인플레이션이 너무 낮다고 발언한 것을 크게 비판했다.[58]

문제는 상대적 물가에 큰 변화가 발생하고, 여기에 노동 시장의 구조적 붕괴가 겹쳤을 때, 무슨 일이 일어나고 있는지 판단할 수 없었던 것이었다. 2021년 2월 미국의 고용 실태를 보면 1년 전 팬데믹이 시작되기 전과 비교할 때 850만 명이 줄어들었다. 팬데믹으로 혼란이 생긴 부문에서는 실업 사태가 벌어졌으나 새로운 활동이 개시된 부문에서

---

* 일시적인 인플레이션을 주장하는 세력.

는 인력이 아주 부족했다.

전문 의료 서비스를 포함하여 일부 기업에서는 신입사원 상여금을 최대 10만 달러나 제시했다.[59] 서비스직, 접대, 여행, 레저 부문에서 실직 현상이 가장 크게 나타났으며 교육과 보건의료 서비스 부문에도 전반적으로 실직 현상이 두드러졌다.(비응급 의료 처치에 대한 수요가 급격히 감소한 탓이었다.) 교육과 의료는 위험이 큰 대면 활동이었지만, 온라인 학습이나 원격의료처럼 전자 온라인 서비스로 전환될 가능성이 컸다. 그리고 이러한 변화의 대부분은 영구적인 변화로 자리 잡았다. 재택근무는 새로운 비즈니스 표준에서 영구적인 특징 중 하나로 자리잡는 것처럼 보였다. 완전히 달라진 직장 생활에 대한 환상이 날개를 펼쳤으며, 그중 일부는 현실로 나타났다. 콜센터는 대부분 완전 자동화 체제로 전환되었다. 그런가 하면 물류 부문에는 더 많은 인력이 필요했다. 여러 가지 많은 지표를 보면 이렇게 증가한 수요는 장기간 이어질 전망이었다. 건축 부문도 각종 부족 현상에 직면했고, 인프라 지출이 증가하면서 장기적인 수요 증가가 예상되었다. 일부 건축은 환경 프로젝트와 관련되어 있었다.

반복되는 작업이 많거나 업무 부담이 과도한 직업을 포함하여, 몇몇 직종에서는 근로자 이탈 현상이 발생했다. 이 또한 장기적인 변화처럼 보였다. 선진국에서는 일부 근로자들, 특히 노년층의 근로자들이 자기계발이라는 새로운 전략을 위해 노동 시장을 떠나버렸다. 그들은 외국의 새로운 아이디어나 영성에 관심을 가졌다. 다른 지역에서는 원격 근무가 시행되자 사람들이 위기에 처한 국내 시장을 떠나 국제 사회 및 가상 세계에서 외화를 벌 기회로 눈을 돌렸다. 특히 기술 분야 종사자들은 코로나19를 계기로 글로벌 노동 시장에 진입할 수 있는 새로운 가능성이 열렸다고 생각했다. 터키에 인플레이션 위기가 닥쳐서 통화 가치가 바닥에 떨어지자 가상 세계의 두뇌유출 현상이 발생했다. 터키의 젊은이들이 해외 기업으로 대거 방향을 틀었다. 이는 노동 시장에서 새로운 형태의 세계화가 이루어진 것이었다.[60]

이렇게 노동 시장에 영구적인 변화가 일어났는데, 그저 전반적인 임금과 물가 또는 전반적인 실업 문제라고 생각하고 대처한다면 말이 되지 않을 것이다. 연방준비제도 파월 의장은 "고용 극대화와 물가안정이라는 두 가지 목표 사이에 긴장이 존재한다"라고 불평했다. "인플레이션은 목표치를 훨씬 넘어설 정도로 높은 상태이지만, 노동 시장은 아직 느슨한 상태에 머물러 있다."[61]

사실 이 느슨한 상태는 커다란 변화의 신호였다. 대봉쇄Great Lockdown 및 대사직Great Resianation은 대혼란Great Dislocation으로 이어졌다.

정부의 역량 개선과 통제력 강화

✕

코로나19로 인해 정부 역량이 중대한 시험을 치르고 있다고 할 수 있다. 과연 어떤 정부가 이 사태를 가장 유능하게 대처할 수 있을까?

조 바이든 대통령은 취임한 지 불과 몇 달 후에 인터뷰에서 이렇게 말했다. "현재 우리는 전 세계가 중국만 바라보는 시점에 와 있는 것 같다." 또한 아일랜드 총리의 말을 인용해서 "미국은 전 세계를 주도할 수 없다. 현재 코로나라는 문제 하나도 제대로 대응하지 못하고 있다"라고 덧붙였다.[62]

다른 지역에는 습득 과정에서 템플릿으로 쓸 만한 적절한 모형이 있었을까? 바이든 행정부는 종종 사회적 결속력을 강화하는 방안으로 유럽 스타일의 복지 방침을 참고하였다. 또한 최신 기술을 사용하여 정부와 국민의 관계를 바꿀 방법을 모색했다.

코로나 사태는 통신 및 관리 부문에 신기술이 등장하여 전 세계를 바꾸어 놓은 시기와 우연히 겹쳤다. 위협과 기회가 동시에 등장한 것은 중요한 전투에서 위험이 커졌다는 뜻이었다. 그렇다면 누가 새로운 통제 메커니즘을 통제할 것인가? 전선戰線을 설정하는 것은 어렵지 않다. 한쪽은 새로운 투자 형태를 지시하는 벤처캐피털이고 다른 편에는 대대적인 현대화 프로젝트에 전념하는 권위적 국가가 가진 막대한 자원이 있다. 이렇게 상반되는 두 가지 비전은 동중국해를 사이에 둔 두 나라의 대립을 의미하기도 했다. 일본은 전 세계에서 가장 영향력이 큰 벤처캐피털의 본거지였고 중화인민공화국은 전략기획을 가장 중시하는 정부였다.

2007~2008년과 2020~2021년에 전 세계에 닥친 위기를 돌아보면, 기업이 무너진 사례는 상대적으로 많지 않았다. 이는 전 세계 주요 중앙은행이 유동성 위기를 관리한 덕분이었다. 하지만 팬데믹 기간에는 신기술이나 그러한 기술의 전망과 유혹을 사용하거나 남용하려던 기업이 처참하게 무너져내렸다.

결제 기술은 1870년대에 전 세계적으로 철도가 많이 늘어난 것에 비할 수 있다. 결제 기술은 새로운 방식으로 전 세계를 아우르는 기본 인프라를 제공했으며, 운송 수단을 대체하는 정보 및 인공지능 개발을 통해 이전에 없던 방식으로 전 세계를 하나로 연결하는 도구가 되었다. 19세기 철도처럼, 초반에는 새로운 결제 시스템이 수익을 낼지, 그중 어떤 것이 투자자의 돈만 낭비하는 애물단지가 될지 전혀 알 수 없었다. 각국 정부와 투자자는 지불 방식이 어떻게 재구성할 것인가를 놓고 다양한 실험을 허용해야 했다.

　세계적인 핀테크 사업의 확장에서 중심을 차지했던 상징적인 기업의 사례를 살펴보면 최종 결과는 아무도 알 수 없다는 점을 분명히 깨닫게 된다. 이 기업의 성공은 여러 나라 정부와의 관계에 좌우되었다. 일본의 기업 소프트뱅크SoftBank는 1981년 9월에 도쿄에 설립되었는데, 설립자는 한국 이민가정에서 태어난 24세 젊은이 손정의였다. 그는 캘리포니아 대학교 버클리에서 컴퓨터과학과 경제학을 전공했다. 그는 대학 시절에 이미 뛰어난 경영 능력을 드러냈는데, 전자 번역기를 개발해서 샤프에 100만 달러를 받고 팔았으며, 일본에서 비디오 게임기를 수입한 다음 기숙사와 식당에 설치하여 또 한 번 100만 달러의 수익을 올렸다.[63] 손정의는 일본으로 돌아가서 소프트웨어 유통 및 컴퓨팅 관련 잡지를 발행하는 기업으로서 소프트뱅크를 설립했다. 1996년부터 소프트뱅크는 최초의 인터넷 검색엔진 중 하나인 야후와 협업을 하게 되었다. 2000년대에 들어와서 야후는 급속히 몰락했지만, 소프트뱅크는 살아남았다. 다른 벤처 사업은 이보다 더 처참한 실패를 겪었다. 2017년에 소프트뱅크는 공유사무실 업체인 위워크WeWork에 10억 달러 이상 투자했다. 하지만 2019년에 위워크의 IPO 실패 이후로 주가가 폭락하고 말았다. 손정의가 공언한 목표는 1년에 10~20개의 황금알을 낳는 것이었다.[64] 가장 작은 규모의 거래는 1억 달러 정도였고 가장 큰 거래는 수십억 달러가 오가는 것으로서, 해당 분류에서 가장 성공적인 테크 스타트업으로 손꼽혔다. 한마디로 그의 비전은 매우 거창했다. 소프트뱅크의 공식 웹사이트에서는 인간이 200살까지 살게 될 것이며 '친절하고 지능을 갖춘 로봇'과 공존하면서 '모두가 더 풍요로운 생활방식'을 누릴 수 있다고 예측한다. 이는 비표준 데이터를 인지, 분석한

것이었다.[65]

과감한 변화를 내포한 대부분의 프로젝트가 실패로 끝나는 것은 불가피한 일이다. 하지만 화려한 성공 사례가 있기만 하면 그런 실패는 별로 문제가 되지 않았다. 손정의가 계약한 사례 중에서 가장 크게 성공한 것은 마윈의 알리바바였다. 마윈도 중국 항저우 출신의 가난하고 보잘것없는 학생이었지만, 손정의처럼 캘리포니아에서 영감을 얻었다. 그는 처음에 샌프란시스코의 어느 웨이트리스에게 알리바바라는 이름을 시험해 봤는데, 그 여자는 알리바바를 듣고 "열려라, 참깨!"를 떠올렸다. 상상할 수 있는 새로운 소원과 기회가 모두 열리는 느낌을 말하는 것이었다. 마윈은 시간이 흐를수록 대담해졌다. 2020년 10월 24일에 상하이에서 열린 와이탄 금융 포럼에서 그는 세계 금융 및 통화질서를 과감히 개편해야 한다고 연설했다. 한마디로 그는 브레턴우즈 체제의 재편을 주장한 것이다.

유럽과 미국이 무언가를 가지고 있다고 해서 그게 항상 다른 나라보다 진보한 것이며 우리도 가져야 한다고 생각할 만한 가치가 있는 것은 아니다. … 일례로 바젤 협정은 디지털 금융 분야에서 유럽이 전반적인 혁신을 이룩할 능력을 크게 제한해 버렸다. … 중국에는 대형 은행이 많다. 이들은 신체 순환계에서 큰 강과 같은 동맥에 해당한다. 하지만 이제 우리는 호수, 연못, 시냇물, 지류는 물론이고 모든 종류의 늪이 더 많이 필요하다. 이런 요소가 생태계에 없으면 홍수가 나거나 가뭄이 들 때 우리는 죽고 말 것이다. 따라서 오늘날 우리는 건전한 금융 시스템이 사라질 위험을 안고 있는 국가이므로 금융 시스템에 관한 위험에 대해 걱정만 할 것이 아니라, 건전한 금융 시스템을

구축해야 한다.[66]

　기본적인 비전은 은행이 대출 시 담보를 최대한 멀리해야 한다는 것
이었다. 이 연설은 중국 정부의 심기를 몹시 거스르는 것이었다. 마윈
의 앤트파이낸셜 그룹은 340억 달러 규모의 IPO를 눈앞에 두고 있었
는데, IPO가 갑작스럽게 취소되고 말았다. 상장된 알리바바의 주가는
10퍼센트 하락했으며, 마윈의 개인 재산도 100억 달러로 줄어들었다.
그는 실종되었으며 중국 정부는 거대한 기술 기업을 통제하려는 움직
임을 시작했다.

　마윈은 알리바바를 창업하기 전에 중국과 전 세계를 연결하는 스타
트업을 2번 시도했으나 모두 실패했다. 첫 번째 스타트업은 1994년에
설립한 호프 트랜슬레이션Hope Translations이었는데 실질적인 사업 거래
는 거의 없다가 재빨리 소비재 판매업으로 전환했다. 1995년에는 미
국 고객을 찾으려는 중국 기업에게 플랫폼이 되어줄 차이나페이지China
Pages를 설립했다. 1999년에 등장한 알리바바는 원래 B2B 포털이었다.
2002년에 중국 남부 지역에서 사스SARS-CoV 바이러스가 발생하여 문
자 메시지 및 인터넷 사용량이 급증했고 이에 따라 신규 사업에 큰 추
진력이 생겼다. 이 무렵에 이베이가 중국 시장에 진출하자, 마윈은 소
비자 전자상거래 사이트인 타오바오Taobao Marketplace를 만들었다. 불과
2년 만에 타오바오는 중국 시장에서 지배적인 기업으로 성장했다. 성
공의 비결은 에스크로 시스템인데, 고객이 상품을 수령 후 만족한 이후
에만 공급업체에 대금을 전달하는 방식이었다. 그뿐만 아니라 마윈은
2004년에 알리페이라는 새로운 결제 기술을 출시했는데, 스마트폰의
QR 코드를 사용해서 결제하는 방식이었다.

마윈은 자의식적으로 전통적인 자국의 계획 방식은 물론이고 전통적인 방식의 자금 조달을 모두 거부했다. 이런 면에서 그의 시스템은 파격적이었다. 처음에 시도한 두 개의 벤처 사업이 실패한 것은 정부 관료들이 그의 아이디어를 가져다가 정부의 모든 권력을 동원하여 이를 발전시켰기 때문이었다. 마윈이 보기에 관료들의 행동은 만족스럽지 않았고 사실 성공과는 거리가 멀었다. 그는 많은 격언을 남겼는데 그중 하나는 "계획하면 실패할 것이고, 계획하지 않으면 이길 것이다"라는 말이었다.[67] 이는 국가가 주도하는 계획경제에 도전장을 내미는 것처럼 보였다. 그러나 처음에는 자금 조달이 문제였다. 그는 옛 속담을 인용해서 '은행가는 햇빛이 날 때 우산을 빌려주고, 비가 내리기 시작하면 우산을 돌려달라고 요구하는 사람'이라고 했다. "돈이 필요치 않을 때 돈을 모아라. 돈이 필요할 때는 돈을 구하러 나가지 마라. 이미 너무 늦었기 때문이다."[68] 그는 동기를 부여하는 면에서 천재적이었으며 언변이 뛰어났다. 사실 그가 사업을 구축한 것도 많은 것을 부풀리고 왜곡한 덕분이었다. 그는 마이크로소프트 빌 게이츠의 말을 살짝 바꿔서 이렇게 주장했다. "인터넷은 인간의 삶에서 모든 측면을 바꿔놓을 것이다."[69]

공산주의의 오래되고 진부한 표현은 더 나은 미래를 위해 지금 희생해야 한다고 지적한다. 마윈은 경쟁의 유익한 효과를 포함하여 이를 자본주의 버전으로 변형시켰다. "오늘은 잔인하고 내일은 더 잔인할 것이나, 모레는 아름답습니다. 그러나 대다수가 내일 밤에 죽을 겁니다. 그들은 모레의 햇살을 보지 못할 겁니다."[70]

마윈의 계획에서 가장 눈에 띄는 점은 물류와 자금 조달의 세부 사항에 관심을 기울였다는 것이다. 효과적인 배송 시스템이 없으면 상품을 팔래야 팔 수가 없다. 무엇보다도 효과적인 결제 시스템이 마련되지 않으면 거래 자체가 존재할 수 없다. 마윈은 홍콩 투자자들에게 "우리는 부동산 개발업자와 다름없죠. 공간을 정리하고 배관을 깔고 각종 설비가 제대로 작동하는지 확인합니다. 그러고 나서 사람들이 와서 우리가 정리해 놓은 부지에 건물을 세웁니다"라고 설명했다.[71] 타오바오는 일부러 소규모 일개미를 자사 마스코트로 선정했는데, 이는 "개미도 힘을 합치면 코끼리를 이길 수 있다"라는 원칙을 반영한 것이었다.[72] 원래 그 이미지는 많은 사람이 함께 일하는 것이 중요하다는 것을 보여주려는 의도였을 뿐, 중국에서 이베이나 야후 같은 경쟁 기업을 없애려는 커다란 전략을 염두에 둔 것은 아니었다.(동양을 바라보는 서방 세계의 케케묵은 잘못된 시각에 대한 비난이 있었을 수도 있다. 1990년대에 프랑스 수상 에디트 크레송Edith Cresson이 일본인을 가리켜 '개미'처럼 일한다고 조롱한 적이 있었다.)[73] 2015년에 알리페이의 모그룹이 앤트파이낸셜Ant Financial로 이름을 바꾸었다.

마윈은 알리바바를 설립하려고 금융 통제권을 양도했다. 골드만삭스가 가장 먼저 참여했고, 소프트뱅크, 야후와 같은 벤처캐피털 기업이 끼어들었다. 소프트뱅크를 끌어들인 것은 골드만삭스였는데, 소프트뱅크는 초반에 2천만 달러를 투자했다. 손정의는 "마윈의 눈빛에 설득당하고 말았다. '바로 느낄 수 있는 냄새'가 있었다"라고 회상했다.[74] 마윈은 2011년에 알리페이를 손에 넣었는데, 중국이 외국 주주들에 대해 승리한 것처럼 보였다. 중국을 개혁하려는 노력의 하나로 그는 국내에 자신의 세력을 만들기 시작했다. 자신만의 이미지를 쌓으려는 시도였으나 결국 이 때문에 정부 당국과 갈등을 겪게 되었다. 사실 그는 분명 더 나은 조건을 제시했다. 마윈이 2013년에 출시한 위어바오라는 투자 상품은 국유 상업은행보다 높은 수익을 제공했으며 2018년에 운영자산 규모가 2,440억 달러를 기록하는 등, 세계 최대 규모의 MMF로 성장했다.[75] 마윈은 중국 정부, 특히 규제당국을 비판했다.

> "알리바바가 이처럼 빠르게 성장한 이유 중 하나는 정부가 이를 몰랐기 때문이다. … 정부가 우리의 존재를 깨달은 순간부터 우리의 성장 속도는 급격히 둔화했다."

이는 대규모 민간 기업이 과감한 혁신을 해낼 수 없다는 고백처럼 들렸는데, 국가와 국가의 역량에 도전장을 내미는 것과 같았다. 항저우 관계자는 이렇게 말했다. "민간 기업의 수장으로서 마윈은 기업 홍보를 적정 수준으로 유지해야 하는데, 그 점에서 부족함을 드러냈다. 예전에는 그런 것이 별로 문제가 되지 않았지만, 이제는 제대로 배울 필요가 있다."[76] 알리바바는 시장 남용으로 거액의 벌금을 내게 되었다. 2021년 4월에 앤트파이낸셜 그룹은 독점금지법을 위반한 죄로 28억 달러의 벌금을 받았다.

기업과 계획 당국의 갈등은 결국 데이터 통제권을 둘러싼 싸움이었다. 마윈과 앤트파이낸셜을 막아서는 중국 정부의 행보는 민간 핀테크 기업에 대량의 빅데이터를 국영 은행에 넘겨주도록 압박을 가하는 것으로 해석된다. 중국의 3대 민간 기술 기업인 바이두, 알리바바, 텐센트를 묶어서 'BAT'라고 하는데 2015년에는 디지털 광고 수익의 61퍼센트, 2018년에는 같은 수익의 67퍼센트가 이들에게 돌아갔다. 또한 이들은 중국 내 벤처 자금 투자의 절반을 차지했다.[77] 팬데믹 무렵에는 캘리포니아에서 항저우와 상하이를 연결하는 아이디어의 주요 연결 고리가 중국과 미국의 무역 전쟁으로 위협을 받으면서, 대규모 기술기업의 영향력이 쇠퇴하고 있다는 추측이 난무했다. 틱톡을 개발했으며 바이트댄스ByteDance를 창립한 장이밍Zhang Yiming은 자신이 2021년에 물러난다고 밝혔다. "나는 진정한 장기적 혁신을 더 효과적으로 추진하는 방법을 오랫동안 고심했다. 단순히 꾸준하고 점진적인 발전만으로는 그런 혁신이 불가능하기 때문이다."[78] 중국 정부는 팬데믹을 기회 삼아 이 기업가를 상대로 전면전을 벌였다.

팬데믹의 스트레스 때문에 금융계의 해묵은 부정과 사기가 드러나고 유럽에서 소프트뱅크의 다른 주요 계약이 어려움에 부닥치자, 자기 권리를 주장하는 각국 정부의 행보가 꽤 그럴듯하게 보였다. 알리바바가 중국 내에 큰 반향을 일으켰듯이, 손정의가 보유한 10억 달러 규모의 독일 벤처는 처음에 지지부진한 독일 금융계를 변화시키는 것처럼 보였다. 와이어카드Wirecard Bank는 닷컴 붐의 후반기인 1999년에 뮌헨에 등장했다. 웹사이트 운영자를 대신하여 고객의 신용카드 결제를 처리해주는 업체인데, 초반에는 고객이 온라인 포르노를 (익명으로) 손쉽게 결제하도록 도와주는 것이 사업 대부분을 차지했다. 이제 자체 카드 발급을 넘어서 다양한 카드의 결제 및 처리까지 사업영역이 확대되었다. 2006년에는 온라인은행 XCOM을 인수하여 대출 사업에 진출했고, 비자 및 마스터카드와 같은 결제 대기업에서 라이선스를 얻은 다음에 와이어카드로 기업명을 변경했다. 2011년부터 2014년 사이에 주주들을 통해 5억 유로를 확보했으며 싱가포르에 본사를 두고 아시아 전역의 결제 기업을 다양하게 사들였다. 2020년 초반에야 사업이 잘 풀리기 시작했지만, 와이어카드는 중동에서 비자 핀테크 패스트 트랙 프로그램Fintech Fast Track Program의 우선 결제 처리에 동의했다.[79] 2017년에 어니스트앤드영Ernst and Young은 투명하게 감사를 시행한 다음, 현금 생성이 많이 증가했고 투자자의 열정에 불이 붙었다고 보고했다. 주가는 2배 이상 올랐다. 회사는 아시아 11개국에서 시티뱅크의 결제 처리 운영을 관리할 것이라고 발표했다. 연말이 되자 와이어카드의 CEO 마르쿠스 브라운Markus Braun은 자신의 지분 7퍼센트의 상당 부분을 담보로 제시하고 도이체방크에서 1억 5천만 유로를 차입했다.

2018년 9월에 와이어카드는 코메르츠방크를 밀어내고 닥스30Dax30 지수에 포함되었다. 연말에는 시가총액에서 독일 최대 은행인 도이체방크를 앞질렀다. 2019년 1월부터 〈파이낸셜 타임스〉는 와이어카드의 싱가포르 사업을 조사한 기사를 연재하기 시작했고, 와이어카드는 즉시 공격을 퍼부었다. 2019년 10월 15일 자 인쇄판에 최종 기사가 실렸는데, "회사 내부 스프레드시트와 와이어카드 재무팀 고위 직원이 주고받은 관련 서신을 보면 두바이와 아일랜드에서의 와이어카드 매출과 수익을 거짓으로 부풀리고, 와이어카드의 1차 감사기관은 EY를 눈속임하려고 힘을 합쳐 시도한 것으로 보인다"라고 지적했다.[80] 독일 연방금융감독청 바핀BaFin은 시장 조작 혐의로 〈파이낸셜 타임스〉 조사에 착수했으며 이 신문사가 약세 투기꾼과 동맹을 맺고 있으며 시장을 움직일 목적으로 퍼뜨린 거짓 소문을 놓고 내부거래를 했다고 고발했다. 하지만 나중에 드러난 바에 따르면, 실제로는 바핀의 직원 다수가 와이어카드의 주식을 보유하고 있었다. 도이체방크 감사위원 알렉산더 슈츠Alexander Schutz는 브라운에게 "(〈파이낸셜 타임스〉를) 무너뜨려야 한다"라며 이를 종용했다.[81]

2019년 4월에 와이어카드는 소프트뱅크가 9억 유로의 현금을 투입했다고 발표했다. 2020년 3월에 감사가 마무리될 예정이었으나, 회계법인의 보고서 발간 및 연례 감사 결과 발표가 4월 말로 연기되었다가 결국 4월 28일에 발표되었다. 글로벌 회계 컨설팅 그룹 KPMG는 2016년부터 2018년까지 보고된 와이어카드의 수익 중 '알짜배기 부분'을 책임지는 계약의 진위를 판단할 수 없다고 밝혔으며, 모호한 싱가포르 문서 외에는 증빙자료가 없는 10억 유로의 현금 잔고에 대해서도 질의했다.[82] 6월 5일에 뮌헨 검찰은 범죄 수사를 시작했으며, 같은 달 18일에 와이어카드의 2019년 감사 결과를 발표할 예정이었으나 회사 경영진은 필리핀 은행에 대한 채무로 추정되는 19억 유로가 '누락되었다'고 발표했다. 6월 23일에 브라운은 체포되었고, 6월 25일에 와이어카드는 파산 신청을 했다.

2000년에 스무 살의 나이로 입사하여 모습을 드러내지 않았던 최고운영책임자 얀 마르살렉Jan Marsalek는 해고 당일에 필리핀으로 도주했다가, 다시 러시아로 이동한 것으로 보인다. 그는 에르메네질도 제냐의 검은색 정장을 입고, 고가의 부쉐론 콘스탄틴 손목시계를 착용했다. 또한 대량의 현금 거래를 주로 했는데, 직원이 슈퍼마켓에서나 쓸 법한 비닐봉지에 현금을 넣어서 들고 다녔다.[83] 2021년 독일 의회 조사에 따르면 2014년에 있었던 회계법인 EY의 감사는 경영진의 구두 보증만 확인했고, 2018년 감사는 아시아 아웃소싱 협력업체가 처리한 것으로 알려진 개별 거래를 확인하기에는 세부 정보가 충분하지 않은 상태로 드러났다.[84]

2019년 9월에 마르쿠스 브라운Markus Braun은 도이체방크의 CEO 크리스티안 제방Christian Sewing과 함께 2인 인터뷰를 하는 자리에서 낙관적 견해를 제시했다. 그는 독일에서 연평균 20~30퍼센트의 '유기적 성장'이 이루어졌다고 자랑했다.[85] 도이체방크는 그룹에 대한 대규모 신디케이트 대출*의 일환으로 와이어카드에 8천만 유로를 노출했지만, 헤징 전략 덕분에 손실액을 1천800만 유로로 제한할 수 있었다. 당시 브라운은 와이어카드가 도이체방크를 인수할 목적으로 '프로젝트 팬서Project Panther'를 추진하고 있었다. 크리스티안 제방은 나중에 와이어카드가 "금융 중심지였던 독일의 이미지를 다 망쳐놓았다"라고 했다.[86] 브라운은 독일 금융 체제의 핵심을 차지하려고 과감한 시도를 했는데, 그렇게 하려면 정부도 손에 넣어야 했다. 그래서 카리스마 넘치는 전 국방장관 카를테오도어 추 구텐베르크Karl-Theodor zu Guttenberg를 통해 앙겔라 메르켈 수상의 관심을 끄는 데 성공했다.

메르켈 수상은 2019년 9월 중국을 국빈 자격으로 방문했을 때 와이어카드를 위해 로비활동을 펼쳤다. 후에 메르켈 수상은 자기가 실수를 범했다고 인정했으나, 독일 기업을 위해 해외에서 로비하는 것이 자기 업무 중 하나라고 주장하면서, 그렇다고 해서 "범죄 행위를 100퍼센트 보호해주는 일은 없을 것"이라고 했다.[87]

영국에도 와이어카드처럼 정부에 대한 접근성과 권력의 수단에 방점을 두고 금융 혁신을 약속한 사례가 있었다. 그린실캐피탈Greensill Capital은 70억 달러 규모의 IPO가 논의된 지 몇 달 후에 문을 닫았다. 이 회사는 46억 달러의 보험 보장이 소멸하고 특히 크레디트스위스와 소프트뱅크와 같은 자금 출처가 고갈되자, 2021년 3월에 파산했다.

영국의 핀테크 기업 그린실캐피탈은 2011년에 농업에 종사하다가 은행가로 변신한 호주인 렉스 그린실Lex Greensill이 설립했다. 노련한 세

---

* cyndicated loan. 다수의 금융기관으로 구성된 대주(돈을 빌려주는 측)가 차관단, 즉 신디케이트를 구성해 공통 조건으로 차주(돈을 빌리는 측)에게 일정액을 빌려주는 대출 방식. -편집자 주

일즈맨답게 그는 수박을 키우는 농부들이 결제 지연으로 고생하는 상황을 설명하면서 자금 조달이 그들의 상황을 바꿀 수 있을 뿐만 아니라 전반적인 시장 효율성을 높일 수 있다는 점을 부드럽게 설명했다. 2020년 5월에 그린실은 기존의 은행 거래는 "빅데이터를 기반으로 하는 새로운 모델로 교체될 것이며, 구조적 변화가 시장의 모든 당사자에게 영향을 줄 것이다. 지금은 매우 이른 초기 단계일 뿐이다"라고 설명했다.[88] 그는 금융계의 오즈의 마법사처럼 굴며 '공급망 금융'이라는 틈새시장을 공략했다.

금융사학자들은 이 사업이 가장 오래된 형태의 금융이라고 본다. 상인은 제품을 매입한 다음 배송하는데, 상품을 판매하거나 유통하기 전에는 상품 대금을 결제할 돈이 없다. 따라서 송장이나 지불 약속을 담보로 상인에게 신용을 제공하면, 다른 방법으로는 충족할 수 없던 필요를 채울 수 있게 된다. 이러한 기본 과정은 이미 고대 메소포타미아 문명에서도 널리 사용되었다.[89]

무엇보다도 공급금융은 중세 말기와 근대 초기 금융의 핵심이었다. 결정적인 혁신이자 이후에 이어진 금융 발전의 기반이 된 것은, 미래의 특정 시점에 특정 금액의 지급을 요구하는 환어음bill of exchange이었다. 상인은 환어음을 매입하여 수입 상대국에 보내고, 그곳에서 다른 상인이 (양모 한 뭉치와 같은) 제품의 소유권을 얻을 때 이를 사용했다. 그러면 후자의 상인은 환어음을 발행한 대리인에게 어음을 제시하여 돈을 받을 수 있었다. 환어음을 사용하면 실제로 현금을 보낼 필요가 없어서 위험을 줄일 수 있었다. 환어음은 신용 수단으로도 사용되었다. 어음 발행인은 다른 은행 거래를 할 때와 마찬가지로 대량의 고객 예금을 다룰 때가 많았다. 현대적 관점에서 보면, 기업은 부채를 늘리는 듯한 인상을 주지 않으면서도 신용 공급에 접근할 수 있었다.

그린실은 우선 제너럴 애틀랜틱에서 벤처 캐피털의 접근권을 얻었고, 그다음에는 페이스북과 알리바바에서 같은 권한을 얻었다. 이렇게 소프트뱅크의 자금을 조달할 자격을 차근차근 갖추는 것처럼 보였다. 실제로 2019년에 소프트뱅크에 15억 달러의 자금을 지원했는데, 이는 매우 파격적인 처사였다.

그린실에서 제공한 대출 금액의 상당 부분은 산지브 굽타Sanjeev Gupta라는 사업가와 그가 설립한 리버티하우스Liberty House와 관련된 소수의 기업으로 흘러 들어갔다. 리버티하우스는 2009년부터 오래되었거나 구식이 되어버린 제철소를 사들였으며, 기술 재생 및 환경 지속 가능성을 약속하는 것처럼 보였다. 쇠퇴하는 산업에 대처하는 것은 사회, 정치적으로 쉽지 않은 일인데, 이 문제로 고심하는 정부에게는 상당히 매력적인 제안처럼 보였을 것이다. 2020년이 되자 전 세계에 약 200개 공장에서 이러한 범위의 기업에 의존하는 직원 수가 3만 5천 명이나 되었으며 연간매출액은 200억 달러에 이르렀다. 굽타는 기술의 혁신적인 친환경 특성을 강조했는데, 2020년 다보스 세계경제포럼에서 "전 세계 사람들 대다수가 2050년까지 법적 구속력이 있는 탄소중립을 달성하기를 바랍니다"라고 발표했다.[90] 하지만 그의 꿈은 희미해졌다. 2021년 초반에 푸아투에 있는 주조공장 두 곳과 샤토루 근처에 있는 합금 휠 생산 공장이 파산했다. 그린실의 자금 조달은 브레멘에 있는 노르드피난츠 은행Nordfinanz Bank AG을 통해 이루어졌으나, 사실 이 은행은 아주 오래되었고 어떤 거래도 이루어지지 않는 상태로 보였다.

이처럼 스트로스버그와 비슷한 경고 신호가 많았으며, 이는 그린실이라는 기업에 문제가 있다는 단서였다. 굽타와 그린실은 (기업 이미지에 어울리는 색으로 칠해둔)기업용 제트기가 여러 대 있었고 호화로운 저택도 보유하고 있었다. 하지만 시간이 지나고 보니 모든 게 너무 분명했다. 〈파이낸셜〉 신문의 화이트홀 편집장은 트위터에 다음과 같이 글을 올렸다. "자세히 들여다볼수록 의문은 더 많아진다. 가장 실망스러운 것은 내가 렉스 그린실과 비슷한 상황이라는 점이다."[91]

그린실의 몰락은 금융 혁신이나 로비에 관한 지나치게 부풀려진 주장, 투명성 부족 및 부적절한 위험 분산과 같은 문제에 뼈아픈 경고가 된다. 이러한 교훈은 자본주의와 정부의 상호작용에서 나타나는 전혀 매력적이지 않은 특징과 관련이 있는데, 늘 잊히기에 십상이라서 꾸준히 다시 학습하고 반복적으로 강조해야 한다.

일례로 로비 문제를 생각해 보자. 그린실은 전 보수당 총리 데이비드 카메론(David Cameron, 나중에 그린실 직원이 됨)을 통해 사우디 정부를 설득하여 투자자들이 소프트뱅크에 더 많은 자금을 투자하라는 압박을 가했다. 그렇게 하면 그린실에 대한 지원도 자연스럽게 늘어날 가능성이 있었다. 그 후에 코로나가 발생하자 카메론은 그린실이 긴급대출제도에 접근하게 돕고, 동시에 절박한 처지에 놓인 영국 국민건강보험National Health Service 직원들이 임금이나 급여를 선지급받도록 도와주었다. 카메론은 재무부와 영국 중앙은행 양측에 지속해서 로비활동을 이어갔다. 재무장관을 대상으로 사적으로 중재하는 일도 서슴지 않았다. 카메론은 스마트폰으로 문자 메시지를 60통 넘게 끈질기게 보냈다. 영국 정부가 정부에 고용된 직원에게 가불해주는 데 굳이 중개인이 왜 필요하겠는가? 영국 통상부는 그린실의 여러 회사가 서로 연계되어 있을지 모른다는 의구심을 가졌으며 정부 자금이 국외로 빠져나갈지 모른다고 판단하여 카메론의 제안을 모두 거절했다. 과거에 2010년 선거를 앞두고 카메론은 노동당 총리가 비용 관련 스캔들을 처리한 방식을 문제 삼아 그를 공격하면서 "로비 활동이 우리 정치를 너무 오랫동안 오염시켰다"라고 선언했다. "우리는 다 로비가 어떻게 작용하는지 알고 있다. 점심 식사, 후대, 남몰래 귀에 속삭이는 말, 전직 장관이나 전직 고문을 고용하는 일, 대기업이 올바른 길을 찾게 도와주는 것 말이다. 우리 정당은 정실주의가 아니라 경쟁을 믿는다."[92] 그는 한때 자신이 맹렬히 비난했던 영향력의 네트워크에 기대어 살고 있다.

또 다른 교훈은 혁신의 본질에 관한 것이다. 그린실은 무엇을 가져왔는가? 산지브 굽타가 이끄는 굽타패밀리그룹 얼라이언스GFG Alliance는 자금 조달이 가능한 경로가 철강 사업 하나뿐인데도, 사우디에서 영국까지 여러 나라가 왜 이 기업을 믿고 싶어 하는 걸까? 피상적으로 보면 그린실의 접근방식이 꽤 매력적인 비즈니스 모델을 약속하기 때문이다. 그 약속대로라면 사우디아라비아가 메카 순례를 관리하는 방식이나 영국의 국민건강보험을 현대화하는 것이 가능할지 모른다. 하지만 그런 모델이 정말로 이례적이고 새로운 것일까?

금융은 언제 혁신을 이루는가? 20세기 후반에 와서 대대적인 금융화 시도가 이루어졌으며 증권화를 통해 제공되는 새로운 상품을 강조했다. 다양한 자산을 하나로 묶은 다음, 구체적인 기준에 따라 상품을 분할하여 다시 시장에 내놓으면 더 안전하고 투명하게 만들 수 있었다. 다양한 위험 요소를 분리해내서 이를 기꺼이 받아들이는 사람에게 판매하는 방식이었다. 2007년 이후로 증권 시장의 들뜬 분위기가 사라지자, 이러한 과정은 위험을 줄이는 것이 아니라 오히려 위험을 확대한다는 비난을 받았다. 그래도 지금까지 이러한 시도는 계속되고 있다.

피렌체에 본사를 두고 있으며 매우 유명하고 구체적인 기록이 남아 있는 중세 은행의 사례들이 있다. 그린실이 이를 연구했더라면 큰 도움이 되었을 것이다. (소프트뱅크와 크레디트스위스처럼)그린실에 속아 넘어간 채권자들도 마찬가지다. 메디치 가문은 예술가를 후원하는 면이나 정치인 및 교황을 배출한 유명한 가문이다. 지금도 사기를 치려는 일부 기관이 긍정적인 인상을 주기 위해 메디치라는 이름을 사용하려 한다.

메디치 은행Medici bank의 행적은 20세기의 유명한 역사학자 레이먼드 드 루버Raymond de Roover가 남긴 유명한 논문에 세세히 기록되어 있다.[93] 이 은행은 로마, 베니스, 나폴리, 밀라노에 지점이 있었고, 아비뇽, 제네바, 브뤼헤, 런던에도 지점이 있었는데, 이들은 파트너십 계약을 통해 운영되었다. 브뤼헤와 런던에 있는 지점이 거리상 가장 멀었으며 가장 문제가 많았다. 먼 거리도 문제였지만, 강력한 권력을 휘두르며 예측하기 어려운 나라들과 지속해서 상호 작용해야 한다는 것이 큰 이유였다. 그래서 메디치 가문의 현지 대리인들은 로비에 엄청난 에너지를 쏟아 부었으며, 정부가 후원하는 (양모와 같은)상품의 수출 허가를 받는 등, 정부의 호의를 얻기 위해 정부에게 많이 양보했다. 그래서 그들은 정부에 점점 더 많은 돈을 빌려주었고, 정부는 그 자금을 자신만의 목적에 사용했다.

메디치 은행은 장미전쟁에서 영국의 자금 조달에 관여했는데, 이것이 결정적인 약점으로 이어졌다. 런던 지점은 요크 가문의 군주인 에드워드 4세에게 전쟁 자금 및 정치적 동맹을 위한 지참금으로 사용하도록 점점 더 많은 자금을 빌려주어야 했다. 이 거래를 처음 맡았던 지점 직원은 환멸을 느끼며 일을 그만두었고 게라르도 카니지아니Gherardo Canigiani가 후임으로 뽑혔다. 그는 메디치 은행이 아니라 왕을 헌신적으로 섬겼고, 결국 지점의 파산으로 영국 정부와 메디치 은행의 파트너십은 끝나버렸다.

이 은행은 몇 년 후에 매우 파산했는데, 마키아벨리에게 경고성 교훈이 되었다. 저서《피렌체사History of Florence》에서 그는 지점장들이 스스로 왕자라도 된 것처럼 행동하기 시작한 것이 은행 파산의 원인이라고 지적한다. 애덤 스미스는 이야기를 재구성하여 국영 기업(메디치 은행도 나중에 국영 기업이 되었다.)은 부패하고 낭비가 심하다는 점을 부각했다. '위대한 로렌초Lorenzo the Magnificent'로 알려진 로렌초 데 메디치는 '자신의 손아귀에 들어온 국가의 수입'을 사용했다.[94] 결국 국가가 우위를 점하게 되었고, 그 때문에 혁신을 추구하는 금융가들이 꿈을 이루려면 우선 국가를 장악(또는 정치학자의 언어로 '포획')해야 했다. 처음에는 영국이나 독일이 중국보다 포획에 더 취약한 것처럼 보였을 것이다. 하지만 우리는 그들이 어떻게 움직이는지 더 많이 알고 있으며, 더 빨리 파악할 수 있다. 중국이 포획을 저항하는 면에서 더 강할지 모르나, 저항력을 키우는 과정에서 변화의 역동성 및 변혁적 기술에 관해서는 자신을 스스로 차단해 버릴 수도 있다.

두 가지 분석에 관한 이야기

1870년대의 긍정적인 공급 쇼크를 계기로 한계주의 혁명, 즉 미시경제로의 전환을 초래한 상대가격에 관심이 커졌다. 1970년대 부정적인 공급 쇼크는 거시경제 통화 및 재정 대응에 대한 의문을 제기했고, 케인스주의자이든 통화주의자이든 가리지 않고 프리드리히 하이에크가 제시한 거시경제 관점의 진단과 처방에 대한 반발을 일으켰다. 2020년에 시작된 팬데믹도 공급 충격을 유발했으며, 어떤 분석 도구가 이 위기를 이해하고 가장 효과적인 해결 전략을 찾는 데 가장 유용하느냐는 질문이 생겼다. 의료적 대응이나 거시경제적 대응 양측에서 데이터가 중요했는데, 특히 매우 세분된 데이터가 필요했다.

하지만 데이터 처리가 매우 비효율적이었다는 것이 전반적인 의견이었다. 사실 가장 큰 강대국들이 특히 문제가 있는 것처럼 보였다. 중국과 러시아는 전 세계적 위협에 관해 그들이 보유한 정보를 철저히 숨기려 했고, 미국은 이스라엘, 영국, 남아프리카와 같은 다른 국가에서 들어오는 실시간 데이터에 의존할 수밖에 없었다. 전 미국질병통제예방센터CDC 소장인 톰 프리덴Tom Frieden은 2021년 5월에 다음과 같이 말했다. "우리나라 의료 시스템은 자금과 일손이 부족하고 부서 간 연결이나 협력 상태도 매우 부실하며 수십 년간 쓸모없는 구식 데이터만 잔뜩 쌓아놓고 있다. 그중 어느 것도 현재 우리가 직면하고 있는 공중 보건 위기에 대처하는 데 도움이 되지 않는다."[95]

정책 선정은 경제적 방법론의 충돌이라고 생각할 수도 있다. 구체적으로 하버드 대학교 경제학과 종신교수가 된 두 명의 경제학자 로렌스 서머스Larry Summers와 라즈 체티Raj Chetty는 서로 다른 비전을 제시하고 있다.

로렌스 서머스는 1954년생이며, 크게 생각하는 거시경제학의 전통을 계승하는 인물이었다. 그가 물려받은 지적 유산은 존 메이너드 케인스의 경우와 비슷한 점이 아주 많았다.

1979년에 뉴델리에서 태어난 라즈 체티는 세계화된 이동성과 거기에서 만들어지는 기회를 기반으로 경제적 비전을 구상했다. 그는 세부 사항을 자세히 파고드는 것을 좋아했는데, 이를테면 나라나 지역마다 삶의 기회나 경험이 다른 이유를 조사했다. 정확히 25년 단위로 분리되는 여러 세대가 충돌하거나 여러 가지 방법이 서로 충돌하기 때문에 그런 결과가 나올 수도 있었다. 케인스주의 전통은 정책 결정에 관해 가부장적이고 기술 관료적인 하향 접근방식, 즉 유모 경제학이라고 희화화되곤 했다. 그가 추구하는 새로운 혁명은 나노경제학에 관한 것이었다.

케인스와 래리 서머스는 각각 20세기 초반과 후반을 대표하는 인물이었다. 케인스의 전기를 집필한 로버트 스키델스키Robert Skidelsky는 '케임브리지라는 장소의 오만함'이라는 표현을 사용했는데, 이는 서머스의 배경에도 딱 들어맞는 것이었다. 케인스처럼 서머스도 학자 가문 출신이었다. 부모인 로버트 서머스Robert Summers와 애니타 서머스Anita Summers는 둘 다 경제학자였고, 삼촌 및 외삼촌인 폴 새뮤얼슨과 케네스 애로우도 경제학자였는데, 노벨 경제학상을 수상했다. 서머스는 40세 미만의 우수한 경제학자에게 주어진 존 베이츠 클라크 메달John Bates Clark Medal을 받았다. 대학교 교수와 정책 수립자라는 두 가지 역할을 자유롭게 오간 것이나, 항상 논란의 중심에 있었던 것도 케인스와 비슷했다.

서머스는 경제학의 다양한 분야를 연구했는데, 특히 공공 재정, 노동 경제학, 거시경제학에 집중했으며 학제와 방법론, 연구 방향을 오랫동안 고심했다. 그의 논문 중 일부는 1970년대와 1980년대 초에 널리 퍼졌던 효율적 시장 가설을 겨냥했다. 그리고 지식과 합리성의 경계에 관해서는 케인스와 아주 비슷한 주장을 펼쳤다. 널리 인용된 그의 논문을 보면 시작 부분에 '이 세상에는 바보들이 있습니다. 주위를 잘 살펴보세요'라는 경고 문구가 있다.[96] 그는 증거 기반 경제학을 지속해서 파고들었다. "현재 우리가 겪고 있는 경제적 어려움에서 아무리 작은 부분이라도, 다른 사람이 무의미하거나 어렵다고 분류한 질문에 대한 답을 제시하여 영향력을 얻은 무지한 열성분자들 때문이라고 할 수 없다. 증거에 기초한 건전한 이론이야말로 그런 돌팔이들로부터 우리 자신을 보호하는 최선책이라고 할 수 있다."

서머스는 1991년에 하버드 대학교를 그만두고 세계은행 수석 이코노미스트가 되었다. 재직 기간이 상대적으로 짧았던 이유는, 저임금 국가에 오염 산업이나 오염물질을 두면 효율성이 좋아진다는 취지의 메모를 작성했다가 큰 논란을 일으킨 사건과 관련이 깊다. 메모의 내용이 논리적으로는 옳을지 모르나 현실에서는 전혀 도움이 되지 않았다. 이 주장은 무역 이익이나 은행 비전의 핵심인 시장 자유화에 관한 다른 정책 입장과 크게 다를 바가 없었다.

그는 클린턴 행정부에서 재무장관을 지낸 후에 하버드 대학교 총장직을 다시 맡았는데, 그때에도 이 주장을 중심으로 열띤 토론이 벌어지고 학생 시위가 발생했다. 하지만 서머스는 학생 신문에 이렇게 해명할 뿐이었다. "지금은 (뉴욕 시장 피오렐로) 라과디아의 말을 인용하는 것 외에는 달리 할 말이 없네요. '나는 실수를 저지르면, 어마어마한 사고를 칩니다.' 지금으로서는 이게 최선인 것 같습니다."[97]

하버드 대학교 총장이 된 후에 서머스는 더 많은 논란에 휘말렸다. 비평가들은 스캔들이라고 생각되는 것을 모아서 고소장을 작성했다. 서머스는 1990년대 자본 시장 개방을 흔들림 없이 옹호했다. 비평가들이 1997~1998년 아시아 위기가 발생한 이유는 국내 금융 인프라를 탄탄하게 구축하지 않은 상태에서 급격하게 금융 시장을 개방했기 때문이라고 주장했지만, 서머스는 개의치 않았다. 그는 아프리카계 미국인 철학자이자 종교 사상가, 사회평론가인 코넬 웨스트Cornel West 교수와 설전을 벌였는데, 코넬은 훗날 두 사람의 대화를 회상하며 "내 형제여, 당신이 엉뚱한 사람을 붙들고 논쟁을 벌인 것이 아닌지 걱정됩니다"라는 말이 기억난다고 했다.[98] 서머스는 전미경제연구소 콘퍼런스에서 생물학적 차이 때문에 수학과 과학에서 남성이 여성보다 우월하다고 주장하여 대학 전체는 물론이고 과학계를 발칵 뒤집어 놓았다.

가장 큰 논란은 서머스가 글로벌 금융위기가 지나고 버락 오바마 대통령의 고문으로 활약했던 시기에 발생했다. 서머스가 오바마 행정부의 정책 부문에서 주요 역할을 맡을 것처럼 보이자 그를 둘러싼 논란에 다시 불이 붙었다. 벤 버냉키의 연방준비제도이사회 의장 임기가 거의 끝나고 그가 유력한 차기 의장으로 여겨질 무렵, 2008년에 서머스와 크리스티나 로머 교수가 경기 부양책 규모를 놓고 갈등을 빚은 사건의 자세한 내막이 공개되었다.(이에 대해서는 이 책의 6장에서 자세히 다뤘다.)[99]

이러한 논쟁은 기본적으로 개인적인 실수나 실패에 관한 것이 전혀 아니었다. 케인스에 대한 로이 해러드의 용어를 사용하자면 이 문제는, 장소의 오만이 아니라 '국가의 오만'이었다. 1990년대 미국은 놀라운 성장, 공공 부채를 감축하는 강력한 재정적 입지 및 달러 강세에 힘입어 그 어느 때보다 자신만만했다. 경제적 성과는 지적 지배력을 거머쥐는 실질적 기반이 되었다.

1990년대에 서머스는 전 세계적인 금융 위협에 맞선 인물로 널리 칭송받았다. 특히 그는 아시아 위기의 여파가 미국으로 넘어오는 것을 막고 미국 경제에 아무런 영향을 끼치지 못하게 하려고 단호한 조처를 했다. 〈타임〉지는 서머스, 재무장관 로버트 루빈, 연방준비제도이사회 의장 앨런 그린스펀을 취재한 유명한 표지 기사를 내놓으면서 '세상을 구한 위원회'라고 세 사람을 치켜세웠다. 그들은 강대국 경제의 힘을 절대적으로 신봉했다. 이 기사에서는 국제공항에 편안히 앉은 자세로 서머스가 한 말을 그대로 인용했다. "우리의 출발점은 누구도 경제 법칙을 폐지할 수 없다는 겁니다. 비록 그 법칙이 불편하다고 해도 어쩔 수 없어요."

셋 중 하나인 서머스는 경제학계의 키신저Kissinger라고 불리는 지독한 실용주의자이다. 그의 야망은 가끔 눈살을 찌푸리게 하지만 그의 지성은 항상 눈부시게 빛난다. 세 사람을 하나로 묶어주는 것은 열정적인 사고 및 이상한 나라의 앨리스처럼 그들 앞에 펼쳐지는 새로운 경제 질서에 대한 꺼지지 않는 호기심이다. 21세기 금융 체제를 새로 만든다는 순수한 열정과 즐거움은 워싱턴 정부가 흔히 사용하는 권력과 돈보다 훨씬 더 강력한 동기를 유발한다. 지난 6년간 세 사람은 금세 친해져서 형제와도 같은 사이가 되었다.[100]

모든 상황이 당당한 세계관을 뒷받침하는 것처럼 보일 때는 세 사람이 자신감을 가진 것도 이해할 만했다.

세상은 2008년 이후에 분열되어 있었다. 위기에 대한 철저한 분석은 미국의 사업 방식과 경제 운영 방식을 모두 비판적으로 조사하는 방향으로 흘러갔다. 서머스는 규제 완화에 찬성했고, 비평가들은 그러한 입장이 단순한 판단 실수가 아니라 이기적인 입장이라고 주장했다.

비판의 핵심은 경제학자들이 이익에 눈이 멀었다는 것이었다. 아시아 위기가 발생했을 때 미 정부와 국제통화기금을 맹렬히 비판했던 조지프 스티글리츠Joseph Stiglitz는 서머스가 부패했을 가능성이 있다고 설명했다. "서머스가 억지로 끌려다니는 것을 보았다는 사람도 있으며, 지금도 그럴 가능성이 있다." 이에 대해 즉시 반박하는 의견이 제시되었다. 특히 켄 로고프와 (서머스나 국제통화기금 수석부총재인 스탠리 피셔와 같은)일단의 경제학자들이 나서서 이데올로기가 아니라 건전한 분석을 기반으로 행동한 것이라고 주장했다.[101] 그러나 이러한 논쟁은 정책 경제학자들에게 치명타로 작용했다. 객관적인 분석이었는가? 아니면 무의식적이라도 이해관계에 따라 왜곡되었을 가능성은 없었는가?

이렇게 서머스는 미국의 오만함과 2007~2008년 금융위기를 초래한 장본인이거나 적어도 책임을 져야 하는 사람이라는 주장이 대두되었다. 그는 2006년 밀턴 프리드먼의 추도사에서 이렇게 말한 적이 있다. "정직한 민주당원이라면 이제 우리가 모두 프리드먼주의자라는 것을 인정할 겁니다."[102]

연방준비제도이사회 의장직을 놓고 한창 논쟁이 벌어질 때 오리건주 출신의 민주당 상원의원 제프 머클리Jeff Merkley는 이렇게 발언했다. "서머스는 규제 완화를 강력히 밀어붙였고 심각한 경기 불황의 토대를 마련한 사람이 아닙니까. 과연 그런 사람이 규제기관의 요직에 적임자라고 할 수 있을지 강한 의구심이 듭니다."[103]

게다가 서머스는 민간 금융 부문에 관여하고 있었는데, 그 범위가 상당히 넓었다. 그는 시티그룹과 디이쇼D. E. Shaw라는 헤지펀드에 근무했으며, 실리콘 밸리의 스타트업 두 곳에서 이사로 일했는데, 이 회사들은 온라인 투자자에게 위험한 대출을 받으라고 부추겼다는 주장이 있다.[104]

글로벌 금융위기의 여파가 있고, 이전의 그 어떤 전후 불황보다 회복이 더 부진한 상황이었다. 이때 서머스는 세상이 어떻게 변했느냐에 관해 깜짝 놀랄 만한 진단을 내렸다. 그는 1930년대 케인스와 케인스주의자들의 접근방식과 용어를 부활시켰는데, 특히 '구조적 장기침체 secular stagnation'라는 용어를 만들었으며 미국의 케인스로 불렸던 앨빈 한센Alvin Hansen에 주의를 돌렸다.[105] 한센은 1930년대 후반에 일어난 현상을 '유아기를 넘기지 못하고 사망하는 회복이자 스스로 덩치를 키워서 아주 크고 도저히 움직일 수 없을 것처럼 보이는 실업이라는 큰 문제를 남기는 공황'이라고 생각했다.[106] 인구 증가율은 내림세였고 기술이 발전하지 않으면 투자와 성장도 큰 폭으로 하락할 것이 분명해 보였다. 앞서 대공황 시기에 한센은 구매력이 경제 주기에 진입할 수 있는 '세 가지 수도꼭지'는 기업 지출, 소비자 지출, 정부 지출이라고 했다.[107] 서머스는 바로 이 프레임워크를 한 단계 끌어올린 것이다.

국제통화기금 콘퍼런스 연설에서 서머스는 "금융 정상화 이후 4년을 들여다보면, 경제 활동을 하는 성인의 비율은 전혀 증가하지 않았으며, GDP는 2009년 가을에 정의했던 것처럼 잠재력에도 미치지 못하는 상태가 되었다"라고 설명했다. 이러한 분석의 핵심은 '완전고용에 부합하는 단기 실질이자율이 지난 10년 중반의 특정 시점에 마이너스 2퍼센트 또는 마이너스 3퍼센트로 떨어졌다는 가설'이었다. 이 사고 실험을 따라가면 불황 이후의 상황이 꽤 정확하게 그려진다.

그러면 어떤 일이 벌어질까? 이 모든 재정적인 경솔함에서 초래된 인위적인 수요 자극에도 불구하고, 초과 수요가 발생하는 일은 없을 것이다. 정상적인 신용 조건이 상대적으로 회복되더라도 완전고용 상태로 돌아가는 것은 상당히 어려울 것이다."[108]

이 분석은 오바마 정부의 경제회복 방침에 어떤 약점이 있는지 명확히 보여준다. 그러나 문제는 일시적인 국면이 아니라 상당히 오랜 기간에 걸쳐 전개되었다는 점이다. 다시 말해서, 실질이자율은 수 세기에 걸쳐 하락하는 경향이 있었다.(도표 7-2 참조)

서머스가 제시한 분석의 요지는 '초확장 정책에 직면한 성장 둔화 및 민간 부문 신용 성장의 급격한 가속화'였다.[109] 여기에는 네 가지 문제가 서로 얽혀 있었는데, 장기적 잠재 성장률이 명백히 달라졌고, 실제 성장은 잠재력에서 일시적으로 벗어났다. 근본적인 수요 부족의 존재 및 수요 문제의 핵심에 놓인 물가와 임금의 과도한 유연성이라는 문제도 있었다.

금융위기만으로는 회복이 미미한 이유를 도저히 설명할 수 없었다. 금융위기가 예외적으로 심각하다고 해도 마찬가지였다. "금융위기가

✦ **도표 7-2. 미국 10년 만기 채권 실질수익률** ✦

(단위: 퍼센트)

출처: 글로벌 금융 데이터 자료를 토대로 계산한 것임

권력의 실패를 나타내는 것이라면, 이를 해결한 후에 성장이 가속할 것이라고 예상할 수 있다. 신용이 부족해서 수요를 표현하지 못했던 사람들이 표현할 수 있게 되기 때문이다."[110] 위기 이전의 시나리오에서는 한 가지 문제가 발생했을 것이다. "미국 신용 기준이 유지되고, 주택 시장에 버블이 발생하지 않았더라면, 그리고 부양 정책stimulative이 아니었다면 금융 및 통화 정책이 어땠을지 상상해 보자. 아마도 수요 부족 때문에 생산량 증가는 분명 적절하지 않았을 것이다."[111]

이러한 진단과 제1, 2차 세계대전 사이에 케인스가 내놓은 분석은 확연한 차이가 있었는데, 문제는 가격이나 비용을 빨리 조정하지 못하는 임금의 경직성과 무관했다. 디플레이션은 통화량 때문에 발생한 문제가 아니었다.

위기 전과 후에 통화 공급이 모두 대폭 증가한 점은 부인할 수 없는 사실이었다. 그러나 문제의 핵심은 현대의 개방적이고 세계화된 경제가 적응력이 너무 좋아서 성장과 완전고용을 창출할 정도로 충분한 수요를 만들어내지 못한다는 것이었다. "임금과 물가가 더 유연해질수록, 생산이 둔화하는 기간에 임금과 물가가 더욱 하락할 것으로 예상된다. 그렇게 되면 실질이자율이 상승할 것이다. 물가 하락은 실질이자율을 높이고, 그로 인해 생산량이 감소하면 물가는 더 빨리 하락하는데, 이렇게 악순환이 생기면 디플레이션이 더욱 불안정하게 될지 모른다."[112]

핵심은 완전고용실질이자율(Full Employment Real Interest Rate, 이하 FERIR)이 하락했을 가능성이 있다는 점이었다. 서머스가 제시한 분석의 핵심은 역사적으로 장기금리의 변동 추세를 분석하는 데 달려 있었다. 이러한 변화를 미래를 바라보는 가이드로 삼을 경우, 재정 정책에 관한 기존의 사고방식은 완전히 바뀌어야 했다.

인구 증가 속도가 둔화하거나 심지어 감소하고 기술 성장도 위축되자, 새로운 근로자나 더 생산적인 근로자를 양성하기 위한 새로운 자본재의 수요가 줄어들었다. 정보 기술의 가격은 급속히 하락하지만, 동시에 전체 자본 투자에서는 비중이 더 커졌다. '가격이 하락한 자본재'란, 특정 수준의 저축으로 예전보다 더 많은 자본을 살 수 있다는 뜻이다. 그 결과, 시장을 선도하는 대기업이 더는 새로운 투자 자금을 빌리려고 시장으로 눈을 돌릴 필요가 없는데, 자본 대체 비용이 줄어들었기 때문이다.

이익 지분이 증가하면 지출 성향이 낮은 사람들에게 소득을 이전시키는 효과가 발생한다. 중앙은행과 각국 정부는 지급준비금을 축적하는 경향이 있으며 여기에 보수적인 투자 전략이 더해지면, 안전 자산에 대한 수요가 늘어나서 결과적으로 안전 금리가 낮아진다. 그리고 금융위기 이후 연기금과 보험 회사가 부채에 가장 적합하도록 안전한 채권에 자산을 보관하도록 밀어붙인 건전성 감독기준prudential requirements 때문에 이 효과가 더욱 강화되었다.[113]

서머스가 제시한 이야기는 미 노동 시장의 발전과 딱 맞아떨어지는 것처럼 보였다. 경제 활동이 가능한 연령대의 미국인은 1990년대에 연평균 1.2퍼센트 증가했으며, 2013년에는 고작 0.4퍼센트가 증가했다. 실제 노동인구 대비 이들의 비율은 67퍼센트 이상이었으나 63퍼센트 미만으로 하락했다.[114]

구조적 장기침체 진단에 관한 논리를 가장 급진적으로 확장한 사람은 국제통화기금의 전 수석 이코노미스트 올리비에 블랑샤르Olivier Blanchard였다. 그는 2019년에 전미경제학회American Economic Association의 회장 취임 연설에서 깔끔한 수학적 프레젠테이션을 선보였다. 그는 금리(r)와 성장률(g)의 관계를 믿지 않을 정도로 간단하게 공식화했다. 성장률이 금리보다 높기만 하면(g 〉 r), 부채는 줄어들 것이었다. 이는 역사적으로 확인된 패턴이었다.

"공공 부채 이자율은 그야말로 제각각이지만, 수십 년을 돌이켜보면 대부분은, 평균적으로, 성장률보다 낮았다. 미래도 이러한 과거와 다르지 않다면, 미 정부는 부채를 연장할 가능성이 크다. 다시 말해, 다음에 세금을 인상할 필요 없이 부채를 발행하고 GDP 대비 부채율을 낮출 수 있을 것이다. 따라서 지출해야 오히려 비용이 덜 든다." 이 의견에 따르면 공공 부채는 재정비용이 하나도 없을 수 있다. "정부가 직면한 시간 간 예산제약intertemporal budget constraint은 더는 구속력이 없다."

그리고 다른 분야에 대한 투자 감소라는 측면에서 볼 때, 블랑샤르의 공식에서는 복지 비용도 부풀려져 있었다. 실제로 재정 지출은 차선의 균형 상태에서 자본이나 노동 자원 낭비를 방지하는 데 유용했다. 사용되지 않은 자본은 기술적으로 쓸모가 없어진다. 근로자가 일하지 않으면 자기가 가진 기술이 금세 잊어버리거나 둔해질 것이며 일하려는 의욕도 약해질 것이다.[115] 여기에는 이중 문제가 있었다. 구조적 장기침체는 안전 자산에 대한 자연이자율을 떨어뜨리며, 중앙은행은 금리를 0 이하로 낮출 수 없기에 사실상 정책 옵션의 한계에 부딪힌다. 그러면 결론은 뻔한 것이었다. 정부의 개입을 더 늘려야 했다.

블랑샤르가 남겨 둔 불확실성의 한 가지 영역은 '복합 균형multiple equilibria'의 문제였다. 긴장한 채권 투자자가 정부를 대상으로 하는 대출에 더 높은 가격을 요구하고, 정부 부채 비용을 높이고, r과 g의 관계를 바꿀 거라고 상상할 수 있었겠는가? 그러면 결국 그들이 불안하게 느낀 이유인 불안정화가 현실이 되고 정부는 지출을 줄이라는 압박을 받으며, 정부 부채는 신뢰를 잃거나 더 위험해진다. 그러면 차입원가 borrowing costs는 다시 치솟을 것이다.

유로존 부채 위기의 과정에서 나타난 위기 국가들이 이런 식으로 반응했으며 블랑샤르는 국제통화기금에 근무할 당시에 그러한 반응을 다루어야 했다. 블랑샤르가 내놓은 답은 이러한 반대 의견이 "적절하고 정확하지만, 공공 부채 수준에 대해 무엇을 의미하느냐는 명확하지 않다"는 것이었다. 정부 부채가 상당히 많은데도 그는 재정 조정이 초래할 효과를 걱정했다. 중앙은행이 공황에 효과적으로 대처할 수 있다는 점은 분명했는데, 이는 미국에서 발생한 2007~2008년 금융위기나 2012년에 집중 국면이었던 유럽 부채 위기에서 얻은 교훈이었다. 하지만 중앙은행은 더 근본적인 위험에 효과적으로 대응할 수 없었다. 근본적인 위험의 존재 여부 및 발생 시기를 확인하는 데에는 인지적 어려움이 있었다.

하지만 정치경제학적 계산에 따라, 공황에 직면할 때 중앙은행이 보여줄 노련한 대처에 대한 추론을 반대하는 의견도 있었다. 일회성 긴급 대응만 하면 바로 모든 것이 정상화되어 부채가 상환될 가능성이 정말 있을까? 이 방법이 한 번 성공하며 정치인이 더 시급한 문제가 생길 때 더 나은 미래의 성장을 보장하는 해결책이 있는데도, 이 방법을 계속 반복할 가능성은 없는가? 위기가 영구적으로 이어질 가능성은 없는가? 예측하지 못한 일이 끼어들 가능성을 충분히 고려하지 않은 채 안전하고 정상적인 상황을 기반으로 한 추정에만 지나치게 의존하는 것은 아닌가?

비평가이자 경제학자로 활동하는 존 코크란John Cochrane은 예전에 금융 혼란이 닥쳤을 때 금리가 상승하고 채권가격이 하락했다고 지적한다. 그는 계약이 실행되면 기본 채권을 행사 가격으로 구매하는 데 동의한다. 즉, 사실상 자산 가격이 계속 상승하다가 급격한 하락에 피해를 볼 것이라는 점에 베팅하는 사람과, 성장이 주춤하고 부채가 소비를 초과하고 GDP 대비 부채 비율이 상승할 때, 감당하지 못할 수준의 지출을 약속하는 정부가 서로 비슷하다는 것이다. 그런 상황이 되면, 경제가 둔화하거나 붕괴하는 어려운 시기에 막대한 빚을 세금으로 갚아야 한다. 그는 "r이 g보다 적은 기회는 풋 옵션을 작성하는 고전적인 전략과 같으며, 이는 전 세계에서 가장 힘든 상황에서 실패한다"라고 결론지었다.[116]

2008년 이후의 곤경에 대해 케인스주의 전통에 제시하는 분명한 해결책은, 수요를 늘리고, 장기적인 잠재 성장 경로를 증가하는 방편으로서 인프라에 대한 정부 지출을 늘리는 것이었다. 제이슨 퍼먼Jason Furman과 공동 집필한 글에서 서머스는 '적자 근본주의'라는 오래된 균형 예산 접근방식, 즉 제1, 2차 세계대전 사이의 영국에 대한 재무부의 관점 또는 재정 안정성에 대한 클린턴 행정부의 접근방식이 시대착오적이라고 주장했다. 유로존 경제 위기와 같은 재난은 적자deficit로 인한 결과라기보다는 부적절한 성장이 초래한 문제였다.

장기간에 걸쳐 금리가 구조적으로 하락하면 정책 입안자는 교육, 의료, 인프라와 같은 가치 있는 분야에 대한 투자를 잘못 제한했던 전통적인 재정 정책을 재고해야 할 것이다. 그러나 여전히 많은 사람이 지출 삭감에 집착하는데, 특히 사회보장이나 메디케이드와 같은 혜택 프로그램에서 눈을 떼지 못한다. 이는 잘못된 판단이다. 정치인과 정책 입안자는 적자가 아니라 시급한 사회 문제에 집중해야 한다.

서머스의 말처럼 장기 실질이자율이 유난히 낮은 것은 연준이 만들어 낸 것이 아니라 낮은 투자 수요, 높은 저축률과 불평등 확대 등 더 심층적인 요인이 복합적으로 작용한 것에서 도출된 결과였다. 그런데 장기적인 문제가 있을 수도 있다. "적자 근본주의자들은 부채가 늘어나는 것은 영구적으로 내버려 둘 수 없다고 주장하는데, 옳은 말이다. 그리고 정부는 무엇이 가능하고 바람직하며 무엇이 불가능하고 바람직하지 않은지 알려주는 제한 원칙이나 지침이 없으면 예산 정책을 수립하지 못한다."[117]

서머스는 또 다른 공동 저술 논문에서 미 노동자의 영향력이 쇠퇴하고 있다는 관점으로 불안감을 설명했다. 여기서 말하는 영향력이란 불완전 경쟁 상품 시장에서 활동하는 기업이 창출하는 경제지대에서 더 큰 몫을 차지하는 노동자의 능력이며, 기업의 노동수요독점력monopsony power을 상쇄하는 힘이 될 수도 있다. "우리는 근로자의 힘이 약화하는 것이 미 경제의 주요한 구조적 추세 중 하나라는 점에 초점을 맞추고 있으며, 이는 진보적인 제도주의 연구의 오랜 역사와도 일치하는 것이다." 독점이나 노동수요독점을 제한하는 조치, 다시 말해서 세계화나 기술 발전을 제한하려는 조치만으로는 이러한 추세를 뒤집는 것이 거의 불가능하다.[118]

서머스는 트럼프 대통령의 재정 지원 패키지의 여러 가지 요소에 대해 회의적이었는데, 특히 경기를 과열시킬 위험이 있지만 소비를 촉진하려고 경기부양지원금을 확장하는 논의에 매우 부정적인 태도를 보였다. 그는 경기부양지원금은 '아주 심각한 실수'라고 여겼다. 이는 트럼프와 좌파 민주당, 특히 민주당의 사회주의자 버니 샌더스Bernie Sanders의 생각을 합친 것이었다. "양극단에 선 두 사람이 의견일치를 보면, 말도 안 되는 이상한 일이 벌어질 것이 거의 확실하다. … 조시 홀리(Josh Hawley, 공화당 소속의 상원의원), 버니 샌더스, 도널드 트럼프가 하나로 뭉쳐서 어떤 아이디어를 지지하는 것을 보니, 이제 위험을 피해 몸을 숨길 곳을 찾아야 할 때인 것 같다."[119]

바이든이 취임한 2021년 2월에, 서머스는 또 한 번 유턴하는 것처럼 보였다. 〈워싱턴포스트〉에 기고한 논평에서 그는 바이든 행정부가 내놓은 1조 9천억 달러 규모의 코로나 구제 계획은 "미 역사상 가장 대담한 거시경제 안정화 정책이다. 정부의 야망, 긴축 정통주의를 거부하는 태도, 경제적 불평등을 줄이기 위해 헌신하는 모습 등이 모두 칭찬할 만하다"라고 언급했다.

2009년 경기부양책은 규모가 너무 작았다. 2009년에 매달 300~400억 달러씩 늘려나가도 생산량 부족분의 절반 정도에 불과했다. 하지만 바이든 법안의 액수는 매달 1천500억 달러였는데 이는 생산량 부족의 최소 3배였다.[120] 따라서 적절한 대응을 고심할 때 사용하는 분석 도구는 케인스주의였다. 이 경우에는 생산량 차이를 평가하여 경기부양책의 규모를 결정한 다음, 승수 이론을 통해 생산량 증대에 투자한 것이 어떤 효과를 가져올지 예상했다. 하지만 향후 추가 조처도 계속 이어질 것이었다.

그래서 정상적인 경기침체보다 제2차 세계대전의 상황에 더 가까운 규모의 거시경제 부양책이 어떤 세대에서도 보지 못한 인플레이션 압력을 유발할 가능성이 있었는데, 그렇게 되면 달러 가치와 금융 안정성에 영향을 줄 수 있었다. 통화 및 재정 정책을 신속히 조정하여 문제를 처리할 수 있다면 관리가 쉬울 것이다. 그러나 연방준비제도의 공약, 인플레이션의 가능성조차 배제하는 행정 관리들, 세금 인상이나 지출 삭감에 대한 의회의 지지를 얻어내기가 쉽지 않은 점 등을 고려할 때, 인플레이션 기대치가 급격히 높아질 위험이 있다. 지금까지 언급한 규모의 경기부양책은 그야말로 미지의 세계로 발을 내딛는 것과 다름없다.[121]

시간이 흐를수록 경고는 더 뚜렷해졌다. 일례로 서머스는 CNN에서 다음과 같이 엄중히 경고했다. "연방준비제도 및 (백악관)의 정책 입안자는 원래 초점을 맞췄던 디플레이션 위험보다 베트남의 인플레이션 시나리오의 위험이 더 크다는 점을 인식해야 한다."[122]

그러자 민주당 의원 다수가 격분하면서 서머스는 이와 '무관한' 인물이라고 반박했다.[123] 그러나 미래 인플레이션의 경로에 대한 불확실성이 커지자 경기부양책의 장점을 전반적으로 재평가하게 되었다. 2022년 봄 무렵에는 서머스의 견해가 사회 전반의 합의사항처럼 여겨졌다.

케인스의 전기를 집필한 로이 해러드는 그를 '빠르게 사라져가는 문명의 눈부신 여운'이라고 묘사했다. 이 표현은 서머스에게도 잘 어울리는 것 같다. 사실 그는 미국의 상대적 하락과 오랫동안 지켜온 미국 달러의 우월성에 대한 위협과 같은 문제점을 예리하게 인지하고 있었다. 그가 말한 구조적 장기침체라는 강력한 경제적 영향력 때문에 국제 사회의 리더로서의 미국의 입지는 좁아지고 있었다. 어떻게 해야 이렇게 힘이 빠진 미국을 다시 강화할 수 있을 것인가? 미국이 새로 정비하려면 미시경제적 인센티브와 정책에 관심을 기울여야 하지 않겠는가?

빅데이터의 역할

노벨상 수상자인 로버트 솔로Robert Solow는 2007~2008년 금융위기의
초기 단계에서 서머스와 주류 학계가 설명한 거시적 접근방식에 대해
불만을 토로했다. 그의 말처럼, "사실상 '현대적인 거시'는 데이터에 제
대로 된 관심을 거의 기울이지 않는다는 점이 주목할 만하다."[124] 새로
운 반혁명이 일어난 것은 놀라운 일이 아니었다. 서머스는 어떤 규모의
경기부양책이 적절한지에 대한 중요한 논쟁에서 그랬듯이, 대량 통화
large aggregates로 해결될 수 있는 문제의 관점에서 생각했다. 한 가지 대
안은 미세한 정보를 사용하여 세밀하게 조정된 정책 대응, 즉 전반적인
복지를 늘리는 특정한 대응책 및 개별적 대응책을 변경하려는 정책적
대응을 허용하는 것이었다.

라지 체티는 빅데이터를 사용하는 기술 부문에서 가장 앞서가는 선
구자의 한 사람이다. 2007년에 미 국세청IRS과 손잡고 익명화된 데
이터를 재구성하여 구체적인 연구조사 질문에 답하는 데 사용하려
는 계획을 구상했다. 그 후에는 하버드 대학교의 네이선 헨드렌Nathan
Hendren, 브라운 대학교의 존 프리드먼John Friedman과 공동으로 미 인구
조사국U.S. Census Bureau과 협력하여 미국 인구를 거의 다 포괄하는 데이
터를 사용하여 어린 시절을 보낸 지역과 성인이 되었을 때 결과를 보
여주는 종합적인 인구 조사 데이터세트인 기회 아틀라스Opportunity Altas
를 구축했다.[125] 이렇게 생성된 데이터는 미 국세청의 세금 데이터 및
인구조사국의 미국 지역사회 설문조사American Community Surveys와도 연
계할 수 있었다.

체티의 연구는 이동성에 대한 아메리칸드림이 소멸하는 가혹한 현

실을 조명한다. 저소득층 가정의 아이들이 어느 지역에서 성장하느냐에 따라 사회적 이동성 결과가 크게 달라진다. 연구 결과는 모두가 놀라워하는 시각 자료로 표현했는데, 컴퓨터 화면에서 확장하거나 더 정밀하게 다듬을 수 있는 지도 형태로 제작되었다. 가장 유명한 것은 2013년에 출판된 지도 시리즈였다. 이 시리즈는 위치상의 장단점을 국제적 규모로 비교, 제시했다. "당신이 아메리칸드림을 이룰 확률은 거의 2배나 높다. … 미국이 아니라 캐나다에서 성장했을 때 그렇다."

하지만 모든 연구는 서로 다른 지역, 심지어 같은 도시 내에서 서로 다른 지역을 비교한 것이었다. 예를 들어, 워싱턴 D.C.와 볼티모어 지역을 보면 페어팩스 카운티의 저소득 가정(25번째 백분위수)에서 성장한 아이는 평균적인 아이보다 소득이 15.4퍼센트나 높다. 반면에, 황량한 볼티모어 중부 지역에서 성장한 아이는 (나중에) 평균적인 아이보다 소득이 8.8퍼센트 낮게 나타난다.[126] 세분화된 수준에서는 이웃 동네가 매우 중요하다. 체티가 2020년 논문에서 지적한 것처럼, 조사 대상 어린이가 거주하는 지역의 빈곤율과 같은 특성이라는 조건에 따라, 1.6킬로미터 떨어진 지역의 특성은 사실상 해당 어린이의 결과에 대해 예측력이 거의 없다.[127]

팬데믹이 기존의 불평등 패턴에 어떻게 차별적인 영향을 주는지 보려면 이런 식의 분석이 아주 중요했다. 이것은 팬데믹의 여파를 다루는 면에서 사회정책의 중요한 문제가 되었다.

목표는 여전히 기술 관료적이었지만 아래로부터 제안된 것이며 데이터에 기반한 것이었다는 점에 의미가 있었다. 무엇보다 기본적으로 상당히 낙관적인 메시지였다. 더 나은 삶을 누리도록 다른 지역으로 이사하는 것을 유도하거나, 더 바람직하고 적극적으로 지원을 베풀며 융

통성이 있는 가족 네트워크를 구축하는 것과 같은 마이크로 혁신을 촉진하는 것이 설정된 목표였다. 체티의 표현을 빌리자면, "큰 그림의 목표는 아메리칸드림을 되살리는 것이다. 우리는 상상조차 할 수 없거나 예전에 한 번도 발생한 적이 없는 일을 하려는 것이 아니다. 이것은 우리 바로 주변에서 일어나고 있다."[128]

빅데이터 활용에 있어 반드시 논의되어야 할 것이 개인정보 보호 문제이다. 지도에 위치가 정확히 표시되면, 사회 개선의 원인에 일반적으로 사용할 수 있는 지식이 아니라 특정 지식을 도출하는 데 데이터가 오용될 가능성이 있지 않을까? 체티가 만든 지도를 보면 뉴저지주 프린스턴에 내가 사는 거리까지도 자세히 표시되어 있다. 해답은 정보의 정확한 출처를 숨기기 위해 '노이즈'를 사용해서 데이터를 위장하는 것이다. 개인정보보호를 위해 추정치에 노이즈를 충분히 추가한 다음 표본을 임의로 작게 만들면 통계치를 공개할 수 있다.[129]

경제학에서 세계화의 균열과 긴장에 대한 효과적이고 정책 중심적인 해결책을 찾으려면, 뿌리 깊은 집착을 버리고, 이 세상을 커다란 추상적인 집합체aggregates로만 봐야 한다. 국가와 기업 양측은 (데이터로 요약되는)사회현상에 더 다양하고 정교한 접근 방법을 사용해야만 역량을 키울 수 있다. 이 세상과 그곳에서 벌어지는 상호작용은 정책을 파악하고 수립하는 데 통상적으로 사용되는 커다란 집합체보다 훨씬 더 복잡하며, 잠재적으로 더 풍성한 상태일 것이다.

다음 세대의 세계화

공급 쇼크는 세계화를 만들어내고, 재정비하며, 교훈을 남긴다. 지난 200년간 이어진 부정적인 쇼크로 우리가 원하는 것과 필요로 하는 것이 모두 부족해졌다. 1970년대에는 석유와 에너지가 부족했다. 그리고 코로나 시대에는 의료 보안, 푸틴의 시대에는 군사 보안에서 결핍이 발견되었다.

과거에 그런 문제들이 없었던 것은 아니다. 현대 사회 이전에는 기후가 좋지 않거나 흉작일 때면 주기적으로 배고픔에 시달리거나 기근을 견뎌야 했다. 그리고 지역마다 전쟁이 끊이지 않았다. 19세기 들어 기술과 의사소통 방식이 발전하여 해결책을 제시하는 데 사용되었다. 공급 쇼크에 대처하는 일은 대부분 물류와 관련된 것이었는데, 극심한 곤경에 처한 사람들에게 생활필수품을 어떻게 공급할 것인가의 문제였다. 이는 어느 나라, 어느 조직에나 매우 어려운 문제였다. 기업은 어떻게 운영하고 자금을 어떻게 조달할 것인지, 각국 정부는 국민에게 어떻게 서비스를 제공할지 고심했으며, 의사소통 방식이나 상호 연결 방식을 크게 바꾸거나 개편해야 했다. 혼란은 각계각층의 사람들과 지역에 서로 다른 영향을 주었으며, 이에 따라 매우 모순적인 반응이 나오기도 했다.

계층이나 지역마다 달리 영향을 받은 것은 알 수 없는 사항이 너무 많았던 탓도 있었다. 다양한 기회와 여러 가지 결과를 인식하거나 추측하기 시작하자, 물자 부족, 전쟁, 인플레이션, 팬데믹에서 이익을 취한 사람들을 의심하거나 혐오하는 현상이 생겨났다. 불가지성Unknowability 때문에 극심한 혼란은 일시적이며, 상업이 곧 평소와 다름없는 상태를 회복할 것이고, 크리스마스 무렵에는 전쟁이 끝날 것이며, 사스나 에볼라 때처럼 코로나19 팬데믹이 금방 사라지거나 통제될 거라고 생각하는 사람도 있었다. 사태의 규모가 워낙 크다 보니 기적의 무기, 노동자를 대신하는 로봇 부대, 기계 또는 인공지능의 응용처럼 가장 환상적인 결과만이 안도감을 줄 수 있었다.

새로운 공급처를 찾아야 한다는 문제나 물가 인상이 초래하는 신호에 대한 반응은 기술 발전을 더욱 촉진했다. 카를 마르크스는 1840년대의 재난과 정치적 여파로 유럽이 안정되고 새로운 정치 체제가 생겨난 시기에 관해 논하면서 이 점을 분명히 지적했다. "고정 장비를 개선된 기계로 교체하는 등 대규모 기술 변화는 주로 재난이나 위기에 시행되었다."[1]

그가 말한 '대규모 기술 변화'는 완전히 새로운 기술을 개발하는 것이 아니라 기존의 방법을 어떻게 응용, 발전시키느냐의 문제였다. 증기 엔진은 1840년대에 널리 알려져 있었으며, 이를 운송 수단에 사용할 수 있다는 점도 마찬가지였다. 컨테이너 선박과 컴퓨터는 1970년대에 세상에 알려졌고, 나노기술, mRNA 백신과 인공지능 애플리케이션도 2020년에 세상에 공개되었다. 이런 기술들은 '갑자기' 우리 생활에 폭넓게 사용되면서 혁신적인 잠재력이 온전히 실현되었다. 위기가 닥치자 인간이 개발한 여러 기술을 어떻게 이 세상과 조화시킬 것인가에 대해 새로운 아이디어가 쏟아졌다. 그리고 통화 안정성과 이를 손쉽게 달성하는 방법처럼 몇 가지 해묵은 사고방식은 쓸모없는 것으로 전락했다. 새로운 것에 대한 비전은 종종 고통을 준다.

부족 현상 때문에 물가는 계속 오르고 있다. 부족 현상 문제가 원래 인플레이션을 유발하는 것은 아니지만, 이 문제에 맞닥뜨린 정부는 처음에 인플레이션이 새로운 것의 쇼크를 흡수하고, 변화 과정에서 일시적인 손해를 보는 사람들을 보호하거나 공급 병목현상을 극복하기 위해 생산량이나 생산성을 늘리는 방법이라고 여겼다. 정책 대응의 기반이 되는 가설이나 가정 때문에 보상 메커니즘이 더 깊이 뿌리내려서 1970년대처럼 심각한 인플레이션을 일으키거나, 심지어 제1차 세계대전 이후처럼 초인플레이션을 초래할 수도 있다. 물가가 전반적으로 상승하면 균열을 살짝 가리고 당장 재정적 어려움을 겪을 가능성을 줄여준다. 시간이 지나면서 구조적 붕괴가 발생하려면 상대적 가격 조정이 필요하다는 점을 깨닫게 된다. 그런데 모든 가격이 오르면 그것도 더 쉬워진다.

세계화에 강한 충격을 가한 위기는 중요한 배움의 기회가 될 수도 있었지만, 인류는 그 기회를 다 활용하지 못했다. 변화는 안주하려는 성향에 대한 강한 자극으로 여겨야 한다.

슘페터가 "상황이 어떻게 달라지는가?"라고 질문한 것을 생각해 보자. 그 질문에 대한 답은 "이 세상에 완전히 새로운 일이 발생할 때 우리는 수수께끼를 직면하게 된다"였다.[2] 그러나 학습은 특정 기술뿐 아니라 비즈니스와 정부 운영 방식과도 관련이 있다. 그래서 때로는 다른 나라나 문화에서 적절한 모형을 찾기도 한다. 1851년 만국박람회는 자만심에 빠져 있던 영국인들에게 그들이 보기에 '수준이 낮고 후진' 미국이나 독일이 가진 아이디어나 일처리 방식에서 수익을 얻을 수 있다는 점을 알려주었다. 한때 자만에 빠져 있던 미국 자동차 제조업계는 1970년대에 와서 그들의 제품이 일본산 자동차만큼 효율성이 좋지 않다는 점을 깨달았다. 사실 일본은 1960년대에 저급하고 색상이 촌스러운데다 싸구려에 불과한 하찮은 제품을 만든다는 조롱의 대상이었는데 말이다. 2020년대에는 어떤 일이 있었는가? 코로나19 위기가 닥치자, 많은 나라에 심각한 균열이 발생하고 긴장 상태가 고조되었다. 누가 고통받고 있는지 그리고 관련된 부담을 어떻게 분배할 것인가를 놓고 많은 질문이 쏟아졌다. 효과적으로 백신 접종을 진행하려면 심각한 불평등 문제와 견해차를 해결해야 했다. 실제로 백신 접종률에 큰 격차가 나타난 것을 보면 백신에 대한 의견이 얼마나 세분되었는지 짐작할 수 있다.

이 사태를 계기로 예전에 조롱거리였던 유럽의 사회보장제도에 대한 미국의 관심이 커졌다. 그리고 다른 한편으로는 공중보건 위기에 맞서기 위해 중국에서 스마트폰에 저장된 개인 데이터를 사용할 때 생기는 잠재력에 관심을 두게 되었다.

새로운 것을 배울 땐 흔히 실수를 저지르고 부끄러움을 당하게 되며 패배감을 경험하기도 한다. 독일과 일본은 군사적 측면에서 부적절한 행동을 저질렀다는 인식 때문에 두 번이나 큰 변화를 겪었다. 19세기에 나폴레옹이 여러 차례 승리를 거두고 도쿄 항구에 매튜 C. 페리 제독의 검은 배가 등장했을 때 한 차례 변화가 있었고, 1945년 이후에 또 한 번 무시무시한 변화를 겪었다.

러시아도 19세기에 농노제를 폐지하는 등 대대적인 변혁을 겪었는데, 크림 전쟁에서 패배한 것이 변화의 시작이었다. 러일전쟁 (1904~1905년)에서 또 한 차례 패배한 후에 새로운 개혁의 물결이 시작되었다. 러시아는 2022년에 우크라이나에 잔인하고 잘못된 방식으로 공격을 가하여 굴욕을 초래했다. 하지만 이 또한 비슷한 개혁으로 이어질지는 아직 미지수다.

군사적 패배는 경쟁자를 따라잡거나 그보다 앞서기 위해 철저한 개혁을 이룩하고 지능적인 겨루기를 잘 해내야 한다는 점을 상기시킨다. 몇몇 학자들이 영국이 유연하지 못하고 헌법 개정을 제대로 해내지 못하는 이유가 한 번도 전쟁에 지지 않았기 때문이라고 주장하는 이유가 여기에 있다.[3] 패배가 학습을 촉진하는 메커니즘은 심리적인 것에서 끝나지 않는다. 경제학자 맨커 올슨Mancur Olson은 제2차 세계대전 이후에 독일과 일본이 기적처럼 회생한 것은 비효율적인 기존 제도가 사라졌기 때문이라고 주장한다. 기존 체제는 특정 부문의 이익을 추구하지만, 전반적인 국가 이익을 추구하는 데 방해가 되었다.[4]

새로운 것이 항상 쉽게 용인되는 것은 아니다. 다른 문화권에 해답이 있다고 가정하거나 거기서 가져온 해결책을 적당히 고쳐서 사용해야 할 때는 특히 반감이 생길 수 있다. 1989년 이후, 다시 말해서 소비에트 연방이 무너진 이후 세계의 불안에 대해 분석한 인상적인 연구가 있는데, 중부 유럽과 러시아에 거주하는 사람들이 '모방의 시대'가 그들의 감정적, 역사적 경험의 가치를 떨어뜨렸다고 생각한다는 것이다. 법학자 스티븐 홈즈Stephen Holmes와 정치학자 이반 크라스테프Ivan Kraste 는 모방이 어떻게 정치 문화를 해치는지 보여주는 모형을 개발했다.[5]

코로나19가 초래한 쇼크는 전 세계에 전혀 다른 독특한 교훈을 제시했다. 우선 세계 최대의 경제 대국 두 곳이 코로나 바이러스의 직격탄을 맞았다. 20세기 중반 미국의 내부 성장 모델이나 중국의 대약진 운동은 복잡한 공급망에 의존할 수밖에 없는 다른 나라들에는 크게 매력적으로 여겨지지 않았다. 중국은 정반대의 교훈을 얻었는데, 이미 글로벌 금융위기에서 깨닫기 시작한 것을 강화하는 것이었다. 즉, 중국은 수출 주도 성장을 내세운 역동적인 수출국이 될 수 없었고, 시진핑은 이미 일대일로 정책을 통해 무역과 경제 연계에 대한 정치적 통제를 추진했다. 유럽 국가들도 백신 공급을 확보하고 공공보건 조치를 시행하는 면에서 힘들게 많은 교훈을 얻었을 것이다. 신흥 시장과 세계 최빈국조차 재정적 여유가 없으면 위기에 효과적으로 대응하는 능력에 얼마나 큰 제약이 생기는지 볼 수 있었다.

종종 수요 충격을 대할 때 경제학자는 종합적으로 생각한다. 경제학자에게 의사나 치료자로서의 모형을 제시한 유명한 인물이 있는데, 그는 바로 존 메이너드 케인스이다. 래리 서머스는 현대판 케인스라고 할 수 있다. 그런데 공급 쇼크는 각기 다르게 작용하며 공급 불확실성에 대응하는 경제학자들도 이와 좀 다른 부류라고 봐야 한다. 20세기 후반에 활동한 제번스, 월라스, 맹거나 요즘 활동하는 체티와 같은 학자는 세부점, 정보 세분화, 정책 대응을 분산시키는 일에 관심이 많다. 개인 소비자는 물론이고 기업가에게 부족 현상에 대응하는 요령을 알려주려면 가격이 필요하다. 1840년대에는 식량이 부족했고 1970년대에는 탄소 에너지가 부족했으며 요즘은 컴퓨터 칩이 심각하게 부족한 상태이다.

제1차 세계대전 당시에 그랬듯이, 가끔 정치 당국은 그저 시장 가격을 억압하는 방식으로 시장 가격에 대응하지만, 그렇게 대처하면 위기로 얻은 교훈을 향후에 적용할 수 없게 된다. 부족 현상은 총계라는 관점에서 생각하는 경제학자들에게 상당히 불편한 환경인데, 그 총계만으로는 희소한 자원이 어떻게 분배될 수 있는지 논할 수 없기 때문이다. 전반적인 수요를 늘리면 분배 갈등이 더욱 악화할 뿐이다. 팬데믹이 아주 명백한 예시인데, 통화 및 재정 부양책은 백신 공급을 늘릴 수없고, 백신 개발 및 제공에 필요한 기술도 늘려주지 못한다.

창의성을 발휘하려면, 다시 말해서 생산 역량을 최대한 사용하여 공급 문제를 극복하려면, 정밀한 계산(나노경제학)이 뒷받침되어야 했다. 이 때문에 세계화는 위기의 발생, 계산, 새로운 것의 창출로 이어지는 이야기가 되었다.

위기가 닥치면 정치와 법질서를 유지하는 것도 중요한 사안으로 여겨졌다. 새로운 정치적 인물을 단순히 '세계화주의자'라고 여기는 것은 오판이었다. 위기에 대응하기 위해서는 먼저 자국의 힘을 강하게 유지하는 것이 기본이지만, 몰래 뒷문을 통해 세계화를 도입하는 것도 필요했다. 1840년대 위기를 겪은 후에 나폴레옹 3세, 독일 수상 오토 비스마르크, 그리고 비스마르크에 비견할 만한 일본의 정치가 오쿠보 도시미치•와 이토 히로부미는 정치를 새로 개편했다. 국가가 경제 발전을

• 메이지 유신을 이끌었던 주역으로서 일본 근대화에 크게 공헌했다는 평을 얻는 인물 -역자 주

이룩하는 실세를 통제할 수는 없지만 그들을 지도할 수 있는 방식을 새로이 주장한 것이다. 그들은 모두 국가정체성(일본어로는 '코쿠타이')을 기반으로 정부를 성공적으로 운영하는 면에서 남다른 감각을 발휘했다. 나폴레옹 3세는 강대국을 자칭하는 비스마르크의 주장을 자신의 숙부의 영광이라는 관점에서 바라보았다. 제1차 세계대전은 그야말로 애국심에 호소하는 동원을 실시하려고 새로운 스타일의 정부 개입주의를 탄생시켰는데, 이는 전쟁 사회주의라고 아름답게 포장되었다.

1970년대의 불안에 대응할 때, 로널드 레이건과 마거릿 대처도 정치계를 뒤바꿔놓았다. 두 사람은 세계화주의자가 아니라, 국력 강화에 몰두하는 편이었다. 하지만 그들은 국제적 기회를 놓치지 않고 활용하는 것도 중요하다는 것을 알고 있었다. 각국 정부가 효과적으로 처리할 수 있는 업무에 초점을 맞추고, (지나친 개입 때문에)정부의 효율성을 떨어트리는 불필요한 업무는 제거해야 했다. 그들은 더 강한 정부를 원했으며, 이전 정부는 너무 많은 분야에서 너무 많은 일을 해내려고 하다 보니 힘이 약해졌다고 생각했다. 또한 그들은 냉전이나 포클랜드 제도 문제에서 강력한 외교 정책을 밀어붙여야 자국의 역량과 굳은 결의를 확실하고 편리하게 과시할 수 있다고 여겼다.

지금까지 살펴본 정부 개편 시도는 필연적으로 오류를 떠안고 있었기에, 후임 정권은 이를 개혁하려 했다. 개편을 시도한 정치인들은 본질적으로 독재적 성향이 매우 강했고 많은 사람이 독재정권이나 권위주의에 쉽사리 싫증을 느꼈다. 19세기를 생각해 보면 나폴레옹, 비스마르크, 이토 히로부미 총리를 암살하려는 시도가 여러 차례 있었다. 그들의 정치 방식은 얼마 가지 못해서 구식이 된 것처럼 보였다. 제1차 세계대전 이후에 많은 사람이 '정상'으로 돌아가는 길을 찾으려고 애쓰던 시기에도 마찬가지였다. 또한 레이건 대통령과 대처 수상이 혁명을 시도한 이후에 많은 정치인이 같은 방식이지만 좀 더 가볍고 덜 강압적이며 훨씬 더 세계화된 버전을 물색하기 시작했다. 클린턴이나 토니 블레어의 신노동당이 이런 식으로 수정된 민주적 방식의 접근법을 취했다고 할 수 있다. 하지만 이후에 이에 대한 반발이 일어나면서 '신자유주의'라는 조롱을 받았다.

기술이 크게 발전하고 영토가 큰 나라의 경우에 독특하게도 국가가 나서서 연구와 생산성을 조화시키려고 노력하다 보면 생산성이 급격히 증가하는 상황이 있을 수 있다. 사실 20세기 중반에 미국이 바로 이런 상황을 겪었는데, 당시 생산성 발전을 그래프로 나타내면 U자를 거꾸로 뒤집은 모양이 되었다. 미국의 생산성이 급증하자 세계화는 후퇴했는데, 1950년대부터 세계화는 그저 미국을 흉내내는 것처럼 볼 수도 있었다. 그러나 이러한 설정은 일반적인 규칙이라고 할 수 없으며, 제1, 2차 세계대전 사이에 반세계화가 진행된 특수한 상황에서 비롯된 것이었다.

위기는 세계화를 촉진하여 기술에 더 큰 변화를 일으킨다. 하지만 단지 복잡한 상품이나 아주 멀리서 생산된 상품이 필요해서 그런 것은 아니다.(이 문제는 기술이 발전한 대규모 국가에서 생산과 관련하여 자급자족하는 비율을 높이는 쪽으로 시도할 때 비로소 해결될 것이다.) 세계화 과정의 더 큰 매력은 다양한 실험 분야를 수없이 제공한다는 것이다. 이를테면 특정 문제를 어떻게 극복할 수 있느냐는 문제를 다룰 수 있다. 기술 및 관리 접근방식을 빌리거나 적절히 변경, 적용하면 새로운 방식으로 지식을 수정, 활용하는 데 도움이 된다. 이에 성공하면 계속해서 빌리려고 시도하게 된다.

변화를 위한 기술의 역량은 생산성을 높이고 성장(g)을 촉진할 것이다. 그러면 공공 지출의 부담은 줄어들겠지만, 어디까지나 효율적이고 효과적으로 관리될 때만 가능한 일이다. 이러한 변화는 정부가 능숙하게 서비스를 제공할 수 있느냐는 질문으로 이어진다. 달리 말해서, 정부는 혁명을 겪어야 한다.

기업가는 또한 새로운 통제 방식을 도입하려고 시도하고 있다. 이를테면 새로운 형태의 자산을 고안, 사용하거나 해외에서 이미 사용되는 법적인 틀을 따라 하기도 한다. 19세기 중반에 주식회사를 합작, 설립하여 철도 및 증기선 혁명을 실현했고, 1970년대에 역외 금융 기업을 설립한 경우를 생각해 볼 수 있다. 기업의 영향력이 커지면 정치권력에 재산에 대한 관점을 바꿔주길 바라게 되는데, 이때 기업가는 재산과 통제권에 대한 보다 폭넓은 권한을 가지고 싶어 한다.

오늘날 정부는 지식재산권을 보유한 것을 침해할 '필요'가 있는가? 권위를 주장하는 것, 다시 말해서 새로운 권위주의를 주장하며 강요하는 것이 필요한가? 1950년대에 마오쩌둥이 주장한 '공동 번영'을 시진핑이 재발견한 것이나, 마윈을 억누르려는 중국 정부의 시도, "러시아 국민은 언제나 진정한 애국자와 쓰레기 같은 배신자를 구분할 수 있으며, 후자는 우연히 입안에 날아들어 온 벌레를 내뱉듯이 몰아낼 것"이라는 푸틴의 맹세에서도 이런 문제를 볼 수 있다.[6] 그러나 정부가 제이 쿡이나 베델 스트로스버그와 같은 인물의 지나친 부면을 통제하게 된 것도 결국 같은 역학 때문이었다.

과거의 캠페인과 역사적 민감성은 지금도 지속적인 반향을 일으키고 있다. 일례로 중국 정부가 거대 기술 기업을 압박하는 캠페인을 펼쳤는데, 이는 신체적, 정신적 웰빙을 파괴하는 엔터테인먼트 문화도 비판한다. 젊은 세대는 게임에 중독되어 근시를 겪고 두뇌 활동도 저하된다. 텐센트는 '영적 아편'을 판매하고 있다.[7] 이러한 정부의 움직임은 굴욕의 세기에 아편 수입 때문에 중국의 사회 및 정치 질서가 무너진 일을 떠올리게 한다. 푸틴의 러시아와 마찬가지로 중국은 역사를 사용하여 불신을 퍼뜨리고, 과거와 미래가 냉혹하고 필연적인 국가 간 갈등의 이야기라는 인상을 주고 있다. 이 경우에 한쪽이 이득을 얻으면 반대쪽은 반드시 손실을 보게 된다.

이와 같은 주장은 분석과 데이터를 통해 테스트할 수 있다. 따라서 복지 기준을 사용하여 정부 규제를 어떤 방식으로, 누구의 손에 의해, 누구의 이익을 위해 행사할 것인지 테스트할 수 있다. 코로나19 백신의 생산량을 늘릴 수 있는 세계 각국의 역량이 특히 보호권 때문에 제약받느냐를 논의할 때도 대중의 이익이 가장 중요하게 거론된다. 이에 대한 반론을 제기하는 사람들은, 백신 생산은 손쉽게 베낄 수 있는 정확한 제조 방법에만 좌우되는 것이 아니라, 훨씬 더 광범위한 관행 및 상호작용이 관련되어 있다고 생각한다. 예를 들어 20세기 말에 미국의 관련법이 개정되어 컴퓨터 프로그램을 일반적인 알고리즘이 아니라 특허 신청이 가능한 상품으로 해석하게 되었다. 이러한 변화로 인해 지식재산권이 지나치게 보호받는 상황이 생길 수 있다.[8] 개혁을 하거나 아이디어를 더 효과적으로 전파하는 방법을 생각해 보면 금세 학습 방법에 대한 문제가 제기된다. 학습은 세계화 위기가 초래한 주요한 결과이며, 우리는 더 효과적으로 학습하는 방법을 생각해봐야 한다.

가장 최근에 발생한 2020년 코로나바이러스 쇼크의 최전방에는 커다란 사회, 경제적 문제들이 자리를 잡고 있다. 처음에는 디플레이션이 더 심해질까 봐 걱정했고, 나중에는 인플레이션이 빠르게 진행되는 것 때문에 경각심이 커졌다. 하지만 이러한 문제는 세계화 과정과 직접적으로 연계되지는 않는다. 수십 년 동안 선진국의 시민들은 교육, 의료, (빠르게 증가하고 있는 인구층인)노인 돌봄 서비스, 부동산 등의 비용 상승을 걱정했다. 실제로 각 영역은 팬데믹의 장·단기적 영향으로 큰 부담을 겪었다. 감염 위험 때문에 학교와 대학교가 문을 닫고 교육이 중단되었다. 학습은 디지털 형식으로 전환되었지만 (환경이 좋지 않은)일부 학생들은 교육 접근성이 아예 차단되거나 어려움을 겪었다. 이처럼 생활환경에서의 불평등 격차가 크게 벌어졌다.

심각한 감염 및 사망률은 의료 서비스에 심각한 타격을 가했다. 또한 팬데믹 위기 때문에 다른 질환을 방치하거나 만성질병 치료를 최소한으로 줄이거나 새로운 질병을 진단하지 못해 장기적으로 부정적인 결과를 초래할 가능성이 커졌다. 환자들이 퇴원하자 집에서 돌봄을 받는 노인들의 감염률이 높아져 노인 요양 관리에 빨간불이 켜졌다. 많은 노년층 인구가 암울한 자신의 미래를 보고 몹시 싫어했다. 저소득층은 비좁고 열악한 집안 상태 때문에 전염병에 더욱 취약했다. 반면 경제적 여유가 있는 사람들은 도심을 떠나 새로운 지역에서 원격으로 근무할 수 있는 더 큰 공간을 찾으려 했다.

위기가 발생하거나 커다란 문제가 불거지면 기술에서 개선의 여지 또는 빠져나갈 구멍을 찾을 수 있을지 모른다. 두 경우 모두 해결책이 있다면 국경은 전혀 걸림돌이 되지 않는다. 교육은 온라인 연결을 통해 우수한 교육 기회에 대한 접근성을 크게 확대할 수 있다.

의료 서비스의 경우 원격 진료가 제공되며, 인공지능을 활용하여 공공 보건상의 문제점이나 어려움을 어느 정도 해소할 수 있다. 디지털 방식이 도입되면 지구 반대편에서 제공되는 교육과 의료 서비스를 누릴 수 있다. 노년층은 IT(와 로봇)를 활용하여 집에서 의료 돌봄을 받을 수 있다. 디지털 유목민들은 전 세계 어디에서나 원격으로 근무할 수 있다. 이처럼 기술이 세계화에 접목되면 매우 만족스러운 해결책을 창출할 수 있다. 과거에 위기가 닥쳤을 때도 이 점은 충분히 입증되었다. 그때나 지금이나 '세계화가 인간의 삶을 개선해준다는 교훈'은 단순하지만 매우 명확한 것 같다.

기술 변혁과 지정학적 변화가 함께 이루어지면 그만한 역량이 뒷받침되어야 한다. 그리고 적응력과 학습 능력도 갖춰야 한다. 암울했던 과거를 돌아보고 거기에서 교훈을 찾아 미래에 활용해야 한다.

암울했던 1919년에 케인스는 "상황이 나아지기 전에 먼저 악화할 가능성이 점점 더 커진다"라고 우려했다.⁹ 하지만 현재가 가장 암울할 때 배울 점이 가장 많다.

감사의 말

이 책은 코로나19 바이러스가 초래한 팬데믹이 전 세계인의 생활 및 지정학에 초래한 커다란 변화에서 나온 산물이다. 나는 30년 이상 세계화와 그에 따른 불만을 고찰했고, 대공황처럼 역사적 반전이 발생하는 과정이나 격렬한 상호 연결이 이루어지는 새로운 단계가 등장하는 것을 보면서 강한 흥미를 느꼈다. 나는 코로나19로 인한 위기가 19세기 중반에 발생한 기근과 혁명 또는 1970년대의 공급 충격처럼 세계화에 대한 생각이 달라지고 재정비되었던 중요한 시기에 버금가는 것이라고 생각한다.

팬데믹 초기에 성찰한 내용은 기사나 논문에 담아냈다. 〈유럽 혁명에서 코로나19까지의 7가지 혁신 위기: 세계화와 국가 역량Seven Transformative Crises from European Revolution to Corona: Globalization and State Capacity〉라는 학술 논문, 〈세계화의 다가오는 황금시대: 위기가 연결로 끝나는 이유Globalization's Coming Golden Age: Why Crisis Ends in Connection〉라는 제목의 기사 등에서 나의 생각을 밝혔다.

다양한 세미나와 콘퍼런스에서 이 책에 실린 주장의 일부를 소개한 적이 있는데, 그런 기회를 주신 분들에게 지면을 통해 감사의 말씀을 전한다.

데이비스 역사연구센터의 데이비드 벨, 프린스턴에 있는 벤드하임 금융센터의 마르쿠스 브루너마이어, LSE 글로벌문제연구소의 피로스카 너지와 에릭 버글로프, 정치교육아카데미의 볼프강 퀘이서, 바르샤바 콘라드아데나워재단의 표토르 피츠, 베르텔스만 삼자협의재단의 리즈 몬, 볼프강 쉬셀, 요르그 하비히, 베를린 역사박물관의 라파엘 그로스와 나이키 썸에게 인사를 전한다.

캐서린 R. 셍크와 경제사학회는 2022년 '토니 기념 강연Tawney Memorial Lecture'의 연사로 나를 초대해 주셨다.

또한 1919년 평화 회의 및 제1, 2차 세계대전간 정서에 관해 앤드루 코거, 알리 카비리, 존 랜던-레인과 각각 공동 작업을 하면서 많은 유익을 얻었다.

마이클 보르도, 루이스 안토니오 비냐스 카탕이 제시한 의견을 고려하고 마르쿠스 브루너마이어, 프랑스 국립은행 전 부총재인장 피에르 란다우와 긴 대화를 나누면서는 많은 것을 배웠다.

예일 대학교 출판부의 세스 디칙은 오랫동안 유용한 지침과 조언을 아끼지 않았다. 헤르더 출판사의 패트릭 오엘체와 뮌헨 벡 출판사의 데틀레프 펠켄도 큰 도움을 주었다. 특히 펠켄은 처음에 이 원고를 세계화의 부침浮沈에 대한 본격적인 리뷰로 바꾸자고 제안했었다.

케빈 폴라니쉬와 해릴 손더스는 프린스턴대학의 익명 기금을 지원

받아서 연구를 지원해주었다. 켈리 린-크레머와 듀이 트린은 도표 작업을 많이 도와주었다.

마지막으로 아내인 메르제나 제임스와 아이들인 맥시밀런, 마리에 루이스, 몬태규 제임스에게도 고마운 마음을 전한다.

참고문헌

서문 물가는 어떻게 세계화의 형태를 결정짓는가 ─────

1. Simon Kuznets, Modern Economic Growth: Rate, Structure, and Spread, Stud- ies in Comparative Economics 7 (New Haven: Yale University Press, 1966).
2. Ian Goldin and Mike Mariathasan, The Butterfly Defect: How Globalization Creates Systemic Risks, and What to Do about It (Princeton: Princeton University Press, 2014).
3. Janos Kornai, The Economics of Shortage (Amsterdam: North-Holland, 1980). 4. For the use of whiplash, see European Economic Advisory Group, "Europe's Pandemic Politics," July 2020, https://www.cesifo.org/DocDL/EEAG-Policy -Brief-July-2020-Europe-s-Pandemic-Politics.pdf; for bullwhip, Daniel Rees and Phurichai Rungcharoenkitkul, "Bottlenecks: Causes and Macroeconomic Implications," BIS Bulletin No. 48, November 11, 2021.
5. Ian Morris, Why the West Rules-for Now: The Patterns of History, and What They Reveal about the Future (New York: Farrar, Straus and Giroux, 2010).

6.	Bentley F. Allan, Scientific Cosmology and International Orders (Cambridge: Cambridge University Press, 2018), 208.

7.	Robert J. Solow, "Technical Change and the Aggregate Production Function," Review of Economics and Statistics 39 (1957): 312-320; Moses Abramovitz, "Resource and Output Trends in the United States since 1870," American Economic Review 46, no. 2 (1956): 5-23; John W. Kendrick and Maude R. Pech, Productivity Trends in the United States (Princeton: Princeton University Press, 1961).

8.	Paul M. Romer, "Endogenous Technological Change," Journal of Political Economy 98, no. 5 (1990): part 2, quote from S72.

9.	Kevin H. O'Rourke and Jeffrey G. Williamson, Globalization and History: The Evolution of a Nineteenth-Century Atlantic Economy (Cambridge, MA: MIT Press, 1999), 235.

10.	Richard Baldwin, The Great Convergence: Information Technology and the New Globalization (Cambridge, MA: Belknap Press of Harvard University Press, 2016).

11.	Robert Lucas, "Why Doesn't Capital Flow from Rich to Poor Countries?" American Economic Review 80, no. 2 (1990): 92-96.

12.	"Read Amazon CEO Jeff Bezos's Letter to Shareholders," Wall Street Journal, April 15, 2021.

13.	Douglas A. Irwin, "Political Economy and Peel's Repeal of the Corn Laws," Economics & Politics 1, no. 1 (1989): 41-59.

14.	Frank Trentmann, Free Trade Nation: Commerce, Consumption, and Civil Society in Modern Britain (New York: Oxford University Press, 2008), 8.

15.	George J. Stigler, The Economist as Preacher, and Other Essays (Chicago: Uni- versity of Chicago Press, 1982), 57, 64.

16.	Ibid., 66.

17.	Analyzed above all by Paul Schmelzing, "Eight Centuries of Global Real In- terest Rates, R-G, and the 'Suprasecular' Decline, 1311-2018," Bank of England Staff Working Paper No. 845, 2020, https://www.bankofengland.co.uk/working-paper/ 2020/eight-centuries-of-global-real-interest-rates-r-g-and-the-suprasecular-decline-1311-2018.

18.	Douglass C. North and Barry R. Weingast, "Constitutions and Commitment: The Evolution of Institutions Governing Public Choice in Seventeenth-Century England," Journal of Economic History 49, no.

4 (1989): 803-832.

19. Karl Marx, Grundrisse: Foundations of the Critique of Political Economy, trans. Martin Nicolaus (Harmondsworth: Penguin, 1973), 748.

20. Quoted in John Bryan Davis, D. Wade Hands, and Uskali Maki, eds., The Handbook of Economic Methodology (London: Edward Elgar, 1998), 495.

21. Thomas Piketty, Capital in the Twenty-First Century, trans. Arthur Goldham- mer (Cambridge, MA: Harvard University Press, 2018), 10.

22. See Matthew Rognlie, "A Note on Piketty and Diminishing Returns to Capi- tal," 2014, available at http://gesd.free.fr/rognlie14.pdf.

23. Piketty, Capital, 26. 24. Ibid., 234.

25. John Maynard Keynes, The General Theory of Employment, Interest and Money (London: Macmillan, 1936), 317.

26. For instance, Richard S. Grossman, Wrong: Nine Economic Policy Disasters and What We Can Learn from Them (New York: Oxford University Press, 2013).

27. Alan S. Blinder and Jeremy B. Rudd, "The Supply-Shock Explanation of the Great Stagflation Revisited," in The Great Inflation: The Rebirth of Modern Central Banking, ed. Michael D. Bordo and Athanasios Orphanides (Chicago: University of Chicago Press, 2013), 119-175.

28. Michael A. Bernstein, The Great Depression: Delayed Recovery and Eco- nomic Change in America, 1929-1939 (New York: Cambridge University Press, 1988).

29. Jean-Francois Revel, How Democracies Perish, trans. William Byron (New York: Doubleday, 1984).

30. Arthur Danto, "The Artworld," Journal of Philosophy 61, no. 19 (1964): 583.

1장 대기근과 대반란: 식량위기에서 시작된 금융위기 ————

1. Hans-Ulrich Wehler, Deutsche Gesellschaftsgeschichte 1815-1845/49 (Munich: C. H. Beck, 1987), 642.

2. See Jonathan Sperber, The European Revolutions, 1848-1851 (Cambridge: Cambridge University Press, 2005), 105; see also Mark Spoerer and Helge Berger, "Economic Crises and the European Revolutions of 1848," Journal of Economic History 61, no. 2 (2001):

293-326.

3. Cormac Ó Gráda, Black '47 and Beyond: The Great Irish Famine in History, Economy, and Memory (Princeton: Princeton University Press, 1999), 21; see also Peter Michael Solar, "Growth and Distribution in Irish Agriculture before the Famine" (Ph.D. diss., Stanford University, 1987).

4. "Ireland," Times, March 26, 1847, quoting Cork Reporter.

5. "Details of Foreign Intelligence," New York Daily Tribune, October 21, 1847.

6. Michael D. Bordo and John Landon-Lane, "Does Expansionary Monetary Policy Cause Asset Price Booms? Some Historical and Empirical Evidence," NBER Working Paper No. 19585, October 2013; David Le Bris, "What Is a Market Crash?" Economic History Review 71, no.2 (2018): 495.

7. Charles Read, "Laissez-Faire, the Irish Famine, and British Financial Crisis," Economic History Review 69, no. 2 (2016): 415.

8. William Carleton, "The Black Prophet: A Tale of Irish Famine," in The Works of William Carleton (New York: P. P. Collier, 1881), 3: 776; Catherine Nealy Judd, "Western Plague Literature, the Irish Famine and Anthony Trollope's Castle Rich- mond," Irish Studies Review 25, no. 2 (2017): 215-240.

9. Walter Bagehot, Historical Essays, ed. Norman St. John-Stevas (New York: New York University Press, 1966), 186, 191.

10. R. W. Kostal, Law and English Railway Capitalism, 1825-1875 (Oxford: Oxford University Press, 1997), 25.

11. D. Morier Evans, The Commercial Crisis 1847-1848. Being Facts and Figures Illustrative of the Events of That Important Period Considered in Relation to the Three Epochs of the Railway Mania, the Food and Money Panic, and the French Revolution: To Which Is Added an Appendix Containing an Alphabetical List of the English and Foreign Mercantile Failures (London: Letts, Son and Steer, 1848), 5-6.

12. Read, "Laissez-Faire," 420.

13. "The Present Crisis, Its Character and Remedy," Economist, May 8, 1847.

14. "Money-Market and City Intelligence," Times, March 10, 1847.

15. Rudiger Dornbusch and Jacob Frenkel, "The Gold Standard and the Bank of England in the Crisis of 1847," in Michael D. Bordo and Anna J. Schwartz, eds., A Retrospective on the Classical Gold Standard, 1821-

1931 (Chicago: University of Chicago Press, 1984), 233-276.

16. Cormac Ó Gráda, The Great Irish Famine, New Studies in Economic and Social History (Cambridge: Cambridge University Press, 1995), 42.

17. Ibid., 48.

18. "Bank of England," The Manchester Guardian, December 8, 1847.

19. Quoted in "Express from Paris," Times, January 30, 1847.

20. Niall Ferguson, The House of Rothschild: Money's Prophets, 1798-1848 (New York: Viking, 1998), 447, 429.

21. "Danger of a Financial Crisis in Europe," Baltimore Sun, January 26, 1847.

22. Wehler, Deutsche Gesellschaftsgeschichte, 652.

23. "The Present Crisis," Observer, November 8, 1847.

24. Amartya Sen, Poverty and Famines: An Essay on Entitlement and Deprivation (Oxford: Oxford University Press, 1983).

25. See for instance Ó Gráda, Great Irish Famine.

26. Quoted in Robin Haines, Charles Trevelyan and the Great Irish Famine (Dub- lin: Four Courts, 2004), 240.

27. See the work of Charles Read, "Laissez-Faire," and "The Political Economy of Sir Robert Peel," in Julian Hoppit, Adrian B. Leonard, and Duncan J. Needham, eds., Money and Markets: Essays in Honour of Martin Daunton (Martlesham: Boydell and Brewer, 2019), 71-89.

28. Quoted in John Mitchel, The Last Conquest of Ireland (Dublin: University College Dublin Press, 2005), 218; see also Christophe Gillissen, "Charles Trevelyan, John Mitchel and the Historiography of the Great Famine," Revue francaise de civilisation britannique 19, no. 2 (2014): 195-212.

29. Times, April 7, 1847.

30. David Kynaston, Till Time's Last Sand: A History of the Bank of England, 1694-2013 (London: New York: Bloomsbury Publishing, 2017), 147.

31. Kevin H. O'Rourke, "Europe and the Causes of Globalization, 1790 to 2000," in Europe and Globalization, ed. Henryk Kierzkowski (New York: Palgrave Macmillan, 2002), 64-86.

32. Alain Plessis, De la fete impériale au mur des fédérés, 1852-1871, Nouvelle histoire de la France contemporaine (Paris: Éditions du Seuil, 1973), 14.

33. R. John Rath, "The Failure of an Ideal: The Viennese Revolution of 1848," Southwestern Social Science Quarterly 34, no. 2 (1953): 9.

34. Oliver Rathkolb, Theodor Venus, and Ulrike Zimmerl, eds., Bank

Austria Creditanstalt: 150 Jahre österreichische Bankengeschichte im Zentrum Europas (Vienna: P. Zsolnay, 2005), 60.

35. Henry Booth, The Case of Railways Considered (London: W. H. Smith, 1852), 9. 36. Kevin O'Rourke and Jeffrey Williamson, Globalization and History: The Evolution of a Nineteenth-Century Atlantic Economy (Cambridge, MA: MIT Press, 1999).

37. Olivier Accominotti and Marc Flandreau, "Bilateral Treaties and the Most-Favored-Nation Clause: The Myth of Trade Liberalization in the Nineteenth Century," World Politics 60, no. 2 (2008): 147-188.

38. Friedrich List, Das nationale System der politischen Ökonomie (Stuttgart: Cotta, 1841); Charles Gouraud, Essai sur la liberté du commerce des nations (Paris: Durand, 1853), 32.

39. "Exhibition of the Industry of All Nations," Times, October 18, 1849.

40. "The Great Exhibition," Times, October 4, 1851.

41. "Will Our Shipping Decay?" Economist, March 8, 1851.

42. Lyon Playfair, "The Chemical Principles Involved in the Manufactures of the Exhibition," in Lectures on the Results of the Exhibition (London: David Bogue, 1852), 117-155, quote from 144; see also Jeffrey A. Auerbach, The Great Exhibition of 1851: A Nation on Display (New Haven: Yale University Press, 1999), 124.

43. Karl Marx, Die Klassenkämpfe in Frankreich 1848 bis 1850 (Berlin: Vorwärts, 1895).

44. Herman von Petersdorff, König Friedrich Wilhelm der Vierte (Stuttgart: Cotta, 1900), 11.

45. August Ludwig von Rochau, Grundsätze der Realpolitik, angewendet auf die staatlichen Zustande Deutschlands, vol. 2 (Heidelberg: J. C. B. Mohr, 1869), 26-27.

46. Terry Eagleton, Heathcliff and the Great Hunger: Studies in Irish Culture (London: Verso, 1995), 13; see also Melissa Fegan, "The Great Famine in Fiction, 1901-2015," in The Oxford Handbook of Modern Irish Fiction, ed. Liam Harte (Oxford: Oxford University Press, 2020), 407-423.

47. William Carleton, The Black Prophet: A Tale of Irish Famine (London: Simms and McIntyre, 1847), 50-51.

48. Anthony Trollope, Castle Richmond (Leipzig: Tauchnitz, 1860), 1: 92, 96 -97.

49. Chris Morash, Writing the Irish Famine (Oxford: Oxford University

Press, 1995), 90; see also A. R. C. Dallas, A Voice from Heaven to Ireland (Wonston: James Shayler, 1853).

50. Morash, Writing the Irish Famine, 91.

51. Joachim Borchart, Der europäische Eisenbahnkönig: Bethel Henry Strousberg (Munich: C. H. Beck, 1991).

52. Karl Marx and Friedrich Engels, Communist Manifesto (London: Electric Book Co., 2000), 14.

53. Gareth Stedman Jones, Karl Marx: Greatness and Illusion (London: Allen Lane, 2016), 429.

54. Jonathan Sperber, Karl Marx: A Nineteenth-Century Life (New York: Liveright, 2013), 420.

55. Stedman Jones, Marx, 403.

56. "Afterword to the Second German Edition" (1873), in Karl Marx, Capital: A Critical Analysis of Capitalist Production, ed. Friedrich Engels (London: Lawrence and Wishart, 1973 [1887]), 1: 25.

57. See Kenji Mori, "The Books of Crisis and Tooke-Newmarch Excerpts: A New Aspect of Marx's Crisis Theory in MEGA," European Journal of the History of Eco- nomic Thought 25, no. 5 (2018): 912-925.

58. David Harvey, The Limits to Capital (London and New York: Verso, 2006), 179.

59. Karl Marx, Class Struggles in France, 1848-1850 (London: Electric Book Co., 2001 [1850]), 151.

60. Michael von Tugan-Baranowsky, Studien zur Theorie und Geschichte der Han-delskrisen in England (Jena: G. Fischer, 1901), 124; Hans Rosenberg, Die Weltwirt- schaftskrise 1857-1859 (Göttingen: Vandenhoeck & Ruprecht, 1974), 8; see also Internationale Marx- Engels-Stiftung, ed., Marx-Engels-Gesamtausgabe (Berlin: International Marx-Engels Foundation, 1975 [hereafter cited as MEGA]), IV/14: 514.

61. "The British Revulsion," New York Daily Tribune, November 30, 1857: 6.

62. "The Commercial Crisis in England," New York Daily Tribune, December 15, 1857: 4.

63. Friedrich Engels, "Engels to Marx, December 11, 1857," in MEGA, III/8: 217.

64. MEGA, IV/14: 528.

65. Karl Marx, "Marx to Engels, 8 December 1857," in MEGA, III/8: 210.

66. Michael Anson et al., "The Bank of England as Lender of Last Resort:

New Historical Evidence from Daily Transactional Data," Bank of England Working Paper No. 691, November 2017.

67. MEGA, IV/14: 547.
68. "Manufactures and Commerce," New York Daily Tribune, September 23, 1859.
69. Economist, November 28, 1857: 1319-1320.
70. Marx, Capital, 1: 625; MEGA, II/10: 601.
71. Marx, "Afterword to the Second German Edition," in Capital, 1: 29.
72. Fritz Tarnow, "Kapitalistische Wirtschaftsanarchie und Arbeiterklasse: Referat auf dem sozialdemokratischen Parteitag in Leipzig vom 31.5-5.6.1931," Protokoll, Berlin 1931, 45, http://library.fes.de/parteitage/pdf/pt-jahr/pt-1931.pdf .
73. Marx, Capital, 1: 715; MEGA, II/10: 684-685; Stedman Jones, Marx, 683.

2장 크래시와 한계 혁명: 금융 혼란의 시기 ───

1. Karl Marx, Capital: A Critical Analysis of Capitalist Production, ed. Friedrich Engels (London: Lawrence and Wishart, 1973 [1887]), 1: 29.
2. Bogomil Goltz, Die Deutschen: Ethnographische Studie (Berlin: O. Janke, 1860), 1; Jurgen Kaube, Hegels Welt (Berlin: Rowohlt), 264; Carol Gluck, Japan's Modern Myths: Ideology in the Late Meiji Period (Princeton: Princeton University Press), 19-20; see also Harold James, A German Identity, 1770-1990 (London: Weidenfeld, 1989), 8-33.
3. John Stuart Mill, Principles of Political Economy, with Some of Their Applications to Social Philosophy (London: J. W. Parker, 1848), 614.
4. Walter Bagehot, A Practical Plan for Assimilating the English and American Money, as a Step towards a Universal Money (New York: Longmans, Green, 1889), xxii.
5. Henry B. Russell, International Monetary Conferences: Their Purposes, Character, and Results: With a Study of the Conditions of Currency and Finance in Europe and America during Intervening Periods, and in Their Relations to International Action (New York: Harper and Brothers, 1898), 35.
6. Stanley Jevons, "April 21, 1868, letter to J. B. Smith," in Papers and Correspondence of William Stanley Jevons (London: Macmillan, 1981), 183-184.

7. Marc Flandreau, The French Crime of 1873: An Essay in Interpretation: The Glitter of Gold (Oxford: Oxford University Press, 2004), 177.

8. Ibid., 183.

9. Michel Chevalier, On the Probable Fall in the Value of Gold, trans. Richard Cob- den (New York: Appleton, 1859), 201.

10. Giulio M. Gallarotti, "The Scramble for Gold: Monetary Regime Transforma- tion in the 1870s," in Monetary Regimes in Transition, ed. Michael D. Bordo and Forrest Capie (Cambridge: Cambridge University Press, 1993), 15-67.

11. Joseph H. Davis, "An Annual Index of U.S. Industrial Production, 1790-1915," Quarterly Journal of Economics 119, no. 4 (2004): 1177-1215.

12. Quoted in Matthew Hale Smith, Bulls and Bears of New York: With the Crisis of 1873, and the Cause (New York: J. B. Burr, 1874), 28.

13. "Die Polterer wider Schwindel und Korruption, die Stadt der bequemen Sitte, der schonen Frauen und der heiteren Gesange," Neue Freie Prese, May 1, 1873.

14. "The Vienna Exposition: Disappointed Exhibitors," New York Times, October 18, 1873.

15. "Vienna Exhibition: The Commissionerships Scandal," New York Tribune, May 1, 1873.

16. "The Financial Crisis at Vienna," New York Times, July 8, 1873.

17. Ibid.

18. Albert Schäffle, "Der 'grosse Börsenkrach' des Jahres 1873," Zeitschrift fur die gesamte Staatswissenschaft 30, no. 1 (1874): 50.

19. Ibid., 1.

20. "Wall Street Topics," New York Times, October 30, 1873.

21. New York Herald, May 13, 1873.

22. "Money in Europe," New York Herald, May 14, 1873.

23. "The Vienna Panic," New York Times, May 15, 1873.

24. See Hannah Catherine Davies, Transatlantic Speculations: Globalization and the Panics of 1873 (New York: Columbia University Press, 2018).

25. "Wall Street Topics," New York Times.

26. Schäffle, "Der 'grosse Börsenkrach' des Jahres 1873," 24.

27. Ibid., 25: "Und der Grosse frisst den Kleinen und der Grösste frisst den Grossen."

28. Julian Franks, Colin Mayer, and Hannes Wagner, "The Origins of the

German Corporation: Finance, Ownership and Control," Review of Finance 10, no. 4 (2006): 537-585; Scott Mixon, "The Crisis of 1873: Perspectives from Multiple Asset Classes," Journal of Economic History 68, no. 3 (2008): 722-757.

29. Gordon Mork, "The Prussian Railway Scandal of 1873: Economics and Politics in the German Empire," European Studies Review 1, no. 1 (1971): 37.

30. John R. Lampe and Marvin R. Jackson, "Balkan Economic History, 1550-1950, from Imperial Borderlands to Developing Nations," Joint Committee on Eastern Europe Publication Series No. 10, 1982, 103-104.

31. Bethel Henry Strousberg, Strousberg und Sein Wirken von Ihm Selbst Geschildert. Mit Einer Photographie und Einer Eisenbahn-Karte (Berlin: J. Guttentag, 1876), 5; see also Gordon R. Mork, "The Prussian Railway Scandal of 1873."

32. Strousberg, Strousberg, 293.

33. Otto Glagau, Die Gartenlaube (Leipzig: Ernst Keil, 1874), 788.

34. Otto Glagau, Der Börsen- und Gründerschwindel in Berlin (Leipzig: Paul Frohberg, 1876).

35. Mary A. O'Sullivan, Dividends of Development: Securities Markets in the History of US Capitalism, 1866-1922 (Oxford: Oxford University Press, 2016), 29, 36.

36. Richard White, Railroaded (New York: W. W. Norton, 2011), 500-501.

37. Matthew Simon, Cyclical Fluctuations and the International Capital Movements of the United States, 1865-1897 (New York: Arno Press, 1978).

38. Ellis Paxson Oberholtzer, Jay Cooke, Financier of the Civil War (Philadelphia: G. W. Jacobs, 1907), 2: 421-422.

39. Ibid., 2: 437.

40. O'Sullivan, Dividends, 65.

41. O. M. W. Sprague, History of Crises under the National Banking System (Wash- ington, D.C.: United States Senate Document No. 538, 1910).

42. Elmus Wicker, Banking Panics of the Gilded Age (New York: Cambridge University Press, 2000), 18.

43. Anna J. Schwartz, Money in Historical Perspective (Chicago: University of Chi- cago Press, 1987), 286.

44. Charles P. Kindleberger, Historical Economics: Art or Science? (Berkeley: Uni- versity of California Press, 1990), 316.

45. Anthony Trollope, An Autobiography (London: Trollope Society, 1999 [1883]), 220.

46. Anthony Trollope, The Way We Live Now (Oxford: Oxford University Press, 1982 [1875]), 1: 34, 1: 204, 2: 104.

47. Ibid., 2:313; 2:301.

48. David Morier Evans, The History of the Commercial Crisis, 1857-58, and the Stock Exchange Panic of 1859 (London: Groombridge and Sons, 1859).

49. Friedrich Spielhagen, Sturmflut (Leipzig: Staackmann, 1878 [1877]), 65.

50. Ibid., 572.

51. Joseph E. Stiglitz, "Capital Market Liberalization and Exchange Rate Regimes: Risk without Reward," Annals of the American Academy of Political and Social Science 579, no. 1 (2002): 231.

52. Jack Wilson, Richard Sylla, and Charles Jones, "Financial Market Volatility, Panics under the National Banking System before 1914, and Volatility in the Long Run, 1830-1988," in Crises and Panics: The Lessons of History, ed. Eugene White (Dow Jones/Irwin: Homewood, 1990), 103.

53. William Newmarch, "Address by William Newmarch, Esq., F.R.S., as President of the Economy and Trade Department, Social Science Association, at Leeds, 10th October, 1871," Journal of the Statistical Society of London 34, no. 4 (December 1871): 476.

54. Friedrich Hayek, "Carl Menger," in Carl Menger (1840-1921), ed. Mark Blaug (Brookfield: Edward Elgar, 1992), 43.

55. There is a brief survey of his life by Heinz D. Kurz, "Wer war Hermann Hein- rich Gossen (1810-1858), Namensgeber eines der Preise des Vereins fur Socialpolitik?" Journal of Applied Social Science Studies / Zeitschrift für Wirtschafts-und Sozialwissen- schaften 129, no. 3 (2009): 473-500; see also Nina Streeck, "Hermann Heinrich Gossen: Nationalokonom," http://www.rheinische-geschichte. lvr.de/Persoenlichkeiten/ hermann-heinrich-gossen/DE-2086/ lido/57c6d4a79880e2.20826584.

56. Carl Menger, Principles of Economics (Glencoe: Free Press, 1950), 192.

57. William Stanley Jevons, The Theory of Political Economy (New York: Macmillan, 1888), xiii-xiv.

58. William Stanley Jevons, Political Economy (London: Macmillan, 1878), 17.

59. "Letter to his brother Herbert, 1st June 1860," in Jevons, Papers and Correspondence, 151-152.

60. "To Professor Léon Walras, Lausanne, 12th May 1874," ibid., 302-303.

61. Quoted in Harro Maas, William Stanley Jevons and the Making of Modern Economics (Cambridge: Cambridge University Press, 2005), 3.

62. Jevons, Papers and Correspondence, 192.

63. On the impact of Australian gold on economics, see Michael Bordo, "John E.Cairnes on the Effects of the Australian Gold Discoveries, 1851-73: An Early Applica- tion of the Methodology of Positive Economics," History of Political Economy 7, no. 3 (1975): 337-359.

64. W. Stanley Jevons, A Serious Fall in the Value of Gold Ascertained, and Its Social Effects Set Forth (London: E. Stanford, 1863), 1-2.

65. W. Stanley Jevons, The Coal Question: An Enquiry Concerning the Progress of the Nation, and the Probable Exhaustion of Our Coal-Mines (London: Macmillan, 1865), viii.

66. Ibid., 339.

67. William Stanley Jevons, Investigations in Currency and Finance (London: Macmillan, 1909), 221.

68. Albert Jolink, The Evolutionist Economics of Léon Walras (New York: Rout-ledge, 1996), 23.

69. Léon Walras, Correspondence of Léon Walras and Related Papers (Amsterdam: North-Holland, 1965), 3: 292-293: "C'est mon père qui m'a fourni les définitions économiques qui sont les bases de ce système; c'est Cournot qui m'a fourni le langage mathématique le plus propre à le formuler; mais c'est moi qui ai donné, non seulement l'exposition complète, mais la démonstration rigoureuse du systeme de la libre concurrence en matière d'échange et de production comme réalisant le maximum d'ut ilité."

70. Hayek, "Menger," 44.

71. Emil Kauder, "Intellectual and Political Roots of the Older Austrian School," in Carl Menger (1840-1921), ed. Mark Blaug (Brookfield: Edward Elgar, 1992), 99: "la méthode mathématique est fausse."

72. Carl Menger, Untersuchungen über die Methode der Socialwissenschaften und der Politischen Oekonomie (Leipzig: Duncker & Humblot, 1883), vii-viii.

73. Carl Menger, Zusätze zur Grundsätze der Volkswirtschaft (Tokyo: Hitotsubashi University, 1961), 29: "Alles was und beglückt erfreut

fördert nennt man im gemeinem Leben ein Gut: Gott ist das höchste Gut."

74. Hayek, "Menger," 47.

75. "To M. Léon Walras, Lausanne, 14th February 1875," in Jevons, Papers and Correspondence, 332.

76. "To H. S. Foxwell, 16th November 1875," ibid., 344.

3장   제1차 세계대전과 초인플레이션: 경제사 최악의 위기 ———

1. Steve H. Hanke and Nicholas Krus, World Inflation and Hyperinflation Table, https://www.cato.org/research/world-inflation-and-hyperinflation-table.

2. David Marquand, Ramsay MacDonald (London: J. Cape, 1977), 669.

3. George F. Kennan, The Decline of Bismarck's European Order (Princeton: Princeton University Press, 1981), 3.

4. See Adam Tooze, The Deluge: The Great War and the Remaking of Global Order, 1919-1931 (London: Allen Lane, 2014).

5. I owe this point to an illuminating discussion of Alexander Kluge with Stephan Drössler in the Munich Film Museum, August 8, 2021.

6. William Silber, When Washington Shut Down Wall Street: The Great Financial Crisis of 1914 and the Origins of America's Monetary Supremacy (Princeton: Princeton University Press, 2007).

7. Richard Roberts, Saving the City: The Great Financial Crisis of 1914 (Oxford: Oxford University Press, 2014); Mike Anson, David Bholat, Mark Billings, Miao Kang, and Ryland Thomas, "The Great War and the Bank of England as Market Maker of Last Resort," Bank Underground, April 30, 2019, https://bankunderground.co.uk/2019/04/30/the-great-war-and-the-bank-of-england-as-market-maker-of-last -resort/.

8. Gerald D. Feldman, The Great Disorder: Politics, Economics, and Society in the German Inflation, 1914-1924 (New York: Oxford University Press, 1997), 32.

9. "Agriculture-Agricultural Production in Continental Europe during 1914-1918 War and Reconstruction Period," 1944, League of Nations Archives, Geneva, R4381/10A/42706/1682, 61-68.

10. Quoted in Norman Angell, The Great Illusion: A Study of the Relation of Mili- tary Power in Nations to Their Economic and Social Advantage

(New York: G. P. Putnam's Sons, 1910), 6.

11. Nicholas A. Lambert, Planning Armageddon: British Economic Warfare and the First World War (Cambridge, MA: Harvard University Press, 2012), 120-121.

12. Angell, Great Illusion, 32.

13. Ibid., 343, 346.

14. John G. Williamson, Karl Helfferich, 1872-1924: Economist, Financier, Politician (Princeton: Princeton University Press, 1971), 54, citing Helfferich's lecture on Handelspolitik, 1901.

15. David Garnett, The Golden Echo (London: Chatto & Windus, 1954), 271. This remark is attributed by Niall Ferguson as occurring in a discussion with Beatrice Webb: Niall Ferguson, The War of the World: History's Age of Hatred (London: Allen Lane, 2006), 89.

16. Niklaus Meier, Warum Krieg?: Die Sinndeutung des Krieges in der deutschen Militärelite 1871-1945 (Paderborn: Ferdinand Schöningh, 2012), 274: "Dieser Krieg wird sich zu einem Weltkriege auswachsen, in den auch England eingreifen wird. Nur Wenige können sich eine Vorstellung uber den Umfang, die Dauer und das Ende dieses Krieges machen. Wie das alles enden soll, ahnt heute niemand."

17. Ibid., 272.

18. Maureen Healy, Vienna and the Fall of the Habsburg Empire: Total War and Everyday Life in World War I (New York: Cambridge University Press, 2004), 17.

19. Karin Hartewig, Das unberechenbare Jahrzehnt. Bergarbeiter und ihre Familien im Ruhrgebiet 1914-1924 (Munich: Beck, 1993), 153; see also Alice Weinreb, Modern Hungers: Food and Power in Twentieth-Century Germany (New York: Oxford Univer- sity Press, 2017).

20. Hans Hautmann, "Hunger ist ein schlechter Koch. Die Ernährungslage der österreichischen Arbeiter im Ersten Weltkrieg," in Bewegung und Klasse. Studien zur österreichischen Arbeitergeschichte, ed. Gerhard Botz (Zurich: Ludwig-Boltzmann- Institut für Geschichte der Arbeiterbewegung, 1978), 661-682; see also Healy, Vienna and the Fall of the Habsburg Empire.

21. Belinda Davis, Home Fires Burning: Food, Politics, and Everyday Life in World War I Berlin (Chapel Hill: University of North Carolina Press, 2000).

22. Thomas Mann, Diaries, 1918-1939, selected by Hermann Kesten;

translated by Richard and Clara Winston (New York: Harry N. Abrams, 1982), 43; Hermann Kurzke, Thomas Mann: Life as a Work of Art, trans. Leslie Willson (Princeton: Princeton University Press, 2002), 287.

23. Avner Offer, The First World War: An Agrarian Interpretation (New York: Oxford University Press, 1989), 52.

24. Keith Allen, "Sharing Scarcity: Bread Rationing and the First World War in Berlin, 1914-1923," Journal of Social History 32, no. 2 (1998): 381.

25. Gerald D. Feldman, The Great Disorder: Politics, Economics, and Society in the German Inflation, 1914-1924 (New York: Oxford University Press, 1993), 64.

26. Norman Stone, The Eastern Front, 1914-1917 (London: Hodder and Stoughton, 1975), 293-300.

27. Barbara Alpern Engel, "Not by Bread Alone: Subsistence Riots in Russia during World War I," Journal of Modern History 69, no. 4 (1997): 696-721.

28. Offer, First World War, 85.

29. Lambert, Armageddon, 332.

30. Ibid., 335.

31. Richard Perren, Taste, Trade and Technology: The Development of the International Meat Industry since 1840 (London: Routledge, 2017), 99-100.

32. Frank Trentmann, Free Trade Nation: Commerce, Consumption, and Civil Society in Modern Britain (New York: Oxford University Press, 2008), 194-197.

33. Calculated from Norman J. Silberling, "Financial and Monetary Policy of Great Britain during the Napoleonic Wars," Quarterly Journal of Economics 38, no. 2 (1924): 214-233; the average annual spending on war was £543 million in the French wars, £5418 million in the First World War.

34. David Ricardo, "Essay on the Funding System [1820]," in The Works of David Ricardo, ed. J. R. McCulloch (London: John Murray, 1846), 541.

35. Ibid., 546.

36. Arthur Cecil Pigou, The Economy and Finance of the War: Being a Discussion of the Real Costs of the War and the Way in Which They Should Be Met (London: J.M. Dent & Sons, 1916), 69.

37. Ibid., 70.

38. Ibid., 82-83.

39. Adolph Wagner, Grundlegung der politischen Ökonomie (Leipzig: C. F. Winter, 1892), 893-894.

40. David Lloyd George, War Memoirs (Boston: Little Brown, 1933), 110-111; T. Johnston, The Financiers and the Nation (London: Methuen, 1934).

41. Johnston, The Financiers and the Nation, 53, 60-61.

42. Robert Skidelsky, John Maynard Keynes, vol. 1: Hopes Betrayed, 1883-1920 (London: Macmillan, 1983), 311.

43. "Bond Market: Great Britain's Debt in Relation to Her Wealth and Annual Income," Wall Street Journal, October 15, 1915; see in general Kathleen Burk, Britain, America and the Sinews of War, 1914-1918 (London: G. Allen & Unwin, 1985).

44. Verhandlungen des Reichstages (Negotiations of the Reichstag) (Berlin: Druck und Verlag der Norddeutschen, 1907-1918), 306: 763, March 16, 1916.

45. Ibid., August 20, 1915.

46. Ibid., March 10, 1915.

47. "Lauds Germany's Financial Power," New York Times, April 12, 1915.

48. "Germany's Loan Biggest Yet Raised; Subscriptions of $2,140,000,000 Include Those of Servant Girls; Money Market Is Easy; Banks Have Large Supplies of Cash-January Savings Deposits Over $90,000,000," New York Times, April 12, 1915.

49. "Bond Market," Wall Street Journal, April 22, 1915.

50. "War Loan Failure Worries Vienna," New York Times, June 16, 1915.

51. Feldman, Great Disorder, 71.

52. Pavel Kosatík, Đešti demokraté (Prague: Mladá fronta, 2010), 131-132.

53. Ludek Homolac and Karel Tomsik, "Historical Development of Land Ownership in the Czech Republic since the Foundation of Czechoslovakia until Present," Agricultural Economics 62, no. 11 (2016): 528-536.

54. Stephen A. Schuker, American "Reparations" to Germany, 1919-33: Implications for the Third-World Debt Crisis (Princeton: International Finance Section, Department of Economics, Princeton University, 1988), 22.

55. This point was already noted in the contemporary U.S press: "Mark Inflation Seen as Gigantic Fraud; Holders in United States," Wall Street Journal, October 6, 1921. See in general Carl-Ludwig Holtfrerich,

The German Inflation 1914-1923, transl. Theo Balderston (Berlin: De Gruyter, 1986).

56. See Nathan Marcus, Austrian Reconstruction and the Collapse of Global Fi- nance, 1921-1931 (Cambridge, MA: Harvard University Press, 2018), 63-73.

57. Elias Canetti, Masse und Macht (Hamburg: Claassen, 1960).

58. Georg Friedrich Knapp, The State Theory of Money, trans. H. M. Lucas and J. Bonar (London: Macmillan, 1924), 8: 38.

59. Karl Theodor Helfferich, Louis Infield, and T. E. Gregory, Money (London: E. Benn, 1927), vii.

60. Howard S. Ellis, German Monetary Theory, 1905-1933 (Cambridge, MA: Harvard University Press, 1934), 37.

61. Knapp, State Theory, 226.

62. Stephanie Kelton, The Deficit Myth: Modern Monetary Theory and the Birth of the People's Economy (New York: Public Affairs, 2020), 10-11, 90, 207.

63. Barry Eichengreen and Ricardo Hausmann, "Exchange Rates and Financial Fragility," NBER Working Paper No. 7418, 1999.

64. Ellis, German Monetary Theory, 38.

65. Williamson, Karl Helfferich, 26.

66. Helfferich, Money, 505.

67. Ibid., 547-548.

68. Ibid., 544, 619.

69. Ibid., 621.

70. Lothar Gall, "The Deutsche Bank, 1870-1914," in The Deutsche Bank, 1870-1995, ed. Lothar Gall et al. (London: Weidenfeld & Nicolson, 1995), 95; see also Man-fred Pohl, Von Stambul nach Bagdad: Die Geschichte einer beruhmten Eisenbahn (Mu- nich: Piper, 1999).

71. Karl Helfferich, Deutschlands Volkswohlstand 1888-1913 (Berlin: Stilke, 1914), iv. 72. Ibid., viii.

73. Helfferich, Money, 234, 236.

74. Williamson, Karl Helfferich, 338.

75. Ibid., 301.

76. Verhandlungen des Reichstags, 356, 8058: "Da steht der Feind, der sein Gift in die Wunden eines Volkes träufelt.–Da steht der Feind–und darüber ist kein Zweifel: dieser Feind steht rechts!"

77. Williamson, Karl Helfferich, 400.

4장 대공황: 세계화의 종말

1.	Ferdinand Fried (an alias for Friedrich Zimmermann), Das Ende des Kapitalismus (Jena: E. Diederichs, 1931), 247.
2.	Joshua Derman, "Prophet of a Partitioned World: Ferdinand Fried, 'Great Spaces,' and the Dialectics of Deglobalization, 1929-1950," Modern Intellectual History 2020: 1-25.
3.	Ben S. Bernanke, Essays on the Great Depression (Princeton: Princeton University Press, 2004), 5.
4.	J. D. Tomlinson, "The First World War and British Cotton Piece Exports to India," Economic History Review 32, no. 4 (1979): 497.
5.	G. C. Allen, A Short Economic History of Modern Japan: 1867-1937 (London: Routledge, 2003), 113.
6.	Japan, The Japan Year Book, vol. 17 (Tokyo: Japan Year Book Office, 1923), 553.
7.	"Agriculture-Agricultural Production in Continental Europe during 1914-1918 War and Reconstruction Period," 1944, League of Nations Archives, Geneva, R4381/10A/42706/1682, 61-68.
8.	On debt and economic constraints, see Michael D. Bordo and Christopher M. Meissner, "Original Sin and the Great Depression," NBER Working Paper No. 27067, April 2020.
9.	Phyllis Deane and Brian Mitchell, Abstract of British Historical Statistics(Cambridge: Cambridge University Press, 1971), 62-66.
10.	A. J. P. Taylor, English History: 1914-1945, vol. 15 of The Oxford History of En- gland (New York: Oxford University Press, 1965), 239.
11.	Robert A. Brady, The Rationalization Movement in German Industry: A Study in the Evolution of Economic Planning (Berkeley: University of California Press, 1933).
12.	Stephen A. Schuker, American "Reparations" to Germany, 1919-33: Implica- tions for the Third-World Debt Crisis (Princeton: International Finance Section, Department of Economics, Princeton University, 1988).
13.	Quoted in Roy F. Harrod, The Life of John Maynard Keynes (Harmondsworth: Penguin, 1972 [1951]), 545.
14.	See Ali Kabiri, Harold James, John Landon-Lane, David Tuckett, and Rickard Nyman, "The Role of Sentiment in the U.S. Economy: 1920 to 1934," Economic His- tory Review, 2022, DOI: 10.1111/ehr.13160.

15. "Decrease in Federal Interest Payments; United States, of Four Leading Nations, Has Smallest Debt in Proportion to Public Wealth," Wall Street Journal, July 11, 1924.

16. Herbert N. Casson, "America's Progress Astounds Britain; Publication of Facts on Wealth," Wall Street Journal, July 19, 1926.

17. "Germans Favor Dawes; Would Sign Report as Best Expedient; D. L. Breed Thinks Alternative Serious for New Currency," Wall Street Journal, July 29, 1924.

18. "Optimism Rules in Financial World; Buoyant Grain and Security Markets Create Cheerful Atmosphere in Wall Street Circles," Wall Street Journal, July 21, 1924.

19. "German Industries Seek Foreign Loans; Numerous Concerns Participate in Active Campaign for Outside Credit Accommodations," Wall Street Journal, Janu- ary 22, 1925.

20. "Banking Opinion Shows Confidence; Northwest, Clear to the Pacific Coast, Cheered by Fine Crops, Feels Sure of Good Times," Wall Street Journal, January 10, 1925.

21. For a valuable survey, see Eugene N. White, "When the Ticker Ran Late: The Stock Market Boom and Crash of 1929," in Crashes and Panics: The Lessons from His- tory, ed. Eugene N. White (Homewood, IL.: Dow Jones-Irwin, 1990), 143-187.

22. "Alfred P. Sloan Jr., Leaders Predict Good New Year," New York Times, January 6, 1929.

23. "Abreast of the Market: A Daily Column of Comment," Wall Street Journal, February 11, 1929.

24. "'Others' Loans Create Alarm; City Bank Stresses Danger of Potential," Wall Street Journal, February 4, 1929.

25. "No Place for Mysteries," Wall Street Journal, February 19, 1929.

26. "Merger Plans of Trunk Lines: C. & O. and B. & O. Unification," Wall Street Journal, February 21, 1929.

27. Benjamin Graham, Benjamin Graham: The Memoirs of the Dean of Wall Street(New York: McGraw-Hill, 1996), 189.

28. "Kreuger & Toll Rights Voted; New Certificates at $23, in Ratio of One for Three, Are Proposed," Wall Street Journal, October 24, 1929.

29. Frank Partnoy, The Match King: Ivar Kreuger, the Financial Genius behind a Century of Wall Street Scandals (New York: Public Affairs, 2009), 144.

30. Robert Shaplen, Kreuger: Genius and Swindler (New York: Knopf, 1960), 59-60.

31. Eckhard Wandel, Hans Schaffer: Steuermann in wirtschaftlichen und politischen Krisen (Stuttgart: Deutsche Verlags-Anstalt, 1974), 253.

32. Shaplen, Kreuger, 87-89.

33. Ibid., 147.

34. Partnoy, The Match King, 209.

35. Kenneth Whyte, Hoover: An Extraordinary Life in Extraordinary Times (New York: Alfred A. Knopf, 2017), 409-410.

36. Walter Friedman, Fortune Tellers: The Story of America's First Economic Fore- casters (Princeton: Princeton University Press, 2013), 80.

37. "Text of President Hoover's Message to Congress," Wall Street Journal, De- cember 4, 1929.

38. "Boston Brokers Hear Whitney," Wall Street Journal, June 11, 1930.

39. See Douglas A. Irwin, Peddling Protectionism: Smoot-Hawley and the Great Depression (Princeton: Princeton University Press, 2011).

40. "See Tariff End Spur to Trade," Wall Street Journal, May 23, 1930.

41. "Attacks Hawley Smoot Tariff," Wall Street Journal, May 20, 1930.

42. "Sovietism and Its Exports," Wall Street Journal, August 5, 1930.

43. Robert Skidelsky, John Maynard Keynes, vol. 2: The Economist as Saviour, 1920-1937 (London: Macmillan, 1992), 435.

44. Rudolf Morsey, Zur Entstehung, Authentizitat und Kritik von Brunings "Memoiren 1918-1934" (Opladen: Westdeutscher Verlag, 1975).

45. Bernanke, Essays; Barry Eichengreen, Golden Fetters: The Gold Standard and the Great Depression, 1919-1939 (New York: Oxford University Press, 1992).

46. Bernanke, Essays, 46; Albert G. Hart, Debts and Recovery, 1929-1937 (New York: Twentieth Century Fund, 1938), 138.

47. Hart, Debts, 119.

48. An exception is Peter Temin, "The German Crisis of 1931: Evidence and Tradition," Cliometrica 1 (2007): 5-17; see also Ben S. Bernanke, Essays; Harold James, The End of Globalization: Lessons from the Great Depression (Cambridge, MA: Harvard University Press, 2001).

49. See Somary's memoirs: The Raven of Zurich: The Memoirs of Felix Somary, trans. A. J. Sherman (London: C. Hurts, 1986); more recently, Tobias Straumann, 1931: Debt, Crisis, and the Rise of Hitler (Oxford:

Oxford University Press, 2019).

50. See Iago Gil Aguado, "The Creditanstalt Crisis of 1931 and the Failure of the Austro-German Customs Union Project," Historical Journal 44, no. 1 (2001): 199-221.

51. Ibid., 201.

52. Stenographische Protokolle über die Sitzungen des Nationalrates, Volume 4, Issue 2, Part 1, 1352 (report of Justice Minister Hans Schürff speaking on October 27, 1931).

53. Sebastian Doerr, Stefan Gissler, José-Luis Peydro, and Hans-Joachim Voth, "From Finance to Fascism: The Real Effect of Germany's 1931 Banking Crisis," CEPR Discussion Paper No. 12806, 2019.

54. Institut fur Zeitgeschichte Munich, Hans Schäffer diary, ED 93/31, July 29, 1931, also ED93/49 Hans Schaffer, Geheimgeschichte der Bankenkrise.

55. Verhandlungen des VII. Allgemeinen Deutschen Bankiertages zu Köln am Rheinam 9. 10 und 11. September 1928, Berlin/Leipzig, 1928, 141, 146-147.

56. See Olivier Accominotti, "International Banking and Transmission of the 1931 Financial Crisis," Economic History Review 72, no. 1 (2019): 260-285.

57. "Leaders Oppose Soldiers' Bonus; Business Men throughout the Country," Wall Street Journal, February 10, 1931.

58. W. H. Grimes, "Seeks Curb on 'Others' Loans'; Glass Committee Likely to Recommend," Wall Street Journal, February 7, 1931.

59. Richard E. Edmondson, "Abreast of the Market," Wall Street Journal, June 22, 1931.

60. Leon Fraser to Ivar Kreuger, February 10, 1931, Bank for International Settlements Archive, 7.18.2.

61. John Maynard Keynes, "The Economic Prospects 1932" (speech, Hamburg, January 8, 1932), in The Collected Writings of John Maynard Keynes, ed. Donald Moggridge (Cambridge: Cambridge University Press for the Royal Economic Society, 2013), 21: 39; see also Skidelsky, Keynes, 2: 435.

62. Keynes, Collected Writings, 21: 45.

63. Barry Eichengreen and Douglas A. Irwin, "The Slide to Protectionism in the Great Depression: Who Succumbed and Why?" Journal of Economic History 70, no. 4 (2010): 871-897.

64. Patricia Clavin, The Failure of Economic Diplomacy: Britain, Germany,

France and the United States, 1931-36 (New York: St. Martin's Press, 1996).

65. Franklin Roosevelt, "Wireless to the London Conference" (July 3, 1933), https://www.presidency.ucsb.edu/documents/wireless-the-london-conference.

66. Keynes, Collected Writings, 21: 273.

67. Skidelsky, Keynes, 1: 423.

68. Harrod, Keynes, 4.

69. Colin Clark, "Development Economics: The Early Years," in Pioneers in Development, ed. G. M. Meier and D. Seers (New York: Oxford University Press, 1984), 60-61.

70. Quoted in Robert Skidelsky, John Maynard Keynes, vol. 1: Hopes Betrayed, 1883-1920 (London: Macmillan, 1983), 378.

71. John Maynard Keynes to Duncan Grant, May 14, 1919, ibid., 370-371.

72. John Maynard Keynes, The Economic Consequences of the Peace (London: Macmillan, 1919), 34.

73. Keynes, Economic Consequences, 34.

74. Austin Harrison, "The Work of Old Men," English Review 30 (January 1920): 79-90; see also Martha S. Vogeler, Austin Harrison and the English Review (Columbia: University of Missouri Press, 2008), 234.

75. James Alexander, "Meeting the Credit Needs of Europe," Banker's Magazine 99, no. 2 (August 1919): 196.

76. John Maynard Keynes to Gerard Vissering, January 31, 1920, in Keynes, Col- lected Writings, 17: 150.

77. Ibid.

78. Ibid.

79. Lord Robert Cecil to John Maynard Keynes, January 6, 1920, ibid., 17: 148.

80. David Chambers, Elroy Dimson, and Justin Foo, "Keynes the Stock Market Investor: A Quantitative Analysis," Journal on Financial and Quantitative Analysis 2013.

81. Keynes, "Broadcast on State Planning," March 14, 1932, in Keynes, Collected Writings, 21: 86.

82. Keynes, "This Is a Budget of Excessive Prudence," Evening Standard, April 20, 1932, ibid., 21: 104.

83. Ibid., 21: 86-87.

84. Ibid., 21: 89-90.

85. John Maynard Keynes to Harold Macmillan, June 6, 1932, ibid., 21: 109.

86. Keynes, "This Is a Budget of Excessive Prudence," ibid., 21: 103.

87. John Maynard Keynes, "National Self-Sufficiency," Yale Review 22, no. 4 (June 1933): 755-769.

88. John R. Hicks, "Mr. Keynes and the 'Classics': A Suggested Interpretation," Econometrica 5, no. 2 (1937): 147-159; Roy Harrod, "Mr. Keynes and Traditional Theory," Econometrica 5, no. 1 (1937): 74-86.

89. John Maynard Keynes, The General Theory of Employment, Interest and Money (London: Macmillan, 1936), 382.

90. See Hyman P. Minsky, John Maynard Keynes (New York: Columbia University Press, 1975).

91. Elizabeth S. Johnson and Harry G. Johnson, The Shadow of Keynes: Understanding Keynes, Cambridge, and Keynesian Economics (Oxford: Blackwell, 1978), 241.

92. Keynes, General Theory, 161.

93. John R. Hicks, "Mr. Keynes' Theory of Employment," Economic Journal 46, no. 182 (1936): 238.

94. Harrod, Keynes, 661.

95. Skidelsky, Keynes, 2: 537.

96. Lionel Robbins, The Wartime Diaries of Lionel Robbins and James Meade, 1943-45, ed. Susan Howson and Donald Moggridge (Basingstoke: Macmillan, 1990), 106.

97. Ibid., 158-159.

98. Skidelsky, Keynes, 3: 31.

99. Catherine Karolyi, On m'appelait la Comtesse Rouge (Budapest: Corvina, 1980), 329-330.

100. Quoted in Paula Byrne, The Adventures of Miss Barbara Pym (London: William Collins, 2021).

101. Joseph Schumpeter, Capitalism, Socialism and Democracy (London: George Allen & Unwin, 1976 [1942]), 61.

102. Ibid., 146.

103. Ibid., 161.

104. Ibid., 156.

105. Ibid., 162.

106. Ibid., 430.

107. Joseph A. Schumpeter, History of Economic Analysis (New York: Oxford University Press, 1954).

108. "Wenn fundamental Neues in der Welt geschieht, dann stehen wir

vor einem Ratsel," from a 1932 talk, quoted in Wolfgang F. Stolper, Joseph Alois Schumpeter: The Public Life of a Private Man (Princeton: Princeton University Press, 1994), 110.

109. Eric Rauchway, The Money Makers: How Roosevelt and Keynes Ended the De-pression, Defeated Fascism, and Secured a Prosperous Peace (New York: Basic Books, 2015), 111.

110. James Boughton, Harry White and the American Creed: How a Federal Bureaucrat Created the Modern Global Economy (and Failed to Get the Credit) (New Haven: Yale University Press, 2022).

111. Kiran Klaus Patel, The New Deal: A Global History (Princeton: Princeton University Press, 2016).

112. The International Monetary Fund, 1945-1965: Twenty Years of International Monetary Cooperation, ed. J. Keith Horsefield (Washington, D.C.: International Monetary Fund, 1969), 66.

113. Ibid., 67.

114. Ibid., 13.

115. Jacques J. Polak, The Changing Nature of IMF Conditionality, Essays in International Finance 184 (Princeton: International Finance Section, Department of Economics, Princeton University, 1991); see also Louis W. Pauly, The League of Nations and the Foreshadowing of the International Monetary Fund, Essays in International Finance 201 (Princeton: International Finance Section, Department of Economics, Princeton University, 1996).

116. Ragnar Nurkse, International Currency Experience: Lessons of the Interwar Experience (Geneva: League of Nations, 1944), 141; see also Michael D. Bordo and Harold James, "Haberler versus Nurkse: The Case for Floating Exchange Rates as an Alternative to Bretton Woods?" NBER Working Paper No. 8545, 2001.

117. Quoted in "British See Parley of 'Real Issues,'" New York Times, July 10, 1944.

118. Quoted in Ed Conway, The Summit: The Biggest Battle of the Second World War (London: Little Brown, 2014), 278.

119. "Quota Issues Split World Trade Talks," New York Times, July 5, 1944.

120. "Delegates Search for Warm Clothes," New York Times, July 2, 1944.

121. Eric Helleiner, Forgotten Foundations of Bretton Wood: International Develop- ment and the Making of the Postwar Order (Ithaca: Cornell University Press, 2014), 187-188.

122. Fredrick B. Pike, FDR's Good Neighbor Policy: Sixty Years of Generally Gentle Chaos (Austin: University of Texas Press, 1995), 15; Helleiner, Forgotten Foundations, 32.

123. Quoted in Helleiner, Forgotten Foundations, 39–40.

124. Franklin Roosevelt, "Wireless to the London Conference," July 3, 1933, online by Gerhard Peters and John T. Woolley, The American Presidency Project, https:// www.presidency.ucsb.edu/node/208290.

125. Morgenthau closing address, July 22, 1944, http://www.ibiblio.org/pha/policy/1944/1944-07-22b.html.

126. Joseph Gaer and Sydney Hoff, Bretton Woods Is No Mystery (New York: Pam- phlet Press, 1945), quoted in Rauchway, Money Makers, 221.

127. Rauchway, Money Makers, 207; "The Monetary Conference," New York Times, July 1, 1944; "Results at Bretton Woods," New York Times, July 18, 1944; "Parley at Bretton Woods," Washington Post, July 1, 1944.

128. "Peruvians Demand World Trade Plan," New York Times, July 19, 1944.

129. T. K. Bauer, S. Braun, and M. Kvasnicka, "The Economic Integration of Forced Migrants: Evidence for Post-war Germany," Economic Journal 123 (2013): 998–1024; A. Semrad, "Immigration and Educational Spillovers: Evidence from Sudeten Ger- man Expellees in Post-war Bavaria," Munich Discussion Paper No. 2015-7, 2015.

130. Robert J. Gordon, The Rise and Fall of American Growth: The U.S. Standard of Living since the Civil War (Princeton: Princeton University Press, 2016).

131. Alexander J. Field, "The Most Technologically Progressive Decade of the Cen- tury," American Economic Review 93, no. 4 (2003): 1399.

132. Gordon, Rise, 564.

133. Ibid., 549.

134. Ibid., 537.

135. Ibid., 554; Alexander J. Field, A Great Leap Forward: 1930s Depression and U.S. Economic Growth, Yale Series in Economic and Financial History (New Haven: Yale University Press, 2011).

136. "Urges Road Building for Motor Traffic," Wall Street Journal, November 11, 1926.

137. Franklin D. Roosevelt, "Fireside Chat," May 26, 1940, https://www.presidency.ucsb.edu /node /209685.

138. Stefan Link, Forging Global Fordism: Nazi Germany, Soviet Russia, and the Contest over the Industrial Order (Princeton: Princeton University

Press, 2020).

5장 대인플레이션: 풍요와 과잉이 불러온 위기 ───

1. Congressional Budget Office calculations: https://www.cbo.gov/about/products/budget-economic-data#11.

2. Thomas J. Sargent and Neil Wallace, "Some Unpleasant Monetarist Arithmetic," Quarterly Review, Federal Reserve Bank of Minneapolis 5, no. 3 (1981).

3. Michael Bruno and Jeffrey Sachs, Economics of Worldwide Stagflation (Cambridge MA: Harvard University Press, 1985), 6.

4. See Robert B. Barsky and Lutz Kilian, "Do We Really Know That Oil Caused the Great Stagflation? A Monetary Alternative," in NBER Macroeconomic Annual 2001, ed. Ben S. Bernanke and Kenneth Rogoff (Cambridge, MA: MIT Press), 137-183; Robert B. Barsky and Lutz Kilian, "Oil and the Macroeconomy since the 1970s," Journal of Economic Perspectives 18, no. 4 (2004): 115-134; see also Andreas Beyer, Vitor Gaspar, Christina Gerberding, and Otmar Issing, "Opting Out of the Great Inflation: German Monetary Policy after the Breakdown of Bretton Woods," in The Great Inflation: The Rebirth of Modern Central Banking, ed. Michael D. Bordo and Athanasios Orphanides (Chicago: University of Chicago Press, 2013) 301-346.

5. Nicholas Kaldor, "A Model of Economic Growth," Economic Journal 67, no. 268 (1957): 591-624; see also Nicholas Kaldor, Strategic Factors in Economic Devel- opment (Ithaca: New York State School of Industrial and Labor Relations, Cornell University, 1967).

6. Roy Harrod, "Imperfect Competition, Aggregate Demand and Inflation," Economic Journal 82, no. 325 (1972): 392-401.

7. Janos Kornai, The Economics of Shortage (Amsterdam: North-Holland, 1980), 266.

8. William D. Smith, "Peterson Assures Oil Industry U.S. Will Act on Energy Needs," New York Times, November 15, 1972.

9. Richard Nixon, "Address Given by Richard Nixon," November 7, 1973, in Presidential Documents, Richard Nixon, Vol. 9, No. 45 (Washington, D.C.: U.S. Govern- ment Printing Office, 1973), 1312-1318, https://www.cvce.eu/content/publication/2003/7/3/1158015d-8cf9-4fae-

8128-0f1ee8a8d292/publishable_en.pdf.

10. Meg Jacobs, Panic at the Pump: The Energy Crisis and the Transformation of American Politics in the 1970s (New York: Hill and Wang, 2016), 67.

11. Ibid., 94.

12. The Limits to Growth: A Report for the Club of Rome's Project on the Predicament of Mankind (New York: Universe Books, 1972), 183.

13. Simeon Kerr and Anjli Raval, "Ahmed Zaki Yamani, Former Saudi Oil Minister, Dies Aged 90," Financial Times, February 23, 2021.

14. Cambridge University Department of Applied Economics, Economic Policy Review 1975: 3.

15. Wynne Godley, "The Case for General Import Controls," London Review of Books 2, no. 1 (1980): 10.

16. "A Challenge to Free Trade," New York Times, April 5, 1979.

17. Cambridge University Department of Applied Economics, Economic Policy Review 1976: 17.

18. "World Trade and Finance: Prospects for the 1980s," Economic Policy Review 6, no. 3 (1980): 4.

19. Athanasios Orphanides, "Monetary Policy Rules Based on Real-Time Data," American Economic Review 91, no. 4 (2001): 964-985.

20. Allan H. Meltzer, A History of the Federal Reserve, vol. 2, part 2 (Chicago: University of Chicago Press, 2009), 857.

21. Harold James, International Monetary Cooperation since Bretton Woods (New York: Oxford University Press, 1996), 212.

22. See Beyer et al., "Opting Out."

23. Jimmy Carter, "Crisis of Confidence" (televised speech, July 15, 1979), American Experience, https://www.pbs.org/wgbh/americanexperience/features/cartercrisis/.

24. "The Carter-Reagan Presidential Debate" (debate transcript, Cleveland, October 28, 1980), The Commission on Presidential Debates, https://www.debates.org/voter-education/debate-transcripts/october-28-1980-debate-transcript/.

25. Philip Rawstorne, "Callaghan 'Will Not Be Rushed,'" Financial Times, January 11, 1979; John Shepherd, "Labour Wasn't Working," History Today 59, no. 1 (January 2009).

26. Peter Hennessy, The Prime Minister: The Office and Its Holders since 1945 (London: Penguin, 2000), 394.

27. "'Tiny' Rowland the Vulnerable Emperor," New York Times, April 19, 1973.

28. Kristina Spohr, The Global Chancellor: Helmut Schmidt and the Reshaping of the International Order (Oxford: Oxford University Press, 2016), 13, 18.

29. "Wir sind ein erstklassiger Partner," Spiegel, January 6, 1975.

30. "Bonn: Nach Carters Wahl ratlos," Spiegel, November 7, 1976.

31. "Wir sind ein erstklassiger Partner," Spiegel, January 6, 1975.

32. Paul Volcker, "The Triumph of Central Banking," Per Jacobsson Lecture, September 23, 1990 (Washington, D.C.: International Monetary Fund, Per Jacobsson Foundation, 1990), 11.

33. Paul Volcker at Meeting of the Federal Open Market Committee, Washington, D.C., November 18, 1980, https://fraser.stlouisfed.org/files/docs/historical/ FOMC /meet ingdocuments /19801118meet ing.pdf.

34. Paul Volcker at Meeting of the Federal Open Market Committee, Washington, D.C., December 18-19, 1980, https://fraser.stlouisfed.org/files/docs/historical/ FOMC /meet ingdocuments / FOMC19801219meet ing.pdf.

35. Julie Salmon, "Comex in Bid to Cool Silver Market," Wall Street Journal, Janu- ary 22, 1980.

36. "Silver Declines," Wall Street Journal, January 23, 1980.

37. "Hunts Face Selling Off Much of Their Silver as Condition for Loans," Wall Street Journal, May 1, 1980. On the disinflation, see Michael D. Bordo, Christopher Erceg, and Andrew Levin, "Three Great American Disinflations," NBER Working Paper No. 12982, March 2007.

38. FOMC, "Meeting of the Federal Open Market Committee," July 6-7, 1981, transcript: https://fraser.stlouisfed.org /title/federal-open-market-committee-meeting-minutes-transcripts-documents-677/meeting-july-6-7-1981-23328/content/pdf/ FOMC19810707meeting.

39. Meltzer, History of the Federal Reserve, 1107.

40. Ibid., 1234.

41. Marc Levinson, The Box: How the Shipping Container Made the World Smaller and the World Economy Bigger (Princeton: Princeton University Press, 2006) .

42. OECD, "The Impact of Mega-Ships," International Transport Forum Policy Papers 10 (Paris: OECD, 2015), 18.

43. Blake Z. Rong, "The First Japanese Car Sold in Britain Was a Piece of Junk," Road and Track, April 2, 2016, https://www.roadandtrack.com/car-culture/classiccars/news/a28691/the-first-japanese-car-sold-in-britain-was-a-piece-of-junk/.

44. "Judgment of Paris," Time, June 7, 1976: 58.

45. Paul Krugman, Peddling Prosperity: Economic Sense and Nonsense in the Age of Diminished Expectations (New York: W. W. Norton, 1994), 171.

46. Thatcher rebuffing the "rational pessimist" conservative historian MauriceC owling, quoted in Peter Ghosh, "Towards the Verdict of History," in Public and Private Doctrine: Essays in British History Presented to Maurice Cowling, ed. Michael Bentley (New York: Cambridge University Press, 1993), 288.

47. Luis A. V. Catao and Maurice Obstfeld, "Introduction," in Meeting Globalization's Challenges: Policies to Make Trade Work for All, ed. Luis A. V. Catao and Maurice Obstfeld (Princeton: Princeton University Press, 2019).

48. James, International Monetary Cooperation, 321.

49. Jagdish Bhagwati, Protectionism (Cambridge, MA: MIT Press, 1988).

50. Ramesh Thakur, "Restoring India's Economic Health," Third World Quarterly 14, no. 1 (1993): 137.

51. Michael Dillon, Deng Xiaoping: The Man Who Made Modern China (London: I. B. Tauris, 2015), 237.

52. Ibid., 245.

53. Stefan Eich and Adam Tooze, "The Great Inflation," in Anselm Doering Manteuffel, Lutz Raphael, and Thomas Schlemmer, eds., Vorgeschichte der Gegen wart: Dimensionen des Strukturbruchs nach dem Boomn (Gottingen: Vandenhoeck & Ruprecht, 2016), 174; quoting Alexander Kluge's collection of parables of modern life, Lernprozesse mit todlichem Ausgang (Frankurt/Main: Suhrkamp, 1973).

54. John Maynard Keynes, The Economic Consequences of the Peace (London: Mac- millan, 1919), 235-236.

55. John Maynard Keynes, How to Pay for the War: A Radical Plan for the Chancellor of the Exchequer (New York: Harcourt, Brace, 1940).

56. Roy F. Harrod, The Life of John Maynard Keynes (Harmondsworth: Penguin, 1972 [1951]), 373-374.

57. Paul Krugman, "Who Was Milton Friedman?" New York Review of

Books, Feb- ruary 15, 2007.

58. Perry Anderson, "The Intransigent Right at the End of the Century," London Review of Books 14, no. 18 (1992).

59. Charles Moore, Margaret Thatcher: The Authorized Biography, vol. 1: From Grantham to the Falklands (New York: Alfred A. Knopf, 2013), 342.

60. Edward Nelson, Milton Friedman and Economic Debate in the United States, 1932-1972, vol. 1 (Chicago: University of Chicago Press, 2020), 19.

61. Milton Friedman and Anna J. Schwartz, A Monetary History of the United States, 1867-1960 (Princeton: Princeton University Press, 1963); see also Milton Fried- man and Anna J. Schwartz, "The Failure of the Bank of the United States: A Re-appraisal: A Reply," Explorations in Economic History 23, no. 2 (April 1986): 199-204; Joseph Lucia, "The Failure of the Bank of the United States: A Reappraisal," Explorations in Economic History 22, no. 4 (October 1985): 402-416; and Anthony Patrick O'Brien and Paul B. Trescott, "The Failure of the Bank of the United States, 1930," Journal of Money, Credit and Banking 24, no. 3 (August 1992): 384-399.

62. Friedrich A. von Hayek, Business Cycles, ed. Hansjoerg Klausinger, vol. 8 of Hayek Works (Chicago: University of Chicago Press, 2012), 143, 149, 154 ("The Purchasing Power of the Consumer and the Depression").

63. Ibid., 205 ("Capital and Industrial Fluctuations: A Reply to Criticism").

64. Friedrich A. von Hayek, Prices and Production (London: Macmillan, 1932), 100, 66.

65. Hayek, Business Cycles, 155.

66. Skidelsky, Keynes, 2: 456.

67. Edward Nelson, Milton Friedman and Economic Debate in the United States, 1932-1972 (Chicago: University of Chicago Press, 2020), 1: 398-399.

68. PBS interview, October 1, 2000, https://www.pbs.org/wgbh/commanding heights/shared/minitext/int_miltonfriedman.html#3.

69. Milton Friedman, "Why Some Prices Should Rise," Newsweek 82, no. 21 (1973): 130.

70. Milton Friedman, "Feo and the Gas Lines," Newsweek 83, no. 9 (1974): 71.

71. Milton Friedman, "The Methodology of Positive Economics," in Essays in Positive Economics (Chicago: University of Chicago Press, 1966), 4.

72. Ibid., 8.

73. Ibid., 15.

74. Friedrich A. von Hayek, The Counter-Revolution of Science: Studies on the Abuse of Reason (Glencoe: Free Press, 1952), 31.

75. N. Gregory Mankiw and Ricardo Reis, "Friedman's Presidential Address in the Evolution of Macroeconomic Thought," Journal of Economic Perspectives 32, no. 1 (2018): 83.

76. Milton Friedman, "The Role of Monetary Policy," American Economic Review 58, no. 1 (1968): 7-8.

77. Friedman, "Monetary Policy," 8.

78. Ibid., 14.

79. For instance Paul A. Samuelson and Robert M. Solow, "Analytical Aspects of Anti-Inflation Policy," American Economic Review 50, no. 2 (1960): 177-194.

80. Edmund S. Phelps, "Phillips Curves, Expectations of Inflation and Optimal Unemployment over Time," Economica 34, no. 135 (1967): 254-281.

81. Friedman, "Monetary Policy," 14-15.

82. Ibid., 16.

83. Martin Eichenbaum, "Some Thoughts on Practical Stabilization Policy," American Economic Review 87, no. 2 (1997): 236.

84. Nelson, Milton Friedman, 2: 139.

85. See Harold James, Making a Modern Central Bank: The Bank of England, 1979-2003 (Cambridge: Cambridge University Press, 2020).

86. Michael D. Bordo, "The Contribution of a Monetary History of the United States: 1867 to 1960 to Monetary History," in Money, History and International Finance: Essays in Honor of Anna J. Schwartz, ed. Michael D. Bordo (Chicago: University of Chicago Press for the NBER, 1989), 51.

87. David Laidler and Michael Parkin, "The Demand for Money in the United Kingdom, 1956-1967: Preliminary Estimates," Manchester School 38, no. 2 (1970): 187-208.

88. See David Laidler, "Monetarism: An Interpretation and an Assessment," Economic Journal 91, no. 361 (March 1981): 1-28; see also Graham Hacche, "Demand for Money," Bank of England Quarterly Bulletin 14, no. 3 (1974): 284-305.

89. David F. Hendry and Neil R. Ericsson, "An Econometric Analysis of

UK Money Demand in Monetary Trends in the United States and the United Kingdom by Milton Friedman and Anna J. Schwartz," American Economic Review 81, no. 1 (1991): 8-38.

90. Milton Friedman, "Wesley C. Mitchell as an Economic Theorist," Journal of Political Economy 58, no. 6 (1950): 465-493; see also J. Daniel Hammond, Theory and Measurement: Causality Issues in Milton Friedman's Monetary Economics (New York: Cambridge University Press, 1996); and Mary O'Sullivan, History as Heresy: Unlearn- ing the Lessons of Economic Orthodoxy (Geneva: Paul Bairoch Institute of Economic History, 2021).

91. Milton Friedman, Capitalism and Freedom (Chicago: University of Chicago Press, 1962), 38. The critique is in O'Sullivan, History as Heresy, 14.

92. O'Sullivan, History as Heresy, 15.

93. Krugman, "Who Was Milton Friedman?"

94. Milton Friedman, "The Counter-Revolution in Monetary Theory," IEA Occasional Paper No. 33, January 1970.

95. F. A. Hayek, The Constitution of Liberty (Chicago: University of Chicago Press, 1960), 332.

96. F. A. Hayek, Prices and Production (London: G. Routledge & Sons, 1935), 87.

97. Ibid., 7.

98. Hayek, Constitution, 400.

99. Ibid., 281.

100. Ibid., 281-282.

101. F. A. Hayek, Law, Legislation, and Liberty: A New Statement of the Liberal Principles of Justice and Political Economy, vol. 1 (London: Routledge, 1973), 36.

102. Hayek, "Economics and Knowledge," Economica 4, no. 13 (February 1937): 33. 103. Hayek, Constitution, 11.

104. Ibid., 22.

105. Hayek, Counter-Revolution, 94-95.

106. Hayek, Prices and Production, 3-5.

107. F. A. Hayek, Law, Legislation, and Liberty, vol. 2 (Chicago: University of Chicago Press, 1978), 108-109.

108. Hayek, Constitution, 324-325.

109. Ibid., 335.

110. F. A. Hayek, Tiger by the Tail: The Keynesian Legacy of Inflation (Washington, D.C.: Cato Institute, 1979), 98.

111. Milton Viorst, "Friedmanism, n. Doctrine of most audacious U.S. economist; esp., theory 'only money matters,'" New York Times, January 25, 1970.

112. Interview with Brian Lamb, C-SPAN, October 24, 1994, https://www.c-span.org/video/?61272-1/milton-friedman-road-serfdom.

113. William L. Silber, Volcker: The Triumph of Persistence (New York: Bloomsbury,2012), 201.

114. Eichenbaum, "Stabilization," 236.

115. Robert Mundell, "The Debt Crisis: Causes and Solutions," Wall Street Journal, January 31, 1981.

6장   대침체: 지나친 세계화가 초래한 위기 ————

1. Robert E. Lucas, Jr., "Macroeconomic Priorities," American Economic Review 93, no. 1 (2003): 1; Paul Krugman, "Fighting Off Depression," New York Times, January 5, 2009.

2. Mervyn King, speech at the University of Exeter, January 19, 2010, https:// www.bankofengland.co.uk/-/media/boe/files/speech/2010/mervynking-speech-at-the-university-of-exeter.pdf.

3. Oscar Jorda, Moritz Schularick, and Alan M. Taylor, "Betting the House," Journal of International Economics 96, no. 1 (2015): S2-S18.

4. Markus K. Brunnermeier and Isabel Schnabel, "Bubbles and Central Banks: Historical Perspectives," in Central Banks at a Crossroads: What Can We Learn from History? ed. Michael D. Bordo, Øyvind Eitrheim, Marc Flandreau, and Jan F. Qvigstad (Cambridge: Cambridge University Press, 2016); see also Dilip Abreu and Markus K. Brunnermeier, "Bubbles and Crashes," Econometrica 71, no. 1 (2003): 173-204.

5. David H. Autor, David Dorn, and Gordon H. Hanson, "The China Shock: Learning from Labor-Market Adjustment to Large Changes in Trade," Annual Review of Economics 8, no. 1 (2016): 205-240.

6. Rupert Cornwell, "Massive Deficit Looms as America Ages," Independent, October 3, 2013; see also John Cassidy, "Bushonomics Comment," New Yorker 79, no. 11 (2003): 37-38.

7. King, speech at the University of Exeter.

8. Lawrence G. McDonald with Patrick Robinson, A Colossal Failure of Common Sense: The Inside Story of the Collapse of Lehman Brothers (New York: Random House, 2009), 198, 223.

9. Simon Goodley, "Goldman Sachs 'Muppet' Trader Says Unsophisticated Clients Targeted," Guardian, October 22, 2012.

10. See Hyun Song Shin, "Global Banking Glut and Loan Risk Premium," paper presented at the 12th Jacques Polak Annual Research Conference, International Monetary Fund, Washington, D.C., November 10-11, 2011; Tamim Bayoumi, Unfin- ished Business: The Unexplored Causes of the Financial Crisis and the Lessons Yet to Be Learned (New Haven: Yale University Press, 2018); J. Adam Tooze, Crashed: How a Decade of Financial Crises Changed the World (New York: Viking, 2018).

11. International Monetary Fund, World Economic Outlook, October 2018, "A Long and Difficult Ascent" (chap. 2).

12. Ibid., 73-74.

13. Chris Giles, "China Poised to Pass US as World's Leading Economic Power This Year," Financial Times, April 24, 2014.

14. See Raghuram G. Rajan, Fault Lines: How Hidden Fractures Still Threaten the World Economy (Princeton: Princeton University Press, 2011).

15. See Alan Blinder, After the Music Stopped: The Financial Crisis, the Response, and the Work Ahead (New York: Penguin, 2013), 187-203.

16. Luc Laeven and Fabian Valencia, "Resolution of Banking Crises: The Good, the Bad, and the Ugly," IMF Working Papers 10.146, 2010; Timotej Homar and Sweder J. G. van Wijnbergen, "Bank Recapitalization and Economic Recovery after Financial Crises," Journal of Financial Intermediation 32 (2017): 16-28.

17. Atif Mian and Amir Sufi, House of Debt: How They (and You) Caused the Great Recession, and How We Can Prevent It from Happening Again (Chicago: University of Chicago Press, 2014).

18. See Manuel Adelino, Antoinette Schoar, and Felipe Severino, "Dynamics of Housing Debt in the Recent Boom and Great Recession," NBER Macroeconomics Annual 32, no. 1 (2018): 265-311.

19. Lawrence Summers, "Risks of Recession, Prospects for Policy," remarks at the Brookings Institution: State of the U.S. Economy, Washington, D.C., December 19, 2007.

20. Hank Paulson, press briefing, Washington, D.C., January 18, 2008, https://georgewbush-whitehouse.archives.gov/news/releases/2008/01/text/20080118-6.html.

21. Noam Scheiber, "The Memo That Larry Summers Didn't Want Obama to See," New Republic, February 22, 2012; see also Noam Scheiber, The Escape Artists: How Obama's Team Fumbled the Recovery (New York: Simon & Schuster, 2012).

22. Ewen MacAskill, "Obama Signs $787bn Bill, and It May Not Be Last," Guardian, February 17, 2009.

23. Ibid.

24. Alex Thompson and Theodoric Meyer, "Democrats Trash Obama's Stimulus to Sell Biden's," Politico, March 11, 2021.

25. International Monetary Fund, World Economic Outlook, April 2009, xix.

26. John H. Allan, "Rates Haven't Hit Bottom Yet," Bond Buyer, March 1, 1993.

27. Jennifer Ablan, "Analysis: U.S. Treasury Bloodbath Soaks Top Fund Managers," Reuters, June 5, 2009.

28. Liz Capo McCormick, "Bond Vigilantes Confront Obama as Housing Falters (Update3)," Bloomberg, May 29, 2009.

29. "The Bond Vigilantes," Wall Street Journal, May 28, 2009.

30. "Obama Says U.S. Can't Keep Borrowing from China," Reuters, May 14, 2009.

31. Carmen M. Reinhart and Kenneth Rogoff, This Time Is Different: Eight Centuries of Financial Folly (Princeton: Princeton University Press, 2009).

32. George Osborne, "The Mais Lecture: A New Economic Model," February 24, 2010, https://conservative-speeches.sayit.mysociety.org/speech/601526.

33. Kevin Brady, "Statement of Congressman Kevin Brady, Ranking Republican House Member," Congressional Documents and Publications, April 3, 2009.

34. Jim Lehrer, Kwame Holman, Jeffrey Brown, Spencer Michels, Margaret Warner, and Betty Ann Bowser, "House Passes Economic Stimulus Package Off to Senate," NewsHour with Jim Lehrer, PBS, January 29, 2009.

35. Gerald F. Seib, "Tea-Party Call to Cut Spending Gains Traction," Wall Street Journal Online, July 2, 2010.

36. Jason Furman, "The Fiscal Response to the Great Recession: Steps Taken, Paths Rejected, and Lessons for Next Time," Brookings Preliminary Discussion Draft, September 2018, 20.
37. Rahm Emanuel, "Not Every 'Serious Crisis' Is Alike," Wall Street Journal, April 18, 2021.
38. Ben McGrath, "The Movement: The Rise of Tea Party Activism," New Yorker, February 1, 2010, https://www.newyorker.com/magazine/2010/02/01/the movement; see also Neil Fligstein, The Banks Did It: An Anatomy of the Financial Crisis (Cambridge, MA: Harvard University Press, 2021).
39. Ryan Lizza, "Inside the Crisis: Larry Summers and the White House Economic Team," New Yorker 85, no. 32 (2009).
40. Megumi Naoi, Voting with the Wallet: Consumers, Income-Earners, and the New Politics of Globalization Backlash (forthcoming book).
41. Helena Smith, "Left's Dynasty to Rule in Greece Again," Observer, October 4, 2009
42. Simeon Djankov, Inside the Euro Crisis: An Eyewitness Account (Washington, Peterson Institute for International Economics, 2014), 65.
43. Yannis Palaiologos, "The Story behind Greece's 'Unprecedented Fiscal Derailment' in 2009," Ekathimerini, January 12, 2018.
44. Niall Ferguson, "A Greek Crisis Is Coming to America," Financial Times, February 10, 2010.
45. Francois Hollande, Les lecons du pouvoir (Paris: Stock, 2018), 365.
46. Chris Giles and George Parker, "Devil in the Detail as Era of Austerity Begins," Financial Times, January 18, 2010.
47. David Ramsden, "The Government's Strategy for Sustainable Growth," in The UK Economy: The Crisis in Perspective, ed. Gabriele Guidice, Robert Kuenzel, and Tom Springbett (London: Routledge, 2011), 203, 206.
48. Hank Paulson, On the Brink: Inside the Race to Stop the Collapse of the Global Financial System (New York: Business Plus, 2010), 375; see also "France's Sarkozy, EU's Barroso in Strasbourg," Reuters, October 21, 2008; and Felipe F. Salvosa II, "Stricter Rules Urged by EU," BusinessWorld, October 20, 2008.
49. Sheryl Gay Stolberg, "As Leaders Wrestle with Downturn, Developing Nations Get Ringside Seats," New York Times, November 16, 2008.
50. Daniel Dombey, Krishna Guha, and Andrew Ward, "Talks Challenge

Club of Rich Countries," Financial Times, November 17, 2008.

51. "Lula Unleashed: Brazil's President Blames White Guys for the Financial Crisis," Economist, March 27, 2009.

52. Sam Jones, Jenny Percival, and Paul Lewis, "G20 Protests: Riot Police Clash with Demonstrators," Guardian, April 1, 2009.

53. Dan Drezner, The System Worked: How the World Stopped Another Great Depression (New York: Oxford University Press, 2014).

54. Henry Morgenthau's closing address at the conference, https://www.cvce.eu/content/publication/2003/12/12/b88b1fe7-8fec-4da6-ae22-fa33edd08ab6/ publishable_en.pdf.

55. George Parker, Chris Giles, Edward Luce, and David Oakley, "G20 Leaders Claim Summit Success," Financial Times, April 2, 2009.

56. Jonathan Weisman and Alistair MacDonald, "G-20 in London: Brown and Obama Claim Summit Victories," Wall Street Journal Europe, April 3, 2009.

57. Gordon Brown, My Life, Our Times (London: Bodley Head, 2017), 312.

58. See Chris Giles, "Large Numbers Serve to Hide Big Divisions," Financial Times, April 3, 2009.

59. Geoff Dyer, "Hesitating to Take On Global Leadership," Financial Times, April 2, 2009.

60. David Pilling, "The Virtues of Not Being Financially Sophisticated," Financial Times, April 2, 2009.

61. Charles Clover, "Xi Jinping Signals Departure from Low-Profile Policy," Financial Times, October 20, 2017.

62. Hu Jintao, Selected Works, vol. 3 (Beijing: People's Publisher, 2016).

63. Xinhua News Agency, July 20, 2009; quoted in Bonnie S. Glaser and Benjamin Dooley, "China's 11th Ambassadorial Conference Signals Continuity and Change in Foreign Policy," China Brief 9, no. 22 (2009).

64. Krishna Guha and Edward Luce, "Deal on Global Imbalances Sought at G20 Summit," Financial Times, September 16, 2009.

65. Krishna Guha and Geoff Dyer, "China Scorns Focus on Imbalances," Financial Times, September 17, 2009.

66. Chris Giles, "Sniping Mars Spirit of Co-operation," Financial Times, September 25, 2009.

67. Bertrand Benoit, Tom Braithwaite, and Ben Hall, "Berlin Frets at Focus on Imbalances," Financial Times, September 22, 2009.

68. Clive Crook, "Platitudes from the Pittsburgh Summit," Financial Times,

October 1, 2009.

69. Alan Beattie, "Greenspan Criticises China but Warns US over Weaker Dollar," Financial Times, November 11, 2010.

70. Alan Beattie and Christian Oliver, "US Denies Pushing Down the Dollar," Financial Times, November 12, 2010.

71. John Paul Rathbone and Jonathan Wheatley, "Brazil Ready to Retaliate against Fed Move," Financial Times, November 4, 2010.

72. Ed Luce and James Lamont, "Obama Insists QE2 is 'Good for the World,'" Financial Times, November 8, 2010.

73. Beattie and Oliver, "US Denies Pushing Down the Dollar."

74. Geoff Dyer, "Pressure Grows on China as Surplus Surges," Financial Times, November 11, 2010.

75. Mure Dickie, "Japan Swells," Financial Times, November 10, 2010.

76. Peter Spiegel and Gerritt Wiesmann, "Simmering Anger at Germany Boils Over," Financial Times, November 17, 2010.

77. Xi Jinping, "Promote Friendship between Our People and Work Together to Build a Bright Future," speech given in Astana, Kazakhstan, September 7, 2013, https://www.fmprc.gov.cn/ce/cebel/eng/zxxx/t1078088.htm.

78. Jeremy Stein, "Overheating in Credit Markets: Origins, Measurement, and Policy Responses," speech at the "Restoring Household Financial Stability after the Great Recession: Why Household Balance Sheets Matter" research symposium sponsored by the Federal Reserve Bank of St. Louis, St. Louis, February 7, 2013, https:// www.federalreserve.gov/newsevents /speech /stein20130207a.htm.

79. Linda Kole and Robert Martin, "Overview of Japan's Monetary Policy Responses to Deflation," Federal Open Market Committee memo, December 5, 2008, https://www.federalreserve.gov/monetarypolicy/files/FOMC20081212memo03.pdf.

80. See the Japanese government's presentation of the policies of Shinzo Abe: https://www.japan.go.jp/abenomics/index.html.

81. Joseph E. Gagnon and Brian Sack, "18-19 QE: A User's Guide," Peterson Institute for International Economics Policy Brief, October 2018.

82. Laurence Ball, "IMF Advice on Unconventional Monetary Policies to Major Advanced Economies," Independent Evaluation Office Background Paper, May 2019. 83. European Central Bank, "ECB

Announces Monetary Policy Measures to Enhance the Functioning of the Monetary Policy Transmission Mechanism," June 5, 2014, https://www.ecb.europa.eu/press/pr/date/2014/html/pr140605_2.en.html.

84. This is the case that was made especially vigorously by Hans-Werner Sinn, notably in The Euro Trap: On Bursting Bubbles, Budgets, and Beliefs (Oxford: Oxford University Press, 2014).

85. Mario Draghi, "Unemployment in the Euro Area," speech at the Annual Central Bank Symposium, Jackson Hole, WY, August 22, 2014, https://www.ecb.europa .eu/press/key/date/2014/html/sp140822.en.html.

86. Robin Harding, "US Quantitative Measures Work in Defiance of Theory," Financial Times, October 13, 2014.

87. Ibid.

88. John Hilsenrath, "Fed Closes Chapter on Easy Money," Wall Street Journal, October 29, 2014.

89. Martin Weale and Tomasz Wieladek, "What Are the Macroeconomic Effects of Asset Purchases?" Bank of England External MPC Unit Discussion Paper No. 42, April 2014.

90. David Greenlaw, James D. Hamilton, Ethan Harris, and Kenneth D. West, "A Skeptical View of the Impact of the Fed's Balance Sheet," NBER Working Paper No. 24687, 2018.

91. Ben Hall, George Parker, and Norma Cohen, "Sarkozy Hits at UK Response to Crisis," Financial Times, February 7, 2009.

92. See Pedro Gustavo Teixeira, The Legal History of the European Banking Union: How European Law Led to the Supranational Integration of the Single Financial Market (Oxford: Hart/Bloomsbury, 2020).

93. Krishna Guha, "Delegates Face Difficulties in Fulfilling Promise of Co-ordinated Response," Financial Times, November 15, 2008.

94. See https://www.globaltradealert.org.

95. Quoted in "Steve Jobs iPhone 2007 Presentation (Full Transcript)," Singju Post, July 4, 2014.

96. Ben S. Bernanke, The Courage to Act: A Memoir of the Crisis and Its Aftermath (New York: W. W. Norton, 2015), 30.

97. See Tim Congdon, "Did Bernanke's 'Creditism' Aggravate the Financial Crisis of 2008?" in Macroeconomic Theory and Its Failings, ed. Steven Kates (London: Ed- ward Elgar, 2010), 26-39.

98. Ben Bernanke and Mark Gertler, "Agency Costs, Net Worth, and

Business Fluctuations," American Economic Review 79 (March 1989): 14-31; Ben Bernanke and Mark Gertler, "Financial Fragility and Economic Performance," Quarterly Journal of Economics 105 (February 1990): 87-114.

99. Irving Fisher, "Debt Deflation," Economica 1, no.4 (1933): 337-357.

100. Ben Bernanke, "Japanese Monetary Policy: A Case of Self-Induced Paralysis," in Japan's Financial Crisis and Its Parallels to U.S. Experience, ed. Ryòichi Mikitani and Adam Simon Posen (Washington, D.C.: Institute for International Economics, 2000), 151.

101. Ben Bernanke and Mark Gertler, "Monetary Policy and Asset Price Volatility," Economic Review-Federal Reserve Bank of Kansas City 84, no. 4 (Fourth Quarter 1999): 17-51.

102. Bernanke, "Japanese Monetary Policy," 158.

103. Ibid., 160.

104. Ibid., 162.

105. See Bernanke and Gertler, "Monetary Policy and Asset Price Volatility."

106. Remarks by Governor Ben S. Bernanke at the Sandridge Lecture, Virginia Association of Economists, Richmond, Virginia, March 10, 2005, https://www.federalreserve.gov/boarddocs/speeches/2005/200503102/.

107. Bernanke, "Japanese Monetary Policy," 158.

108. Ibid., 161.

109. Barry Eichengreen and Jeffrey Sachs, "Exchange Rates and Economic Recovery in the 1930s," Journal of Economic History 45, no. 4 (1985): 925-946; Ben S. Bernanke and Harold James, "The Gold Standard, Deflation, and Financial Crisis in the Great Depression: An International Comparison," in Financial Markets and Financial Crises, ed. Glenn Hubbard (Chicago: University of Chicago Press, 1991), 33-68.

110. Bernanke, "Japanese Monetary Policy," 164.

111. Ibid., 165.

112. Ben Bernanke, Thomas Laubach, Frederic S. Mishkin, and Adam S. Posen, Inflation Targeting: Lessons from the International Experience (Princeton: Princeton University Press, 1999), 310-311; Bernanke and Gertler, "Monetary Policy and Asset Price Volatility."

113. Gee Hee Hong and Todd Schneider, "Shrinkonomics: Lessons from Japan," Finance and Development 57 (March 2020): 1. Japan is the world's laboratory for drawing policy lessons on aging, dwindling

populations.

114. Ben S. Bernanke, "Deflation: Making Sure 'It' Doesn't Happen Here," remarks before the National Economists Club, Washington, D.C., November 21, 2002, https:// www.federalreser ve.gov/ boarddocs / Speeches/2002 /20021121/default.htm.

115. Ben S. Bernanke, "What Tools Does the Fed Have Left? Part 3: Helicopter Money," Brookings Institute blog post, Monday, April 11, 2016, https://www.brookings.edu/blog/ben-bernanke/2016/04/11/ what-tools-does-the-fed-have -left-part-3-helicopter-money/

116. Bob Woodward, Maestro: Greenspan's Fed and the American Boom (New York: Simon & Schuster, 2000)

117. Sebastian Mallaby, The Man Who Knew: The Life and Times of Alan Greenspan (London: Bloomsbury, 2016), 648.

118. J. Adam Tooze, Crashed: How a Decade of Financial Crises Changed the World (New York: Viking, 2018), 38.

119. Bernanke, Courage, 129.

120. Zachary Karabell, "Our Hero, Ben Bernanke," Atlantic, December 13, 2012, https://www.theatlantic.com/business/archive/2012/12/our-hero-ben-bernanke -why-central-bankers-not-politicians-are-saving-the-global-economy/ 266210/.

121. Meltzer, History of the Federal Reserve, 1232.

122. Bernanke, Courage, 256.

123. Laurence M. Ball, The Fed and Lehman Brothers: Setting the Record Straight on a Financial Disaster, Studies in Macroeconomic History (New York: Cambridge University Press, 2018).

124. Ibid.

125. Ben S. Bernanke, "The Federal Reserve's Response to the Financial Crisis," March 27, 2012, https://www.federalreserve.gov/aboutthefed/ educational-tools/ lecture-series-federal-reserve-response-to-the-financial-crisis.htm; see also "Liquidity and the Role of the Lender of Last Resort," panel discussion at Brookings Insti- tute, April 30, 2014, https://www.brookings.edu/wp-content/uploads/2014/04/ liquidity-lender-of-last-resort-event.pdf; and Thomas L. Hogan, Linh Le, and Alexander William Salter, "Ben Bernanke and Bagehot's Rules," Journal of Money, Credit and Banking 47, nos. 2-3 (March-April 2015): 333-348.

126. Randall Smith, Carrick Mollenkamp, Joellen Perry, and Greg Ip, "How a Panicky Day Led the Fed to Act," Wall Street Journal, August 20, 2007.

127. Ben S. Bernanke, "Federal Reserve Policies in the Financial Crisis," remarks in front of Board of Governors of the Federal Reserve System, December 1, 2008, http://www.federalreserve.gov/ newsevents/speech/bernanke20081201a.htm.

128. Ben S. Bernanke, "The New Tools of Monetary Policy," American Economic Review 110, no. 4 (2020): 943.

129. Ben Bernanke at meeting of the Federal Open Market Committee, November 2-3, 2010, 98, https://www.federalreserve.gov/ monetarypolicy/files/ FOMC20101103meet ing.pdf.

130. See also Lars Svennson, "The Foolproof Way of Escaping from a Liquidity Trap: Is It Really, and Can It Help Japan?" Frank D. Graham Memorial Lecture, Princeton University, April 2001, https:// larseosvensson.se/papers/grahamnt/.

131. Ibid., 105.

132. Richard Fisher, meeting of the Federal Open Market Committee, November 2-3, 2010, 150, 152.

133. Kevin M. Warsh, "The New Malaise and How to End It," Wall Street Journal, November 8, 2010.

134. Kevin Warsh, meeting of the Federal Open Market Committee, November 2-3, 2010, 176, https://www.federalreserve.gov/ monetarypolicy/files/FOM C20101103meet ing.pdf.

135. Jeremy Page and Patrick McGroarty, "G-20 Nations Aim to Grill Fed on Purchases," Wall Street Journal, November 10, 2010; Stephen Brown and Andreas Rinke, "German Tempers Fray as U.S. Policy Gulf Widens," Reuters, November 10, 2010.

136. Neil Irwin, The Alchemists: Three Central Bankers and a World on Fire (New York: Penguin, 2013), 256.

137. Bernanke, "New Tools," 961.

138. Olivier Blanchard, "Monetary Policy Will Never Be the Same," International Monetary Fund Blog, November 19, 2013, https://blogs. imf.org/2013/11/19/ monetar y-policy-will-never-be-the-same/.

139. Bernanke, "New Tools," 955; see also Jeffrey R. Campbell, Jonas D. M. Fisher, Alejandro Justiniano, and Leonardo Melosi, "Forward Guidance and Macroeconomic Outcomes since the Financial Crisis," in NBER Macroeconomics Annual 31 (2016), ed. Martin Eichenbaum and Jonathan A. Parker (Chicago: University of Chicago Press, 2017), 283-357.

140. Bernanke, "New Tools," 944.

141. Laura Noonan, Cale Tilford, Richard Milne, Ian Mount, and Peter Wise, "Who Went to Jail for Their Role in the Financial Crisis?" Financial Times, September 20, 2018, https://ig.ft.com/jailed-bankers/.

142. Report of Boston Consulting Group: see "Banks Paid $321 Billion in Fines since Financial Crisis," Reuters, March 2, 2017, https://www.reuters.com/article/us-banks-fines/banks-paid-321-billion-in-fines-since-financial-crisis-bcg-idUSKBN1692Y2.

143. "Fumio Kishida Pledges to Steer Japan away from Abenomics," Financial Times, October 16, 2021.

144. "ECB Policy Losing Some Potency, Needs Fiscal Help: Draghi," Reuters, October 28, 2019, https://www.reuters.com/article/us-ecb-policy-draghi/ecb-policy -losing-some-potency-needs-fiscal-help-draghi-idUSKBN1X71LV.

145. On fiscal dominance, see Charles Goodhart and Manoj Pradhan, The Great Demographic Reversal: Ageing Societies, Waning Inequality, and an Inflation Revival (London: Palgrave Macmillan, 2020).

146. See Marvin Goodfriend, "The Elusive Promise of Independent Central Bank- ing," Monetary and Economic Studies, Institute for Monetary and Economic Studies, Bank of Japan 30 (2012): 39-54; and Charles I. Plosser, "A Limited Central Bank," Journal of Applied Corporate Finance 31 (2019): 16-20.

147. "Summary of Meeting of President Truman and the Federal Open Market Committee," January 31, 1951, Marriner S. Eccles Papers, University of Utah, Box 62, Folder 1, Item 1; also available at https://fraser.stlouisfed.org/archival-collection/marriner-s-eccles-papers-1343.

148. See Sidney Hyman, Marriner S. Eccles: Private Entrepreneur and Public Servant (New York: Alfred A. Knopf, 1976), 339; also Thorvald Grung Moe, "Marriner S. Eccles and the 1951 Treasury-Federal Reserve Accord: Lessons for Central Bank Independence," Levy Economics Institute of Bard College, Working Paper No. 747, January 2013.

149. Adam Samson, "Lira Falls after Erdogan Calls Interest Rates 'Mother of All Evil,'" Financial Times, May 11, 2018, https://www.ft.com/content/d1fe 4bf2-551b-11e8-b24e-cad6aa67e23e.

1. Justin Wise, "Trump Adviser Says 'Globalization of Production' Caused Medical Equipment Shortages," Hill, April 13, 2020, https://thehill.com/homenews/ administration/492469-trump-adviser-says-globalization-of-production-caused-medical.

2. Michael Holden, "UK's Johnson Calls on G7 to Vaccinate World by End of 2022," Reuters, June 5, 2021, https://www.reuters.com/business/healthcare-pharmaceuticals/uks-johnson-calls-g7-vaccinate-world-by-end-2022-2021-06-05/.

3. Russell Hope, "Coronavirus: Champions League Match a 'Biological Bomb' That Infected Bergamo, Experts Say," Sky News, March 26, 2020, https://news.sky.com/story/coronavirus-champions-league-match-a-biological-bomb-that-infected -bergamo-experts-say-11963905.

4. Jacob E. Lemieux et al., "Phylogenetic Analysis of SARS-CoV-2 in Boston Highlights the Impact of Superspreading Events," Science 371, no. 6529 (2021): 5.

5. "Coronavirus: 'Momentous' Errors Worsened Austria Ski Resort Outbreak," BBC, October 13, 2020, https://www.bbc.com/news/world-europe-54523014.

6. Vibhuti Agarwal, Shan Li, and Suryatapa Bhattacharya, "India's Covid Surge Is Most Ferocious Yet; 'Spreading Like Wildfire,'" Wall Street Journal, April 25, 2021, https://www.wsj.com/articles/indias-covid-surge-is-most-ferocious-yet-spreading -like-wildfire-11619388584.

7. Paul Krugman, "Who Was Milton Friedman?" New York Review of Books, February 15, 2007, https://www.nybooks.com/articles/2007/02/15/who-was-milton -friedman/.

8. Federal Open Market Committee, "Meeting, March 15, 2020 (Unscheduled): Press Conference Transcript," Federal Open Market Committee Meet- ing Minutes, Transcripts, and Other Documents, March 15, 2020, https://fraser.stlouisfed.org/title/federal-open-market-committee-meeting-minutes-transcripts-documents-677/meeting-march-15-2020-unscheduled-587319/content/pdf/ FOMCpresconf20200315_final.

9. Kevin Roose and Matthew Rosenberg, "Touting Virus Cure, 'Simple Country Doctor' Becomes a Right-Wing Star," New York Times, April 2, 2020, https://www.nytimes.com/2020/04/02/technology/doctor-

zelenko-coronavirus-drugs.html.

10. Elisa Braun and Rym Momtaz, "Macron Meets with Controversial Chloro- quine Doctor Touted by Trump," Politico, April 9, 2020, https://www.politico.com/news/2020/04/09/macron-meets-with-controversial-chloroquine-doctor -touted-by-trump-177879.

11. Lisa Schnirring, "China Releases Genetic Data on New Coronavirus, Now Deadly," Center for Infectious Disease Research and Policy, January 11, 2020, https://www.cidrap.umn.edu/news-perspective/2020/01/china-releases-genetic-data-new -coronavirus-now-deadly.

12. Philip Ball, "The Lightning-Fast Quest for COVID Vaccines-and What It Means for Other Diseases," Nature, December 18, 2020, https://www.nature.com/ articles/d41586-020-03626-1.

13. Brit McCandless Farmer, "COVID-19 Vaccine: The Taxpayers' Gamble," CBS News/60 Minutes Overtime, November 13, 2020, https://www.cbsnews.com/news/ covid-19-vaccine-taxpayers-60-minutes-2020-11-13/; Emily Barone, "The Trump Administration's 'Operation Warp Speed' Has Spent $12.4 Billion on Vaccines. How Much Is That, Really?" Time, December 14, 2020, https://time.com/5921360/ operat ion-warp-speed-vaccine-spending.

14. Francesco Guarascio, "EU States Back Spending up to $2.7 Billion Up-front on COVID-19 Vaccines," Reuters, June 12, 2020, https://www.reuters.com/article/us-health-coronavirus-eu-vaccines/eu-states-back-spending-up-to-2-7-billion-upfront-on-covid-19-vaccines-idUSKBN23J20S.

15. David Meyer, "Here's How Much Europe Will Pay for Each COVID-19 Vac- cine," Fortune, December 18, 2020.

16. Bojan Pancevski, "How a Covid-19 Vaccine That Caught Trump's Eye Lost Its Way-and Found It Back," Wall Street Journal, March 24, 2021.

17. "Pfizer and BioNTech Announce Further Details on Collaboration to Accelerate Global COVID-19 Vaccine Development," Businesswire, April 9, 2020, https:// www.businesswire.com/news/home/20200409005405/en/.

18. Owen Dyer, "Covid-19: Countries Are Learning What Others Paid for Vaccines," British Medical Journal, January 29, 2021, https://www.bmj.com/content/ 372/bmj.n281.

19. IMF, Fiscal Monitor (Washington, D.C.: International Monetary Fund,

April 2021).

20. Enrique Dans, "How We Got to 'Chipageddon,'" Forbes, February 25, 2021.

21. Chad P. Bown, "Tariffs Disrupted Medical Supplies Critical to US Coronavirus Fight," PIIE chart, March 17, 2020, https://www.piie.com/research/piie-charts/tariffs-disrupted-medical-supplies-critical-us-coronavirus-fight.

22. Jeanne Whalen, "How the Global Chip Shortage Might Affect People Who Just Want to Wash Their Dogs," Washington Post, May 2, 2021.

23. Jeanne Whalen, "General Motors and Ford Halt Production at More Factories as Global Semiconductor Shortage Worsens," Washington Post, April 8, 2021.

24. Ann Koh and Rajesh Kumar Singh, "Exporters Take Unusual Steps to Ease Container Shortage," Bloomberg, March 9, 2021, https://www.bloomberg.com/news/ articles/2021-03-09/major-exporters-take-unusual-steps-to-ease-container-shortage.

25. "Shortage of New Shipping Containers Adds to Global Trade Turmoil," Bloomberg, March 16, 2021, https://www.bloomberg.com/news/articles/2021-03-16/shortage-of-new-shipping-containers-adds-to-global-trade-turmoil.

26. Rajesh Kumar Singh, "U.S. Manufacturers Grapple with Steel Shortages, Soaring Prices," Reuters, February 23, 2021, https://www.reuters.com/article/us-usa-economy-steel-insight/u-s-manufacturers-grapple-with-steel-shortages-soaring -prices-idUSKBN2AN0YQ.

27. Yu Hairong, Peng Qinqin, Wang Liwei, and Han Wei, "Is Global Inflation About to Take Off?" Caixin, May 10, 2021, https://www.caixinglobal.com/2021-05-10/cover-story-is-global-inflation-about-to-take-off-101708643.html.

28. Neil Hume, David Sheppard, Emiko Terazono, and Henry Sanderson, "Broad Commodities Price Boom Amplifies 'Supercycle' Talk," Financial Times, May 3, 2021, https://www.ft.com/content/1332da37-bf45-409f-9500-2fdac344d1dd.

29. Ryan Dezember, "Lumber Prices Break New Records, Adding Heat to Home Prices," Wall Street Journal, May 3, 2021.

30. Sam Fleming, Jim Brunsden, Mehreen Khan, and Michael Peel, "EU Leaders Confront US over Vaccine Patent Waiver Demands," Financial Times, May 8, 2021.

31. Janos Kornai, The Economics of Shortage (Amsterdam: North-Holland, 1980).

32. "Risk for COVID-19 Infection, Hospitalization, and Death by Race/Ethnicity," Centers for Disease Control and Prevention, April 21, 2021, https://www.cdc.gov/coronavirus/2019-ncov/covid-data/investigations-discovery/hospitalization-death-by-race-ethnicity.html.

33. "Shelter in Place," Economist, May 15, 2021.

34. Public Health England, Disparities in the Risk and Outcomes of COVID-19(London: Public Health England, August 2020).

35. See "Let Them Eat Dark Chocolate," Economist, May 15, 2021.

36. Livia Hengel, "Famine Alert," United Nations World Food Programme, March 29, 2021, https://www.wfp.org/stories/famine-alert-hunger-malnutrition-and-how-wfp-tackling-other-deadly-pandemic.

37. Yew Lun Tian, "In 'People's War' on Coronavirus, Chinese Propaganda Faces Pushback," Reuters, March 13, 2020, https://www.reuters.com/article/us-health-coronavirus-china-propaganda-a/in-peoples-war-on-coronavirus-chinese-propaganda-faces-pushback-idUSKBN2100NA.

38. "What a 'Wartime' Economy Looks Like," New York Times, March 18, 2020, https://www.nytimes.com/2020/03/18/business/dealbook/coronavirus-war-spending.html; Heather Stewart, "'Whatever It Takes': Chancellor Announces 350bn Aid for UK Business," Guardian, March 17, 2020.

39. Brian Bennett and Tessa Berenson, "'Our Big War': As Coronavirus Spreads, Trump Refashions Himself as a Wartime President," Time, March 19, 2020.

40. Jeffery Martin, "Trump Taps Peter Navarro as Defense Production Act Policy Coordinator during Coronavirus Pandemic," Newsweek, March 27, 2020.

41. Laura Lane, Twitter Post, March 22, 2021, https://twitter.com/ups_foundation/status/1374075126828916746?lang=en.

42. "What a 'Wartime' Economy Looks Like."

43. Tyler Pager, Dan Diamond, and Andrew Jeong, "Biden Seeks to Recast Pandemic Fight," Washington Post, December 21, 2021.

44. A. Lee Smith, "Why Are Americans Saving So Much of Their Income?" Federal Reserve Bank of Kansas City, December 4, 2020, https://www.

kansascityfed.org/ research/economic-bulletin/why-are-americans-saving-so-much-income-2020/.

45. Ruchir Sharma, "The Billionaire Boom: How the Super-rich Soaked up Covid Cash," Financial Times, May 15, 2021.

46. Credit Suisse Research Institute, Global Wealth Report, 2021, 7; also Alistair Grey, "More Than 5 m People Become Millionaires," Financial Times, June 22, 2021.

47. Steven Erlanger, "Merkel, Breaking German 'Taboo,' Backs Shared E.U. Debt to Tackle Virus," New York Times, May 18, 2020.

48. Senator Joe Manchin, September 29, 2021, https://www.manchin.senate.gov/newsroom/press-releases/manchin-statement-on-infrastructure-and-reconcilliation-negotiations.

49. Board of Governors of the Federal Reserve System, Review of Monetary Policy Strategy, Tools, and Communications, adopted January 24, 2020, https://www.federalreserve.gov/monetarypolicy/guide-to-changes-in-statement-on-longer-run-goals-monetary-policy-strategy.htm.

50. "The New Monetary Policy Strategy of the European Central Bank," July 8, 2021, https://www.ecb.europa.eu/home/search/review/html/ecb.strategyreview _monpol_strategy_over view.en.html.

51. Federal Open Market Committee Minutes, June 9-10, 2020.

52. "ECB Shouldn't Overreact to Temporary Inflation Spike," CNBC, September 28, 2021, https://www.cnbc.com/2021/09/28/ecb-shouldnt-overreact-to-temporar y-inflat ion-spike-lagarde-says.html.

53. Martin Arnold, "Philip Lane: 'We Have a Unique Initiative in Europe Now-It Is Really Quite Something,'" Financial Times, March 16, 2021, https://www.ft .com /content /2aa6750d-48b7-441e-9e84-7cb6467c5366.

54. Jerome Powell, "Monetary Policy in the Time of COVD," speech at Economic Policy Symposium sponsored by the Federal Reserve Bank of Kansas City, Jackson Hole, WY, https://www.federalreserve.gov/newsevents/speech/powell20210827a.htm.

55. Megan Leonhardt, "Why U.S. Officials Say Inflation Is No Longer 'Transitory,'" Fortune, December 3, 2021, https://fortune.com/2021/12/03/inflation-no-longer-transitory-higher-prices-fed-chair-powell-treasury-yellen.

56. Inflation debate between Paul R. Krugman and Lawrence H. Summers,

Princeton Bendheim Center, January 21, 2022, https://www.youtube.com/watch?v= IqkR0ODHie4.

57.   "ECB Must Be Ready to Act if Inflation Proves More Durable: Schnabel," https://www.reuters.com/business/finance/ecb-must-be-ready-act-if-inflation -proves-more-durable-schnabel-2021-11-17/.

58.   "Machtigster Geldpolitikerin ist Inflation‚ eher zu niedrig," Bild, December 1, 2021. https://www.bild.de/geld/wirtschaft/politik-inland/trotz-30-jahres-hochs-maechtigster-geldpolitikerin-ist-inflation-zu-niedrig-78394794.bild.html.

59.   Jack Kelly, "Companies Are Paying $100,000 Sign-On Bonuses to Attract Workers," https://www.forbes.com/sites/jackkelly/2021/09/08/companies-are-paying-100000-sign-on-bonuses-to-attract-workers/?sh=497c09913b9f.

60.   Laura Pitel, "Lira Slide Pushes Young Turks to Virtual Working Overseas," Financial Times, December 28, 2021, https://www.ft.com/content/63a0021e-0fd0-4636-ae4a-66fa8a7a43bd.

61.   Jeanna Smialek and Eshe Nelson, "The World's Top Central Bankers See Supply Chain Problems Prolonging Inflation," New York Times, September 29, 2021.

62.   David Brooks, "Has Biden Changed? He Tells Us," New York Times, May 20, 2021.

63.   Andrew Pollack, "A Japanese Gambler Hits the Jackpot with Softbank," New York Times, February 19, 1995.

64.   Robert Olsen, "Japan's Richest Person Promises More 'Golden Eggs' after Fund Posts Best Quarter Yet," Forbes, February 9, 2021, https://www.forbes.com/ sites/robertolsen/2021/02/09/japans-richest-person-promises-more-golden-eggs -after-posting-best-quarter-yet/?sh=6137edfb202e.

65.   Jackie Wong, "SoftBank's $4 Billion Tech Option Gambit Feels Like Deja Vu," Wall Street Journal, September 8, 2020, https://www.wsj.com/articles/softbanks-4-billion-tech-opt ion-gambit-feels-like-deja-vu-11599563556.

66.   Kevin Xu, "Jack Ma's Bund Finance Summit Speech," Interconnected (blog), November 9, 2020, https://interconnected.blog/jack-ma-bund-finance-summit-speech /.

67.   Duncan Clark, Alibaba: The House That Jack Ma Built (New York: Ecco, 2016) 111.

68. Ibid., 210. 69. Ibid., 78. 70. Ibid., 120.

71. Ibid., 209.

72. Ibid., 173.

73. Mari Yamaguchi, "Cabinet Spokesman Retaliates for French Premier's Re-marks," Associated Press, July 18, 1991, https://apnews.com/article/236b5ee30b7631c 806e6300fb41c792c.

74. Clark, Alibaba, 125.

75. Keith Zhai, Lingling Wei, and Jing Yang, "Jack Ma's Costliest Business Lesson:China Has Only One Leader," Wall Street Journal, August 20, 2021.

76. Ryan McMorrow and Sun Yu, "The Vanishing Billionaire," Financial Times, April 15, 2021.

77. Nathaniel Taplin and Jacky Wong, "Profits and Politics in China's Tech Crack-down," Wall Street Journal, April 30, 2021.

78. Ryan McMorrow and Yuan Yang, "Zhang Yiming to Step Down as ByteDance Chief," Financial Times, May 20, 2021.

79. Alex Hamilton, "Wirecard Signs Payments Processing Partnership with Visa," Fintech Futures, April 21, 2020, https://www.fintechfutures.com/2020/04/wirecard -signs-payments-processing-partnership-with-visa/.

80. Dan McCrum, "Wirecard's Suspect Accounting Practices Revealed," Financial Times, October 15, 2019.

81. Olaf Storbeck, "Deutsche Board Member Urged ex-Wirecard CEO to 'Do [the FT] In!!,'" Financial Times, January 15, 2021.

82. Dan McCrum, "Wirecard: The Timeline," Financial Times, June 25, 2020.

83. Bradley Hope, Paul J. Davies, and Patricia Kowsmann, "Wirecard's Adventure-Seeking No. 2 Was Key to the Firm's Rapid Rise," Wall Street Journal, July 3, 2020.

84. Olaf Storbeck, "EY Audit Failings on Wirecard Laid Bare in 'Dynamite' Report," Financial Times, May 21, 2021.

85. "Wir konnen durch Algorithmen Kredite 80 Prozent billiger vergeben," Handelsblatt, September 4, 2019.

86. Olaf Storbeck, "Deutsche Bank Chief Says 18m Wirecard Loss Shows Value of Its Risk Management," Financial Times, January 15, 2021.

87. John O'Donnell and Christian Kraemer, "Germany's Merkel Rejects Criticism of Her Wirecard Lobbying in China," Reuters, April 23, 2021, https://www.reuters.com/business/germanys-merkel-be-quizzed-

over-wirecard-lobbying-public -inquiry-2021-04-23/.

88. John Basquill, "Greensill Empire Collapses," Global Trade Review, April 19, 2021, https://www.gtreview.com/magazine/volume-19-issue-2/greensill-empire-collapses/.

89. See William Goetzmann, Money Changes Everything: How Finance Made Civilization Possible (Princeton: Princeton University Press, 2016).

90. Michael Pooler and Robert Smith, "The Workings of Sanjeev Gupta's Empire," Financial Times, February 26, 2020.

91. Sebastian Payne, Twitter post, April 13, 2021, https://www.trendsmap.com/twitter/tweet/1381909328781836289; see also Nicholas Foulkes, "Lex Greensill and the Rules of Wearing Boots with Suits," Financial Times, April 21, 2021.

92. Andrew Sparrow, "David Cameron Vows to Tackle 'Secret Corporate Lobbying,'" Guardian, February 8, 2010.

93. Raymond De Roover, The Rise and Decline of the Medici Bank, 1397–1494 (New York: W. W. Norton, 1966).

94. Adam Smith, The Wealth of Nations (New York: Modern Library, 2000 [1776]), 881.

95. Erin Banco, "'It Is Embarrassing': CDC Struggles to Track Covid Cases as Omicron Looms," Politico, December 20, 2021, https://www.politico.com/news/ 2021/12/20/cdc-covid-omicron-delta-tracking-525621.

96. Ryan Lizza, "Inside the Crisis," New Yorker, October 4, 2009, https://www .newyorker.com /magazine/2009/10/12/inside-the-crisis.

97. "Toxic Memo," Harvard Magazine, May 1, 2001; Jim Vallette, "Larry Summers' War against the Earth," Counterpunch, June 15, 1999, https://www .counterpunch.org/1999/06/15/larry-summers-war-against-the-earth/.

98. Cornel West (with David Ritz), Brother West: Living and Loving Out Loud: A Memoir (Carlsbad, CA: SmileyBooks, 2009), 219, 221.

99. Noam Scheiber, Escape Artists (New York: Simon & Schuster, 2012).

100. Joshua Cooper Ramo, "The Three Marketeers," Time, February 15, 1999, http://content.time.com/time/world/article/0,8599,2054093,00.html.

101. Kenneth Rogoff, "An Open Letter to Joseph Stiglitz," July 2, 2002, https://www.imf.org/en/News/Articles/2015/09/28/04/54/vc070202.

102. Robert Kuttner, "Falling Upward: The Surprising Survival of Larry Summers," American Prospect, July 13, 2020, https://prospect.org/economy/falling-upward -larry-summers/.

103. Louise Story and Annie Lowrey, "The Fed, Lawrence Summers, and Money," New York Times, August 10, 2013.

104. https://www.nytimes.com/2013/08/11/business/economy/the-fed-lawrence-summers-and-money.html.

105. See Roger E. Backhouse and Mauro Boianovsky, "Secular Stagnation: The History of a Macroeconomic Heresy," European Journal of the History of Economic Thought 23, no. 6 (2016): 946-970; see also K. H. O'Rourke, "Economic Impossibilities for Our Grandchildren," Journal of the British Academy 4 (2016): 21-51.

106. A. H. Hansen, "Economic Progress and Declining Population Growth," American Economic Review 29 (1939): 4.

107. A. H. Hansen, Full Recovery or Stagnation? (New York: W. W. Norton, 1938), 142.

108. Larry Summers, "IMF Fourteenth Annual Research Conference in Honor of Stanley Fischer," transcript of speech delivered at Washington, D.C., Novem- ber 8, 2013, http://larrysummers.com/imf-fourteenth-annual-research-conference-in-honor-of-stanley-fischer/.

109. Larry Summers, "Accepting the Reality of Secular Stagnation," Finance & Development 57, no. 1 (2020).

110. Larry Summers, "Reflections on the 'New Secular Stagnation Hypothesis,'" in Secular Stagnation: Facts, Causes and Cures, ed. Coen Teulings and Richard Baldwin (London: Centre for Economic Policy Research, 2014), 30.

111. Summers, "Reflections," 31.

112. Ibid., 32.

113. Ibid.

114. "America's Lost Oomph," Economist, July 19, 2014.

115. Olivier Blanchard, "Public Debt and Low Interest Rates," American Economic Review 109, no. 4 (2019): 1197-1229.

116. John H. Cochrane, "r < g," March 1, 2021, based on comments delivered at the February 19, 2021, NBER Economic Fluctuations and Growth conference, https://static1.squarespace.com/static/5e6033a4ea02d801f37e15bb/t/603d398a2f41aa1a09e2274b/1614625163231/r vsg.pdf.

117. Jason Furman and Lawrence H. Summers, "Who's Afraid of Budget Deficits?" larrysummers.com, January 28, 2019, http://larrysummers.

com/2019/01/28/whos-afraid-of-budget-deficits /.

118. Anna Stansbury and Lawrence H. Summers, "The Declining Worker Power Hypothesis: An Explanation for the Recent Evolution of the American Economy," NBER Working Paper No. 27193, May 2020.

119. Shawn Langlois, "Will You Be Getting $2,000?" Market Watch, December 27, 2020, https://www.marketwatch.com/story/will-you-be-getting-those-2-000-checks-well-when-bernie-sanders-and-donald-trump-agree-something-crazy-is-in-the-air-former-treasury-secretary-says-11609085310.

120. Lawrence H. Summers, "The Biden Stimulus Is Admirably Ambitious. But It Brings Some Big Risks, Too," Washington Post, February 4, 2021.

121. Ibid.

122. John Harwood, "Larry Summers Sends Inflation Warning to White House: Dominant Risk to Economy Is 'Overheating,'" CNN, May 12, 2021, https://www.cnn.com/2021/05/12/politics/inflation-worries-larry-summers/index.html.

123. Alex Shephard, "Larry Summers Is Finally, Belatedly, Irrelevant," New Republic, February 5, 2021.

124. Robert Solow, "The State of Macroeconomics," Journal of Economic Perspectives 22, no. 1 (2008): 245.

125. See https://www.census.gov/programs-surveys/ces/data/analysis-visualiza tion-tools/opportunity-atlas.html.

126. See https://www.brookings.edu/blog/brookings-now/2015/06/02/these-maps-from-raj-chetty-show-that-where-children-grow-up-has-a-major-impact-on -their-lifetime-earnings/.

127. Raj Chetty, John N. Friedman, Nathaniel Hendren, Maggie R. Jones, and Sonya R. Porter, "The Opportunity Atlas: Mapping the Childhood Roots of Social Mobility," NBER Working Paper No. 25147, January 2020.

128. Gareth Cook, "The Economist Who Would Fix the American Dream," Atlantic, August 2019, https://www.theatlantic.com/magazine/archive/2019/08/raj-chettys-american-dream/592804/.

129. Raj Chetty and John Friedman, "A Practical Method to Reduce Privacy Loss When Disclosing Statistics Based on Small Samples," Journal of Privacy and Confi- dentiality 9, no. 2 (2019)

결론 다음 세대의 세계화 ————

1. Karl Marx, Capital: A Critical Analysis of Capitalist Production, ed. Friedrich Engels (London: Lawrence and Wishart, 1973 [1887]), 2: 174.

2. Wolfgang F. Stolper, Joseph Alois Schumpeter: The Public Life of a Private Man (Princeton: Princeton University Press, 1994), 110.

3. Linda Colley, The Gun, the Ship and the Pen: War, Constitutions and the Making of the Modern World (New York: Liveright, 2021); see also Linda Colley, "Can History Help?" London Review of Books 40, no. 6 (March 22, 2018).

4. Mancur Olson, The Rise and Decline of Nations: Economic Growth, Stagflation, and Social Rigidities (New Haven: Yale University Press, 1982).

5. Stephen Holmes and Ivan Krastev, The Light That Failed: A Reckoning (New York: Penguin, 2019).

6. "Putin's Chilling Warning to Russian 'Traitors' and 'Scum' Is a Sign Things Aren't Going to Plan," CNN, March 17, 2022, https://www.cnn.com/2022/03/17/ europe/putin-speech-russia-ukraine-conflict-intl-cmd/index.html.

7. Gustav Theile, "'Geistiges Opium' fur Chinas Jugend," Frankfurter Allgemeine Zeitung, August 3, 2021.

8. The Federal Circuit Court of Appeals in re Alapatt, 1994; Bilski v Kappos 2010. See also Richard A. Posner, "Why There Are Too Many Patents in America," Atlantic, July 12, 2012.

9. John Maynard Keynes to Gerard Vissering, January 31, 1920, in The Collected Writings of John Maynard Keynes, ed. Donald Moggridge (Cambridge: Cambridge University Press for the Royal Economic Society, 2013), 17: 150.

Nous 사회와 경제를 꿰뚫는 통찰
'nous'는 '통찰'을 뜻하는 그리스어이자 '지성'을 의미하는 영어 단어로,
사회와 경제를 꿰뚫어 볼 수 있는 지성과 통찰을 전하는 시리즈입니다.

Nous 03

7번의 대전환

1판 1쇄 인쇄 2024년 5월 30일
1판 1쇄 발행 2024년 6월 5일

지은이 해롤드 제임스
옮긴이 정윤미
감수 류덕현
펴낸이 김영곤
펴낸곳 (주)북이십일 21세기북스

정보개발팀장 이리현
정보개발팀 강문형 이수정 박종수
디자인 표지 장마 **본문** 홍경숙
교정교열 박혜연
출판마케팅영업본부장 한충희
마케팅1팀 남정한 한경화 김신우 강효원
해외기획실 최연순 소은선
출판영업팀 최명열 김다운 김도연 권채영
제작팀 이영민 권경민

출판등록 2000년 5월 6일 제406-2003-061호
주소 (10881) 경기도 파주시 회동길 201(문발동)
대표전화 031-955-2100 **팩스** 031-955-2151 **이메일** book21@book21.co.kr

(주)북이십일 경계를 허무는 콘텐츠 리더

21세기북스 채널에서 도서 정보와 다양한 영상자료, 이벤트를 만나세요!
페이스북 facebook.com/jiinpill21 **포스트** post.naver.com/21c_editors
인스타그램 instagram.com/jiinpill21 **홈페이지** www.book21.com
유튜브 youtube.com/book21pub

서울대 **가**지 않아도 들을 수 있는 **명강**의! 〈서가명강〉
유튜브, 네이버, 팟캐스트에서 '서가명강'을 검색해보세요!

ⓒ 해롤드 제임스, 2024
ISBN 979-11-7117-609-0 03320
KI신서 11921